W0068790

Ebner Stolz / BDI
Steuer- und Wirtschaftsrecht 2022

Bundesverband der
Deutschen Industrie e.V.

EBNER
STOLZ

Steuer- und Wirtschaftsrecht 2022

Redaktionelle Gesamtverantwortung

Dr. Ulrike Höreth
Rechtsanwältin
Fachanwältin für Steuerrecht

Brigitte Stelzer
Rechtsanwältin
Steuerberaterin

Stollfuß

Zitierweise:
Ebner Stolz / BDI, Steuer- und Wirtschaftsrecht 2022, Rz. ...

Bibliografische Information der Deutschen Nationalbibliothek
Die Deutsche Nationalbibliothek verzeichnet diese Publikation in der Deutschen Nationalbibliografie; detaillierte bibliografische Daten sind im Internet über http://www.d-nb.de abrufbar.

ISBN: 978-3-08-318458-4
Stollfuß Verlag 2022 · Alle Rechte vorbehalten
Satz: mediaTEXT Jena GmbH, Jena
Druck und Verarbeitung: Bonner Universitäts-Buchdruckerei (bub)

Geleitwort

Die Wirtschafts- und Steuerpolitik zählt zu den zentralen Aufgaben der Bundesregierung in der 20. Wahlperiode. Der Koalitionsvertrag 2021 – 2025 zwischen SPD, Bündnis 90/Die Grünen und FDP enthält einige Maßnahmen, die das nationale Steuersystem verbessern. Insbesondere zusätzliche Investitionsanreize und eine Digitalisierung des Steuersystems sind wichtige Signale für einen zukunftsfähigen Wirtschaftsstandort Deutschland.

Allerdings fehlt es an einem klaren Bekenntnis zu einer wettbewerbsfähigen Besteuerung der Unternehmen, denn im internationalen Vergleich ist Deutschland immer noch Höchststeuerland. Punktuelle und befristete Investitionsanreize sowie eine befristete Ausweitung der Verlustverrechnung reichen hierfür nicht aus, vielmehr bedarf es einer strukturellen Reform der Unternehmensteuern. Eine gesetzliche Nachbesserung des Optionsmodells und der Thesaurierungsbegünstigung für Personenunternehmen sind wichtige erste Schritte, jedoch sind weitere Reformen im Bereich der Körperschaft- und Gewerbesteuer sowie der Hinzurechnungsbesteuerung gefordert.

Vielversprechend sind die vorgesehenen Maßnahmen zur Digitalisierung und Entbürokratisierung des Steuersystems. Insbesondere das Ziel der Beschleunigung und Modernisierung der steuerlichen Betriebsprüfung ist richtig. Die steuerlichen Betriebsprüfungen müssen endlich digitaler werden und damit schneller zu Rechtssicherheit bei den Unternehmen führen.

Im internationalen Steuerrecht stehen mit der Umsetzung der globalen Mindeststeuer große Herausforderungen bevor und für die deutsche Wirtschaft ist entscheidend, dass hierbei kein unverhältnismäßiger Aufwand für die Unternehmen und hohe Doppelbesteuerungsrisiken entstehen. Notwendig ist ein schlüssiges Gesamtkonzept, bei dem bestehende Anti-Missbrauchsregelungen abgeschafft und zumindest nachgebessert werden.

Der neu aufgelegte Ratgeber leistet mit einer Reihe konstruktiver Lösungsansätze einen wichtigen Beitrag zu dem notwendigen Dialog zwischen Wirtschaft, Beratung, Verwaltung und Politik über eine zukunftsorientierte Steuerpolitik in Deutschland.

Dr. Joachim Lang
Hauptgeschäftsführer
und Mitglied des Präsidiums
Bundesverband der Deutschen Industrie e.V.

Vorwort

2021 hatte Deutschland und die ganze Welt erneut mit der Corona-Krise zu kämpfen. In Folge der Lockdowns blockierten insb. die Störungen der Lieferketten große Teile unserer Wirtschaft. Die Politik war dominiert von der Pandemie und dem Bundestagswahlkampf. Immerhin: rechtzeitig vor Ende der 19. Legislaturperiode wurden noch zahlreiche Vorgaben aus dem Koalitionsvertrag zum Abschluss gebracht.

Mit dem Körperschaftsteuermodernisierungsgesetz und dem darin verankerten Optionsmodell machte der Gesetzgeber den Weg frei zu einer weitestgehend rechtsformneutralen Besteuerung von Personen- und Kapitalgesellschaften. Das BMF hat hierzu bereits in einem Schreiben Stellung bezogen. In der Praxis zeigt sich jedoch an der einen oder anderen Stelle noch deutlicher Nachbesserungsbedarf. Inwiefern Personenunternehmen von der ab 2022 bestehenden Wahlmöglichkeit Gebrauch machen, wird sich noch zeigen müssen.

Auch wurde in der letzten Legislaturperiode die Reform des Grunderwerbsteuerrechts mit deutlichen Verschärfungen bei sog. Share Deals abgeschlossen. Weiter modifizierte der Gesetzgeber aufgrund von EU-Vorgaben mit dem ATAD-Umsetzungsgesetz u.a. die im Außensteuergesetz geregelte Hinzurechnungsbesteuerung und änderte die Vorgaben zur Wegzugsbesteuerung. Darüber hinaus implementierte er eine neue Regelung zur Begrenzung des Betriebsausgabenabzugs bei Besteuerungsinkongruenzen durch hybride Gestaltungen und modifizierte die Vorgaben zur Verrechnungspreisermittlung. Auf europäischer Ebene wurde die Einführung eines öffentlichen Countryby-Country-Reporting verabschiedet. Danach sollen multinationale Konzerne künftig verpflichtet werden, ihren Country-by-Country Report nicht mehr nur an die zuständigen Finanzverwaltungen der Staaten zu übermitteln, sondern diesen auch auf der Website der Konzernmutter zu veröffentlichen. In naher Zukunft dürfte zudem mit der Einführung einer globalen Mindestbesteuerung zu rechnen sein. Auf OECD-Ebene wird daran mit Hochdruck gearbeitet.

Ebenfalls verabschiedet wurde das sog. Finanzmarktintegritätsstärkungsgesetz, das nicht nur die Prüfung von Unternehmen im öffentlichen Interesse betrifft und weitreichende Änderungen im Bereich der Corporate Governance vorsieht. Für Abschlussprüfer besteht eine Pflicht zur externen Rotation nach zehn Jahren und zu einer stärkeren Trennung von Prüfung und Beratung. Das Thema Corporate Social Responsibility in Unternehmen aller Größen wird in absehbarer Zeit eine größere Rolle spielen. Insbesondere große kapitalmarktorientierte Gesellschaften bzw. Konzerne müssen sich schon jetzt mit der EU-Taxonomie-Verordnung auseinandersetzen. Bis Mitte 2022 steht zudem die Verabschiedung der Corporate Sustainability Reporting Directive auf EUEbene an, mit der die Nachhaltigkeitsberichterstattung neu ausgerichtet werden soll. Beide Regelungen sollen ab dem Geschäftsjahr 2026 für den Mittelstand gelten.

In Wirtschaftsrecht wurden u.a. mit der Modernisierung des Personengesellschaftsrechts (MoPeG) und der Reform des Stiftungsrechts bedeutsame gesellschaftsrechtliche Änderungen vorangetrieben. Wenngleich das MoPeG erst 2024 in Kraft tritt, sind die gesellschaftsrechtlichen Strukturen gerade im Mittelstand rechtzeitig anzupassen. Dagegen konnte die zuletzt amtierende Große Koalition weder beim Verbandssanktionengesetz noch beim Hinweisgeberschutzgesetz einen Konsens finden. Beide Gesetzgebungsverfahren sind aufgrund des Diskontinuitätsgrundsatzes – zunächst – gescheitert. Unternehmen sollten dennoch entsprechende Vorkehrungen nicht auf die lange Bank schieben, denn die EU-Whistleblower-Richtlinie muss schnellstmöglich in nationales Recht transformiert werden. Aufgrund der Corona-Pandemie hat sich der Trend zu mobilem Arbeiten deutlich verstärkt. Darauf müssen Arbeitgeber und Arbeitsrechtler reagieren. In dem gleichfalls verabschiedeten Betriebsrätemodernisierungsgesetz wurde der Unfallversicherungsschutz im Homeoffice dem am Arbeitsplatz gleichstellt.

6

Mit der Bundestagswahl wurden die Karten im politischen Berlin neu gemischt. Für große Erleichterung dürfte gesorgt haben, dass die verschiedentlich propagierte Wiedereinführung einer Vermögensteuer und eine Verschärfung der Erbschaftsteuer von der Ampel-Koalition vorerst nicht weiterverfolgt werden. Auch soll es grundsätzlich zu keinen Steuererhöhungen kommen. Dennoch wird man sich fragen dürfen, wie die durch die Corona-Pandemie ausgelöste enorme Staatsverschuldung zurückgeführt werden kann. Positiv anzumerken ist, dass im Bereich der Unternehmensbesteuerung die steuerliche Betriebsprüfung modernisiert und beschleunigt werden soll. Dieses Vorhaben liegt dem BDI und Ebner Stolz sehr am Herzen.

Im Arbeitsrecht planen die neuen Koalitionäre grundlegende Anpassungen. In Sachen Homeoffice soll ein Erörterungsanspruch der Arbeitnehmer eingeführt und der gesetzlich Mindestlohn soll auf einen Schlag auf 12 Euro pro Stunde erhöht werden. Weiter ist geplant, mit Sachgrund befristete Arbeitsverträge bei demselben Arbeitgeber grundsätzlich noch maximal für sechs Jahre anzuerkennen. Zudem soll die Arbeitnehmermitbestimmung weiterentwickelt werden.

Die Finanzverwaltung zeigte sich im vergangenen Jahr erneut großzügig, um die wirtschaftlichen Folgen der Corona-Pandemie zu mildern. Zahlreiche eigentlich zum Jahreswechsel auslaufende steuerliche Maßnahmen werden 2022 fortgesetzt. Darüber hinaus ist im Koalitionsvertrag eine Verlängerung der erweiterten Verlustverrechnungsvorgaben sowie der befristeten Billigkeitsregelung für die Umsatzsteuerfreiheit von Sachspenden von Einzelhändlern an steuerbegünstigte Organisationen vorgesehen.

Neben der bereits erwähnten Stellungnahme zum Optionsmodell nahm das BMF ausführlich u.a. zum fortführungsgebundenen Verlustvortrag nach § 8d KStG, zum Forschungszulagengesetz, zu den Verwaltungsgrundsätzen Verrechnungspreise, zu steuerlichen Entlastungen angesichts der Flutkatastrophe im Juli 2021, zur einkommensteuerlichen Behandlung von Vorsorgeaufwendungen und Altersbezügen sowie zur steuerlichen Förderung der betrieblichen Altersversorgung, zu Kryptowährungen und auch zur Entlastung grenzüberschreitend tätiger Arbeitnehmer im Hinblick auf die Maßnahmen zur Bekämpfung der Covid-19 Pandemie Stellung.

Das Bundesverfassungsgericht stellte klar, dass die Verzinsung von Steuernachforderungen und Steuererstattungen mit 0,5 % monatlich für Verzinsungszeiträume ab dem 1.1.2014 verfassungswidrig ist. Allerdings gilt die Regelung noch für Verzinsungszeiträume vom 1.1.2014 bis 31.12.2018 fort. Nun ist der Gesetzgeber gefordert. Die obersten Finanzbehörden der Länder wiesen per Allgemeinverfügung entsprechende Einsprüche gegen Zinsfestsetzungen für Verzinsungszeiträume vor dem 1.1.2019 zurück.

In dem vorliegenden Ratgeber sind alle wesentlichen bis zum Ende des Jahres 2021 abgeschlossenen Gesetzgebungsverfahren im Steuer- und Wirtschaftsrecht sowie der Stand etwaiger noch laufender Gesetzgebungsverfahren zu diesem Zeitpunkt berücksichtigt. Damit steht dem Leser ein Werk zur Verfügung, das einen umfassenden Überblick über den aktuellen Gesetzesstand gibt.

In guter Tradition wird zunächst im ERSTEN TEIL durch den Bundesverband der Deutschen Industrie e.V. (BDI) dargelegt, welche Anforderungen die Industrie in Deutschland an die Steuer- und Wirtschaftspolitik stellt, um erfolgreich wirtschaften und den Wirtschaftsstandort Deutschland sichern oder gar stärken zu können.

Nach dem Soll beschäftigen sich Fachautoren von Ebner Stolz mit dem Ist und stellen in einer Gesamtschau die zahlreichen Veränderungen in den Bereichen Steuerrecht, Wirtschaftsprüfung (nationale und internationale Rechnungslegung) und Wirtschaftsrecht dar. So beinhaltet der ZWEITE TEIL eine Analyse der ab dem 1.1.2022 oder später anzuwendenden abgeschlossenen Gesetzesänderungen und gibt einen Ausblick auf vom Gesetzgeber derzeit diskutierte Regelungen. Im DRITTEN TEIL wird ein umfassender Überblick über die im Verlauf des Jahres 2021 bereits anzuwendenden gesetzlichen Regelungen sowie über relevante Rechtsprechung, Verwaltungsanweisungen sowie Verlautbarungen der Standardsetter gegeben.

Der Ratgeber vermittelt damit einen Überblick über den Status quo und liefert wertvolle Beratungshilfen und Hinweise für die Steuererklärung bzw. den Jahresabschluss 2021 sowie Informationen über maßgebliche Veränderungen im Wirtschaftsrecht.

Dieses Kompendium bietet Unternehmern einen umfassenden Überblick über alle Disziplinen im Steuer- und Wirtschaftsrecht. Gestaltungsüberlegungen und Beratungshinweise helfen dabei, die eigene Unternehmenssituation durch entsprechende Weichenstellungen zu optimieren. Darüber hinaus unterstützt der Ratgeber Steuerberater sowie Angehörige rechts- und wirtschaftsberatender Berufe bei ihrer Beratungstätigkeit.

Im Januar 2022

Klaus Krink
Rechtsanwalt, Fachanwalt für Steuerrecht
und Partner bei
Ebner Stolz
in Hamburg

Dr. Daniel
Kautenburger-Behr
Rechtsanwalt,
Steuerberater und
Partner bei Ebner Stolz
in Köln

Prof. Dr. Holger
Jenzen
Steuerberater und
Partner bei Ebner Stolz
in Stuttgart

Informationen zu Ebner Stolz / BDI

Ebner Stolz

Ebner Stolz ist eine der größten unabhängigen mittelständischen Beratungsgesellschaften in Deutschland und gehört zu den Top Ten der Branche. Das Unternehmen ist mit 14 Standorten in allen wesentlichen deutschen Großstädten vertreten und betreut vorwiegend mittelständische Mandanten. Zudem ist die Kompetenz von Ebner Stolz gefragt, wenn größere Unternehmen hochkarätige Projekte vergeben.

Über 1 800 Mitarbeiter und Partner erfüllen ihre Aufgaben mit einem speziellen Beratungsansatz: Ein zentraler Ansprechpartner hat alle relevanten Aspekte im Fokus und greift auf sein multidisziplinär arbeitendes Team aus den Bereichen Wirtschaftsprüfung, Steuerberatung, Rechtsberatung und Unternehmensberatung zurück. Bei Bedarf werden weitere ausgewiesene Spezialisten von Ebner Stolz hinzugezogen.

Der hohe Qualitätsanspruch von Ebner Stolz zeigt sich in einer weit überdurchschnittlichen Berufsträgerquote. Mit dem aus eigener unternehmerischer Tätigkeit herrührenden Verständnis für die Bedürfnisse der betreuten Unternehmen werden pragmatische und vorausschauende Gesamtlösungen individuell, schnell und qualifiziert erarbeitet.

Länderübergreifende Prüfungs- und Beratungsaufträge werden mit den Partnern von NEXIA International durchgeführt. Dieses weltweite Netzwerk von Beratungs- und Wirtschaftsprüfungsunternehmen gehört ebenfalls zu den Top Ten der Branche.

2021 wurde Ebner Stolz mit dem JUVE Award „Kanzlei des Jahres für den Mittelstand" ausgezeichnet. Zudem ist Ebner Stolz im Ranking von JUVE Karriere Steuern 2022 zu den Top Steuer-Arbeitgebern auf einen starken Platz 8 geklettert und kann sich mit namhaften Wirtschaftsunternehmen messen, die das Ranking anführen.

Weitere Informationen über Ebner Stolz finden Sie unter www.ebnerstolz.de.

Bundesverband der Deutschen Industrie

Der Bundesverband der Deutschen Industrie (BDI) ist die Spitzenorganisation im Bereich der Industrieunternehmen und industrienahen Dienstleister. Als Interessenvertretung der Industrie trägt der BDI bei seinen Mitgliedern zur Meinungsbildung und Entscheidungsfindung bei. Er bietet Informationen für alle Bereiche der Wirtschaftspolitik an. Der BDI unterstützt so die Unternehmen im intensiven Wettbewerb, den die Globalisierung mit sich bringt. Mit seinen 40 Branchenverbänden vertritt er die Interessen von rund 100 000 Unternehmen und 8 Mio. Beschäftigten.

Autorenverzeichnis

Redaktionelle Gesamtverantwortung

Dr. Ulrike Höreth,
Rechtsanwältin, Fachanwältin für Steuerrecht

Brigitte Stelzer,
Rechtsanwältin, Steuerberaterin

Bundesverband der Deutschen Industrie

Dr. Nadja Fochmann,
Referentin Steuern und
Finanzpolitik

Benjamin Koller,
Dipl.-Volkswirt, Referent Steuern und
Finanzpolitik

Philipp Gmoser, M. A.,
Referent Steuern und
Finanzpolitik

Annette Selter,
Dipl.-Volkswirtin, Referentin Steuern und
Finanzpolitik

Cedric von der Hellen,
Mag. rer. soc. oec, Stellvertretender Abteilungslei-
ter Steuern und Finanzpolitik

Dr. Monika Wünnemann,
Rechtsanwältin, Abteilungsleiterin Steuern und
Finanzpolitik

Ebner Stolz

Marco Bahmüller,
Wirtschaftsprüfer, Steuerberater

Sten Günsel,
Rechtsanwalt, Steuerberater, Fachanwalt für
internationales Steuerrecht

Dr. Alexander Bohn,
Wirtschaftsprüfer, Steuerberater

Judith Gumpert

Martina Büttner,
Wirtschaftsprüferin, Steuerberaterin

Uwe Harr,
Wirtschaftsprüfer, Steuerberater

Erdem Celebcioglu,
Rechtsanwalt

Maxine Hauser,
Steuerberaterin

Christine Diener,
Rechtsanwältin

Dr. Detlev Heinsius,
Rechtsanwalt, Fachanwalt für Steuerrecht

Klaudija Etter,
Wirtschaftsprüferin

Maximilian Herold,
Rechtsanwalt, Fachanwalt für Steuerrecht

Alexander Euchner,
Steuerberater, Fachberater für internationales
Steuerrecht

Dr. Ulrike Höreth,
Rechtsanwältin, Fachanwältin für Steuerrecht

Marion Gerber,
Steuerberaterin

Jörn R. Karall,
Rechtsanwalt, Fachanwalt für Arbeitsrecht

Christoph Germer,
Rechtsanwalt

Christine Kauffmann-Braun,
Rechtsanwältin, Steuerberaterin

Laurin Graf von Perponcher,
Rechtsanwalt

Dr. Daniel Kautenburger-Behr,
Rechtsanwalt, Steuerberater

Dr. Holger Kierstein,
Rechtsanwalt

Jan Hendrik Groß,
Rechtsanwalt

Katharina Kloßek,
Rechtsanwältin

Angelika Knaus, LL.M.,
Steuerberaterin

Sonja Kolb,
Wirtschaftsprüferin

Philipp Külz,
Rechtsanwalt, Fachanwalt für Steuerrecht,
Zertifizierter Berater für Steuerstrafrecht (DAA)

Nadja Kuner,
Rechtsanwältin, Steuerberaterin

Svenja Lindtner,
Steuerberaterin

Björn Maier,
Wirtschaftsprüfer, Steuerberater

Laurent Meister, LL.M.,
Rechtsanwalt, Fachanwalt für IT-Recht

Alexander Michelutti,
Steuerberater

Markus Mock,
Wirtschaftsprüfer

Janina Poppe,
Wirtschaftsprüferin, Steuerberaterin

Florian Riedl,
Wirtschaftsprüfer, Steuerberater

Dr. Sebastian Ritz,
Rechtsanwalt, Fachanwalt für Arbeitsrecht

Dr. Jörg Sauer,
Rechtsanwalt, Steuerberater

Volker Schmidt,
Rechtsanwalt, Steuerberater

Brigitte Stelzer,
Rechtsanwältin, Steuerberaterin

Sönke Storch, LL.M.,
Rechtsanwalt, Fachanwalt für Steuerrecht

Ralf Tenzer,
Wirtschaftsprüfer, Steuerberater

Dr. Ludger C. Verfürth LL.M.,
Rechtsanwalt

Albrecht von Bismarck,
Rechtsanwalt

Manuela Wänger,
Steuerberaterin

Susanne Weigenand,
Rechtsanwältin, Fachanwältin für Steuerrecht

Josua Weisser

Birgit Weisschuh,
Wirtschaftsprüferin

Bettina Weyh,
Rechtsanwältin, Steuerberaterin

Christian Zimmermann,
Steuerberater, Fachberater für internationales Steuerrecht

Christof Zondler,
Rechtsanwalt, Steuerberater, Fachberater für internationales Steuerrecht

Inhaltsverzeichnis

15

Seite

Dritter Teil: Entwicklungen in Gesetzgebung, Rechtsprechung und Verwaltung 2021

Literaturverzeichnis

Altmann	BSG zur Beitragspflicht von Tankgutscheinen und Werbeeinnahmen, B+P 2021, 567
Altmann	Sozialversicherungs-Rechengrößen 2022, B+P 2021, 730
Altmann	Änderungen zum Jahreswechsel, B+P 2021, 845
Bärsch/Ditz/Enge-len/Quilitzsch	Die Reform des § 1 AStG – Überblick und erste kritische Würdigung, DStR 2021, 1785
Bäßler	Keine gewerbesteuerrechtliche Hinzurechnung von Mietzinsen, die zu den Herstellungskosten unterjährig ausgeschiedenen Umlaufvermögens gehören, eNews Steuern, 46/2020 v. 16.11.2020
Bäßler	Keine gewerbesteuerliche Hinzurechnung von aktivierten Mietzinsen für bewegliche Wirtschaftsgüter, eNews Steuern, 38/2021 v. 27.9.2021
Bäßler	Erweiterte Grundstückskürzung bei Mitvermietung eines zur Nutzung einer Dienstbarkeit angemieteten Gebäudes, eNews Steuern, Topthema, 2/2021 v. 18.1.2021
Bäßler	Kein Freibetrag nach § 11 Abs. 1 Satz 3 Nr. 1 GewStG für Kapitalgesellschaft bei unterjähriger Begründung einer atypisch stillen Gesellschaft, eNews Steuern, Topthema, 9/2021 v. 8.3.2021
Bauer	Entgegen LArbG Düsseldorf: Keine Reduzierung des Urlaubsanspruchs aufgrund konjunktureller Kurzarbeit, jurisPR-ArbR 33/2021 Anm. 1
Baum	eKomm Ab 9.6.2021, § 89a AO Rz. 1
Becker/Loose	Beteiligungserträge in der Hinzurechnungsbesteuerung nach dem ATAD-Umsetzungsgesetz, IStR 2021, 373
Benecke/Rieck	Pillar Two: Zwischen Oktober2020-Blaupause und Oktober2021-Ergebnissen, IStR 2021, 692
Besgen	Mindestlohn gestiegen, B+P 2021, 4
Besgen	In einem nationalen Tarifvertrag darf ein zusätzlicher Mutterschaftsurlaub ausschließlich Müttern vorbehalten werden, B+P 2021, 4
Besgen	Unwirksamkeit der betriebsbedingten Kündigung eines Stammarbeiters bei Abdeckung des Arbeitsvolumens durch Leiharbeitnehmer, B+P 2021, 4
Besgen	Vergütungsrechtliche Einordnung von ärztlichem Hintergrunddienst als Rufbereitschaft oder Bereitschaftsdienst, B+P 2021, 364
Besgen	Vergütung von Umkleide-, Rüst- und Wegezeiten eines Wachpolizisten, B+P 2021, 364
Besgen	Abberufung eines Beauftragten für Datenschutz, B+P 2021, 436
Besgen	Unwiderrufliche Freistellung im Aufhebungsvertrag: Anrechnung anderweitigen Verdienstes bei Sprinterklausel!, B+P 2021, 530
Besgen	Steuerliche Aspekte einer Abfindungszahlung: Unrichtige Auskunft des Arbeitgebers und Schadensersatzanspruch?, B+P 2021, 536

Besgen	Das Betriebsrätemodernisierungsgesetz – neue Regelungen und Praxishinweise, B+P 2021, 595
Besgen	Arbeitgeber darf Rückkehr aus Homeoffice anordnen, B+P 2021, 724
Besgen	Betriebsrisiko und Lockdown, B+P 2021, 796
Binder/Graßl	Verdeckte Gewinnausschüttungen in der Hinzurechnungsbesteuerung nach dem ATADUmsG, IStR 2021, 865
Bodden	Gestaltungsfalle Sonderbetriebsvermögen bei Schenkung eines Mitunternehmeranteils, BeSt 2021, 10
Bodden	Verhältnis spezialgesetzlicher Missbrauchsverhinderungsvorschriften zur Generalklausel des § 42 AO, BeSt 2021, 37
Brandl/Macho/ Schrottmeyer/ Vock (Hrsg.)	SWK-Spezial Begleitende Kontrolle: Alternative zur Betriebsprüfung, 93. Jahrgang, Dezember 2018
Brill	Notwendigkeit der Vorsteuerabzugsberechtigung bei Einstellung einer zuvor für steuerfreie und steuerpflichtige Umsätze genutzten Cafeteria vor Ablauf des Berichtigungszeitraums, DStZ 2020, 633
Brill	BMF zur umsatzsteuerlichen Behandlung einer Garantiezusage eines Kfz-Händlers als Versicherungsleistung, DStZ 2021, 644
Brill	Änderungen des Umsatzsteuerrechts durch das JStG 2020, kösdi 2021, 22115
Brill	KöMoG: Betriebsaufspaltung und Optionsmodell – Anwendungsfragen aus der Praxis, NWB 2021, 2420
Brink/Joos	Reichweite des Auskunftsanspruchs nach Art. 15 Abs. 1 DSGVO im Zivilrecht, jurisPR-ArbR 40/2021 Anm. 4
Brinkmeier	Legitimationswirkung der Gesellschafterliste, GmbH-StB 2021, 274
Brühl/Weiss	Keine Besteuerungsschaukel! – Die Rückoption zur transparenten Besteuerung nach dem Entwurf des KöMoG, DStR 2021, 945
Christ/Kocian/ Stappert	Der Kommissionsvorschlag zur Corporate Sustainability Reporting Directive, KoR 2021, 379
Cordes/Kraft	Regierungsentwurf zum Optionsmodell – Körperschaftsteuer ab 2022 auch für Personengesellschaften?, FR 2021, 401
Demuth	Hinweise zum Gesetz zur Modernisierung des Körperschaftsteuerrechts aus Beratersicht, kösdi 2021, 22241
Dötsch	Insolvenzbedingter Ausfall einer privaten Darlehensforderung als Verlust bei den Einkünften aus Kapitalvermögen, jurisPR-SteuerR 45/2021 Anm. 3
Dötsch/Pung/ Möhlenbrock	KStG
Durst	Entgeltumwandlung bei Ehegattenarbeitsverhältnis, BeSt 2021, 25
Durst	Höhe des Sachbezugs bei einer Betriebsveranstaltung, BeSt 2021, 43
DWS-Institut	Reform der Außenprüfung aus der Perspektive des Mittelstands, Schriftenreihe Nr. 47, 2021
Ebner Stolz / BDI	Steuer- und Wirtschaftsrecht 2020
Ebner Stolz / BDI	Steuer- und Wirtschaftsrecht 2021

Fehling/Koch	Einigung beim Zwei-Säulen-Projekt – die Reform der internationalen Unternehmensbesteuerung, IStR 2021, 561
Feldgen	Keine Buchwertfortführung bei unentgeltlicher Übertragung des Mitunternehmeranteils und zeitgleicher Veräußerung funktional wesentlichen Sonderbetriebsvermögens an Dritte, eNews Steuern, Topthema, 51/2020 v. 21.12.2020
Feldgen	BMF verlängert Übergangsfrist bei Neuregelung zur Werklieferung, eNews Steuern, 6/2021 v. 16.2.2021
Feldgen	Steuerbarkeit des insolvenzbedingten Untergangs von Aktien, eNews Steuern, Topthema, 10/2021 v. 15.3.2021
Feldgen	Ertragsteuerliche Erfassung der Zinsen auf Steuernachforderungen und Steuererstattungen nach § 233a AO – Billigkeitsregelung, eNews Steuern, 11/2021 v. 22.3.2021
Feldgen	Unternehmensbezogene Sanierung nach § 3a Abs. 2 EStG, eNews Steuern, 11/2021 v. 22.3.2021
Feldgen	Kein Ansatz von pauschalen Kilometersätzen bei Benutzung von regelmäßig verkehrenden Beförderungsmitteln i. S. d. BRKG, eNews Steuern, 17/2021 v. 3.5.2021
Feldgen	Gestaltungsmissbrauch bei Verschmelzung einer "Gewinngesellschaft" auf eine "Verlustgesellschaft", eNews Steuern, 22/2021 v. 7.6.2021
Feldgen	Steuerliche Anerkennung von Aufwendungen für die Bewirtung von Personen aus geschäftlichem Anlass in einem Bewirtungsbetrieb als Betriebsausgaben, eNews Steuern, 26/2021 v. 5.7.2021
Feldgen	Erweiterung der steuerlichen Erleichterungen bei der Beseitigung der Hochwasserschäden, eNews Steuern, Sondernummer 2/2021 v. 23.7.2021
Feldgen	Private Veräußerungsgeschäfte – Keine Besteuerung des auf das häusliche Arbeitszimmer entfallenden Veräußerungsgewinns, eNews Steuern, 29/2021 v. 26.7.2021
Feldgen	Doppelte Besteuerung der gesetzlichen und privaten Altersversorgung, eNews Steuern, 40/2021 v. 11.10.2021
Feldgen	Quo vadis fortführungsgebundener Verlustvortrag? – Darstellung des Anwendungsschreibens zum fortführungsgebundenen Verlustvortrag nach § 8d KStG vom 18.3.2021, DStZ 2021, 443
Feldgen	Anwendungsschreiben zur Sonderabschreibung für die Anschaffung oder Herstellung neuer Mietwohnungen nach § 7b EStG, eNews Steuern, 38/2021 v. 27.9.2021
Figatowski	Keine Berücksichtigung der Instandhaltungsrückstellung bei der Grunderwerbsteuer, jurisPR-SteuerR 11/2021 Anm. 2
Fink/Schmotz	Die Vorschläge der EU-Kommission zur Überarbeitung der CSR-Richtlinie, KoR 2021, 304
Fischer	Das Gesetz zur Abwehr von Steuervermeidung und unfairem Steuerwettbewerb und zur Änderung weiterer Gesetze vom 25.06.2021, BGBl I 2021, 2056 (Steueroasen-Abwehrgesetz – StAbwG), jurisPR-SteuerR 29/2021 Anm. 1
Fischer	Steuerhinterziehung durch unrichtige Angaben im Zusammenhang mit Cum-Ex-Geschäften – Einziehung von Tatertägen, jurisPR-SteuerR 45/2021 Anm. 1

Fleischer	Ein Rundgang durch den Regierungsentwurf eines Gesetzes zur Modernisierung des Personengesellschaftsrechts, DStR 2021, 430
Frase	Umsatzsteuerliche Unternehmereigenschaft von Aufsichtsräten, BeSt 2020, 21
Frase	Vertragliche Kaufpreisaufteilung auf Boden und Gebäude bei Erwerb bebauter Immobilie, BeSt 2021,17
Frase	(Unterlassene?) Reparaturen an § 49 Abs. 1 Nr. 2 Buchst. f und Nr. 6 EStG sowie § 50d Abs. 3 EStG im Kontext des AbzStEntModG, kösdi 2021, 22208
Freudenberg	Abhängige Beschäftigung der Niederlassungsleiterin einer Steuerberatungsgesellschaft, B+P 2021, 493
Freudenberg	Versicherungspflicht des Geschäftsführers in der beherrschten Gesellschaft, B+P 2021, 559
Frotscher/Drüen	KStG Kommentar
Fuhrmann	KöMoG: Das Optionsmodell im Umwandlungssteuerrecht – Praxisrelevante Fragestellungen im Zusammenhang mit dem Wechsel des Besteuerungsregimes, NWB 2021, 2356
Fuhrmann/Kraeusel/ Schiffers	eKomm Ab VZ 2020, § 4k EStG (Aktualisierung v. 1.7.2021)
Geserich	Keine Begünstigung nach § 35a Abs. 2 EStG für die Reinigung einer öffentlichen Straße (Fahrbahn), jurisPR-SteuerR 5/2021 Anm. 2
Geserich	Lohnzufluss bei Teilnahme an einem Firmenfitness-Programm, jurisPR-SteuerR 7/2021 Anm. 2
Geserich	Erste Tätigkeitsstätte bei grenzüberschreitender Arbeitnehmerentsendung nach neuem Reisekostenrecht, jurisPR-SteuerR 24/ 2021 Anm. 1
Geserich	Typischerweise arbeitstägliches Aufsuchen eines vom Arbeitgeber festgelegten Sammelpunkts, jurisPR-SteuerR 40/2021 Anm. 1
Goette	Die Reform des Transparenzregister- und Finanzinformationsgesetzes – Erhebliche Ausweitung der Mitteilungspflichten für ca. 1,9 Mio. Unternehmen in Deutschland, DStR 2021, 1551
Gosch	AO/FGO Kommentar, Loseblatt, Bonn
Gosch	KStG Kommentar, 4. Aufl. 2020
Gravenhorst	Anrechnung anderweitigen Erwerbs bei Sprinter-Klausel?, jurisPR-ArbR 27/2021 Anm. 6
Gravenhorst	Böswillig unterlassener Erwerb bei Ablehnung einer Entsendung zum Betriebserwerber?, jurisPR-ArbR 38/2021 Anm. 7
Grotherr	Neuerungen bei immateriellen Vermögenswerten: Anzeigepflicht, DEMPE-Funktionskonzept und Preisanpassungsklausel (Teil I), DStZ 2021, 864
Gütle/Sotta	Reform der Hinzurechnungsbesteuerung – Auswirkungen des § 7 Abs. 4 S. 2 AStG-E bei Fondsinvestments, BB 2021, 224
Hain	Subjektive Voraussetzungen des Gläubigerbenachteiligungsvorsatzes, jurisPR-InsR 17/2021 Anm. 1
Halaczinsky	Behandlung des Kurzarbeitergeldes bei der Lohnsumme i.S.d. § 13a Abs. 3 ErbStG, UVR 2021, 44

Halaczinsky	Berechnung der Ausgangslohnsumme – Einbeziehung von Gehältern, die der spätere Gesellschafter einer Personengesellschaft vor dem Erwerb des Gesellschaftsanteils als Arbeitnehmer bezogen hat, UVR 2021, 138
Halaczinsky	Junge Finanzmittel bei Übertragung aus einem Sonderbetriebsvermögen in das Gesamthandsvermögen einer Personengesellschaft, UVR 2021, 139
Halaczinsky	Aufteilung des Verwaltungsvermögens, des jungen Verwaltungsvermögens, der Finanzmittel, der jungen Finanzmittel und der Schulden aus dem Gesamthandsvermögen einer Personengesellschaft auf die Gesellschafter bei Feststellungen nach § 13b Abs. 10 ErbStG, UVR 2021, 171
Halaczinsky	Zu den Übergangsregelungen auf Grund des Gesetzes zur Änderung des GrEStG vom 12.5.2021, UVR 2021, 293
Halaczinsky	Erbschaft- und Schenkungsteuer: Begünstigung von Grundstücken im Betriebsvermögen bei Nutzungsüberlassung an Dritte, jurisPR-SteuerR 38/2021 Anm. 6
Hamann	Gesetzlicher Mindestlohnanspruch für in inländischen Privathaushalten eingesetzte ausländische Betreuungskräfte, jurisPR-ArbR 43/2021 Anm. 2
Hamann/Rathmann	Einhaltung der Mindestlohnsätze bei länderübergreifender Erbringung von Transportdienstleistungen im Straßenverkehr, jurisPR-ArbR 38/2021 Anm. 2
Heckschen/Knaier	Das DiRUG in der Praxis, NZG 2021, 1093
Heinrichshofen	Update Veranstaltungsleistungen und umsatzsteuerliches Verfahrensrecht: BMF reagiert auf EuGH-Rechtsprechung und BStBK auf verfahrensrechtliche Probleme im Umsatzsteuerrecht – Hinweise für die Praxis, UVR 2021, 314
Helck	Gesetz über die unternehmerischen Sorgfaltspflichten in Lieferketten: Worauf sich Unternehmer zukünftig vorbereiten müssen, BB 2021, 1603
Hippeli	Entlastung auch des Geschäftsführers der Komplementär-GmbH im Verhältnis zur KG durch vorbehaltlose Entlastung der Komplementärin einer GmbH & Co. KG, jurisPR-Compl 6/2020 Anm. 2
Hippeli	Final geklärt: Weite Auslegung des § 114 AktG, jurisPR-HaGesR 8/2021 Anm. 1
Höreth/Stelzer/Kummer	Teil I: ATAD-Umsetzungsgesetz, Abzugsteuerentlastungsmodernisierungsgesetz, DStZ 2021, 393
Höring	Einkünftekorrektur nach § 1 Abs. 1 AStG bei gewinnmindernder Abschreibung auf unbesicherte Darlehens- und Zinsforderung im Konzern, DStZ 2021, 105
Höring	BMF: Beschränkte Steuerpflicht aus der Überlassung oder Veräußerung von Rechten allein wegen deren Eintragung in ein inländisches öffentliches Buch oder Register, DStZ 2021, 467
Höring	BMF-Schreiben zur Hinzurechnungsbesteuerung/Reichweite der Kapitalverkehrsfreiheit, DStZ 2021, 511
Höring	Cum/Ex-Geschäfte erfüllen den Straftatbestand der Steuerhinterziehung, DStZ 2021, 741
Höring	Grenzpendler Schweiz: Weitere Verlängerung von Konsultationsvereinbarungen, eNews Steuern, 36/2021 v. 13.9.2021

Huschens	Änderungen des Umsatzsteuerrechts durch das Jahressteuergesetz 2020 (Teil 2), UVR 2021, 73
Jachmann-Michel	Verlust aus der Veräußerung von Aktien, jurisPR-SteuerR 17/2021 Anm. 5
Jacobsen	Steueroasenabwehrgesetz, DStZ 2021, 372
Jesic/Leucht	Der § 6 AStG idF des ATAD-Umsetzungsgesetzes – Unionsrechtskonform trotz Wegfall des bisherigen § 6 Abs. 5 bzw. 6 AStG?, DStR 2021, 1913
Joost/Szabó	EuGH-Vorlage zu Betriebsvorrichtungen, UVR 2021, 290
Jüngst	Teilzeitverlangen nach § 8 TzBfG – Bindungsdauer, Widerruf und abändernde Annahme i.S.v. § 150 Abs. 2 BGB, B+P 2021, 608
Kahsnitz	Ausschüttung von Einlagen durch EU-Kapitalgesellschaften, BeSt 2021, 19
Kahsnitz	Neues zum steuerlichen Verlustabzug – im Lichte von §§ 8c, 8d KStG, kösdi 2021, 22286
Kahsnitz	KöMoG: Optionsmodell und Thesaurierungsbegünstigung – Vergleich der steuerlichen Konsequenzen, NWB 2021, 2100
Kaminski	Ausgewählte Überlegungen zur Optionsmöglichkeit gem. § 1a KStG, Stbg 2021, 436
Keller/Schümmer	Digitale GmbH-Gründung, NZG 2021, 573
Kersten	Ununterbrochene finanzielle Eingliederung als Voraussetzung der körperschaftsteuerlichen Organschaft auch bei unterjähriger Umwandlung möglich, eNews Steuern, 43/2020 v. 26.10.2020
Kersten	BMF: Einkommenserhöhung durch eine verdeckte Einlage bei Nichtberücksichtigung einer vGA (Nichtanwendungserlass), eNews Steuern, 47/2020 v. 23.11.2020
Kersten	Nachweis der Einlagenrückgewähr bei Ausschüttungen einer EU-Kapitalgesellschaft im Steuerfestsetzungsverfahren des Anteilseigners, eNews Steuern, Topthema, 5/2021 v. 8.2.2021
Kersten	Ermittlung fremdüblicher Zinsen auf Konzerndarlehen, eNews Steuern, Topthema, 42/2021 v. 25.10.2021
Kersten	Überhöhte Verzinsung eines Gesellschafterdarlehens als verdeckte Gewinnausschüttung, eNews Steuern, 43/2021 v. 2.11.2021
Kersten	BMF: Einführungsschreiben zum sog. Optionsmodell nach § 1a KStG, eNews Steuern, 45/2021 v. 15.11.2021
Kirch	Steuerschuld des Leistungsempfängers bei Organschaft, eNews Steuern, Topthema, 43/2020 v. 26.10.2020
Kirch	BMF: Besteuerung von Reiseleistungen von Unternehmen mit Sitz im Drittland, eNews Steuern 5/2021 v. 8.2.2021
Kirch	Vorsteuerberichtigung bei Erfolglosigkeit, eNews Steuern, 8/2021 v. 1.3.2021
Körner	Umfang des Versicherungsschutzes einer Betriebsschließungsversicherung im Zusammenhang mit der Corona-Pandemie, jurisPR-VersR 11/2021 Anm. 4
Koisiak	BFH: Wiesnbrezn unterliegen dem ermäßigten Umsatzsteuersatz, eNews Steuern, Topthema, 37/2017 v. 18.7.2017

Koisiak	BFH zur Unternehmereigenschaft von Aufsichtsratsmitgliedern, eNews Steuern, Topthema, 6/2020 v. 10.2.2020
Koisiak	BMF verlängert Übergangsfrist bei Neuregelung zur Werklieferung, eNews Steuern 10/2021 v. 15.3.2021
Koisiak	BMF-Schreiben zur Anwendung der Steuerschuldnerschaft des Leistungsempfängers bei Organschaften, eNews Steuern, 39/2021 v. 4.10.2021
Köster	Organschaft: Fristgewährung durch das BMF zur Anpassung von Ergebnisabführungsverträgen in Altfällen (§ 302 AktG), DStZ 2021, 344
Köster	Umsatzsteuer: Billigkeitsmaßnahmen im Zusammenhang mit der Flutkatastrophe vom Juli 2021, DStZ 2021, 687
Köster	Rückbeziehungsfiktion bei Streubesitzdividenden: FinVerw. zur Berechnung des Vorliegens einer 10 %igen Beteiligung, DStZ 2021, 881
Kothe	Rufbereitschaft als Arbeitszeit im Unionsrecht, jurisPR-ArbR 11/2021 Anm. 4
Kothe	Corona-Testpflicht in Betrieben: Betriebsvereinbarung zu betrieblicher Covid-19-Testung wirksam?, jurisPR-ArbR 17/2021 Anm. 7
Kraeusel	Konsequenzen des Austritts des Vereinigten Königreichs Großbritannien und Nordirland aus der Europäischen Union, UVR 2021, 38
Kraeusel	Erweiterung der Steuerschuldnerschaft des Leistungsempfängers (§ 13b UStG) auf Telekommunikationsdienstleistungen, UVR 2021, 68
Kraeusel	Besteuerung von Reiseleistungen von Unternehmen mit Sitz im Drittland, UVR 2021, 133
Kraeusel	Auswirkungen der Anordnungen der vorläufigen Eigenverwaltung auf eine umsatzsteuerliche Organschaft, UVR 2021, 234
Kraeusel	Garantiezusage eines Kfz-Händlers als Versicherungsleistung; neue Übergangsregelung zum BMF-Schreiben vom 11.5.2021, UVR 2021, 234
Kraeusel	Anordnungen der vorläufigen Eigenverwaltung unter Bestellung eines vorläufigen Sachwalters und Erlass einer Anordnung i.S.v. § 21 Abs. 2 Satz 1 Nr. 3 InsO bei der umsatzsteuerlichen Organschaft, UVR 2021, 164
Kraeusel	Abgrenzung der Dienstleistung von der Lieferung beim Mitbenutzungsrecht an Verzehrvorrichtungen Dritter, UVR 2021, 231
Kraeusel	Vorsteuer-Vergütungsverfahren; hier: Gegenseitigkeit, UVR 2021, 231
Kraeusel	Umsatzsteuerliche Behandlung von Reiseleistungen (§ 25 UStG); Neufassung des Abschnitts 25 UStAE, UVR 2021, 235
Kraeusel	Billigkeitsmaßnahmen im Zusammenhang mit der Flutkatastrophe vom Juli 2021, UVR 2021, 262
Kraeusel	Abrechnung über nicht ausgeführte sonstige Leistung mittels Gutschrift; Folgen aus dem BFH-Urteil vom 27.11.2019, V R 23/19 (V R 62/17), UVR 2021, 325

Kraeusel	Berücksichtigung aktueller BFH-Rspr. zu bestimmten Rechnungspflichtangaben (z.B. Leistungszeitpunkt bzw. -zeitraum), UVR 2021, 326
Kraeusel	Umsetzung des EuGH-Urteils vom 29.6.2017, C-288/16, L.C zur Steuerbefreiung nach § 4 Nr. 3 Buchst. a UStG, UVR 2021, 326
Kraeusel	Durchführungsbeschluss (EU) 2021/1778 zur Ermächtigung der Bundesrepublik Deutschland, eine von Art. 193 MwStSystRL abweichende Sondermaßnahme anzuwenden, UVR 2021, 353
Kraeusel	Entwurf eines Gesetzes zur Umsetzung unionsrechtlicher Vorgaben im Umsatzsteuerrecht, UVR 2021, 353
Krome	Schutzimpfung als versicherte Tätigkeit in der gesetzlichen Unfallversicherung, jurisPR-ArbR 45/2021 Anm. 6
Kruppa	Nachschusspflicht des GbR-Gesellschafters auch in der Liquidation einer zweigliedrigen GbR, jurisPR-HaGesR 1/2021 Anm. 3
Kruppa	Umfang der persönlichen Kommanditistenhaftung in der Insolvenz einer Publikums-KG, jurisPR-HaGesR 3/2021 Anm. 3
Kruppa	Beginn der fünfjährigen Nachhaftungsfrist bei Herabsetzung der Haftsumme des Kommanditisten, jurisPR-HaGesR 9/2021 Anm. 1
Kunkel/Kunkel	Festsetzung einer Verbandsgeldbuße gegen den Rechtsnachfolger, jurisPR-Compl 3/2021 Anm. 3
Kussmaul/Klauck	Vom System der aktiven und passiven Ausgleichsposten zur Einlagelösung bei organschaftlichen Mehr- und Minderabführungen, StB 2021, 292
Langohr-Plato	Kein Wegfall der Geschäftsgrundlage für Betriebsrenten durch handelsbilanzielle Rückstellungen, jurisPR-ArbR 13/2021 Anm. 5
Laukemann	Aufklärungspflichten beim Unternehmensverkauf, jM 2021, 321
Leuerking/Rubner	Lieferkettensorgfaltspflichtengesetz, NJW-Spezial 2021, 399
Liedgens	Ausgewählte Zweifelsfragen bei der Einlagelösung i.S.d. § 14 KStG n.F. und den Übergangsbestimmungen i.S.d. § 34 Abs. 6e Satz 5 ff. KStG n.F., DB 2021, 2859
Liedgens/Himmer	Die Einlagenlösung für organschaftliche Minder- und Mehrabführungen nach dem KöMoG-E – Gedanken zu möglichen Auswirkungen des Systemwechsels –, DB 2021, 1221
Liekenbrock	Kann eine optierende Personengesellschaft Organgesellschaft sein?, DB 2021, 2111
Linke	Gesetz zur Umsetzung der Digitalisierungsrichtlinie (DiRUG) – Analyse des Regierungsentwurfs, NZG 2021, 309
Loose	Wegfall des Verschonungsabschlags, jurisPR-SteuerR 5/2021 Anm. 3
Loose	Steuerberatungskosten und Räumungskosten als Nachlassregelungskosten, jurisPR-SteuerR 21/2021 Anm. 4
Loose	Verschonung von Betriebsvermögen, jurisPR-SteuerR 30/2021 Anm. 6
Loose	Grunderwerbsteuer bei treuhänderischem Erwerb, jurisPR-SteuerR 40/2021 Anm. 5
Mader	Hinweise zur Gesetzgebung, B+P 2021, 8

Mader	EuGH zur Umsatzsteuer für die unentgeltliche Überlassung von Firmenwagen, B+P 2021, 153
Mader	Hinweise zur Gesetzgebung, B+P 2021, 368
Mader	Umsetzungshilfe zur steuerlichen Anerkennung von Arbeitgeberleistungen nach § 3 Nr. 34 EStG, B+P 2021, 369
Mader	Neues BMF-Schreiben zur Abgrenzung zwischen Geldleistung und Sachbezug, B+P 2021, 402
Mader	BMF zur Anerkennung von Umzugskosten nach R 9.9 Abs. 2 LStR, B+P 2021, 585
Mader	Keine Besteuerung des auf das häusliche Arbeitszimmer entfallenden Veräußerungsgewinns, B+P 2021, 767
Marcone	Nettolohnklage bei geringfügiger Beschäftigung, B+P 2021, 179
Marcone	Ziele nicht vereinbart: Schadensersatzrisiko für Arbeitgeber, B+P 2021, 686
Märtens	Hinzurechnung passiver Zwischeneinkünfte einer Auslandsgesellschaft, jurisPR-SteuerR 46/2018 Anm. 2
Maul-Sartori	Für mehr Sensibilität bei der Einbeziehung von Teilzeitbeschäftigten in Mehrarbeitszuschlagsregelungen, jurisPR-ArbR 6/2021 Anm. 2
Meyer/Welz	Green and more: Does materiality matter? Was wirklich zählt – Wesentlichkeit in der nichtfinaziellen Berichterstattung – und was sich künftig ändert, WPg 2021, 885
Müller	KöMoG: Optionsmodell im Lichte steuerlicher Sperrfristen – Ein Überblick über die Wechselwirkungen, NWB 2021, 2190
Müller/Scheid/ Baumüller	Kommissionsvorschlag zur Corporate Sustainability Reporting Directive: von der nichtfinanziellen Berichterstattung zur Nachhaltigkeitsberichterstattung, BB 2021, 1326
Neeser	Von der Versandhandelsregelung zum Fernverkauf – Die Änderungen im Binnenmarkt bei zwei Beteiligten, UVR 2021, 296
Nier	Schadensersatzpflicht des Arbeitgebers bei unterbliebener Zielvereinbarung und Mitverschulden des Arbeitnehmers, jurisPR-ArbR 28/2021 Anm. 2
Nöcker	Ermittlung der Höhe des Betrags einer etwaigen doppelten Besteuerung von Altersvorsorgeaufwendungen und Altersbezügen, jurisPR-SteuerR 25/2021 Anm. 1
Nöcker	Grenzen der nachgelagerten Besteuerung von Einkünften aus ausländischen Altersvorsorgesystemen („401(k) pension plan"), jurisPR-SteuerR 42/2021 Anm. 3
Olbing	Rechtsbehelfsempfehlung – BMF-Schreiben vom 18.3.2021: Entwarnung zu § 8d KStG, Stbg 2021, 204
Petkova/Greil	Pillar One: Reform der internationalen Unternehmensbesteuerung – Partielle Neuallokation von Besteuerungsrechten, IStR 2021, 685
Pfützenreuter	Hinzurechnung von Miet- und Pachtzinsen bei Herstellung immaterieller Wirtschaftsgüter, jurisPR-SteuerR 35/2021 Anm. 5
Plagemann	Schutzimpfung auf Veranlassung des Arbeitgebers im Gesundheitswesen, jurisPR-SozR 21/2021 Anm. 4
Podewils	Anfechtbarkeit eines Gesellschafterbeschlusses durch einen nicht mehr in der Gesellschafterliste eingetragenen Geschäftsanteilsinhaber, GmbH-StB 2021, 115

Podewils	Auslegung einer Zahlungszusage des Geschäftsführers einer zahlungsunfähigen GmbH als Schuldbeitritt, GmbH-StB 2021, 184
Podewils	Beschränkung der Vertretungsmacht des Stiftungsvorstands durch die Satzung, GmbH-StB 2021, 244
Prätzler	Vorsteuerabzug einer Holding („Sonaecom"), jurisPR-SteuerR 8/2021 Anm. 6
Prätzler	Keine Beendigung der umsatzsteuerrechtlichen Organschaft durch Anordnung der vorläufigen Eigenverwaltung unter Bestellung eines vorläufigen Sachwalters, jurisPR-SteuerR 19/2020 Anm. 6
Prätzler	Deutsche Praxis bei Vorsteuervergütung teilweise unionsrechtswidrig, jurisPR-SteuerR 23/2021 Anm. 5
Prätzler	EuGH entscheidet zur Personengesellschaft als umsatzsteuerliche Organschaft gegen die Verwaltungsmeinung, jurisPR-SteuerR 25/2021 Anm. 7
Prätzler	Parkplatzvermietung weiter umsatzsteuerfreie Nebenleistung, jurisPR-SteuerR 31/2021 Anm. 6
Reddig	Passivierung einer Verbindlichkeit trotz Rangrücktritts und Vermögenslosigkeit?, jurisPR SteuerR 10/2021 Anm. 3
Reddig	§ 4 Abs. 4a EStG: Besonderheiten bei Investitionszulage und nicht abziehbarer Betriebsausgaben, jurisPR-SteuerR 35/2020 Anm. 3
Reddig	Funktionale Bestimmung der Nutzungsvoraussetzungen bei § 7g EStG, jurisPR-SteuerR 19/2021 Anm. 2
Reddig	Keine Fahrtenbuchpflicht zum Nachweis des betrieblichen Nutzungsumfangs eines Pkw, jurisPR-SteuerR 23/2021 Anm. 1
Richter/Welling	Tagungs- und Diskussionsbericht zum Webinar des 76. Berliner Steuergesprächs „Die Besteuerung der Digitalwirtschaft – Neuordnung der Zuweisung von Besteuerungsrechten", FR 2021, 18
Riewe	Rückkehr zur Insolvenzantragspflicht und weitere Fortentwicklungen im Insolvenzrecht, NJW 2021, 193
Rüschenbaum	Geldwerte Urlaubsansprüche in der Insolvenz als (Neu-)Masseverbindlichkeiten, jurisPR-ArbR 22/2021 Anm. 2
Salzmann	Verschärfte Wegzugsbesteuerung nach § 6 AStG nF – Rückwirkung auf vor dem 1.1.2022 verwirklichte Sachverhalte?, IStR 2021, 759
Schießl	§ 34a Abs. 4 Satz 2 EStG – die Einkommensteuer auf den Nachversteuerungsbetrag erhöht den Solidaritätszuschlag, jurisPR-SteuerR 14/2021 Anm. 3
Schießl	Wegfall gewerbesteuerlicher Fehlbeträge bei Ausscheiden eines Gesellschafters infolge Abspaltung, jurisPR-SteuerR 15/2021 Anm. 6
Schießl	Abzug des beim Tod des Vermieters noch nicht berücksichtigten Teils der Erhaltungsaufwendungen i.S.v. § 82b EStDV im Versterbensjahr, jurisPR-SteuerR 22/2021 Anm. 2
Schiffers	Neufassung der GoBD, DStZ 2020, 2
Schiffers	Passivierung von Verbindlichkeiten bei Rangrücktritt – Restriktive Auslegung des § 5 Abs. 2a EStG bestätigt, eNews Steuern, Topthema 49/2020 v. 7.12.2020

Schiffers	Rücklage für Ersatzbeschaffung (R 6.6 EStR): vorübergehende Verlängerung der Reinvestitionsfristen-Muster, DStZ 2021, 154
Schiffers	Vereinnahmte und verausgabte Umsatzsteuerbeträge in der Einnahmenüberschussrechnung, DStZ 2021, 154
Schiffers	Schuldzinsenabzug nach § 4 Abs. 4a EStG: Gewinnbegriff und Berücksichtigung außerbilanzieller Korrekturen, DStZ 2021, 206
Schiffers	BMF zu § 6 Abs. 3 EStG: Auswirkungen des BFH-Urteils v. 10.9.2020, IV R 14/18, eNews Steuern, Topthema, 18/2021 v. 10.5.2021
Schiffers	Bewertung von Sachbezügen, DStZ 2021, 262
Schiffers	BMF zur Abgeltungsteuer: Rohstoffzertifikate und negative Einlagezinsen, DStZ 2021, 262
Schiffers	Die einem qualifizierten Anteilstausch nachfolgende formwechselnde Umwandlung der übernehmenden Gesellschaft löst einen Einbringungsgewinn II aus, DStZ 2021, 594
Schiffers	Zum Geltungsbereich der Korrekturvorschrift des § 7g Abs. 3 EStG, DStZ 2021, 594
Schiffers	Gestaltungsmissbrauch bei Verschmelzung einer „Gewinngesellschaft" auf eine „Verlustgesellschaft", DStZ 2021, 595
Schiffers	Sonderabschreibung für die Anschaffung oder Herstellung neuer Mietwohnungen nach § 7b EStG, DStZ 2021, 878
Schmidt	Garantien im Kfz-Handel als Versicherungen – BMF-Schreiben vom 11.5.2021, UVR 2021, 266
Schmitz-Herscheidt	Zufluss von Arbeitslohn durch Überlassung eines betrieblichen PKW bei einem Alleingesellschafter-Geschäftsführer, jurisPR-SteuerR 28/2021 Anm. 2
Schnitger/Oskamp	Versagung des Betriebsausgabenabzugs bei Besteuerungsinkongruenzen nach § 4k EStG-E (Teil I), IStR 2020, 909
Schnitger/Oskamp	Versagung des Betriebsausgabenabzugs bei Besteuerungsinkongruenzen nach § 4k EStG-E (Teil II), IStR 2020, 960
Schnitger/Oskamp/ Kockrow	Importierte Besteuerungsinkongruenzen gemäß § 4k Abs. 5 EStG – Janz schön kompliziert..., IStR 2021, 701
Schwetlik	§ 64 GmbHG bei D&O-Versicherung, GmbH-StB 2021, 84
Selder	Keine Übertragung des dem anderen Elternteil zustehenden BEA-Freibetrages nach Volljährigkeit des Kindes, jurisPR-SteuerR 51/2020 Anm. 5
Sievers	Kein Widerruf eines Teilzeitverlangens nach Zugang des Verringerungsantrags, jurisPR-ArbR 36/2021 Anm. 3
Sixtus	Urlaub kann wegen Kurzarbeit gekürzt werden, jurisPR-ArbR 28/2021 Anm. 3
Staake	Abkehr von der Kernbereichslehre bei der Entziehung von Mitgliedschaftsrechten durch Mehrheitsbeschluss, jurisPR-HaGesR 12/2020 Anm. 2
Steinhauff	Keine Buchwertfortführung bei unentgeltlicher Übertragung des Mitunternehmeranteils und zeitgleicher Veräußerung funktional wesentlichen Sonderbetriebsvermögens an Dritte, jurisPR-SteuerR 16/2021 Anm. 3

Steinhauff	Konkludente Annahme eines „acte clair" bzw. eines „acte éclairé" auf Grundlage der EuGH-Entscheidung „Hornbach-Baumarkt" durch den BFH nicht nachvollziehbar, jurisPR-SteuerR 22/2021 Anm. 4
Steinhauff	Beherrschungsidentität bei treuhänderischer Bindung der mehrheitlich an einer Besitzgesellschaft beteiligten Kommanditistin, jurisPR- SteuerR 42/2021 Anm. 2
Steinhauff	Betriebsaufspaltung und minderjährige Kinder, jurisPR-SteuerR 44/2021 Anm. 3
Steinhauff	Pflicht zur Einreichung einer E-Bilanz bei finanziellem Aufwand von ca. 40 Euro, jurisPR-SteuerR 45/2021 Anm. 2
Stelzer	Kein Wegfall des Verschonungsabschlags bei Eröffnung des Insolvenzverfahrens über das Vermögen einer KG, eNews Steuern, 46/2020 v. 16.11.2020
Stelzer	Vorfälligkeitsentschädigung nicht als Nachlassverbindlichkeit abzugsfähig, eNews Steuern, 23/2021 v. 14.6.2021
Stelzer	Erbschaftsteuerliche Begünstigung bei Dritten zur Nutzung überlassenen Grundstücken im Betriebsvermögen, eNews Steuern, Topthema, 30/2021 v. 2.8.2021
Strecker	Keine gewerbesteuerliche Hinzurechnung bei Einbeziehung von Miet- und Pachtzinsen in die Herstellungskosten von Wirtschaftsgütern des Umlaufvermögens, BeSt 2021, 8
Strecker	Nochmals: Erweiterte Gewerbesteuerkürzung und Drittüberlassung, BeSt 2021, 21
Strecker/Carlé	KöMoG: Behandlung des Sonderbetriebsvermögens im Rahmen des Optionsmodells – Steuerliche Herausforderungen und Lösungsansätze, NWB 2021, 2022
Theiselmann	Ausschüttung nach Gewinnvortragsbeschluss im Insolvenzfall anfechtbar, GmbH-StB 2021, 345
Tomat	Schadensersatzanspruch gegen den GmbH-Geschäftsführer gem. § 43 Abs. 2 GmbHG , GmbH-StB 2021, 310
Urbach	Keine personelle Verflechtung im Rahmen einer Betriebsaufspaltung bei Treuhandverhältnissen, BeSt 2021, 42
Wacker/Krüger/Levedag/Loschelder	Zum Optionsmodell nach dem Gesetz zur Modernisierung des Körperschaftsteuerrechts – oder: eventus varios res nova semper habet, DStR-Beihefter zu Heft 41/2021
Wäger	Vermietung einer Immobilie durch eine Immobilieneigentümerin mit Gesellschaftssitz auf der Insel Jersey („Titanium"), jurisPR-SteuerR 29/2021 Anm. 4
Wagner	Gesellschaftsrechtliche Gestaltungsoptionen und ihre Auswirkungen auf den sozialversicherungsrechtlichen Status eines Geschäftsführers, jurisPR-SozR 22/2021 Anm. 2
Warth & Klein Grant Thornton/BDI	Modernisierung des Körperschaftsteuerrechts, KöMoG – Option zur Körperschaftsteuer, Bonn, 2. Aufl. 2021 (zit.: WKGT/BDI, 2. Aufl. 2021 Rz...)
Weber	Die Neufassung des Abschn. 25 UStAE zur Umsatzbesteuerung von Reiseleistungen (Teil 1), UVR 2021, 304
Weber-Grellet	Einkommensteuerrechtliche Zulässigkeit einer Entgeltumwandlung im Rahmen eines Ehegattenarbeitsverhältnisses, jurisPR-ArbR 34/2021 Anm. 7

Wengerofsky	Reform der Grunderwerbsteuer: Deutliche Änderungen im Bereich der Share-Deals – Ein Überblick zu den novellierten Vorgaben, Kurzreferat, UVR 2021, 240
Wengerofsky	Grunderwerbsteuer bei treuhänderischem Erwerb, eNews Steuern, Topthema, 32/2021 v. 16.8.2021
Werthebach	Erste Anmerkungen zum Entwurf eines Steueroasen-Abwehrgesetzes (StAbwG), IStR 2021, 338
Weymüller	Keine Minderung des Entgelts, wenn Verkäufer durch Finanzierung entstehende Zinszahlungen des Käufers gegenüber der Bank übernimmt, jurisPR-SteuerR 42/2021 Anm. 6
Winkler/Carlé	KöMoG: Optionsmodell und Erbschaft-/Schenkungsteuerrecht – Durchbrechung der einheitlichen Betrachtungsweise von Mitunternehmeranteilen, NWB 2021, 2508
Winzer/Baeck/ Hilgers	Das Betriebsrätemodernisierungsgesetz – Der Regierungsentwurf als Update für das BetrVG?, NZA 2021, 620
Woitok	Anmerkungen zum "Steueroasen-Abwehrgesetz", IStR 2021, 777
Wünnemann	Neue Weltsteuerordnung für Unternehmensgewinne – Die Blueprints der OECD zu Pillar One und Two aus Sicht der deutschen Wirtschaft, IStR 2021, 73
Zieglmeier	Grenzen der beitragsrechtlichen Nettolohnoptimierung, jurisPR-SozR 18/2021 Anm. 2
Zwirner/Busch/ Krauß	Auswirkungen der Corona-Pandemie auf Bilanzierung, Bewertung, Berichterstattung und Aufstellung sowie Offenlegung der Unternehmen, Stbg 2020, 367

Abkürzungsverzeichnis

2. KugBeV	Zweite Kurzarbeitergeldbezugsdauerverordnung
a.A.	anderer Auffassung
AAG	Allgemeines Gleichbehandlungsgesetz
a.a.O.	am angegebenen Ort
ABl.	Amtsblatt
ABl.EG	Amtsblatt der Europäischen Gemeinschaft
ABl.EU	Amtsblatt der Europäischen Union
Abs.	Absatz
Absch.	Abschnitt
AbzStEntModG	Gesetz zur Modernisierung der Entlastung von Abzugsteuern und der Bescheinigung der Kapitalertragsteuer (Abzugsteuerentlastungsmodernisierungsgesetz)
AdV	Aussetzung der Vollziehung
a.E.	am Ende
AEAO	Anwendungserlass zur Abgabenordnung
AEUV	Vertrag über die Arbeitsweise der Europäischen Union
a.F.	alte Fassung
AfA	Absetzung für Abnutzung
AG	Aktiengesellschaft
AGG	Allgemeines Gleichbehandlungsgesetz
AGVO	Allgemeine Gruppenfreistellungsverordnung
AIG	Auslandinvestitionsgesetz
Alt.	Alternative
AktG	Aktiengesetz
Anm.	Anmerkung
AO	Abgabenordnung
AOA	Authorised OECD Approach
AReG	Abschlussprüfungsreformgesetz
ARRL	Aktionärsrechterichtlinie
Art.	Artikel
ARUG II	Gesetz zur Umsetzung der zweiten Aktionärsrichtlinie
APA	Advance Pricing Agreements
AStG	Außensteuergesetz
ATAD	Anti-Tax-Avoidance Directive
ATADUmSG	Gesetz zur Umsetzung der Anti-Steuervermeidungsrichtlinie (ATAD-Umsetzungsgesetz)

ATAP	Anti-Tax-Avoidance Package
Aufl.	Auflage
Az.	Aktenzeichen
B+P	Betrieb und Personal *(Zeitschrift)*
B2B	Business-to-business
BAFA	Bundesamt für Wirtschaft und Ausfuhrkontrolle
BaFin	Bundesanstalt für Finanzdienstleistungsaufsicht
BAuA	Bundesanstalt für Arbeitsschutz und Arbeitsmedizin
BayLfSt	Bayerisches Landesamt für Steuern
BB	Betriebsberater *(Zeitschrift)*
BDEW	Bundesverband der Energie- und Wasserwirtschaft e.V.
BDI	Bundesverband der deutschen Industrie e.V.
BDSG	Bundesdatenschutzgesetz
BEA	Betreuungs-, Erziehungs- oder Ausbildungsbedarf
BEAT	Base Erosion and Anti-Abuse Tax
BEEG	Bundeselterngeld- und Elternzeitgesetz
BEHG	Brennstoffemissionshandelsgesetz
BEPS	base erosion and profit shifting
BeurkG	Beurkundungsgesetz
BeSt	Beratersicht zur Steuerrechtsprechung (Quartalsbeilage zu EFG und HFR)
BetrAVG	Gesetz zur Verbesserung der betrieblichen Altersversorgung (Betriebsrentengesetz)
BewG	Bewertungsgesetz
BFH	Bundesfinanzhof
BFH/NV	Sammlung der Entscheidungen des Bundesfinanzhofs mit allen amtlich und nicht amtlich veröffentlichten Entscheidungen
BGB	Bürgerliches Gesetzbuch
BGBl.	Bundesgesetzblatt
BGH	Bundesgerichtshof
BGHZ	Entscheidungen des Bundesgerichtshofs in Zivilsachen
BilMoG	Bilanzrechtsmodernisierungsgesetz
BilRUG	Bilanzrichtlinie-Umsetzungsgesetz
BKKG	Bundeskindergeldgesetz
BMAS	Bundesministerium für Arbeit und Soziales
BMF	Bundesministerium der Finanzen
BMJV	Bundesministerium der Justiz und für Verbraucherschutz
BMWi	Bundesministerium für Wirtschaft und Energie

BNetzA	Bundesnetzagentur
BOP	BZSt-Online-Portal
BpO	Betriebsprüfungsordnung
BR-Drucks.	Bundesratsdrucksache
Brexit-StBG	Gesetz über steuerliche und weitere Begleitregelungen zum Austritt des Vereinigten Königreich Großbritannien und Nordirland aus der Europäischen Union (Brexit-Steuerbegleitgesetz – Brexit-StBG)
BRKG	Bundesreisekostengesetz
BRICS	Brasilien, Russland, Indien, China und Südafrika
BRIS	Business Registers Interconnections Systems
BSFZ	Bescheinigungsstelle Forschungszulage
BsGaV	Betriebsstättengewinnaufteilungsverordnung
BSI	Bundesamt für Sicherheit in der Informationstechnik
BSIG	Gesetz über das Bundesamt für Sicherheit in der Informationstechnik
bspw.	beispielsweise
BStBl	Bundessteuerblatt
BT-Drucks.	Bundestagsdrucksache
BUKG	Bundesumzugskostengesetz
BUrlG	Bundesurlaubsgesetz
BVerwGE	Entscheidungen des Bundesverwaltungsgerichts
BVerfG	Bundesverfassungsgericht
BZSt	Bundeszentralamt für Steuern
bzw.	beziehungsweise
CapEx	Capital Expenditures
CbCR	Country-by-Country-Reporting
CMS	Compliance-Management-Systems, Content-Management-System
CBD	Biodiversitätskonvention
COVInsAG	Gesetz zur vorübergehenden Aussetzung der Insolvenzantragspflicht und zur Begrenzung der Organhaftung bei einer durch die COVID-19-Pandemie bedingten Insolvenz (COVID-19-Insolvenzaussetzungsgesetz)
CRSD	Corporate Substainability Reporting Directive
CSR-Richtlinie-Umsetzungsgesetz (CSR-RLUG)	Gesetz zur Stärkung der nichtfinanziellen Berichterstattung der Unternehmen in ihren Lage- und Konzernlageberichten
CTP	Certified Tax Payer
CTS	Continious Transaction Controls
ct/kWh	Cent pro Kilowattstunde

DAC 6	Directive on Administrative Cooperation in the Field of Taxation (6. Änderung der EU-Amtshilferichtlinie)
DAC 7	Revised Directive on administrative cooperation in the Field of Taxation (7. Änderung der EU-Amtshilferichtlinie)
DB	Der Betrieb *(Zeitschrift)*
DBA	Doppelbesteuerungsabkommen
DCGK	Deutsche Corporate Governance Kodex
DD	Double Deduction
DEHST	Deutsche Emissionshandelsstelle
DEMPE	Development, enhancement, maintenance, protection and exploitation
DiRUG	Gesetz zur Umsetzung der Digitalisierungsrichtlinie
DNK	Deutscher Nachhaltigkeitskodex
DNSH	Do not significantly harm
DPR	Deutsche Prüfstelle für Rechnungslegung
DRS	Deutsche Rechnungslegungs Standards
DRSC	Deutsches Rechnungslegungs Standards Committee
DSFinV-K	digitale Schnittstelle der Finanzverwaltung für Kassensysteme
DSGVO	EU-Datenschutzgrundverordnung
DStRE	Deutsches Steuerrecht Entscheidungsdienst (Entscheidungssammlung)
DStZ	Deutsche Steuerzeitung *(Zeitschrift)*
DVO	Durchführungsverordnung (EU) 2018/1912 des Rates vom 4.12.2018
DVR	Deutsche Verkehrsteuer-Rundschau (Zeitschrift)
D/NI	Deduction/No-Inclusion
e.V.	eingetragener Verein
EBIT	Earnings before interests, taxes
EBITDA	Earnings before interests, taxes, depreciation and amortisation
EBT	Earnings before taxes
ECL	Expected credit losses
ECOFIN	Economic and Financial Minister
EEG	Erneuerbare-Energien-Gesetz
EEX	European Energy Exchange
EFA	Energiefachausschuss
EFG	Entscheidung der Finanzgerichte *(Zeitschrift)*
EFI	Expertenkommission Forschung und Innovation
EFTA	Europäische Freihandelszone (Free Trade Association)

EFZG	Gesetz über die Zahlung des Arbeitsentgelts an Feiertagen und im Krankheitsfall (Entgeltfortzahlungsgesetz)
EGAO	Einführungsgesetz zur Abgabenordnung
eGbR	eingetragene Gesellschaft bürgerlichen Rechts
EGMR	Europäischer Gerichtshof für Menschenrechte
ELStAM	Elektronische Lohnsteuerabzugsmerkmale
EN	Explanatory Notes
EnergieStG	Energiesteuergesetz
EnEV	Energieeinsparverordnung
EntgTranspG	Gesetz zur Förderung der Entgelttransparenz zwischen Frauen und Männern (Entgelttransparenzgesetz)
EnWG	Energiewirtschaftsgesetz
EOG	Erlösobergrenze
EOP	Elster Online PortalGilti
ErbbauVO	Verordnung über das Erbbaurecht
ErbSt	Erbschaftsteuer
ErbStDV	Erbschaftsteuer-Durchführungsverordnung
ErbStG	Erbschaftsteuer- und Schenkungsteuergesetz
ErbStH	Hinweise zu den Erbschaftsteuer-Richtlinien
ErbStR	Erbschaftsteuer-Richtlinien
ErbStRG	Gesetz zur Reform des Erbschaftsteuer- und Schenkungsteuerrechts
EriC	European Research Infrastructure Consortium
Erl.	Erlass
ERP	Enterprise-Resource-Planning
Ertrag-StB	Der Ertrag-Steuer-Berater *(Zeitschrift)*
EsanMV	Verordnung zur Bestimmung von Mindestanforderungen für energetische Maßnahmen bei zu eigenen Wohnzwecken genutzten Gebäuden nach § 35c des Einkommensteuergesetzes (Energetische-Sanierungsmaßnahmen-Verordnung)
ESEF	European Single Electronic Format
ESG	Environmental Social Government
EStDV	Einkommensteuer-Durchführungsverordnung
EStG	Einkommensteuergesetz
EStH	Einkommensteuer-Hinweis
EStR	Einkommensteuer-Richtlinien
ESUG	Gesetz zur weiteren Erleichterung der Sanierung von Unternehmen
ETD	Energy Tax Directive
et al.	(et alii =) und andere

EU	Europäische Union
EUAHiG	Gesetz über die Durchführung der gegenseitigen Amtshilfe in Steuersachen zwischen den Mitgliedstaaten der Europäischen Union (EU-Amtshilfegesetz)
EU DVO	Durchführungsverordnung (EU) Nr. 282/2011
EuG	Gericht der Europäischen Union
EuGH	Europäischer Gerichtshof
EUSt	Einfuhrumsatzsteuer
EVU	Energieversorgungsunternehmen
evtl.	eventuell
EWR	Europäischer Wirtschaftsraum
EZ	Erhebungszeitraum
F&E	Forschung und Entwicklung
FA	Finanzamt
FAB	Fachausschuss Unternehmensberichterstattung
FAQ	Frequently Asked Questions
FASB	Financial Accounting Standards Board
FATCA	Foreign Account Tax Compliance Act
f./ff.	folgend/folgende
FG	Finanzgericht
FGO	Finanzgerichtsordnung
FIFO	first in – first out
FinMin	Finanzministerium
FinVerw	Finanzverwaltung
FISG	Gesetz zur Stärkung der Finanzmarktintegrität (Finanzmarktintegritätsgesetz)
FKAustG	Finanzkonten-Informationsaustauschgesetz
FMK	Finanzministerkonferenz
FoStoG	Fondsstandortgesetz
FR	Finanz Rundschau *(Zeitschrift)*
FTT	Financial Transaction Tax
FuE	Forschung und Entwicklung
FVerlV	Verordnung zur Anwendung des Fremdvergleichsgrundsatzes nach § 1 Abs. 1 des Außensteuergesetzes in Fällen grenzüberschreitender Funktionsverlagerungen (Funktionsverlagerungsverordnung)
FVTOCI	Fair Value Through Other Comprehensive Income
FVTPL	Fair Value Through Profit or Loss
FZulBV	Forschungszulagen-Bescheinigungsverordnung

FZulG	Gesetz zur steuerlichen Förderung von Forschung und Entwicklung (Forschungszulagengesetz)
GAAP	United States Generally Accepted Accounting Principles
GAufzV	Verordnung zu Art, Inhalt und Umfang von Aufzeichnungen im Sinne des § 90 Abs. 3 der Abgabenordnung (Gewinnabgrenzungsaufzeichnungsverordnung)
GbR	Gesellschaft bürgerlichen Rechts
G.d.E.	Gesamtbetrag der Einkünfte
GDPdU	Grundsätze zum Datenzugriff und zur Prüfbarkeit digitaler Unterlagen
gem.	gemäß
GFV	Group on the Future of VAT
GenG	Gesetz betreffend die Erwerbs- und Wirtschaftsgenossenschaften (Genossenschaftsgesetz)
GeschGehG	Gesetz zum Schutz von Geschäftsgeheimnissen
GesLV	Gesellschafterlistenverordnung
GesRGenR-COVMVV	Verordnung zur Verlängerung der Maßnahmen im Gesellschafts-, Genossenschafts-, Vereins- und Stiftungsrecht zur Bekämpfung der Auswirkungen der COVID-19-Pandemie
GewStG	Gewerbesteuergesetz
GG	Grundgesetz
ggf.	gegebenenfalls
GILTI	Global Intangible Low-Taxed Income
GKKB	Gemeinsame konsolidierte Körperschaftsteuerbemessungsgrundlage
GKV	Verbände der gesetzlichen Krankenversicherung
GKV-Betriebs-rentenfreibe-tragsgesetz	Gesetz zur Einführung eines Freibetrags in der gesetzlichen Krankenversicherung zur Förderung der betrieblichen Altersvorsorge
GloBE	Global anti-base erosion proposal
GmbH	Gesellschaft mit beschränkter Haftung
GmbHG	Gesetz betreffend die Gesellschaften mit beschränkter Haftung
GmbHR	GmbH-Rundschau *(Zeitschrift)*
GmbH-StB	GmbH-Steuerberater *(Zeitschrift)*
gMsB	grundzuständiger Messstellenbetreiber
GrESt	Grunderwerbsteuer
GrEStG	Grunderwerbsteuergesetz
GoB	Grundsätze ordnungsgemäßer Buchführung
GoBD	Grundsätze zur ordnungsmäßigen Führung und Aufbewahrung von Büchern, Aufzeichnungen und Unterlagen in elektronischer Form sowie zum Datenzugriff
GoBS	Grundsätze ordnungsmäßiger DV-gestützter Buchführungssysteme

GoFW	Geschäfts- oder Firmenwert
GRI	Global Reporting Initiative
GrStG	Grundsteuergesetz
GrStRefG	Gesetz zur Reform des Grundsteuer- und Bewertungsrechts (Grundsteuer-Reform)
GrStRefUG	Grundsteerreform-Umsetzungsgesetz
GuV	Gewinn- und Verlustrechnung
GwG	Gesetz über das Aufspüren von Gewinnen aus schweren Straftaten (Geldwäschegesetz)
GWG	Geringwertiges Wirtschaftsgut
Hess.	Hessisches
HFA	Hauptfachausschuss des Instituts der Wirtschaftsprüfer
HFR	Höchstrichterliche Finanzrechtsprechung *(Zeitschrift)*
HGB	Handelsgesetzbuch
h.M.	herrschende Meinung
Hs.	Halbsatz
IAS	International Accounting Standards
IASB	International Accounting Standards Board
ICAP	International Compliance Assurance Programme
i.d.F.	in der Fassung
i.d.R.	in der Regel
IDS	Intrusion Detection System
IDSt	Institut für Digitalisierung im Steuerrecht
IDW RH HFA	Regelungshinweise des IDW, Stellungnahmen des Hauptfachausschusses
i.e.	im Einzelnen
IFRS	International Financial Reporting Standards
IfSG	Infektionsschutzgesetz
i.H.v.	in Höhe von
IIR	Income Inclusion Rule
IKS	Internes Kontrollsystem
iMSys	Intelligentes Messsystem
INF	Information über Steuer und Wirtschaft
IP	Intellectual Property
InsO	Insolvenzordnung
InvStG	Investmentsteuergesetz
InvStRG	Gesetz zur Reform der Investmentbesteuerung (Investmentsteuerreformgesetz)
IOSS	Import-One-Stop-Shop

i.S.d.	im Sinne der/des
ISR	Internationale Steuer-Rundschau (*Zeitschrift*)
IStR	Internationales Steuerrecht (*Zeitschrift*)
i.S.v.	im Sinne von
IT-SiG	Gesetz zur Erhöhung der Sicherheit informationstechnischer Systeme (IT-Sicherheitsgesetz)
i.V.m.	in Verbindung mit
JbFfStR	Jahrbuch der Fachanwälte für Steuerrecht
j.P.d.ö.R.	juristische Person des öffentlichen Rechts
JStG	Jahressteuergesetz
JStG 2019	Gesetz zur weiteren steuerlichen Förderung der Elektromobilität und zur Änderung weiterer steuerlicher Vorschriften
KapESt	Kapitalertragsteuer
KassenSichV	Kassensicherungsverordnung
Kfz	Kraftfahrzeug
KG	Kommanditgesellschaft
KGaA	Kommanditgesellschaft auf Aktien
KMU	kleine und mittlere Unternehmen
KöMoG	Gesetz zur Modernisierung des Körperschaftsteuerrechts (Körperschaftsteuermodernisierungsgesetz)
kösdi	Kölner Steuerdialog (*Steuerfachzeitschrift*)
KoR	Zeitschrift für internationale und kapitalmarktorientierte Rechnungslegung (*Zeitschrift*)
KPI	Key-Perfomance-Indicator
KRITIS	Kritische Infrastrukturen
KStG	Körperschaftsteuergesetz
KWKG	Kraft-Wärme-Koppelungsgesetz
kWh	Kilowattstunde
LfDI BW	Landesbeauftragter für Datenschutz und Informationssicherheit Baden-Württemberg
LfSt	Landesamt für Steuern
LHO	Landeshaushaltsordnung
LIFO	Last in – first out
LkSG	Lieferkettensorgfaltspflichtengesetz
LKW	Lastkraftwagen
LPartG	Gesetz über die eingetragene Lebenspartnerschaft
Ls.	Leitsatz
LStDV	Lohnsteuer-Durchführungsverordnung
LStR	Lohnsteuer-Richtlinien

lt.	laut
MCAA	Austausch länderbezogener Berichte
m.E.	meines Erachtens
MIAS	Mehrwertsteuer-Informationsaustauschsystem
MiLoG	Mindestlohngesetz
Mio.	Millionen
MIRT	Mobile Incident Response Teams
MLI	Multilaterales Instrument
mME	moderne Messeinrichtungen
MNE	Hauptsitz der multinationalen Unternehmen
MoPeG	Gesetz zur Modernisierung des Personengesellschaftsrechts
MOSS	Mini-One-Stop-Shop
m.w.N.	mit weiteren Nachweisen
MwStR	Zeitschrift für das gesamte Mehrwertsteuerrecht *(Zeitschrift)*
MwStSystRL	Mehrwertsteuersystem-Richtlinie
MwStVO	Mehrwertsteuer-Verordnung
NAV	Net Asset Value
nEHS-Register	nationales Emissionshandelsregister
n.F.	neue Fassung
NFE	Nichtfinanzielle (Konzern-) Erklärung
NJW	Neue Juristische Wochenschrift *(Zeitschrift)*
NPL	Non-Performing-Loans
npoR	Zeitschrift für das Recht der Non Profit Organisationen *(Zeitschrift)*
Nr.	Nummer
n.v.	nicht veröffentlicht
NWB	Neue Wirtschafts-Briefe *(Zeitschrift)*
NZG	Neue Zeitschrift für Gesellschaftsrecht *(Zeitschrift)*
NZB	Nichtzulassungsbeschwerde
o.a.	oben angeführt
OECD	Organisation for Economic Cooperation and Development (Organisation für wirtschaftliche Zusammenarbeit und Entwicklung)
OECD-MA	OECD-Musterabkommen zur Vermeidung der Doppelbesteuerung
OFD	Oberfinanzdirektion
OHG	Offene Handelsgesellschaft
OLG	Oberlandesgericht
ÖPNV	Öffentlicher Personennahverkehr
OpEx	Operational Expenditures

OSS	One-Stop-Shop
pCbCR	Public Country-by-Country-Reportings
PCR	Polymerase Chain Reaction
PfandbG	Pfandbriefgesetz
PIE	Public Interest Entities
PIMS	Personal Information Management System
PMS	Participating Member States
PStR	Praxis Steuerstrafrecht *(Zeitschrift)*
PublG	Publizitätsgesetz
PV	Photovoltaikanlage
R	Abschnitt der Einkommensteuer-Richtlinien
RCV	Reverse Charge Verfahren
Rdnr.	Randnummer
RETT	Real Estate Transfer Tax
RFH	Reichsfinanzhof
Rspr.	Rechtsprechung
RED	Renewable Energy Directive
Rev.	Revision eingelegt
RVO	Reichsversicherungsordnung
Rz.	Randziffer
S. / s.	Seite / siehe
SanInsFoG	Gesetz zur Fortentwicklung des Sanierungs- und Insolvenzrechts (Sanierungsfortentwicklungsgesetz)
SchSt	Schenkungsteuer
SchStG	Schenkungsteuergesetz
SGB	Sozialgesetzbuch
s.o.	siehe oben
sog.	so genannt
SolZ	Solidaritätszuschlag
SolzG	Solidaritätszuschlaggesetz
SozSichUKG	Gesetz zur Koordinierung der sozialen Sicherheit mit dem Vereinigten Königreich Großbritannien und Nordirland
StAbwG	Gesetz zur Abwehr von Steuervermeidung und unfairem Steuerwettbewerb und zur Änderung weiterer Gesetze; Steueroasen-Abwehrgesetz
StAbwV	Verordnung zur Durchführung des § 3 des Steueroasen-Abwehrgesetzes (Steueroasen-Abwehrverordnung)
StÄndG	Steueränderungsgesetz
StaRUG	Unternehmensstabilisierungs- und -restrukturierungsgesetz

Stbg	Die Steuerberatung *(Zeitschrift)*
Stpfl.	Steuerpflichtiger
st. Rspr.	ständige Rechtsprechung
str.	strittig
StromNEV	Stromnetzentgeltverordnung
StromStG	Stromsteuergesetz
STTR	Subject to Tax Rule
SvEV	Sozialversicherungsentgeltverordnung
TCMS	Tax Compliance Management Systems
TKG	Telekommunikationsgesetz
TMG	Telemediengesetz
TrEinV	Transparenzeinsichtnahmeverordnung
TrGebV	Transparenzregistergebührenverordnung
TSE	Technische Sicherheitseinrichtung
TTDSG	Telekommunikations-Telemedien-Datenschutzgesetz
TV ATZ	Tarifvertrag zur Regelung der Altersteilzeit im Öffentlichen Dienst
Tz.	Textzahl
TzBfG	Gesetz über Teilzeitarbeit und befristete Arbeitsverträge (Teilzeit- und Befristungsgesetz)
u.a.	unter anderem
Ubg	Die Unternehmensbesteuerung *(Zeitschrift)*
UBRegG	Unternehmensbasisdatenregistergesetz
UmwG	Umwandlungsgesetz
UmwStG	Umwandlungssteuergesetz
Urt.	Urteil
US-GAAP	United States Generally Accepted Accounting Principles
USt	Umsatzsteuer
UStAE	Umsatzsteuer-Anwendungserlass
UStDV	Umsatzsteuer-Durchführungsverordnung
USt-Idnr.	Umsatzsteuer-Identifikationsnummer
UTPR	Undertax Payement Rule
u.U.	unter Umständen
UVR	Umsatz- und Verkehrsteuer-Recht *(Zeitschrift)*
UWG	Gesetz gegen den unlauteren Wettbewerb
UZK	Unionszollkodex
VAT	Value Added Tax
VEG	VAT Expert Group aus Unternehmensvertretern

VerSanG	Gesetz zur Bekämpfung der Unternehmenskriminalität (Verbandssanktionengesetz)
vGA	verdeckte Gewinnausschüttung
vgl.	vergleiche
v.H.	vom Hundert
viEVU	vertikal integriertes Energieversorgungsunternehmen
VO	Verordnung
VWG BsGa	Grundsätze für die Anwendung des Fremdvergleichsgrundsatzes auf die Aufteilung der Einkünfte zwischen einem inländischen Unternehmen und seiner ausländischen Betriebsstätte und auf die Ermittlung der Einkünfte der inländischen Betriebsstätte eines ausländischen Unternehmens nach § 1 Absatz 5 des Außensteuergesetzes und der Betriebsstättengewinnaufteilungsverordnung (Verwaltungsgrundsätze Betriebsstättengewinnaufteilung)
VZ	Veranlagungszeitraum
WpHG	Wertpapierhandelsgesetz
WpIG	Wertpapierinstitutsgesetz
WPK	Wirtschaftsprüfungskammer
WPTQ	Arbeitsgruppe Finanztransaktionssteuer der EU-Kommission
XBRL	Extensible Business Reporting Language
XHTML	Extensible Hypertext Markup Format
ZAG	Zahlungsdiensteaufsichtsgesetz
z.B.	zum Beispiel
z.T.	zum Teil
ZEV	Zeitschrift für Erbrecht und Vermögensnachfolge *(Zeitschrift)*
ZfZ	Zölle und Verbrauchsteuern *(Zeitschrift)*
Ziff.	Ziffer
ZIP	Zeitschrift für Wirtschaftsrecht *(Zeitschrift)*
ZM	Zusammenfassende Meldung
ZPO	Zivilprozessordnung
ZVR	Zeitschrift für Verkehrsrecht *(Zeitschrift)*
zz.	zurzeit

Erster Teil: Bewertung aus der Sicht der Wirtschaft

A. Koalitionsvertrag von SPD, FDP und Bündnis 90/Die Grünen

Nahezu zwei Monate nach der Bundestagswahl am 26.9.2021 haben die Regierungs- **1** parteien SPD, Bündnis 90/Die Grünen und FDP am 24.11.2021 einen Koalitionsvertrag für die 20. Legislaturperiode von 2021 bis 2025 vorgelegt.[1] Die an der Koalition beteiligten Parteien haben diesem Koalitionsvertrag zwischenzeitlich zugestimmt und die sog. Ampelkoalition wurde am 8.12.2021 vereidigt. Aus finanz- und steuerpolitischer Sicht beinhaltet das 177 Seiten umfassende Papier **vereinzelt Maßnahmen**, die das Steuersystem verbessern. Allerdings **fehlt es an einem klaren Bekenntnis zu einer strukturellen Modernisierung** der veralteten Unternehmensbesteuerung in Deutschland. Diese, zweifelsohne richtigen, aber lediglich punktuell gesetzten und befristeten Investitionsanreize sowie eine zeitliche Ausdehnung des Verlustrücktrags reichen nicht aus. Immerhin haben sich die künftigen Koalitionäre die Digitalisierung und Entbürokratisierung des Steuersystems vorgenommen. Dies sind dringend nötige Maßnahmen, die den steuerlichen Rahmen verbessern und die der BDI unterstützt.

I. Steuerliche Schwerpunkte des Koalitionsvertrags

Zentrale Priorität der Ampelkoalition ist es nun, die 2020er Jahre zu einem „**Jahrzehnt** **2** **der Zukunftsinvestitionen**" zu machen. Dazu soll eine Politik verfolgt werden, die die Investitionen – privat wie öffentlich – deutlich erhöht. Im Rahmen der grundgesetzlichen **Schuldenbremse** sollen die nötigen langfristigen Investitionen gewährleistet werden, insbesondere in Klimaschutz, Digitalisierung, Bildung und Forschung sowie in Infrastruktur. Damit die bereitgestellten Mittel auch eingesetzt werden, sollen Planungsprozesse und Genehmigungen deutlich beschleunigt werden, Investitionssicherheit herrschen und Kapitalsammelstellen sollen besser in Zukunftstechnologien investieren können. Intensiviert werden soll insbesondere der Kampf gegen Steuerhinterziehung, Geldwäsche und Steuervermeidung und hierbei will sich die Koalition weiter aktiv für die Einführung der globalen Mindestbesteuerung einsetzen.

Auffällig ist, dass eine klare **Absage an neue Substanzsteuern oder Steuererhöhungen** im Bereich der Unternehmensbesteuerung im Koalitionsvertrag **fehlt**. Zwar scheint eine neuerliche Debatte um eine **Vermögensteuer** derzeit unwahrscheinlich, allerdings bleibt eine **steuererhöhende Reform der Erbschaftsteuer** nach wie denkbar und als Alternative realistisch.

Einschränkungen sind **bei einzelnen Subventionen** zu erwarten, denn zusätzliche Haushaltsspielräume sollen dadurch gewonnen werden, dass der Bundeshaushalt auf überflüssige, unwirksame und umwelt- und klimaschädliche Subventionen und Ausgaben überprüft wird. Konsens besteht insbesondere bei einer Verbesserung von Abschreibungsbedingungen. Konkret soll mit der Möglichkeit einer beschleunigten Abschreibung über zwei Jahre, einer sog. Superabschreibung für Investitionen in Klimaschutz und Digitalisierung, ein Konjunkturschub erreicht werden. Schließlich soll Steuerbürokratie spürbar verringert werden, beispielsweise durch höhere Schwellenwerte und volldigitalisierte Verfahren. Mit diesem „Paket" sind wesentliche Aufgaben der Steuerpolitik in der nächsten Legislaturperiode erfasst, allerdings ist bei einigen Punkten mehr notwendig und die neue Bundesregierung ist gefordert, mutige Reformschritte anzugehen, die in der letzten Legislaturperiode nicht oder nicht ausreichend geregelt wurden.

II. Vorerst keine strukturelle Modernisierung der Unternehmensbesteuerung

Eine weitgehend offene Baustelle bleibt die nach wie vor notwendige strukturelle **3** Modernisierung der Unternehmensbesteuerung. Mit Blick auf das neu geschaffene

---

1) Der Koalitionsvertrag der Ampelkoalition ist u.a. abrufrufbar unter https://www.spd.de/fileadmin/ Dokumente/Koalitionsvertrag/Koalitionsvertrag_2021–2025.pdf (zuletzt aufgerufen am 10.12.2021).

Optionsmodell (→ Rz. 33 und Rz. 110 ff.) und die reformbedürftige **Thesaurierungsbegünstigung** sieht der Koalitionsvertrag lediglich eine **Evaluierung** und Prüfung vor.

Dabei bleibt für die Personenunternehmen eine Nachbesserung des Optionsmodells und der Thesaurierungsbegünstigung (§ 34a EStG) notwendig, um einbehaltene Gewinne zu schonen und für Reinvestitionen nutzen zu können. Weitergehende Maßnahmen sind nicht vorgesehen, mit denen sich eine im internationalen Vergleich **wettbewerbsfähige Steuerbelastung** der Unternehmen von rund 25 % erreichen ließe. Insbesondere die **Abschaffung des Solidaritätszuschlags** für alle Steuerpflichtigen und eine entsprechende **Reduzierung des Körperschaftsteuersatzes** (oder alternativ eine partielle Anrechnung der Gewerbesteuer auf die Körperschaftsteuer), bleiben weiter angezeigt, um eine international wettbewerbsfähige Besteuerung der einbehaltenen Gewinne von Unternehmen zu erreichen. Ebenso ist eine Anpassung der Niedrigsteuerersatzgrenze bei der **Hinzurechnungsbesteuerung** vorerst nicht im Koalitionsvertrag vorgesehen.

Positiv ist, dass sich die Parteien mit dem Vorhaben, **Forschung und Entwicklung** (FuE) zu fördern sowie 3,5 % des BIP in FuE zu investieren, das richtige Ziel setzen. Jedoch lässt der Koalitionsvertrag die dafür notwendige Ausweitung der Forschungszulage vermissen. Hierzu sollte die Bemessungsgrundlage mindestens unbefristet und verdoppelt sowie der Fördersatz der Forschungszulage auf 30 % erhöht werden.

Mit der Einführung einer **Investitionsprämie** setzen die Parteien den Fokus richtig auf nötige Investitionen in Klimaschutz und Digitalisierung. Für eine wirksame Wachstumsförderung sollten „Superabschreibungen" jedoch nicht ausschließlich auf Investitionen in „Klimaschutz und Digitalisierung" beschränkt werden. Zusätzlich ist eine Verlängerung der allgemeinen degressiven AfA nach 2021 für langfristige Investitionen notwendig.

Die im Koalitionsvertrag erwähnte **Verlängerung der erweiterten Verlustverrechnung** ist richtig (→ Rz. 333 ff.). Jedoch verlieren die Koalitionäre aus den Augen, dass die im Zuge der Coronakrise entstandenen Verluste im Rahmen des Verlustrücktrags mit Gewinnen aus Veranlagungszeiträumen vor der Krise verrechenbar sein müssten. Die angedachte Ausweitung des Rücktragzeitraums auf die zwei unmittelbar vorangegangenen Veranlagungszeiträume ist zwar gut gemeint, greift jedoch im mittlerweile zweiten Corona-Krisenjahr zu kurz. Um ausreichende Liquidität in Unternehmen nach der Pandemie zu schaffen, müssen auch das Rücktragsvolumen und der Verlustvortrag erweitert werden.

III. Globale Mindeststeuer und weltweite Neuverteilung des Aufkommens aus Unternehmensgewinnen

4 Die künftige Ausgestaltung und Umsetzung der OECD-Vorschläge zur globalen Mindeststeuer und Neuverteilung des Steueraufkommens aus Unternehmensgewinnen wird nach der Einigung auf internationaler Ebene auch in Deutschland hohe Bedeutung erlangen (→ Rz. 189 ff.). Vor diesem Hintergrund ist das Bekenntnis der künftigen Koalition, sich „aktiv für die Einführung der globalen Mindestbesteuerung" einzusetzen, positiv zu bewerten, wenn die internationale Einigung über eine globale Mindeststeuer und die Neuverteilung der Besteuerungsrechte von Unternehmensgewinnen genutzt werden, um zusätzliche europäische und unilaterale Digitalsteuern zu vermeiden. Leider lässt der Koalitionsvertrag in diesem Zusammenhang ein Bekenntnis zur Vermeidung von **Doppelbesteuerung** und zusätzlichen **bürokratischen Lasten für Unternehmen** vermissen.

Im Rahmen der Umsetzung der internationalen Beschlüsse sollten in Deutschland bestehende **Anti-Missbrauchsregelungen abgeschafft** und nachgebessert werden. Hierzu zählen insbesondere die deutsche Hinzurechnungsbesteuerung und die überfällige Absenkung der Niedrigbesteuerungsgrenze auf 15 %. Abzusehen ist bereits jetzt, dass **internationale Steuerkonflikte deutlich zunehmen** werden. Hierfür sind effiziente Lösungen unverzichtbar. Es bedarf effizienter und für alle Staaten verbindliche Mechanismen zur Streitvermeidung und Streitbeilegung, um die Vielzahl von Steuerkonflikten bewältigen zu können und Rechtsicherheit in diesen Fällen zu schaffen.

IV. Verfassungsgemäße Neuregelung des Zinssatzes für Steuernachforderungen und -erstattungen

Mit Beschluss vom 8.7.2021[1] hat der Erste Senat des BVerfG entschieden, dass die Verzinsung von Steuernachforderungen und Steuererstattungen in § 233a i.V.m. § 238 Abs. 1 Satz 1 AO verfassungswidrig ist, soweit der Zinsberechnung für Verzinsungszeiträume ab dem 1.1.2014 ein Zinssatz von monatlich 0,5 % zugrunde gelegt wird. Das bisherige Recht ist nach dem Beschluss des BVerfG für bis einschließlich in das Jahr 2018 fallende Verzinsungszeiträume weiter anwendbar. Für ab in das Jahr 2019 fallende Verzinsungszeiträume sind die Vorschriften dagegen unanwendbar. Der Gesetzgeber ist verpflichtet, bis zum 31.7.2022 eine **verfassungsgemäße Neuregelung** zu treffen, die sich rückwirkend auf alle Verzinsungszeiträume ab dem Jahr 2019 erstreckt und alle noch nicht bestandskräftigen Fälle erfasst (→ Rz. 303). **5**

Die Festlegung der zukünftigen Höhe des Zinssatzes für die Verzinsung von Steuernachforderungen und Steuererstattungen (§§ 233a, 238 AO) ist damit eine Verpflichtung der nächsten Bundesregierung. Bis zum 31.7.2022 muss eine verfassungsgemäße Neuregelung erfolgen – so lautet die Vorgabe des BVerfG. Notwendig ist eine **realitätsgerechte Absenkung des Zinssatzes** und eine gesetzliche Regelung muss auch sicherstellen, dass der Zinssatz zukünftig bei **Veränderungen des allgemeinen Zinsniveaus angepasst** wird und somit dauerhaft verfassungsfest ist. Für die Unternehmen muss möglichst zeitnah Rechts- und Planungssicherheit herrschen. Um die verfassungsrechtlich gebotene, realitätsgerechte Höhe des steuerlichen Zinssatzes festzusetzen, ist eine Anknüpfung an geeignete Referenzzinssätze sinnvoll. Zu einer praktikablen Neuregelung gehört zudem, dass der steuerliche Zinssatz auch zukünftig keinen unterjährigen Schwankungen unterliegen darf.

Mit einer im Koalitionsvertrag nicht erwähnten, aber vom BVerfG geforderten Neuregelung der Höhe des Zinssatzes sollte ergänzend auch eine **symmetrische Behandlung von Nachforderungs- und Erstattungszinsen** erfolgen. Aktuell sind Erstattungszinsen zu versteuern, Nachforderungszinsen sind nicht zum Abzug zugelassen. Erstattungszinsen sollten wieder steuerfrei gestellt werden und außerdem sollte eine gesetzliche **Regelung zur freiwilligen Steueranzahlung** (→ Rz. 75) getroffen werden, um Steuernachzahlungen und daraus resultierende Zinsen zu vermeiden.

V. Digitalisierung des Besteuerungsverfahrens

Die Digitalisierung des Besteuerungsverfahrens ist eine zentrale Aufgabe, die sich die neue Bundesregierung vornehmen muss, damit dies nicht als **Standortnachteil** wahrgenommen wird. Die Koalitionspartner haben sich mit der Beschleunigung und **Modernisierung der Steuerprüfung** ein richtiges Ziel gesetzt. Die steuerlichen Betriebsprüfungen müssen zeitnäher, schneller und digitaler werden (→ Rz. 64 ff.). Die dafür vorgesehenen verbesserten Schnittstellen, Standardisierung und der sinnvolle Einsatz neuer Technologien weisen in eine praxisgerechte Richtung. **6**

Zur notwendigen digitalen Transformation des Besteuerungsverfahrens haben die Koalitionspartner richtigerweise erkannt, dass die Digitalisierung und Entbürokratisierung der Steuerverwaltung vorangetrieben werden muss. Die Zielsetzung, die gesamte Interaktion zwischen Steuerpflichtigen und Finanzverwaltung digital zu ermöglich, ist sehr zu begrüßen.

Ebenso positiv ist die Zusage, dass **steuerliche Regelungen** grundsätzlich auch **digital umsetzbar** sein sollen. Die für den digitalen Wandel vorgesehene zentrale Organisati-

---

1) BVerfG v. 8.7. 2021, 1 BvR 2237/14, 1 BvR 2422/17, DStR 2021, 1934.

onseinheit auf Bundesebene ist ein weiterer richtiger Schritt. Zudem ist es wichtig, die Digitalisierung auch im Bereich der steuerlichen Betriebsprüfungen zu beschleunigen.

Der Koalitionsvertrag stellt dafür umfangreiche Ansatzpunkte bereit. Daran will insbesondere das vom BDI mitgegründete **Institut für Digitalisierung im Steuerrecht e.V.** (IDSt) in den nächsten vier Jahren dieser Legislaturperiode anknüpfen, um die Themen seiner Fachausschüsse I bis VIII voranzutreiben (→ Rz. 56). Die folgenden Punkte sind für das IDSt von Bedeutung:

– Erleichterung der Erfüllung steuerlicher Pflichten durch vorausgefüllte Steuererklärungen,

– Vorantreiben der Digitalisierung des Besteuerungsverfahrens,

– grundsätzliche Ermöglichung der digitalen Umsetzbarkeit steuerlicher Regelungen,

– Ermöglichung der Digitalisierung der gesamten Interaktion zwischen Steuerpflichtigen und Finanzverwaltung,

– Modernisierung und Beschleunigung der Betriebsprüfung durch Verbesserung der Schnittstellen, Standardisierung und sinnvollen Einsatz neuer Technologien,

– Einrichtung einer zentralen Organisationseinheit auf Bundesebene zur Sicherung der Anschlussfähigkeit der Steuerverwaltung an den digitalen Wandel und für eine spürbare Verringerung der Steuerbürokratie,

– Bekämpfung des Umsatzsteuerbetrugs durch die schnellstmögliche Einführung eines bundesweit einheitlichen elektronischen Meldesystems für die Erstellung, Prüfung und Weiterleitung von Rechnungen. Ziel ist die Senkung der Betrugsanfälligkeit des Mehrwertsteuersystems und die gleichzeitige Modernisierung und Entbürokratisierung der Schnittstelle zwischen der Verwaltung und den Betrieben.

– Unterbindung von missbräuchlichen Dividendenarbitragegeschäften durch stärkere Nutzung technischer Möglichkeiten, z.B. Blockchain.

Interessant ist auch die im Koalitionsvertrag erwähnte Einrichtung des **Instituts für empirische Steuerforschung** (IfeS) zur Verbesserung der Datenlage für eine evidenzbasierte Gesetzgebung. Hier ergeben sich ebenfalls interessante Ansatzpunkte für das IDSt, weil auch beim IfeS die Bedeutung von Daten bei der Besteuerung im Vordergrund stehen wird.

B. Die neue Weltsteuerordnung – Pillar 1 und Pillar 2

I. Ausgangslage und bisherige Entwicklungen

7 Die fortschreitende Digitalisierung verändert nicht nur unsere Informationsnutzung und Kommunikation, sondern sie verändert in einem bisher nicht bekannten Ausmaß die Wertschöpfung und gesamte Geschäftsmodelle. Seit Auftreten der Covid-19-Pandemie haben nicht zuletzt die mit der Digitalisierung verbundenen Veränderungen in fast allen Bereichen unseres Alltagslebens und der Wirtschaft eine erhebliche Beschleunigung erfahren. Diese z.T. einschneidenden Umbrüche führten zwangsläufig zu strukturellen Veränderungen bisher unbekannten Ausmaßes.

Die Digitalisierung verändert dabei nicht nur unternehmerische Tätigkeit, sondern sie ist vielmehr steter Treiber einer Entwicklung, aus der laufend neue innovative technologische, oftmals grenzüberschreitende oder ortsunabhängige neue Geschäftsmodelle hervorgehen. Diese Entwicklung geht mit neuen, oftmals noch zu beantwortenden gesellschaftlichen, politischen und wirtschaftlichen Fragestellungen einher und hat auch zu **neuen Herausforderungen für die internationale Besteuerung der Wirtschaft** geführt.

Ausgangspunkt der Diskussion ist die Feststellung, dass digitale oder zunehmend digitalisierte Geschäftsmodelle sowie die zunehmend durch immaterielle Wirtschaftsgüter generierte Wertschöpfung mit den bisherigen Besteuerungsregeln, die im Wesentlichen an das Vorhandensein einer physischen Präsenz in Form einer Betriebsstätte anknüpfen, nicht mehr ausreichend steuerlich erfasst werden können. Daraus resultierte ein politischer und öffentlicher Druck, um eine Lösung für die allgemein als ungerecht wahrgenommene Besteuerung von global tätigen Digitalkonzernen zu erarbeiten.

Aus diesem Grund findet auf **OECD-Ebene** bereits seit der Jahrtausendwende eine Diskussion über die Besteuerung der digitalen Wirtschaft statt.[1] U.a. steht in deren Zentrum die Frage, ob Unternehmensgewinne hinreichend besteuert werden und ob die Einnahmen aus der Besteuerung von Unternehmensgewinnen ausreichend zwischen den Staaten verteilt werden.[2] Im Juli 2013 verabschiedeten die OECD- und G20-Staaten einen aus 15 Punkten bestehenden Aktionsplan, um einheitliche und konsensbasierte Vorschriften gegen Gewinnverkürzung und -verlagerung (**Base Erosion and Profit Shifting**, BEPS) multinational tätiger Unternehmen zu schaffen. Aktionspunkt 1 beschäftigte sich mit der „Lösung der mit der digitalen Wirtschaft verbundenen Besteuerungsprobleme".[3] Die OECD hat schließlich am 5.10.2015 ihre Abschlussberichte des BEPS-Projekts veröffentlicht,[4] die von den G20 Staats- und Regierungschefs auf dem G20-Gipfel vom 16.11.2015 gebilligt wurden. Die Abschlussberichte enthalten konkrete und umsetzbare Empfehlungen gegen Gewinnverkürzung und -verlagerung international tätiger Konzerne, ohne jedoch eine Antwort auf die steuerlichen Herausforderungen der Digitalisierung und der damit in Zusammenhang stehenden Diskussion über eine vorgeblich gerechtere Neuverteilung des Steueraufkommens aus Unternehmensgewinnen zu geben. Dieser zweite Diskussionsstrang entwickelte sich im Wesentlichen aus Interessen der Schwellen- und Entwicklungsländer, die aus fiskalischen Überlegungen heraus einen größeren Anteil am globalen Steueraufkommen aus Unternehmensgewinnen eingefordert hatten. Im Ergebnis von **BEPS Aktionspunkt 1**, der sich mit der Frage befasste, ob die bisherigen Prinzipien der Unternehmensbesteuerung im zunehmend digitalen Zeitalter noch angemessen sind, wurde schließlich festgestellt, dass die Digitalisierung alle Wirtschaftsbereiche umfasst und sich die digitale Wirtschaft daher nur schwer oder gar nicht für steuerliche Zwecke von der übrigen Wirtschaft isolieren (sog. „ring-fencing") lässt.[5]

Die Besteuerung der digitalen Wirtschaft kam anschließend 2017 wieder auf die Agenda. Ausgehend von der Erkenntnis, dass immer mehr Wirtschaftsbereiche direkt oder indirekt von der Digitalisierung betroffen sind, hat sich der Kern der Diskussion zunehmend hin zur Frage über die **angemessene Besteuerung von Gewinnen grenzüberschreitend tätiger multinationaler Konzerne** entwickelt und wurde im Rahmen der G20-Agenda im Jahr 2017 intensiv diskutiert.[6]

Im Auftrag der G20 hat das OECD/G20 Inclusive Framework on BEPS im März 2018 einen Zwischenbericht mit einer tiefergehenden Analyse der Herausforderungen im Bereich der direkten Steuern veröffentlicht, ohne jedoch einen Lösungsvorschlag vor-

---

1) Bspw. OECD (1998), Electronic Commerce: Taxation Framework Conditions, A Report by the Committee on Fiscal Affairs, https://www.oecd.org/tax/consumption/1923256.pdf (zuletzt aufgerufen am 19.11.2021).
2) Für einen Überblick über die bisherigen Entwicklungen siehe u.a. bereits Ebner Stolz / BDI, Steuer- und Wirtschaftsrecht 2021, Rz. 67 ff. und Ebner Stolz / BDI, Steuer- und Wirtschaftsrecht 2020, Rz. 142 ff.
3) OECD (2013), Action Plan on Base Erosion and Profit Shifting, OECD Publishing, Paris, http://dx.doi.org/10.1787/9789264202719-en (zuletzt aufgerufen am 25.11.2021).
4) Abrufbar unter https://www.oecd.org/ctp/beps-2015-final-reports.htm (zuletzt aufgerufen am 26.11.2021).
5) OECD (2015), Addressing the Tax Challenges of the Digital Economy, Action 1 – Final Report, OECD Publishing, Paris, https://doi.org/10.1787/9789264241046-en (zuletzt aufgerufen am 25.11.2021).
6) Siehe u.a. Richter/Welling (2021), Tagungs- und Diskussionsbericht zum Webinar des 76. Berliner Steuergesprächs „Die Besteuerung der Digitalwirtschaft – Neuordnung der Zuweisung von Besteuerungsrechten", FR 2021, 18.

zulegen.[1] Im Januar 2019 erfolgte die Veröffentlichung einer Policy Note[2], die im Wesentlichen die Grundlage für das zwischenzeitlich beschlossene **Zwei-Säulen-Projekt** darstellt mit dem ein **langfristig stabiles internationales System zur Unternehmensbesteuerung** geschaffen werden sollte.

Die erste Säule der OECD-Vorschläge umfasst dabei eine **Neuverteilung von Besteuerungsrechten an Unternehmensgewinnen** (Pillar 1 - Säule 1), die zweite Säule soll ein **globales effektives Mindestbesteuerungsniveau von Unternehmensgewinnen** zur Schließung verbliebener BEPS-Risiken sicherstellen (Pillar 2 - Säule 2). Für beide Säulen wurde schließlich im Mai 2019 ein konkreter Arbeitsplan erstellt.[3] Während unter Säule 1 noch drei verschiedene Ansätze für neue Nexus- oder Gewinnzuteilungsregeln diskutiert wurden, wurde unter Säule 2 der Vorschlag für eine globale effektive Mindestbesteuerung vorgelegt.

Die beiden Säulen haben sich hinsichtlich ihrer detaillierten Ausgestaltung bis zu den im Oktober 2020 veröffentlichten Blueprints des Inclusive Framework on BEPS zu Säule 1[4] und Säule 2[5] und darüber hinaus laufend spezifiziert und in wesentlichen Bereichen auch noch im Jahr 2021 substanzielle Änderungen erfahren. Dies gilt insbesondere für Säule 1. Im Juli 2021 kam es schließlich zu einer Grundsatzeinigung von 130 der 139 am Inclusive Framework on BEPS beteiligten Staaten über wesentliche Parameter beider Säulen.[6] Diese Einigung wurde durch ein weiteres Statement des OECD/G20 Inclusive Framework on BEPS vom 8.10.2021 weiter konkretisiert und von 136 (Stand 26.11.2021 bereits 137 Staaten) der bis dahin 140 Staaten des Inclusive Framework on BEPS getragen.[7]

II. Einigung des OECD/G20 Inclusive Framework on BEPS zu Säule 1 und Säule 2

8 Mit dem Zwei-Säulen-Projekt geht eine **grundlegende Neuordnung der bestehenden Weltsteuerordnung** für Unternehmensgewinne einher.[8]

Auf der Londoner Tagung der G7-Finanzminister vom 4./5.6.2021 konnten sich die wichtigsten Industriestaaten auf wesentliche Parameter der Reform einigen und haben damit die Weichen für die Anfang Juli 2021 erfolgte Einigung gestellt.[9] Am 1.7.2021 hat schließlich eine Mehrheit von 132 der zum damaligen Zeitpunkt 139 Mitglieder des OECD/G20 Inclusive Framework on BEPS in einem Statement dem Zwei-Säulen

---

1) OECD (2018), Tax Challenges Arising from Digitalisation – Interim Report 2018, OECD Publishing, Paris, https://doi.org/10.1787/9789264293083-en (zuletzt aufgerufen am 25.11.2021).

2) OECD (2019), Addressing the Tax Challenges of the Digitalisation of the Economy – Policy Note, OECD, Paris, www.oecd.org/tax/beps/policy-note-beps-inclusive-framework-addressing-tax-challenges-digitalisation.pdf (zuletzt aufgerufen am 25.11.2021).

3) OECD (2019), Programme of Work to Develop a Consensus Solution to the Tax Challenges Arising from the Digitalisation of the Economy, OECD/G20 Inclusive Framework on BEPS, OECD, Paris, www.oecd.org/tax/beps/programme-of-work-to-develop-a-consensus-solution-to-the-tax-challenges-arising-from-the-digitalisation-of-the-economy.htm (zuletzt aufgerufen am 26.11.2021).

4) OECD (2020), Tax Challenges Arising from Digitalisation – Report on Pillar One Blueprint, OECD, Paris, https://doi.org/10.1787/beba0634-en (zuletzt aufgerufen am 25.11.2021).

5) OECD (2020), Tax Challenges Arising from Digitalisation – Report on Pillar Two Blueprint, OECD, Paris, https://www.oecd.org/tax/beps/tax-challenges-arising-from-digitalisation-report-on-pillar-two-blueprint.pdf (zuletzt aufgerufen am 25.11.2021).

6) OECD/G20 Base Erosion and Profit Shifting Project (2021), Statement on a Two-Pillar Solution to Address the Tax Challenges Arising From the Digitalisation of the Economy 1 July 2021, https://www.oecd.org/tax/beps/statement-on-a-two-pillar-solution-to-address-the-tax-challenges-arising-from-the-digitalisation-of-the-economy-july-2021.pdf (zuletzt aufgerufen am 25.11.2021).

7) OECD/G20 Base Erosion and Profit Shifting Project (2021), Statement on a Two-Pillar Solution to Address the Tax Challenges Arising from the Digitalisation of the Economy 8 October 2021, https://www.oecd.org/tax/beps/statement-on-a-two-pillar-solution-to-address-the-tax-challenges-arising-from-the-digitalisation-of-the-economy-october-2021.pdf (zuletzt aufgerufen am 25.11.2021).

8) Siehe dazu u.a. Wünnemann, IStR 2021, 73 ff; Fehling/Koch, IStR 2021, 561.

9) Siehe G7 Finance Ministers & Central Bank Governors Communiqué, 5 June 2021, London, United Kingdom, https://assets.publishing.service.gov.uk/government/uploads/system/uploads/attachment_data/file/991640/FMCBGs_communique_-_5_June.pdf (zuletzt aufgerufen am 25.11.2021).

Vorschlag der OECD zugestimmt, der von den G20-Finanzministern auf ihrem Treffen vom 9./10.7.2021 in Venedig gebilligt wurde.[1] Streng genommen stellte die erzielte Einigung aufgrund zahlreicher offen gebliebener Punkte jedoch nicht bedeutend mehr als eine Grundsatzeinigung dar.

Im Verlauf der Sommermonate 2021 wurden anschließend zumindest bei einigen wesentlichen Parametern von Säule 1 Fortschritte erzielt, die sich in dem am 8.10.2021 veröffentlichten Statement des OECD/G20 Inclusive Framework on BEPS ablesen lassen.

Im Rahmen von Säule 2 sind hingegen während diesem Zeitraum keine wesentlichen Fortschritte erzielt worden und auch zum Zeitpunkt, an dem dieser Beitrag verfasst wurde, harren noch eine Reihe an technischen Herausforderungen einer Lösung.

1. Pillar 1 – Säule 1

Im Rahmen der ersten Säule sollen die steuerlichen Herausforderungen adressiert wer- **9** den, die sich aus der Digitalisierung der Wirtschaft ergeben. Eine Neuaufteilung von Besteuerungsrechten an den Gewinnen multinationaler Konzerne, die zu den vorgeblichen Gewinnern der Digitalisierung der Wirtschaft gezählt werden, zwischen den Ansässigkeits- und Marktstaaten soll die Gewinne dieser Konzerne auch dann einer **Besteuerung in den jeweiligen Marktstaaten** zuführen, wenn in diesen **kein steuerlicher Anknüpfungspunkt** in Form einer Betriebstätte besteht (→ Rz. 187 ff.).

Bisweilen ist das Vorhandensein einer physischen Präsenz eines Unternehmens in einem Staat in Form einer Betriebstätte Voraussetzung für das Recht zur Besteuerung durch den Betriebstättenstaat. Da Unternehmen im Zuge der Digitalisierung auch ohne einen physischen Anknüpfungspunkt in einem Staat aktiv werden können, wurde dieser Grundsatz zunehmend infrage gestellt.

Die **Neuverteilung der Besteuerungsrechte zugunsten der Marktstaaten** soll durch neue Regeln für Anknüpfungspunkte („nexus rules") für die Besteuerung von Unternehmensgewinnen und neue Gewinnzuteilungsregeln, die über den Fremdvergleichsgrundsatz hinausgehen, erreicht werden (→ Rz. 188).

Säule 1 besteht aus drei Bestandteilen, die in weiterer Folge näher skizziert werden sollen. Der sog. „**Amount A**" weist einen Teil der Residualgewinne der größten und profitabelsten Konzerne den Marktstaaten zur Besteuerung zu. „**Amount B**" stellt eine fest definierte Vergütung für Marketing- und Vertriebsaktivitäten mit Routinecharakter aller Unternehmen dar, um Compliance-Kosten zu reduzieren und die Rechtssicherheit zu erhöhen. Beide Bausteine von Säule 1 werden um einen **Tax Certainty Prozess** ergänzt.

a) Amount A

Im Rahmen von „Amount A" erfolgt unabhängig vom Vorhandensein einer physischen **10** Präsenz eines Unternehmens eine **Umverteilung von Residualgewinnen** bestimmter multinationaler Konzerne zum Zweck der **Besteuerung durch die Marktstaaten**, also jene Staaten, in denen die Verbraucher oder Nutzer ansässig sind (→ Rz. 188). Dieses neue Besteuerungsrecht steht isoliert neben dem bisherigen Verrechnungspreissystem und tritt neben dieses hinzu.

aa) Anwendungsbereich

Der **Anwendungsbereich** von „Amount A" umfasst die größten und profitabelsten mul- **11** tinationalen Unternehmen, die einen übermäßig hohen Anteil an Residualgewinnen

---

1) Siehe Italian G20 Presidency, Third Finance Ministers and Central Bank Governors meeting. Communiqué 9–10 July 2021, Venice, Italy, https://www.g20.org/wp-content/uploads/2021/07/Communique-Third-G20-FMCBG-meeting-9–10-July-2021.pdf (zuletzt aufgerufen am 25.11.2021).

aufweisen. Er erfasst Konzerne, die eine **Umsatzschwelle von mindestens 20 Mrd. Euro** (festgelegt als jährlicher weltweit konsolidierter Gesamtumsatz, ggfs. äquivalent in andere Währungen umgerechnet) und eine **Profitabilität von mindestens 10 %** überschreiten. Die Profitabilität wird definiert als Gewinn vor Steuern und anhand eines noch nicht näher definierten Durchschnittsbildungsmechanismus, der für den gesamten Anwendungsbereich von „Amount A" gilt, berechnet. Vom Anwendungsbereich ausgenommen sind einzig regulierte Finanzdienstleister und die Rohstoffindustrie.

> **Anmerkung:**
>
> Der Anwendungsbereich von „Amount A" weicht damit von jenem ab, der noch im Blueprint zu Pillar 1 vom Oktober 2020 skizziert worden war. Für die Frage, ob ein Unternehmen in den Anwendungsbereich fällt oder nicht, sind nur mehr rein **quantitative Kriterien** (Umsatz und Profitabilität) und nicht mehr qualitative Kriterien in Form einer abstrakten Klassifikation von Geschäftsmodellen (ehemals vorgesehene Unterscheidung in Automated Digital Services oder Consumer Facing Businesses) ausschlaggebend.
>
> Dieser Neuzuschnitt des Anwendungsbereichs von „Amount A" ist auf einen Vorschlag der USA zurückzuführen, der im April 2021 von US-Finanzministerin Janet Yellen präsentiert wurde.[1] Hintergrund ist, dass die USA nicht bereit waren, ein Modell zu akzeptieren, mit dem eine steuerliche Diskriminierung multinationaler Unternehmen, die rein durch deren Geschäftsmodell indiziert ist, einhergehen würde.

Aus konzeptioneller Sicht werden durch den neu gefassten Anwendungsbereich nicht nur vordergründig hoch profitable Unternehmen, die gemeinhin als „Gewinner der Globalisierung" gelten, erfasst, sondern jene multinationalen Unternehmen, deren vergleichsweise profitables Geschäftsmodell zu einem großen Anteil auf immateriellen Wirtschaftsgütern basiert, die sich häufig einer exakten geografischen Zuordnung entziehen.

Die OECD geht davon aus, dass auf Basis der oben skizzierten Parameter weltweit ca. 100 Unternehmen in den Anwendungsbereich von „Amount A" fallen werden.[2] Ein exaktes Bild lässt sich jedoch erst bei der erstmalig für 2023 vorgesehenen Anwendung zeichnen. Es ist allerdings bereits heute absehbar, dass sich die Anzahl der von „Amount A" betroffenen Unternehmen im Zeitverlauf deutlich ausweiten wird. Einerseits ist dies darauf zurückzuführen, dass gemäß dem Statement des OECD/G20 Inclusive Framework on BEPS die **Umsatzschwelle nach sieben Jahren** und einer erfolgreichen Evaluation von zwanzig auf zehn Milliarden Euro **abgesenkt** werden soll. Diese Klausel ist im Wesentlichen Ausfluss eines politischen Kompromisses und stellt ein Entgegenkommen gegenüber jenen Staaten dar, die sich in den Verhandlungen für eine niedrigere Umsatzschwelle stark gemacht hatten. Andererseits wird sich im Zeitverlauf die Anzahl der von „Amount A" betroffenen Unternehmen allein aufgrund der Tatsache erhöhen, dass die **relevanten Größen** (insbesondere die Umsatzschwelle) **keiner Indexierung oder Inflationsanpassung** unterliegen. Im Laufe der Zeit werden damit zunehmend mehr Unternehmen in den Anwendungsbereich von „Amount A" fallen.

bb) Umverteilung und steuerlicher Anknüpfungspunkt

12 „Amount A" weist einen Anteil am **Residualgewinn** von multinationalen Konzernen im Anwendungsbereich zur Besteuerung an die Marktstaaten zu. Der zur Besteuerung durch die Marktstaaten zu verteilende Anteil des Residualgewinns (der die Profitabilitätsgrenze von 10 % übersteigende Gewinn) wurde im Statement des OECD/G20 Inclusive Framework on BEPS vom 8.10.2021 mit **25 %** festgesetzt (sog. „Quantum").

---

1) Steering Group of the Inclusive Framework Meeting, Presentation by the United States, 8.4.2021.
2) Siehe OECD/G20 Base Erosion and Profit Shifting Project (2021), Statement on a Two-Pillar Solution to Address the Tax Challenges Arising from the Digitalisation of the Economy: Frequently Asked Questions, October 2021, https://www.oecd.org/tax/beps/faqs-statement-on-a-two-pillar-solution-to-address-the-tax-challenges-arising-from-the-digitalisation-of-the-economy-october-2021.pdf (zuletzt aufgerufen am 29.11.2021).

Damit wird ein Viertel des Residualgewinns formelhaft den Marktstaaten zur Besteuerung zugewiesen. Für die im Rahmen von „Amount A" verbundene Umverteilung von Residualgewinnen gilt eine Konzernbetrachtung.

Der Umverteilungsmechanismus im Rahmen von „Amount A" stützt sich auf einen **umsatzbasierten Aufteilungsschlüssel**. Zur Feststellung, ob sich ein Staat für die Zuweisung von Besteuerungsrechten qualifiziert, wird ein neuer umsatzbasierter Anknüpfungspunkt („nexus") eingeführt. Dazu muss ein in den Anwendungsbereich fallendes multinationales Unternehmen in dem betreffenden Marktstaat grundsätzlich einen Umsatz von mindestens 1 Mio. Euro erwirtschaften. Insbesondere für kleinere Schwellen- und Entwicklungsländer gilt eine Sonderregelung. Demnach muss in Staaten, die ein BIP von weniger als 40 Mrd. Euro aufweisen, der für den steuerlichen Nexus erforderliche Mindestumsatz zumindest 250.000 Euro betragen.

cc) Revenue sourcing

Die Besteuerung von Residualgewinnen durch „Amount A" soll grundsätzlich in den **13** **Ansässigkeitsstaaten der Endverbraucher bzw. -kunden** erfolgen. Dafür ist eine Allokation von Einkünften hin zu den jeweiligen Staaten erforderlich. Für diese Einkünfteallokation erarbeitet die OECD aktuell sog. „sourcing rules". Diese sollen grundsätzlich nach Ertragströmen und Geschäftsmodellen unterscheiden, um eine Rückverfolgung von Umsatzerlösen in die Ansässigkeitsstaaten der Endverbraucher bzw. -kunden zu ermöglichen. Damit sollen jene Staaten identifiziert werden, die das Besteuerungsrecht auf das Quantum (also jenen Anteil des Übergewinns, der den Marktstaaten zur Besteuerung zugewiesen wird) erhalten.

Um eine **Doppelbesteuerung zu vermeiden**, muss darüber hinaus diejenige Einheit im Konzern, die für die Zahlung von „Amount A" zuständig sein soll („paying entity"), identifiziert werden. Dies ist nicht zwingend die Konzernmutter. Dafür soll auf diejenigen Einheiten im Konzern abgestellt werden, die die entsprechenden Residualgewinne vereinnahmen.

dd) Bemessungsgrundlage

Für Zwecke von „Amount A" und die Berechnung des Gewinns vor Steuern wird auf **14** eine eigenständige Bemessungsgrundlage zurückgegriffen. Für die Bestimmung der für „Amount A" relevanten Bemessungsgrundlage sind die Einkünfte gemäß der externen Rechnungslegung maßgeblich. Die Bemessungsgrundlage wird mit geringen steuerlichen Anpassungen unter Bezugnahme auf die in den gemäß internationalen Rechnungslegungsstandards ausgewiesenen Einkünfte bestimmt.

ee) Segmentierung

Im Unterschied zu dem ursprünglichen noch im Pillar One Blueprint vorgesehenen **15** Anwendungsbereich von „Amount A" soll im zwischenzeitlich quantitativ ausgerichteten Anwendungsbereich eine Segmentierung nur mehr in Ausnahmefällen erfolgen. Damit sollen multinationale Unternehmen erfasst werden, die nicht in ihrer Eigenschaft als Gesamtkonzern, aber möglicherweise mit einem oder mehreren ihrer in der externen Rechnungslegung ausgewiesenen Segmente durch das Überschreiten der Umsatz- und Profitabilitätsschwellen in den Anwendungsbereich von „Amount A" fallen.

Diese in Ausnahmefällen vorgenommene Segmentierung soll sicherstellen, dass auch hochprofitable Segmente von multinationalen Unternehmen erfasst werden, die zwar für sich genommen, aber in einer Betrachtung des Gesamtkonzerns möglicherweise nicht von „Amount A" betroffen wären.

> **Beratungshinweis:**
>
> Dies indiziert, dass auch Unternehmen mit einem jährlichen weltweit konsolidierten Gesamtumsatz von mehr als 20 Mrd. Euro und einer Gesamtgewinnmarge von weniger als 10 % prüfen müssen, ob ihre im Konzernbericht ausgewiesenen Segmente für sich genommen die Umsatzschwelle von 20 Mrd. Euro und die Profitabilitätsschwelle von 10 % überschreiten. Ist dies der Fall, dann fällt nur das entsprechende hochprofitable Segment, allerdings nicht der Gesamtkonzern in den Anwendungsbereich von „Amount A".

ff) Marketing and Distribution Safe Harbour

16 Der sog. „Marketing and Distribution Safe Harbour" soll sicherstellen, dass für den Fall, dass in einem Marktstaat bereits angefallene und versteuerte Marketing- und Vertriebsgewinne von einer darüberhinausgehenden Zuweisung von „Amount A" in die jeweilige Jurisdiktion abgesehen bzw. eine entsprechende Kürzung vorgenommen wird. Das Statement des Inclusive Framework on BEPS vom 8.10.2021 lässt allerdings zumindest dahingehend Interpretationsspielraum offen, ob nicht nur Marketing- und Vertriebsgewinne, sondern jegliche bereits angefallenen Residualgewinne unabhängig von der Tätigkeit vom „Marketing and Distribution Safe Harbour" erfasst werden.

b) Amount B

17 „Amount B" stellt eine fest definierte Vergütung für routinemäßige Marketing- und Vertriebsaktivitäten im derzeitigen Verrechnungspreissystem dar und zielt damit auf Rechtssicherheit im Zusammenhang mit Vergütungen für diese Aktivitäten ab, um Verrechnungspreisstreitigkeiten zu reduzieren. Der Anwendungsbereich von „Amount B" ist basierend auf den Ausführungen des Blueprint zu Pillar One unabhängig von „Amount A"[1] und soll alle Unternehmen mit konzerninternen Transaktionen betreffen. Risikoarmen Marketing- und Vertriebstätigkeiten soll dadurch eine Standardrendite zugewiesen werden (→ Rz. 188).

c) Tax Certainty

18 Die grundsätzliche **Vermeidung der Doppelbesteuerung** soll mittels Anwendung der **Freistellungs- oder Anrechnungsmethode** erfolgen. Damit soll sichergestellt werden, dass der neu definierte Residualgewinn unter „Amount A" nicht durch die Berücksichtigung im aktuellen Verrechnungspreissystem eine Doppelbesteuerung erfährt. Die Entscheidung, ob dafür die Freistellungs- oder Anrechnungsmethode zur Anwendung kommt, liegt dabei in den Händen der Staaten.

Darüber hinaus wird „Amount A" von einem neuen Tax Certainty Prozess samt einem **verbindlichen Streitbeilegungsmechanismus** begleitet, der sich nicht nur auf „Amount A" beschränkt, sondern auch alle Verrechnungspreisfragen in Zusammenhang mit Betriebsstätten der Unternehmen im Anwendungsbereich erfasst. Lediglich für Entwicklungsländer, die eine geringe Anzahl an Schiedsverfahren aufweisen, besteht die Möglichkeit, die verbindliche Streitbeilegung auf freiwilliger Basis zu nutzen.

Den aktuellen Überlegungen zufolge soll die „paying entity" letztlich auf Basis der unternehmensinternen Berechnungen mit der für sie zuständigen Finanzverwaltung die Berechnung des Übergewinns und dessen formelhafte Aufteilung abstimmen. Sofern die Aufteilung und der Betrag durch die zuständige Finanzverwaltung gebilligt werden, soll im Rahmen eines Panel-Prozesses eine Abstimmung dieses Ergebnisses mit einem Teil der für „Amount A" zuständigen Finanzverwaltungen erfolgen. Dabei soll nicht nur die Aufteilung, sondern auch die Höhe von „Amount A" überprüft werden. Einsprüche gegen das Ergebnis sollen am Ende jedoch lediglich von den beteilig-

---

1) OECD (2020), Tax Challenges Arising from Digitalisation – Report on Pillar One Blueprint, OECD, Paris, https://doi.org/10.1787/beba0634-en, Rz. 658 (zuletzt aufgerufen am 25.11.2021).

ten Staaten im Rahmen eines Schiedspanels möglich sein. Unklar ist zum jetzigen Zeitpunkt jedoch noch, wie das Zusammenspiel dieses Tax Certainty Prozesses mit der nationalen Betriebsprüfung ausgestaltet werden wird.

d) Abschaffung unilateraler Digitalsteuern

Säule 1 zielt vordergründig nicht nur auf eine Neuverteilung von Besteuerungsrechten **19** ab, sondern auch auf die Vermeidung unilateraler Digitalsteuern. Gemäß dem Statement des OECD/G20 Inclusive Framework on BEPS vom 8.10.2021 wird eine multilaterale Konvention von allen teilnehmenden Staaten verbindlich verlangen, „alle Digital Services Taxes und andere einschlägige, ähnliche Maßnahmen für alle Unternehmen abzuschaffen" und „sich zu verpflichten, solche Maßnahmen in der Zukunft nicht mehr zu erheben."

> **Anmerkung:**
>
> Im Zeitraum zwischen dem 8.10.2021 und dem 31.12.2023 oder dem Inkrafttreten der Multilateralen Konvention dürfen demnach keine neuen Digitalsteuern oder andere relevante, ähnliche Maßnahmen erhoben werden. Die Einführung – ohne Erhebung – bleibt jedoch theoretisch möglich.

Die Abschaffung bestehender unilateraler Digitalsteuern soll dabei in angemessener Weise koordiniert werden. Auf Basis einer am 21.10.2021 veröffentlichten gemeinsamen Erklärung der Vereinigten Staaten mit dem Vereinigten Königreich, Österreich, Spanien, Italien und Frankreich wurde eine Einigung über die Abschaffung ihrer bereits eingeführten Digitalsteuern erzielt.[1] Demnach erhalten Unternehmen, die künftig in den Anwendungsbereich von „Amount A" fallen, nach dem Inkrafttreten von Säule 1 die Möglichkeit, die in diesen Staaten gezahlten unilateralen Digitalsteuern auf den zu zahlenden „Amount A" anzurechnen. Eine Verrechnung der bis 2023 gezahlten Digitalsteuern wird jedoch für Unternehmen, die nicht in den Anwendungsbereich von „Amount A" fallen werden, nicht möglich sein. Im Gegenzug werden die USA alle (vorgeschlagenen) Handelssanktionen fallen lassen und sich verpflichten, keine weiteren Handelssanktionen zu verhängen.

2. Pillar 2 – Säule 2

a) Einführung

Mittels der zweiten Säule soll ein **globales effektives Mindestbesteuerungssystem** für **20** Gewinne von multinationalen Unternehmen etabliert werden (→ Rz. 189). Sie besteht im Wesentlichen aus den sog. GloBE (Global Anti-Base Erosion) Regeln auf der einen und der abkommensbasierten Subject-to-Tax-Regel auf der anderen Seite. Es soll so unter Säule 2 verhindert werden, dass multinationale Unternehmen ihre Gewinne in Staaten mit niedrigen Effektivsteuersätzen verlagern, während sie ihre Kosten in Hochsteuerländern wie Deutschland anrechnen. Daher soll ein weltweites effektives Mindestbesteuerungsniveau von 15 % für Unternehmensgewinne geschaffen werden, um den „race to the bottom" bei den Unternehmensteuersätzen zu begrenzen. Damit wird dem politischen Ziel Rechnung getragen, den **Steuerwettbewerb auf mindestens 15 %** zu begrenzen.

Im Unterschied zu Säule 1 ist die Anwendung der **GloBE-Regeln** für die Staaten jedoch **nicht verpflichtend**, sondern sie stellen lediglich einen sog. „common approach" dar. Für den Fall, dass sich die Staaten zur Umsetzung von Säule 2 entscheiden, müssen

---

1) HM Treasury (2021), Joint statement from the United Kingdom, Austria, France, Italy, Spain and the United States regarding a compromise on a transitional approach to existing unilateral measures during the interim period before Pillar 1 is in effect, https://assets.publishing.service.gov.uk/government/uploads/system/uploads/attachment_data/file/1027640/Joint_statement.pdf (zuletzt aufgerufen am 26.11.2021).

diese allerdings sicherstellen, dass die nationale Gesetzgebung vollumfänglich mit der von der OECD erarbeiteten Mustergesetzgebung deckungsgleich ist. Gleichzeitig haben sich die Mitglieder des OECD/G20 Inclusive Framework on BEPS aber dazu verpflichtet, die Anwendung der GloBE-Regeln durch die anderen Staaten zu dulden und zu akzeptieren.

> **Anmerkung:**
>
> Daraus folgt, dass die Effektivität des Regelwerks stark von der Umsetzung durch die größten und wichtigsten Volkswirtschaften abhängig ist. Die EU als größter Wirtschaftsraum der Welt leistet mit der geplanten Umsetzung durch eine europäische Richtlinie jedenfalls einen entsprechenden Beitrag.

aa) Anwendungsbereich

21 In den Anwendungsbereich von Säule 2 fallen alle Unternehmen, die einen jährlichen **konsolidierten Gesamtumsatz von mindestens 750 Mio. Euro** aufweisen (analog zu dem in BEPS Aktionspunkt 13 festgelegten Schwellenwert für das Country-by-Country Reporting) (→ Rz. 186). Bei diesem Schwellenwert ist keinerlei Indexierung vorgesehen.

> **Anmerkung:**
>
> Ausgenommen sind lediglich staatliche Einrichtungen, internationale Organisationen, Nichtregierungsorganisationen, Pensionsfonds sowie Investmentfonds in denjenigen Fällen, in denen diese die oberste Muttergesellschaft eines multinationalen Unternehmens darstellen. Ebenso ausgenommen sind reguläre Finanzdienstleister, da diese üblicherweise mittels lokaler Betriebstätten präsent sind sowie die Schifffahrt- und Rohstoffindustrie.

Den Staaten des Inclusive Framework on BEPS steht es frei, den Anwendungsbereich der Primärregelung (Income Inclusion Rule) auch auf Muttergesellschaften multinationaler Unternehmen in ihrem Hoheitsgebiet anzuwenden, die die Umsatzschwelle von 750 Mio. Euro unterschreiten.

bb) Effektiver Mindeststeuersatz und Bemessungsgrundlage

22 Der **Mindeststeuersatz** für Zwecke von Säule 2 beträgt **15 %** (→ Rz. 190). Es handelt sich dabei um einen Effektivsteuersatz bei länderbezogener Betrachtungsweise (sog. „jurisdictional blending"), wodurch ein Verrechnen von Einkünften aus hoch- und niedrigbesteuerten Ländern nicht möglich ist. Beim „jurisdictional blending" werden alle Konzerneinheiten pro Jurisdiktion zusammengerechnet.

Als Bemessungsgrundlage für die Zwecke von GloBE wird auf den handelsrechtlichen Gewinn auf Basis des Rechnungslegungsstandards der obersten Konzerngesellschaft mit einigen steuerlichen Überleitungsrechnungen abgestellt.

cc) GILTI Co-Existence

23 Die globale Mindeststeuer unter Pillar 2 erlaubt die Ko-Existenz mit dem US-amerikanischen Mindeststeuersystem GILTI. Demzufolge sind die USA nicht verpflichtet, die GloBE-Regeln anzuwenden, während die restlichen Staaten des Inclusive Framework on BEPS, die Säule 2 eingeführt haben, GILTI für die Zwecke der Income Inclusion Rule als äquivalent betrachten müssen und daher die sog. Undertaxed Payment Rules (UTPR) nicht zur Anwendung bringen dürfen.

dd) Substanzbasierter Carve-out und De-Minimis Ausnahme

Im Rahmen von Pillar 2 ist auch ein substanzbasierter Carve-out für Sachvermögen und **24** Personalkosten (Lohnkostenanteile) enthalten. Der Mindeststeuersatz kann um diesen Carve-out, der mit fünf Prozent festgesetzt ist, unterschritten werden.

Während einer zehnjährigen Übergangsfrist beginnt dieser Carve-out allerdings bei 8 % für Sachanlagen und bei 10 % für Lohnkostenanteile. In den ersten fünf Jahren sinken diese jeweils um 0,2 Prozentpunkte, für die letzten fünf Jahre schließlich um 0,4 Prozentpunkte für Sachanlagen und 0,8 Prozentpunkte für Lohnkostenanteile.

Darüber hinaus ist im Rahmen der De-minimis-Ausnahme vorgesehen, dass die Regelungen in Staaten, in denen ein Konzern Einnahmen von weniger als 10 Mio. Euro und Gewinne von weniger als 1 Mio. Euro erzielt, nicht zur Anwendung kommen.

b) GloBE-Regeln

Die GloBE-Regeln bestehen aus zwei komplementären Regelsets. Die Income Inclusion **25** Rule kommt vorrangig zur Anwendung und wird ergänzt um die Undertaxed Payment Rule, die nur dann zur Anwendung gelangt, wenn der Ansässigkeitsstaat eines in-scope Unternehmens keine Income Inclusion Rule eingeführt hat (→ Rz. 190).

Die **Income Inclusion Rule** ist der Primärmechanismus von Säule 2 und folgt einem Top-Down-Ansatz, um eine Nachversteuerung von untergeordneten, unter dem globalen Mindeststeuersatz besteuerten Konzerneinheiten sicherzustellen. Dabei wird im Gegensatz zur deutschen Hinzurechnungsbesteuerung keine Unterscheidung zwischen aktiven und passiven Einkünften getroffen. Die Nachversteuerung erfolgt im Sitzstaat der Konzernobergesellschaft. Die Income Inclusion Rule wird um eine sog. **Switch-over-Rule** ergänzt, gemäß der bei ausländischen Betriebsstättengewinnen, die einer Effektivbesteuerung unter dem globalen Mindeststeuersatz unterliegen, ein Wechsel von der Freistellungs- zur Anrechnungsmethode erfolgt.

Die **Undertaxed Payment Rule** ist der Sekundärmechanismus unter Säule 2. Sie dient als „Backstop" und ermöglicht die Nachbesteuerung von niedrig besteuerten Konzerngesellschaften. Sie kommt nur in denjenigen Fällen zur Anwendung, in denen die niedrig besteuerten Einkünfte nicht einer ausländischen Income Inclusion Rule unterliegen, da diese im Sitzstaat des multinationalen Unternehmens nicht eingeführt wurde. Gemäß der Undertaxed Payment Rule soll der Betriebsausgabenabzug für Zahlungen ins Ausland, die zum Ziel haben, die inländische Steuerschuld zu verringern, beschränkt werden.

Ausgenommen von der Anwendung der Undertaxed Payment Rule sind multinationale Konzerne, die sich in der Anfangsphase ihrer internationalen Tätigkeit befinden und materielle Wirtschaftsgüter von maximal 50 Mio. Euro aufweisen und gleichzeitig in nicht mehr als fünf weiteren Jurisdiktionen tätig sind.

c) Subject to Tax Rule

Neben den GloBE-Regeln enthält Pillar 2 auch noch eine abkommensrechtliche Subject **26** to Tax Rule, die bei **konzerninternen Zahlungen** zur Anwendung kommt, wenn diese im Empfängerstaat keinem nominalen Steuersatz von mindestens 9 % unterliegen.

Diese Regel stellte insbesondere für Entwicklungsländer eine Voraussetzung über die Einigung über Säule 2 dar. Quellenstaaten soll es dadurch ermöglicht werden, eine Quellensteuer auf Zinszahlungen, Lizenzgebühren und weitere Zahlungen an verbundene Unternehmen zu erheben, die unterhalb des Mindestsatzes von 9 % besteuert wurden.

III. Weiterer Zeitplan

27 Nach der im Juli erfolgten Grundsatzeinigung des OECD/G20 Inclusive Framework on BEPS wurden im Oktober-Statement wesentliche Parameter der Einigung weiter spezifiziert. So ist etwa im Annex zum Statement erstmals ein konkreter Implementierungsplan für beide Säulen enthalten. Aus diesem geht hervor, dass beide Säulen mittlerweile leicht unterschiedlichen Zeitplänen folgen.

Dennoch stellen **Pillar 1 und Pillar 2** aus Sicht der OECD weiterhin ein Paket dar und sollen **ab 1.1.2023 Anwendung** finden, mit Ausnahme der Undertaxed Payment Rule, die erst ab 1.1.2024 zur Anwendung kommen soll. Voraussetzung dafür ist allerdings, dass bis dahin der internationale Prozess abgeschlossen und die Umsetzung in nationalstaatliches Recht erfolgt ist.

1. Pillar 1 – Säule 1

28 Für die Umsetzung von „Amount A" soll gemäß dem Statement des Inclusive Framework on BEPS vom 8.10.2021 im ersten Halbjahr 2022 eine multilaterale Konvention, ergänzt um einen Kommentar zur Regelanwendung, ausgearbeitet werden. Diese soll von einer für die Umsetzung benötigten Mustergesetzgebung begleitet werden und unterscheidet sich von dem Multilateralen Instrument insofern, als dadurch erstmals ein neues Besteuerungsrecht etabliert wird. Die Unterzeichnung der multilateralen Konvention durch die Staaten des OECD/G20 Inclusive Framework on BEPS ist für Juni 2022 vorgesehen. Diese soll anschließend im zweiten Halbjahr 2022 in nationales Recht überführt werden und ab 1.1.2023 zur Anwendung kommen. Die technischen Arbeiten an „Amount B" dürften hingegen erst gegen Ende des Jahres 2022 abgeschlossen werden.

2. Pillar 2 – Säule 2

29 Auf OECD-Ebene wurde bis Anfang Dezember 2021 an der Mustergesetzgebung für die GloBE-Regeln gearbeitet, die im Kern Eingang in einen von der Europäischen Kommission am 22.12.2021 vogelegten Richtlinienvorschlag[1] gefunden haben.

a) OECD

30 Bis Ende November 2021 wurde im Rahmen der OECD-Arbeitsgruppe 11 für aggressive Steuerplanung (WP11) die sog. **Mustergesetzgebung für die GloBE-Regeln** erarbeitet, um eine Zustimmung durch das OECD/G20 Inclusive Framework on BEPS bis Mitte Dezember 2021 einzuholen. Diese „Model Rules" wurde am 20.12.2021 veröffentlicht[2] und dienen als Basis für die Umsetzung der GloBE-Regeln in nationales Recht. Davon ist die **Subject-to-Tax Rule** zu unterscheiden. Da diese eine abkommensrechtliche Umsetzung erfordert, soll für diese im Laufe des Jahres 2022 zusätzlich ein **Multilaterales Instrument** entwickelt werden. Dieses Multilaterale Instrument soll sicherstellen, dass die Vorschriften in den relevanten Doppelbesteuerungsabkommen in einheitlicher Art und Weise umgesetzt werden.

b) Europäische Union

31 Die EU-Kommission hat am 22.12.2021 einen **Richtlinienvorschlag zur Umsetzung von Säule 2** in der EU vorgelegt.[3] Dieser übernimmt im Wesentlichen die Bestandteile der

---

1) European Commission, COM (2021) 823 final, 2021, Brüssel.
2) OECD (2021), Tax Challenges Arising from the Digitalization of the Economy – Global Anti-Base Erosion Model Rules (Pillar Two): Inclusive Framework on BEPS, OECD, Paris, https://www.oecd.org/tax/beps/tax-challenges-arising-from-the-digitalisation-of-the-economy-global-anti-base-erosion-model-rules-pillar-two.pdf (zuletzt aufgerufen am 4.1.2022).
3) European Commission, COM (2021) 823 final, 2021, Brüssel.

OECD-Mustergesetzgebung, enthält jedoch Anpassungen um die Kompatibilität mit EU-Primärrecht, um eine faktische Gleichbehandlung von reinen Inlands- als auch Auslandssachverhalten zu gewährleisten. Demzufolge sollen neben international tätigen Konzernen, die mit ihrer Muttergesellschaft oder einer Tochtergesellschaft in einem EU-Mitgliedstaat ansässig sind, auch rein nationale Konzerne in den Anwendungsbereich der Richtlinie fallen.

Anmerkung:

Der Anwendungsbereich von Pillar 2 beschränkt sich auf multinationale Unternehmen und unterwirft nur ausländische Tochtergesellschaften einer Muttergesellschaft der Besteuerung.

Die im Richtlinienvorschlag vorgesehene Abweichung ist gemäß EU-Kommission primärrechtlichen Vorgaben geschuldet und soll sicherstellen, dass bei der Anwendung der Income Inclusion Rule in der EU sowohl reine Inlands- als auch Auslandssachverhalte faktisch gleichbehandelt werden. Dadurch sollen eine Beschneidung der Niederlassungsfreiheit sowie eine unzulässige Ungleichbehandlung vermieden werden.

Die Mustergesetzgebung der OECD sieht auch vor, dass Staaten eine qualifizierte nationale Mindeststeuer anwenden können. Der Richtlinienvorschlag der EU-Kommission macht von dieser Möglichkeit Gebrauch und soll den EU-Mitgliedstaaten die Möglichkeit eröffnen, eine inländische Top-up-Steuer auf niedrig besteuerte inländische Tochterunternehmen anzuwenden. Dies impliziert, dass die von einer Tochtergesellschaft eines multinationalen Konzerns im Anwendungsbereich geschuldete Top-up-Steuer anstelle auf Ebene der Konzernobergesellschaft in dem betreffenden Mitgliedstaat des Tochterunternehmens erhoben werden kann.

Die Umsetzung von Pillar 2 in der EU ist anschließend eine der Prioritäten des französischen EU-Ratsvorsitzes im ersten Halbjahr 2022. Die entsprechende EU-Richtlinie soll im Rahmen eines ECOFIN-Rates noch unter französischer Präsidentschaft verabschiedet werden.

IV. Bewertung aus Sicht der deutschen Industrie

Die Einigung von rund 140 Staaten über die Reform der Weltsteuerordnung ist trotz **32** aller offenen Fragen ein **Durchbruch für eine neue Weltsteuerordnung** für Unternehmensgewinne. Damit wird das Steueraufkommen aus Unternehmensgewinnen konsensual zwischen den Staaten verteilt. Es wird eine weltweit abgestimmte Lösung geschaffen, um durch Gewinnverlagerung indizierte Steuervermeidung in Niedrigsteuerjurisdiktionen von multinational tätigen Unternehmen mit einem hohen Anteil an immateriellen Wirtschaftsgütern zu verhindern bzw. zu begrenzen.

Der BDI unterstützt die Einigung des OECD/G20 Inclusive Framework on BEPS über diese globale Lösung (Säule 1 und Säule 2). Im Ergebnis wird damit ein „Level Playing Field" bei der Besteuerung von Unternehmensgewinnen geschaffen.

Für die deutsche Wirtschaft ist bei der anstehenden Umsetzung entscheidend, dass **kein unverhältnismäßiger Aufwand** und **keine Doppelbesteuerung** der Unternehmen entstehen. Zudem muss die globale Einigung dazu führen, Sondersteuern wie nationale Digitalsteuern zu vermeiden bzw. bereits eingeführte Digitalsteuern rückwirkend abzuschaffen. Es braucht daher ein **schlüssiges Gesamtkonzept**, da die Detailregelungen nach wie vor hohe Doppelbesteuerungsrisiken der Unternehmen begründen. Es bedarf verbindlicher Kollisionsregeln zwischen den Staaten, um eine Mehrfachbesteuerung zu verhindern. Ebenso müssen internationale Streitvermeidungs- und Streitbeilegungsmechanismen verbessert und verbindlich ausgestaltet werden. Ziel muss ein praxistaugliches Regelwerk für die Umsetzung der Vorschläge sowohl durch die Unternehmen als auch auf Seiten der Finanzverwaltung sein, so dass eine Umsetzung im Jahr 2023 ohne unverhältnismäßigen Aufwand möglich ist.

Jedoch ist der **Zeitplan** zur Finalisierung der offenen technischen Fragen und zur anschließenden Umsetzung in nationales Recht aus Industrie- und Anwenderperspektive **extrem ambitioniert**. Es steht zu befürchten, dass im Zuge der Überführung der vorliegenden – bzw. für Säule 1 noch auszuarbeitenden multinationalen Vereinbarungen in nationales Recht Probleme auftreten werden und somit die dringend notwendige konsistente Umsetzung nicht garantiert werden kann. Daraus können sich für die von den Regeln betroffenen Unternehmen nicht nur bürokratischer Aufwand, sondern insbesondere auch Doppelbesteuerungsrisiken infolge einer unabgestimmten inkonsistenten Umsetzung ergeben.

Positiv zu bewerten ist, dass die **Rentabilität**, die neben der Umsatzschwelle ausschlaggebend dafür ist, ob ein Unternehmen in den Anwendungsbereich von „**Amount A**" fällt oder nicht, auf Basis eines Mittelungsmechanismus berechnet werden soll. Die geplante Absenkung der Umsatzschwelle sieben Jahre nach erfolgreicher Umsetzung von „Amount A" auf 10 Mrd. Euro darf jedoch keine Blaupause für weitere Änderungen am Anwendungsbereich von „Amount A" sein.

Aus Industriesicht sind jedoch nach wie vor **Details zur Vermeidung der Doppelbesteuerung** und zur Administration **unklar**. Zwar sollen gemäß dem OECD/G20 Inclusive Framework on BEPS jene Unternehmenseinheiten die Steuerschuld tragen, die die Residualgewinne vereinnahmen, es wäre aber noch wünschenswert, hier zu weiterer Vereinfachungen zu kommen. Die für die Zahlung von „Amount A" zuständige paying entity sollte möglichst weit oben im Konzern angesiedelt sein, um die Zahl der betroffenen Einheiten im Verfahren möglichst klein zu halten. Es braucht jedenfalls klare Regeln, um unnötige Komplexität zu vermeiden.

Auch der **Tax Certainty Prozess** sollte nicht zu komplex sein und die **Unternehmen** sollten in diesem Verfahren ausreichend **Mitsprachemöglichkeiten** haben. Darüber hinaus muss sichergestellt sein, dass dieser Prozess möglichst mit den nationalen Betriebsprüfungen in Einklang gebracht wird. Eine enge Verzahnung zwischen beiden Systemen ist erforderlich, da absehbar erscheint, dass die Nationalstaaten nicht gewillt sein werden, ihre nationalen Prüfkompetenzen aufzugeben.

Die Sachanlagen- und Lohnkostenanteile im substanzbasierten Carve-out unter Säule 2, die berechtigen, den Mindeststeuersatz zu unterschreiten, sind grundsätzlich ebenfalls begrüßenswert. Dies gilt insbesondere für die erhöhte Übergangsfrist von zehn Jahren, allerdings könnten die Anteile für Sachanlagen und Lohnkostenanteile dennoch insgesamt höher ausfallen.

Die globale Einigung zeigt jedoch eines klar auf: Die Dringlichkeit einer **umfassenden Unternehmensteuerreform in Deutschland**. Attraktive Unternehmensteuern sind eine wesentliche Voraussetzung zur Stärkung des Standortes Deutschland. Dies wird durch einen globalen Mindeststeuersatz von 15 % noch verdeutlicht. Überfällig ist insbesondere eine Absenkung der Niedrigbesteuerungsgrenze bei der Hinzurechnungsbesteuerung auf 15 %. Entscheidend ist ein schlüssiges Gesamtkonzept, so dass eine Doppelbesteuerung der Unternehmen und überschießende Bürokratie vermieden werden. In Deutschland sollten bestehende Anti-Missbrauchsregelungen abgeschafft bzw. zumindest nachgebessert werden, insbesondere die deutsche Hinzurechnungsbesteuerung, aber auch die Lizenz- und Zinsschranke und weitere Missbrauchsvermeidungsvorschriften.

C. Nachbesserungsbedarf beim Optionsmodell

I. Reform der Unternehmensbesteuerung und Historie zum Optionsmodell

33 Bereits im Jahr 1999 hat die Kommission zur Reform der Unternehmensbesteuerung, die vom damaligen Bundesminister der Finanzen Oskar Lafontaine beauftragt wurde und aus Vertretern von Wirtschaft, Wissenschaft, Gewerkschaft, Bund, Ländern und

Gemeinden bestand, die „**Brühler Empfehlungen zur Reform der Unternehmensbe-steuerung**" vorgelegt. Auch damals wurde die hohe tarifäre Steuerbelastung unterneh-merischer Gewinne in Deutschland als ein wesentlicher Faktor für die sinkende Wett-bewerbsfähigkeit des Standortes Deutschland gegenüber dem Ausland identifiziert und als einer der Gründe für die steigende Arbeitslosigkeit im Land gewertet. Daher verfolgte die von der Kommission angedachte Steuerreform die folgenden Ziele:

– die Stärkung des Wirtschaftsstandortes Deutschland,

– die Stärkung der Investitionskraft der Unternehmen,

– die Schaffung von mehr Steuergerechtigkeit und

– die deutliche Vereinfachung des Steuerrechts.

Auch nach über 20 Jahren sind die von der Kommission avisierten Ziele aktueller denn je und wurden vom BDI mit dem **Positionspapier „Raus aus der Krise – BDI-Steuermo-dell der Zukunft"** mit weiteren Forderungen und Vorschlägen auf die politische Agenda gebracht.

Für die Reformierung der Besteuerung von Personengesellschaften hatte die Brühler Kommission drei Modelle vorgestellt, von denen zwei bereits umgesetzt worden sind: Zum einen betrifft dies die **Anrechnung der Gewerbesteuer auf die Einkommensteuer** nach § 35 EStG (Modell 3), die bereits im Jahr 2000 eingeführt wurde und zwingend notwendig ist, um allein rechnerisch die Möglichkeit der Belastungsgleichheit von Kapital- und Personengesellschaften herstellen zu können.

Zum anderen handelt es sich um die **Thesaurierungsbegünstigung nicht entnommener Gewinne** nach § 34a EStG (Modell 2), welche die Eigenfinanzierung von Personenge-sellschaften fördern und die Besteuerung von im Unternehmen belassenen Gewinnen im Vergleich zu Kapitalgesellschaften gleichstellen soll. Damit sollen den Personenun-ternehmen die gleichen Voraussetzungen für unternehmensinterne Investitionen gewährt werden, die gesamtwirtschaftlich wünschenswert sind und prosperierend wirken.

Als drittes Modell hatte die Brühler Kommission die **Option von Personengesellschaf-ten zur Körperschaftsteuer** angeregt (sog. Optionsmodell), die jedoch bislang nicht im deutschen Steuerrecht implementiert worden war. Zuletzt hatte das IDW im Jahr 2019 in seinem Positionspapier zum Einstieg in eine rechtsformneutrale Besteuerung („Opti-onsmodell") die mögliche Ausgestaltung eines solchen Modells in Grundzügen vorge-stellt. Mit der Zustimmung des Gesetzes zur Modernisierung des Körperschaftsteuer-rechts (sog. Körperschaftmodernisierungsgesetz – KöMoG) durch den Bundesrat am 25.6.2021 und der am 30.6.2021 erfolgten Verkündung des Gesetzes vom 25.6.2021 im Bundesgesetzblatt[1] hat der Gesetzgeber nun endlich die Einführung eines Optionsmo-dells mit dem neuen § 1a KStG nachgeholt.

Wenngleich durch die Anrechnung der Gewerbesteuer auf die Einkommensteuer (§ 35 EStG) und die Thesaurierungsbegünstigung (§ 34a EStG) wichtige Schritte zur steuerli-chen Angleichung von Personengesellschaften einerseits und Kapitalgesellschaften und ihren Anteilseignern andererseits gegangen worden waren, bestanden bis zu der Umsetzung des Optionsmodells sowohl systematisch als auch hinsichtlich des Besteue-rungsverfahrens Differenzen, die im Einzelfall zu teils erheblichen Abweichungen bei Steuerbelastung und Bürokratieaufwand führen können. Darüber hinaus sind die steu-erlichen Besonderheiten von Personengesellschaften (z.B. Sonderbetriebsvermögen sowie Sonder- und Ergänzungsbilanzen) im internationalen Vergleich weitestgehend unbekannt, so dass gerade für international verwobene Personenunternehmen eine steuerliche und steuersystematische Angleichung an international gängige Kapitalge-sellschaften von Interesse ist. Dementsprechend erhöht das Optionsmodell als Vehikel neben der Thesaurierungsbegünstigung die Wettbewerbsfähigkeit deutscher Perso-

---

1) BGBl. I 2021, 2050 = BStBl I 2021, 889.

nenunternehmen im nationalen und internationalen Vergleich und steigert zudem die Attraktivität des Wirtschaftsstandorts Deutschland.

II. Einführung des Optionsmodells

34 Mit dem durch das sog. KöMoG[1] eingeführten Optionsmodell (§ 1a KStG) haben Personenhandelsgesellschaften und Partnerschaftsgesellschaften nun erstmals die Möglichkeit, sich durch einen fiktiven Formwechsel mit Körperschaftsteuer besteuern zu lassen und dementsprechend wie Kapitalgesellschaften besteuert zu werden (→ Rz. 110 ff.). Abgesehen von der steuerlichen Angleichung an eine Kapitalgesellschaft bleibt die optierende Gesellschaft zivilrechtlich eine Personengesellschaft und genießt damit auch weiterhin die entsprechenden Vorteile, wie einfachere Organisationsstrukturen oder geringere Publizitätspflichten. Damit wirkt die Option mit ihrem fiktiven Formwechsel zivilrechtlich konträr zu einer tatsächlichen Umwandlung der Personen- in eine Kapitalgesellschaft.

Obwohl die Optionsausübung nach § 1a KStG nur einen fiktiven Formwechsel auslöst (→ Rz. 114), hat die Bezugnahme des § 1a Abs. 2 KStG auf §§ 1 und 25 UmwStG zur Folge, dass **sämtliche Voraussetzungen eines tatsächlichen Formwechsels** vorliegen müssen, auch wenn dieser nur fingiert erfolgt. So müssen insbesondere für den Betrieb **funktional wesentliche Wirtschaftsgüter eingebracht** werden, damit die Buchwerte steuerneutral fortgeführt werden können. Zudem kommt es zu einem **Wegfall etwaiger Ergänzungsbilanzen** sowie dem **Untergang von vorhandenen Verlust-, Zins- und EBITDA-Vorträgen**.

Obwohl die Option grundsätzlich unwiderruflich auf Antrag von der optierenden Gesellschaft gestellt wird und damit nicht jährlich erneuert werden muss, hat die optierende Gesellschaft auch die Möglichkeit zur **Rückoption** in ein Personenunternehmen nach § 1a Abs. 4 KStG. Die Rückoption kann jedoch auch **zwangsweise** immer dann erfolgen, wenn die Voraussetzungen für die Option nicht länger vorliegen (→ Rz. 126).

Ob die tatsächliche Ausübung der Option für das einzelne Unternehmen gerade im Zusammenspiel oder als Alternative zur Thesaurierungsbegünstigung nach § 34a EStG sinnvoll ist, wird vom **Einzelfall** abhängig sein. Bereits jetzt ergeben sich Anwendungsprobleme und Rechtsunsicherheiten, die auch durch das am 10.11.2021 veröffentlichte BMF-Schreiben zur „Option zur Körperschaftsbesteuerung (§ 1a KStG)"[2] nicht gelöst wurden. Diese Punkte müssen in der kommenden Legislaturperiode entsprechend nachgebessert werden (hierzu nachfolgend → Rz. 35 ff.).

III. Problemfelder und Nachbesserungsbedarf

35 Wie bereits beschrieben, entlehnt sich der fiktive Formwechsel im Optionsmodell den bekannten Regelungen zum realen Formwechsel im Umwandlungssteuerrecht. Diese Blaupause ist systematisch und schafft Rechtssicherheit, da der Formwechsel ein erprobtes Instrument im deutschen Steuerrecht ist. Allerdings begründet sie auch einige Problemfelder für den fiktiven Formwechsel, die nicht notwendig wären, da die Option zum einen die Möglichkeit zur Rückoption fest im Gedanken ihrer Ausgestaltung verankert hat, zum anderen nur den steuerlichen Formwechsel bedingt und dabei das zivilrechtliche Rechtskleid unangetastet lässt und damit wichtige Unterschiede zum realen Formwechsel innehat.

So stellen die folgenden Punkte die größten Problemfelder der Option dar, die dringender Nachbesserung bedürfen, damit diese tatsächlich von vielen Unternehmen in Anspruch genommen und nicht nur ein Papiertiger wird.[3]

---

1) BGBl. I 2021, 2050 = BStBl I 2021, 889.
2) BMF v. 10.11.2021, IV C 2 - S 2707/21/10001 :004, BStBl I 2021, 2212.
3) Diese Punkte werden auch in WKGT/BDI, 2. Aufl. 2021, Rz. 5 ff. dargestellt.

1. Behandlung des Sonderbetriebsvermögens

Sonderbetriebsvermögen sind Vermögensgegenstände, die einem oder mehreren **36** Gesellschaftern gehören und von der Personengesellschaft genutzt werden, wie z.B. vom Unternehmen genutzte Immobilien, die ein Gesellschafter innehat. Auch geistiges Eigentum oder ein Fuhrpark stellen oftmals Sonderbetriebsvermögen und in ihrer Zuordnung funktional wesentliche Wirtschaftsgüter dar. Sie sind somit gerade kein Gesamthandsvermögen der Personengesellschaft.

Aufgrund der Anknüpfung an bestehende umwandlungssteuerliche Regelungen muss das funktional wesentliche Sonderbetriebsvermögen in die optierende Gesellschaft eingebracht werden, um eine Buchwertfortführung zu erwirken und damit die Besteuerung von stillen Reserven zu umgehen (→ Rz. 115). Dies bedingt jedoch eine **zwangsweise Anpassung der Beteiligungsquote der Gesellschafter** oder eine **Einlagepflicht der anderen Gesellschafter**, die vielleicht nicht leistbar ist.

Tatsächlich ist es für den lediglich fiktiven Formwechsel jedoch steuerlich nicht erforderlich, auch die Einbringung des Sonderbetriebsvermögens zu fordern. Gerade im Hinblick auf die Möglichkeit der Rückoption könnte eine Steuerverstrickung dieser Vermögensgegenstände während der Optionszeit auch auf anderem Wege sichergestellt werden. Das Institut der Wirtschaftsprüfer (IDW) hat hierzu bereits Vorschläge[1] vorgelegt. Diese sehen beispielsweise vor, das Sonderbetriebsvermögen bis zu dem Zeitpunkt weiterhin steuerverstrickt zu behandeln, bis die tatsächliche Veräußerung eintritt („Rest-Betriebsvermögen"). So können etwa die Regelungen zur Betriebsaufspaltung als Vorlage für die Behandlung des Sonderbetriebsvermögens dienen.

Zudem legt das BMF-Schreiben zum Optionsmodell[2] in Rn. 32 fest, dass der Ansatz des Buch- oder Zwischenwerts ausgeschlossen sei, wenn eine funktional wesentliche Betriebsgrundlage in Form einer Beteiligung eines Mitunternehmers an der Komplementärgesellschaft, deren Tätigkeit auf die Geschäftsführungsfunktion bei der optierenden Personengesellschaft in der Rechtsform einer Kommanditgesellschaft beschränkt ist, nicht eingebracht wird. Bei einem zivilrechtlichen Formwechsel einer Personengesellschaft in eine Kapitalgesellschaft stellt die Beteiligung an einer solchen Komplementärgesellschaft jedoch keine funktional wesentliche Betriebsgrundlage dar. Im Fall des fiktiven Formwechsels nach § 1a KStG erfüllt die Komplementärgesellschaft zivilrechtlich weiterhin ihre Funktion, da die optierende Gesellschaft zivilrechtlich als Kommanditgesellschaft bestehen bleibt. Zudem wäre es zur Vermeidung des Entstehens einer Einheits-KG wünschenswert, wenn auf die Übertragung der Anteile an der Komplementärgesellschaft auf die optierende Gesellschaft verzichtet werden würde.

Darüber hinaus nimmt das BMF-Schreiben zum Optionsmodell[3] in Rn. 35 Bezug auf die Gesamtplanrechtsprechung. Werden die einem Sonderbetriebsvermögen zugehörigen funktional wesentlichen Betriebsgrundlagen in zeitlichem und wirtschaftlichem Zusammenhang mit der Option zur Körperschaftsbesteuerung nicht auf die Mitunternehmerschaft übertragen, sondern in ein anderes Betriebsvermögen übertragen oder überführt, ist zu prüfen, ob infolge der Gesamtplanrechtsprechung die Voraussetzungen für die Anwendung von § 20 UmwStG vorliegen oder nicht. Der BFH hat allerdings mittlerweile in unterschiedlichen Verfahren im Zusammenhang mit § 6 Abs. 3 EStG und §§ 20 ff. UmwStG eine Anwendung des Gesamtplangedankens abgelehnt und folgt vielmehr einer streng stichtagsbezogenen Sichtweise.[4]

Dementsprechend muss der Gesetzgeber schnellstmöglich die aktuelle Rechtsprechung zum Gesamtplangedanken auch in das UmwStG sowie den UmwStE 2011 auf-

---

1) IDW Positionspapier zum Einstieg in eine rechtsformneutrale Besteuerung („Optionsmodell") vom 25.11.2019.
2) BMF v. 10.11.2021, IV C 2 - S 2707/21/10001 :004, BStBl I 2021, 2212.
3) BMF v. 10.11.2021, IV C 2 - S 2707/21/10001 :004, BStBl I 2021, 2212.
4) Beispielsweise BFH v. 2.8.2012, IV R 41/11, BStBl II 2019, 715, v. 9.12.2014, IV R 29/14, BStBl II 2019, 723 und v. 12.5.2016, IV R 12/15, BStBl II 2019, 726. Vgl. auch BMF v. 20.11.2019, IV C 6 - S 2241/15/10003, BStBl I 2019, 1291.

nehmen und darüber hinaus kurzfristig klarstellen, wann eine für die Anwendung von § 20 UmwStG schädliche Übertragung oder Überführung von funktional wesentlichen Betriebsgrundlagen in ein anderes Betriebsvermögen nach Ansicht der Finanzverwaltung in zeitlichem und wirtschaftlichem Zusammenhang mit der Option vorliegt.

2. Wegfall der Ergänzungsbilanzen

37 Ergänzungsbilanzen sind von den Gesellschaftern insbesondere immer dann zu erstellen, wenn der Kaufpreis des Gesellschafteranteils an dem Personenunternehmen den Betrag des für ihn in der Steuerbilanz der Personengesellschaft ausgewiesenen Kapitalkontos übersteigt. Darüber hinaus kann der Gesellschafter auf die Mehranschaffungskosten in der Ergänzungsbilanz Abschreibungen und ggf. Teilwertabschreibungen vornehmen, soweit sie auf abnutzbare Anlagegüter entfallen.

Hierfür ist Rn. 39 des BMF-Schreibens[1] zu entnehmen, dass etwaige **Ergänzungsbilanzen** der Mitunternehmer **mit Beginn der Option wegfallen** sollen. Auch dieses Ergebnis lässt sich nicht eindeutig aus dem Gesetzeswortlaut des lediglich fiktiven Formwechsels ableiten. Wichtiger Bestandteil der Option ist die Möglichkeit der **Rückoption** nach § 1a Abs. 4 Satz 1 KStG. Diese wird jedoch durch den endgültigen Wegfall von Ergänzungsbilanzen erschwert, wenn nicht sogar in den betreffenden Fällen **konterkariert**. Durch den Wegfall von Ergänzungsbilanzen wird steuerliches Abschreibungspotenzial, das bisher lediglich den Mitunternehmern zustand, auf die sich die Ergänzungsbilanzen bezogen, auf sämtliche Mitunternehmer verteilt. Somit ergäbe sich für die Zukunft eine Verringerung der Steuerbelastung der übrigen Mitunternehmer, die gesellschaftsrechtlich im Vorfeld der Optionsausübung ausgeglichen werden müsste. Dazu wären zum Teil aufwändige gesellschaftsrechtliche Vereinbarungen nötig.

Diese komplizierte Ausgestaltung ist jedoch gerade im Hinblick auf die wahrscheinliche Rückoption weder notwendig noch zielführend. Stattdessen können die **Ergebnisse der Ergänzungsbilanzen fortgeführt** und bspw. im Rahmen der steuerlichen Gewinnermittlung nach § 60 EStDV berücksichtigt werden.

3. Verletzung von Sperrfristen

38 Gemäß Rn. 45 des BMF-Schreibens zum Optionsmodell[2] kann auch ein rein fiktiver Formwechsel im Rahmen der Optionsausübung dazu führen, dass nicht abschließend aufgezählte Sperrfristverletzungen ausgelöst werden (→ Rz. 118). Diese Rechtsfolgen ergeben sich ebenfalls nicht zwingend aus der Fiktion des Formwechsels nach § 1a Abs. 2 KStG. Die Reichweite und vor allem die Voraussetzungen einer gesetzlichen Fiktion messen sich an Sinn und Zweck derselben. § 1a KStG soll die Besteuerung nach dem KStG ermöglichen, ohne dass eine Umwandlung in eine Kapitalgesellschaft mit all ihren zivilrechtlichen und steuerrechtlichen Folgen erfolgen müsste. Die **Postulierung von Sperrfristen**, gerade im Zusammenspiel mit dem Erfordernis der vorherigen Einbringung von wesentlichen Betriebsgrundlagen, stellt jedoch eine derart **hohe Hürde der Optionsausübung** dar, dass der Sinn und Zweck des fiktiven Formwechsels ins Leere zu laufen droht.

Das Beispiel zu Rn. 45 veranschaulicht dieses Ergebnis sehr deutlich: Möchte man einerseits das Erfordernis der Einbringung der wesentlichen Betriebsgrundlagen erfüllen, läuft man andererseits Gefahr, Sperrfristen zu verletzen. Daher sollte die Anwendung von steuerlichen Sperrfristen vielmehr anhand des Zwecks der jeweiligen Sperrfrist geprüft werden. Dieser besteht in der Regel in der weiteren Steuerverstrickung von Betriebsvermögen. Da tatsächlich keine zivilrechtliche Umwandlung der Personengesellschaft erfolgt, kann auch auf andere Weise eine Steuerverstrickung sichergestellt werden.

---

1) BMF v. 10.11.2021, IV C 2 - S 2707/21/10001 :004, BStBl I 2021, 2212.
2) BMF v. 10.11.2021, IV C 2 - S 2707/21/10001 :004, BStBl I 2021, 2212.

Die Sperrfrist des § 6 Abs. 5 Satz 6 EStG soll darüber hinaus verhindern, dass die stillen Reserven in den übertragenen Wirtschaftsgütern mittelbar realisiert werden, indem die Anteile an der Kapitalgesellschaft begünstigt veräußert werden. Genau dann greift jedoch auch die Sperrfrist des § 22 Abs. 1 UmwStG, der zu einer nachträglichen (ggf. anteiligen) Besteuerung der stillen Reserven der Personengesellschaft zum Zeitpunkt des fiktiven Formwechsels führt. Diese Frist beträgt sieben Jahre ab dem fiktiven Formwechsel und läuft deshalb im Normalfall länger, mindestens jedoch genau so lange wie die Sperrfrist des § 6 Abs. 5 Satz 6 EStG. § 22 UmwStG schützt hier passgenau vor missbräuchlichen Gestaltungen, so dass insofern kein Bedarf mehr für die Sperrfrist des § 6 Abs. 5 Satz 6 EStG besteht. Daher sollte § 1a KStG i.V.m. § 22 UmwStG als speziellere und auch passgenauere Vorschrift Vorrang vor § 6 Abs. 5 Satz 6 EStG eingeräumt werden und diesen insoweit verdrängen.

Mit Blick auf die vom Gesetzgeber beabsichtigen Ziele des Optionsmodells, nämlich eine rechtsformneutrale Besteuerung zu ermöglichen, ist es notwendig, keine unnötigen Hürden bei der Optionsausübung aufzubauen. Daher sollte auf eine Sperrfristverletzung allein durch die Ausübung der Option verzichtet werden; zumindest aber sollten die Folgen vor dem Hintergrund des Zwecks der Option überdacht und im Ergebnis deutlich reduziert werden.

4. Untergang von Verlust- und weiteren Vorträgen

Laut Rn. 47 des BMF-Schreibens[1] soll ein **vortragsfähiger Gewerbeverlust** (Fehlbetrag nach § 10a GewStG) der optierenden Personengesellschaft infolge der Optionsausübung untergehen und auch im Falle der Rückoption nicht wiederaufleben. Dies soll auch für den **Zinsvortrag** und einen **EBITDA-Vortrag** (§ 20 Abs. 9 UmwStG) sowie für **Verluste nach §§ 15a und 15b EStG** gelten (→ Rz. 117). Auch diese Rechtsfolge ergibt sich nicht zwingend aus der Fiktion des Formwechsels nach § 1a Abs. 2 KStG. Die Voraussetzungen und die Folgen einer gesetzlichen Fiktion sollten sich an Sinn und Zweck derselben orientieren. § 1a KStG soll eine Besteuerung nach dem KStG ermöglichen, ohne dass eine Umwandlung in eine Kapitalgesellschaft mit all ihren zivilrechtlichen und steuerrechtlichen Folgen erfolgen muss.

39

Dieser **umfangreiche Verlustuntergang** würde für die betreffenden Unternehmen eine derart **hohe Hürde** darstellen, dass die Optionsausübung wahrscheinlich nicht in Anspruch genommen werden kann. Der Gesetzgeber sollte daher auf den Wegfall des gewerbesteuerlichen Verlustvortrages, des Zinsvortrages, des EBITDA-Vortrages sowie der Verluste nach §§ 15a und 15b EStG verzichten.

5. Organgesellschaftsfähigkeit der optierenden Gesellschaft

Nach den Regelungen des § 1a KStG war es fraglich, ob sich eine optierende Personengesellschaft als Organgesellschaft wirksam zur Gewinnabführung i.S.d. § 17 Abs. 1 KStG durch den Abschluss eines Ergebnisabführungsvertrags i.S.d. § 291 AktG verpflichten kann (→ Rz. 120). Da optierende Personenunternehmen trotz steuerrechtlicher Fiktion aus Sicht des Zivilrechts jedoch nach wie vor Personengesellschaften sind, sollte eine analoge Anwendung ausscheiden. Insofern stellt sich die Frage nach einem **fiktiven Gewinnabführungsvertrag** allein für steuerliche Zwecke. Das BMF-Schreiben[2] verneint die Organgesellschaftsfähigkeit der optierenden Gesellschaft jedoch in Rn. 56 und verweist dabei vor allem auf die eintragungspflichtige Form und den organisationsrechtlichen Charakter des Gewinnabführungsvertrags. Problematisch sei, dass nach dem deutschen Gesellschaftsrecht keine Eintragungspflicht für Personengesellschaften in das Handelsregister bestünde und auch Gesellschaftsverträge und entsprechende Vertragsänderungen nicht zu den eintragungspflichtigen Tatbeständen i.S.d. §§ 106, 162 HGB oder § 4 PartGG gehörten.

40

---

1) BMF v. 10.11.2021, IV C 2 - S 2707/21/10001 :004, BStBl I 2021, 2212.
2) BMF v. 10.11.2021, IV C 2 - S 2707/21/10001 :004, BStBl I 2021, 2212.

Dabei ist jedoch auch die Eintragung des Gewinnabführungsvertrags bei Kapitalgesellschaften nicht im Steuerrecht selbst verankert. Bei einer nicht nach §§ 319 bis 327 AktG eingegliederten Aktiengesellschaft wird gemäß § 294 Abs. 2 AktG ein Gewinnabführungsvertrag erst wirksam, wenn sein Bestehen in das Handelsregister des Sitzes der abhängigen Aktiengesellschaft eingetragen worden ist (konstitutive Wirkung der Eintragung). Auch bei der GmbH wird gemäß Rechtsprechung ein Gewinnabführungsvertrag erst mit Eintragung in das Handelsregister der abhängigen GmbH wirksam.

§ 14 Abs. 2 KStG knüpft an die zivilrechtliche Wirksamkeit des Gewinnabführungsvertrags an. Das Erfordernis der Eintragung in das Handelsregister ergibt sich dabei aus dem Handelsrecht und nicht aus dem Steuerrecht. Dementsprechend stellen auch die Körperschaftsteuerrichtlinien (R 14.5 Abs. 1 KStR) fest, dass bei einer eingegliederten AG oder KGaA, bei der das AktG keine Eintragung des Gewinnabführungsvertrags in das Handelsregister verlangt, die Wirksamkeit des Gewinnabführungsvertrags eintritt, sobald er in Schriftform abgeschlossen ist.

Eine optierte Personenhandelsgesellschaft ist für Zwecke der Besteuerung wie eine Kapitalgesellschaft zu behandeln. Damit finden u.a. grundsätzlich alle Regelungen des KStG Anwendungen, die auf Kapitalgesellschaften Bezug nehmen. Lediglich Regelungen, die nur für bestimmte, ausdrücklich bezeichnete Kapitalgesellschaften gelten, finden auf die optierende Gesellschaft keine Anwendung. § 14 KStG nimmt zwar nur auf bestimmte, konkret genannte Kapitalgesellschaften Bezug. § 17 KStG regelt jedoch eine entsprechende Anwendung der §§ 14 bis 16 KStG für andere als die in § 14 Abs. 1 KStG bezeichneten Kapitalgesellschaften. Zu diesen anderen Kapitalgesellschaften gehören folglich für die Anwendung der Regel zur körperschaftsteuerlichen Organschaft auch optierte Gesellschaften.

§ 17 KStG stellt nicht auf das Bestehen eines Gewinnabführungsvertrags i.S.d. § 291 AktG ab (den nur die AG, KGaA oder SE abschließen kann), sondern auf eine wirksame Verpflichtung der Kapitalgesellschaft, ihren ganzen Gewinn an ein anderes Unternehmen i.S.d. § 14 KStG abzuführen, wobei zum einen die Gewinnabführung den in § 301 AktG genannten Betrag nicht überschreiten darf und zum anderen eine Verlustübernahme durch Verweis auf die Vorschriften des § 302 AktG in seiner jeweils gültigen Fassung vereinbart werden muss.

Ein wirksamer Vertrag, der inhaltlich einem Gewinnabführungsvertrag entspricht und die erforderlichen Regelungen zur Verlustübernahme enthält, ist deshalb auch steuerlich anzuerkennen. Eine Eintragung des Gewinnabführungsvertrags in das Handelsregister ist nur dann Voraussetzung für die steuerliche Anerkennung einer Organschaft, wenn die Eintragung für die rechtliche Wirksamkeit des Gewinnabführungsvertrags erforderlich ist, wie dies bei einer GmbH, nicht aber bei einer Personengesellschaft, als abhängige Gesellschaft der Fall ist.

Diese Auslegung entspricht auch der Zielsetzung des Gesetzes, mit dem Personenhandelsgesellschaften und Partnerschaftsgesellschaften die Möglichkeit eingeräumt werden soll, dieselben steuerlichen Regelungen in Anspruch nehmen zu können wie Kapitalgesellschaften. Ohne die Organgesellschaftsfähigkeit der optierenden Gesellschaft wird das Optionsmodell für viele bestehende und zukünftige Unternehmensverbunde nicht umsetzbar sein. Vor diesem Hintergrund sollte eine Organgesellschaftsfähigkeit für die optierende Gesellschaft nicht ausgeschlossen werden, da dies ein weiteres großes Hemmnis für eine Optionsausübung darstellen würde.

6. Zusammenspiel mit der Thesaurierungsbegünstigung

41 Die aktuellen Regeln zum fiktiven Formwechsel würden für Unternehmen, die bisher die Thesaurierungsbegünstigung nach § 34a EStG genutzt haben, zu einer **vollständigen Nachversteuerung des nachversteuerungspflichtigen Betrags** beim Wechsel zum Optionsmodell führen (→ Rz. 119). Demnach müssten die Gesellschafter einen möglicherweise über die Jahre kumulierten Betrag sofort mit 25 % zuzüglich Solidaritätszuschlag nachversteuern, was eine enorme Belastung darstellen kann. Für Unternehmen, die in der Vergangenheit nennenswerte Gewinne thesauriert haben, dürfte dies faktisch den Ausschluss von der Optionsmöglichkeit nach § 1a KStG bedeuten.

Eine Nachversteuerung im Falle eines lediglich fiktiven Formwechsels wäre jedoch nicht zwingend erforderlich. Bei Ausübung der Option kommt es, bei einer späteren Entnahme der zuvor (vor Optionsausübung) thesaurierten Gewinne als nunmehr fiktive Dividenden, zur Ertragsbesteuerung auf Gesellschafterebene nach § 1a Abs. 3 Nr. 1 KStG. So käme es nur zu einer zeitlichen Verschiebung der Steuerzahlung, wenn der Wechsel von der Thesaurierungsbegünstigung zum Optionsmodell nicht zu einer Nachversteuerung der thesaurierten Gewinne führen und stattdessen eine Dividendenbesteuerung bei späterer Ausschüttung erfolgen würde.

Ein Verzicht auf die Nachversteuerung würde damit zum einen die Optionsmöglichkeit für Unternehmen faktisch erst ermöglichen, die bisher die Thesaurierungsbegünstigung genutzt haben, zum anderen würde er keine Besteuerungslücke schaffen, da bei einer späteren Ausschüttung die Dividenden ohnehin entsprechend besteuert werden.

7. Anwendbarkeit der Mutter-Tochter-Richtlinie

Die Mutter-Tochter-Richtlinie wurden in § 43b EStG umgesetzt und regelt die Quellensteuerbefreiung von Dividendensteuerzahlungen einer ausländischen EU-Tochtergesellschaft an ihre (deutsche) Muttergesellschaft. Über die Anwendbarkeit der Mutter-Tochter-Richtlinie für eine optierende Gesellschaft hat sich der Gesetzgeber in Rn. 52 des BMF-Schreibens[1] geäußert. Hiernach soll die **Mutter-Tochter-Richtlinie** für eine optierende Gesellschaft **nicht anwendbar** sein, da diese keine Gesellschaft i.S.d. Anlage 2 Nr. 3 zum EStG (zu § 43b EStG) bzw. Art. 2 Buchst. A (iii) der Richtlinie Nr. 2011/96/EU (Mutter-Tochter-Richtlinie) ist. Grund dafür ist die Wahlmöglichkeit zur Körperschaftsteuer, die entsprechend versagt wird. Auch diese Versagung stellt eine **Inkongruenz der Besteuerung** von Kapitalgesellschaften und optierenden Gesellschaften dar und reduziert die vom Gesetzgeber angestrebte gleichlaufende Besteuerung. Da diese Problematik auch in anderen EU-Mitgliedstaaten besteht, die dem Optionsmodell vergleichbare Möglichkeiten eingeführt haben (z.B. Polen), besteht hierbei ebenfalls dringender Nachbesserungsbedarf.

42

8. Wirksamkeit der Antragstellung

Gemäß § 1a Abs. 1 Satz 2 KStG muss der Antrag für die Ausübung der Option bei dem zuständigen Finanzamt mindestens einen Monat, bevor die Option wirksam werden soll, gestellt werden (→ Rz. 112).

43

Nach Rn. 20 des BMF-Schreibens zum Optionsmodell[2] prüft das Finanzamt zwar summarisch, ob die gesetzlichen Voraussetzungen für den Antrag vorliegen, es erfolgt jedoch gemäß Rn. 21 grundsätzlich keine gesonderte Mitteilung, dass die Finanzbehörde von einem wirksamen Antrag ausgeht. Vielmehr beinhalte die **Erteilung einer Körperschaftsteuernummer** durch das Finanzamt die **konkludente Information**, dass das Finanzamt von einem wirksamen Antrag ausgehe. Gleichwohl stelle sie **keinen anfechtbaren Verwaltungsakt** dar, so dass dieser nachträglich (bspw. im Rahmen einer steuerlichen Betriebsprüfung) noch für unwirksam erklärt werden kann, wenn die Voraussetzungen für die Antragstellung tatsächlich nicht vorgelegen haben. In diesem Fall wären sämtliche nach der Option ergangenen Steuerbescheide unwirksam und entsprechend zu ändern. Damit könnten vergleichbare Situationen wie bei der umsatzsteuerlichen Organschaft entstehen, in denen oftmals erst Jahre später im Rahmen einer Außenprüfung das Vorliegen einer umsatzsteuerlichen Organschaft entgegen der bisherigen Einordnung bejaht oder verneint wird.

---

1) BMF v. 10.11.2021, IV C 2 - S 2707/21/10001 :004, BStBl I 2021, 2212.
2) BMF v. 10.11.2021, IV C 2 - S 2707/21/10001 :004, BStBl I 2021, 2212.

Aus Gründen der **Rechtssicherheit** wäre daher eine **explizite Mitteilung** der zuständigen Finanzbehörde auch im Fall eines wirksamen Antrags wünschenswert. Um den Grad der Rechtssicherheit weiter zu erhöhen, wäre mit Blick auf die weitreichenden Folgen der Optionsausübung eine **nicht bloß summarische Prüfung** der gesetzlichen Antragsvoraussetzungen durch die zuständige Finanzbehörde notwendig, sondern z.B. eine gesonderte Feststellung. Alternativ könnte die Erteilung der Körperschaftsteuernummer als Verwaltungsakt zur Anerkennung der Optionsausübung ausgestaltet werden. Ein besonderes Bedürfnis an einer solchen Wirksamkeitsprüfung besteht auch wegen der kurzen Fristen des § 1a KStG mit einer Antragstellung spätestens einen Monat vor Beginn der Option.

9. Ausweitung des Adressatenkreises

44 Nach § 1a Abs. 1 Satz 1 KStG dürfen nur Personenhandels- oder Partnerschaftsgesellschaften zur Körperschaftsteuer optieren. Somit bleibt die Option den vielen **Einzelunternehmern** und **Gesellschaften bürgerlichen Rechts** (GbR) verwehrt, was insbesondere auch dem Modernisierungsvorhaben zum Recht der Personengesellschaften (Personengesellschaftsrechtsmodernisierungsgesetz – MoPeG)[1] zuwiderläuft (→ Rz. 240 ff.).

Dadurch wird ein großer Adressatenkreis als möglicher Nutzer der Optionsregelung ausgeschlossen. Hierzu verweist der Gesetzgeber darauf, dass die Option nur den Unternehmensträgern möglich sein soll, die auch für einen tatsächlichen Formwechsel nach § 25 UmwStG in Frage kommen. Jedoch soll ein tatsächlicher Formwechsel durch die Option nach § 1a KStG gerade nicht stattfinden, da § 1a Abs. 2 KStG nur einen fiktiven Formwechsel vorsieht. Diese Fiktion könnte auch für Einzelunternehmen und GbRs gelten – steuersystematische Gründe, die dagegensprechen würden, sind nicht ersichtlich.

Zudem ist vor dem Hintergrund der Tatsache, dass im Falle des **Ausscheidens des vorletzten Gesellschafters** einer Personengesellschaft „automatisch" ein Einzelunternehmer entsteht (sog. Anwachsung nach § 738 BGB), der Ausschluss von Einzelunternehmen von der Optionsmöglichkeit kritisch zu beurteilen. Somit führt z.B. der Tod des vorletzten Gesellschafters unvermeidbar zu einer Anwachsung und damit zur automatischen Zwangsrückumwandlung der optierten Gesellschaft mit all den durch das UmwStG geregelten Konsequenzen.

Eine Beschränkung auf Personenhandels- und Partnerschaftsgesellschaften erscheint auch mit Blick auf **ausländische Personengesellschaften** (→ Rz. 111) problematisch, da laut Gesetzesbegründung nur „vergleichbare" ausländische Gesellschaften optieren können. Die Einordnung ausländischer Personengesellschaften als Personenhandelsgesellschaften (bzw. die entsprechenden Abgrenzungsfragen) erscheint problematisch und erzeugt Rechtsunsicherheit in der Anwendung. Im Zweifel wird eine Abgrenzung für ausländische Personengesellschaften mangels entsprechender Unterschiede in den ausländischen Rechtssystemen nicht ohne weiteres möglich sein. Auch deshalb sollte der persönliche Anwendungsbereich erweitert werden.

Daher ist die Ausweitung der Optionsmöglichkeit auf alle Personengesellschaften – wie von der Brühler Kommission explizit gefordert – notwendig, da nach den bisherigen Regelungen Einzelunternehmen und GbR außen vorgelassen werden. Erst die Erweiterung auf diese würde weiten Teilen der Wirtschaft – insbesondere den mittelständischen Unternehmen – die Option zur Körperschaftsbesteuerung überhaupt ermöglichen.

---

1) Gesetz v. 10.8.2021, BGBl. I 2021, 3436.

10. Optionsausübung bei Gründung

Das Anwendungsschreiben des BMF[1] stellt klar, dass der Optionsantrag nicht vor **45** Gründung der Personenhandels- oder Partnerschaftsgesellschaft gestellt werden kann, da er von dieser gemäß § 1a Abs. 1 Satz 2 KStG zu stellen ist. Da er aufgrund der fehlenden Eintragung in das Partnerschafts- oder Handelsregister auch nicht in derselben logischen Sekunde der Gründung selbst gestellt werden kann, ist die Option für das erste (Rumpf-) Wirtschaftsjahr laut Anwendungsschreiben ausgeschlossen.

Dieser Ausschluss trifft vor allem **Start-ups**, für die das Optionsmodell bereits zum Gründungszeitpunkt von Interesse sein wird, wenn sie die zivilrechtlichen Vorteile einer Personengesellschaft nutzen, sich jedoch steuerlich wie eine Kapitalgesellschaft aufstellen möchten. Durch ein Versagen der Option zum Gründungszeitpunkt hemmt man jedoch gerade die jungen, innovativen Unternehmen, die eine Unterstützung zu Anfang benötigen, um später den Wirtschaftsstandort Deutschland voranzutreiben.

Die Option sollte daher auch für das erste (Rumpf-)Geschäftsjahr einer Gesellschaft beantragt werden können.

IV. Ausblick

Die Implementierung des Optionsmodels ist ein wichtiger und längst überfälliger **46** Schritt zur rechtsformneutralen Besteuerung. Auf nationaler Ebene wird so eine **Steuerbelastungsgleichheit unterschiedlicher Rechtsformen** ermöglicht, die auf diesem Weg zur angestrebten Steuergerechtigkeit beitragen kann. Das Optionsmodell stellt zudem für den Wirtschaftsstandort Deutschland eine **Stärkung im internationalen Steuerwettbewerb** dar, da andere Länder, wie die USA mit den sog. Check-the-Box Rules, die Optionsmöglichkeit bereits seit Langem vorsehen.

Die bisherige Ausgestaltung des Gesetzes mit der starren Bezugnahme auf bestehende Regelungen des tatsächlichen Formwechsels sowie die Verlautbarungen im BMF-Schreiben[2] werden für die meisten Unternehmen jedoch so **hohe Hürden** darstellen, dass eine umfangreichere Inanspruchnahme sehr unwahrscheinlich ist. Damit das Optionsmodell nicht nur zum Papiertiger wird, bedarf es daher in der neuen Legislaturperiode umfassender **Änderungen**, die bestenfalls **am Umwandlungssteuerrecht direkt** ansetzen. Darüber hinaus sind auch wesentliche **Nachbesserungen bei der Thesaurierungsbegünstigung** nach § 34a EStG – nicht nur im Zusammenspiel mit dem Optionsmodell – sowie bspw. bei der **Mutter-Tochter-Richtlinie** notwendig.

Wenn auch wesentliche Erfordernisse, wie die Organgesellschaftsfähigkeit der optierenden Gesellschaft und die Einhaltung von Sperrfristen sichergestellt sind, kann das Optionsmodell ein erfolgreiches Instrument werden, um gerade Start-ups und international agierenden Gesellschaften eine wettbewerbsfähige Aufstellung zu ermöglichen.

D. Digitalisierung im Steuerrecht

I. Status Quo: Nachholbedarf in Sachen Digitalisierung

Die Digitalisierung des Steuerrechts ist eine der **dringend anstehenden steuerpoliti-** **47** **schen Aufgaben**. In Deutschland besteht erheblicher Handlungsbedarf. Von einer Digitalisierung, die den gesamten **Prozess von der Steuererklärung bis zum Steuerbescheid** umfasst, ist die deutsche Finanzverwaltung zu weit entfernt. Zwar kommen auch in Deutschland seit mehreren Jahren die Elektronische Steuererklärung, die Elektronischen Lohnsteuerabzugsmerkmale (ELStAM) und die E-Bilanz zur Anwendung. Andere Länder sind aber deutlich weiter.

---

1) BMF v. 10.11.2021, IV C 2 - S 2707/21/10001 :004, BStBl I 2021, 2212.
2) BMF v. 10.11.2021, IV C 2 - S 2707/21/10001 :004, BStBl I 2021, 2212.

> **Beispiel:**
>
> So wickelt z.B. **Österreich** mit dem **E-Government-Portal FinanzOnline** das gesamte Besteuerungsverfahren digital ab (u.a. Erstellung und Übermittlung von Steuererklärungen, Zustellung von Steuerbescheiden, USt-IdNr.-Abfragen, Steuerkontenabfragen, Stammdatenpflege).

Die nächste Bundesregierung muss sich daran messen lassen und die **deutsche Steuerverwaltung konsequent digitalisieren**. Dazu muss auch der Gesetzgeber bereits am Anfang eines Gesetzgebungsprozesses die Digitalisierbarkeit neuer Regelungen berücksichtigen und sicherstellen.

Dies gilt umso mehr, da die Unternehmen mit **zunehmenden Anforderungen an die Tax Compliance** belastet sind, die in der Regel nur mithilfe von digitalen Prozessen und IT-Tools erfüllt werden können. Die Umsetzung der Mitteilungspflicht von grenzüberschreitenden Steuergestaltungen (DAC 6) ist dafür ein aktuelles Beispiel aus der betrieblichen Praxis.

II. Praxisbeispiele für eine notwendige Digitalisierung

48 In der betrieblichen Praxis existieren zahlreiche Anknüpfungspunkte für eine konsequente Digitalisierung im Steuerrecht.

1. Veranlagungsverfahren

49 Steuerpflichtige und Finanzverwaltung müssen in einem digitalen Prozess – möglichst ohne Medienbrüche – miteinander kommunizieren können. Bestehende digitale „Einbahnstraßen" müssen konsequent beseitigt werden. Konkret heißt das bspw., dass auf die elektronische Steuererklärung ein digitaler Steuerbescheid folgen muss, dessen rechtliche Grundlagen bereits 2017 durch das Gesetz zur Modernisierung des Besteuerungsverfahrens[1] geschaffen wurden (§ 122a Abs. 1 AO). Dabei sollte auch ein automatisierter Abgleich mit den übermittelten Steuererklärungsdaten möglich sein. Auch bei der E-Bilanz sollte eine elektronische Datenrückübermittlung erfolgen.

2. Lohnsteuer

50 Im Massenverfahren der Lohnsteuer steckt erhebliches weiteres Digitalisierungspotenzial, z.B. bei der Vereinfachung der Besteuerung von Sachbezügen. Die bestehenden Regelungen sind – oftmals auch im Zusammenspiel mit den sozialversicherungsrechtlichen Vorschriften – so detailliert und kleinteilig, dass automatisierte Prozesse nicht möglich sind. Ein Ausweg kann z.B. die Einführung von neuen Pauschalierungsoptionen sein, da diese einfacher und damit digital abbildbar sind.

3. Grundsteuer

51 Die erfolgte Neuregelung der Grundsteuer muss mit einem spürbaren Digitalisierungsschub einhergehen. Erforderlich ist insbesondere eine elektronische Abgabe der Steuererklärungen, die programmtechnische Verbindung von Daten der Finanzverwaltung mit Daten anderer Behörden (v. a. Kataster-, Vermessungs- und Grundbuchämter) und die digitale Rückmeldung der Finanzverwaltung (elektronische Übersendung der Bescheide).

4. Umsatzsteuer

52 Für **steuerfreie innergemeinschaftliche Warenlieferungen** sind zahlreiche Nachweise erforderlich und die Anforderungen für einen erfolgreichen Belegnachweis sind hochkomplex. Abhilfe muss durch einen **IT-gestützten Nachweisstandard** mit Notarisie-

---

1) Gesetz v. 18.7.2016, BGBl. I 2016, 1679 = BStBl I 2021, 694.

rungsfunktion geschaffen werden. Dafür kann auch der Einsatz von Blockchain-Technologie hilfreich sein. Blockchain-basierte Techniken ermöglichen den sicheren Datenaustausch zwischen Unternehmen sowie mit der Finanzverwaltung und machen den Austausch von Papierbescheinigungen überflüssig. Entscheidend ist, dass technologieoffene Mindestanforderungen festgelegt werden, die von der Finanzverwaltung für die Datenspeicherung und den Datenaustausch, aber auch für Zwecke der Vorsteuererstattung akzeptiert werden.

5. Betriebsprüfung

Eine große Anzahl von Unternehmen setzt Tax Compliance Management Systeme **53** (TCMS) ein, um steuerliche Risiken zu identifizieren, Regelverstöße zu vermeiden und die steuerliche Compliance kontinuierlich sicherzustellen. Diese Leistungen der Unternehmen sollten genutzt werden, um Betriebsprüfungen zu beschleunigen und effizient durchzuführen. Wenn im Unternehmen nachweislich auf freiwilliger Basis ein wirksames TCMS implementiert ist, sollte dies die Anzahl der prüfungsrelevanten Einheiten und Themen im Hinblick auf deren Risikorelevanz reduzieren. Wichtig ist zudem die **(Fort-)Entwicklung von standardisierten Prozess- und Datenschnittstellen**. Diese sind Voraussetzung für eine digitale Kommunikation zwischen Steuerpflichtigen und Finanzverwaltung (Datenbereitstellung) sowie für die (automatisierte) Verarbeitung von Feststellungen und eine Anbindung an sich stets verbessernde steuerliche Kontrollsysteme.

III. Thematisierung der Digitalisierung bereits im Gesetzgebungsverfahren

Bereits im Gesetzgebungsverfahren muss die digitale Umsetzung und Befolgung neuer **54** Normen berücksichtigt werden. Vergleichbar mit der Überprüfung der Bürokratiebelastung neuer Regelungen durch den Nationalen Normenkontrollrat, müssen Gesetzesinitiativen zukünftig auch einem **„Digital-TÜV"** unterzogen werden.

Die materiellen Rechtssätze des Steuerrechts sind grundsätzlich digitalisierbar. Hindernisse stellen jedoch u.a. unbestimmte Rechtsbegriffe und die Komplexität der Subsumption im Zusammenwirken von Gesetzestext, Verwaltungsauffassung und Rechtsprechung dar. Diese Probleme sind jedoch durch die Zusammenarbeit von Menschen und IT lösbar – nicht zuletzt angesichts der rasanten IT- und KI-Entwicklungsdynamik. So können z.B. Algorithmen und menschliche Subsumptionsleistung miteinander interagieren.

> **Beispiel:**
>
> Ein exemplarischer, konkreter Anknüpfungspunkt zur Digitalisierung steuerrechtlicher Normen ist der **Ex-ante-Einsatz juristischer Algorithmen**, um in einem Gesetzestext gesetzgeberische Widersprüche und Lücken zu identifizieren und zu vermeiden. So können bereits im Gesetzgebungsprozess Hindernisse für die digitale Gesetzesbefolgung beseitigt werden.
>
> Zudem könnten **bilinguale Gesetzesfassungen** sowohl in menschlicher als auch in algorithmischer Sprache zum Einsatz kommen. Ein Beispiel hierfür ist der lohnsteuerrechtliche Programmablaufplan, den die Finanzverwaltung jährlich erstellt und der in die Entgeltabrechnungsprogramme der betrieblichen Praxis Eingang findet.

Die Digitalisierung des Steuerrechts wird außerdem befördert, indem anstelle von steuermindernden Einzelabzugsposten verstärkt auf **Pauschalierung** gesetzt wird. Dies setzt jedoch voraus, das bislang oftmals vorherrschende Prinzip der Einzelfallgerechtigkeit zu hinterfragen.

IV. Europäische Entwicklungen der Digitalisierung in der Steuererhebung durch neue Reportingverpflichtungen

55 Die **Steuerbehörden** sind weltweit und auch in Europa zum **Takt-Geber der Digitalisierung** geworden. Beispielsweise haben Italien, Frankreich und Griechenland digitale Lösungen entwickelt, um eine lückenlose Transparenz über die Transaktionen der Unternehmen zu bekommen.

Unter dem Stichwort **Continious Transaction Control** (CTC) erreicht die Finanzverwaltungen einen Zugriff über die gesamte Prozesskette der Unternehmen von der Bestellung bis zur Zahlung.

Aus Sicht der Unternehmen besteht ein **Spannungsfeld zwischen Transparenz und Effizienz**. Die Forderung nach Effizienzvorteilen für die Unternehmen muss die Richtschnur der Entwicklung sein.

Die aktuellen Lösungen wie **E-Invoicing**, bzw. Clearing Modelle müssen dem genügen. Die deutschen Unternehmen sehen sich aktuell mit einem Flickenteppich von digitalen Lösungen in Europa und auch weltweit konfrontiert. Diskussionen in Deutschland über die Einführung von E-Invoicing sind kritisch, da die Unternehmen ihre eigenen ERP-Systeme haben und keinen Mehrwert zentraler Rechnungserstellungssysteme sehen. Zusätzlich wird ein massives Datensicherheitsproblem gesehen, was bislang nicht gelöst ist. Die Rechnungsdaten beinhalten umfangreiche wettbewerbsrelevante Daten, deren Schutz sichergestellt werden muss.

Aktuell gibt es in Europa die folgenden Clearing-Modelle:

– **V-Model**: Rechnungsstellung und Weiterleitung nach Freigabe (Kontrolle) durch die Behörde über eine zentrales Behördensystem, wie aktuell in Italien oder auch ankündigt für Polen und Serbien.

– **Y-Modell:** Rechnungsstellung und Weiterleitung über private Provider, verbunden mit einem Clearing-System der Behörde für die Ausgangsrechnung, wie geplant in Frankreich.

Hinzu kommen Clearing-Modelle in Ungarn, Spanien und entsprechende Pläne in der Slowakei. Diese Entwicklungen zeigen, dass sich die Digitalisierung der Steuererhebung in den einzelnen europäischen Ländern nicht aufhalten lässt und die Vielzahl der Clearing-Modelle die europäischen Unternehmen schon jetzt belastet und weiter belasten wird.

Die **EU-Kommission** wird dazu Ende 2021 eine Studie veröffentlichen, um daraus Überlegungen für eine **Standardisierung des europäischen Tax-Reportings** zu entwickeln. Schwierigkeit ist hier, dass die Steuererhebung den Mitgliedstaaten vorbehalten ist und der Kommission die Hände gebunden sind. Experten vermuten, dass die Kommission allein Vorschläge zur Digitalisierung der Zusammenfassenden Meldung machen wird.

V. Institut für Digitalisierung im Steuerrecht zur digitalen Transformation

1. Sinn und Zweck des IDSt

56 Um eine zügige Weiterentwicklung der Digitalisierung auf Basis einer breiten Beteiligung unterschiedlicher Stakeholder zu ermöglichen, wurde das inzwischen als gemeinnützig anerkannte Institut für Digitalisierung im Steuerrecht e.V., das IDSt, im März 2021 gegründet. Neben dem BDI ist auch Ebner Stolz Gründungsmitglied. Das IDSt ist mittlerweile zu einer starken und offenen Plattform gewachsen, auf der alle Interessen zu Wort kommen. In den acht Fachausschüssen des IDSt engagieren sich gut 270 Expertinnen und Experten aus Wissenschaft, Unternehmen, Verbänden, Behörden, Softwareanbietern und Beratungsgesellschaften, um die digitale Transformation im Steuerrecht voranzubringen. Gemeinsam verfolgen sie das Ziel, automatisierte Lösungen für alle Steuerarten und Besteuerungsverfahren sowie einen einheitlichen Handlungsrahmen auf nationaler und, soweit erforderlich, auch auf EU- und OECD-Ebene für deren rechtssicheren Einsatz praxisnah umzusetzen.

2. Forderungen und Ziele des IDSt

a) Fortführung richtiger Ansätze zur digitalen Transformation

Die Prozesse in den Besteuerungsverfahren sind im Vergleich zu anderen Bereichen **57** der staatlichen Verwaltung auf einem vielversprechenden Weg in Richtung Digitalisierung. Die digitale Transformation im Steuerrecht muss künftig allerdings **weit über die reine Digitalisierung von Papiervorgängen hinausgehen**. Sie lebt insbesondere von Standardisierung, von strukturierten Daten und von funktionierenden Schnittstellen. Diese ermöglichen, dass einerseits die vom Steuerpflichtigen eingereichten Daten auf Seiten der Finanzverwaltung automatisch weiterverarbeitet werden und andererseits verarbeitungsfähige Informationen in die Systeme des Steuerpflichtigen zurück übermittelt werden können.

Das IDSt will dafür in enger Abstimmung mit Gesetzgeber und Verwaltung an der **Entwicklung gemeinsamer Standards** arbeiten.

b) Automatisierung von Deklarations- und Nachweispflichten

Am Beispiel der Umsatzsteuer zeigen sich der Digitalisierungsbedarf, aber auch die **58** Chancen für eine erfolgreiche digitale Transformation besonders deutlich: Einerseits hat der Gesetzgeber – insbesondere bei grenzüberscheitenden Geschäftsbeziehungen – in den letzten Jahren zahlreiche zusätzliche Nachweispflichten eingeführt, die eine korrekte Abführung der Umsatzsteuer sicherstellen sollen. Diese führen, ähnlich wie die Zollkontrollen vor Einführung des Binnenmarkts 1993, zu einem enormen administrativen Aufwand, ohne allerdings deren Rechtssicherheit zu gewährleisten.

Eine **umfassende Automatisierbarkeit von Deklarations- und Nachweispflichten** und eine **Reduzierung von Steuerrisiken** sowie Befolgungs- und Kontrollaufwand müssen, für Unternehmen und Finanzverwaltung gleichermaßen, das Ziel sein.

Darüber hinaus gehen immer mehr Mitgliedstaaten zu **transaktionalen Berichtspflichten in Echtzeit- oder Nahezu-Echtzeit** über. Mit Blick auf die enge Verflechtung der Wirtschaft im Binnenmarkt, müssten zusätzliche Compliance-Anforderungen stets vorab auf ihre prozessuale und technische Umsetzbarkeit untersucht werden.

Um diese komplexen Anwendungsprobleme zu lösen, könnten **„Big-Data", anpassungsfähige Systeme oder künstliche Intelligenz** stärker als bislang genutzt werden. Außerdem nehmen die Dokumentationsanforderungen und Transparenzwünsche der Finanzverwaltungen zu und der Druck auf die Steuerpflichtigen steigt, sie möglichst automatisiert zu erfüllen. Der Einsatz von neuen Technologien (z.B. Cloud-Computing oder Distributed-Ledger-Technologien) bietet insbesondere in den Themen Steuern und Zoll erhebliche Potenziale der Effizienzsteigerung. Auch für transaktionale Berichtspflichten in Echtzeit- oder Nahezu-Echtzeit im Umsatzsteuerbereich wird die (europaweite) Standardisierung von Datenmodellen und Schnittstellen ein wesentlicher Faktor sein, um die Automation voranzutreiben und gleichzeitig die Steuererhebung sicherstellen.

c) Hohes Automationspotenzial in der digitalen Betriebsprüfung

Ein weiteres Beispiel mit hohem Digitalisierungspotenzial ist die steuerliche Betriebs- **59** prüfung (Bp). Sie ist nicht nur ein notwendiges Verifikationsinstrument für die Finanzverwaltung, sondern auch ein Kostenfaktor für Unternehmen und Staat. Durch eine weitergehende Digitalisierung unter standardisierter Einbindung der Steuerpflichtigen in die Prüfungsabläufe – von der initialen Datenbereitstellung über die Übermittlung von Anfragen und Antworten bis hin zur Einarbeitung von Prüfungsfeststellungen – können Effizienzgewinne erreicht werden.

Hierfür sind insbesondere die **(Fort-)Entwicklung von Datenmodellen** für die Bp sowie **standardisierte Prozess- und Datenschnittstellen** erforderlich. Diese sind Voraussetzung für eine automatisierte Verarbeitung von Feststellungen und eine Anbindung an sich stets verbessernde (digitalisierte) steuerliche Kontrollsysteme.

Punktuell wurden gesetzliche Regelungen zur Vereinheitlichung von Schnittstellen für die Datenbereitstellung bereits umgesetzt (z.B. Digitale Lohnschnittstelle oder die Schnittstelle für Kassendaten). Andernorts sind sie gescheitert (z.B. der ursprünglich im Referentenentwurf eines JStG 2020[1] vorgesehene § 147b AO für eine einheitliche digitale Schnittstelle und Datensatzbeschreibung für den standardisierten Export und die standardisierte Speicherung von Daten).

Denkbar sind auch **dezentrale digitale Datenräume**, auf die Steuerpflichtige und Finanzverwaltung in geschützter Weise zugreifen können. Der Austausch von prüfungsrelevanten Daten kann so erleichtert und beschleunigt werden.

d) Standards als Voraussetzung für effizientere Betriebsprüfungen

60   Standards für die Einbindung der Steuerpflichtigen in den Prüfungsprozess selbst (z.B. für Prüferanfragen oder Feststellungen) gibt es derzeit ebenso wenig wie die angekündigte Rückübermittlung von E-Bilanzen (Prüferbilanzen) nach Abschluss der Bp. Diese würde eine Anbindung des steuerlichen Kontrollsystems erlauben sowie schnellere Auswertungen der Bp-Ergebnisse durch die Finanzverwaltungen und somit die effektivere Allokation von Bp-Ressourcen ermöglichen.

e) Automationsfreundliche Steuernormen

61   Ein weiteres Beispiel ist die verstärkte **Nutzung von Automationspotentialen in der Gesetzgebung**. Die seit Jahrzehnten zunehmende Komplexität des materiellen Steuerrechts stellt ein Problem für alle Steuerpflichtigen dar. Insbesondere bei grenzüberschreitenden Tätigkeiten mit Bezug zu unterschiedlichen Rechtsordnungen geraten Steuerpflichtige an die Grenzen der Umsetzbarkeit. Daher setzt sich das IDSt dafür ein, dass bei Gesetzgebungsverfahren von Anfang an die digitale Umsetzbarkeit von Regelungen mitgedacht wird.

Um steuerliche Verstöße zu vermeiden bzw. die Tax Compliance der Unternehmen sicherzustellen, ist eine verstärkte Nutzung von Automationspotentialen in der Gesetzgebung erforderlich. Hierzu müssen **Berufsbilder und Kompetenzprofile** dringend und umfassend um ein Set digitaler Fähigkeiten weiterentwickelt werden. Dies gilt für alle Mitwirkenden im Steuerbereich: Mitarbeiter in Unternehmen, externe Steuerberater, Auszubildende (z.B. Steuerfachangestellte), Studierende, Quereinsteiger, Steuerfachwirte, und natürlich auch Beschäftigte in der Finanzverwaltung.

f) Steuerartenübergreifender Einsatz der Automation im Massenverfahren

62   Dabei kommen verschiedene Methoden zur besseren Automatisierbarkeit von Steuernormen in Betracht, so z.B. die Nutzung von mathematischen Formeln, der vermehrte Einsatz von Pauschalen, aber auch die klassische Vereinfachung von Rechtsnormen und die Reduzierung von unbestimmten Rechtsbegriffen. Gerade im Massenverfahren der Umsatz- und Lohnsteuer mit ihren **häufig wiederkehrenden Standardfällen** lässt

---

[1]   Der Referentenentwurf zum JStG 2020 v. 17.7.2020 ist abrufbar unter https://www.bundesfinanzministerium.de/Content/DE/Gesetzestexte/Gesetze_Gesetzesvorhaben/Abteilungen/Abteilung_IV/19_Legislaturperiode/Gesetze_Verordnungen/2020–12-28-JStG-2020/1-Referentenentwurf.pdf?__blob=publicationFile&v=2 (zuletzt aufgerufen am 10.12.2021). Im Regierungsentwurf, BR-Drucks. 503/20 v. 3.9.2020 war die Regelung jedoch nicht mehr enthalten.

sich die Automation sinnvoll einsetzen. Auch im Bereich der Ertragsteuern gibt es wiederkehrende transaktionale Vorgänge, die sich hierzu eignen. Das IDSt setzt sich dafür ein, den **Bereich der automatisierbaren Steuerarten** immer weiter **auszudehnen**. Bestehende und neue, noch zu erforschende Methoden können dem Gesetzgeber dabei als eine Art Werkzeugkasten nützlich sein.

g) Leichtere Übersetzung von eindeutigeren Gesetzesinhalten in Programmiersprache

Je eindeutiger die Gesetzesinhalte sind, desto leichter lassen sie sich in Programmiersprache übersetzen. Auf diese Weise könnte eine gesetzliche Formulierung, die sowohl der menschlichen als auch der algorithmischen Sprache zugänglich ist, die Gesetzesinhalte neu vergegenwärtigen und auf Klarheit, Einfachheit sowie Konsistenz des Rechts hinwirken. Insgesamt würden sowohl die Finanzverwaltung als auch die Steuerpflichtigen profitieren. **63**

Bei der Weiterentwicklung von Berufsbildern und Kompetenzfeldern sind für eine digitale Steuerfunktion ein gutes Technologieverständnis sowie grundlegende Schnittstellenkenntnisse erforderlich. Diese **Kompetenzanforderungen** sind auf unterschiedlichen Levels zu definieren und Instrumente zur Vermittlung dieser Kompetenzen zu entwickeln. Notwendige Voraussetzung für die Digitalisierung des Steuerbereichs ist ein hinreichendes Prozessverständnis, das es im Rahmen der verschiedenen Zielgruppen zu definieren und zu entwickeln gilt.

E. Verbesserungen bei der steuerlichen Betriebsprüfung

I. Lange Betriebsprüfungsdauern

1. Mangelnde Rechtssicherheit

Steuerliche Betriebsprüfungen dauern in Deutschland oftmals zu lange, verursachen für Unternehmen wie Finanzverwaltung **unnötigen Aufwand** und binden erhebliche finanzielle und personelle Kapazitäten. Besonders Groß- und Konzernbetriebe und Unternehmen mit weitreichender internationaler Tätigkeit sind von zu langen Betriebsprüfungsdauern betroffen. **64**

Für die Unternehmen zieht eine zu lange Prüfungsdauer eine Vielzahl von rechtlichen und praktischen Problemen nach sich. Die vielfach **zu lange Zeitspanne bis zur Erlangung von Rechtssicherheit** im Form von bestandskräftigen Steuerbescheiden ist ein erhebliches Problem. Eine nicht abgeschlossene „Steuervergangenheit" birgt erhebliche Unsicherheiten für zukünftige Unternehmensentscheidungen, wodurch die Unternehmensentwicklung – gerade in einem dynamischen Umfeld – gehemmt werden kann.

2. Grenzüberschreitende Sachverhalte

Nach der **Prüfung grenzüberschreitender Sachverhalte** kommt erschwerend hinzu, dass oftmals **Verständigungsverfahren** notwendig sind, um internationale Besteuerungskonflikte zu bereinigen. Damit verzögert sich die Erlangung von Rechtssicherheit weiter – nicht selten unkalkulierbar lange. **65**

Verständigungsverfahren können unter bestimmten Voraussetzungen durch gemeinsame Betriebsprüfungen (**Joint Audits**) vermieden werden.

Anmerkung:

Bei einem Joint Audit prüfen die beteiligten Staaten nicht getrennt voneinander, sondern bilden ein gemeinsames Prüfungsteam.

Die zum Teil sehr langen Betriebsprüfungsdauern in Deutschland führen jedoch dazu, dass es schwierig sein kann, überschneidende Betriebsprüfungszeiträume für eine gemeinsame Betriebsprüfung zu finden.

Ein Joint Audit scheitert in diesen Fällen daran, dass im Nachbarland ein bestimmter Zeitraum bereits geprüft und abgeschlossen ist, während in Deutschland der entsprechende Prüfungszeitraum noch „offen" ist. Auch dieses Problem zeigt den Handlungsbedarf in Deutschland – nicht zuletzt, da mit der sechsten Änderung der Richtlinie 2011/16/EU über die Zusammenarbeit der Verwaltungsbehörden im Bereich der Besteuerung („DAC 7") ein **EU-weiter Rechtsrahmen für Joint Audits** gesetzt wird.[1] Diese Bestimmungen zu Joint Audits sind bis zum 31.12.2023 in nationales Recht umzusetzen, so dass diese zum 1.1.2024 in Kraft treten können.

3. Praktische Probleme

66 Ein zu langer Zeitraum zwischen der Verwirklichung eines steuerlichen Sachverhalts und dessen Überprüfung durch die Finanzverwaltung führt zudem zu ganz praktischen Problemen: So sind zwischenzeitliche Personalveränderungen in den Steuer- und Fachabteilungen der Unternehmen oftmals unvermeidlich, z.B. weil Mitarbeiterinnen und Mitarbeiter den Arbeitgeber wechseln oder in den Ruhestand eintreten.

Die Überprüfung lange zurückliegender Zeiträume wird dadurch zusätzlich erschwert, da **Wissensträger nicht mehr zur Verfügung** stehen. Dieses Problem stellt sich auch bei zwischenzeitlichen Veränderungen im Unternehmen- bzw. Konzernaufbau und bei damit verbundenen Änderungen der administrativen Zuständigkeiten und Abläufe. Als weitere Probleme kommen die im Zeitablauf steigenden **Archivierungskosten** für relevante Unterlagen und die kostspielige Aufrechterhaltung der maschinellen Auswertbarkeit der Daten hinzu.

II. Erfordernis einer Reform der steuerlichen Betriebsprüfung

67 Im internationalen Vergleich wird der zeitliche Verzug zwischen dem Zeitraum der Betriebsprüfung und dem zu prüfenden Zeitraum von vielen Unternehmen als **Wettbewerbsnachteil** wahrgenommen.

Dies gilt vor allem gegenüber Ländern wie zum Beispiel Österreich und den Niederlanden, die mit **Modellen einer kontinuierlichen, zeitnahen Prüfung** („begleitende Kontrolle" bzw. „horizontal monitoring") eine Alternative zur nachgelagerten steuerlichen Betriebsprüfung anbieten. Diese Einschätzung der Unternehmen ist das Spiegelbild zu den Evaluationsergebnissen des österreichischen Bundesfinanzministeriums zum Pilotprojekt „horizontal monitoring". Die kontinuierliche, zeitnahe Prüfung bringt demnach „einen Mehrwert für Unternehmen und in weiterer Folge für den Wirtschaftsstandort Österreich im internationalen Wettbewerb".[2]

In Deutschland fehlt bislang ein solche moderne Prüfungsmöglichkeit. Hierzulande existiert seit dem Jahr 2012 lediglich eine in das Ermessen der Finanzverwaltung gestellte „zeitnahe Betriebsprüfung", die in § 4a BpO 2000 geregelt ist. Eine Betriebsprüfung ist demnach zeitnah, „wenn der Prüfungszeitraum einen oder mehrere gegenwartsnahe Besteuerungszeiträume umfasst" (§ 4a Abs. 1 Satz 2 BpO 2000). „Grundlage zeitnaher Betriebsprüfungen sind die Steuererklärungen i.S.d. § 150 der Abgabenordnung" (§ 4a Abs. 2 Satz 1 BpO 2000). Durch die Voraussetzung, dass bereits Steuererklärungen abgegeben wurden, wird eine **veranlagungsbegleitende Betriebsprüfung de facto ausgeschlossen**.

---

1) Richtlinie (EU) 2021/514 des Rates vom 22.3.2021 zur Änderung der Richtlinie 2011/16/EU über die Zusammenarbeit der Verwaltungsbehörden im Bereich der Besteuerung, ABl.EU Nr. L 104, 1 v. 25.3.2021.
2) „Horizontal Monitoring", Evaluationsbericht, Bundesministerium der Finanzen, Österreich, Oktober 2016, Seite 68.

Die „zeitnahe Betriebsprüfung" ist zwar grundsätzlich ein richtiger Schritt, um den Aufwand der Prüfungen zu reduzieren. Rund zehn Jahre nach ihrer Einführung zeigt sich aber, dass die „zeitnahe Betriebsprüfung" noch immer nicht bundesweit zur Anwendung kommt. Als häufige Gründe dafür werden von Unternehmen sowohl personelle Engpässe als auch eine fehlende Bereitschaft der Finanzverwaltung genannt.

Durch unterschiedliche Maßnahmen kann die Betriebsprüfungspraxis in Deutschland spürbar verbessert werden. Dazu zählen **zielgerichtete Reformen** der Regelungen in der Abgabenordnung ebenso wie **Optimierungen der Prüfungsorganisation**. Das Augenmerk aller Reformmaßnahmen sollte dabei auf eine schnellere Erlangung von Rechtssicherheit gerichtet sein. Davon profitieren die Unternehmen ebenso wie die Finanzverwaltung, da die Nachverfolgung und Prüfung lange zurückliegender Sachverhalte für alle Beteiligten vermeidbaren Aufwand nach sich ziehen. Von besonderer Bedeutung ist die **Digitalisierung** (→ Rz. 47 ff.) z.B. durch den Einsatz von einheitlichen IT-Lösungen bei der Durchführung von Außenprüfungen.

Bereits im Jahr 2019 wurde eine Bund-Länder-Arbeitsgruppe zur Fortentwicklung und Reform der steuerlichen Betriebsprüfungen eingesetzt. Der BDI hat dazu konkrete Verbesserungsvorschläge in die Diskussion eingebracht.[1] Nach derzeitigem Stand ist mit der Vorlage eines Diskussions- bzw. Referentenentwurfs durch die Bund-Länder-Arbeitsgruppe im Frühjahr 2022 zu rechnen. Ein Gesetzgebungsverfahren könnte demnach im Laufe des Jahres 2022 abgeschlossen werden. Reformvorschläge wurden auch von Seiten der Wissenschaft eingebracht.[2]

III. Vorschläge des BDI für schnellere und effiziente steuerliche Betriebsprüfungen

1. Verkürzung der Ablaufhemmung

Von entscheidender Bedeutung für die Frage, wann Unternehmen **Rechtssicherheit** 68 hinsichtlich steuerlicher Sachverhalte erhalten, ist die **Begrenzung der Ablaufhemmung** nach § 171 Abs. 4 Satz 3 AO. Diese bestimmt, dass die Festsetzungsfrist spätestens endet, wenn seit Ablauf des Kalenderjahres, in dem die Schlussbesprechung stattgefunden hat (oder, wenn die Schlussbesprechung unterblieben ist, seit Ablauf des Kalenderjahrs, in dem die letzten Ermittlungen im Rahmen der Außenprüfung stattgefunden haben), die Festsetzungsfristen des § 169 Abs. 2 AO (vier Jahre bei allen Besitz- und Verkehrssteuern) verstrichen sind. Wenngleich mit dieser Regelung – wie vom Gesetzgeber gewollt – eine Begrenzung der Dauer der Ablaufhemmung grundsätzlich erreicht wird, ist die betriebliche Praxis noch immer mit langen Zeiträumen bis zum Erhalt eines bestandskräftigen Steuerbescheids konfrontiert.

> **Beispiel:**
>
> **Zehn Jahre Rechtsunsicherheit**
>
> Ein Unternehmen hat im Mai 2010 die Steuererklärung für das Jahr 2009 abgegeben. Die Festsetzungsfrist beginnt mit Ablauf des 31.12.2010 (§ 170 Abs. 2 Satz 1 Nr. 1 AO). Im Rahmen der Festsetzungsfrist (§ 169 Abs. 2 Satz 1 Nr. 2 AO) wurde im Dezember 2014 mit einer Betriebsprüfung begonnen. Die Schlussbesprechung erfolgte im September 2015. Die Ablaufhemmung (§ 171 Abs. 4 Satz 3 AO) endet erst zum 31.12.2019, also zehn Jahre nach dem zu prüfenden Veranlagungsjahr.

Im Ergebnis leistet die bestehende Begrenzung der Dauer der Ablaufhemmung keinen ausreichenden Beitrag, um Rechtssicherheit und Rechtsfrieden zu schaffen. Dafür ist eine **Verkürzung der Frist des § 171 Abs. 4 Satz 3 AO auf zwei Jahre** erforderlich. Auf diese Weise kann sichergestellt werden, dass nach Abschluss einer Betriebsprüfung zeitnah ein abschließender Steuerbescheid erstellt wird.

---

1) „Steuerliche Betriebsprüfungen – Optionen für zeitgemäße Reformen", BDI, September 2019.
2) „Reform der Außenprüfung aus der Perspektive des Mittelstands", DWS-Institut, Schriftenreihe Nr. 47, 2021.

Denkbar ist auch, den Beginn der Ablaufhemmung statt an das Kalenderjahr der Schlussbesprechung an das Kalenderjahr der Bekanntgabe der Prüfungsanordnung zu knüpfen, um zusätzlich von vornherein Klarheit über die Dauer der Prüfung zu schaffen.

Zudem sollte die **gesetzliche Regelung bei Prüfungsunterbrechungen** reformiert werden. Nach derzeitiger Rechtslage wird der Ablauf der Festsetzungsverjährungsfrist nicht gehemmt, wenn die Außenprüfung unmittelbar nach ihrem Beginn für mehr als sechs Monate unterbrochen wird und dies von der Finanzverwaltung zu vertreten ist (§ 171 Abs. 4 Satz 2 AO). Dies ist nicht praxisgerecht. Wird eine Prüfung nicht unmittelbar nach ihrem Beginn unterbrochen, sondern erst zu einem späteren Zeitpunkt, so gilt die Ablaufhemmung fort. Dies gilt selbst dann, wenn die Unterbrechung mehrere Jahre dauert. Zur Vermeidung derart widersprüchlicher Ergebnisse sollten von der Finanzverwaltung zu vertretende Unterbrechungen ab drei Monate der Ablaufhemmung entgegenstehen. Außerdem sollte dies unabhängig davon gelten, mit welchem zeitlichen Abstand zum Beginn der Außenprüfung die Prüfung unterbrochen wird.

2. Verkürzung der Festsetzungsfrist

69 Die Verkürzung der Ablaufhemmung sollte zudem mit einer Verkürzung der Festsetzungsfrist nach § 169 Abs. 2 Satz 1 Nr. 2 AO verbunden werden. Eine Verkürzung von vier auf zwei Jahre hätte zur Folge, dass das erste Jahr eines dreijährigen Prüfungszeitraumes mit Ablauf des dritten Folgejahres verjährt. Die Betriebsprüfung müsste folglich spätestens ein Jahr nach Ablauf des dreijährigen Prüfungszeitraumes begonnen werden.

Beispiel:

Wirkungsweise einer verkürzten Festsetzungsfrist

Veranlagungszeitraum 2014	Abgabe der Steuererklärung	Vorschlag: auf zwei Jahre verkürzte reguläre Festsetzungsfrist (§ 169 Abs. 2 Satz 1 Nr. 2 AO)	
2014	2015	2016	2017
	dreijähriger Prüfungszeitraum		

Der dreijährige Prüfungszeitraum umfasst die Jahre 2014, 2015 und 2016. Ein Unternehmen gibt die Steuererklärung für das Jahr 2014 im Jahr 2015 ab. Die Festsetzungsfrist beginnt mit Ablauf des Kalenderjahres, in dem die Steuererklärung eingereicht wird (§ 170 Abs. 2 Satz 1 Nr. 1 AO), somit mit Ablauf des Jahres 2015. Die vorgeschlagene, verkürzte Festsetzungsfrist von zwei Jahren endet mit Ablauf des Jahres 2017. Das erste Jahr (2014) eines dreijährigen Prüfzeitraums verjährt mit Ablauf des dritten Folgejahres (2017). Die Betriebsprüfung müsste spätestens ein Jahr nach Ablauf des dreijährigen Prüfungszeitraums (im Jahr 2017) begonnen werden.

3. Bildung von Prüfungsschwerpunkten

70 Ein weiterer Anknüpfungspunkt für schnelle und effiziente Betriebsprüfungen ist die Fokussierung auf wesentliche Sachverhalte und die Bildung von Prüfungsschwerpunkten. Die Prüfungsschwerpunkte sollten in einem gemeinsamen Auftaktgespräch zwischen Unternehmen und Finanzverwaltung festgelegt werden. So können die Unternehmen die zu prüfenden Unterlagen vorbereiten, was die Prüfung erleichtern und beschleunigen kann.

Zur **Auswahl von Prüffeldern** können auch die **Erkenntnisse aus innerbetrieblichen Kontrollsystemen** (Tax Compliance Management System) der Unternehmen genutzt werden, wobei es einer Regelung über den Umfang und Tiefe des Zugriffs auf die internen Informationen des innerbetrieblichen Kontrollsystems bedarf. Zudem sollte eine stärker prozessorientierte Prüfung anstelle der Belegprüfung erfolgen.

Bisher regelt § 7 BpO 2000, dass „die Außenprüfung auf das Wesentliche abzustellen [ist]" und „sich in erster Linie auf solche Sachverhalte zu erstrecken [hat], die zu endgültigen Steuerausfällen oder Steuererstattungen oder -vergütungen oder zu nicht unbedeutenden Gewinnverlagerungen führen können." Diese Grundsätze sollten insbesondere bei Fragen der Gewinnverlagerung durch reine Periodenverschiebungen stärker beachtet werden.

§ 7 BpO 2000 sollte vor diesem Hintergrund wie folgt ergänzt bzw. konkretisiert werden:

„Zur Durchführung einer Betriebsprüfung ist ein mit dem Steuerpflichtigen abgestimmter Zeitplan aufzustellen, in dem wesentliche Prüfungsschwerpunkte festgelegt werden. Bei Steuerpflichtigen und Organkreisen, bei denen Finanzbehörden verschiedener Bundesländer beteiligt sind, sind die einzelnen Finanzbehörden gehalten, eine zeitliche Koordination der einzelnen Prüfungen herzustellen."

Darüber hinaus ließen sich durch die **Aufnahme von Materialitätsgrenzen**, d.h. durch eine betragsmäßige Fokussierung, die Kapazitäten gezielt auf wesentliche Prüfungsfälle lenken.

4. Verbesserung der Prüfungsorganisation

Durch eine verbesserte Prüfungsorganisation auf Seiten der Finanzverwaltung kann **71** eine deutliche Optimierung der Prüfungen erreicht werden.

– Dazu gehört, **Prüfungsunterbrechungen** zu vermeiden, die z.B. dadurch hervorgerufen werden, dass zunächst nur eine Prüfungsanordnung erlassen wird, die Prüfer dann aber Außenprüfungen bei anderen Unternehmen fortsetzen.

– Zudem sollten die **Prüfungshandlungen zwischen Bundes- und Landesfinanzbehörden** besser aufeinander abgestimmt werden, um zeitliche Diskrepanzen und das mehrfache Aufgreifen des gleichen Sachverhalts zu vermeiden. Dies gilt ebenso für die Prüfungshandlungen verschiedener Landesfinanzbehörden (z.B. Lohnsteuer-Außenprüfung, Umsatzsteuer-Sonderprüfungen).

– Die eigenständigen Prüfverfahren der **steuerrechtlichen Nachschauen** sollten effizient eingesetzt werden. Die Lohnsteuer-Nachschau (§ 42g EStG), die Umsatzsteuer-Nachschau (§ 27b UStG) und die Kassen-Nachschau (§ 146b AO) ermöglichen eine zeitnahe Aufklärung steuererheblicher Sachverhalte und stellen der Finanzverwaltung eine Vielzahl an punktuellen Kontrollmaßnahmen zur Verfügung. Im Rahmen des automationsgestützten Risikomanagementsystems der Finanzbehörden (§ 88 Abs. 5 AO) sollten die im Rahmen der Nachschauen erlangten Informationen genutzt werden, um die tatsächliche Prüfungsbedürftigkeit eines Unternehmens festzustellen.

– Auch die **rechtzeitige Bereitstellung der Steuererklärungsformulare** trägt zu verbesserten Rahmenbedingungen bei, da anderenfalls ein Engpass für die „zeitnahe Betriebsprüfung" droht. In der Vergangenheit kam es hierbei zu Verzögerungen. So wurden z.B. die Formulare zur Körperschaftsteuererklärung 2016 erst Ende Juli 2017 vollständig und korrekt im ElsterOnline-Portal zur Verfügung gestellt.

– Schließlich sollten die **Berichte nach der Schlussbesprechung** zeitnah übermittelt werden. Dies gilt insbesondere für den Bereich der Konzern-Betriebsprüfung. Beendete Prüfungen werden mitunter nicht abgeschlossen, sondern – ohne Prüfungshandlungen – bis zum Ende der Betriebsprüfung der Obergesellschaft „offen gehalten". Dies hat die Folge, dass die betroffenen Unternehmen alle Prüfungsberichte gleichzeitig auswerten und überprüfen müssen.

5. Einführung einer neuen Verständigungsform

Häufig werden in der betrieblichen Praxis konkrete Rechtsfragen zu steuerlichen Sach- **72** verhalten nicht über eine verbindliche Auskunft (§ 89 AO) geklärt, weil ein Sachverhalt bereits verwirklicht ist oder die Zeit für ein Verfahren zur Beantragung einer verbindlichen Auskunft nicht zur Verfügung steht. Auch bei der verbindlichen Zusage (§ 204 AO) sind die Voraussetzungen (v.a. Darstellung des Sachverhalts im Prüfungsbericht und Bedeutung für die geschäftlichen Maßnahmen des Steuerpflichtigen) für die Unternehmen nicht immer erfüllbar.

Die Einführung einer neuen Verständigungsform (z.B. als „verbindliche Entscheidung", bzw. „bindende Verständigung") wäre daher eine sinnvolle Ergänzung. Dabei sollte ein steuerlich relevanter Sachverhalt durch den Steuerpflichtigen oder die Finanzverwaltung eindeutig skizziert und eine beiderseitig bindende Verständigung (in Schriftform oder elektronischer Form) eingeholt werden. Eine spätere Betriebsprüfung müsste sich mit diesem Sachverhalt nicht mehr beschäftigen und allenfalls prüfen, ob der verwirklichte Sachverhalt mit dem zur Entscheidung vorgelegten Sachverhalt übereinstimmt.

6. Antragsrecht für eine zeitnahe Betriebsprüfung

73 **Unternehmen** sollte die Möglichkeit eröffnet werden, **selbst die Initiative für eine zeitnahe Betriebsprüfung** zu ergreifen. Dies ist bislang nicht vorgesehen. § 4a Abs. 1 Satz1 BpO 2000 sieht vor, dass die Finanzbehörde Steuerpflichtige „für eine zeitnahe Betriebsprüfung auswählen kann."

Es ist nachvollziehbar, dass den Steuerpflichtigen angesichts beschränkter Prüfungskapazitäten kein **allgemeiner Rechtsanspruch** auf Durchführung einer zeitnahen Betriebsprüfung eingeräumt werden kann. Wünschenswert und möglich wäre es jedoch, einen dahingehenden Antrag des Steuerpflichtigen in das pflichtgemäße Ermessen der Finanzverwaltung zu stellen. Dies könnte zu einer Steigerung der Fallzahlen führen und – durch positive Erfahrungen auf Seiten der Finanzverwaltung und der Unternehmen – im Ergebnis die Verbreitung der zeitnahen Betriebsprüfung erhöhen.

7. Zentralisierung der Prüfung von Konzern- und Organschaftsfällen

74 In Konzern- bzw. Organschaftsfällen verteilt sich die **örtliche Zuständigkeit** oft auf mehrere Finanzämter, die sich u.U. in verschiedenen Bundesländern befinden. Dem leitenden Konzernprüfer steht gegenüber den lokalen Prüfern weder ein organisatorisches noch inhaltliches Weisungsrecht zu. Dies kann zu langen und **ineffizienten Verfahren** führen, die sowohl für die Finanzverwaltung wie auch die Unternehmen belastend sind. So kann in der Praxis bereits die längere Erkrankung eines Prüfers, der mit der Prüfung von Tochtergesellschaften betraut ist, dazu führen, dass Prüfungen für den gesamten Konzern nicht abgeschlossen werden können. Um derartige Sachverhalte zu vermeiden, sind folgende Reformschritte nötig:

– Unternehmensgruppen sollte auf Antrag die Möglichkeit eröffnet werden, die steuerliche Zuständigkeit (ggf. nur für die Betriebsprüfung) für sämtliche Gruppengesellschaften bei dem **für die Konzernspitze zuständigen Finanzamt** zu bündeln.

– Wenn die Zuständigkeit weiterhin dezentral organisiert bleibt, sollte zumindest ein **Weisungsrecht des Konzernprüfers** sowohl hinsichtlich der organisatorischen und zeitlichen Durchführung der Prüfung als auch der rechtlichen Beurteilung von Sachverhalten geschaffen werden. In der Praxis bereitet derzeit die unterschiedliche rechtliche Beurteilung von einzelnen Sachverhalten durch verschiedene Finanzämter erhebliche Probleme.

8. Gesetzliche Regelung freiwilliger Vorauszahlungen

75 Die Höhe des Zinssatzes von jährlich 6 % („für jeden Monat einhalb Prozent", § 238 AO) führt in Fällen von Steuernachzahlungen bei den Unternehmen zu erheblichen

Belastungen (→ Rz. 303). **Freiwillige Vorauszahlungen** der Unternehmen, um diese Belastungen zumindest abzumildern, sind derzeit nur über **Billigkeitserlasse** möglich.

Für Unternehmen kann es insbesondere dann sinnvoll sein, die Möglichkeit einer freiwilligen Vorauszahlung zu nutzen, wenn aufgrund der Prüfungsfeststellungen die Nachzahlungshöhe in etwa ermittelbar ist. Die Zeitspanne von teilweise mehreren Monaten zwischen der Schlussbesprechung und dem Erhalt der Bescheide muss so nicht abgewartet werden.

Diese Möglichkeit der freiwilligen Vorauszahlung sollte zur **Stärkung der Rechtssicherheit** und mit dem Ziel einer breiteren Anwendung gesetzlich geregelt werden. Um zweckwidrige Überzahlungen zu verhindern, könnte die Verrechnung der freiwilligen Vorauszahlungen insoweit begrenzt werden, als überzahlte Beträge nicht zugunsten des Unternehmens zu verzinsen sind.

9. Beschleunigte Betriebsprüfung durch Tax Compliance Management Systeme

Wenn in einem Unternehmen nachweislich auf freiwilliger Basis ein wirksames Tax **76** Compliance Management System (TCMS) für Ertragsteuern und Umsatzsteuer implementiert ist, sollte dies zu einem erhöhten Vertrauensschutz führen und die Anzahl der prüfungsrelevanten Einheiten und Themen im Hinblick auf deren Risikorelevanz reduzieren. Das Bestehen eines TCMS mit oder ohne Testat eines Wirtschaftsprüfers sollte daher zu einer beschleunigten Betriebsprüfung führen.

Im umgekehrten Fall darf jedoch das **Nichtvorliegen eines TCMS** den Steuerpflichtigen **nicht benachteiligen**, z.B. indem eine mangelnde Compliance angenommen oder eine höhere Prüfintensität angesetzt wird.

10. Einführung einer Höchstdauer von Betriebsprüfungen

Die Festlegung einer Höchstdauer von Betriebsprüfungen eröffnet Unternehmen und **77** Finanzverwaltung einen klaren **Planungshorizont** für den zeitlichen Prüfungsablauf. Denkbar ist die Einführung einer **gesetzlichen Höchstdauer** von Betriebsprüfungen durch eine entsprechende Regelung in der Abgabenordnung, die jedoch sinnvollerweise mit einer Verkürzung der Ablaufhemmung (§ 171 Abs. 4 Satz 3 AO; → Rz. 68) kombiniert sein müsste. Anderenfalls hätten die Finanzbehörden praktisch weiterhin eine vierjährige Auswertungsfrist.

Denkbar ist auch, eine **verbindliche Terminierung eines Prüfungsendes** zwischen Unternehmen und Finanzverwaltung zuzulassen. In der betrieblichen Praxis werden teilweise bereits konkrete Zeitpläne zwischen Prüfern und Unternehmen abgestimmt. Diese für beide Seiten sinnvolle Praxis sollte in der AO oder im AEAO gesetzlich abgesichert werden.

11. Einsatz von einheitlichen IT-Lösungen

Die Kommunikation zwischen Außenprüfern und zuständigen Mitarbeitern der Unter- **78** nehmen findet bisher größtenteils noch ohne den Einsatz von einheitlichen IT-Lösungen statt. Eine Automatisierung der Bearbeitung von Prüferanfragen, Übersendung von Unterlagen und Daten an die Außenprüfer sowie auch das Nachhalten von Terminen und Status ist dadurch nur eingeschränkt möglich.

Für die Abwicklung von Außenprüfungen sollten daher **effiziente IT-Lösungen** bereitgestellt werden (→ Rz. 59 f.). Dazu gehört, dass Steuerpflichtige Prüferbilanzen als Datensatz in ihre IT-Systeme übernehmen können.

Eine weitere Verbesserung kann durch den verstärkten Einsatz von **standardisierten Schnittstellen** für die Datenübertragung zwischen Unternehmen und Finanzverwaltung erfolgen. Ein erfolgreiches und praxiserprobtes Beispiel ist die Digitale Lohnschnittstelle (DLS). Dabei handelt es sich um Schnittstelle für den Export von Daten aus dem Lohnbuchhaltungssystem der Arbeitgeber für die Datenträgerüberlassung (Z3-Zugriff) im Rahmen einer Lohnsteuer-Außenprüfung. Sie soll eine einheitliche Strukturierung und Bezeichnung der Dateien und Datenfelder unabhängig von dem beim Unternehmen eingesetzten Lohnabrechnungsprogramm sicherstellen. Vergleichbare Schnittstellen sind auch in anderen Bereichen denkbar. Entscheidend ist aber, dass Standardisierungsinitiativen stets in enger Abstimmung mit der betrieblichen Praxis erfolgen.

Eine Hürde für effiziente Betriebsprüfungen ist auch die **Kommunikation** mit der Finanzverwaltung, die oftmals noch **in Papierform** erfolgt. Eine Kommunikation per E-Mail ist in der Regel wegen des Steuergeheimnisses nicht möglich. Daher stellen die jüngst von einzelnen Bundesländern (z.B. Bayern, Hessen) eingeführten **digitalen Datenräume** für den Datenaustausch zwischen Unternehmen und Finanzverwaltung einen zukunftsgerichteten Ansatz dar. Hierbei kommt es aus Sicht der Unternehmen aber darauf an, dass nicht jedes Bundesland einzelne Verfahren entwickelt, sondern bestehende Initiativen zu einem einheitlichen Vorgehen zusammengeführt werden.

12. Stärkung kooperativer Prüfungsformen

79 Durch „**Cooperative Compliance**" kann mehr Effizienz gerade bei grenzüberschreitenden Sachverhalten geschaffen werden. Gemeint sind moderne Prüfungskonzepte, bei denen sich Finanzverwaltung und Steuerpflichtige nicht (konfrontativ) gegenüberstehen, sondern in einer Form der Kooperation die Prüfungshandlungen optimieren.

Als Beispiele hierfür können angeführt werden:

- **„Begleitende Kontrolle" in Österreich** (ähnlich: „horizontal monitoring" in den Niederlanden): An die Stelle einer nachgelagerten Prüfung (lange) vergangener Sachverhalte tritt ein kontinuierlicher Austausch zwischen dem zu prüfenden Unternehmen und der Finanzverwaltung. Die Unternehmen müssen bestimmte Voraussetzungen erfüllen (u.a. geprüftes Steuerkontrollsystem, steuerliche Unbescholtenheit, Umsatzerlöse von mehr als 40 Mio. Euro p.a.). Beide Seiten haben zusätzliche Rechte und Pflichten („Geben und Nehmen"): z.B. erhöhte Offenlegungspflichten der Unternehmen (wenn das ernsthafte Risiko besteht, dass ein Sachverhalt abweichend von der Auffassung der Finanzverwaltung beurteilt wird) und erweiterte Auskunftspflichten der Finanzverwaltung (über bereits verwirklichte und noch nicht verwirklichte Sachverhalte). Nach bisherigen Erfahrungen von betrieblicher Praxis und Finanzverwaltung ist die „Begleitende Kontrolle" personal- und ressourcenintensiv. Dennoch sind die Erfahrungen überwiegend positiv, da sich das Prüfungshandeln nicht mehr auf lange zurückliegende Aspekte bezieht.[1]

- **Joint Audits**: Ein wichtiger Schritt zu mehr Effizienz bei grenzüberschreitenden Betriebsprüfungen sind sog. „Joint Audits" (gleichzeitige Betriebsprüfungen mit Finanzverwaltungen aus verschiedenen Mitgliedstaaten). Mit der EU-Richtlinie „DAC 7"[2] wird u.a. der Anwendungsbereich der Richtlinie über den Informationsaustausch und die Verwaltungszusammenarbeit zwischen den Mitgliedstaaten erweitert (→ Rz. 65). Konkret beinhaltet die Richtlinie einen neuen Rechtsrahmen für Joint Audits. Im Rahmen eines neuen Abschnitts „II A" zu Joint Audits wird ein neuer Art. 12a zu Joint Audits eingefügt. Joint Audits werden mittels Art. 12a (2) erstmals unionsrechtlich definiert: „Gemeinsame Prüfungen werden von den zuständigen Behörden der ersuchenden und der ersuchten Mitgliedstaaten in zuvor vereinbarter und koordinierter Weise, einschließlich der Sprachenregelung, und im

---

1) Brandl, Macho, Schrottmeyer, Vock (Hrsg.): SWK-Spezial Begleitende Kontrolle: Alternative zur Betriebsprüfung, 93. Jahrgang, Dezember 2018.
2) RICHTLINIE (EU) 2021/514 DES RATES vom 22.3.2021 zur Änderung der Richtlinie 2011/16/EU über die Zusammenarbeit der Verwaltungsbehörden im Bereich der Besteuerung, ABl.EU Nr. L 104, 1 v. 25.3.2021.

Einklang mit den Rechts- und Verfahrensvorschriften des Mitgliedstaats, in dem die gemeinsamen Prüfungstätigkeiten stattfinden, durchgeführt. In jedem Mitgliedstaat, in dem die gemeinsamen Prüfungstätigkeiten stattfinden, benennt die zuständige Behörde dieses Mitgliedstaats einen Vertreter, der für die Beaufsichtigung und Koordinierung der gemeinsamen Prüfung in diesem Mitgliedstaat zuständig ist." Während anfangs vorgesehen war, dem Steuerpflichtigen zu gestatten, einen Antrag auf Durchführung eines Joint Audit bei einer oder mehreren zuständigen Behörden zu stellen, ist dies in der endgültigen Fassung der DAC 7 nicht mehr vorgesehen. Die einzige formale Möglichkeit zur Einleitung eines Joint Audits verbleibt demnach gemäß Art. 12a Abs. 1 die Kompetenz der Behörde eines EU-Mitgliedstaates: „Die zuständige Behörde eines oder mehrerer Mitgliedstaaten kann die zuständige Behörde eines oder mehrerer anderer Mitgliedstaaten ersuchen, eine gemeinsame Prüfung durchzuführen." Aus Sicht der Praxis wäre auch eine Initiativmöglichkeit der Unternehmen gleichwohl sinnvoll.

– **International Compliance Assurance Programme (ICAP) 2.0**: ICAP ermöglicht die Zusammenarbeit zwischen einer multinationalen Unternehmensgruppe und mehreren internationalen Steuerverwaltungen. Auf der Grundlage der CbCR-Berichte werden die steuerlichen Risiken bestimmter Unternehmenstransaktionen bewertet. So lassen sich Sachverhalte als „low risk" einstufen, für die nur eine reduzierte oder gar keine Prüfung erforderlich ist. Die Risikoanalyse wird in einem „Outcome Letter" festgehalten. Dieser schafft zwar keine echte Rechtssicherheit, dafür aber „assurance" (d.h. eine „Zusicherung") u.a. bezüglich zukünftiger Prüfungsfelder bzw. mit hoher Wahrscheinlichkeit nicht prüfungsrelevanter Aspekte. Durch die multilaterale Zusammenarbeit mehrerer Finanzbehörden ist ICAP auch ein Instrument zur Streitvermeidung bzw. Streitbeilegung. Eckpunkte von ICAP sind Transparenz und Dialog zwischen der multinationalen Unternehmensgruppe und den beteiligten Steuerverwaltungen. An ICAP 2.0 beteiligen sich 19 Staaten – darunter auch Deutschland, das bei ICAP 1.0 nur einen Beobachterstatus einnahm. Von deutscher Seite sind vier Unternehmen in ICAP 2.0 involviert.

F. Reform der Grunderwerbsteuer

I. Entwicklungsgeschichte und Gesetzgebungsverfahren

Erfolgt bei einem Grundstück ein Rechtsträgerwechsel i.S.d. § 1 GrEStG, fällt Grunderwerbsteuer an, die den Ländern zusteht. **Änderungen im Gesellschafterkreis** einer Personen- oder Kapitalgesellschaft stellen zunächst nicht den klassischen Eigentümerwechsel am Grundstück dar, der dem Verständnis nach zum Auslösen von Grunderwerbsteuer führen würde. **80**

Allerdings wird aufgrund der transparenten zivilrechtlichen und steuerlichen Behandlung von **Personengesellschaften ein Anteilsübergang eines Grundstücks fingiert**, das der Personengesellschaft gehört. Damit wurde für Personengesellschaften bereit seit Jahren verhindert, dass steuerlich motivierte Abwachsungen und Anwachsungen zu einer grunderwerbsteuerfreien Übertragung von Grundstücken genutzt werden können.

Auch **Kapitalgesellschaften** haben die Möglichkeit bei dem sog. **share deal** Vermögensgegenstände, wie Grundstücke, nicht direkt an den Käufer zu übertragen, sondern einen gesamten Anteil an der Gesellschaft selbst, welcher unter der alten Rechtslage nicht von der Grunderwerbsteuer erfasst wurde. In den letzten Jahren sind jedoch einzelne Fälle bekannt geworden, in denen Anteile an grundbesitzenden Kapitalgesellschaften auf neue Rechtsträger übertragen wurden, ohne dass hierfür Grunderwerbsteuer angefallen ist.[1]

---

1) Vgl. auch Ebner Stolz / BDI, Steuer- und Wirtschaftsrecht 2020, Rz. 80.

Daher wurde seit einigen Jahren um eine Möglichkeit gerungen, diese **missbräuchlichen Umgehungsgestaltungen** gesetzlich zu verhindern. Bereits im Mai 2019 veröffentlichte das BMF einen Referentenentwurf[1] zum sog. Share-Deals-Gesetz, das am 31.7.2019 vom Bundeskabinett beschlossen und am 9.8.2019 als Regierungsentwurf in das Gesetzgebungsverfahren eingebracht wurde. Kernpunkte des Gesetzesentwurfs war eine Verschärfung der bereits geltenden Share-Deal-Regelungen für Personengesellschaften hinsichtlich der Beteiligungsquote und (Be-)Haltefristen sowie die Einführung eines neuen Share-Deal-Tatbestands für Kapitalgesellschaften in Anlehnung an die Regelungen für Personengesellschaften. Bei der Einführung des neuen Tatbestandes für Kapitalgesellschaften wurde jedoch versäumt, eine **Börsenklausel** einzufügen, so dass der reine Aktienverkauf von börsennotierten Unternehmen bereits zur Grunderwerbsteuerpflicht geführt hätte, wenn innerhalb von zehn Jahren 90 % der Anteile dort gehandelt worden wären. Dies hätte im Schnitt für die DAX30 Unternehmen bedeutet, dass sie alle 1,3 Jahre die volle Grunderwerbsteuer auf ihre Immobilien hätten zahlen müssen.[2] Dies wurde vor allem in der 1. Beratung des Bundestages am 27.9.2019 kritisiert[3], so dass der Gesetzesentwurf in dieser Form nicht weiterverfolgt wurde.

Kurz vor Ende der 19. Legislaturperiode nahm der Gesetzgeber die Reform der Grunderwerbsteuer mit der Befassung im Finanzausschuss am 14.4.2021 und der Verabschiedung im Bundestag am 21.4.2021 wieder auf. Der neue Gesetzentwurf basierte im Wesentlichen auf dem Entwurf aus 2019, beinhaltete jedoch nunmehr auch eine Börsenklausel, so dass der Aktienhandel an den im Gesetz benannten in- oder ausländischen Börsen, soweit die Anteilsübertragung auf Grund eines Geschäfts an diesen Börsen erfolgt, keine schädliche Übertragung von Unternehmensanteilen darstellt. Zudem wurde die ursprünglich angedachte Nichtanwendung der Begrenzung des Verspätungszuschlags nach § 152 Abs. 10 AO nicht umgesetzt. Im Eiltempo passierte der Gesetzesentwurf am 7.5.2021 auch den Bundesrat. Zum 1.7.2021 trat das Gesetz zur Änderung des Grunderwerbsteuergesetzes vom 12.5.2021 in Kraft.[4]

II. Hauptreformpunkte

81 Mit dem nunmehr verabschiedeten Gesetz zur Änderung des Grunderwerbsteuergesetzes[5] ist das Share-Deals-Gesetz zum 1.7.2021 in Kraft getreten und sieht im Wesentlichen **Verschärfungen** für bestehende Regelungen zum **Anteilserwerb von Personengesellschaften** sowie eine **Neueinführung eines Share-Deal-Tatbestands für Kapitalgesellschaften** vor (→ Rz. 457 ff.). Dabei sind die folgenden Hauptreformpunkte hervorzuheben:

– **Herabsenkung der Beteiligungsquote** von 95 % auf 90 % in § 1 Abs. 2a, 3 und 3a GrEStG, welche vor allem die Anteilsübertragung von grundbesitzenden Personengesellschaften, Anteilsvereinigungen und Anteilsübertragungen sowie wirtschaftliche Beteiligungen umfasst.

– **Verlängerung der Haltefristen** von fünf auf zehn Jahre für die Anteilsübertragungen von Personengesellschaften nach § 1 Abs. 2a GrEStG.

– Einführung eines **neuen Tatbestandes für Kapitalgesellschaften** in § 1 Abs. 2b GrEStG, der spiegelbildlich zu den Regelungen für Personengesellschaften

---

1) Vgl. Referentenentwurf zum Gesetz zur weiteren steuerlichen Förderung der Elektromobilität und zur Änderung weiterer steuerlicher Vorschriften, https://www.bundesfinanzministerium.de/Content/DE/Gesetzestexte/Gesetze_Gesetzesvorhaben/Abteilungen/Abteilung_IV/19_Legislaturperiode/Gesetze_Verordnungen/2019–12-17-G-E-Mobilitaet/1-Referentenentwurf.pdf?__blob=publicationFile&v=4 (zuletzt aufgerufen am 10.12.2021).
2) Vgl. Orderbuch-Umsatz des Jahres an der Frankfurter Wertpapierbörse im Jahr 2020: Deutsche Börse AG; Markkapitalisierung am 12. April 2021: finanzen.net.
3) Vgl. BT-Plenarprotokoll 19/116, S. 14279C-14288A, https://dserver.bundestag.de/brp/980.pdf#P.379.
4) BGBl. I 2021, 986 = BStBl I 2021, 838.
5) Vgl. Gesetz zur Änderung des Grunderwerbsteuergesetzes v. 12.5.2021, BGBl. I 2021, 986 = BStBl I 2021, 838.

in § 1 Abs. 2a GrEStG die Anteilsübertragung von grundbesitzenden Kapitalgesellschaften für grunderwerbsteuerliche Zwecke regelt. Dabei gelten auch für unmittelbare und mittelbare Änderungen im Gesellschafterbestand einer Kapitalgesellschaft die neue Beteiligungsquote von **90 %** und die Haltefrist von **zehn Jahren**.

– Einführung einer **Börsenklausel** für Personen- und Kapitalgesellschaften, wonach
an nach § 2 Abs. 11 WpHG zugelassenen Börsen (oder äquivalenten EU/EWR/Dritt-
handelsplatz-Börsen) gelistete und gehandelte Aktien für die 90 %-Schwelle sowohl
für Kapitalgesellschaften als auch für Personengesellschaften (bei mittelbaren
Anteilsbewegungen) nicht berücksichtigt werden. Somit führt der gängige Aktienhandel nicht automatisch zu grunderwerbsteuerauslösenden Anteilsübertragungen.

– **Verlängerung der Behaltefristen** von fünf auf zehn Jahre i.S.d. § 5 Abs. 3 und
§ 6 Abs. 3 Satz 2 und Abs. 4 Nr. 1 und 2 GrEStG bzw. sogar auf 15 Jahre für Sachverhalte nach § 6 Abs. 4 Nr. 3 GrEStG. Diese Behaltefristen erstrecken sich auf Steuerbefreiungen beim Übergang eines Grundstücks auf eine sowie von einer Gesamthand.

III. Bewertung der Neuregelungen

Der Kampf des Gesetzgebers gegen missbräuchliche Steuergestaltungen einiger weni- **82**
ger Unternehmen ist nachvollziehbar und gerade vor dem Hintergrund von Steuergerechtigkeit und einer fundierten Haushaltspolitik zu begrüßen. Allerdings war der in
2019 präsentierte Gesetzesentwurf so überschießend und unbedacht ausgearbeitet,
dass dieser massive Kollateralschäden für die gesamte Wirtschaft bedeutet hätte, die
weder vom Gesetzgeber gewollt gewesen sein können, noch dem eigentlichen Zweck
der Grunderwerbsteuer entsprochen hätten. Auch das BVerfG sieht Missbrauchsbe-
kämpfungen mit Augenmaß: So darf sie keinen atypischen Fall als Leitbild wählen,
sondern muss sich realitätsgerecht und zielgenau am typischen, mithin regelungsbedürftigen Fall orientieren.[1]

Zwar wurden einige der zuvor angemahnten **überschießenden Maßnahmen** durch die
Einführung der Börsenklausel notdürftig geflickt, dennoch bleiben weiterhin Probleme
bestehen, die in der neuen Legislaturperiode dringend von der Ampelkoalition ange-
gangen werden müssen und in den folgenden Punkten näher erläutert werden.

1. Nachbesserung der Börsenklausel

Die in § 1 Abs. 2b GrEStG eingeführte Börsenklausel ist notwendig, damit nicht allein **83**
durch den Handel an der Börse eine Grunderwerbsteuerpflicht entsteht, die bei einigen
Unternehmen teilweise sogar jährlich mehrfach zu Buche schlagen würde (→ Rz. 458).
Die aktuelle Börsenklausel bezieht sich jedoch nur auf den Aktienhandel an in
§ 2 Abs. 11 WpHG definierten Börsenplätzen. Hier wird der organisierte Markt definiert
als „ein im Inland, in einem anderen Mitgliedstaat der Europäischen Union oder einem
anderen Vertragsstaat des Abkommens über den Europäischen Wirtschaftsraum betriebenes oder verwaltetes, durch staatliche Stellen genehmigtes, geregeltes und über-
wachtes multilaterales System, das die Interessen einer Vielzahl von Personen am Kauf
und Verkauf von dort zum Handel zugelassenen Finanzinstrumenten innerhalb des
Systems und nach nichtdiskretionären Bestimmungen in einer Weise zusammenbringt
oder das Zusammenbringen fördert, die zu einem Vertrag über den Kauf dieser Finanzinstrumente führt." Damit wird über die Börsenklausel nur der regulierte Markt in den
genannten Staaten erfasst, nicht jedoch der ebenfalls regulierte **Freiverkehr** und
außerbörsliche Handel. Dabei müssen vor allem die folgenden Problemfelder in der
bisherigen Ausgestaltung der Börsenklausel nachgebessert werden, um diese für alle
Unternehmen gleichmäßig wirksam auszugestalten.

---

1) BVerfG v. 29.3.2017, 2 BvL 6/11, BStBl II 2017, 1082.

a) Freiverkehr

84 Die Börsenklausel muss **auf den Freiverkehr ausgeweitet** werden, der ebenfalls eng reguliert und **vor allem für mittelständische Unternehmen zur Kapitalgewinnung** von Bedeutung ist. Wie die Emittenten im regulierten Markt müssen auch die Emittenten des Freiverkehrs unterschiedliche Einbeziehungs- und Folgepflichten erfüllen, die beaufsichtigt werden. Aufgrund einer zunehmenden „Zentralisierung" des Rechts auch für den Freiverkehr durch den EU-Gesetzgeber bleibt den Börsenbetreibern immer weniger Spielraum für weniger strenge Regeln. Der Ausschluss des Freiverkehrs von der Börsenklausel und der damit verbundenen steuerlichen Belastung gerade des Mittelstands widerspricht den politischen Bemühungen, den Mittelstand in Deutschland und den Börsengang von jungen, innovativen Wachstumsunternehmen zu fördern. Unter den bisherigen Regelungen würden die 30 liquidesten Scale-Unternehmen im Schnitt nach 4,4 Jahren mit allen inländischen Grundstücken grunderwerbsteuerpflichtig.[1]

b) Effektengiroverkehr

85 Der **Effektengiroverkehr** stellt die Übertragung von Wertpapieren („*Effekten*") im Girowege, d.h. über entsprechende Depotkonten, dar. Die Übertragung von Besitz und Eigentum kann hierbei zwischen an dem Effektengiroverkehr beteiligten Banken – und damit indirekt auch zwischen Privatpersonen und sonstigen Anlegern, die bei diesen Banken ihre Wertpapierdepots haben – erfolgen, ohne dass die Wertpapiere hierfür körperlich übergeben werden müssen (**„stückelose Übertragung"**).

Die Voraussetzungen für den Effektengiroverkehr sind **stark reguliert**, da die betreffenden Wertpapiere bei einer Wertpapiersammelbank i.S.d. § 1 Abs. 3 DepotG hinterlegt und dort physisch verwahrt werden. Die Wertpapiersammelbank ist ein Kreditinstitut i.S.v. § 1 KWG, die für Banken Depotgeschäfte betreibt. Die stückelose Übertragung der Wertpapiere wird durch eine **buchmäßige Übertragung** von Anteilsrechten am Miteigentumsanteil des hinterlegten Wertpapiers ersetzt.[2] Dies erfolgt, indem die Wertpapiersammelbank das bei ihr unterhaltene Konto der lieferpflichtigen Depotbank (der Bank des Verkäufers) belastet und der lieferungsberechtigten Bank (Bank des Käufers) eine entsprechende Gutschrift auf dem bei ihr unterhaltenen Depotkonto für die betreffenden Aktien erteilt.

Die stückelose Übertragbarkeit ist Voraussetzung für das **Funktionieren der Finanzmärkte**. Insbesondere ist die Zulassung von Aktien zum Handel an einer Wertpapierbörse an die Voraussetzung der Girosammelverwahrung geknüpft, da nur solche Aktien die nötige freie Handelbarkeit aufweisen, die für die Zulassung zum Börsenhandel erforderlich ist. So werden über die Börsen zustande gekommene Transaktionen in Aktien sowohl von Privatanlegern als auch von institutionellen Anlegern im Rahmen des Effektengiroverkehrs abgewickelt.

Der Effektengiroverkehr ist aber auch unentbehrliche Voraussetzung für die Abwicklung vieler anderer Geschäfte in Wertpapieren, die nicht als Geschäfte „an der Börse" verstanden werden können, aber laufend an den Finanzmärkten stattfinden. Denn der Handel börsenzugelassener Wertpapiere muss nicht zwingend über die Börse erfolgen. So werden größere Volumina an Aktien börsennotierter Kapitalgesellschaften **außerhalb der Börsen** gehandelt. Insbesondere ist es aufsichtsrechtlich sogar vorgeschrieben, dass Banken bei der Abwicklung von Kunden-Ordern die Geschäfte in Aktien so abwickeln, dass für den Kunden die besten Konditionen erzielt werden können (sog.

---

1) Vgl. Orderbuch-Umsatz des Jahres an der Frankfurter Wertpapierbörse im Jahr 2020: Deutsche Börse AG; Markkapitalisierung am 12.4.2021: boerse-online.de und Deutsche Börse AG.
2) Vgl. ZIA, Stellungnahme „Änderung des Grunderwerbsteuergesetzes (Share Deals), 27.4.2021, https://zia-deutschland.de/wp-content/uploads/2021/05/24–20210427-ZIA-Stellungnahme-GrEStG-Reform_Bundesrat_BRDrs.-320–21.pdf.

Pflicht zur Best Execution[1]). Daher werden zahlreiche Geschäfte statt über die Börse (Parkett- oder XETRA-Handel) über die sog. **Internalisierung** (d.h. das Matchen von Verkaufs- und Kaufordern der Kunden desselben Wertpapier-Dienstleistungsunternehmens) oder andere Handelsplätze abgewickelt. Aber auch bei dem schlichten **Wechsel einer Bankverbindung** eines Aktieninhabers oder der Abwicklung einer **privaten Schenkung** eines Aktienbestands in einem Wertpapierdepot durch eine Person an eine andere Person müssen die Aktien bzw. sonstigen Wertpapiere über den Effektengiroverkehr von einem Depot auf das andere Depot umgebucht werden. Zudem findet auch die Ausgabe von existierenden oder neuen Aktien an bestehende oder neue Anleger bei der **Kapitalaufnahme** von Unternehmen im Rahmen von Kapitalerhöhungen oder auch die **Platzierung größerer Aktienpakete** nur mittels des Effektengiroverkehrs statt.

Aufgrund der hohen wirtschaftlichen Relevanz und der strengen Regulierung des **Effektengiroverkehrs** muss die Börsenklausel auch auf diesen ausgeweitet werden.

c) Mittelbarer Erwerb

In ihrer aktuellen Ausgestaltung umfasst die Börsenklausel keine mittelbaren Anteils- **86** eignerwechsel und ist daher auch nicht auf den Ergänzungstatbestand des § 1 Abs. 2a GrEStG anwendbar. Da hierdurch auch **mittelbare Anteilseignerwechsel** von an der Börse zugelassenen Wertpapieren schädlich sein sollen, müssten nicht nur Anteilseignerwechsel bei den direkt beteiligten Gesellschaftern, sondern auch bei allen Gesellschafterebenen darüber überwacht werden. Dies führt in komplexen Strukturen zu einem **enormen Aufwand**. Weil vielfach keine Möglichkeit besteht, von einem mittelbar beteiligten Gesellschafter (etwa einem Fonds) Informationen über Anteilsübergänge zu erhalten, kann der Vollzug der Regelung insoweit praktisch unmöglich sein. Daher sollte die Börsenklausel auch den mittelbaren Erwerb umfassen.

d) Börsenplätze

Die in § 1 Abs. 2c GrEStG festgelegten Börsenplätze umfassen nur Handelsplätze in **87** Deutschland sowie der EU und dem EWR. Dabei werden wichtige Börsenplätze ausgeschlossen, wie z.B. die Börsen in der Schweiz, China und infolge des Brexits auch Großbritannien. Dieser Ausschluss ist in Hinblick auf den Gleichheitsgrundsatz nach § 3 GG jedoch zweifelhaft. Besonders fraglich ist, ob grunderwerbsteuerspezifische Gründe ausreichend sind, die Anwendung der Börsenklausel auf Drittlandsbörsenplätze von der aufsichtsrechtlichen Äquivalenzanerkennung durch die EU-Kommission abhängig zu machen. Eine **Ausweitung der Börsenplätze** auf Drittländer ist damit zwingend notwendig.

2. Praxistaugliche Nachbesserung der Konzernklausel

Die bisher in § 6a GrEStG verankerte Konzernklausel begünstigt aktuell nur bestimmte **88** Umstrukturierungen zwischen verbundenen Unternehmen. Zwar hat das BMF durch die Neuregelung der gleich lautenden Erlasse der obersten Finanzbehörden der Länder zur Anwendung des § 6a GrEStG vom 22.9.2020 auf wesentliche Urteile des BFH[2] reagiert und den Verbundbegriff sowie die Forderung nach einer umsatzsteuerlichen Unternehmereigenschaft gestrichen. Damit schafft es zwar Rechtssicherheit für die Unternehmen, es sind jedoch noch immer nicht alle Unternehmenstransaktionen von der Konzernklausel umfasst. Der Verkauf von Grundstücken (§ 1 Abs. 1 Nr. 1 GrEStG) zwischen Tochterunternehmen wird nicht von der Regelung des § 6a GrEStG umfasst und unterliegt der Grunderwerbsteuer. Auch **Anteilsverkäufe** und **Formwechsel** wer-

---

1) Vgl. Art. 27(3) der AIFM-VO und § 82 WpHG.
2) BFH v. 21.8.2019, II R 15/19, BStBl II 2020, 329; v. 21.8.2019, II R 16/19, BStBl II 2020, 333; v. 22.8.2019, II R 17/19, BStBl II 2020, 348; v. 22.8.2019, II R 18/19, BStBl II 2020, 352; v. 21.8.2019, II R 19/19, BStBl II 2020, 337; v. 21.8.2019, II R 20/19, BStBl II 2020, 341 und v. 21.8.2019, II R 21/19, BStBl II 2020, 344.

den nicht durch die bestehende Konzernklausel begünstigt. Dies führt zu einer Grunderwerbsteuerpflicht bei unternehmensinternen, üblichen und ggf. wirtschaftlich notwendigen Umstrukturierungsmaßnahmen.

Solange ein Grundstück bei Umstrukturierungen im Verbund verbleibt, fließt dem Konzern jedoch keine Liquidität zu. Dennoch ist nach der derzeitigen Regelung z.B. in den genannten Fallkonstellationen Grunderwerbsteuer zu erheben. Dies steht im Widerspruch zu der ursprünglichen gesetzgeberischen Intention und wirkt daher als starke **Umstrukturierungsbremse**. Ein Konzern sollte daher im Sinne der Grunderwerbsteuer als „Black Box" betrachtet werden, so dass Grunderwerbsteuerzahlungen nur bei Ein- und Austritt eines Grundstücks in den Konzern anfallen, nicht jedoch bei Übergängen innerhalb des Konzerns. Daher sollten konzerninterne Umstrukturierungen dringend von der Konzernklausel erfasst werden und bspw. Formwechsel, Anteilsverkäufe und der **Verkauf von Grundstücken zwischen Tochtergesellschaften** keine Grunderwerbsteuerzahlungen auslösen.

IV. Ausblick

89   Die Koalitionspartner SPD, Grüne und FDP haben sich in ihrem Koalitionsvertrag grundlegend zum Grunderwerbsteuergesetz geäußert: „Wir wollen den Ländern eine flexiblere Gestaltung der Grunderwerbsteuer ermöglichen, um den Erwerb selbst genutzten Wohneigentums zu erleichtern. Zur Gegenfinanzierung nutzen wir das Schließen von steuerlichen Schlupflöchern beim Immobilienerwerb von Konzernen (Share Deals)."[1] Diese angekündigte **Verschärfung des Grunderwerbsteuerrechts** verdeutlicht das zunehmende Misstrauen der Politik gegenüber den Unternehmen, auch wenn sich die große Mehrheit steuerkonform verhält und versucht, den steigenden Nachweispflichten im Steuerrecht gerecht zu werden. So wird das Fehlverhalten einiger weniger Unternehmen als Norm der breiten Masse assoziiert.

Die Politik sollte sich auch nach Maßgabe des BVerfG darauf besinnen, mit Augenmaß zu handeln und gerade keinen atypischen Fall als Leitbild für eine Reform des Grunderwerbsteuergesetzes wählen, sondern sie muss sich realitätsgerecht und zielgenau am typischen, mithin regelungsbedürftigen Fall orientieren. Anstelle neue Verschärfungen im Grunderwerbsteuergesetz anzukündigen, sollten vielmehr die Börsenklausel und die Konzernklausel nachgebessert werden.

G. Reform der Energiesteuerrichtlinie im Rahmen des Green Deal

I. Wettbewerbsfähige Energie- und Stromsteuern in Deutschland

90   Zur Umsetzung der neuen Klimaziele hat die EU-Kommission Juli 2021 im Rahmen des Green Deal das Fit-for-55 **Klimamaßnahmenpaket** vorgelegt, das auch einen Vorschlag für eine Neuausrichtung der Energiesteuerrichtlinie („Energy Tax Directive", ETD) enthält. Der BDI unterstützt eine Neuausrichtung der Energiesteuerrichtlinie und hat sich zu den Reformpunkten gegenüber der EU-Kommission positioniert. Dabei steht die Sicherstellung wettbewerbsfähigen Energiekosten zur Unterstützung der Transformationsprozesse im Mittelpunkt aller Betrachtungen.

II. Eckpunkte des Green Deal

91   Zuvor hatte die EU neue Klimaziele für die Jahre 2030 (Reduzierung der CO_2-Emissionen um 55 %) und 2050 (EU-weite Klimaneutralität) beschlossen. Mit diesen schärferen Klimazielen sind **deutliche Wettbewerbsnachteile für die deutschen Unternehmen** im internationalen Vergleich verbunden. Damit die umweltfreundliche Produktion in

---

1)   Koalitionsvertrag 2021 – 2025 zwischen der Sozialdemokratischen Partei Deutschlands (SPD), BÜNDNIS 90 / DIE GRÜNEN und den Freien Demokraten (FDP), S. 165.

Europa nicht in Drittländer abwandert oder die Durchführung von internationalen Luft- und Seeverkehren nicht vermehrt durch außereuropäische Unternehmen erfolgt, muss auf höhere Ziele ein verstärkter Schutz vor der Verlagerung von CO_2-Emissionen in Drittländer erfolgen (Carbon Leakage-Schutz) – zumindest bis vergleichbare Preise weltweit verbindlich gelten. Zudem besteht die zentrale Aufgabe der Politik darin, klimaneutrale Alternativen marktfähig zu machen. Dafür sind stabile und investitions-freundliche Rahmenbedingungen notwendig.

Um die Klimaziele umzusetzen, hat die EU-Kommission ein umfangreiches Gesetzge-bungspaket vorgelegt – das *„Fit-for-55 Klimamaßnahmenpaket"*. Dieses setzt den regu-latorischen Rahmen für zahlreiche Bereiche ambitionierter um als bisher. Das *Fit-for-55 Paket* enthält neben zahlreichen weiteren Maßnahmen folgende wesentliche Elemente:

– Der bestehende europäische Emissionshandel wird auf die neuen Klimaziele ange-passt (Verschärfung des Reduktionsfaktors, Reduzierung der freien Zuteilung sowie eine einmalige Kappung der Emissionen).

– Die EU-Kommission plant die Erweiterung des europäischen Emissionshandelssys-tems (ETS) um ein separates System für die Bereiche Gebäude und Verkehr. Diese beiden Bausteine sollen die Grundlage für eine Bepreisung von Energieträgern auf Basis von CO_2 bilden, um die Regulierung zielgerichtet auf die Klimaziele auszu-richten. Damit legt sich die EU-Kommission auf eine CO_2-Steuerung über Emissi-onsrechte fest (wie bereits Deutschland mit der Einführung des Bundesemissions-handelsgesetzes, BEHG).

– Über die Novellierung der EU-Energiesteuerrichtlinie wird zukünftig die Höhe der Steuersätze für Energieerzeugnisse und elektrischen Strom nach dem Energiege-halt und deren Klimabeitrag festgelegt. Mit der Ausweitung des Emissionshandels auf die Bereiche Gebäude und Verkehr hat sich die EU-Kommission gegen die Aus-richtung der Energiebesteuerung auf den CO_2-Gehalt zur Umsetzung der Klima-ziele entschieden.

III. Die Vorschläge zur Reform der Energiesteuerrichtlinie 2021 (ETD)

1. Zielsetzung in Europa und Deutschland

Die Energiebesteuerung ist eine wesentliche Säule der Staatsfinanzierung in Europa. **92** In Deutschland trägt die Energiebesteuerung (Energie- und Stromsteuer) mit 44 Mrd. Euro (2021) einen rund 40-prozentigen Anteil am Bundessteueraufkommen[1]. Erste Zielsetzung der überarbeiteten Energiesteuerrichtlinie ist die **langfristige Sicherstel-lung des Steueraufkommens aus der Energiebesteuerung** in den EU-Mitgliedstaaten.

Dafür wird die **Bemessungsgrundlage vergrößert**. Dies soll im Wesentlichen durch die Abschaffung von Steuerbefreiungen bzw. deren 10-jähriger Begrenzung, die Reduzie-rung der Begünstigungstatbestände (z.B. Abschaffung der Steuersätze für die betriebli-che Verwendung) sowie durch Abdeckung aller Sektoren (inklusive Land- und Fisch-wirtschaft) und aller Verkehrsträger (inklusive Luft- und Schifffahrt) erreicht werden. Weiter sichern die Einführung einer **generellen Besteuerungspflicht** (auch für Strom und fortschrittliche alternative Energieträger) zum Mindeststeuersatz mit einer Inflati-onsklausel und die Festlegung eines 10-jährigen Anpassungspfads zum Erreichen des Höchstsatzes für alle fossilen Energieträger auf lange Sicht das Steueraufkommen. Daneben sind die **Vollendung des Binnenmarktes** und die Sicherstellung gleicher Wettbewerbsbedingungen weiterhin Grundlage der europäischen Energiebesteue-rung. Darüber hinaus soll jedoch auch über die Energiebesteuerung mit einem ausrei-chendes **Preissignal zur Erreichung der Klimaziele** beigetragen werden.

---

[1] BMF, Steuereinnahmen Kalenderjahr 2020.

2. Das neue Besteuerungskonzept - Beitrag zur Erreichung der Klimaschutzziele

93 Der Vorschlag der EU-Kommission legt zukünftig die Höhe der Steuersätze für Energieerzeugnisse und elektrischen Strom nach **Energiegehalt und Klimabeitrag** fest. Der Klimabeitrag der Energieerzeugnisse und des elektrischen Stroms als „Environmental Performance" wird in Anlehnung an die überarbeitete Erneuerbare-Energien-Richtlinie (Renewable Energy Directive, RED) festgelegt.

Die zukünftige Höhe und Struktur der Mindeststeuersätze zeigen, dass die EU-Kommission mit der ETD ein Preissignal zur Erreichung der Klimaziele gibt. Fossile Kraftstoffe werden am höchsten besteuert und klimaneutrale Kraft- und Heizstoffe sowie elektrischer Strom am niedrigsten. Ein 10-jähriger Anpassungspfad stellt die Besteuerung von Erdgas oder Biokraft- und Bioheizstoffen zum Höchstsatz für fossiler Energieträger sicher.

Allerdings steigen bereits die neu festgelegten Mindeststeuersätze deutlich, so z.B. der von Erdgas als Heizstoff von heute 0,54 Euro/MWh auf 2,16 Euro/MWh ab 2023 (Steigerung von 400 %) und dann weiter auf 3,24 Euro/MWh im Jahr 2033. Die Heizstofftarife unterliegen jedoch nach wie vor einer moderaten Besteuerung im Vergleich zu Kraftstoffen, allerdings auch mit einem 10-jährigen Anpassungspfad. Grundsätzlich sind **keine Steuerbefreiungen unter dem EU-Mindeststeuersatz** mehr möglich. Mit der festen Steuertarifstruktur nach dem Klimabeitrag der Energieerzeugnisse und elektrischem Strom werden die niedrigeren Steuersätze für die betriebliche Verwendung abgeschafft. Eine Inflationsklausel wird eingeführt. Den Mitgliedstaaten wird trotz der festen Mindeststeuertarifstruktur weiterhin die Möglichkeit höherer und differenzierter Steuersätze eingeräumt unter Beachtung der Struktur nach der „Environmental Performance". Damit könnte Deutschland seinen hohen Stromsteuersatz von 20,50 Euro/MWh (neuer Mindeststeuersatz für Strom 0,54 Euro/MWh oder 0,15 Euro/GJ lt. ETD-E) unter der Prämisse beibehalten, dass dieser Satz unter den vorgesehenen Mindeststeuersätzen für fossile Energieträger liegt.

Die neue Energiesteuerrichtlinie umfasst zukünftig **alle Verkehrsträger** und besteuert damit auch den innergemeinschaftlichen Luft- und Schiffsverkehr. Abgeschafft wird damit insbesondere die Steuerbegünstigung von Flugkerosin. Dies erfolgt jedoch schrittweise: Für den innergemeinschaftlichen Personenflugverkehr ist ein Anpassungszeitraum von zehn Jahren (beginnend mit 0 % und dann einer jährlichen Steigerung eines Zehntels vom Mindeststeuersatz) zur Erreichung der Mindeststeuersätze auf Flugkraftstoffe und elektrischen Strom vorgesehen. Der Luftfrachtverkehr ist hiervon generell ausgenommen. Zur Förderung von nachhaltigen alternativen Kraftstoffen und Strom wird eine verpflichtende 10-jährige Steuerbefreiung dieser Energieträger für den Luft- und Schifffahrtsektor festgelegt, für weitere Sektoren nur als Option.

3. Schutz der energieintensiven Industrie

94 Die überarbeitete Energiesteuerrichtlinie sieht den Schutz der energieintensiven Industrie weiterhin vor, wenn auch in Verbindung mit dem Beihilferecht unter deutlich strengeren Voraussetzungen. Die Mitgliedstaaten haben nach wie vor die Möglichkeit, bestimmten Betrieben Steuerbegünstigungen zu gewähren.

Zum einen besteht die Möglichkeit, Steuerbegünstigungen für energieintensive Betriebe entsprechend der in der ETD festgelegten Definition in Einklang mit den Vorgaben des Beihilferechts zu gewähren. Hier zeichnet sich eine **Verschärfung des Beihilferechts** ab. Insbesondere die ab 2022 geltende überarbeitete allgemeine Gruppenfreistellungsverordnung (AGVO) wird Gegenleistungen durch Reinvestitionsvorgaben für Steuerbegünstigungen für energieintensive Industrien einführen. Durch die unverändert wettbewerbsverzerrende Definition der Energieintensität der Betriebe in Abhängigkeit von nationalen Steuerniveaus schützt diese Regelung nur bedingt vor europäischen und internationalen Wettbewerbsnachteilen.

Zum anderen können Mitgliedstaaten **dem produzierenden Gewerbe Steuerbegünstigungen** über Vereinbarungen zur Erreichung von Umweltschutz- oder Energieeffizienzzielen gewähren. Deutschland hat diese Möglichkeit zur Gewährung von Steuerentlastungen mit der Vereinbarung über Energieeffizienzziele im produzierenden Gewerbe (dem sog. Spitzenausgleich) bis einschließlich 2020 genutzt, die noch bis 2022 zur Auszahlung kommen. Insgesamt geht es hier um Steuerentlastungen von 1,7 Mrd. Euro (27. Subventionsbericht 2019) für mehr als 9.400 Unternehmen.

Insgesamt **schränkt** die zukünftige Energiesteuerrichtlinie die **Steuerbefreiungsmöglichkeiten für energieintensive Unternehmen ein**. Zum einen wird die Steuerbegünstigung für bestimmte Unternehmen des produzierenden Gewerbes durch Steuersätze für die betriebliche Verwendung abgeschafft. Das betrifft für die Stromsteuer ein Entlastungsvolumen von 1 Mrd. Euro für 33.192 Unternehmen[1]. Zum anderen werden die bisherigen Steuerbefreiungen der mineralogischen Prozesse (u.a. die Zementproduktion oder der Kalkindustrie) durch die Einbeziehung in die Besteuerung nach der ETD in Frage gestellt. Die Besteuerung der mineralogischen Industrie unterliegt zukünftig den Vorgaben der europäischen Energiebesteuerung und jede Steuerbegünstigung zukünftig dem Beihilferecht. Bislang wurden energieintensive Industrieprozesse vom Anwendungsbereich der ETD ausgenommen. Insgesamt werden in Deutschland Steuerbefreiungen von ca. 1,3 Milliarden Euro[2] für bestimmte Verfahren und Prozesse gewährt. Allein 3.190 Unternehmen (inklusive der mineralogischen Industrie) sichern über die Energiesteuerbefreiung ihre Wettbewerbsposition, darunter auch die mineralogische Industrie.

Da die bereits bestehenden Steuerbegünstigungstatbestände nach wie vor als Mitgliedstaatenwahlrechte in der überarbeiteten ETD gestaltet sind, werden die Entlastungsmöglichkeiten zur Wahrung der Wettbewerbsposition der Industrie durch die Verschärfung des Beihilferechts weiter eingeschränkt.

IV. Bewertung der Reform der Energiesteuerrichtlinie

Für die Bewertung der Reform der Energiebesteuerung stehen wettbewerbsfähige **95** Energiekosten und die Unterstützung der Entwicklung alternativer Energieträger im Vordergrund. Zum einen spielen hierzu die vorgesehenen Mindeststeuersätze und die Ausgestaltung der Entlastungsmöglichkeiten eine wichtige Rolle und zum anderen die Ausgestaltung der Steuerbefreiungen für alternative Energieträger.

1. Anforderungen an die Steuertarife in der Transformationsphase

Grundsätzlich ist die Einführung einer festen Steuertarifstruktur der Mindeststeuer- **96** sätze für Energieerzeugnisse und elektrischen Strom nach dem Energiegehalt und deren Klimabeitrag der richtige Weg. Voraussetzung ist jedoch, dass die vorgesehenen Mindeststeuersätze für Strom und alternative Energieträger verbindlich festgelegt werden und die Tarifstruktur nicht die Wettbewerbssituation der Unternehmen in der Transformationsphase gefährden. Die niedrigsten Mindeststeuersätze für Strom und fortgeschrittene Biokraftstoffe und grünem Wasserstoff sind eine wichtige Voraussetzung für den Klimaschutz im Verkehr zum technologieoffenen Ausbau der Elektromobilität und des Markthochlaufs CO_2-neutraler Kraftstoffe wie dem Aufbau des Wasserstoffmarktes. Die Beibehaltung moderaterer Steuersätze für Heizzwecke ist vor dem Hintergrund der Bedeutung der Verwendung von Energieträgern zu Heizzwecken durch die Industrie aber auch durch private Haushalte sachgerecht.

2. Strombesteuerung zum europäischen Mindeststeuersatz

Für die deutsche Wirtschaft stellen die Kosten aus den Energiesteuern eine zuneh- **97** mende Belastung dar. Im europäischen Vergleich liegt Deutschland bei den Energie-

---

1) 27. Subventionsbericht 2019.
2) 27. Subventionsbericht 2019.

steuern an der Spitze. Es ist daher eine **deutliche Senkung der Stromsteuer in Deutschland auf den EU-Mindeststeuersatz** von 0,54 Euro/MWh (0,15 Euro/GJ) notwendig. Die nach den Vorschlägen der EU-Kommission mögliche Beibehaltung des hohen Steuersatzes von 20,50 Euro/MWh in Deutschland wird die Umstellung auf strombasierte Produktionsprozesse gefährden. Die Einschränkung von allgemeinen Steuerbegünstigungen durch die Abschaffung des Steuertarifs für die betriebliche Verwendung und die Verschärfung des Beihilferechts (AGVO – Vorgaben für Steuerbegünstigungen für die energieintensive Industrie) werden die Belastung aus der Stromsteuer weiter verschärfen. Durch den Wegfall der Steuertarife für die betriebliche Verwendung wird der bislang gewährte ermäßigte Stromsteuersatz von 5,13 Euro/MWh auf 20,50 Euro/MWh steigen müssen. Dies gefährdet die auf Strom basierende Transformation der deutschen Industrie im europäischen Wettbewerb. Der Stromsteuersatz muss daher zwingend in Deutschland gesenkt werden.

Für gleiche Wettbewerbsbedingungen in Europa wäre eine verpflichtende einheitliche europaweite Besteuerung von Strom und von alternativen Energieträgern zum Mindeststeuersatz (unverändert 0,54 Euro/MWh) wünschenswert.

3. Sicherstellung von wettbewerbsfähigen Energiekosten für Technologie- und Prozessumstellungen

98 Zum Erhalt der Wettbewerbsfähigkeit der deutschen Industrie in der Transformationsphase muss auch die **Erdgasbesteuerung hinterfragt** werden. Zum einen steigt der Mindeststeuertarif von 0,54 Euro/MWh auf 2,16 Euro/MWh erheblich an, was Erdgas als Energieträger in der Transformationszeit erheblich verteuern wird. Selbst für die deutschen Unternehmen, die bislang einen verminderten Steuersatz für die betriebliche Verwendung von 1,38 Euro/MWh zahlen, bedeutet der neue Mindeststeuertarif eine bedeutende Kostensteigerung. Mit dem Wegfall der Möglichkeit von Steuerentlastungen für die betriebliche Verwendung würde der Steuersatz für Erdgas ohne eine Anpassung auf 5,50 Euro/MWh in Deutschland steigen. Dies würde eine große Belastung der deutschen Industrie in der Transformationsphase bedeuten. Zur Wahrung wettbewerbsfähiger Energiekosen sollte ein Anpassungspfad an den Mindeststeuersatz und die Möglichkeit differenzierter Steuersätze für die betriebliche Verwendung vorgesehen werden.

Die **Transformation in treibhausgasneutrale Erzeugungs- und Produktionsprozesse** verlangt große Anstrengungen. Die Steuertarife als wichtiges Kriterium zur Beurteilung der Wettbewerbsfähigkeit von einzusetzenden Heiz- und Kraftstoffen können hier entscheiden über die Wirtschaftlichkeit von alternativen Produktionsprozessen. Als Beispiel soll die energetische Eigennutzung von Reststoffen und Abfällen aus den eigenen Prozessen der Lebensmittelproduktion aus Primärprodukten dienen. Die Nutzung derartiger Brennstoffe ist unerlässlich für Industriesektoren im ländlichen Raum zur Erreichung der Klimaziele und entspricht den Zielen Ressourceneffizienz in der Kreislaufwirtschaft. Biogas und Biomasse-Festbrennstoffe dürfen daher nicht dreifach so hoch besteuert werden wie erneuerbare Brennstoffe ohne Biomasseanteil, um diese Transformationsprozesse nicht zu gefährden. Für die Eigennutzung von Prozessreststoffen als Festbrennstoff sollte eine Besteuerung entfallen (zumindest dann, wenn es sich um eine prozessintegrierte Eigennutzung handelt, d.h. ohne ein Inverkehrbringen). Dafür sollte es in der ETD zu einer Klarstellung kommen, dass Biomasse aus Produktionsreststoffen kein Energieprodukt bzw. Biomasse für die Eigenversorgung von der Energiesteuer befreit ist.

Eine besonders differenzierte Betrachtung ist zusätzlich für die **Besteuerung von Bio- bzw. Klärgas** aus Abwässern bzw. Produktionsrückständen angezeigt. Diese sollten nicht mit gesteigerten Nachhaltigkeitsanforderungen belastet werden, was die freie Verwendung erneuerbarer Energieerzeugnisse mit dem Potenzial zu weiterer CO_2-Emissionreduktion einschränken würde. Daher sollten diese Reststoffe aus eigener Produktion, die zur Eigenversorgung genutzt werden (Eigenverbrauch), ebenfalls aus dem Anwendungsbereich der Richtlinie ausgenommen werden. Soweit Prozessemissionen im Allgemeinen in Rede stehen, die nicht im Prozess wieder eingebunden werden (in anderen Sektoren), ist zu beachten, dass es sich um unvermeidbare Emissionen handelt, für deren Kompensation Instrumente wie das Carbon Capturing vorzusehen wären.

4. Keine Besteuerung kohlestoffhaltiger Reststoffe

Die EU-Kommission verpasst es, in der überarbeiteten ETD eine Definition „anderer **99** Kohlenwasserstoffe" zu geben. Das wäre notwendig, da über die nach wie vor geltende Auffangregelung „andere Kohlenwasserstoffe" mit ihrer Verwendung zu Heizzwecken wie gleichwertige Energieerzeugnisse mit dem vorgesehenen Steuersatz besteuert werden müssen. Durch diese sog. Auffangregelung soll eine Umgehung der Besteuerung verhindert werden. Allerdings besteht keine einheitliche Auffassung, welche Waren unter diesen Auffangtatbestand fallen und somit einer verpflichtenden Besteuerung zu unterwerfen sind. Deshalb ist es unerlässlich, eine Definition des Begriffs „Kohlenwasserstoff" in der Energiesteuerrichtlinie vorzunehmen.

Dies ist mit den neuen Steuertarifen und der Höchstbesteuerung von fossilen Energieträgern umso dringender, um uneinheitliche Wettbewerbsbedingungen zu verhindern, die insbesondere bei der prozessbedingten Abfallverbrennung auftreten. Bei der prozessbedingten Vernichtung von kohlenstoffhaltigen Reststoffen handelt es sich um unvermeidbare Emissionen im Produktionsprozess. Es sollte daher eine Klarstellung in der ETD erfolgen, dass Abfälle nicht unter den Auffangtatbestand fallen. Damit könnte verhindert werden, dass eine uneinheitliche steuerliche Behandlung zu einer ökologisch nicht gewünschten Verlagerung von Abfallströmen zwischen den Mitgliedstaaten oder in Drittländer kommt. Dies würde die Ziele des Binnenmarktes und des Klimaschutzes der EU kontrakarieren.

5. Klimaneutrale Energieträger verpflichtend freistellen

Dass die Energiesteuerrichtlinie eine obligatorische Steuerbefreiung für Strom und fort- **100** schrittlich alternative Kraftstoffe im Luft- und Schiffsverkehr vorsieht, ist sehr zu begrüßen. Damit soll die Marktgängigkeit von CO_2-freien Energieträgern erreicht werden. Die Verwendung von Strom und CO_2-neutraler Energieträger ist jedoch für alle Wirtschaftssektoren von großer Bedeutung. Aus Sicht des BDI muss sichergestellt sein, dass **klimaneutral hergestellte Energieträger** im Sinne einer auf Klimaziele ausgerichteten Regulierung **nicht mit Energiesteuern belastet** werden. Der Vorschlag der EU-Kommission muss daher gewährleisten, dass EU-Mitgliedstaaten trotz einer Umstellung auf den Energiegehalt der Energieträger klimaneutral hergestellte und fortschrittliche nachhaltige Energieträger in der Markthochlaufphase ohne Beschränkung auf einzelne Sektoren vollständig von der Energiebesteuerung ausnehmen. Bislang sieht die ETD hier nur eine unter das Beihilferecht fallende Mitgliedstaatenoption vor. Die verpflichtende Steuerbefreiung von klimaneutralen Energieträgern sollte daher auf alle Sektoren ausgeweitet werden, um die Produktion von alternativen Kraftstoffen und Elektrizität zu fördern. Zudem sieht die ETD ein Mitgliedstaatenwahlrecht zur abweichenden Strombesteuerung für das Laden von Elektrofahrzeugen vor. Diese Möglichkeit steht gegen die notwendige Förderung der E-Mobilität und ist abzulehnen.

6. Flexible Transformationsphase notwendig

Das Besteuerungskonzept sieht grundsätzlich mit Geltungsbeginn der überarbeiteten **101** ETD ab 2023 eine 10-jährige Transformationsphase bis 2033 vor. Die Steuerbefreiungen für fortschrittliche alternative Energieträger und Strom im Luft- und Schifffahrtsektor ist bis 2033 begrenzt. Die Einführung der Kerosinbesteuerung soll auf zehn Jahre ratierlich erfolgen, die hohen Mindeststeuersätze für alle fossilen Energieträger sollen bis 2033 erreicht sein und mögliche Steuerbegünstigungen sind auf zehn Jahre begrenzt. Als Gründe für die 10-jährige Begrenzung werden die europäischen Klimaschutzziele bis 2030 genannt, mit der dann abgeschlossenen Transformationsphase zur Bereitstellung klimaneutraler Energieträger.

In Anbetracht der Herausforderungen, auf klimaneutrale Produktionsprozesse und Produkte umzustellen, erscheint die vorgesehene Übergangperiode von zehn Jahren jedoch zu knapp bemessen. In zehn Jahren werden weder alle Investitionen getätigt noch ausreichend wettbewerbsfähige Alternativen zur Energieversorgung des Transformationsprozesses vorhanden sein. In dieser Hinsicht scheint die Übergangsfrist als solche zu kurz. So soll sie beispielsweise für rezyklierte Kohlenstoffbrennstoffe bereits 2033 enden. Es wird jedoch erwartet, dass z.B. E-Kraftstoffe erst ab 2030 in ausreichenden Mengen zur Verfügung stehen werden. Die Übergangzeit von zehn Jahren sollte daher in Abhängigkeit von technologischen Errungenschaften in Bezug auf die Klimaneutralität flexibel gestaltet werden.

Das gilt auch für die starre Vorgabe der 10-jährigen Übergangsfrist bis zur Besteuerung aller fossilen Energieträger ab 2033. Bereits die Einstiegstarife ab 2023 bedeuten einen großen Kostenanstieg für energieintensive Industrien und sollten erst über einen bestimmten Zeitraum erreicht werden. Insbesondere die Erhöhung der Besteuerung von Erdgas von 0,54 Euro/MWh auf 2,16 Euro/MWh ab 2023 gefährdet die Wettbewerbsfähigkeit der energieintensiven Industrie. Der Kosteneffekt wird durch die Streichung ermäßigter Sätze für die gewerbliche Verwendung noch verstärkt.

7. Entlastung für industrielle Prozesse und energieintensive Industrien sichern

102 Die Energiebesteuerung ist eine Belastung für die energieintensiven Industrien vor dem Hintergrund der großen Herausforderungen zur Erreichung der Klimaneutralität der Produktionsprozesse. Zusätzlich zu den bereits bestehenden Belastungen durch andere Vorschriften werden diese Kostenbelastungen (insbesondere aus der Strom- und Erdgasbesteuerung) die Umstellung auf treibhausgasneutrale Produktionssysteme behindern. Eine rechtsichere und effektive Entlastung der energieintensiven Industrie und deren Prozesse ist unumgänglich.

8. Verpflichtende Steuerentlastungen für mehr Rechtssicherheit

103 Die Energiesteuerrichtlinie sollte die obligatorischen Steuerbefreiungen ausweiten. Optionale Steuerbefreiungen unterliegen dem Beihilferecht, was mit den streng gefassten Vorgaben eine Steuerentlastung zur Sicherung der Wettbewerbsfähigkeit gefährdet. Die Unternehmen brauchen **Sicherheit für weltweit wettbewerbsfähige Energiepreise**. Insbesondere die Optionen der Mitgliedstaaten zu Steuerbefreiungen von Energieträgern für die Stromerzeugung, aber auch zur Erzeugung von Energieerzeugnissen sollten verpflichtend steuerbefreit werden, um Doppelbesteuerungen zu vermeiden. Das betrifft auch die Erzeugung von Strom aus erneuerbaren Energien, auch bei der Verbindung mit der Kraft-Wärme-Kopplung, sowie alternative Brennstoffe und Gas. Nur über **verpflichtende Steuerbegünstigungen** werden wettbewerbsfähige Energiekosten garantiert.

9. Anpassung der Definition energieintensiver Unternehmen

104 In der überarbeiteten Energiesteuerrichtlinie müssen die vorgesehenen Möglichkeiten zur Entlastung der energieintensiven Industrie gewahrt bleiben. Mit der Abschaffung reduzierter Steuersätze für die betriebliche Verwendung erlangen die vorgesehenen Entlastungsmöglichkeiten für energieintensive Unternehmen an Bedeutung. Durch die unverändert wettbewerbsverzerrende Definition der Energieintensität der Unternehmen in Abhängigkeit von nationalen Steuerniveaus schützt diese Regelung nur bedingt vor europäischen und internationalen Wettbewerbsnachteilen. Zur Förderung energieintensiver Unternehmen im internationalen Wettbewerb sollte sich die Definition der Energieintensität nicht auf nationale Steuerniveaus, sondern an den Mindeststeuersät-

zen orientieren. Damit könnte verhindert werden, dass hohe nationale Energiesteuern Einfluss auf die Bestimmung der Energieintensität haben.

10. Erweiterung möglicher Vereinbarungen für Steuerbegünstigungen

Mitgliedstaaten können dem produzierenden Gewerbe Steuerbegünstigungen über Vereinbarungen zur Erreichung von Umweltschutz- oder Energieeffizienzzielen gewähren. Aktuell wurde diese Möglichkeit in Deutschland durch eine Vereinbarung über Energieeffizienzgewinne der Bundesregierung mit dem produzierenden Gewerbe bis einschließlich 2020, dem sog. Spitzenausgleich, genutzt, der noch bis 2022 zur Auszahlung kommt. Mit der Regelung zum Spitzenausgleich wurden Energieeffizienzziele als Gegenleistung festgelegt, die mit einem Energiemanagementsystem flankiert werden mussten. **105**

Diese Regelung wird unverändert in der ETD fortgeführt. Der Abschluss von Vereinbarungen mit Unternehmen oder Unternehmensverbänden steht unter der Prämisse von Gegenleistungen im Erreichen von Umweltschutzzielen oder von Energieeffizienzzielen. Da für die Etablierung klimaneutraler Produktionsprozesse vermehrt Strom eingesetzt werden wird, was vielfach zu einem höheren Energieeinsatz führen wird, sollte das Kriterium der Energieeffizienz um die Errungenschaften der technologischen Transformation in Richtung Klimaneutralität erweitert werden, um den Unternehmen die Möglichkeit von Steuerbegünstigungen nach der ETD zu bewahren.

11. Wiedereinführung von Steuersätzen für die gewerbliche Verwendung

Die Verbreiterung der Steuerbemessungsgrundlage durch die ETD macht sich insbesondere in der Abschaffung der Steuersätze für die gewerbliche Verwendung deutlich. Durch die Abschaffung dieser Regelung stehen für deutsche Unternehmen Steuerbegünstigungen von mind. 1 Mrd. Euro zur Disposition. In Anbetracht der im europäischen Wettbewerb stark erhöhten Energie- und Stromsteuern für Erdgas und Strom war diese Steuerbegünstigung ein wichtiger Bestandteil der deutschen Energiebesteuerung zur Entlastung der Unternehmen des produzierenden Gewerbes. Im Jahr 2019 waren mind. 33.000 Unternehmen[1] auf diese Energiesteuerentlastung angewiesen. Die Möglichkeit, einen Steuersatz für die gewerbliche Nutzung festzulegen, muss wieder eingeführt werden. Dies ist wichtig, um Unternehmen zu unterstützen, insbesondere wenn Erdgas die Hauptenergiequelle des Übergangs ist oder der Stromeinsatz für klimaneutrale Produktionsprozesse steigen wird. **106**

12. Wettbewerbsschutz für industrielle Prozesse – Erhalt des Wettbewerbsschutzes der mineralogischen Industrie

Industrielle Prozesse brauchen weiterhin eine Unterstützung. Die mineralogischen Prozesse sollten wieder vom Anwendungsbereich der Richtlinie ausgenommen werden. Ein politisches Mehr an Zielvorgaben fordert bei fehlender globaler Ambition auch ein Mehr an politischer Rückendeckung für Unternehmen. Insbesondere für Unternehmen, die von aktuell noch kaum vermeidbaren Prozessemissionen betroffen sind, ist die erfolgreiche Umgestaltung dieser Industriezweige hin zur Klimaneutralität von grundlegenden Verfahrensänderungen abhängig und ohne finanzielle staatliche Ausgleiche nicht darstellbar. Daher ist es nicht nachvollziehbar, warum die EU-Kommission, insbesondere für die mineralogischen Prozesse, die Entlastung einschränkt. Schließlich fallen die mineralverarbeitenden Industriesektoren in Deutschland bereits vollständig unter den nationalen bzw. europäischen Emissionshandel, so dass Investitionsanreize in klimaneutrale Produktionsprozesse in ausreichendem Maße gegeben sind. Eine Einbeziehung in die Energiesteuerrichtlinie würde daher **faktisch zu einer doppelten Kostenbelastung** von Energieträgern für diese Sektoren führen. **107**

---

1) 27. Subventionsbericht 2019.

13. Steuerbefreiung im Verkehrssektor

108 Die obligatorische Steuerbefreiung mit Nullsätzen für fortschrittliche alternative Kraft-stoffe und für Strom im Luft- und Schifffahrtssektor ist notwendig zur Erreichung der Klimaschutzziele. Die obligatorische Steuerbefreiung sollte jedoch auf alle Sektoren und insbesondere auch auf die übrigen Verkehrssektoren ausgeweitet werden. Zu überlegen wäre außerdem, die Anwendung **ermäßigter Steuersätze für öffentliche Verkehrsmittel** und den Schienenverkehr wieder einzuführen, um das Erreichen der Klimaschutzziele zu fördern.

Aus Sicht des BDI ist die geplante einseitige Besteuerung von Kraftstoffen in der Luft- und Schifffahrt innerhalb der EU abzulehnen, da diese zu Wettbewerbsverzerrungen zulasten der europäischen Luft- und Schifffahrtsunternehmen und damit zu einer Verla-gerung von CO_2-Emissionen sowie Tankering außerhalb der EU-Mitgliedstaaten füh-ren würde. Zur Stärkung der Innovationskraft der europäischen Luftfahrtunternehmen darf es **keine europäische Dreifachbelastung aus Emissionshandel, Luftverkehrssteuer und Energiesteuer** geben. Dies würde außereuropäische Drehkreuze und Fluggesell-schaften begünstigen und Verkehre verlagern. Es muss die globale Wettbewerbsfähig-keit von international operierenden Verkehrsträgern wie dem Luft- und Seeverkehr weiterhin sichergestellt werden. Anstatt einer Kerosinbesteuerung wäre zu prüfen, ob eine Klimaabgabe nach dem Vorbild der deutschen Luftverkehrssteuer (im Rahmen der Refuel EU-Verordnung) zur Vermeidung von Wettbewerbsverzerrungen für den europäischen Luft- und Schifffahrtssektor eingeführt werden könnte.

V. Ausblick

109 Der BDI unterstützt die Überarbeitung der Energiesteuerrichtlinie, um klare Regeln für die Besteuerung von Energieerzeugnissen und elektrischem Strom zu gewährleisten und so zum reibungslosen Funktionieren des Binnenmarktes beizutragen und Wettbe-werbsverzerrungen zu vermeiden. Weiter wird vor dem Hintergrund der (wahrscheinli-chen) Erweiterung des europäischen Emissionshandels um ein separates System für die Bereiche Verkehr und Gebäude der Verzicht auf eine CO_2-Steuerung über die Energiebesteuerung begrüßt.

Im Hinblick auf die Bewältigung der klima- und umweltbezogenen Herausforderungen im Rahmen des Green Deal setzt die Energiesteuerrichtlinie zur Entwicklung von alter-nativen Energieerzeugnissen und elektrischem Strom die richtigen Prioritäten und erkennt damit die Notwendigkeit an, die Industrie in Europa auf dem Transformations-weg hin zu einer klimaneutralen Wirtschaft zu unterstützen.

Die Strombesteuerung spielt hier eine große Rolle. Die EU-Kommission sollte mit ihrem Konzept der festen Tarifstruktur eine **harmonisierte niedrige Besteuerung von Strom und alternativen Energieerzeugnissen verbindlich** durchsetzen. Für einheitliche Wett-bewerbsbedingungen in Europa wäre eine zwingende einheitliche Besteuerung mit dem europäischen Mindeststeuersatz von 0,54 Euro/MWh (0,15 Euro/GJ) wünschens-wert. Darüber hinaus müssen **für die energieintensiven Unternehmen wettbewerbsfä-hige Energiepreise** garantiert werden, bis ausreichend alternative Energieprodukte zur Verfügung stehen. Für Deutschland bedeutet dies insbesondere die Sicherstellung einer **moderaten Besteuerung von Erdgas**. Zudem sollte die **Steuerbefreiung klima-neutraler Energieträger** für alle Sektoren gelten, um eine ausreichende Produktion anzustoßen.

Insgesamt ist festzuhalten, dass die **Energiebesteuerung als fester Garant der Staats-finanzierung** in Anbetracht der aktuellen Energiepreisspitzen eine Belastung für die energieintensiven Industrien vor dem Hintergrund der großen Herausforderungen zur Erreichung der Klimaneutralität der Produktionsprozesse darstellt. Zusätzlich zu den bereits bestehenden Belastungen durch andere Vorschriften werden diese Kostenbelastungen (insbesondere aus der Strom- und Erdgasbesteuerung) die Umstellung auf treibhausgasneutrale Produktionssysteme behindern. Dies birgt die Gefahr neuer Debatten um Energiesteuerbefreiungen und Energiepreiskompensationen.

Zweiter Teil: Neuregelungen ab 2022 und weitere geplante Rechtsänderungen

A. Unternehmensbesteuerung

I. Option zur Körperschaftsbesteuerung

Mit dem durch das Gesetz zur Modernisierung des Körperschaftsteuerrechts (sog. Körperschaftsmodernisierungsgesetz – KöMoG)[1] eingeführten § 1a KStG wird Personenhandels- und Partnerschaftsgesellschaften die Option eingeräumt, **steuerlich wie eine Kapitalgesellschaft** behandelt zu werden. **110**

Die optierende Gesellschaft unterliegt der Körperschaftsteuer. Die Gesellschafter sind wie die Anteilseigner einer Kapitalgesellschaft zu besteuern. Auch verfahrensrechtlich ist die optierende Personengesellschaft wie eine Kapitalgesellschaft zu behandeln, weshalb in § 1a Abs. 2 Satz 5 KStG explizit die zur Vertretung der Gesellschaft ermächtigten Personen als deren gesetzliche Vertreter fingiert werden.

Zivilrechtlich gilt die Gesellschaft jedoch unverändert als **Personengesellschaft**.

1. Persönlicher Anwendungsbereich der Option zur Körperschaftsteuer

Antrags- bzw. optionsberechtigt sind **Personenhandelsgesellschaften sowie Partnerschaftsgesellschaften**. Nach Auffassung der Finanzverwaltung gilt dies auch, wenn die antragsberechtigte Gesellschaft nur eine vermögensverwaltende Tätigkeit ausübt.[2] **111**

Die Option steht auch Gesellschaften ausländischer Rechtsform offen, die nach dem Rechtstypenvergleich einer deutschen Personengesellschaft entsprechen (→ Rz. 44). Voraussetzung für die Option ist in diesem Fall, dass die ausländische Gesellschaft einer der deutschen Körperschaftsteuer vergleichbaren Steuer unterliegt (§ 1a Abs. 1 Satz 6 Nr. 2 KStG). Damit soll laut Begründung des Regierungsentwurfs die künstliche Schaffung ausländischer hybrider Gesellschaften vermieden werden.[3] Auch Gesellschaften mit Sitz und Geschäftsleitung im Ausland können zur Körperschaftsteuer optieren und unterliegen dann mit ihren inländischen Einkünften der Körperschaftsteuer.

> **Anmerkung:**
> Das Vorliegen der persönlichen Voraussetzungen für die Option während des gesamten Besteuerungszeitraums ist auf Anforderung der Finanzverwaltung für jedes Jahr grundsätzlich im Rahmen der Körperschaftsteuererklärung **nachzuweisen**. Wird der Nachweis nicht erbracht, geht die Finanzverwaltung davon aus, dass die persönlichen Voraussetzungen für die Option in dem betreffenden Wirtschaftsjahr nicht vorgelegen haben (zu den Rechtsfolgen → Rz. 126).[4]

Ausgenommen von der Anwendung der Option sind **Investmentfonds**, da das InvStG für diese spezielle Regelungen enthält (§ 1 Abs. 1 Satz 6 Nr. 1 KStG). Flankierend dazu wird in § 1 Abs. 3 InvStG geregelt, dass Investmentvermögen in der Rechtsform einer Personengesellschaft auch durch die Option nach § 1a KStG nicht zum Investmentfonds wird. Die Nutzung von Teilfreistellungen wird in diesen Fällen explizit nach § 20 Abs. 3a Satz 2 InvStG verwehrt.

2. Ausübung der Option per Antrag

Um zur Körperschaftsbesteuerung zu optieren, ist ein **unwiderruflicher Antrag** nach amtlich vorgeschriebenem Datensatz durch Datenfernübertragung bei dem für die **112**

---

1) Gesetz v. 25.6.2021, BGBl. I 2021, 2050 = BStBl I 2021, 889. Vgl. zum Optionsmodell nach § 1a KStG auch die Kommentierung von Schießl in Widmann/Mayer, § 1a KStG Rz. 1 ff. (Oktober 2021), Demuth, kösdi 2021, 22241, Kaminski, Stbg 2021, 436.
2) BMF v. 10.11.2021, IV C 2 - S 2707/21/10001 :004, BStBl I 2021, 2212, Rn. 2. Vgl. hierzu Kersten, eNews Steuern, 45/2021 v. 15.11.2021.
3) BR-Drucks. 244/21 v. 26.3.2021, 19.
4) BMF v. 10.11.2021, IV C 2 - S 2707/21/10001 :004, BStBl I 2021, 2212, Rn. 6.

gesonderte und einheitliche Feststellung der Einkünfte zuständigen Finanzamt zu stellen (§ 1a Abs. 1 Sätze 1 und 2 KStG).

Erfolgt für die Personenhandels- oder Partnerschaftsgesellschaft keine gesonderte und einheitliche Feststellung der Einkünfte, ist der Antrag bei dem für die Einkommensteuer oder Körperschaftsteuer des Gesellschafters zuständigen Finanzamt zu stellen (§ 1a Abs. 1 Satz 3 KStG). Erzielt eine Personenhandels- oder Partnerschaftsgesellschaft ausschließlich Einkünfte, die einem abgeltenden Kapitalertragsteuer- oder Quellensteuerabzug unterliegen, ist der Antrag dem Bundeszentralamt für Steuern zu übermitteln (§ 1a Abs. 1 Satz 4 KStG). Die Regelungen zur Zuständigkeit nach § 1a Abs. 1 Sätze 3 und 4 KStG kommen jedoch nicht zur Anwendung bei Gesellschaften, die ihren Sitz im Inland haben; diese müssen den Antrag bei dem Finanzamt stellen, in dessen Bezirk sie ihren Sitz haben (§ 1a Abs. 1 Satz 5 KStG).

In sinngemäßer Anwendung des § 217 Abs. 1 UmwG bedarf es für die Antragstellung grundsätzlich der **Zustimmung aller Gesellschafter** (§ 1a Abs. 1 Satz 1 Halbsatz 2 KStG). Sofern eine entsprechende Regelung für den Fall eines echten Formwechsels oder für die Option im Gesellschaftsvertrag enthalten ist, genügt aber auch eine Mehrheitsentscheidung der Gesellschafter. Diese Mehrheit muss jedoch entsprechend § 217 Abs. 1 Satz 3 UmwG mindestens drei Viertel der abgegebenen Stimmen betragen. Im Rahmen des Antrags ist **nachzuweisen**, dass die erforderliche Anzahl der Gesellschafter der Ausübung der Option zugestimmt hat.[1]

Der Antrag ist spätestens einen Monat vor Beginn des Wirtschaftsjahrs zu stellen, ab dem die Besteuerung wie eine Kapitalgesellschaft gelten soll (§ 1a Abs. 1 Satz 2 KStG). Eine rückwirkende Ausübung der Option ist nicht vorgesehen. Im Fall eines kalenderjahrgleichen Wirtschaftsjahres ist der **Antrag somit spätestens am 30.11. des vorangehenden Jahres** zu stellen. Dies gilt auch für neu gegründete Gesellschaften. Eine Antragsstellung vor Gründung der Gesellschaft ist nicht möglich, sodass eine Option für das erste Wirtschaftsjahr einer Gesellschaft ausgeschlossen ist.[2]

Nach Antragstellung prüft die Finanzbehörde summarisch, ob die gesetzlichen Voraussetzungen für den Antrag vorliegen (→ Rz. 43). Wird dem Antrag entsprochen, wird der Gesellschaft eine Körperschaftsteuernummer mitgeteilt. Bei einer ablehnenden Entscheidung handelt es sich im Unterschied zu der Mitteilung der Körperschaftsteuernummer um einen anfechtbaren Verwaltungsakt.[3]

Der Antrag ist unwiderruflich. Für folgende Wirtschaftsjahre bedarf es keiner nochmaligen Antragstellung. Ein verspätet gestellter Antrag ist unwirksam und gilt nicht automatisch als Antrag für das nächste Wirtschaftsjahr.[4]

3. Erstmalige Anwendung

113   Gemäß der expliziten Anwendungsregelung in § 34 Abs. 1a KStG ist das Optionsmodell erstmals im VZ 2021 anzuwenden, wobei der Antrag erstmals für nach dem 31.12.2021 beginnende Wirtschaftsjahre gestellt werden kann. Somit kommt die Anwendung des Optionsmodells bei kalenderjahrgleichem Wirtschaftsjahr erstmals für das Wirtschaftsjahr 2022 in Betracht.

Da der Antrag spätestens einen Monat vor Beginn des nächsten Wirtschaftsjahres zu stellen ist (→ Rz. 112), konnte somit bei kalenderjahrgleichem Wirtschaftsjahr bis 30.11.2021 die Anwendung des Optionsmodells **ab dem Wirtschaftsjahr 2022** beantragt werden.

---

1) BMF v. 10.11.2021, IV C 2 - S 2707/21/10001 :004, BStBl I 2021, 2212, Rn. 12.
2) BMF v. 10.11.2021, IV C 2 - S 2707/21/10001 :004, BStBl I 2021, 2212, Rn. 2; vgl. WKGT/BDI, 2. Aufl. 2021, Rz. 56.
3) BMF v. 10.11.2021, IV C 2 - S 2707/21/10001 :004, BStBl I 2021, 2212, Rn. 21 f.
4) BMF v. 10.11.2021, IV C 2 - S 2707/21/10001 :004, BStBl I 2021, 2212, Rn. 19.

4. Übergang zur Körperschaftsbesteuerung

a) Option als fiktiver Formwechsel

Der Übergang zur Körperschaftsbesteuerung gilt als **fiktiver Formwechsel** (§ 1a Abs. 2 KStG). Damit wird ertragsteuerlich ein Anschaffungs- und Veräußerungsvorgang fingiert, der grundsätzlich zur Realisation stiller Reserven führt. **114**

Jedoch sind die §§ 1 und 25 UmwStG und damit die Regelungen zur **Einbringung** eines Betriebs, Teilbetriebs oder Mitunternehmeranteils in eine Kapitalgesellschaft nach **§ 20 bis 23 UmwStG** entsprechend heranzuziehen.

Demnach kann der (fiktive) Formwechsel der optierenden Gesellschaft – welcher umwandlungssteuerlich der Einbringung von Mitunternehmeranteilen in eine Kapitalgesellschaft entspricht – unter Ansatz der Buchwerte **steuerneutral** oder unter partieller Aufdeckung der stillen Reserven zu Zwischenwerten erfolgen (§ 1a Abs. 2 Satz 1 und 2 KStG), wenn es sich bei der optierenden Gesellschaft um eine Mitunternehmerschaft handelt.

Voraussetzung für den Ansatz des Buchwerts oder Zwischenwerts ist, dass die übergehenden Wirtschaftsgüter nach der Umwandlung der Besteuerung mit Körperschaftsteuer unterliegen und das Recht der Bundesrepublik Deutschland hinsichtlich der Besteuerung des Gewinns aus der Veräußerung der übertragenen Wirtschaftsgüter nicht ausgeschlossen oder beschränkt wird. Ferner muss der Buchwert der eingebrachten Aktiva zumindest dem Buchwert der Passiva ohne Berücksichtigung des Eigenkapitals entsprechen. Eine Gegenleistung für die übertragenen Wirtschaftsgüter, die nicht in Gesellschaftsrechten besteht, darf nur sehr eingeschränkt gewährt werden (§ 20 Abs. 2 Satz 2 UmwStG).

Die persönlichen Voraussetzungen für die Anwendung des UmwStG müssen spätestens am steuerlichen Übertragungsstichtag durch die Gesellschaft und die einzelnen Gesellschafter erfüllt sein.[2] Das UmwStG findet nur Anwendung auf Formwechsel, bei denen die umwandelnde Personengesellschaft und ihre Gesellschafter die Ansässigkeitserfordernisse in § 1 Abs. 4 Satz 1 Nr. 2 Buchst. a UmwStG erfüllen.

Sofern der persönliche Anwendungsbereich des UmwStG für einzelne Gesellschafter nicht eröffnet ist, sind die stillen Reserven im Betriebsvermögen der Personengesellschaft insoweit zwingend aufzudecken.[3]

Als **Einbringungszeitpunkt** gilt das Ende des Wirtschaftsjahres, das dem Wirtschaftsjahr der erstmaligen Anwendung der Körperschaftsbesteuerung vorangeht. Eine steu-

---

1) Vgl. WKGT/BDI, 2. Aufl. 2021, Rz. 38.
2) BMF v. 10.11.2021, IV C 2 - S 2707/21/10001 :004, BStBl I 2021, 2212, Rn. 26.
3) BMF v. 10.11.2021, IV C 2 - S 2707/21/10001 :004, BStBl I 2021, 2212, Rn. 26.

erliche Rückwirkung ist nicht vorgesehen. Dazu wird die Anwendung des § 9 Satz 3 UmwStG, der die steuerliche Rückwirkung für Umwandlungsvorgänge regelt, explizit ausgeschlossen (§ 1a Abs. 2 Satz 3 KStG).

Anmerkung:

Die persönlichen und sachlichen Voraussetzungen für einen Optionsantrag nach § 1a KStG sind nicht deckungsgleich mit den umwandlungssteuerrechtlichen Voraussetzungen für einen steuerneutralen fiktiven Formwechsel nach § 20 UmwStG.

So erstreckt sich der persönliche Anwendungsbereich der Option zur Körperschaftsbesteuerung auch auf Personenhandelsgesellschaften[1], die eine rein **vermögensverwaltende Tätigkeit** ausüben. In diesem Fall ist eine Option möglich, ein steuerneutraler Übergang zur Körperschaftsteuerbesteuerung mangels Anwendbarkeit des Umwandlungssteuergesetzes jedoch ausgeschlossen. Auf sog. **„Zebra-Gesellschaften"**, deren Gesellschafter teilweise gewerbliche Einkünfte erzielen, findet § 20 UmwStG ebenso keine Anwendung.[2]

---

b) Einbringung von Sonderbetriebsvermögen und wesentlichen Betriebsgrundlagen

115 **Einbringungsgegenstand** sind bei einer Option zur Körperschaftsteuer ebenso wie bei einem tatsächlichen Formwechsel die **Mitunternehmeranteile der einzelnen Gesellschafter**, zu denen neben den Anteilen am Gesamthandsvermögen auch die Wirtschaftsgüter des Sonderbetriebsvermögens (→ Rz. 36) gehören.[3]

Um durch den Übergang zur Körperschaftsbesteuerung nicht die Besteuerung (aller) stiller Reserven auszulösen und entsprechend § 20 Abs. 2 Satz 2 UmwStG auf Antrag das Betriebsvermögen mit dem Buch- bzw. Zwischenwert ansetzen zu können, dürfen **keine funktional wesentlichen Betriebsgrundlagen** zurückbehalten werden.

Sofern sich funktional wesentliche Betriebsgrundlagen im Sonderbetriebsvermögen eines Gesellschafters befinden, ist eine Übertragung dieser Wirtschaftsgüter in das Gesamthandsvermögen der Gesellschaft erforderlich, um sicherzustellen, dass diese bei Ausübung der Option steuerlich nicht zurückbehalten werden.

Anmerkung:

Stellt die **Beteiligung eines Mitunternehmers an einer Komplementärgesellschaft** einer optierenden Kommanditgesellschaft eine funktional wesentliche Betriebsgrundlage dar, muss diese nach Auffassung der Finanzverwaltung aus dem Sonderbetriebsvermögen dieses Mitunternehmers ebenfalls in das Gesamthandsvermögen eingebracht werden, damit der Ansatz des Buch- oder Zwischenwerts möglich ist.[4]

Werden funktional wesentliche Betriebsgrundlagen aus dem Sonderbetriebsvermögen gesondert auf die optierende Personengesellschaft in zeitlichem und wirtschaftlichem Zusammenhang mit der Ausübung der Option übertragen, liegt ein einheitlicher Vorgang vor, der nach Auffassung der Finanzverwaltung insgesamt steuerneutral erfolgen kann und nicht zwingend eine Aufdeckung stiller Reserven nach § 6 Abs. 5 Satz 3 EStG nach sich zieht.[5]

---

1) Vgl. Demuth, NWB 2021, 2586, 2588 zu Immobiliengesellschaften.
2) BMF v. 10.11.2021, IV C 2 - S 2707/21/10001 :004, BStBl I 2021, 2212, Rn. 30, vgl. Wacker/Krüger/Levedag/Loschelder, DStR-Beih 2021, 3, 12.
3) Vgl. Ott, DStZ 2021, 559, 561; WKGT/BDI, 2. Aufl. 2021, Rz. 66.
4) BMF v. 10.11.2021, IV C 2 - S 2707/21/10001 :004, BStBl I 2021, 2212, Rn. 32.
5) BMF v. 10.11.2021, IV C 2 - S 2707/21/10001 :004, BStBl I 2021, 2212, Rn. 34 f.; vgl. Strecker/Carlé, NWB 2021, 2022, 2027.

Gestaltungshinweis:

Bei einer Übertragung oder Überführung von funktional wesentlichen Betriebsgrundlagen in ein anderes Betriebsvermögen in zeitlichem und wirtschaftlichem Zusammenhang mit der Option soll nach Auffassung der Finanzverwaltung zu prüfen sein, ob nach den Grundsätzen der sog. **Gesamtplanrechtsprechung** ein (fiktiver) Formwechsel zum Buch- oder Zwischenwert ggf. ausgeschlossen ist.[1]

c) Steuerliche Übertragungsbilanz und gesonderte Feststellung des steuerlichen Einlagekontos

Für steuerliche Zwecke sind aufgrund der Behandlung als fiktiver Formwechsel gemäß § 25 Satz 2 UmwStG i.V.m. § 9 Satz 2 UmwStG auf den Einbringungszeitpunkt sowohl eine **steuerliche Übertragungsbilanz bzw. Schlussbilanz sowie eine Eröffnungsbilanz** für die optierende Gesellschaft aufzustellen. Als Einbringungszeitpunkt gilt das Ende des Wirtschaftsjahres, das dem Wirtschaftsjahr der erstmaligen Ausübung der Option unmittelbar vorangeht (§ 1a Abs. 2 Satz 3 KStG).   **116**

Anmerkung:

Die optierende Gesellschaft darf ihren Gewinn nach § 1a Abs. 3 Satz 6 KStG nicht mittels Einnahmen-Überschuss-Rechnung ermitteln. Die Gesellschaft muss daher zum Übertragungsstichtag zwingend zum Betriebsvermögensvergleich wechseln. Der Übergangsgewinn ist im Wirtschaftsjahr, das der erstmaligen Anwendung der Option vorausgeht, als laufender Gewinn zu versteuern.[2]

Neben der **Körperschaftsteuererklärung und ggf. Gewerbesteuererklärung** ist für inländische optierende Gesellschaften eine Erklärung **zur gesonderten Feststellung des steuerlichen Einlagekontos** für den der Option vorausgehenden VZ abzugeben.

Nach § 1a Abs. 2 Satz 4 KStG wird das in der Steuerbilanz ausgewiesene Eigenkapital der Personengesellschaft auf dem steuerlichen Einlagekonto der optierenden Gesellschaft erfasst. Damit wird dem Umstand Rechnung getragen, dass die Gesellschaft zivilrechtlich unverändert als Personengesellschaft fortbesteht und somit nicht über ein Nennkapital verfügt, das bei der Ermittlung des steuerlichen Einlagekontos nach § 27 Abs. 1 Satz 1 KStG abzuziehen wäre.

Der ausschüttbare Gewinn gemäß § 27 Abs. 1 Satz 5 KStG beträgt zum Schluss des Wirtschaftsjahres, in dem der Optionsantrag gestellt wird, stets 0 Euro, da das Eigenkapital der Personengesellschaft in voller Höhe auf dem Einlagekonto erfasst wird.

Beispiel:

Bei einem kalendergleichen Wirtschaftsjahr wurde vor dem 30.11.2021 ein Antrag auf Option für das Wirtschaftsjahr 2022 gestellt. Damit sind auf den Übertragungsstichtag 31.12.2021 eine steuerliche Schlussbilanz und für die fiktive Kapitalgesellschaft eine steuerliche Eröffnungsbilanz aufzustellen. Zudem sind für den VZ 2021 Körperschaftsteuer- und Gewerbesteuererklärungen abzugeben. Ferner ist eine Erklärung zur gesonderten Feststellung des steuerlichen Einlagekontos auf den 31.12.2021 abzugeben.

d) Steuerliche Verluste

Weiterhin ist zu beachten, dass vortragsfähige gewerbesteuerliche **Verluste** der Personengesellschaft sowie Zins- und EBITDA-Vorträge infolge der Option untergehen.[3] Ebenso besteht für verrechenbare Verluste der Gesellschafter nach §§ 15a, 15b EStG aufgrund der Aufgabe der transparenten Besteuerung grundsätzlich keine Möglichkeit   **117**

---

1) BMF v. 10.11.2021, IV C 2 - S 2707/21/10001 :004, BStBl I 2021, 2212, Rn. 34 f.; vgl. Wacker/Krüger/Levedag/Loschelder, DStR-Beih 2021, 3, 12.
2) BMF v. 10.11.2021, IV C 2 - S 2707/21/10001 :004, BStBl I 2021, 2212, Rn. 24.
3) BMF v. 10.11.2021, IV C 2 - S 2707/21/10001 :004, BStBl I 2021, 2212, Rn. 47.

der Verlustverrechnung mit zukünftigen Gewinnen aus der Beteiligung an der optierenden Gesellschaft (→ Rz. 39). Die bis zur Optionsausübung auf Ebene der Gesellschafter persönlich festgestellten einkommensteuerlichen bzw. körperschaftsteuerlichen Verlustvorträge bleiben jedoch erhalten.[1]

Gestaltungshinweis:

Im Sinne der Nutzung vorhandener Verlustvorträge kann eine teilweise Gewinnrealisierung durch Ansatz von Zwischenwerten bei der Option sinnvoll sein, um zusätzliches Abschreibungspotential zu generieren. Zudem sollte geprüft werden, ob unter Anwendung der Sonderregelung in § 15a Abs. 2 Satz 2 EStG für Kommanditisten eine Verlustverrechnung mit dem Einbringungsgewinn zulässig ist.[2]

---

e) Sperrfristverletzungen

118 Da die Ausübung der Option als Formwechsel gilt und daher ein ertragsteuerlicher Realisationsvorgang fingiert wird, können sowohl die erstmalige Ausübung der Option als auch eine spätere Rückoption eine **Sperrfristverletzung** hinsichtlich verschiedener steuerlicher Tatbestände auslösen (→ Rz. 38).[3]

Beratungshinweis:

Bei der individuellen Abwägung zur Ausübung der Option sollten u.a. folgende Behalte- und Sperrfristen geprüft werden, da die Ausübung der Option als Veräußerungs- oder Entnahmetatbestand gelten kann:

- Übertragung eines Betriebs, Teilbetriebs oder Mitunternehmeranteils innerhalb einer Frist von fünf Jahren gemäß § 6 Abs. 3 Satz 2 EStG,
- Veräußerung oder Entnahme eines zu Buchwerten zwischen Gesamthands- und Sonderbetriebsvermögen übertragenen Einzelwirtschaftsgutes innerhalb von drei Jahren gemäß § 6 Abs. 5 Satz 4 EStG und Beteiligung einer Kapitalgesellschaft an einem solchen Wirtschaftsgut innerhalb von sieben Jahren gemäß § 6 Abs. 5 Sätze 5 f. EStG,
- Veräußerung oder Entnahme von bestimmten Wirtschaftsgütern innerhalb von drei Jahren nach einer Realteilung gemäß § 16 Abs. 3 Satz 3 EStG,
- Veräußerung der Anteile an einer Körperschaft innerhalb von sieben Jahren im Zusammenhang mit einer Realteilung nach einer vorhergehenden Übertragung durch den eigentlichen Übernehmer auf eine Körperschaft, die vom Schachtelprivileg (§ 8b Abs. 2 KStG) profitieren kann, gemäß § 16 Abs. 5 EStG,
- Verringerung des Anteils des Veräußerers bei Grundstücksübertragungen auf eine Gesamthand innerhalb von fünf Jahren nach § 5 Abs. 3 Satz 3 GrEStG.

Zudem ist hinsichtlich der steuerlichen Sperrfristen zu beachten, dass die Anteile an der optierenden Gesellschaft selbst gemäß § 22 Abs. 1 bis 6 UmwStG sperrfristverhaftet werden und den entsprechenden jährlichen Nachweispflichten unterliegen.[4]

Beratungshinweis:

Aufgrund der Sperrfristverhaftung der Anteile an der optierenden Gesellschaft ergibt sich bei Ansatz der Buch- oder Zwischenwerte für **die Rückoption eine faktische Sperrfrist von sieben Jahren**.

---

1) Vgl. Wacker/Krüger/Levedag/Loschelder, DStR-Beih 2021, 3, 13.
2) Vgl. Fuhrmann, NWB 2021, 2356, 261 Wacker/Krüger/Levedag/Loschelder, DStR-Beih 2021, 3, 13.
3) BMF v. 10.11.2021, IV C 2 - S 2707/21/10001 :004, BStBl I 2021, 2212, Rn. 44; vgl. Müller, NWB 2021, 2190.
4) BMF v. 10.11.2021, IV C 2 - S 2707/21/10001 :004, BStBl I 2021, 2212, Rn. 46, 65; vgl. Wacker/Krüger/Levedag/Loschelder, DStR-Beih 2021, 3, 27.

Ferner ist in diesem Zusammenhang für Zwecke der **Gewerbesteuer** die Regelung in § 18 Abs. 3 Satz 2 UmwStG zu beachten. Diese besagt, dass der Veräußerungsgewinn bei Veräußerung des Betriebs einer Personengesellschaft **innerhalb von fünf Jahren** nach einer Umwandlung als laufender Gewinn der Gewerbesteuer unterliegt. Für die Rückoption ergibt sich hieraus eine Sperrfrist von fünf Jahren, da ein durch eine Rückoption ausgelöster fiktiver Formwechsel als gewerbesteuerschädliche Veräußerung gilt.[1)]

f) Nachversteuerung nach § 34a EStG

Die Option führt, wie auch ein echter Formwechsel, bei vorgehender Inanspruchnahme der Thesaurierungsbegünstigung zur Nachversteuerung eines nachversteuerungspflichtigen Betrags nach § 34a Abs. 6 Nr. 2 EStG (→ Rz. 41).[2)]   119

Beratungshinweis:

Eine Nachversteuerung kann ggf. durch Begründung einer doppelstöckigen Struktur aus einer Oberpersonengesellschaft und einer operativ tätigen Personengesellschaft vermieden werden: Wird der Betrieb einer Personengesellschaft nach § 24 UmwStG in eine neu gegründete Personengesellschaft eingebracht, sind die nachversteuerungspflichtigen Beträge gemäß § 34a Abs. 7 EStG der Oberpersonengesellschaft zuzurechnen. Optiert anschließend nur die operative Gesellschaft, wird keine Nachversteuerung ausgelöst.[3)]

5. Besteuerung der Gesellschaft nach Optionsausübung

Ertragsteuerlich wird die optierende Gesellschaft wie eine Kapitalgesellschaft behandelt (§ 1a Abs. 1 Satz 1 KStG, § 2 Abs. 8 GewStG). Daher finden grundsätzlich alle Regelungen insbesondere des KStG, EStG, GewStG, SolZG, AStG und des UmwStG, die für alle Kapitalgesellschaften unabhängig von ihrer spezifischen Rechtsform gelten, auch auf die optierende Gesellschaft Anwendung.[4)]   120

Gemäß § 8 Abs. 2 KStG erzielt die optierende Gesellschaft unabhängig von ihrer Tätigkeit stets und ausschließlich **Einkünfte aus Gewerbebetrieb**. Die persönlichen Körperschaftsteuerbefreiungen in § 5 KStG stehen der optierenden Gesellschaft nach einer in der Literatur vertretenen Auffassung nicht offen.[5)]

Anmerkung:

Die allgemeinen steuerlichen Grundsätze der verdeckten Gewinnausschüttung bzw. verdeckten Einlage sowie des Rechtsinstituts der Betriebsaufspaltung sind auf die optierende Gesellschaft anzuwenden.[6)]

Auch für Zwecke der Anwendung von **DBA** erfüllt die optierende Gesellschaft die abkommensrechtlichen Anforderungen an eine (Kapital-)Gesellschaft.[7)]

Im Hinblick auf die **ertragsteuerliche Organschaft** kann die optierende Gesellschaft unabhängig von der Art ihrer Tätigkeit Organträgerin sein, wobei die Optionsausübung weder zu einem Neubeginn der fünfjährigen Mindestlaufzeit des Gewinnabführungsvertrags noch zu einer Änderung der finanziellen Eingliederung von Organ-

---

1) Vgl. Müller, NWB 2021, 2190, 2199.
2) BMF v. 10.11.2021, IV C 2 - S 2707/21/10001 :004, BStBl I 2021, 2212, Rn. 48.
3) Vgl. Kahnsitz, NWB 2021, 2100, 2111; WKGT/BDI, 2. Aufl. 2021, Rz. 94.
4) BMF v. 10.11.2021, IV C 2 - S 2707/21/10001 :004, BStBl I 2021, 2212, Rn. 50.
5) Vgl. Wacker/Krüger/Levedag/Loschelder, DStR-Beih 2021, 3, 27.
6) BMF v. 10.11.2021, IV C 2 - S 2707/21/10001 :004, BStBl I 2021, 2212, Rn. 69, 84; vgl. Brill, NWB 2021, 2420, 2423.
7) BMF v. 10.11.2021, IV C 2 - S 2707/21/10001 :004, BStBl I 2021, 2212, Rn. 54.

gesellschaften führt. Die optierende Gesellschaft kann jedoch nicht als Organgesell-schaft fungieren (→ Rz. 40).[1]

6. Besteuerung der Gesellschafter nach Optionsausübung

a) Beteiligung an der optierenden Gesellschaft

121 Entsprechend der steuerlichen Behandlung der Gesellschaft gilt die Beteiligung an einer optierenden Gesellschaft für ertragsteuerliche Zwecke als Beteiligung eines nicht persönlich haftenden Gesellschafters an einer Kapitalgesellschaft (§ 1a Abs. 3 Satz 1 KStG).

Mangels gesetzlicher Regelung ist in der Literatur umstritten, wie die Höhe der Beteili-gung an einer optierenden Gesellschaft für die Anwendung steuerlicher Vorschriften, die an die Beteiligungshöhe anknüpfen, zu bestimmen ist.[2]

Das BMF vertritt in seinem Schreiben vom 10.11.2021[3] die Rechtsauffassung, dass **die Beteiligungshöhe nach den festen Kapitalkonten** (sogenannte Kapitalkonten I) zu ermitteln ist, sofern der Gesellschaftsvertrag entsprechende Regelungen umfasst und diese über die maßgebenden Vermögensrechte der Gesellschafter entscheiden. Ande-renfalls ist das Verhältnis der Kapitalanteile im Sinne des Handelsrechts maßgeblich.

> **Allgemeine Erläuterungen:**
>
> Gewinne aus Veräußerungen an einer optierenden Gesellschaft führen wie die Veräußerung von Anteilen an Kapitalgesellschaften auf Ebene einer natürlichen Person als Gesellschafter, sofern die Anteile nicht in einem Betriebsvermögen gehalten werden, entweder zu Einkünften nach § 20 Abs. 2 Satz 1 Nr. 1 EStG oder § 17 Abs. 1 EStG.

b) Gewinnausschüttungen der optierenden Gesellschaft

aa) Besteuerung der Gewinnausschüttung

122 Nach Ausübung der Option gilt die Beteiligung an der optierenden Gesellschaft steuer-lich als Beteiligung an einer Kapitalgesellschaft (§ 1a Abs. 3 Satz 1 KStG). Ausgeschüt-tete Gewinnanteile führen damit bei den Gesellschaftern zu **Kapitaleinkünften nach § 20 Abs. 1 Nr. 1 EStG**, sofern sie nicht einer anderen Einkunftsart zuzurechnen sind, etwa wenn die Beteiligung im Betriebsvermögen des Gesellschafters gehalten wird (§ 1a Abs. 3 Satz 4 KStG).

> **Anmerkung:**
>
> Eine Anrechnung der Gewerbesteuer auf die Einkommensteuer der Gesellschafter nach § 35 EStG ist nach Ausübung der Option nicht mehr möglich (§ 1a Abs. 3 Satz 3 KStG).

Die Ausschüttungen der optierenden Gesellschaft unterliegen zum Ausschüttungszeit-punkt (→ Rz. 124) grundsätzlich dem **Kapitalertragsteuerabzug** (§ 1a Abs. 3 Satz 2 Nr. 1 KStG). Klarstellend wird § 20 Abs. 1 Nr. 1 EStG um einen Hinweis auf optierende Gesellschaften ergänzt. Die Kapitalertragsteuer ist zum Zeitpunkt der (ggf. fiktiven) Ausschüttung durch die optierende Gesellschaft anzumelden und abzuführen (§ 43 Abs. 1 Satz 1 Nr. 1 EStG).

Auf Ebene der Gesellschafter finden wie bei Ausschüttungen von Kapitalgesellschaften die **Abgeltungsbesteuerung** nach § 32d EStG bzw. das **Teileinkünfteverfahren** nach § 3 Nr. 40 EStG oder die Steuerfreistellung nach § 8b KStG Anwendung.[4]

---

1) BMF v. 10.11.2021, IV C 2 - S 2707/21/10001 :004, BStBl I 2021, 2212, Rn. 55 f.; vgl. Liekenbrock, DB 2021, 2111.
2) Vgl. Wacker/Krüger/Levedag/Loschelder, DStR-Beih 2021, 3, 20.
3) BMF v. 10.11.2021, IV C 2 - S 2707/21/10001 :004, BStBl I 2021, 2212, Rn. 55 f.
4) BMF v. 10.11.2021, IV C 2 - S 2707/21/10001 :004, BStBl I 2021, 2212, Rn. 73.

bb) Verwendung des steuerlichen Einlagekontos

Eine Besteuerung der Ausschüttungen erfolgt nach § 1a Abs. 3 Satz 2 Nr. 1 KStG i.V.m. § 20 Abs. 1 Nr. 1 Satz 3 EStG nicht, soweit sie aus dem steuerlichen Einlagekonto stammen. **123**

Wie oben dargestellt, beträgt der ausschüttbare Gewinn zum 31.12. des Wirtschaftsjahres, in dem der Optionsantrag gestellt wird, 0 Euro. Folglich gelten für die **Ausschüttungen** der optierenden Gesellschaft im **ersten Jahr der Anwendung des Optionsmodells die Bestände des steuerlichen Einlagekontos als verwendet** (§ 27 Abs. 1 Satz 3 KStG), wenn dies gemäß § 27 Abs. 5 KStG bescheinigt wird.[1]

Dabei ist zu beachten, dass gemäß § 20 Abs. 1 Nr. 1 Satz 3 EStG die aufgrund der Verwendung des steuerlichen Einlagekontos steuerfreien Bezüge mit den Anschaffungskosten des Anteils an der Gesellschaft zu verrechnen sind. Da eine Verrechnung nur bis zu Höhe der Anschaffungskosten zu erfolgen hat, kann bei einer steuerfreien Ausschüttung, die die ursprünglichen Anschaffungskosten der Beteiligung übersteigt, eine Sperrfristverletzung nach § 22 Abs. 1 Satz 6 Nr. 3 UmwStG begründet werden sowie ein steuerpflichtiger Ertrag entstehen.[2]

cc) Zeitpunkt der Besteuerung

Der Besteuerungszeitpunkt richtet sich nach dem Zeitpunkt der Ausschüttung. Als ausgeschüttet gelten nur **Gewinnanteile, die entnommen werden oder deren Auszahlung verlangt werden kann** (§ 1a Abs. 3 Satz 5 KStG).[4] **124**

---

1) Vgl. Wacker/Krüger/Levedag/Loschelder, DStR-Beih 2021, 3, 16.
2) Vgl. Wacker/Krüger/Levedag/Loschelder, DStR-Beih 2021, 3, 25.
3) Vgl. Wacker/Krüger/Levedag/Loschelder, DStR-Beih 2021, 3, 25; WKGT/BDI, 2. Aufl. 2021, Rz. 197.
4) Vgl. Cordes/Kraft, FR 2021, 401,404

Gewinnanteile, deren Auszahlung der Gesellschafter mit Feststellung des Jahresabschlusses verlangen kann, gelten zu diesem Zeitpunkt als ausgeschüttet. Ist hingegen nach den gesellschaftsvertraglichen Regelungen für die Ausschüttung oder Entnahme eine gesonderte Beschlussfassung erforderlich, gilt der Gewinnanteil noch nicht als ausgeschüttet. So gelten beispielsweise Gewinne, die in eine gesamthänderisch gebundene Rücklage eingestellt werden, über deren spätere Auskehrung die Gesellschafterversammlung entscheidet, im Zeitpunkt der Zuführung zu der Rücklage nicht als ausgeschüttet. Werden Gewinnanteile auf ein gesondertes Kapitalkonto der Gesellschafter, auf dem nicht entnahmefähige Gewinne ausgewiesen werden (typischerweise das sog. Kapitalkonto II), verbucht, liegt ebenso kein Zufluss der jeweiligen Beträge vor. Dies gilt grundsätzlich ebenso für beherrschende Gesellschafter.[1]

> **Praxistipp:**
>
> Angesichts der Relevanz gesellschaftsrechtlicher Regelungen und der Beschaffenheit der Buchführung für die Besteuerung der Gewinnanteile sollte der Gesellschaftsvertrag vor Ausübung der Option überprüft und soweit erforderlich überarbeitet werden. Insbesondere sollten die Regelungen zur Gewinnverwendung und zu Entnahmerechten sowie zum Charakter der verschiedenen Kapitalkonten der Gesellschafter überprüft werden. Ferner ist zu eruieren, ob etwaige Steuerentnahmeklauseln noch benötigt werden.
>
> In jedem Fall sollte – auch im Interesse der eindeutigen Ermittlung von Beteiligungshöhen – sichergestellt werden, dass ein gut strukturiertes Kapitalkontensystem mit einem festen und variablen Kapitalkonten etabliert ist.

c) Tätigkeiten im Dienst der Gesellschaft

125 **Tätigkeitsvergütungen**, die der Gesellschafter für seine der Gesellschaft zur Verfügung gestellte Arbeitsleistung erhält, sind, soweit sie als fremdüblich beurteilt werden können, als Einkünfte aus **nichtselbständiger Arbeit** zu behandeln (§ 1a Abs. 3 Satz 2 Nr. 2 KStG). Da lohnsteuerlich die Gesellschaft als Arbeitgeber und der Gesellschafter als Arbeitnehmer fingiert wird (§ 1a Abs. 3 Satz 7 KStG), unterliegen die Vergütungen dem Lohnsteuereinbehalt.

Vergütungen für der optierenden Gesellschaft durch Gesellschafter gewährte Darlehen führen zu Einkünften aus **Kapitalvermögen** und Vergütungen für überlassene Wirtschaftsgüter grundsätzlich zu Einkünften aus **Vermietung und Verpachtung** (§ 1a Abs. 3 Satz 2 Nr. 3 und 4 KStG). Dies gilt allerdings nur, soweit vergleichbare Leistungen einer echten Kapitalgesellschaft steuerlich ebenso behandelt werden würden (§ 1a Abs. 3 Satz 4 KStG). Vergütungen, soweit sie in nicht fremdüblicher Weise geleistet werden, sind nach den allgemeinen Grundsätzen als **verdeckte Gewinnausschüttungen** zu behandeln.

Daneben sind die Besonderheiten der Betriebsaufspaltung zu beachten: Die Überlassung einer funktional wesentlichen Betriebsgrundlage durch einen beherrschenden Gesellschafter oder eine entsprechende Gesellschaftergruppe an die optierende Gesellschaft stellt bei Ausübung der Option mangels transparenter Besteuerung der optierenden Gesellschaft kein Sonderbetriebsvermögen des Gesellschafter gemäß § 15 Abs. 1 Satz 1 Nr. 2 Satz 1 Halbsatz 2 EStG mehr dar. Stattdessen können nunmehr die Voraussetzungen einer Betriebsaufspaltung nach H 15.7 Abs. 4 EStR mit der optierenden Gesellschaft als Betriebsunternehmen und dem Gesellschafter als Besitzunternehmen vorliegen. In Folge dessen erzielt der Gesellschafter aus der Überlassung des Wirtschaftsguts eigene, originär gewerbliche Einkünfte, welche der Gewerbesteuer unterliegen. Das überlassene Wirtschaftsgut sowie die Beteiligung an der optierenden

---

1) Vgl. Cordes/Kraft, FR 2021, 401,404; WKGT/BDI, 2. Aufl. 2021, Rz. 176; Wacker/Krüger/Levedag/Loschelder, DStR-Beih 2021, 3, 24;

Gesellschaft stellen in diesem Fall notwendiges Betriebsvermögen des Besitzunternehmens des Gesellschafters dar.[1]

7. Beendigung der Option zur Körperschaftsbesteuerung

Eine Rückkehr der Gesellschaft zur transparenten Besteuerung ist entweder kraft Gesetzes oder auf Antrag der Gesellschaft möglich. **126**

Die optierende Gesellschaft kann zur Besteuerung nach Personengesellschaftsgrundsätzen zurückkehren. Dazu hat die Gesellschaft einen **Antrag auf Ausübung einer Rückoption zu stellen** (§ 1a Abs. 4 Satz 1 KStG). Ebenso wie bei Ausübung der Option ist der Antrag auf Ausübung der Rückoption spätestens einen Monat vor Beginn des Wirtschaftsjahres zu stellen, ab dem die Besteuerung wieder nach dem Transparenzprinzip erfolgen soll (§ 1a Abs. 4 Satz 3 KStG).

Die Rückoption wird aber auch ohne Antrag ausgelöst, wenn **die Voraussetzungen für die Option zur Körperschaftsbesteuerung entfallen** (§ 1a Abs. 4 Satz 4 KStG). Kann das Vorliegen der Voraussetzungen für ein Wirtschaftsjahr nach der Antragstellung nicht nachgewiesen werden, geht die Finanzverwaltung davon aus, dass die Voraussetzungen entfallen sind (→ Rz. 111). Laut Begründung des Regierungsentwurfs ist dies z.B. der Fall, wenn sich eine Personenhandelsgesellschaft in eine GbR umwandelt oder im Geschäftsleitungsstaat der optierenden Gesellschaft keine Körperschaftsteuerpflicht mehr besteht.[2]

Im Fall der Rückoption auf Antrag oder aufgrund des Wegfalls der persönlichen Voraussetzungen der Option finden die für einen Formwechsel einer Kapitalgesellschaft in eine Personengesellschaft geltenden Regelungen des UmwStG entsprechend Anwendung (v.a. § 9 UmwStG).[3] In diesem Zusammenhang sind auch mögliche Sperrfristverletzungen durch die Rückoption zu beachten (→ Rz. 118).

Da die Ausübung der Option für Einzelunternehmer nicht vorgesehen ist, sind in § 1a Abs. 4 Satz 5 und 6 KStG Regelungen vorgesehen, wie zu verfahren ist, wenn der **vorletzte Gesellschafter aus der Gesellschaft ausscheidet**. In diesem Fall gilt die optierende Gesellschaft als unmittelbar danach aufgelöst. Sofern der verbleibende Gesellschafter die persönlichen Voraussetzungen eines übernehmenden Rechtsträgers bei Umwandlung einer Kapitalgesellschaft erfüllt, gilt die optierende Gesellschaft als auf den verbleibenden Gesellschafter verschmolzen bzw. das Gesellschaftsvermögen als auf diesen übertragen, wobei jeweils keine steuerliche Rückwirkung greift (§ 1a Abs. 4 Satz 5 KStG). Andernfalls gilt die Gesellschaft als aufgelöst und ihr Vermögen als ausgeschüttet (§ 1a Abs. 4 Satz 6 KStG).

---

1) Vgl. Brill, NWB 2021, 2420, 2422, 2424.
2) BR-Drucks. 244/21 v. 26.3.2021, 22.
3) Vgl. Brühl/Weiss, DStR 2021, 945, 950.

8. Flankierende Änderungen in anderen Steuergesetzen

a) Gewerbesteuer bei der optierenden Gesellschaft

127 Flankierend zur Option nach § 1a KStG wird in § 2 Abs. 8 GewStG geregelt, dass die optierende Gesellschaft gewerbesteuerlich als **Kapitalgesellschaft** und ihre Gesellschafter **wie Anteilseigner einer Kapitalgesellschaft behandelt werden**.

Zu beachten ist, dass der Freibetrag nach § 11 Abs. 1 Satz 3 Nr. 2 GewStG für die optierende Gesellschaft entfällt.

b) Erbschaftsteuer- und Bewertungsgesetz

128 Um Regelungslücken bei Erwerben von Todes wegen oder im Wege der Schenkung von Beteiligungen an nach § 1a Abs. 1 KStG optierenden Gesellschaften zu schließen, werden **Änderungen im Erbschaftsteuer- und Bewertungsgesetz** vorgenommen. Im Falle der unentgeltlichen Übertragung einer solchen Beteiligung wird durch Anpassung des § 97 Abs. 1 Satz 1 Nr. 5 Satz 1 BewG sichergestellt, dass diese der Beteiligung an einer Personenhandelsgesellschaft oder Partnerschaftsgesellschaft gleichgestellt wird, sofern sie eine entsprechende gewerbliche oder freiberufliche Tätigkeit ausübt. Durch Änderungen in § 13a Abs. 6 und § 13b Abs. 1 Nr. 2 und Abs. 4 Nr. 5 ErbStG wird sichergestellt, dass diese Beteiligungen dann in gleicher Weise den Vorgaben an die Begünstigung von Betriebsvermögen unterliegen wie nicht optierende Personenhandels- oder Partnerschaftsgesellschaften. Für die optierende Gesellschaft gilt die Mindestbeteiligungsquote von 25 % für begünstigungsfähiges Vermögen gemäß § 13b Abs. 1 Nr. 3 ErbStG nicht.[1]

c) Verhinderung von nicht oder niedrig besteuerten Einkünften durch § 50d Abs. 14 EStG

129 Um bei internationalen Qualifikationskonflikten „weiße" Einkünfte zu vermeiden, weil ein ausländischer Staat bei einer optierenden Gesellschaft nach § 1a KStG von der zivilrechtlichen Rechtsqualität als Personengesellschaft ausgeht und diese weiterhin transparent besteuert, wird mit **§ 50d Abs. 14 EStG eine Ausnahmevorschrift** eingeführt. Ungeachtet entgegenstehender DBA-Bestimmungen steht dem Gläubiger von Kapitalerträgen (z.B. Dividenden) aus einer optierenden Gesellschaft kein Anspruch auf Kapitalertragsteuer-Entlastung zu, wenn die Kapitalerträge im anderen Staat aufgrund einer vom deutschen Recht abweichenden steuerlichen Behandlung der optierenden Gesellschaft nicht der Besteuerung unterliegen (§ 50d Abs. 14 Satz 1 EStG). Ebenso sind Gewinne aus Anteilsveräußerungen an einer optierenden Gesellschaft ungeachtet einer anderslautenden DBA-Regelung in Deutschland zu versteuern, wenn sie im anderen Staat wegen abweichender Qualifikation keiner Besteuerung unterliegen (§ 50d Abs. 14 Satz 2 EStG).

d) Forschungszulagengesetz

130 Das Forschungszulagengesetz stellt auf Steuerpflichtige nach dem EStG und KStG ab. Klarstellend wird in § 1 Abs. 2 Satz 2 FZulG geregelt, dass die **optierende Gesellschaft Anspruchsberechtigte** i.S.d. FZulG ist.

e) Grunderwerbsteuergesetz

131 Für grunderwerbsteuerliche Zwecke gilt die zur Körperschaftsteuer optierende Gesellschaft **weiterhin als Personengesellschaft.** Allein durch die Optionsausübung wird damit keine Grunderwerbsteuer hinsichtlich der Grundstücke im Gesellschaftsvermögen ausgelöst.

---

1) Vgl. Winkler/Carlé, NWB 2021, 2508, 2513.

Um aber zu vermeiden, dass diese die Grunderwerbsteuerbefreiung nach § 5 Abs. 1 und 2 GrEStG nutzen kann, wenn ein Grundstück von einem Gesellschafter auf die Gesellschaft übergeht, werden hier Modifikationen vorgenommen.

Die Grunderwerbsteuerbefreiung kann nur in Anspruch genommen werden, wenn die Optionsausübung und deren Wirksamkeit länger als die in § 5 Abs. 3 GrEStG genannten Fristen (fünf bzw. zehn Jahre) zurückliegt und zudem die Beteiligung des Einbringenden an der Gesamthand länger als diese Fristen besteht (§ 5 Abs. 1 Satz 2 und Abs. 2 Satz 2 GrEStG).

Zudem wird die Ausübung der Option nach § 1a KStG der Verminderung des Anteils des Veräußerers am Vermögen der Gesamthand im Sinne des § 5 Abs. 3 Satz 1 GrEStG gleichgestellt (§ 5 Abs. 3 Satz 2 GrEStG).

Die Grunderwerbsteuerbefreiung nach § 6 Abs. 1 und Abs. 3 GrEStG wird bei Übergang eines Grundstücks von einer nicht optierenden Gesellschaft auf eine optierende Gesellschaft nur gewährt, wenn die Ausübung und Wirksamkeit der Option bereits länger als fünf bzw. zehn Jahre zurückliegt und die jeweilige Beteiligung am Vermögen der Gesamthand bereits über diesen Zeitraum besteht (§ 6 Abs. 3 Satz 3 GrEStG).

II. Neuregelungen für Kapitalgesellschaften

1. Währungskursverluste bei Gesellschafterdarlehen

Gewinnminderungen im Zusammenhang mit Darlehensforderungen eines zu mehr als 25 % beteiligten Anteilseigners bleiben nach § 8b Abs. 3 Satz 4 KStG bei der Ermittlung des Einkommens unberücksichtigt. Hierzu wurden **bislang** nach h.M. auch Währungskursverluste gezählt.[1] Währungskursgewinne eines Anteilseigners, die dieser aus der Rückzahlung eines Fremdwährungsdarlehens realisiert, wurden hingegen als steuerpflichtig behandelt.[2] **132**

Durch eine mit dem sog. KöMoG[3] umgesetzte Gesetzesänderung wurde diese unterschiedliche steuerliche Handhabung abgeschafft. Für Gewinnminderungen, die **nach dem 31.12.2021** eintreten, sieht § 8b Abs. 3 Satz 6 KStG explizit vor, dass **Währungskursverluste keine steuerlich unbeachtlichen Gewinnminderungen** darstellen.

> **Beratungshinweis:**
> Dies gilt auch für Währungskursverluste, die nach § 8b Abs. 3 Satz 5 KStG im Zusammenhang mit Darlehen von nahestehenden Personen des Anteilseigners oder rückgriffsberechtigten Dritten entstehen. Auch diese sind bei Realisation der Gewinnminderung nach dem 31.12.2021 steuermindernd zu berücksichtigen.

2. Mehr- und Minderabführungen in organschaftlichen Zeiten

a) Neue Einlagelösung

Die bisherige Regelung zur steuerlichen Behandlung von Mehr- und Minderabführungen in organschaftlicher Zeit durch Bildung steuerlicher Ausgleichsposten wurde mit dem sog. KöMoG[4] durch eine einfachere Einlagelösung ersetzt. **133**

Minderabführungen der Organgesellschaft, die ihre Ursache in organschaftlicher Zeit haben und daraus resultieren, dass das steuerbilanzielle Ergebnis höher ist als das handelsrechtliche Ergebnis der Organgesellschaft, sind als **Einlage** durch den Organ-

1) Z.B. LfSt Niedersachsen v. 15.4.2020, S-2750a-113-St 241, IStR 2020, 560; Gosch in Gosch, 4. Aufl. 2020, § 8b KStG Rz. 279, Pung in Dötsch/Pung/Möhlenbrock, § 8b KStG Rz. 225.
2) Z.B. Frotscher in Frotscher/Drüen, § 8b KStG Rz. 201.
3) Gesetz v. 25.6.2021, BGBl. I 2021, 2050 = BStBl I 2021, 889.
4) Gesetz v. 25.6.2021, BGBl. I 2021, 2050 = BStBl I 2021, 889.

träger **in die Organgesellschaft** zu behandeln (§ 14 Abs. 4 Satz 1 KStG). Hierdurch wird das steuerliche Einlagekonto der Organgesellschaft erhöht. Zudem bewirken Minderabführungen eine Erhöhung des Beteiligungsansatzes in der Steuerbilanz des Organträgers.

> **Beratungshinweis:**
>
> Inwieweit bzw. auf welchem Wege die grundsätzlich steuerbilanziell ertragswirksame Beteiligungsbuchwerterhöhung korrigiert wird, so dass diese im Ergebnis ertragsneutral ist, ist bislang noch offen. Infrage kommen ein innerbilanzieller oder ein außerbilanzieller Korrekturmechanismus.[1]

Mehrabführungen der Organgesellschaft, die aus einem das steuerbilanzielle Ergebnis der Organgesellschaft übersteigenden handelsrechtlichen Ergebnis resultieren, gelten als **Einlagenrückgewähr der Organgesellschaft** an den Organträger (§ 14 Abs. 4 Satz 2 KStG). Sie führen somit zu einer Minderung des steuerlichen Einlagenkontos der Organgesellschaft. Dazu wird in § 27 Abs. 1 Satz 3 KStG explizit geregelt, dass bei organschaftlichen Mehrabführungen ein Direktzugriff auf das steuerliche Einlagekonto zugelassen ist. Durch Mehrabführungen kann das steuerliche Einlagekonto auch negativ werden, wie bereits bislang in § 27 Abs. 1 Satz 4 Halbsatz 2 KStG vorgesehen ist. Neu geregelt wurde hingegen, dass Mehrabführungen das steuerliche Einlagekonto der Organgesellschaft vor anderen Leistungen mindern (§ 27 Abs. 6 Satz 2 KStG). Zudem bewirkt die Mehrabführung beim Organträger eine erfolgsneutrale Herabsetzung des Beteiligungsbuchwerts an der Organgesellschaft.

> **Beratungshinweis:**
>
> Sollte die Mehrabführung den Beteiligungsbuchwert übersteigen, löst dies grundsätzlich steuerliche Folgen aus (§ 8b Abs. 2 KStG, § 3 Nr. 40 Buchst. c EStG, § 3c Abs. 2 EStG). Damit nimmt der Gesetzgeber ein systematisches Auseinanderfallen zwischen dem Ausweis des Beteiligungsbuchwerts beim Organträger, der nicht unter null erfolgen kann, und dem steuerlichen Einlagekonto bei der Organgesellschaft, das mit einem Negativbetrag festzustellen sein kann, in Kauf.[2]

Anders als bei der bisherigen Ausgleichspostenlösung sieht die Einlagelösung zudem vor, dass Mehr- und Minderabführungen **in voller Höhe** bei der Organgesellschaft bzw. beim Organträger berücksichtigt werden. Nicht mehr berücksichtigt wird damit, in welcher Höhe der Organträger an der Organgesellschaft beteiligt ist. Sie gelten in dem Zeitpunkt als erfolgt, in dem das Wirtschaftsjahr der Organgesellschaft endet (§ 14 Abs. 4 Satz 4 KStG).

> **Anmerkung:**
>
> Die Regelungen sind erstmals auf **Minder- und Mehrabführungen** anzuwenden, die **nach dem 31.12.2021 erfolgen**, wobei hinsichtlich des Zeitpunkts der Abführungen jeweils auf das Ende des Wirtschaftsjahres der Organgesellschaft abzustellen ist (§ 34 Abs. 6e Satz 5 und 6 KStG).

b) Auflösung noch bestehender Ausgleichsposten

134 Infolge der Umstellung auf die Einlagelösung zur Erfassung von Mehr- und Minderabführungen (→ Rz. 133) sind Ausgleichsposten nach § 14 Abs. 4 KStG a.F. letztmals für Minder- und Mehrabführungen zu bilden, die **vor dem 1.1.2022 vorgenommen** wurden.

Anders als nach bisheriger Regelung, die eine erfolgswirksame Auflösung des Ausgleichspostens erst bei der Veräußerung der Organschaftsbeteiligung vorsah, sind nun

---

1) Vgl. dazu auch Liedgens/Himmer, DB 2021, 1221, 1222, sowie Kussmaul/Klauck, StB 2021, 292, 297, wobei sich letztere für eine innerbilanzielle Korrektur aussprechen.
2) Vgl. auch Liedgens/Himmer, DB 2021, 1221, 1223.

beim Organträger noch bestehende Ausgleichsposten für organschaftliche Minder- und Mehrabführungen **in dem Wirtschaftsjahr aufzulösen, das nach dem 31.12.2021 endet** (§ 34 Abs. 6a Satz 7 KStG). Infolge dieser Zwangsauflösung erhöhen aktive Ausgleichsposten den Beteiligungsbuchwert der Organgesellschaft beim Organträger. Die Auflösung von passiven Ausgleichsposten führt zu einer Minderung des Beteiligungsbuchwerts. **Übersteigen passive Ausgleichsposten** die Summe aus Beteiligungsbuchwert und aktiven Ausgleichsposten, führt dies grundsätzlich zur sofortigen Realisierung eines **Beteiligungsertrags**. Dieser unterliegt dem Teileinkünfteverfahren nach § 3 Nr. 40 Buchst. c und § 3c EStG oder der Steuerbefreiung nach § 8b KStG (§ 34 Abs. 6e Satz 9 und 10 KStG).

Hinsichtlich des durch die Auflösung der Ausgleichsposten entstehenden Gewinns wird ein **Wahlrecht** eingeräumt, eine den steuerlichen Gewinn zu bildende **Rücklage** zu bilden, wobei in diesem Fall die vorgenannten Begünstigungen versagt werden (§ 34 Abs. 6e Satz 11 und 12 KStG). Eine gebildete Rücklage ist im Wirtschaftsjahr der Bildung und in den Folgejahren jeweils in Höhe von einem Zehntel bzw. bei Veräußerung oder gleichgestelltem Vorgang sogleich unter Anwendung der vorgenannten Begünstigungen aufzulösen (§ 34 Abs. 6e Satz 13 bis 16 KStG). Somit kann die Steuerbelastung zeitlich gestreckt werden.

Anmerkung:

Der Auslösung eines Beteiligungsertrags infolge der Auflösung der bestehenden Ausgleichsposten konnte z.B. durch eine Einlage in die Kapitalrücklage der Organgesellschaft zur Erhöhung des Beteiligungsbuchwerts der Organgesellschaft auf Ebene des Organträger in dem vor dem 1.1.2022 endenden Wirtschaft begegnet werden, wodurch das Ausgleichspotenzial aus der Summe von aktiven Ausgleichsposten und Beteiligungsbuchwert gegenüber den passiven Ausgleichsposten erhöht wurde.[1]

III. Umwandlungssteuerrecht – Ausweitung des Anwendungsbereichs

Die Anwendung des UmwStG auf Verschmelzungen und Spaltungen von Körperschaften sowie auf den Formwechsel einer Kapital- in eine Personengesellschaft war bislang grundsätzlich nach § 1 Abs. 2 UmwStG a.F. auf EU-/EWR-Staaten begrenzt. Diese Regelung wurde mit dem sog. KöMoG[2] aufgehoben. Dadurch wurde das Umwandlungssteuerrecht für Körperschaften als übertragende Rechtsträger vollständig globalisiert, sofern der steuerliche Übertragungsstichtag der Umwandlung nach dem 31.12.2021 liegt (§ 27 Abs. 18 UmwStG). **135**

Beratungshinweis:

Somit fallen alle in § 1 Abs. 1 Satz 1 UmwStG erfassten Umwandlungen von Körperschaften, die einer inländischen Umwandlung i.S.d. UmwG vergleichbar sind, in den Anwendungsbereich des UmwStG. Einbringungen in eine Kapitalgesellschaft oder eine Personengesellschaft sowie der Formwechsel einer Personengesellschaft in eine Kapitalgesellschaft (§§ 20 bis 25 UmwStG) werden hiervon jedoch nicht erfasst.

B. Arbeitnehmerbesteuerung

I. Anhebung der Sachbezugsfreigrenze

Gewährt der Arbeitgeber seinen Arbeitnehmern Sachbezüge, bleiben diese steuerfrei, sofern sie die monatliche Freigrenze nicht übersteigen (§ 8 Abs. 2 Satz 11 EStG). Diese **136**

---

1) Zur Frage, ob ggf. eine Einlage in 2022 steuerlich günstig sein könnte s. Liedgens, DB 2021, 2859, 2862.
2) Gesetz v. 25.6.2021, BGBl. I 2021, 2050 = BStBl I 2021, 889.

beträgt bislang 44 Euro und wird mit dem JStG 2020[1] mit Wirkung **ab dem 1.1.2022** nun auf **50 Euro** erhöht.

II. Umzugskosten

137 Kosten für einen beruflich bedingten Umzug können als Werbungskosten bei den Einkünften aus nichtselbständiger Arbeit geltend gemacht werden. **Umzugsbedingte Unterrichtskosten** können bis zu einem Höchstbetrag, **sonstige Umzugsauslagen** in Höhe von Pauschbeträgen angesetzt werden. Für Umzüge ab 1.4.2022 erhöhen sich diese Beträge laut Schreiben des BMF vom 21.7.2021[2]:

	Seit 1.4.2021	Ab 1.4.2022
	Euro	Euro
Nachgewiesene umzugsbedingte Unterrichtskosten, höchstens	1.160	1.181
Pauschbeträge für sonstige Umzugsauslagen (Nachweis höherer Umzugskosten möglich)		
Umziehender	870	886
Jede andere Person (Ehegatte/Lebenspartner, Kinder)	580	590
Pauschbetrag, sofern Umziehender am Tag vor dem Einladen des Umzugsguts keine Wohnung hatte oder nach dem Umzug keine eigene Wohnung eingerichtet hat (Nachweis höherer Kosten möglich)	174	177

III. Datenaustausch im Bereich der Lohnabrechnung

138 Um den Bürokratieaufwand bei der Berücksichtigung von Beiträgen für eine private Kranken- und Pflegeversicherung im Rahmen der Lohnabrechnung (Steuerfreiheit des Arbeitgeberzuschusses nach § 3 Nr. 62 EStG, Vorsorgepauschale) zu reduzieren, wurde mit dem JStG 2020[3] eine **Verpflichtung zur Datenübermittlung** der Unternehmen der privaten Kranken- und Pflegeversicherungen an die Finanzverwaltung eingeführt, soweit der Versicherungsnehmer nicht widerspricht (§ 39 Abs. 4a EStG).

Auf dieser Datenübermittlung basierend werden künftig modifiziert **Lohnsteuerabzugsmerkmale** gebildet (§ 39 Absatz 4 Nr. 4 EStG). Die bislang hierfür erforderliche Vorlage von Papierbescheinigungen der Versicherungsunternehmen wird damit entbehrlich.

Anmerkung:

Der Datenaustausch wird im Rahmen eines **Pilotprojekts ab dem 1.1.2023** mit Echtdaten ausgewählter Versicherungsunternehmen und Arbeitgeber parallel zum bisherigen Verfahren getestet. **Ab 1.1.2024** wird der Datenaustausch im Regelbetrieb erfolgen (§ 52 Abs. 36 Satz 3 EStG).

Ebenso sind Folgeänderungen bei der Berechnung der im Rahmen des Lohnsteuereinbehalts zu berücksichtigenden Vorsorgepauschale in § 39b Abs. 2 Satz 5 Nr. 3 EStG ab dem VZ 2024 zu berücksichtigen.

---

1) Gesetz v. 21.12.2020, BGBl. I 2020, 3096 = BStBl I 2021, 6.
2) BMF v. 21.7.2021, IV C 5 - S 2353/20/10004 :002, BStBl I 2021, 1021. Vgl. hierzu Mader, B+P 2021, 585
3) Gesetz v. 21.12.2020, BGBl. I 2020, 3096 = BStBl I 2021, 6.

IV. Sozialversicherungs-Rechengrößen 2022

Das Bundeskabinett beschloss am 20.10.2021 die Sozialversicherungs-Rechengrößen- **139**
verordnung 2022.[1] Mit dieser werden die maßgeblichen Rechengrößen der Sozialversicherung gemäß der Einkommensentwicklung im vergangenen Jahr turnusgemäß
angepasst.

Rechengrößen der Sozialversicherung 2022:

	West		Ost	
	Monat	Jahr	Monat	Jahr
	Euro	Euro	Euro	Euro
Beitragsbemessungsgrenze: allgemeine Rentenver-sicherung	7.050	84.600	6.750	81.000
Beitragsbemessungsgrenze: Arbeitslosenversiche-rung	7.050	84.600	6.750	81.000
Versicherungspflichtgrenze: Kranken- und Pflege-versicherung	5.362,50	64.350	5.362,50	64.350
Beitragsbemessungsgrenze: Kranken- und Pflege-versicherung	4.837,50	58.050	4.837,50	58.050
Bezugsgröße in der Sozialversicherung	3.290	39 480	3.150	37.800
vorläufiges Durchschnittsentgelt/Jahr in der Renten-versicherung	38.901			

C. Umsatzsteuer – Umsetzung unionsrechtlicher Vorgaben

Bislang beträgt der **Durchschnittssatz für Pauschallandwirte** 10,7 %. Laut dem Gesetz **140**
zur Umsetzung unionsrechtlicher Vorgaben im Umsatzsteuerrecht[2] gilt ab 1.1.2022 nur
noch ein Durchschnittssatz von 9,5 % (§ 24 Abs. 1 Satz 1 Nr. 3, Satz 3 UStG).

Anmerkung:
Künftig wird die Höhe des Durchschnittssatzes jährlich durch das BMF überprüft und dem Bundestag über das Ergebnis der Überprüfung berichtet (§ 24 Abs. 5 UStG).

Zudem sind zum 1.1.2022 folgende weitere Änderungen in Kraft getreten:

– Mit einem neuen § 4c UStG wurde eine EU-rechtliche Vorgabe in nationales Recht
umgesetzt. Soweit unionsrechtlich zulässig, wird bei Leistungen, die nach dem
31.12.2020 bezogen werden, die Entlastung von der Umsatzsteuer bei **Leistungsbe-
zügen europäischer Einrichtungen** nicht durch eine Befreiung der bezogenen Leistung, sondern im Wege der Steuervergütung gewährt.

– Für **Einfuhren** nach dem 31.12.2020 sind die neu in § 5 Abs. 1 Nr. 8 und 9 UStG
geregelten **Steuerbefreiungstatbestände** zu beachten. Erfasst hiervon wird die Ein-
fuhr von Gegenständen, insb. zur Wahrnehmung der unionsrechtlich vorgesehenen
Aufgaben zur Bekämpfung der COVID-19-Pandemie, durch u.a. die EU-Kommission.

D. Internationales Steuerrecht

I. Verrechnungspreise

Im Bereich der Verrechnungspreise wurden umfangreiche gesetzgeberische Änderun- **141**
gen vorgenommen, die ab dem VZ bzw. EZ 2022 zu beachten sind.

---

1) Verordnung v. 30.11.2021, BGBl. I 2021, 5044; vgl. zum Referentenentwurf Altmann, B+P 2021, 730
und Altmann, B+P 2021, 845.
2) Gesetz v. 21.12.2021, BGBl. I 2021, 5250. Vgl. zum Gesetzesvorhaben Kraeusel, UVR 2021, 353.

1. Definition der nahestehenden Person

142 Die Definition der nahestehenden Person wurde mit dem ATAD-Umsetzungsgesetz (ATADUmsG) erweitert. Demnach gilt eine Person als nahestehend, wenn

– die Person an dem Steuerpflichtigen oder der Steuerpflichtige an dieser Person mindestens zu einem Viertel unmittelbar oder mittelbar an dem gezeichneten Kapital, den Mitgliedschaftsrechten, den Beteiligungsrechten, den Stimmrechten oder dem Gesellschaftsvermögen beteiligt ist (wesentlich beteiligt) oder – neu – gegenüber dem Steuerpflichtigen **oder** der Steuerpflichtige gegenüber dieser Person **Anspruch auf mindestens ein Viertel des Gewinns oder Liquiditätserlös** hat (§ 1 Abs. 2 Satz 1 Nr. 1 AStG)[1] oder

– die Person auf den Steuerpflichtigen oder umgekehrt unmittelbar oder mittelbar beherrschenden Einfluss ausüben kann (§ 1 Abs. 2 Satz 1 Nr. 2 AStG) oder

– eine dritte Person sowohl an der Person als auch am Steuerpflichtigen wesentlich beteiligt ist oder – neu – gegenüber beiden einen Anspruch auf mindestens ein Viertel des Gewinns bzw. Liquidationserlöses hat oder auf beide einen beherrschenden Einfluss ausüben kann (§ 1 Abs. 2 Satz 1 Nr. 3 AStG). Dies gilt auch dann, soweit die dritte Person unterschiedliche Merkmale im Verhältnis zu der Person und dem Steuerpflichtigen erfüllt (§ 1 Abs. 2 Satz 2 AStG) oder

– die Person oder der Steuerpflichtige bei der Vereinbarung von Geschäftsbedingungen auf den Steuerpflichtigen oder die Person einen außerhalb der Geschäftsbeziehung begründeten Einfluss ausüben kann oder einer von ihnen ein eigenes Interesse an der Einkünfteerzielung des anderen hat (§ 1 As. 2 Satz 1 Nr. 4 AStG).

Anmerkung:

Die erweiterte, neue Definition ist grundsätzlich ab dem VZ 2022 anzuwenden (§ 21 Abs. 1 AStG). Abweichend davon ist im Bereich der Anwendung des § 4k Abs. 6 EStG (→ Rz. 423) bereits eine Anwendung für den VZ und EZ 2020 vorgesehen.

2. Konkretisierung des Fremdvergleichsgrundsatzes

143 Der Fremdvergleichsgrundsatz wurde mit dem Abzugsteuerentlastungsmodernisierungsgesetz (AbzStEntModG)[2] in § 1 Abs. 3 Satz 1 AStG mit Wirkung ab dem VZ bzw. EZ 2022 konkretisiert. Für die Bestimmung der dem Fremdvergleichsgrundsatz entsprechenden Verrechnungspreise ist auf die **tatsächlichen Verhältnisse**, die dem Geschäftsvorfall zugrunde liegen, abzustellen. Laut der Begründung des Gesetzentwurfs[3] sind hierunter unter Verweis auf Tz. 1.36 OECD-Verrechnungspreisrichtlinie u.a. die vertraglichen Bedingungen des Geschäftsvorfalls, die ausgeübten Funktionen der Beteiligten unter Berücksichtigung der verwendeten Vermögenswerte und übernommenen Risiken, und die Eigenschaften übertragener oder überlassener Vermögenswerte oder erbrachter Dienstleistungen zu fassen.

Klarstellend wird in § 1 Abs. 3 Satz 2 AStG vorgegeben, dass eine **Funktions- und Risikoanalyse** erforderlich ist. Darauf aufbauend ist eine **Vergleichbarkeitsanalyse** durchzuführen (§ 1 Abs. 3 Satz 3 AStG), wobei die Verhältnisse zum Zeitpunkt der Vereinbarung des Geschäftsvorfalls maßgeblich sind (§ 1 Abs. 3 Satz 4 AStG).

Entgegen der bisherigen Regelung werden **keine konkreten Verrechnungspreismethoden** im Gesetzeswortlaut benannt. Vielmehr muss die am besten geeignete Verrechnungspreismethode zur Anwendung kommen (§ 1 Abs. 3 Satz 5 AStG). Allerdings ist deshalb nicht davon auszugehen, dass jegliche Hierarchie zwischen den Methoden

---

1) Vgl. hierzu Bärsch/Ditz/Engelen/Quilitzsch, DStR 2021, 1785, 1786.
2) Gesetz v. 2.6.2021, BGBl. I 2021, 1259 = BStBl I 2021, 789.
3) BT-Drucks. 19/27632 v. 17.3.2021, 69.

hinfällig ist. Mit Verweis auf Tz. 2.1 ff. OECD-Verrechnungspreisrichtlinie geht der Gesetzgeber vielmehr davon aus, dass insb. die geschäftsvorfallbezogenen Standard- methoden und geschäftsvorfallbezogenen Gewinnmethoden heranzuziehen sind.[1]

Unterschiede der Verhältnisse der zum Vergleich herangezogenen Geschäftsvorfälle und dem zu untersuchenden Geschäftsvorfall sind durch **sachgerechte Anpassungen** zu beseitigen, sofern sich dadurch die Vergleichbarkeit erhöht (§ 1 Abs. 3 Satz 6 AStG). Fehlen Vergleichswerte, erfolgt – wie bereits bisher – ein **hypothetischer Fremdver- gleich** (§ 1 Abs. 3 Satz 7 AStG).

3. Bandbreite zulässiger Verrechnungspreise

Mit der Neufassung durch das Abzugsteuerentlastungsmodernisierungsgesetz **144** (AbzStEntModG)[2] wurde in § 1 Abs. 3a Satz 1 AStG explizit aufgenommen, dass die Anwendung des Fremdvergleichsgrundsatzes regelmäßig zu einer **Bandbreite ange- messener Preise** führt. Damit wird der bereits bislang in Tz. 3.55 OECD-Verrechnungs- preisrichtlinie enthaltene Rechtsgedanke gesetzlich normiert. Auch die Rechtspre- chung ist bereits bislang davon ausgegangen, dass stets von einer Bandbreite von Wer- ten auszugehen ist, die als fremdüblich anzuerkennen sind.[3]

Die Bandbreite ist allerdings einzuengen, wenn trotz sachgerechter Anpassungen der Verhältnisse **Unterschiede in der Vergleichbarkeit** verbleiben (§ 1 Abs. 3a Satz 2 AStG). Wie diese Einengung konkret zu erfolgen hat, wird in § 1 Abs. 3a Sätze 3 bis 6 AStG ausgeführt.[4]

4. Funktionsverlagerung

Die bereits bislang bestehende Regelung zur Funktionsverlagerung wurde von § 1 **145** Abs. 3 Satz 9 AStG a.F. mit dem Abzugsteuerentlastungsmodernisierungsgesetz (AbzStEntModG)[5] **in einen neuen Abs. 3b überführt**. Dabei wurde der Wortlaut u.a. dahingehend geändert, dass ab dem VZ bzw. EZ 2022 für eine Funktionsverlagerung nur noch die Verlagerung von Wirtschaftsgütern oder sonstigen Vorteilen erforderlich ist. Bislang war eine kumulative Verlagerung erforderlich, so dass stets die Verlagerung von Wirtschaftsgütern vorausgesetzt wurde.

> **Anmerkung:**
>
> Der Gesetzgeber führte jedoch in der Gesetzesbegründung aus, dass er keine Änderung des bishe- rigen Verständnisses der Funktionsverlagerung durch den angepassten Wortlaut sieht. So wird auch der Begriff des **Transferpakets** nunmehr legal definiert (§ 1 Abs. 3b Satz 1 AStG), was ebenso laut den Ausführungen in der Begründung des Gesetzentwurfs zu keinen materiellen Änderungen füh- ren soll.[6]

Zudem wird u.a. die Anwendung des Fremdvergleichsgrundsatzes bei Funktionsverla- gerungen aus der Funktionsverlagerungsverordnung übernommen (§ 1 Abs. 3b Satz 3 AStG).

5. Behandlung von immateriellen Werten

In § 1 Abs. 3c Satz 1 AStG wird ab dem VZ bzw. EZ 2022 geregelt, wie die **Übertragung 146 oder die Überlassung eines immateriellen Wertes zu vergüten** ist. Da die mit dem

---

1) BT-Drucks. 19/27632 v. 17.3.2021, 72.
2) Gesetz v. 2.6.2021, BGBl. I 2021, 1259 = BStBl I 2021, 789.
3) Vgl. BFH v. 17.10.2001, I R 103/00, BStBl II 2004, 171.
4) Vgl. dazu auch Bärsch/Ditz/Engelen/Quilitzsch, DStR 2021, 1785, 1788.
5) Gesetz v. 2.6.2021, BGBl. I 2021, 1259 = BStBl I 2021, 789.
6) BT-Drucks. 19/27632 v. 17.3.2021, 74.

Abzugsteuerentlastungsmodernisierungsgesetz (AbzStEntModG)[1] eingeführten Regelungen der bereits bislang durchgeführten Verrechnungspreisprüfung aus deutscher Sicht entsprechen, sollten laut Begründung des Gesetzentwurfs damit keine Neuerungen der steuerlichen Behandlung von immateriellen Werten verbunden sein.[2] In Anlehnung an die OECD-Definition werden immaterielle Werte **definiert** als Vermögenswerte, die weder materielle Wirtschaftsgüter oder Beteiligungen noch Finanzanlagen sind, Gegenstand eines Geschäftsvorfalls sein können und die eine tatsächliche oder rechtliche Position über den Vermögenswert vermitteln können (§ 1 Abs. 3c Satz 2 AStG).[3]

Liegt ein immaterieller Wert vor und ist die Eigentümerstellung geklärt, ist nach der wirtschaftlichen Betrachtungsweise auf die Ausübung und Kontrolle von sog. **DEMPE-Funktionen** („development, enhancement, maintenance, protection, exploitation") abzustellen (§ 1 Abs. 3c Satz 4 AStG). Die DEMPE-Funktionen sind laut der Begründung des Gesetzentwurfs ein objektivierter Ausdruck für die Feststellung, von welchem Unternehmen welche Funktionen in Bezug auf immaterielle Werte ausgeübt werden, die vergütet werden müssen.[4] Sie sollen dazu dienen, die wirtschaftliche Betrachtungsweise international konsistent umzusetzen, um Doppelbesteuerungen zu vermeiden.

> **Anmerkung:**
>
> Klarstellend wird dazu in § 1 Abs 3c Satz 5 AStG darauf hingewiesen, dass die bloße Finanzierung nicht dazu berechtigt, den Ertrag aus dem immateriellen Wert zu vereinnahmen. Lediglich die Ausübung der Finanzierungsfunktion ist angemessen zu vergüten.

6. Preisanpassungsklausel

147 Die bislang in § 1 Abs. 3 Sätze 11 und 12 AStG a.F. geregelte Preisanpassungsklausel wurde mit dem Abzugsteuerentlastungsmodernisierungsgesetz (AbzStEntModG)[5] mit Wirkung ab dem VZ bzw. EZ 2022 in einen neuen § 1a AStG überführt. Weiterhin ist damit – bei Fehlen einer vereinbarten Regelung – eine Preisanpassung vorzunehmen, sofern wesentliche immaterielle Werte oder Vorteile innerhalb eines bestimmten Zeitraums Gegenstand einer Geschäftsbeziehung sind und die tatsächliche spätere Gewinnentwicklung erheblich von der Gewinnerwartung abweicht.

> **Beratungshinweis:**
>
> Die Preisanpassungsklausel nach § 1a AStG kommt wie die Vorgängerregelung nur dann zur Anwendung, wenn keine entsprechende vertragliche Vereinbarung getroffen wurde, so dass durch eine solche Vereinbarung die Anwendung des § 1a AStG abgewendet werden kann.[6]

Durch die Neuregelung wird allerdings insb. der **Zeitraum für etwaige Preisanpassungen** – abweichend von den OECD-Empfehlungen – von bislang zehn **auf sieben Jahre** nach Geschäftsabschluss **gesenkt** (§ 1a Satz 2 AStG). Eine erhebliche Abweichung, die zu einer Preisanpassung führt, liegt – hier wieder in Übereinstimmung mit den Empfehlungen der OECD (Tz. 6.193 OECD-Verrechnungspreisrichtlinien) – bei einer Abweichung des Fremdvergleichspreises **von mehr als 20 %** vor (§ 1a Satz 3 AStG).

Eine Anpassung ist jedoch nicht vorzunehmen, wenn der Steuerpflichtige u.a. glaubhaft macht, dass die tatsächliche Entwicklung auf Umständen basiert, die zum Zeitpunkt des Geschäftsvorfalls nicht vorhersehbar waren (§ 1a Satz 6 AStG).

---

1) Gesetz v. 2.6.2021, BGBl. I 2021, 1259 = BStBl I 2021, 789.
2) BT-Drucks. 19/27632 v. 17.3.2021, 74.
3) BT-Drucks. 19/27632 v. 17.3.2021, 74.
4) BT-Drucks. 19/27632 v. 17.3.2021, 75.
5) Gesetz v. 2.6.2021, BGBl. I 2021, 1259 = BStBl I 2021, 789.
6) Vgl. auch Bärsch/Ditz/Engelen/Quilitzsch, DStR 2021, 1785, 1791.

II. Wegzugsbesteuerung

1. Voraussetzungen und Konsequenzen der Wegzugsbesteuerung

Mit umfangreichen Änderungen an § 6 AStG im Rahmen des ATAD-Umsetzungsgesetzes (ATADUmsG)[1] reagiert der Gesetzgeber zum einen auf die Rechtsprechung des EuGH[2], zum anderen setzt er damit die Vorgaben nach Art. 5 ATAD-Richtlinie um. **148**

Ab dem VZ 2022, also für nach dem 31.12.2021 erfolgte Wegzüge,[3] kommt es demnach zu einer Besteuerung des Vermögenszuwachses von Anteilen i.S.v. § 17 Abs. 1 Satz 1 EStG durch Gleichstellung mit einer Veräußerung, wenn eine natürliche Person in den **letzten zwölf Jahren** vor dem Wegzugsbesteuerungstatbestand **mindestens sieben Jahre unbeschränkt steuerpflichtig** war (§ 6 Abs. 2 Satz 1 AStG). Bislang war Voraussetzung der Wegzugsbesteuerung, dass über einen Zeitraum von zehn Jahren eine unbeschränkte Steuerpflicht vorlag.

Gemäß § 6 Abs. 1 Satz 1 Nr. 1 bis 3 AStG lösen folgende Vorgänge einen **veräußerungsgleichen Tatbestand** aus:

– Beendigung der unbeschränkten Steuerpflicht durch Aufgabe des Wohnsitzes oder des gewöhnlichen Aufenthalts,

– unentgeltliche Anteilsübertragung auf nicht unbeschränkt steuerpflichtige Personen,

– subsidiär zu den beiden vorgenannten Tatbeständen: Ausschluss oder Beschränkung des Besteuerungsrechts Deutschlands hinsichtlich des Gewinns aus der Anteilsveräußerung.

Beratungshinweis:

Erfolgt die Übertragung von Anteilen nicht voll unentgeltlich, ist diese laut Begründung des Gesetzentwurfs[4] auf einen voll entgeltlichen und einen voll unentgeltlichen Teil aufzuteilen. Auf den unentgeltlichen Teil findet die Wegzugsbesteuerung Anwendung.

Zu den einzelnen veräußerungsgleichen Tatbeständen finden sich nun in § 6 Abs. 1 Satz 2 AStG Regelungen zu den anzunehmenden **Veräußerungszeitpunkten**. In den Fällen der Beschränkung oder des Ausschlusses des deutschen Besteuerungsrechts (§ 6 Abs. 1 Satz 1 Nr. 3 AStG) ist demnach auf den Zeitpunkt abzustellen, der unmittelbar vor der Beschränkung oder dem Ausschluss des deutschen Besteuerungsrechts liegt.

Als **Konsequenz** einer fiktiven Veräußerung werden gemäß § 6 Abs. 1 Satz 3 AStG die Anschaffungskosten der Anteile **auf den gemeinen Wert aufgestockt**, soweit die Wegzugsteuer tatsächlich entrichtet (und nicht gestundet) wird. Wird die Steuer aufgrund einer Stundung erst später gezahlt, stellt die spätere Zahlung laut Begründung des Gesetzentwurfs[5] ein rückwirkendes Ereignis i.S.v. § 175 AO für einen der Wegzugsbesteuerung nachfolgenden Veräußerungsvorgang dar.

2. Rückkehrregelung

Mit dem ATAD-Umsetzungsgesetz (ATADUmsG)[6] wurden auch Änderungen im Hinblick auf die sog. Rückkehrregelung vorgenommen. Ab dem VZ 2022 kommt es nach § 6 Abs. 3 Satz 1 AStG zu einem Wegfall der Wegzugsbesteuerung, wenn der Steuer- **149**

---

1) Gesetz v. 25.6.2021, BGBl. I 2021, 2035 = BStBl I 2021, 874.
2) Zuletzt EuGH v. 26.2.2019, Wächtler, C-581/17, HFR 2019, 439.
3) BT-Drucks. 19/28652 v. 19.4.2021, 67. Vgl. zur Frage, in welchem Zeitpunkt ein Wegzug verwirklicht ist, Salzmann, IStR 2021, 759.
4) BT-Drucks. 19/28652 v. 19.4.2021, 48.
5) BT-Drucks. 19/28652 v. 19.4.2021, 48.
6) Gesetz v. 25.6.2021, BGBl. I 2021, 2035 = BStBl I 2021, 874.

pflichtige **innerhalb von sieben Jahren** nach Ende der **unbeschränkten Steuerpflicht wieder** eine solche **begründet**.

> **Beratungshinweis:**
>
> Bei der bisherigen Rückkehrerregelung war ein Zeitraum von fünf Jahren vorgesehen. Sofern zum 31.12.2021 noch eine solche Frist läuft, ist diese auch weiterhin anzuwenden (§ 21 Abs. 3 Satz 1 AStG).

Zudem sind – vergleichbar der bisherigen Regelung – weitere Voraussetzungen vorgesehen:

– Hinsichtlich der Anteile und ihrer Zurechnung zum (Privatvermögen des) Steuerpflichtigen darf es zu keiner Statusänderung gekommen sein (d.h. keine Anteilsveräußerung oder Übertragung der Anteile in ein Betriebsvermögen).

– Es dürfen keine Gewinnausschüttungen oder eine Einlagenrückgewähr erfolgt sein, deren gemeiner Wert mehr als einem Viertel des Anteilswerts entspricht.

– Das Besteuerungsrecht Deutschlands muss wieder in demselben Umfang begründet werden wie vor dem Wegzug.

Wie bereits bislang ist auf Antrag des Steuerpflichtigen eine **Verlängerung der Frist** um weitere fünf Jahre möglich, wenn die Rückkehrabsicht fortbesteht (§ 6 Abs. 3 Satz 3 AStG), sodass insgesamt eine Rückkehr ohne Wegzugsbesteuerung innerhalb von zwölf Jahren möglich wäre.

Verstirbt der Steuerpflichtige im Ausland und wird der § 17 EStG-Anteil von Todes wegen unentgeltlich an eine natürliche Person übertragen, kann (weiterhin) auch der **Rechtsnachfolger** von der Rückkehrerregelung profitieren (§ 6 Abs. 3 Satz 2 AStG).

Kommt es zur Wegzugsbesteuerung aufgrund einer **unentgeltlichen Übertragung** auf eine nicht unbeschränkt steuerpflichtige Person im Sinne von § 6 Abs. 1 Nr. 2 AStG, kann auch diese von der Rückkehrerregelung profitieren, wenn sie innerhalb von sieben Jahren nach der Übertragung im Inland unbeschränkt steuerpflichtig wird (§ 6 Abs. 3 Satz 5 AStG).

3. Stundungsmöglichkeiten

150 Nach bislang geltendem Recht bestand die Möglichkeit, in einem Härtefall einen Antrag auf Stundung der Wegzugsteuer nach § 6 Abs. 4 AStG a.F. zu stellen und die Wegzugsteuer verteilt auf einen Zeitraum von maximal fünf Jahren zu entrichten, wobei hier eine Sicherheitsleistung vorgesehen war. Bei Staatsangehörigen der EU bzw. des EWR, die in einen dieser Staaten wegziehen, war nach § 6 Abs. 5 AStG a.F. darüber hinaus eine zinslose Stundung ohne Sicherheitsleistung bis u.a. zur Veräußerung der Anteile zu gewähren.

Gemäß der mit dem ATAD-Umsetzungsgesetz (ATADUmsG)[1] vorgenommenen Änderung gilt bei ab dem VZ 2022 gewährten Stundungen eine „**One-Fits-All-Lösung**", bei welcher die bisherige Differenzierung zwischen einem Wegzug in die EU bzw. in einen EWR-Staat und einem Wegzug in einen Drittstaat wegfällt. Der Steuerpflichtige kann unabhängig davon, ob er in einen EU/EWR- oder Drittstaat wegzieht, auf Antrag die Wegzugsteuer **in sieben gleichen Jahresraten entrichten** (§ 6 Abs. 4 Satz 1 AStG). Das Vorliegen erheblicher Härten bei sofortiger Fälligkeit der Wegzugsteuer muss nun aber nicht mehr glaubhaft gemacht werden.[2] Dem Antrag wird allerdings regelmäßig nur **gegen Sicherheitsleistung** stattgegeben (§ 6 Abs. 4 Satz 2 AStG).

---

1) Gesetz v. 25.6.2021, BGBl. I 2021, 2035 = BStBl I 2021, 874.
2) Vgl. Jesic/Leucht, DStR 2021, 1913, 1914.

Die erste zu zahlende Jahresrate ist nach § 6 Abs. 4 Satz 3 AStG innerhalb eines Monats nach Bescheidbekanntgabe fällig. Die weiteren Raten sind jeweils am 31.7. der Folgejahre zu entrichten, ohne dass eine Verzinsung der Jahresraten vorgesehen ist (§ 6 Abs. 4 Satz 4 AStG).

Die Stundung entfällt und die noch nicht entrichtete Steuer wird **innerhalb eines Monats fällig, wenn** die Jahresrate nicht fristgemäß bezahlt wird, der Steuerpflichtige seine Mitwirkungspflichten verletzt, Insolvenz anmeldet, die Anteile veräußert, überträgt oder substantielle Gewinnausschüttungen oder eine Einlagenrückgewähr von mehr als einem Viertel des Anteilswerts erfolgen (§ 6 Abs. 4 Satz 5 AStG). Stundungsunschädlich ist aber eine unentgeltliche Übertragung von Todes wegen auf eine natürliche Person, wobei bei dieser die vorgenannten stundungsschädlichen Ereignisse zu einer Sofortfälligkeit führen könnten (§ 6 Abs. 4 Satz 6 AStG).

> **Beratungshinweis:**
>
> Nicht erwähnt sind hingegen Schenkungen, welche insofern stundungsschädlich wirken dürften.

Gemäß § 6 Abs. 4 Satz 7 Halbsatz 3 AStG kann der Steuerpflichtige im Falle einer **Rückkehrabsicht** auf Antrag auch auf die Zahlung von Jahresraten verzichten. Allerdings ist diese **vollständige Stundung** gemäß § 6 Abs. 4 Satz 8 AStG **verzinslich** (§ 234 AO), **soweit** die Steuer nicht aufgrund der Rückkehrerregelung nach § 6 Abs. 3 AStG entfällt.

> **Kritische Stellungnahme:**
>
> Ob der Wegfall der Sonderregelung einer grundsätzlich unbefristeten Stundung im Fall des Wegzugs eines Staatsangehörigen der EU bzw. des EWR in einen EU-/EWR-Staat nach § 6 Abs. 5 AStG a.F. mit den EU-rechtlichen Grundfreiheiten vereinbar ist, dürfte kritisch zu hinterfragen sein.[1] Zumindest kommt die bisherige Sonderregelung nach § 6 Abs. 5 AStG a.F. sowie der Grundfall der Stundung nach § 6 Abs. 4 AStG a.F. bei **zum 31.12.2021 laufenden Stundung** auch weiterhin noch zur Anwendung (§ 21 Abs. 3 Satz 1 AStG).
>
> Zudem entfällt die Sonderregelung in § 6 Abs. 6 AStG a.F. Bislang konnte bei einem Anteilsverkauf nach einem Wegzug ins EU- bzw. EWR-Ausland und einem daraus resultierenden Ende der Stundung steuermindernd berücksichtigt werden, wenn der tatsächliche Veräußerungsgewinn im Sinne von § 17 Abs. 2 EStG geringer ausfällt als der nach § 6 Abs. 1 AStG besteuerte fiktive Vermögenszuwachs. Diese Möglichkeit besteht bei tatsächlich geringerem Vermögenszuwachs infolge einer Veräußerung nach dem 24.3.2021 nicht mehr (§ 21 Abs. 3 Satz 2 AStG).

4. Mitwirkungspflichten

Analog zum bisherigen § 6 Abs. 7 AStG a.F. unterliegt der Steuerpflichtige auch ab dem VZ 2022 gemäß dem durch das ATAD-Umsetzungsgesetz (ATADUmsG)[2] neu gefassten § 6 Abs. 5 AStG gewissen Mitwirkungspflichten. Demnach hat er dem Finanzamt **innerhalb eines Monats zu melden**, wenn es zu einer **Rückkehr** innerhalb von drei Jahren kommt (§ 6 Abs. 3 Satz 6 AStG) oder ein **stundungsschädlicher Tatbestand** nach § 6 Abs. 4 Satz 5 oder 7 AStG ausgelöst wird. **151**

Die Meldung seiner **aktuellen Anschrift** muss der Steuerpflichtige in Neufällen, also ab in 2022 erfolgten Wegzügen, und im Rahmen der regulären jährlichen Meldung nach dem Wegzug künftig **bis zum 31.7.** erstatten, anstatt wie bisher bis zum 31.1. des Folgejahres.

---

1) Einen rechtswidrigen Eingriff in die Niederlassungsfreiheit bejahend Jesic/Leucht, DStR 2021, 1913, 1917.
2) Gesetz v. 25.6.2021, BGBl. I 2021, 2035 = BStBl I 2021, 874.

III. Hinzurechnungsbesteuerung

1. Umfassende Neuregelung durch das ATAD-Umsetzungsgesetz

152 Zwar bestand aufgrund der ATAD-Vorgaben nur ein punktueller Anpassungsbedarf bei der bereits in §§ 7 ff. AStG a.F. geregelten Hinzurechnungsbesteuerung. Der Gesetzgeber nahm dies jedoch zum Anlass, mit dem ATAD-Umsetzungsgesetz (ATADUmsG)[1] umfassende Änderungen bei der Hinzurechnungsbesteuerung vorzunehmen. Diese sind grundsätzlich erstmals für den VZ bzw. EZ anzuwenden, für den Zwischeneinkünfte hinzuzurechnen sind, die in einem **Wirtschaftsjahr der ausländischen Gesellschaft** oder der Betriebsstätte entstanden sind, das **nach dem 31.12.2021 beginnt** (§ 21 Abs. 4 Satz 1 AStG).

> **Beratungshinweis:**
>
> Es empfiehlt sich, die umfassenden Änderungen der Hinzurechnungsbesteuerung zum Anlass zu nehmen, insgesamt zu prüfen, inwieweit passive Einkünfte einer beherrschten ausländischen Gesellschaft vorliegen können. Dies ist insb. deshalb von großer Brisanz, da zum einen der Kreis passiver Einkünfte ausgedehnt wurde und zum anderen der Gesetzgeber weiterhin an der Niedrigbesteuerungsgrenze von 25 % festhält, die in zahlreichen Staaten unterschritten wird.

2. Tatbestandsvoraussetzungen

a) Beherrschung einer ausländischen Gesellschaft

153 Die Hinzurechnungsbesteuerung greift, wenn eine Körperschaft, Personenvereinigung oder Vermögensmasse i.S.d. KStG, die weder Geschäftsleitung noch Sitz im Inland hat und nicht nach § 3 Abs. 1 KStG von der Körperschaftsteuerpflicht ausgenommen ist, (ausländische Gesellschaft) von einem unbeschränkt Steuerpflichtigen beherrscht wird (§ 7 Abs. 1 Satz 1 AStG). Dabei wird anders als bislang nicht mehr auf eine reine Inländerbeherrschung unabhängig von der Anzahl der Gesellschafter abgestellt. Es ist vielmehr ein **gesellschafterbezogenes Beherrschungserfordernis** vorgesehen, wozu sowohl unmittelbare als auch mittelbare Beteiligungen heranzuziehen sind. Mittelbare Beteiligungen sind nur dann unbeachtlich, soweit eine vorgeschaltete Hinzurechnungsbesteuerung bereits stattgefunden hat, und dadurch insgesamt keine niedrige Besteuerung mehr gegeben ist (§ 7 Abs. 1 Satz 2 AStG).

Eine Beherrschung liegt vor, wenn dem Steuerpflichtigen **allein oder zusammen mit ihm nahestehenden Personen** (→ Rz. 142) am Ende des Wirtschaftsjahres der ausländischen Gesellschaft **mehr als die Hälfte der Stimmrechte** oder mehr als die Hälfte der **Anteile am Nennkapital** unmittelbar oder mittelbar zuzurechnen sind. Von einer Beherrschung ist auch auszugehen, wenn ein unmittelbarer oder mittelbarer Anspruch auf **mehr als die Hälfte des Gewinns** oder des Liquidationserlöses der Gesellschaft besteht (§ 7 Abs. 2 AStG).

In der Begründung des Gesetzentwurfs wird darauf hingewiesen, dass die bei der Prüfung der Inländerbeherrschung mit zu berücksichtigende nahestehende Person nicht unbeschränkt steuerpflichtig sein muss.[2] Als nahestehende Person gilt auch eine Personengesellschaft oder Mitunternehmerschaft, die die Voraussetzung des § 1 Abs. 2 AStG erfüllt (§ 7 Abs. 3 Satz 2 AStG). Alternativ gilt eine Person aber auch dann als dem Steuerpflichtigen nahestehend, wenn sie mit ihm bezüglich der ausländischen Gesellschaft durch abgestimmtes Verhalten zusammenwirkt (§ 7 Abs. 4 Satz 1 AStG). Bei Gesellschaftern einer Personengesellschaft, die an einer ausländischen Gesellschaft beteiligt ist, wird ein solches Zusammenwirken widerlegbar unterstellt (§ 7 Abs. 4 Satz 2 AStG).[3]

---

[1] Gesetz v. 25.6.2021, BGBl. I 2021, 2035 = BStBl I 2021, 874.

[2] BT-Drucks. 19/28652 v. 19.4.2021, 53.

[3] Zur Problematik der Anwendung dieser Regelung bei Fondsinvestments, bei denen der Fonds in der Rechtsform einer Personengesellschaft agiert, Gütle/Sotta, BB 2021, 224.

Sofern die Einkünfte der Zwischengesellschaft dem Investmentsteuergesetz unterliegen, kommen die vorgehenden Regelungen nicht zur Anwendung. In § 7 Abs. 5 AStG wird explizit dem **Investmentsteuerrecht Vorrang eingeräumt**, wenn die Gesellschaft nicht mehr als ein Drittel ihrer Einkünfte aus Geschäften mit dem Steuerpflichtigen oder diesen nahestehenden Personen erzielt.

Anmerkung:

Wegen der Änderung des Konzepts der Beherrschung wurde die Regelung zu **nachgeschalteten Zwischengesellschaften** nach § 14 AStG a.F. **aufgehoben**, da keine übertragene Hinzurechnungsbesteuerung mehr vorgesehen ist, sondern der Hinzurechnungsbetrag direkt dem inländischen Steuerpflichtigen zugerechnet wird.

b) Passive Einkünfte

Eine ausländische Gesellschaft gilt unverändert als Zwischengesellschaft, wenn sie **154** hinzurechnungspflichtige Einkünfte i.S. eines Passivkatalogs erzielt. Dabei wird an der Regelungstechnik festgehalten, durch die Vorgabe eines Aktivkatalogs die davon nicht erfassten Einkünfte als hinzurechnungspflichtig zu definieren.

Am **bisherigen Aktivkatalog** werden insb. folgende **Modifizierungen** vorgenommen:

– Einkünfte aus dem Betrieb von Versicherungsunternehmen, Kreditinstituten und Finanzdienstleistungsinstituten, die einer wesentlichen wirtschaftlichen Tätigkeit (§ 8 Abs. 2 AStG) nachgehen, sind aktiv, sofern die diesen Einkünften zugrunde liegenden Geschäfte nicht zu mehr als einem Drittel mit dem Steuerpflichtigen oder diesem nahestehende Personen betrieben werden. Gleiches gilt für Finanzunternehmen, an denen Kreditinstitute oder Finanzdienstleistungsinstitute zu mehr als 50 % beteiligt sind (§ 8 Abs. 1 Nr. 3 AStG). Bislang war als passiv zu beurteilen, wenn diese Geschäfte den überwiegenden Anteil ausmachen.

– Unverändert gelten Einkünfte aus Handel als aktiv, soweit nicht ein Steuerpflichtiger oder eine diesem nahestehende Person, die mit ihren Einkünften hieraus in Deutschland steuerpflichtig ist, der ausländischen Gesellschaft die Verfügungsmacht an den Waren verschafft (§ 8 Abs. 1 Nr. 4 AStG). Die Regelung wird nun aber nicht mehr auf unbeschränkt Steuerpflichtige begrenzt. Entsprechend wird auch bei der Regelung zu Dienstleistungen in § 8 Abs. 1 Nr. 5 AStG auf die Beschränkung auf unbeschränkt Steuerpflichtige verzichtet.

– Die Qualifizierung der Aufnahme und darlehensweisen Vergabe von Kapital nach § 8 Abs. 1 Nr. 7 AStG als aktiv entfällt.

– Bezüge nach § 8b Abs. 1 KStG, insb. Gewinnausschüttungen, gelten zwar grundsätzlich weiterhin als aktiv. Ausgenommen werden allerdings Bezüge, soweit diese das Einkommen der leistenden Körperschaft gemindert haben, ungeachtet dessen, ob sie nach einer funktionalen Betrachtungsweise einer Aktivität nach § 8 Abs. 1 Nr. 1 bis 6 AStG zugeordnet werden können. Eine Rückausnahme ist dabei u.a. für verdeckte Gewinnausschüttungen vorgesehen, sofern diese das Einkommen der ausländischen Gesellschaft erhöht haben und das Einkommen einer niedrigen Besteuerung unterlegen ist. Als passiv gelten künftig Bezüge, die als **Streubesitzdividenden** i.S.v. § 8b Abs. 4 KStG zu beurteilen wären, wenn die ausländische Gesellschaft als Empfänger damit in Deutschland steuerpflichtig wäre. Auch Bezüge auf Anteile, die bei Kreditinstituten und Finanzdienstleistungsinstituten dem Handelsbestand zuzuordnen wären und somit nach § 8b Abs. 7 KStG der Besteuerung unterlägen, sind als passive Einkünfte anzusehen (§ 8 Abs. 1 Nr. 7 AStG).[1]

---

1) Kritisch zur Neuregelung, insb. zu einem Import der Anwendungsprobleme des § 8b Abs. 1 KStG in die Hinzurechnungsbesteuerung, Binder/Graßl, IStR 2021, 865, Becker/Loose, IStR 2021, 373.

– Anteilsveräußerungsgewinne werden grundsätzlich weiterhin als aktiv behandelt. Eine Ausnahme besteht für Gewinne aus der Veräußerung von Anteilen, die bei Kreditinstituten und Finanzdienstleistungsinstituten dem Handelsbestand zuzuordnen und somit nach § 8b Abs. 7 KStG steuerpflichtig wären (§ 8 Abs. 1 Nr. 8 AStG).

– Auch Einkünfte aus Umwandlungen sind weiterhin als aktiv anzusehen. Dies gilt allerdings nicht, soweit die Einkünfte auf der Übertragung von Wirtschaftsgütern beruhen, die nicht der Erzielung von aktiven Einkünften i.S.v. § 8 Abs. 1 Nr. 1 bis 8 AStG dienen. Eine Rückausnahme ist vorgesehen, wenn der Steuerpflichtige nachweist, dass die Umwandlung ungeachtet des § 1 Abs. 2 und 4 UmwStG zu Buchwerten hätte erfolgen können und im Ausland tatsächlich zu Buchwerten erfolgt ist (§ 8 Abs. 1 Nr. 9 AStG).

c) Motivtest

155 Eine ausländische Gesellschaft ist trotz Vorliegens von Passiveinkünften nicht Zwischengesellschaft, wenn sie nachweisen kann, dass sie im Staat ihres Sitzes oder Geschäftsleitung einer **wesentlichen wirtschaftlichen Tätigkeit** nachgeht. Hierzu ist eine **sachliche und personelle Ausstattung** erforderlich und die Tätigkeit muss durch **hinreichend qualifiziertes Personal** selbständig und eigenverantwortlich ausgeübt werden. Eine überwiegend durch Dritte besorgte wirtschaftliche Tätigkeit genügt nicht. Zudem können der wesentlichen wirtschaftlichen Tätigkeit Einkünfte der ausländischen Gesellschaft nur insoweit zugeordnet werden, als der Fremdvergleichsgrundsatz nach § 1 AStG beachtet worden ist (§ 8 Abs. 2 AStG).

Die Möglichkeit, einen Motivtest nach § 8 Abs. 2 AStG durchzuführen, besteht allerdings nur, wenn die ausländische Gesellschaft ihren **Sitz oder ihre Geschäftsleitung** in einem Staat der **EU oder des EWR** hat (§ 8 Abs. 3 AStG).

> **Anmerkung:**
>
> Drittstaaten-Gesellschaften sind – wie schon nach § 8 Abs. 2 AStG a.F. – somit vom Motivtest ausgeschlossen. Zwar sah der BFH hinsichtlich der bis 2021 anzuwendenden Regelung einen Verstoß gegen die Kapitalverkehrsfreiheit.[1] Der Gesetzgeber sah sich jedoch nicht zu einer anderslautenden Regelung veranlasst, sondern verwies vielmehr in der Begründung des Gesetzentwurfs auf Art. 7 Abs. 2 Buchst. a Satz 3 ATAD, wonach der Ausschluss von Drittstaaten-Gesellschaften vom Motivtest zugelassen sein soll.[2]

Zudem kommt ein Motivtest nicht zur Anwendung, wenn der Staat des Sitzes oder der Geschäftsleitung der ausländischen Gesellschaft keine Auskünfte im Wege des zwischenstaatlichen Informationsaustausches erteilt (§ 8 Abs. 4 AStG).

d) Niedrige Besteuerung

156 An der Regelung der niedrigen Besteuerung, die anzunehmen ist, wenn die Einkünfte, für die die ausländische Gesellschaft Zwischengesellschaft ist, einer **ertragsteuerlichen Belastung von weniger als 25 %** unterliegen, wird festgehalten (§ 8 Abs. 5 AStG).

> **Anmerkung:**
>
> Nach den ATAD-Vorgaben ist von einer niedrigen Besteuerung auszugehen, wenn die ausländische Ertragsteuerbelastung weniger als die Hälfte der Ertragsteuerbelastung des Steuerpflichtigen beträgt. Dieser Mindestvorgabe sei – so die Begründung des Gesetzentwurfs – unter Berücksichtigung der deutschen Körperschaftsteuer und Gewerbesteuer jedenfalls genüge getan.[3]

---

1) BFH v. 18.12.2019, I R 59/17, BStBl II 2021, 270 = HFR 2021, 10 mit Anm. Pfirrmann.
2) BT-Drucks. 19/28652 v. 19.4.2021, 57.
3) BT-Drucks. 19/28652 v. 19.4.2021, 57.

Weiter wird in der Entwurfsbegründung ausgeführt, dass der Niedrigsteuersatz wie bereits bisher **nach den Grundsätzen des deutschen Steuerrechts** zu ermitteln ist und ebenso unverändert maßgeblich sein soll, welcher Ertragssteuerbelastung die passiven Einkünfte bei der ausländischen Gesellschaft unterlegen haben.[1]

e) Freigrenze bei gemischten Einkünften

Auf eine Hinzurechnungsbesteuerung wird ab dem VZ bzw. EZ 2022 verzichtet, wenn die **passiven Einkünfte nicht mehr als 10 % der gesamten Einkünfte** der ausländischen Gesellschaft und bei einem Steuerpflichtigen nicht mehr als 80.000 Euro betragen (§ 9 AStG). Eine entsprechende Regelung fand sich bereits in dem bislang geltenden Gesetz, wobei hier auf Bruttoerträge sowohl hinsichtlich der prozentualen aus auch der absoluten Betragsgrenze Bezug genommen wird. An der gesellschafterbezogenen Freigrenze wird damit weiterhin festgehalten. **157**

> **Anmerkung:**
> Nicht mehr vorgesehen ist jedoch die nach bisherigem Recht neben der gesellschafterbezogenen alternativ geltende gesellschaftsbezogene Freigrenze.

3. Hinzurechnungsbetrag

Sind die Voraussetzungen der Hinzurechnungsbesteuerung erfüllt, sind – wie bereits bisher – die passiven Einkünfte als Hinzurechnungsbetrag nach § 10 Abs. 1 AStG **entsprechend der unmittelbaren und mittelbaren Beteiligung** des inländischen Steuerpflichtigen am Nennkapital der ausländischen Gesellschaft **im Inland steuerpflichtig** (§ 7 Abs. 1 Satz 1 a.E. AStG). Ist für die Gewinnverteilung der ausländischen Gesellschaft nicht die Beteiligung am Nennkapital, sondern ein anderer Gewinnverteilungsmaßstab zugrunde zu legen, ist dieser für die Steuerpflicht maßgeblich (§ 7 Abs. 1 Satz 3 AStG). **158**

Anders als nach bisherigem Recht ist eine **Minderung des Hinzurechnungsbetrags um Steuern**, die die ausländische Gesellschaft darauf entrichtet hat, **nicht mehr vorgesehen**.

Unverändert ist der Hinzurechnungsbetrag den **Kapitaleinkünften** zuzurechnen, wenn die Anteile im **Privatvermögen** gehalten werden. Befinden sich diese im **Betriebsvermögen**, erfolgt ebenso unverändert eine Hinzurechnung zu den **Gewinneinkünften**. Sind dem Steuerpflichtigen die Anteile an der ausländischen Gesellschaft nur mittelbar zuzurechnen, ist der Hinzurechnungsbetrag nur dann den Gewinneinkünften zuzurechnen, soweit die Anteile an der unmittelbar gehaltenen vermittelnden Beteiligung dem Betriebsvermögen zugehören (§ 10 Abs. 2 Satz 3 AStG).

> **Anmerkung:**
> Der Hinzurechnungsbetrag gilt als in dem VZ zugeflossen, in dem das maßgebende Wirtschaftsjahr der ausländischen Gesellschaft endet (§ 10 Abs. 2 Sätze 1 und 2 AStG).

Wie bereits bislang erfolgt die **Ermittlung** der dem Hinzurechnungsbetrag zugrunde liegenden Einkünfte **nach den Vorgaben des deutschen Steuerrechts**. Hierbei gelten die Einkünfte, für die die ausländische Gesellschaft Zwischengesellschaft ist, stets als solche aus Gewerbebetrieb und sie sind durch Betriebsvermögensvergleich zu ermitteln (§ 10 Abs. 3 Sätze 1 und 2 AStG). Die wahlweise Gewinnermittlung nach § 4 Abs. 3 EStG ist nicht mehr zulässig. Unverändert dürfen von den Einkünften, für die die ausländische Gesellschaft Zwischengesellschaft ist, nur solche Betriebsausgaben abgezo-

---

1) BT-Drucks. 19/28652, 57.

gen werden, die in wirtschaftlichem Zusammenhang mit den Einkünften stehen (§ 10 Abs. 4 AStG). Steuerliche Vergünstigungen sind grundsätzlich unbeachtlich (§ 10 Abs. 3 Satz 4 AStG). Ein Verlustvortrag wird ggf. berücksichtigt, ein Verlustrücktrag für nach dem 31.12.2020 entstandene Verluste ist hingegen ausgeschlossen (§ 10 Abs. 3 Sätze 4 und 5, § 21 Abs. 4 Satz 2 AStG).

Wie bislang kommen auf den Hinzurechnungsbetrag **weder das Teileinkünfteverfahren, noch der Abgeltungsteuersatz bzw. die 95 %-ige Körperschaftsteuerbefreiung** zur Anwendung. Klarstellend wird zudem ergänzt, dass auch eine gewerbesteuerliche Kürzung nach § 9 Nr. 7 GewStG nicht in Betracht kommt (§ 10 Abs. 2 Satz 4 AStG).

> **Anmerkung:**
>
> Die bislang in § 7 Abs. 7 AStG a.F. vorgesehene Vorrangregelung des Investmentsteuergesetzes gegenüber der Hinzurechnungsbesteuerung wurde aufgegeben und durch eine Anrechnungsregelung in § 10 Abs. 6 AStG ersetzt.

4. Kürzungsbetrag bei Bezügen aus der Beteiligung an der ausländischen Gesellschaft

159 Nach bisherigem Recht blieb die Hinzurechnungsbesteuerung im Ausschüttungsfall bestehen. Zur Vermeidung einer übermäßigen Besteuerung war innerhalb eines Siebenjahres-Zeitraums nach § 3 Nr. 41 EStG a.F. die Steuerbefreiung der Gewinnausschüttungen und Anteilsveräußerungsgewinne vorgesehen.

Demgegenüber beinhalten die ATAD-Vorgaben im Ausschüttungsfall eine vollständige Quellensteueranrechnung ohne zeitliche Beschränkungen. Deshalb ist ab dem VZ 2022 **statt der Steuerbefreiung** von nachfolgenden Gewinnausschüttungen ein **Kürzungsbetrag** nach § 11 Abs. 1 AStG zu berücksichtigen, wenn nach der Besteuerung von Hinzurechnungsbeträgen mit Einkommen- oder Körperschaftsteuer in der Folgezeit Bezüge aus der Beteiligung, insb. in Form von Gewinnausschüttungen, erfolgen oder nach § 11 Abs. 4 AStG Gewinne aus der Veräußerung der Beteiligung erzielt werden.

> **Anmerkung:**
>
> Konsequenterweise wurde die Steuerbefreiung nach § 3 Nr. 41 EStG a.F. sowie die in § 43 Abs. 2 InvStG a.F. geregelte entsprechende Anwendung der Steuerbefreiung bei Investmentfonds aufgehoben. Die Regelungen gelten letztmals im VZ 2021 (§ 52 Abs. 4 Satz 15 EStG, § 57 Abs. 3 InvStG).

Als Kürzungsbetrag ist der Betrag des steuerpflichtigen Bezugs, maximal in Höhe der versteuerten Hinzurechnungsbeträge, zu berücksichtigen (§ 11 Abs. 2 AStG). Zu diesem Zweck ist das am Schluss eines VZ verbleibende **Hinzurechnungskorrekturvolumen** gesondert festzustellen. Dabei kann der Bestand des verbleibenden Hinzurechnungskorrekturvolumens nicht negativ werden (§ 11 Abs. 3 AStG).

> **Beratungshinweis:**
>
> Als Anfangsbestand des Hinzurechnungskorrekturvolumens zum 31.12.2021 wird die Summe der Hinzurechnungsbeträge, die in den VZ 2014 bis 2021 der Besteuerung unterlegen haben, soweit nicht bereits Gewinnausschüttungen hierfür nach § 3 Nr. 41 EStG a.F. steuerfrei gestellt wurden, erfasst (§ 21 Abs. 4 Satz 4 AStG).

Als Folgeänderung des Wegfalls der Steuerbefreiung von Bezügen und Anteilsveräußerungsgewinnen nach § 3 Nr. 41 EStG a.F. und der nun vorgesehenen Berücksichtigung eines Kürzungsbetrags als Abzug von der Summe der Einkünfte wurde in § 11 Abs. 5 AStG geregelt, dass der Kürzungsbetrag auch den **Gewerbeertrag** mindert, soweit dieser um die Bezüge bzw. Veräußerungsgewinne erhöht wurde und soweit diese auf der Hinzurechnungsbesteuerung unterworfenen passiven Einkünften beruhen.

5. Steueranrechnung

Auf die Einkommen- oder Körperschaftsteuer, die auf den Hinzurechnungsbetrag ent- **160**
fällt, werden die Steuern vom Einkommen angerechnet, die zu Lasten der ausländischen Gesellschaft tatsächlich erhoben worden sind (§ 12 Abs. 1 AStG). Das bislang
bestehende **Antragserfordernis** ist aufgrund des Wegfalls der Abzugsmöglichkeit der
Steuern bei der Ermittlung des Hinzurechnungsbetrags **nicht mehr vorgesehen**.

> **Anmerkung:**
>
> Auf Antrag wird die anteilige Steuer angerechnet, die im Staat einer die Beteiligung an der auslän-
> dischen Gesellschaft vermittelnden Gesellschaft im Wege der Hinzurechnungsbesteuerung tatsäch-
> lich erhoben worden ist (§ 12 Abs. 2 AStG). Dadurch wird eine Doppelbesteuerung vermieden,
> wenn Einkünfte in mehreren Staaten einer Hinzurechnungsbesteuerung unterliegen.

6. Beteiligung an Kapitalanlagegesellschaften

Die bisherige Regelung zu Gesellschaften mit Einkünften aus Kapitalanlagecharakter **161**
nach § 7 Abs. 6 AStG a.F. wurde in einen neuen § 13 AStG fortgeführt. Die Hinzurechnungsbesteuerung greift ab dem VZ bzw. EZ 2022 allerdings **auch bei einer Beteiligung von weniger als 1 %, wenn** die ausländische Gesellschaft ausschließlich oder
nahezu ausschließlich Einkünfte mit Kapitalanlagecharakter erzielt und mit der Haupt-
gattung der Aktien kein wesentlicher und regelmäßiger Handel an einer Börse innerhalb der EU oder des EWR oder an einer von der BaFin zugelassenen Börse in einem
anderen Staat stattfindet (§ 13 Abs. 1 Satz 4 AStG).

Die Definition der Einkünfte mit Kapitalanlagecharakter nach § 7 Abs. 6a AStG a.F.
wird in § 13 Abs. 2 AStG weitergeführt. Zu diesen gehören auch weiterhin Einkünfte
aus einer Gesellschaft i.S.d. REIT-Gesetzes (§ 13 Abs. 3 AStG). In § 13 Abs. 5 AStG ist
zudem der Vorrang des InvStG geregelt, wenn auf die Einkünfte mit Kapitalanlagecharakter, für die die ausländische Gesellschaft Zwischengesellschaft ist, die Vorschriften
des InvStG anzuwenden sind. Auch mittelbare Beteiligungen unbeschränkt Steuerpflichtiger sind unbeachtlich, wenn diese über einen Investmentfonds oder einen Spe-
zial-Investmentfonds i.S.d. InvStG gehalten werden.

7. Folgeanpassungen

a) Familienstiftungen

Bei der Steuerpflicht von Stiftern nach § 15 AStG sind Folgeanpassungen erforderlich. **162**
So wurde u.a. in § 15 Abs. 5 AStG die Anrechnung von ausländischen Steuern der
Stiftung auf die Einkommen- oder Körperschaftsteuer des Stifters direkt geregelt und
nicht mehr auf die Vorgaben nach § 12 AStG verwiesen. Da die Ermittlung der Einkünfte der Stiftung weiterhin nach den Vorgaben des geänderten § 10 Abs. 3 AStG
erfolgt, dort aber nicht mehr der Ausschluss der Anwendung der Steuerbefreiung nach
§ 8b KStG geregelt ist, wird dies direkt in § 15 Abs. 7 AStG aufgenommen.

> **Anmerkung:**
>
> Die Vorlagepflicht sachdienlicher Unterlagen umfasst künftig auch Familienstiftungen. Zur Erleich-
> terung der Sachverhaltsaufklärung sind neben den Bilanzen und Erfolgsrechnungen künftig auch
> eine Darstellung der Beteiligungsverhältnisse sowie der Steuererklärungen und Steuerbescheide
> vorzulegen (§ 17 Abs. 1 Satz 2 Nr. 2 AStG).

b) Gesonderte Feststellung von Besteuerungsgrundlagen

In § 18 Abs. 1 Satz 1 AStG wird explizit ausgeführt, dass insb. der Hinzurechnungsbe- **163**
trag, die anrechenbaren Steuern, das Hinzurechnungskorrekturvolumen und der Ver-

lustvortrag **gesondert festzustellen** sind. Bei einer Beteiligung an der ausländischen Gesellschaft über andere vermittelnde Gesellschaften ist zudem festzustellen, wie sich das Hinzurechnungskorrekturvolumen auf die vermittelnden Gesellschaften verteilt (§ 18 Abs. 1 Satz 2 AStG). Weiter wird infolge des geänderten Beherrschungskonzepts in § 18 Abs. 1 Satz 3 und Abs. 2 Satz 1 AStG jeweils der Zusatz „unmittelbar oder mittelbar beteiligt" aufgenommen.

> **Beratungshinweis:**
>
> Unterbleibt eine Hinzurechnung aufgrund des **Motivtests** nach § 8 Abs. 2 AStG, bleibt nur die **Pflicht zur Anzeige** nach amtlich vorgeschriebenem Vordruck bestehen (§ 18 Abs. 3 Satz 2 AStG).

Schließlich wird in § 18 Abs. 5 AStG ergänzt, dass eine **Außenprüfung** zur Ermittlung von Besteuerungsgrundlagen bei jedem Steuerpflichtigen zulässig ist. Dies dient laut der Begründung des Gesetzentwurfs[1] der Verfahrensvereinfachung und der Vermeidung von Auslegungsfragen.

c) Ausländische Betriebsstätten

164 Im Einklang mit dem bereits bislang geltenden deutschen Recht sehen die ATAD-Vorgaben vor, dass ausländische Betriebsstätten eines inländischen Unternehmens **wie ein beherrschtes ausländisches Unternehmen zu behandeln** sind. Fallen niedrig besteuerte passive Einkünfte in einer ausländischen Betriebsstätte an, die laut anzuwendendem DBA von der Besteuerung auszunehmen wären, unterliegen diese Einkünfte ungeachtet der im DBA vorgesehenen Freistellung der Anrechnungsmethode. Ein negativer Betrag ist nicht zu berücksichtigen. Auf diesen finden vielmehr die Regelungen zum Verlustvortrag Anwendung (§ 20 Abs. 2 Satz 1 AStG).

d) Keine gewerbesteuerliche Kürzung des Hinzurechnungsbetrags

165 Die **gewerbesteuerliche Kürzung des Gewinnanteils an Mitunternehmerschaften** wird durch eine Modifizierung in § 9 Nr. 2 Satz 2 GewStG **ausgeschlossen, sofern** passive Einkünfte, die über eine Zwischengesellschaft bezogen werden, darin enthalten sind. Dabei wird die Kürzung bei Beteiligungsketten über zwischengeschaltete inländische Mitunternehmerschaften nur bei der ersten inländischen Mitunternehmerschaft versagt (§ 9 Nr. 2 Satz 3 GewStG).

Zudem wurde durch den geänderten Verweis in § 9 Nr. 3 Satz 1 GewStG auf § 7 Sätze 7 und 8 GewStG sichergestellt, dass ein Hinzurechnungsbetrag, der in einer ausländischen Betriebsstätte erzielt wird, im Inland der Gewerbesteuer unterliegt.

IV. Beschränkt steuerpflichtige Einkünfte

1. Umgekehrt hybride Rechtsträger

166 Mit dem durch das ATAD-Umsetzungsgesetz (ATADUmsG)[2] eingefügten § 49 Abs. 1 Nr. 11 EStG wird Art. 9a ATAD[3] umgesetzt. Ziel der ATAD-Vorgabe ist, dass Einkünfte aus der Beteiligung an einer Personengesellschaft oder Gemeinschaft, die deshalb keiner Besteuerung unterliegen, weil die Gesellschaft in dem Staat, in dem sie eingetragen oder niedergelassen ist, als steuerlich transparent, in dem Staat, in dem der Beteiligte seinen Wohnsitz oder gewöhnlichen Aufenthalt hat, aber als steuerlich intransparent behandelt wird (umgekehrt hybride Rechtsträger), grundsätzlich von dem erstgenannten Staat zu besteuern sind.

---

1) BT-Drucks. 19/28652 v. 19.4.2021, 66.
2) Gesetz v. 25.6.2021, BGBl. I 2021, 2035 = BStBl I 2021, 874.
3) Richtlinie (EU) 2016/1164 v. 12.7.2016, ABl. L 193, 1.

Bei Einkünften, die **nach dem 31.12.2021 zufließen** (§ 52 Abs. 45a Satz 4 EStG), sieht § 49 Abs. 1 Nr. 11 EStG zur Vermeidung nicht besteuerter Einkünfte in den oben genannten Fällen vor, dass diese Einkünfte **in Deutschland der Besteuerung unterliegen**. Die Regelung gelangt jedoch u.a. nur insoweit zur Anwendung als die Einkünfte nicht bereits von § 49 Abs. 1 Nr. 1 bis 10 EStG erfasst werden. Zudem greift sie nur, wenn dem Beteiligten allein oder zusammen mit nahestehenden Personen i.S.v. § 1 Abs. 2 AStG (→ Rz. 142) mehr als die Hälfte der Stimmrechte, der Kapitalanteile oder der Gewinnbeteiligung an der Gesellschaft zuzurechnen ist. Die Besteuerung erfolgt ungeachtet der Bestimmungen eines DBA.

2. Entlastung von Kapitalertragsteuer und Quellensteuer

a) Steuerabzug

Mit dem Abzugsteuerentlastungsmodernisierungsgesetz (AbzStEntModG)[1] wurden **167** die bisherigen Regelungen des § 50d EStG a.F. zum Verfahren zur Entlastung von Kapitalertragsteuer und vom Steuerabzug nach § 50a EStG bei beschränkt Steuerpflichtigen auf Grundlage der § 43b EStG (Mutter-Tochter-Richtlinie), § 50g EStG (Zins- und Lizenzgebührenrichtlinie) oder eines DBA in einen **neuen § 50c EStG** überführt und modifiziert.

Dabei ist weiterhin vorgesehen, dass nach § 50c Abs. 1 EStG zunächst ein Steuerabzug **ungeachtet etwaiger Entlastungsmöglichkeiten** nach §§ 43b, 50g EStG oder eines DBA vorgenommen wird.

Anmerkung:

Um einen Gleichlauf zwischen Steuerabführungsverpflichtung und Steueranmeldeverpflichtung zu gewährleisten, wurde zudem § 50a Abs. 5 Satz 3 EStG modifiziert, der bislang nur die Pflicht zur Steuerabführung regelt. Künftig ist die innerhalb eines Kalendervierteljahrs einzubehaltende Steuer bis zum zehnten des Folgemonats beim BZSt anzumelden und die Steuer abzuführen. Eine Anmeldungsverpflichtung beim BZSt besteht auch, wenn von einem Steuerabzug aufgrund der Ausnahmeregelungen in § 50a Abs. 2 Satz 3 oder des Abs. 4 Satz 1 EStG abzusehen oder ein Abzug aufgrund § 50c Abs. 2 EStG (→ Rz. 168) nicht oder nicht in voller Höhe vorzunehmen wäre (§ 50a Abs. 5 Satz 4 EStG).

b) Freistellung im Steuerabzugsverfahren

Durch das Abzugsteuerentlastungsmodernisierungsgesetz (AbzStEntModG)[2] wurde **168** zudem die Freistellung im Steuerabzugsverfahren modifiziert.

Nach § 50c Abs. 2 Satz 1 Nr. 1 EStG wird weiterhin auf den Steuereinbehalt verzichtet, soweit dem **Gläubiger** auf dessen Antrag eine vom BZSt ausgestellte, auf maximal drei Jahre befristete **Freistellungsbescheinigung vorliegt**. Die Freistellungsbescheinigung gilt frühestens ab dem Tag des Antragseingangs beim BZSt (§ 50c Abs. 2 Satz 4 EStG). Sie muss damit vor der Abstandnahme vom Steuerabzug erteilt worden sein. Auf den Nachweis, dass diese dem Schuldner bei der Abstandnahme vorlag, wird laut Begründung des Gesetzentwurfs verzichtet.[3]

Anmerkung:

Der Freistellungsantrag ist nach dem 31.12.2022 grundsätzlich nach amtlich vorgeschriebenen Datensatz über die amtlich bestimmte Schnittstelle zu übermitteln (§ 50c Abs. 5 Satz 1, § 52 Abs. 47a Satz 2 EStG). Dabei ist eine Bestätigung der für den beschränkt Steuerpflichtigen zuständigen ausländischen Steuerbehörde über dessen Ansässigkeit oder eine dort bestehende Betriebsstätte beizufügen (§ 50c Abs. 5 Satz 2 EStG).

---

1) Gesetz v. 2.6.2021, BGBl. I 2021, 1259 = BStBl I 2021, 789.
2) Gesetz v. 2.6.2021, BGBl. I 2021, 1259 = BStBl I 2021, 789.
3) BT-Drucks. 19/27632 v. 17.3.2021, 50.

Soweit durch ein DBA steuerfrei gestellte **Lizenzeinkünfte** i.S.d. § 50a Abs. 1 Nr. 3 EStG eines beschränkt steuerpflichtigen Lizenzgebers vorliegen, unterbleibt ein Steuereinbehalt ohne das Erfordernis einer Freistellungsbescheinigung, wenn die Vergütungen im Kalenderjahr insgesamt **5.000 Euro nicht überschreiten** (§ 50c Abs. 2 Satz 1 Nr. 2 EStG). Damit wird das bisherige Kontrollmeldeverfahren des § 50d Abs. 5 EStG ersetzt.

> **Anmerkung:**
>
> Diese neue Freistellungsregelung gilt erstmals für Lizenzeinkünfte, die nach dem 31.12.2021 zufließen (§ 52 Abs. 47a Satz 1 EStG).

Eine Steueranmeldung muss der Schuldner der Kapitalerträge oder Vergütungen jedoch unabhängig von der Verpflichtung zur Steuerabführung in jedem Fall abgeben (§ 50c Abs. 2 Satz 2 EStG).

c) Steuererstattungsverfahren

169 Ist ein Steuerabzug über das nach §§ 43b, 50g EStG oder den Bestimmungen eines DBA vorgesehene Maß hinaus vorgenommen worden, können beschränkt Steuerpflichtige weiterhin **innerhalb von vier Jahren** (oder einer ggf. längeren Frist laut DBA) nach § 50c Abs. 3 Sätze 1 und 2 EStG die Erstattung beim BZSt auf der Grundlage eines Freistellungsbescheids beantragen.

Für die Kapitalertragsteuererstattung ist zwingend die Kapitalertragsteuer-Bescheinigung vorzulegen bzw. ist ab 2024 die Übermittlung der Angaben nach § 45a Abs. 2a EStG (→ Rz. 170) erforderlich. Wird die Erstattung von Quellensteuer beantragt, ist diesem entsprechend die Bescheinigung nach § 50a Abs. 5 Satz 6 EStG beizufügen (§ 50c Abs. 3 Satz 3 EStG).

> **Anmerkung:**
>
> Auch ein Antrag auf Erstattung ist nach dem 31.12.2022 grundsätzlich nach amtlich vorgeschriebenen Datensatz über die amtlich bestimmte Schnittstelle zu übermitteln (§ 50c Abs. 5 Satz 1, § 52 Abs. 47a Satz 2 EStG). Diesem ist eine Bestätigung der für den beschränkt Steuerpflichtigen zuständigen ausländischen Steuerbehörde über dessen Ansässigkeit oder eine dort bestehende Betriebsstätte beizufügen (§ 50c Abs. 5 Satz 2 EStG).

3. Ausstellung von Kapitalertragsteuer-Bescheinigungen

a) Erweiterte Angaben in Kapitalertragsteuer-Bescheinigungen

170 Parallel zur Neuregelung der Entlastung vom Kapitalertragsteuer- und Quellensteuerabzug (→ Rz. 167) wurden mit dem Abzugsteuerentlastungsmodernisierungsgesetz (AbzStEntModG)[1] auch die Angaben in Kapitalertragsteuer-Bescheinigungen über bestimmte Erträge erweitert und zusätzliche elektronische Meldepflichten für Kapitalerträge auszahlende Stellen eingeführt. Die Änderungen sind erstmals auf **Kapitalerträge** anzuwenden, die dem Gläubiger **nach dem 31.12.2024 zufließen** (§ 52 Abs. 44a Satz 2, Abs. 44b und 44c EStG).

Die Angaben, die in einer auf Verlangen des Gläubigers der Kapitalerträge auszustellenden Kapitalertragsteuer-Bescheinigung auszuweisen sind, werden deutlich ausgeweitet, sofern es sich um **Kapitalerträge aus sammelverwahrten Aktien, Genussrechten oder Teilschuldverschreibungen** nach § 43 Abs. 1 Satz 1 Nr. 1a und Nr. 2 Satz 4

---

1) Gesetz v. 2.6.2021, BGBl. I 2021, 1259 = BStBl I 2021, 789.

EStG handelt. Konkret sind nach § 45b Abs. 2 EStG folgende ergänzende Angaben zu machen:

– Steuer-Identifikationsnummer bzw. Wirtschaftsidentifikationsnummer des Gläubigers,

– Bruttoertrag je Wertpapiergattung und Zahlungstag,

– einbehaltene und abgeführte Kapitalertragsteuer, Solidaritätszuschlag und Kirchensteuer vor Ausgleich mit negativen Kapitalerträgen,

– Steuersatz,

– Stückzahl der Wertpapiere je Gattung und Zahlungstag sowie im Fall der Wertpapierleihe oder des Wertpapierpensionsgeschäfts Stückzahl der übertragenen Wertpapiere einschließlich der Angabe, ob die Lieferung von Aktien mit oder ohne Dividendenanspruch vereinbart wurde,

– zur Wertpapieranschaffung oder Übertragung mittels Wertpapierleihe oder Wertpapierpensionsgeschäft Handelstag, vereinbarter und tatsächlicher Abwicklungstag,

– zur Veräußerung von Wertpapieren oder zu deren Rückübertragung auf Basis einer Wertpapierleihe oder eines Wertpapierpensionsgeschäfts, soweit die Veräußerung innerhalb von 45 Tagen nach Fälligkeit der Kapitalerträge erfolgt, Angaben zum Datum des Handelstags, des vereinbarten und tatsächlichen Abwicklungstags sowie zu der Stückzahl,

– im Fall einer Verwahrkette Angaben zu Zwischenverwahrstellen,

– Konto- oder Depotnummer des Gläubigers bzw. im Fall einer Treuhand des Treuhänders.

Bei Hinterlegungsscheinen, wie z.B. den in den USA aufgelegten Hinterlegungsscheinen auf deutsche Aktien (**ADR**), sind weitere Zusatzangaben in der Kapitalertragsteuer-Bescheinigung erforderlich (§ 45b Abs. 3 Sätze 1 und 2 EStG). Eine Steuerbescheinigung darf zudem erst erteilt werden, wenn versichert wurde, dass keine Hinterlegungsscheine ausgegeben wurden, ohne eine entsprechende Deckung durch inländische Wertpapiere gehabt zu haben (§ 45b Abs. 3 Sätze 3 und 4 EStG).

Zudem wird die auszahlende Stelle verpflichtet, jeder Kapitalertragsteuer-Bescheinigung eine nach amtlichem Muster zu erstellende **Ordnungsnummer** zuzuweisen (§ 45b Abs. 1 EStG).

> **Beratungshinweis:**
>
> Handelt es sich beim **Gläubiger** der Kapitalerträge nach § 43 Abs. 1 Satz 1 Nr. 1a und 2 Satz 4 EStG um einen **beschränkt Steuerpflichtigen**, hat die auszahlende Stelle keine Steuerbescheinigung mehr auszustellen, sondern vielmehr die **Angaben** an das BZSt **zu übermitteln** (§ 45a Abs. 2a EStG).

b) Zusätzliche elektronische Meldepflichten

Neben der für den Gläubiger der Kapitalerträge auszustellenden Steuerbescheinigung **171** hat die die Kapitalerträge **auszahlende Stelle** bei nach dem 31.12.2024 dem Gläubiger zufließenden Erträgen die Angaben nach § 45b Abs. 2 und Abs. 3 Satz 2 EStG elektronisch bis spätestens 31.7. des Folgejahres an das BZSt zu übermitteln. Dabei ist im Datensatz ebenso eine Ordnungsnummer nach § 45b Abs. 1 EStG anzugeben (§ 45b Abs. 4 Satz 1 EStG).

> **Beratungshinweis:**
>
> Handelt es sich beim **Gläubiger der Kapitalerträge** um einen **beschränkt Steuerpflichtigen**, erfolgt ebenso eine Übermittlung dieser Angaben an das BZSt **auf Verlangen** des Gläubigers der Kapitalerträge, durch die die Steuerbescheinigung ersetzt wird. Die Datensätze für beschränkt Steuerpflichtige sind auf Verlangen des Gläubigers für jeden Zufluss unverzüglich inkl. der Steuer-Identifikati-

onsnummer seines Ansässigkeitsstaates (bzw. Wirtschaftsidentifikationsnummer) an das BZSt zu übermitteln (§ 45b Abs. 5 EStG). Die Steuerbescheinigung ist erforderlich, um eine Freistellung im Abzugsverfahren oder eine Steuererstattung beantragen zu können (→ Rz. 167 ff.).

Wird für **unbeschränkt steuerpflichtige Gläubiger** bis zum 31.7 des Folgejahres keine Steuerbescheinigung ausgestellt oder durch beschränkt Steuerpflichtige die elektronische Übermittlung an das BZSt nicht verlangt, ist die auszahlende Stelle ungeachtet dessen verpflichtet, die wesentlichen Angaben über die Kapitalerträge und den vorgenommenen Steuereinbehalt elektronisch an das BZSt zu übermitteln (§ 45b Abs. 6 Satz 1 EStG). Zudem besteht nach § 45b Abs. 6 Satz 2 EStG auch eine Meldepflicht darüber, in welchem Umfang vom Steuerabzug Abstand genommen wurde.

Außerdem werden die auszahlenden Stellen und Wertpapiersammelbanken dazu verpflichtet, jährlich **zusammengefasste Mitteilungen** bis zum 31.7. des Folgejahres an das BZSt zu übermitteln. Diese müssen neben den in den Steuerbescheinigungen auszuweisenden personenbezogenen Angaben auch die Summen der Kapitalerträge je Wertpapiergattung und Zahlungstag sowie die einbehaltene Kapitalertragsteuer nebst Zuschlagsteuern enthalten (§ 45c EStG).

c) Haftung des Ausstellers bzw. Übermittlers

172 Der Aussteller einer fehlerhaften Steuerbescheinigung bzw. eine Kapitalerträge auszahlende Stelle, die fehlerhafte Daten übermittelt, haftet für die auf Grund dessen verkürzte Steuer oder den zu Unrecht gewährten Steuervorteil (§ 45a Abs. 7 Satz 2 EStG).

Bereits bislang ist in § 45a Abs. 7 Satz 3 Nr. 2 EStG a.F. eine Haftung des Ausstellers der Steuerbescheinigung vorgesehen, wobei eine Exkulpationsmöglichkeit besteht, wenn die fehlerhafte Bescheinigung berichtigt im Fall der Übermittlung in Papierform zurückgefordert wird. Diese **Exkulpationsmöglichkeit entfällt** und ist letztmals auf Kapitalerträge anzuwenden, die vor dem 1.1.2024 zufließen (§ 52 Abs. 44a Satz 3 EStG).

V. Steueroasen-Abwehrgesetz

1. Anwendungsbereich

173 Mit dem Steueroasen-Abwehrgesetz (StAbwG), das als Art. 1 des Gesetzes zur Abwehr von Steuervermeidung und unfairem Steuerwettbewerb und zur Änderung weiterer Gesetze[1] vom Gesetzgeber verabschiedet wurde, werden Maßnahmen gegen unfairen Steuerwettbewerb umgesetzt. So ist u.a. ein Betriebsausgaben- und Werbungskostenabzugsverbot für Aufwendungen aus Geschäftsvorgängen in oder mit Bezug zu einem nicht kooperativen Steuerhoheitsgebiet vorgesehen. Daneben werden im Zusammenhang mit Geschäftsbeziehungen zu beherrschten ausländischen Gesellschaften in nicht kooperativen Steuerhoheitsgebieten eine verschärfte Hinzurechnungsbesteuerung, in bestimmten Fällen ein Quellensteuerabzug von Einkünften einer in einem nicht kooperativen Steuerhoheitsgebiet ansässigen Person sowie eine Versagung der Steuerbefreiung für Dividenden und Veräußerungsgewinne, die aus der Beteiligung an einer in einem nicht kooperativen Steuerhoheitsgebiet ansässigen Körperschaft herrühren, implementiert.

Anzuwenden sind die Vorgaben des Steueroasen-Abwehrgesetzes auf **natürliche Personen, Körperschaften, Personenvereinigungen und Vermögensmassen** (§ 1 Abs. 1 StAbwG). Sachlich erfasst werden **Steuern und Steuervergütungen**, die durch Bundesrecht oder EU-Recht geregelt sind (§ 1 Abs. 2 StAbwG). Die Umsatzsteuer (einschließlich der Einfuhrumsatzsteuer, Einfuhr- und Ausfuhrabgaben und Verbrauchsteuern) ist explizit ausgenommen. Die Anwendung der Vorschriften des Steueroasen-Abwehrgesetzes wird **nicht durch DBA eingeschränkt oder ausgeschlossen** (§ 1 Abs. 3 StAbwG).

---

1) Gesetz v. 25.6.2021, BGBl. I 2021, 2056 = BStBl I 2021, 895. Vgl. hierzu Jacobsen, DStZ 2021, 372, Fischer, jurisPR-SteuerR 29/2021 Anm. 1.

2. Nicht kooperative Steuerhoheitsgebiete

a) Schwarze Liste der EU

Ausgangspunkt für die Bestimmung nicht kooperativer Steuerhoheitsgebiete ist die **174**
Liste der nicht kooperativen Länder und Gebiete, die **im Amtsblatt der EU veröffent-
licht** wird. Diese sog. schwarze Liste wird jährlich zweimal, konkret im Februar und
Oktober, veröffentlicht.

Neben der Benennung in der schwarzen Liste der EU muss ein Steuerhoheitsgebiet
eine der nachfolgenden Voraussetzungen (→ Rz. 175 ff.) erfüllen, um als nicht kooperativ bewertet zu werden.

b) Intransparenz in Steuersachen

An einer hinreichenden Transparenz in Steuersachen fehlt es **in folgenden Fällen** (§ 4 **175**
Abs. 2 StAbwG):

– kein automatischer Austausch von Informationen über Finanzkonten in Steuersachen mit der Bundesrepublik Deutschland und EU-Staaten,

– keine (weitgehende) Umsetzung des OECD-Standards für Transparenz und effektiven Informationsaustausch auf Ersuchen oder

– keine Ratifizierung bzw. kein Beitritt zum Amtshilfeabkommen in Steuersachen
  vom 25.1.1988 in der Fassung vom 27.5.2010; besteht dennoch ein wirksamer Informationsaustausch auf Ersuchen und ein automatischer Informationsaustausch mit
  der Bundesrepublik Deutschland und EU-Staaten, ist eine hinreichende Transparenz gewährleistet (§ 4 Abs. 2 StAbwG).

Anmerkung:

Angesichts der Formulierung ist davon auszugehen, dass die Voraussetzungen für das Vorliegen
von Intransparenz in § 4 Abs. 2 StAbwG abschließend aufgezählt sind.[1]

c) Unfairer Steuerwettbewerb

Unfairer Steuerwettbewerb eines Steuerhoheitsgebiets ist dadurch gekennzeichnet, **176**
dass Rechtsnormen und Verwaltungsvorschriften/-praktiken zu einer **im Vergleich zum
üblichen Besteuerungsniveau niedrigeren Effektiv- oder Nullbesteuerung führen**,
indem sie z.B. Vorteile nur Gebietsfremden oder unabhängig von einer wirtschaftlichen
Präsenz gewähren, bei der Gewinnermittlung bei multinationalen Unternehmen von
international anerkannten (insb. OECD-)Grundsätzen abweichen oder intransparent im
Rahmen der Verwaltungspraxis gesetzlich nicht vorgesehene Vorteile einräumen (§ 5
Abs. 2 StAbwG).

Ein effektiver Körperschaftsteuersatz von (nahe) null oder das Fehlen eines Körper-
schaftsteuersystems führen nach § 5 Abs. 3 StAbwG zu einem unfairen Steuerwettbewerb, wenn damit Gewinne ohne reale Wirtschaftstätigkeit im Staat angezogen werden
sollen (Begünstigung von Offshore-Strukturen), was insb. der Fall ist, wenn dadurch
eine den vorgenannten Regelungen des § 5 Abs. 2 StAbwG entsprechende Wirkung
entsteht.

Anmerkung:

Allein der Umstand, dass es sich um eine Nullsatzjurisdiktion handelt, wird jedoch noch nicht als
unfairer Steuerwettbewerb gewertet, so explizit geregelt in § 5 Abs. 3 Satz 4 StAbwG.

---

1) Vgl. auch Werthebach, IStR 2021, 338, 339.

d) Keine Umsetzung der BEPS-Mindeststandards

177 Verpflichtet sich ein Steuerhoheitsgebiet nicht zur Umsetzung der BEPS-Mindeststandards (Aktionspunkte 5, 6, 13 und 14), ist es als nicht kooperativ zu bewerten (§ 6 Abs. 1 StAbwG).

Als nicht kooperatives Steuerhoheitsgebiet gelten Staaten u.a. aber auch dann, wenn sie trotz einer Verpflichtung zur Umsetzung der BEPS-Mindeststandard über keinen Mechanismus zum Austausch länderbezogener Berichte mit der Bundesrepublik Deutschland und anderen EU-Staaten verfügen (§ 6 Abs. 2 StAbwG).

e) Benennung der nicht kooperativen Steuerhoheitsgebiete durch Rechtsverordnung

178 Welche Steuerhoheitsgebiete die vorgenannten Voraussetzungen, einschließlich der Benennung in der schwarzen Liste der EU, erfüllen und damit als nicht kooperativ nach den vorstehenden Regelungen gelten, wird durch Rechtsverordnung zur Sicherstellung der einheitlichen Rechtsanwendung bekannt gegeben.[1]

Das BMF und das BMWi sind nach § 3 Abs. 1 StAbwG ermächtigt, eine solche Rechtsverordnung zu erlassen. Dementsprechend wurde die **Verordnung zur Durchführung des § 3 des Steueroasen-Abwehrgesetzes (StAbwV)** am 23.12.2021 veröffentlicht und ist damit am 24.12.2021 in Kraft getreten.[2]

Konkret genannt sind darin:

– Amerikanisch-Samoa

– Fidschi

– Guam

– Palau

– Panama

– Samoa

– Trinidad und Tobago

– Amerikanische Jungferninseln

– Vanuatu.

3. Abwehrmaßnahmen

a) Regelungsmechanismus

179 Bestehen bei einem Steuerpflichtigen Geschäftsbeziehungen, Beteiligungsverhältnisse, schuldrechtliche Beziehungen i.S.d. § 1 Abs. 4 Satz 1 Nr. 2 AStG oder Vorgänge auf Basis gesellschaftsrechtlicher Vereinbarungen in oder mit Bezug zu einem nicht kooperativen Steuerhoheitsgebiet, kommen Abwehrmaßnahmen zum Einsatz (§ 7 StAbwG).[3] Dabei kommt aufgrund der Regelungstechnik bezogen **auf den jeweiligen Geschäftsvorgang nur eine Maßnahme** zur Anwendung. Die Maßnahmen wirken sowohl gegenüber verbundenen Unternehmen (§§ 9 und 11 StAbwG), als auch gegenüber unverbundenen Wirtschaftsteilnehmern (§§ 8 und 10 StAbwG).[4]

Anmerkung:

Die Abwehrmaßnahmen sind **grundsätzlich ab dem 1.1.2022** anzuwenden (§ 13 Abs. 1 StAbwG). In Bezug auf Steuerhoheitsgebiete, die sich am 1.1.2021 nicht auf der „Schwarzen Liste" der EU

---

1) Vgl. Woitok, IStR 2021, 777, 778, der von einem „doppelten Oasen-Status" spricht.
2) Verordnung v. 20.12.2021, BGBl. I 2021, 5236 = BStBl I 2022, 3.
3) Kritisch dazu Woitok, IStR 2021, 777, 779, der in der nationalen Umsetzung eine überobligatorische Regelung sieht.
4) Zu den Abwehrmaßnahmen auch Haun/Sauer, IStR 2021, 917.

befunden haben (→ Rz. 174), verzögert sich die erstmalige Anwendung bis 1.1.2023 (§ 13 Abs. 2 StAbwG).

Zudem ist hinsichtlich der erstmaligen Anwendung der Abwehrmaßnahmen darauf zu achten, ob die Steuerhoheitsgebiete bereits in der Rechtsverordnung als nicht kooperativ benannt wurden (→ Rz. 178). Grundsätzlich kommen die Abwehrmaßnahmen **ab dem Folgejahr des Inkrafttretens der Rechtsverordnung**, in dem ein Steuerhoheitsgebiet erstmals in der Rechtsverordnung genannt wird, zur Anwendung (§ 3 Abs. 2 StAbwG).

b) Versagung des Betriebsausgaben-/Werbungskostenabzugs

Aufwendungen aus Geschäften mit in einem nicht kooperativen Steuerhoheitsgebiet ansässigen (natürlichen oder juristischen) Personen unterliegen einem Betriebsausgaben- bzw. Werbungskostenabzugsverbot (§ 8 Satz 1 StAbwG).   **180**

Dieses greift jedoch **nicht, soweit** die den Aufwendungen **entsprechenden Erträge der (un)beschränkten Steuerpflicht** nach dem EStG, KStG oder dem StAbwG unterliegen. Damit greift das Abzugsverbot nicht, soweit aufgrund § 10 StAbwG dem Quellensteuerabzug unterliegende steuerpflichtige Einkünfte anzunehmen sind. Ebenso ist der Betriebsausgaben- bzw. Werbungskostenabzug nicht eingeschränkt, soweit auf Grund der aus den Aufwendungen resultierenden Einnahmen ein Hinzurechnungsbetrag i.S.v. § 10 Abs. 1 AStG anzusetzen ist (§ 8 Satz 2 StAbwG).

Anmerkung:

Das Betriebsausgaben- und Werbungskostenabzugsverbot nach § 8 StAbwG ist erstmals ab dem vierten Jahr nach Inkrafttreten der Rechtsverordnung (→ Rz. 178) anzuwenden (§ 3 Abs. 2 StAbwG). Somit erfolgt eine erstmalige Anwendung in 2025.

c) Verschärfte Hinzurechnungsbesteuerung

Die Hinzurechnungsbesteuerung nach den §§ 7 ff. AStG wird im Falle der Anwendbarkeit des § 9 StAbwG ergänzt und verschärft. Hierbei werden bereits die durch das ATAD-Umsetzungsgesetz (ATADUmsG) modifizierten Regelungen (→ Rz. 152 ff.) zugrunde gelegt.   **181**

Bei Beteiligung eines unbeschränkt Steuerpflichtgen an einer ausländischen Gesellschaft i.S.d. § 7 Abs. 1 AStG, die in einem nicht kooperativen Steuerhoheitsgebiet ansässig ist, gilt die Gesellschaft über die Bestimmung passiver Einkünfte nach § 8 Abs. 1 AStG und ungeachtet der weiteren Voraussetzungen für die Hinzurechnungsbesteuerung bzw. deren Einschränkung nach §§ 8 Abs. 2 bis 4 und § 9 AStG mit ihren sämtlichen, insgesamt einer niedrigen Besteuerung i.S.d. § 8 Abs. 5 AStG unterliegenden Einkünften als Zwischengesellschaft (§ 9 Satz 1 StAbwG). Dies führt zu einer Hinzurechnungsbesteuerung ungeachtet der Art der Einkünfte (aktiv/passiv), der Erfüllung des Motivtest oder des Unterschreitens der Freigrenze in § 9 AStG.

Beratungshinweis:

Da das Betriebsausgaben- bzw. Werbungskostenabzugsverbot nach § 8 Satz 2 StAbwG nicht zur Anwendung kommt, soweit auf Grund der aus den Aufwendungen resultierenden Einnahmen eine Hinzurechnungsbesteuerung vorzunehmen ist, besteht ein Anwendungsvorrang der verschärften Hinzurechnungsbesteuerung nach § 9 StAbwG vor dem Betriebsausgaben- bzw. Werbungskostenabzugsverbot.

In § 9 Satz 2 StAbwG sorgt eine **Rückfallklausel** dafür, dass die verschärfte Hinzurechnungsbesteuerung nach § 9 Satz 1 StAbwG nicht zu geringeren Hinzurechnungsbeträgen führt als bei deren Nichtanwendung.

Ist die **Betriebsstätte** eines unbeschränkt Steuerpflichtigen in einem nicht kooperativen Steuerhoheitsgebiet gelegen, unterliegen sämtliche Einkünfte der Betriebsstätte dem Anrechnungs- und nicht dem Freistellungsverfahren (§ 9 Satz 3 StAbwG).

> **Anmerkung:**
>
> Für die erstmalige Anwendung der verschärften Hinzurechnungsbesteuerung ist zu differenzieren. Diese kommt für den VZ bzw. EZ zur Anwendung, für den Zwischeneinkünfte in einem nach dem 31.12.2021 beginnenden Wirtschaftsjahr der Zwischengesellschaft hinzuzurechnen sind. Für Altfälle, d.h. bei Beginn des Wirtschaftsjahres der Zwischengesellschaft vor dem 1.1.2022, ist eine abweichende Fassung des § 9 StAbwG vorgegeben, die dem Regelungsschema der Hinzurechnungsbesteuerung vor Modifizierung durch das ATAD-Umsetzungsgesetz (ATADUmsG) folgt und in diesen Altfällen ab 1.1.2022, folglich für das abweichende Wirtschaftsjahr 2021/2022, anzuwenden ist (§ 13 Abs. 3 StAbwG).

d) Verschärfte Quellensteuervorgaben

182 Bei (natürlichen und juristischen) Personen, Personenvereinigungen und Vermögensmassen, die in einem nicht kooperativen Steuerhoheitsgebiet ansässig sind, werden über den Katalog der beschränkt steuerpflichtigen Einkünfte in § 49 EStG **hinaus in weiteren Fällen steuerpflichtige Einkünfte** angenommen. Diese unterliegen in der Regel erstmals in 2022 einem **Quellensteuerabzug von 15 %** (§ 10 Satz 3 StAbwG). Dazu werden die Vorschriften zum Steuerabzugsverfahren nach § 50a EStG (ausgenommen § 50a Abs. 6 und 7 EStG) und die daran anknüpfenden Regelungen für anwendbar erklärt. Von diesen Regelungen erfasst sind Einkünfte aus

– Finanzierungsbeziehungen (insb. Darlehensverhältnisse und Finanzierungsleasing),

– Versicherungs- oder Rückversicherungsleistungen,

– der Erbringung von Dienstleistungen (insb. Rechts- und Beratungsleistungen, Onlinewerbung) oder

– dem Handel mit Waren oder Dienstleistungen,

die bei unbeschränkter Steuerpflicht einer der sieben Einkunftsarten zuzurechnen und zu besteuern wären. Weitere Voraussetzung ist, dass diese Vergütungen als Betriebsausgaben oder Werbungskosten eines anderen Steuerpflichtigen ungeachtet des § 8 Satz 1 StAbwG bei dessen Veranlagung zur unbeschränkten Einkommensteuer- oder Körperschaftsteuerpflicht berücksichtigt werden können (§ 10 Satz 1 StAbwG).

e) Maßnahmen bei Gewinnausschüttungen und Anteilsveräußerungen

183 Auf Dividenden oder vergleichbare Leistungen nach § 20 Abs. 1 Nr. 1, 2, 9 und 10 Buchst. a EStG einer in einem nicht kooperativen Steuerhoheitsgebiet ansässigen Körperschaft ist die **Steuerbefreiung** nach § 8b Abs. 1 Satz 1 KStG **ebenso wenig anwendbar wie** laut DBA vorgesehene **Schachtelprivilegien**. Auch die Steuerfreistellung für Anteilsveräußerungsgewinne nach § 8b Abs. 2 KStG ist ausgeschlossen. Für „Durchschüttungsfälle", bei welchen derartige Einkünfte von einer nahestehenden Person i.S.d. § 1 Abs. 2 AStG bezogen werden, gelten die Abwehrmaßnahmen gleichermaßen (§ 11 Abs. 1 StAbwG).

Als Abwehrmaßnahme ist nach § 11 Abs. 2 StAbwG außerdem vorgesehen, dass derartige Kapitalerträge **weder der Abgeltungsteuer noch dem Teileinkünfteverfahren** unterliegen.

> **Beratungshinweis:**
>
> Die vorgenannten Regelungen kommen nicht zur Anwendung, soweit die Ausschüttungen aus Beträgen resultieren, die der inländischen Quellensteuer nach § 10 StAbwG (→ Rz. 182) unterlegen

haben oder für die das Abzugsverbot nach § 8 StAbwG (→ Rz. 180) angewendet wurde (§ 11 Abs. 3 StAbwG).

Erstmals zur Anwendung kommen die Maßnahmen nach § 11 StAbwG ab Beginn des dritten Jahres nach Inkrafttreten der Rechtsverordnung (§ 3 Abs. 2 StAbwG), somit ab 1.1.2024.

4. Mitwirkungspflichten

Für den Steuerpflichtigen gelten im Hinblick auf relevante Geschäftsbeziehungen zu **184** nicht kooperativen Steuerhoheitsgebieten über § 90 AO hinaus **gesteigerte Mitwirkungs- und Aufzeichnungspflichten**, die in § 12 Abs. 2 StAbwG im Detail aufgelistet sind. Vergleichbare Vorgaben waren bislang in § 1 Abs. 4 Steuerhinterziehungsbekämpfungsverordnung enthalten. Diese Verordnung wurde insgesamt aufgehoben.

Bei Verletzung der Mitwirkungspflichten greift zulasten des Steuerpflichtigen die Vermutung, dass **nicht erklärte Einkünfte tatsächlich vorhanden** sind oder erklärte Einkünfte höher sind als erklärt (§ 162 Abs. 2 Satz 3 AO). Außerdem ist in analoger Anwendung von § 162 Abs. 4 AO ein Zuschlag festzusetzen (§ 162 Abs. 4a AO).

Anmerkung:

Die Mitteilungspflichten kommen wie auch die Abwehrmaßnahmen grundsätzlich ab dem 1.1.2022 zur Anwendung (§ 13 Abs. 1 StAbwG). Allerdings verzögert sich die erstmalige Anwendung bis 1.1.2023, wenn sich Steuerhoheitsgebiete am 1.1.2021 noch nicht auf der „Schwarzen Liste" der EU befunden haben, und erst später aufgegriffen wurden (§ 13 Abs. 2 StAbwG).

VI. Künftige Neuerungen

1. Neue Meldepflicht für Betreiber digitaler Plattformen (DAC 7)

Mit der Richtlinie 2021/414 des Rates vom 22.3.2021 zur Änderung der Richtlinie 2011/ **185** 16/EU über die Zusammenarbeit der Verwaltungsbehörden im Bereich der Besteuerung[1] (7. Änderung der Amtshilferichtlinie) werden neue Pflichten für Betreiber digitaler Plattformen eingeführt.

Anmerkung:

Bereits seit 1.7.2020 sind grenzüberschreitende Steuergestaltungen über eine elektronische Schnittstelle den Finanzbehörden zu melden (→ Rz. 447). Diese ebenso auf einer Änderung der Richtlinie 2011/16/EU[2] beruhenden Mitteilungspflichten wurden mit §§ 138d ff. AO geregelt. Da diese Regelungen auf der 6. Änderung der Amtshilferichtlinie (Directive on Administrative Cooperation 6) beruhen, werden die Mitteilungspflichten auch kurz als DAC 6 bezeichnet. Die nun vorgesehenen weiteren Mitteilungspflichten werden – da beruhend auf der 7. Änderung der Amtshilferichtlinie – kurz auch **DAC 7** genannt.

Meldepflichtige Plattformbetreiber haben zum einen **Sorgfaltspflichten** zu erfüllen, indem sie **Informationen zu meldepflichtigen Verkäufern erheben**, wie z.B. deren Vor- und Nachname, Anschrift, jede Steueridentifikationsnummer, die für diese in einem EU-Mitgliedstaat vergeben wurde, deren Mehrwertsteuer-Identifikationsnummer, falls vorhanden, sowie die Handelsregisternummer (Art. 8ac Abs. 2 Richtlinie 2011/16/EU). Diese Informationen sind vom Plattformbetreiber über eine kostenlos zur Verfügung zu stellende elektronische Schnittstelle auf ihre Verlässlichkeit zu **überprüfen**.

---

1) Richtlinie v. 22.3.2021, ABl. 2021 L 104/1.
2) Richtlinie v. 25.5.2018, ABl. 2018 L 139/1.

> **Anmerkung:**
>
> Meldepflichtig sind Verkäufer nur dann, wenn sie sog. relevante Tätigkeiten gegen Vergütung ausführen. Hierbei handelt es sich um die Vermietung von unbeweglichem Vermögen, persönliche Dienstleistungen, Warenverkauf und die Vermietung jeglicher Verkehrsmittel.

Zum anderen hat der Plattformbetreiber die erhobenen Informationen über meldepflichtige Verkäufer **bis spätestens 31.1.** des Jahres, das auf das Kalenderjahr folgt, in dem der Verkäufer als meldepflichtig identifiziert wurde, an die zuständigen Steuerbehörden **zu melden**. Neben den vorgenannten Informationen zählen zu den meldepflichtigen Informationen u.a. auch die Kennung des Finanzkontos sowie die in einem Quartal insgesamt gezahlte oder gutgeschriebene Vergütung sowie die Zahl der relevanten Tätigkeiten.

> **Anmerkung:**
>
> Die EU-Mitgliedstaaten haben die Vorgaben zu DAC 7 bis 31.12.2022 in das nationale Recht umzusetzen und ab dem 1.1.2023 anzuwenden (Art. 2 der Richtlinie). Erstmals übermittelt werden dabei Informationen für Meldezeiträume ab dem 1.1.2023 (Art. 8ac Abs. 3 Satz 2 Richtlinie 2011/16/EU), so dass eine Meldung erstmals zum 31.1.2024 zu übermitteln wäre.

2. Öffentliches Country-by-Country-Reporting

186 Am 1.12.2021 wurde die Richtlinie 2021/2101 vom 24.11.2021 zur Änderung der Richtlinie 2013/34/EU im Hinblick auf die Offenlegung von Ertragsteuerinformationen durch bestimmte Unternehmen und Zweigniederlassungen veröffentlicht[1] und ist damit am 21.12.2021 in Kraft getreten (Art. 3 der Richtlinie).

Damit werden **multinationale Konzerne** mit konsolidierten **Umsatzerlösen von über 750 Mio. Euro** in den beiden letzten aufeinander folgenden Geschäftsjahren verpflichtet, ihren Country-by-Country-Report auf der Website der Konzernmutter bzw. ggf. auf der Website einer meldepflichtigen EU-Tochtergesellschaft öffentlich zugänglich zu machen.

> **Anmerkung:**
>
> Derzeit sind multinationale Konzerne mit einem Konzernumsatz von über 750 Mio. Euro nach § 138a AO verpflichtet, einen Country-by-Country-Report an das Bundeszentralamt für Steuern zu übermitteln, wenn sich die Konzernobergesellschaft im Inland befindet. Dieser Country-by-Country-Report dient allerdings lediglich dem Austausch länderbezogener Berichte zwischen den zuständigen Finanzbehörden der Staaten, in denen die Konzerngesellschaften ansässig sind. Die Informationen sind bislang nicht allgemein zugänglich. Mit dem nun beschlossenen öffentlichen Country-by-Country-Reporting wird dies künftig möglich sein.

Konkret sind nach Art. 48c Abs. 2 Richtlinie 213/34/EU u.a. folgende **Angaben** in dem Bericht aufzuführen:

– Name des obersten Mutterunternehmens,

– Liste aller in den konsolidierten Abschluss einbezogenen Tochtergesellschaften, die in der EU oder in nicht kooperativen Steuerhoheitsgebieten (→ Rz. 174) niedergelassen sind,

– Zahl der Beschäftigten in Vollzeitäquivalenten,

– Summe der Nettoumsatzerlöse, der sonstigen betrieblichen Erträge, der Erträge aus Beteiligungen mit Ausnahme der von verbundenen Unternehmen erhaltenen Dividenden,

---

1) Richtlinie v. 24.11.2021, ABl. 2021 L 429/1.

- Gewinn oder Verlust vor Ertragsteuern,

- noch zu zahlende Ertragsteuern für das betreffende Geschäftsjahr,

- gezahlte Ertragsteuern im betreffenden Geschäftsjahr,

- einbehaltene Gewinne am Ende des betreffenden Geschäftsjahrs.

Anmerkung:

Den EU-Mitgliedstaaten wird eingeräumt, dass sie in ihrer nationalen Umsetzung der Berichtspflichten gestatten, zeitweise auf den Ausweis einer oder mehrerer Angaben in dem Bericht zu verzichten, wenn die Offenlegung der Marktstellung der Unternehmen, auf die sich der Bericht bezieht, einen erheblichen Nachteil zufügen würde (Art. 48c Abs. 6 Richtlinie 213/34/EU).

Die Informationen sind für jeden EU-Mitgliedstaat und für jedes nicht kooperative Steuerhoheitsgebiet **getrennt auszuweisen**. Für andere Steuerhoheitsgebiete ist ein Ausweis auf aggregierter Basis vorgesehen (Art. 48c Abs. 5 Richtlinie 213/34/EU).

Der Bericht ist unter Verwendung eines von der EU-Kommission festgelegten gemeinsamen Musters in maschinenlesbarem elektronischem Format zu erstellen (Art. 48c Abs. 4 Richtlinie 213/34/EU).

Anmerkung:

Die EU-Mitgliedstaaten haben die Richtlinie **bis 22.6.2023 in nationales Recht umzusetzen** (Art. 2 der Richtlinie). Die Berichterstattung soll nach Art. 48g Richtlinie 213/34/EU spätestens ab Beginn des ersten ab 22.6.2024 beginnenden Geschäftsjahres erfolgen. Es bleibt abzuwarten, ob in der nationalen Umsetzung der Berichtspflicht ein früherer Start vorgesehen wird.

3. OECD-Konzept zur Reform der internationalen Unternehmensbesteuerung

a) Aktueller Stand

Bereits im Mai 2019 wurde im Rahmen der Umsetzung des BEPS-Projekts auf OECD- **187** Ebene von der Arbeitsgruppe „Inclusive Framework on BEPS", die sich aus Vertretern der OECD- und G20-Staaten zusammensetzt, ein Arbeitsprogramm verabschiedet, das eine Neuregelung der Besteuerung digitaler Dienstleistungen vorsah. Mit einem Zwei-Säulen-Modell sollten zum einen die Besteuerungsrechte hinsichtlich des erzielten Gewinns zwischen dem Ansässigkeitsstaat eines Unternehmens und den Marktstaaten, in denen das Unternehmen Umsätze generiert, unter bestimmten Voraussetzungen umverteilt werden (**Pillar 1**). Zum anderen war bereits darin die Einführung einer globalen Mindestbesteuerung vorgesehen (**Pillar 2**). Am 12.10.2020 veröffentlichte dazu das „Inclusive Framework on BEPS" einen Report (sog. Blueprints), auf dem basierend am 1.7.2021 nochmals modifizierte Eckpunkte von 130 der bis dahin 139 teilnehmenden Staaten und Gebiete beschlossen wurden. Weitere Konkretisierungen des Zwei-Säulen-Modells wurden **am 8.10.2021** von dann schon 136 der mittlerweile 140 teilnehmenden Staaten in einem **Statement** gefasst,[1] dem **am 13.10.2021 die G20-Finanzminister zustimmten**.[2]

Eine Begrenzung auf die Neuregelung der Besteuerung digitaler Dienstleistungen ist darin nicht mehr vorgesehen. Vielmehr soll insgesamt die internationale Besteuerung multinationaler Unternehmen ab einer bestimmten Unternehmensgröße neu geregelt werden. Bereits am 20.12.2021 veröffentlichte die OECD ausführliche Rahmenregelungen[3] zur Umsetzung von Pillar 2.

---

1) https://www.oecd.org/tax/beps/statement-on-a-two-pillar-solution-to-address-the-tax-challenges-arising-from-the-digitalisation-of-the-economy-october-2021.pdf.

2) Vgl. dazu auch https://www.bundesfinanzministerium.de/Content/DE/Standardartikel/Themen/Steuern/Internationales_Steuerrecht/BEPS/schaedlichen-steuerwettbewerb-bekaempfen.html.

3) https://www.oecd.org/tax/beps/tax-challenges-arising-from-the-digitalisation-of-the-economy-global-anti-base-erosion-model-rules-pillar-two.pdf.

Offensichtlich sollen zudem sehr zeitnah auf **EU-Ebene** entsprechende Vorgaben zur Umsetzung der geplanten globalen Mindestbesteuerung getroffen werden. So legte die EU-Kommission am 22.12.2021 den **Vorschlag für eine Richtlinie** zur Sicherstellung eines Mindestbesteuerungsniveaus multinationaler Unternehmensgruppen in der EU[1] vor. Darin ist bereits eine Umsetzung der Vorgaben im jeweiligen nationalen Recht der EU-Mitgliedstaaten bis Ende 2022 vorgesehen, so dass die nationalen Umsetzungsregelungen bereits ab 2023 zur Anwendung kommen könnten. Zudem will die EU-Kommission zügig an Regelungen zur Umsetzung der Zuweisung von Besteuerungsrechten nach Pillar 1 arbeiten.[2]

> **Anmerkung:**
>
> Wird die Richtlinie auf EU-Ebene verabschiedet, sind die EU-Mitgliedstaaten – damit u.a. auch Deutschland – zu deren Umsetzung innerhalb der vorgesehenen Frist verpflichtet, wobei ggf. vorhandene Wahlrechte noch in der nationalen Umsetzung ausgeübt werden können.

b) Umverteilung der Besteuerungsrechte (Pillar 1)

188 Von den zu verabschiedenden Regelungen zur Umverteilung der Besteuerungsrechte sollen multinationale Unternehmen erfasst werden, die

– einen weltweiten Umsatz von mehr als 20 Mrd. Euro ausweisen, wobei insb. die Rohstoffindustrie und der Finanzdienstleistungssektor vollständig ausgenommen sind und

– eine Rendite vor Steuern von mehr als 10 % erzielen.

Der Gewinn dieser Unternehmen wird in einen Amount A und einen Amount B unterteilt. Unter **Amount B** fallen Vergütungen aus Marketing- und Vertriebsaktivitäten, die von Routinegesellschaften durchgeführt werden. Hier wird eine Standardisierung und Vereinfachung der Anwendung des Fremdvergleichsgrundsatzes angestrebt (→ Rz. 17).[3]

Alle weiteren Gewinne fallen unter **Amount A**, der bei Vorliegen eines Nexus zu anderen Staaten in begrenztem Umfang diesen als Besteuerungssubstrat zugewiesen werden soll. Von einem solchen Nexus ist auszugehen, wenn ein Unternehmen im Marktstaat mindestens 1 Mio. Euro Umsatz erwirtschaftet. Bei Staaten mit einem Bruttoinlandsprodukt unter 40 Mrd. Euro genügt bereits das Erreichen einer Umsatzschwelle von 250.000 Euro, um einen Nexus zu begründen. Besteht ein Nexus, werden entsprechend 25 % des Gewinns, der eine Rendite vor Steuern von mehr als 10 % übersteigt (Residualgewinn), re-allokiert (→ Rz. 10).

Flankierend dazu sollen verbindliche **Mechanismen zur Streitvermeidung und Streitbeilegung** eingeführt werden, da angesichts der Umverteilung von Besteuerungssubstrat und der insoweit konträren Interessen beteiligter Staaten Streitigkeiten nicht unwahrscheinlich sein dürften.[4]

> **Anmerkung:**
>
> Die Umsetzung von Pillar 1 soll in 2022 erfolgen, wobei die Regelungen zu Amount A in einer Multilateral Convention gefasst werden sollen. Diese müsste in den beteiligten Staaten anschließend ratifiziert werden. Insgesamt wird ein Inkrafttreten von Pillar 1 in 2023 angestrebt.

---

1) https://ec.europa.eu/taxation_customs/system/files/2021-12/COM_2021_823_1_EN_ACT_part1_v11.pdf.
2) S. Pressemitteilung v. 22.12.2021 unter https://ec.europa.eu/commission/presscorner/detail/de/ip_21_7028.
3) Vgl. Petkova/Greil, IStR 2021, 685, 691 noch auf Basis der Beschlüsse im Juli 2021.
4) Vgl. dazu auch Fehling/Koch, IStR 2021, 561, 565.

c) Einführung einer globalen Mindestbesteuerung (Pillar 2)

aa) Anwendungsbereich

Eine globale Mindestbesteuerung soll durch das Zusammenwirken **national in den teilnehmenden Staaten geregelten** sog. Global anti-Base Erosion Rules (GloBE Rules) und flankierend dazu durch eine in den DBA zu regelnde sog. Subject to Tax Rule umgesetzt werden. **189**

Von den **GloBE Rules** erfasst werden sollen **multinationale Unternehmen** mit einem **Konzernumsatz von mindestens 750 Mio. Euro** (CbCR-Schwelle, → Rz. 186). Explizit aus dem Anwendungsbereich ausgenommen werden staatliche Einheiten, internationale Organisationen, Non-Profit-Organisationen sowie Pensionsfonds, Investmentfonds und Immobilieninvestmentvehikel.[1]

> **Anmerkung:**
>
> Im Richtlinienentwurf[2] ist entsprechend vorgesehen, dass die Richtlinienvorgaben zur Umsetzung der GloBE Rules zur Anwendung kommen, wenn eine Gesellschaft oder Betriebsstätte einer multinationalen Unternehmensgruppe, die in mindestens zwei der vier vorangehenden Wirtschaftsjahre einen jährlichen Umsatz von mindestens 750 Mio. Euro erzielt hat, in der EU belegen ist. Zudem wird der Anwendungsbereich aus EU-rechtlichen Gründen aber auch auf entsprechend große Konzerne ausgedehnt, deren Gesellschaften ausschließlich in einem EU-Mitgliedstaat ansässig sind. Die Ausnahmeregelungen wurden entsprechend der OECD-Vorgaben in den Richtlinienentwurf übernommen.

Zudem sind **Einschränkungen der Anwendung der GloBE Rules** vorgesehen, die in den am 20.12.2021 veröffentlichten Rahmenregelungen näher erläutert werden. So sollen z.B. die GloBE Rules in Staaten, in denen der multinationale Konzern Einnahmen von weniger als 10 Mio. Euro und Gewinne von weniger als 1 Mio. Euro erzielt, nicht zur Anwendung kommen (De Minimis Exclusion). Auch ist eine formelhafte Substanzausnahme vorgesehen, durch die ein Einkommensbetrag prozentual ermittelt auf Basis des Buchwerts der Sachanlagen und der Lohnsumme nicht den GloBE-Regeln unterliegt (Substance-based Income Exclusion). Klärungsbedürftig ist noch, inwieweit das sog. GILTI-Regime in den USA bei Einführung einer globalen Mindestbesteuerung fortgelten wird.

> **Anmerkung:**
>
> Auch im Richtlinienentwurf sind entsprechende Einschränkungen vorgesehen.
>
> Zwar steht den Staaten, die an dem OECD-Konzept teilnehmen, grundsätzlich frei, die GloBE-Regeln in ihr nationales Recht umzusetzen. Verpflichtet sind sie lediglich dazu, die Anwendung der Regeln durch andere Staaten zu dulden. Wird jedoch auf EU-Ebene die vorgesehene Richtlinie verabschiedet, kommt dies einer Umsetzungspflicht der GloBE-Regeln in den EU-Mitgliedstaaten gleich.

bb) Hochschleusen auf Mindestbesteuerungsniveau

Nachdem zunächst von einem globalen Mindeststeuersatz von mindestens 15 % die Rede war, einigten sich die teilnehmenden Staaten im Oktober 2021 auf einen **globalen Mindeststeuersatz von 15 %.** **190**

Bei den unter die GloBE Rules fallenden Unternehmen soll auf Basis des Effektivsteuersatzes des jeweiligen Staates und einer nach IFRS (oder äquivalenten Standards)

---

1) Vgl. Benecke/Rieck, IStR 2021, 692, 694.
2) https://ec.europa.eu/taxation_customs/system/files/2021-12/COM_2021_823_1_EN_ACT_part1_ v11.pdf.

ermittelten Steuerbemessungsgrundlage geprüft werden, ob die Steuerbelastung mindestens 15 % beträgt. Liegt diese unterhalb des Mindeststeuersatzes, wird im Ansässigkeitsstaat der Konzernmuttergesellschaft eine sog. Top-up Tax in Höhe der Differenz zwischen der bisherigen Steuerbelastung und der Mindeststeuer ausgelöst.

Als Allokationsmechanismus bei Anwendung der globalen Mindestbesteuerung sind zwei Regelungen im nationalen Recht der teilnehmenden Staaten umzusetzen: die sog. Income Inclusion Rule und die sog. Undertaxed Payment Rule.

cc) Income Inclusion Rule

191 Die Income Inclusion Rule (IIR) ist ihrer Funktionsweise der **Hinzurechnungsbesteuerung** nachgebildet, wobei hier zu berücksichtigen ist, dass diese in allen teilnehmenden Staaten zur Anwendung kommt. Nach einem sog. **Top-Down-Ansatz** ist die IIR auf Ebene der nächstübergeordneten Muttergesellschaft vorrangig anzuwenden, so dass letztlich die Besteuerung nach dieser Regel vorrangig auf Ebene der obersten Konzerneinheit erfolgt.[1] Durchbrochen wird diese Vorgehensweise lediglich teilweise durch die sog. Split-Ownership-Regelung, wonach die IIR vorrangig auf Ebene einer Zwischenobergesellschaft anzuwenden ist, wenn nicht konzernzugehörige Anteilseigner zu mehr als 20 % an der Zwischenobergesellschaft beteiligt sind.

Konkret zu prüfen ist nach der IIR, ob Einkommen einer Tochtergesellschaft in einem anderen Staat effektiv mit einem Steuersatz unter 15 % besteuert wird. Ist dies der Fall, wird auf Ebene der Muttergesellschaft eine Top-up Tax in Höhe der Differenz zur Mindestbesteuerung erhoben und somit die Steuerlast auf das Belastungsniveau des Mindeststeuersatzes hochgeschleust.

> **Anmerkung:**
>
> In Übereinstimmung mit den OECD-Vorgaben sieht der Richtlinienentwurf[2] eine vorrangige Anwendung der IIR bei der obersten Muttergesellschaft vor, sofern diese in der EU ansässig ist. Ist die oberste Muttergesellschaft außerhalb der EU ansässig, soll die IIR auf Ebene der in der EU ansässigen zwischengeschalteten Muttergesellschaft greifen. Zudem soll die Anwendung der IIR auf Fälle ausgedehnt werden, in denen nicht nur Tochtergesellschaften sondern auch die oberste Muttergesellschaft einer niedrigen Besteuerung unterliegen.

dd) Undertaxed Payment Rule

192 Kommt ein Hochschleusen der Steuerlast auf das Mindestbesteuerungsniveau nach der IIR (→ Rz. 191) nicht in Betracht, greift die Undertaxed Payment Rule (UTPR). Diese bewirkt das **Versagen des Betriebsausgabenabzugs**, wenn Zahlungen innerhalb des Konzerns beim empfangenden Konzernunternehmen unterhalb des Mindeststeuersatzes besteuert werden und nicht Gegenstand der IIR sind. Das die Zahlungen leistende Konzernunternehmen ist nicht zum Betriebsausgabenabzug berechtigt bzw. sind in dem teilnehmenden Staat **andere Maßnahmen** vorgesehen.

Die UTPR soll allerdings zeitlich begrenzt bei multinationalen Konzernen in der Aufbauphase nicht zur Anwendung kommen. Konkret ausgenommen werden sollen damit Konzerne, die über materielle Wirtschaftsgüter von maximal 50 Mio. Euro verfügen und in nicht mehr als fünf Staaten tätig sind. Diese Ausnahme soll auf fünf Jahre seit der erstmaligen Anwendbarkeit der GloBE Rules begrenzt sein.

---

1) Vgl. Benecke/Rieck, IStR 2021, 692, 695.
2) https://ec.europa.eu/taxation_customs/system/files/2021-12/COM_2021_823_1_EN_ACT_part1_v11.pdf.

Anmerkung:

Auch darin stimmt der Richtlinienentwurf[1] mit den OECD-Vorgaben überein, dass die UTPR nachrangig zur IIR zur Anwendung kommen soll. In dem Richtlinienentwurf finden sich jedoch noch keine konkreten Vorgaben, in welcher Form die UTPR erhoben werden soll.

ee) Subject to Tax Rule

Neben den GloBE Rules soll **in den DBA** bzw. ggf. durch ein Multilaterales Instrument **193** (MLI) eine Subject to Tax Rule (STTR) die Durchsetzung einer globalen Mindestbesteuerung unterstützen. Geregelt werden soll ein begrenztes Recht des Quellenstaates zum Quellensteuerabzug, wenn das durch die DBA-Vorgaben zugewiesene primäre Besteuerungsrecht bezüglich Zins-, Lizenz- und anderer zu bestimmenden Zahlungen beim Zahlungsempfänger nicht in ausreichendem Maße ausgeübt wird. Vorgegeben werden soll dabei ein **Mindeststeuersatz von 9 %**. Beträgt die tatsächlich erhobene Steuer auf die vorgenannten Zahlungen weniger als eine Besteuerung mit dem Mindeststeuersatz von 9 %, ist die Erhebung der **Differenz in Form einer Quellensteuer** vorgesehen.

Anmerkung:

Die Anwendung der STTR hat letztlich Vorrang vor der Anwendung der GloBE Rules, weil die nach der STTR erhobene Quellensteuer im GloBE-System bei der Ermittlung der effektiven Steuerbelastung (→ Rz. 179) zu berücksichtigen ist.

ff) Erstmalige Anwendung der globalen Mindestbesteuerung

Zur Umsetzung der globalen Mindestbesteuerung ist erforderlich, dass die GloBE Rules **194** in die jeweiligen nationalen Regelungen der teilnehmenden Staaten Eingang finden.

Auf EU-Ebene könnte bereits zeitnah auf Basis des bereits vorliegenden Richtlinienentwurfs[2] eine entsprechende **Richtlinie** verabschiedet werden, die die **EU-Mitgliedstaaten zu einer Umsetzung der GloBE Rules** in ihr jeweiliges nationales Recht **verpflichtet**. Im Richtlinienentwurf ist dazu bereits vorgesehen, dass die Umsetzung in den EU-Mitgliedstaaten **bis 31.12.2022** erfolgt. Die nationalen Regelungen sollen dann bereits ab 1.1.2023 anzuwenden sein. Lediglich hinsichtlich der Umsetzungsregelungen die UTPR betreffend ist eine verzögerte erstmalige Anwendung zum 1.1.2024 vorgesehen.

Hinsichtlich der Umsetzung der STTR bedarf es einer Anpassung der **DBA**, wobei ggf. durch die Regelung mittels eines **MLI** eine gewisse Beschleunigung erreicht werden könnte.

E. Immobilienbesteuerung

I. Grundsteuer-Reform – Ländermodelle

1. Bundesmodell und Öffnungsklausel

Mit dem Gesetz zur Reform des Grundsteuer- und Bewertungsrechts[3] wurde eine bun- **195** desweit geltende Regelung zur Ermittlung der für die Bemessung der Grundsteuer maßgeblichen Grundsteuerwerte geschaffen. Demnach sind die im Inland belegenen Grundstücke in einer ersten Hauptfeststellung **auf den 1.1.2022 neu** nach dem Ertragswert- bzw. Sachwertverfahren zu bewerten (zu bereits erfolgten Änderungen der

---

1) https://ec.europa.eu/taxation_customs/system/files/2021-12/COM_2021_823_1_EN_ACT_part1_v11.pdf.
2) https://ec.europa.eu/taxation_customs/system/files/2021-12/COM_2021_823_1_EN_ACT_part1_v11.pdf.
3) Gesetz v. 26.11.2019, BGBl. I 2019, 1794 = BStBl I 2019, 1319.

neuen Regelungen → Rz. 202 ff.). Auf Basis dieser **Grundsteuerwerte** erfolgt ab dem 1.1.2025 die Festsetzung der zu zahlenden Grundsteuer.[1]

Den Bundesländern wurde mit dem Gesetz zur Änderung des Grundgesetzes (Artikel 72, 105 und 125b)[2] explizit die Möglichkeit eingeräumt, abweichend von der bundeseinheitlichen Regelung, die Grundsteuer ab dem 1.1.2025 nach landesspezifischen Vorgaben zu erheben. Hiervon haben die nachfolgenden Bundesländer Gebrauch gemacht und landesspezifische Regelungen verabschiedet, deren Grundzüge kurz dargestellt werden.

2. Baden-Württemberg

196 Am 4.11.2020 beschloss der Landtag des Landes Baden-Württemberg das Landesgrundsteuergesetz[3]. Somit erfolgt die Ermittlung der Bemessungsgrundlage der Grundsteuer künftig nach dem **modifizierten Bodenwertmodell**. Zur Bewertung ist die Grundstücksfläche mit dem Bodenrichtwert zu multiplizieren. Für überwiegend zu Wohnzwecken genutzte Grundstücke wird der so ermittelte Wert um einen Abschlag von 30 % verringert. Auf den sich ergebenden Grundsteuerwert kommt die Steuermesszahl von 1,3 ‰ zum Ansatz, worauf wiederum der Grundsteuer-Hebesatz der Gemeinde anzuwenden ist.

3. Bayern

197 Der Landtag des Bundeslandes Bayern beschloss am 23.11.2021 das Bayerische Grundsteuergesetz. Nach einem **reinen Flächenmodell** sind die Grundstücksfläche sowie die Gebäudefläche heranzuziehen. Dabei ist zur Ermittlung der Gebäudefläche bei Wohnnutzung auf die Wohnfläche i.S.d. Wohnflächenverordnung abzustellen, wobei Sonderregelungen für Garagen, Stellplätze und Nebengebäude zu beachten sind. Bei anderer Nutzung ist die Gebäudefläche nach einer geeigneten Methode zu ermitteln. Zur Ermittlung der Grundstücksfläche sind abweichende Regelungen bei sog. übergroßen Grundstücken zu berücksichtigen.

Auf die Grundstücks- und Gebäudeflächen sind je nach Nutzung unterschiedliche Äquivalenzzahlen anzuwenden. Daraus ergibt sich der Grundsteuerausgangsbetrag, der mit einer vorgegebenen Grundsteuermesszahl zu multiplizieren ist, woraus der Grundsteuermessbetrag resultiert. Die Grundsteuermesszahl variiert zwischen 52,5 % bis 75 % je nach Nutzung des Grundstücks. Auf den Grundsteuermessbetrag kommt der gemeindliche Grundsteuer-Hebesatz zur Anwendung.

4. Hamburg

198 Der Hamburger Senat beschloss am 16.3.2021 das Hamburgische Grundsteuergesetz[4], das ein **Einfachmodell mit Wohnlagenberücksichtigung** (Wohnlagemodell) regelt. Dazu ist die Grundstücksfläche, die laut der Gesetzesbegründung nach dem Sprachgebrauch der Flurstücksfläche entspricht, mit einer nutzungsunabhängigen Äquivalenzzahl von 0,04 Euro je Quadratmeter zu multiplizieren. Abweichende Regelungen sind für übergroße Grundstücke vorgesehen.

Zudem ist die Gebäudefläche zu ermitteln. Bei Wohnnutzung ist dazu die Wohnfläche i.S.d. Wohnflächenverordnung heranzuziehen. Ein häusliches Arbeitszimmer ist der Wohnnutzung zuzurechnen. Für Garagen und Nebengebäude sind Sonderregelungen zu beachten. Bei anderer als Wohnnutzung ist die Nutzfläche des Gebäudes durch eine geeignete Methode zu ermitteln. Bei besonders kleinen Gebäuden gilt das Grundstück

---

1) Einzelheiten dazu in Ebner Stolz / BDI, Steuer- und Wirtschaftsrecht 2020, Rz. 268.
2) Gesetz v. 15.11.2019, BGBl. I 2019, 1546.
3) Gesetz v. 4.11.2020, GBl. BW 2020, 974.
4) Gesetz v. 24.8.2021, HmbGVBl. 2021, 600.

als unbebaut. Die so ermittelte Gebäudefläche ist nutzungsunabhängig mit der Äquivalenzzahl von 0,50 Euro je Quadratmeter zu multiplizieren.

Der Grundsteuerwert ergibt sich aus der Summe der Äquivalenzbeträge von Grund und Boden sowie Gebäude. Auf diesen ist die Grundsteuermesszahl anzuwenden, die grundsätzlich 100 % beträgt, bei der aber Ermäßigungen je nach Wohnlage vorgesehen sind. Auf den so ermittelten Steuermessbetrag ist der noch festzusetzende Hebesatz anzuwenden.

5. Hessen

Der Hessische Landtag hat am 8.12.2021 das Hessische Grundsteuergesetz verabschiedet. Demnach kommt in Hessen ein **Flächen-Faktor-Modell** zur Anwendung. Ausgangspunkt zur Berechnung der neuen Bemessungsgrundlage für die Grundsteuer ist die Grundstücksfläche sowie die Gebäudefläche. Wie auch nach dem Bayerischen Modell (→ Rz. 197) werden auf diese Flächen Äquivalenzzahlen angewendet. Die so ermittelte Ausgangsbasis wird noch durch einen lagebezogenen Faktor gemindert oder erhöht. Dazu wird der konkrete Bodenrichtwert des Grundstücks mit dem durchschnittlichen Bodenrichtwert ins Verhältnis gesetzt und mit 0,3 potenziert. Die Berechnungsformel lautet folglich (Bodenrichtwert/durchschnittlichen Bodenrichtwert)^{0,3}. **199**

Auf den so ermittelten Steuermessbetrag kommt wiederum der gemeindliche Hebesatz zur Anwendung.

6. Niedersachsen

Das Niedersächsische Grundsteuergesetz wurde am 7.7.2021 beschlossen und sieht ein **Flächen-Lage-Modell** vor.[1] Dazu ist als Gebäudefläche im Fall der Wohnnutzung die Wohnfläche, bei anderer Nutzung die Nutzfläche heranzuziehen. Das Gesetz enthält weitere Erläuterungen, welche Wohnflächen der Wohnnutzung dienen und wie Garagen und Nebengebäude einzubeziehen sind. Zudem ist die Fläche des Grund und Bodens zu ermitteln. **200**

Gebäudeflächen sind mit einer Äquivalenzzahl von 0,50 Euro je Quadratmeter, Flächen des Grund und Bodens mit einer Äquivalenzzahl von 0,04 Euro je Quadratmeter zu multiplizieren, wobei hier Sonderregelungen für übergroße Grundstücke bestehen. Auf beide so ermittelte Äquivalenzbeträge ist der Lage-Faktor anzuwenden. Dieser ermittelt sich wie folgt: (Bodenrichtwert/durchschnittlichen Bodenrichtwert)^{0,3}.

Auf die entsprechend gemindert oder erhöhten Äquivalenzbeträge ist jeweils die Grundsteuermesszahl anzuwenden. Diese beträgt grundsätzlich 100 %, mindert sich jedoch bei Wohnflächen auf 70 % bzw. in bestimmten Fällen auf einen noch geringeren Prozentsatz. Auf den sich daraus ergebenden Grundsteuermessbetrag ist der gemeindliche Hebesatz anzuwenden.

7. Bundesländer mit abweichenden Steuermesszahlen

Sowohl das Saarland als auch Sachsen wenden das Bundesmodell zwar an, sehen aber abweichende Steuerzahlen vor. **201**

So will das **Saarland** in einem Saarländischen Grundsteuergesetz[2] regeln, dass die Steuermesszahl 0,64 ‰ beträgt für

– unbebaute Grundstücke,

– bebaute Grundstücke im Teileigentum, Geschäftsgrundstücke, gemischt genutzte Grundstücke und sonstige bebaute Grundstücke.

---

1) Nds. GVBl. 2021, 502.
2) Gesetzentwurf vom 9.4.2021, https://www.landtag-saar.de/File.ashx?FileId=35923&FileName= Gs16_1653.pdf&directDL=false.

Ein- und Zweifamilienhäuser, Mietwohngrundstücke sowie Wohnungseigentum unterliegen hingegen einer Steuermesszahl von 0,34 ‰.

In **Sachsen** wird mit dem Sächsischen Gesetz zur Umsetzung der Grundsteuerreform[1] geregelt, dass die Steuermesszahl für

– unbebaute Grundstücke,

– Ein- und Zweifamilienhäuser, Mietwohngrundstücke sowie Wohnungseigentum

0,36 ‰ beträgt. Bebaute Grundstücke im Teileigentum, Geschäftsgrundstücke, gemischt genutzte Grundstücke und sonstige bebaute Grundstücke unterliegen hingegen einer Steuermesszahl von 0,72 ‰.

II. Anpassungen der Bundesmodell-Regelungen

1. Modifikation im Ertragswertverfahren

202 Mit dem Grundsteuerreform-Umsetzungsgesetz[2] wurden bereits erste Änderungen am Bewertungsverfahren nach dem Bundesmodell (→ Rz. 195) vorgenommen. So wurden die für das bei Wohngebäuden anzuwendende Ertragswertverfahren (§ 252 BewG) heranzuziehenden durchschnittlichen monatlichen **Nettokaltmieten an den Mikrozensus 2018 angepasst**. Entsprechend wurde die Anlage 39 Teil I zu § 254 BewG geändert und ist der erstmaligen neuen Bewertung von Grundstücken auf den 1.1.2022 zugrunde zu legen.

Zudem wurde in Teil II der Anlage 39 zu § 254 BewG eine **Mietniveaustufe 7** hinzugefügt. Somit sind bei Abweichungen vom Durchschnittsmietniveau, was der Mietniveaustufe 3 entspricht, Abschläge bis zu 20 % bzw. Zuschläge bis zu 40 % zu den Nettokaltmieten laut Teil I der Anlage 39 zu § 254 BewG zu berücksichtigen.

> **Anmerkung:**
>
> Die gemeindebezogene Einordnung in die jeweilige Mietniveaustufe erfolgt durch die Mietniveau-Einstufungsverordnung (MietNEinV) vom 18.8.2021.[3]

2. Senkung der Steuermesszahl

203 Wegen der Änderung der Nettokaltmieten im Rahmen des Mikrozensus 2018 (→ Rz. 202) wurde mit dem Grundsteuerreform-Umsetzungsgesetz[4] im Grundsteuergesetz die Steuermesszahl für Wohngrundstücke von 0,34 ‰ **auf 0,31 ‰ gesenkt** (§ 15 Abs. 1 GrStG). Im Übrigen ist weiterhin die Steuermesszahl von 0,34 ‰ anzuwenden. Auch diese Änderung ist bereits bei der erstmaligen Neufestsetzung der Grundsteuerwerte auf den 1.1.2022 zu berücksichtigen.

> **Anmerkung:**
>
> Damit soll erreicht werden, dass die Änderungen durch den Mikrozensus 2018 aufkommensneutral bleiben.

3. Zusammenfassung von Grundstücken zu wirtschaftlichen Einheiten

204 Wirtschaftsgüter dürfen nach § 2 Abs. 2 BewG nur dann zu einer wirtschaftlichen Einheit zusammengefasst werden, wenn sie demselben Eigentümer gehören. Für Zwecke

---

1) Gesetz v. 3.2.2021, Sächsisches Gesetz- und Verordnungsblatt 2021, 242.
2) Gesetz v. 16.7.2021, BGBl. I 2021, 2931 = BStBl I 2021, 1451.
3) Verordnung v. 18.8.2021, BGBl. I 2021, 3738 = BStBl I 2021, 1871.
4) Gesetz v. 16.7.2021, BGBl. I 2021, 2931= BStBl I 2021, 1451.

der Einheitsbewertung bestanden bereits bislang Ausnahmen für **wirtschaftliche Einheiten bei Ehegatten und Lebenspartnern** nach § 26 BewG **sowie Betrieben der Land- und Forstwirtschaft** nach § 34 Abs. 4 bis 6 BewG.

Die Zusammenfassung zu wirtschaftlichen Einheiten kann laut einer Änderung durch das Grundsteuerreform-Umsetzungsgesetz[1] nach § 266 Abs. 5 BewG auch weiterhin der Feststellung von Grundsteuerwerten zugrunde gelegt werden.

Anmerkung:

Ziel der gesetzlichen Änderung ist, bei land- und forstwirtschaftlichem Vermögen den Verwaltungsaufwand für den ersten Hauptfeststellungspunkt zu mindern. Konsequenterweise wird die Norm darum aber zur zweiten Hauptfeststellung zum 31.12.2028 wieder aufgehoben, da bis dahin die KONSENS-Grundstücksdatenbank LANGUSTE eine automatisierte Zuordnung anhand der Liegenschaftskataster ermöglichen soll.

F. Wirtschaftsprüfung

I. Entwurf der Corporate Sustainability Reporting Directive

1. Hintergrund

Die EU-Kommission hat sich mit dem Green Deal[2] das Ziel gesetzt, die EU bis 2050 zu **205** einer **modernen, ressourceneffizienten Wirtschaft** umzubauen, die keine Netto-Treibhausgasemissionen mehr freisetzt. Für die Erreichung dieses Ziels und die Umsetzung des EU-Aktionsplans[3] für eine nachhaltige Finanzierung sieht es die EU-Kommission als unverzichtbar an, dass Unternehmen bessere und einheitlichere Informationen zu Nachhaltigkeitsrisiken bereitstellen. Die aktuell gültige CSR-Richtlinie 2014/95 datiert vom 22.12.2014.[4] Im Rahmen des europäischen Green Deal erfolgte die Aufnahme der Überprüfung der aktuell gültigen CSR-Richtlinie in das Arbeitsprogramm. Die Veröffentlichung des Entwurfs zur überarbeiteten Corporate Sustainability Reporting Directive (kurz: Bilanz RL-E oder CSRD-Entwurf), der die **Nachhaltigkeitsberichterstattung neu ausrichtet**, erfolgte am 21.4.2021. Die geplanten Änderungen haben zum Ziel, die Transparenz hinsichtlich Nachhaltigkeitsaspekten zu erhöhen, um dadurch der steigenden Nachfrage nach derartigen Informationen gerecht zu werden. Der Richtlinienentwurf solle diesbezüglich ein Rahmenwerk für eine standardisierte Nachhaltigkeitsberichterstattung schaffen.[5]

---

1) Gesetz v. 16.7.2021, BGBl. I 2021, 2931 = BStBl I 2021, 1451.
2) Der sog. Green Deal der EU aus dem Jahr 2019 verfolgt das Ziel, Europa bis 2050 zum klimaneutralen Kontinent zu machen. Die entsprechende Mitteilung der EU-Kommission an das europäische Parlament und den Rat ist abrufbar unter: https://eur-lex.europa.eu/resource.html?uri=cellar:b828d165–1c22–11ea-8c1f-01aa75ed71a1.0002.02/DOC_1&format=PDF (zuletzt abgerufen am 12.11.2021).
3) Der Aktionsplan aus dem Jahr 2018 hat das Ziel, Finanzmittel in nachhaltige Wirtschaftstätigkeiten zu lenken. Mitteilung der Kommission an das europäische Parlament, den europäischen Rat, den Rat, die europäische Zentralbank, den europäischen Wirtschafts- und Sozialausschuss und den Ausschuss der Regionen: Aktionsplan: Finanzierung nachhaltigen Wachstums, COM(2018) 97 final, abrufbar unter https://eur-lex.europa.eu/legal-content/DE/TXT/PDF/?uri=CELEX:52018DC0097 (zuletzt abgerufen am 24.11.2021).
4) Richtlinie 2014/95/EU des europäischen Parlaments und des Rates von 22.10.2014 zur Änderung der Richtlinie 2013/34/34 im Hinblick auf die Angabe nichtfinanzieller und die Diversität betreffender Informationen durch bestimmte große Unternehmen und Gruppen; abrufbar unter https://eur-lex.europa.eu/legal-content/DE/TXT/PDF/?uri=CELEX:32014L0095&from=DE (zuletzt abgerufen am 12.11.2021).
5) Vgl. Fink/Schmotz, KoR 2021, 304.

Anmerkung:

Die Verabschiedung der finalen Richtlinie durch das europäische Parlament soll bis Mitte 2022 erfolgen. Für die Umsetzung der geänderten Richtlinie in nationales Recht sieht der CSRD-Entwurf als spätesten Zeitpunkt den 1.12.2022 vor. Die neuen Berichterstattungspflichten sollen erstmals für das Geschäftsjahr 2023 Anwendung finden. Ab dem **Geschäftsjahr 2026** soll die **Berichterstattungspflicht auch auf kleine und mittelgroße Gesellschaften** (KMU), die kapitalmarktorientiert sind, ausgedehnt werden.

2. Anwendungsbereich

206 Im Rahmen der aktuell anzuwendenden Fassung der Richtlinie, welche durch das CSR-Richtlinie-Umsetzungsgesetz in deutsches Recht transformiert wurde, sind lediglich große kapitalmarktorientierte Gesellschaften und Konzernmutterunternehmen mit mehr als 500 Mitarbeitern im Jahresdurchschnitt zu einer Nachhaltigkeitsberichterstattung in Form der nichtfinanziellen Erklärung verpflichtet. Daneben fallen große Kreditinstitute, Finanzdienstleistungsinstitute und Versicherungsunternehmen mit einer entsprechenden Anzahl an Mitarbeitern in den Anwendungsbereich der bisherigen Richtlinie. Der CSRD-Entwurf sieht eine **erhebliche Ausweitung der zukünftig berichtspflichtigen Unternehmen** vor. Demnach soll die Berichterstattungspflicht auf alle großen Unternehmen (Kapitalgesellschaften und haftungsbeschränkte Personenhandelsgesellschaften) sowie Konzerne, unabhängig von einer Kapitalmarktorientierung, ausgedehnt werden.[1] Große Kreditinstitute, Finanzdienstleistungsinstitute und Versicherungsunternehmen bleiben ebenfalls zur Berichterstattung verpflichtet. Eine Gesellschaft soll **von der Berichterstattungspflicht im Rahmen des Einzelabschlusses befreit** sein, wenn die Gesellschaft in einen Konzernabschluss einbezogen wird und im Konzernabschluss eine Nachhaltigkeitsberichterstattung entsprechend dem Richtlinienentwurf erfolgt.[2]

Anmerkung:

Unter der aktuell gültigen CSR-Richtlinie sind in der EU geschätzt 11.700 und in Deutschland 500 Unternehmen zu einer Nachhaltigkeitsberichterstattung verpflichtet. Durch die Ausweitung des im CSRD-Entwurf angedachten Anwendungsbereichs würde sich die Anzahl der berichtspflichtigen Unternehmen in der EU auf ca. 49.000[3] und in Deutschland auf ca. 15.000[4] erhöhen. Bezogen auf Deutschland, bedeutet dies eine Erhöhung der berichtspflichtigen Unternehmen um den Faktor 30.

3. Grundsatz der Wesentlichkeit

207 Der Grundsatz der Wesentlichkeit stellt ein **Kernelement** in der aktuellen CSR-Richtlinie als auch im CSRD-Entwurf dar und dient als Leitlinie bei der Auswahl der zu berichtenden Themen. Entsprechend den Ausführungen im CSRD-Entwurf sind in die Wesentlichkeitsbetrachtung zwei Blickwinkel einzubeziehen.

Die **Outside-In-Perspektive** hat die Wirkung des Umfelds auf das Unternehmen zum Gegenstand. Hierunter werden regelmäßig Informationen gefasst, die für das Verständnis des Geschäftsverlaufs und Geschäftsergebnisses von Bedeutung sind.

---

1) Vgl. Artikel 19a Bilanz RL-E. Die Größenkriterien ergeben sich aus Artikel 3 Abs. 4 Bilanz RL bzw. Artikel 3 Abs. 7 Bilanz RL und wurden durch § 267 Abs. 3 Satz 1 HGB bzw. § 293 Abs. 1 HGB in nationales Recht transformiert. Eine Gesellschaft bzw. ein Konzern gilt dann als groß, wenn an zwei aufeinander folgenden Bilanzstichtagen jeweils mindestens zwei der folgenden drei Merkmale überschritten sind: Bilanzsumme von 20 Mio. Euro, Umsatzerlöse von 40 Mio. Euro sowie eine durchschnittliche Beschäftigtenanzahl von 250 Mitarbeitern.
2) Art. 19a Abs. 7 Bilanz RL-E
3) Vgl. Vorspann zum Bilanz RL-E S. 13.
4) Vgl. DRSC Kernbotschaften des DRSC-Verwaltungsrates zur Corporate Sustainability Reporting Directive (CSRD) abrufbar unter https://www.drsc.de/verlautbarungen/kernbotschaften-des-drsc-verwaltungsrates-zur-corporate-sustainability-reporting-directive-csrd/ (zuletzt abgerufen am 5.11.2021).

Die **Inside-Out-Perspektive** betrachtet hingegen die Auswirkungen des Unternehmens auf sein Umfeld, insbesondere auf Aspekte der Nachhaltigkeit. Der CSRD-Entwurf stellt diesbezüglich klar, dass der Begriff der doppelten Wesentlichkeit dahingehend auszulegen ist, dass immer dann über ein Thema zu berichten ist, wenn es zumindest aus einer der beiden Perspektiven als wesentlich zu beurteilen ist.[1]

Durch den CSRD-Entwurf werden insbesondere die Inside-Out-Perspektive und die daraus resultierenden Berichtsinhalte gestärkt. Die vom deutschen Gesetzgeber bei der Umsetzung der aktuell gültigen CSR-Richtlinie in nationales Recht erfolgte Auslegung der doppelten Wesentlichkeit folgt einem anderen Grundgedanken. Demnach ist über einen Sachverhalt nur dann zu berichten, wenn dieser aus beiden Perspektiven wesentlich ist. Diese Herangehensweise wird in der Literatur auch als „**doppelter Wesentlichkeitsvorbehalt**" bezeichnet.[2] Durch die im Entwurf erfolgte Klarstellung der Auslegung des Wesentlichkeitsbegriffs im Kontext der Nachhaltigkeitsberichterstattung ist zu erwarten, dass sich im Vergleich zum Status quo die **potenziell berichtspflichtigen Sachverhalte deutlich erhöhen** werden.[3]

4. Inhaltliche Aspekte der Berichterstattung

Das Spektrum an Einzelangaben im CSRD-Entwurf hat im Vergleich zur aktuellen **208** CSR-Richtlinie deutlich zugenommen. Entsprechend den Ausführungen in Art. 19a Abs. 2 Bilanz RL-E soll die Nachhaltigkeitsberichterstattung zukünftig Informationen zu den folgenden Aspekten bereitstellen:[4]

– das **Geschäftsmodell** und die **Strategie**: Zusätzlich zur bisher schon geforderten Beschreibung des Geschäftsmodells sind auch Ausführungen zur Strategie zu machen. Insbesondere zu folgenden Themen sind Aussagen zu treffen:

  – Resilienz des Geschäftsmodells und der Strategie gegenüber Risiken aus Themen der Nachhaltigkeit

  – Chancen des Unternehmens aus Nachhaltigkeitsaspekten

  – Herangehensweise, wie das Unternehmen sicherstellt, dass sein Geschäftsmodell und seine Strategie mit dem Übergang zu einer nachhaltigen Wirtschaft und der Begrenzung der Erderwärmung auf 1,5 Grad gemäß Pariser Protokoll in Einklang steht

  – inwiefern sich im Geschäftsmodell und der Strategie die Interessen der Stakeholder und die Auswirkungen der Unternehmenstätigkeit auf Nachhaltigkeitsaspekte wiederfinden

  – wie die Strategie des Unternehmens in Bezug auf Nachhaltigkeitsaspekte umgesetzt wird.

– **Nachhaltigkeitsziele**: Eine Beschreibung der Ziele, die sich ein Unternehmen in Bezug auf Nachhaltigkeitsaspekte selbst gegeben hat und welche Fortschritte bei der Zielerreichung bereits gemacht wurden.

– **Rolle der Unternehmensorgane**: Eine Darlegung, welche Rolle der Geschäftsleitung und den Aufsichtsorganen bezüglich Nachhaltigkeitsaspekten zukommt.

– **Nachhaltigkeitsmaßnahmen**: Eine Beschreibung der Nachhaltigkeitspolitik der Gesellschaft.

– Angaben zur **Auswirkung der Unternehmenstätigkeit**: Vor dem Hintergrund möglicher negativer Auswirkungen der Unternehmenstätigkeit auf Nachhaltigkeitsaspekte ist eine Beschreibung des Due Diligence Prozess zur Erfassung solcher Auswirkungen vorgesehen. Des Weiteren ist über die wichtigsten tatsächlichen sowie

---

1) Bilanz RL-E; Erwägungsgrund 25.
2) Vgl. Meyer/Welz, WPg 2021, 885, 886.
3) Vgl. Müller/Scheid/Baumüller, BB 2021, 1325.
4) In Anlehnung an Christ/Kocian/Stappert, KoR 2021, 379, 382 f.

denkbaren negativen Auswirkungen aus der Wertschöpfungskette zu berichten. Hierbei ist nicht nur auf die eigene Geschäftstätigkeit sowie Produkte und Dienstleistungen einzugehen, sondern es sind auch die Lieferkette und die daraus resultierenden Geschäftsbeziehungen zu betrachten. Zu ergänzen sind die Ausführungen um Maßnahmen, die getroffen wurden, um die Auswirkungen zu verhindern, zu mindern oder zu beheben und wie erfolgreich diese Maßnahmen sind.

– **Nachhaltigkeitsrisiken**: Es ist zu beschreiben, welchen Hauptrisiken aus dem Bereich der Nachhaltigkeit das Unternehmen ausgesetzt ist, welche Abhängigkeiten bestehen und wie die Risiken gesteuert werden.

– **Leistungsindikatoren**: Es sind Leistungsindikatoren anzugeben, die für die vorgenannten Informationen relevant sind.

– **Immaterielles Vermögen**: Es ist darüber hinaus über immaterielle Ressourcen zu berichten. Der Entwurf zielt dabei auf Informationen zu nicht bilanzierungsfähigen immateriellen Vermögenswerten ab.[1]

– Beschreibung des **Verfahrens** zur Identifikation der Berichtsinhalte.

In **Konkretisierung** der grundlegenden Abgabepflichten fordert der CSRD-Entwurf in Hinblick auf die sachliche Ebene, qualitative Informationen und Beschreibungen um quantitative Daten zu erweitern. In Hinblick auf den zeitlichen Bezug ist nicht nur die Bereitstellung von vergangenheitsbezogenen Daten, sondern auch von in die Zukunft gerichteten Informationen gefordert. Die in die Zukunft gerichteten Informationen sollen dabei in die Zeithorizonte kurz-, mittel- und langfristig segmentiert werden.

5. EU-Standards zur Nachhaltigkeitsberichterstattung

209 Für die weitere Konkretisierung und Vereinheitlichung der Berichtspflichten gemäß Art. 19a bzw. 29a Bilanz RL-E sieht der Entwurf die Entwicklung von eigenen EU-Standards für die Nachhaltigkeitsberichterstattung vor. Die EU-Kommission wird dazu ermächtigt, diese über delegierte Rechtsakte zu erlassen.[2] Die Notwendigkeit eigener EU-Standards begründet die EU-Kommission damit, dass die bereits bestehenden Standards und Rahmenwerke den Anforderungen der Union in Bezug auf eine detaillierte Nachhaltigkeitsberichterstattung nicht gerecht werden.[3] Die noch zu erarbeitenden Standards sollen dafür Sorge tragen, dass die zu berichtenden Informationen verständlich, relevant, repräsentativ, nachprüfbar sowie vergleichbar sind und zudem glaubwürdig vermittelt werden.[4] Durch den CSRD-Entwurf werden die **drei Kernelemente der Nachhaltigkeitsberichterstattung** „Environmental", „Social" und „Governance" (ESG) hervorgehoben. Die nachfolgende Tabelle gibt einen Überblick über die in Artikel 19b Abs. 2 Unterabschnitt 1 Bilanz RL-E zu den drei Kernelementen jeweils genannten Teilaspekten:

Environmental	Social	Governance
– Klimaschutz	– Chancengleichheit	– Rolle der Organe
– Anpassung an den Klimawandel	(z.B. Lohn, Inklusion)	(insbesondere bezüglich Nachhaltigkeitsaspekten)
– Wasser und Meeresressourcen	– Arbeitsbedingungen	– Unternehmensethik und -kultur, Anti-Korruption
– Kreislaufwirtschaft und Ressourcennutzung	(z.B. Sicherheit, Löhne, sozialer Dialog)	– Politisches Engagement und Lobby-Aktivitäten)
– Umweltverschmutzung	– Achtung von Menschenrechten, Grundfreiheiten	– Beziehungen zu Geschäftspartnern
– Biodiversität und Ökosysteme	und demokratischen Grundsätzen	– Internes Kontroll- und Risikomanagementsystem

Abbildung 1: Überblick ESG nach CSRD.[5]

Der genaue **Berichtsumfang** zu den jeweiligen Bereichen soll durch die noch zu entwickelnden Standards präzisiert werden. Ein erster Satz an Standards soll bis zum

---

1) Bilanz RL-E, Erwägungsgrund 28.
2) Art. 19b Abs. 1 Bilanz RL-E.
3) Bilanz RL-E, Erwägungsgrund 33.
4) Artikel 19b Abs. 2 Bilanz RL-E.
5) In Anlehnung an Müller/Scheid/Baumüller, BB 2021, 1326.

31.10.2022 erlassen werden.[1] Weitere Standards, die einzelne Themenbereiche ergänzen oder sektorspezifische Anforderungen thematisieren, sollen bis zum 31.10.2023 nachgeschoben werden.[2] Die Standards sollen mindestens alle drei Jahre nach ihrem Geltungsbeginn einer Überprüfung unterzogen und, sofern geboten, angepasst werden.

Um den **Besonderheiten von kleinen und mittleren Unternehmen** Rechnung zu tragen ist vorgesehen, für diese eigene Standards für die Berichterstattung zu erlassen. Dies soll bis zum 31.10.2023 erfolgen.[3]

6. Offenlegung

Als Medium zur Offenlegung der Nachhaltigkeitsberichterstattung sieht der CSRD-Entwurf zukünftig den **(Konzern-)Lagebericht** vor.[4] Eine weitergehende Konkretisierung, ob die Informationen in den (Konzern-)Lagebericht zu integrieren oder in einem gesonderten Abschnitt darzustellen sind, enthält der CSRD-Entwurf nicht. Die bisher über ein Mitgliedsstaatenwahlrecht eingeräumten und vom deutschen Gesetzgeber genutzten Möglichkeiten, den nichtfinanziellen Bericht bzw. die CSR-Berichterstattung gesondert im Bundesanzeiger oder auf der Internetseite des Unternehmens offenzulegen[5], sollen entfallen.

210

> **Anmerkung:**
>
> Über den CSRD-Entwurf soll zudem für große Unternehmen und Konzerne die Verpflichtung eingeführt werden, den (Konzern-)Abschluss und (Konzern-)Lagebericht in einem **einheitlichen elektronischen Format** (ESEF-Verordnung (EU) 2018/815) zur Verfügung zu stellen.[6]

7. Prüfungspflicht

Der CSRD-Entwurf sieht zukünftig eine **inhaltliche Prüfung** der Nachhaltigkeitsberichterstattung vor.[7] Dies ist eine wesentliche Veränderung zur Herangehensweise in der aktuell gültigen CSR-Richtlinie, nach der lediglich eine Prüfung auf das Vorhandensein der Angaben durch den Abschlussprüfer zu erfolgen hat. Entsprechend den Ausführungen im CSRD-Entwurf ist zunächst eine Prüfung mit begrenzter Prüfungssicherheit vorgesehen. Aus den ergänzenden Erläuterungen zum CSRD-Entwurf geht jedoch hervor, dass sobald entsprechende Prüfungsstandards vorliegen, eine Prüfung mit hinreichender Sicherheit angedacht ist.[8] Es ist ein Mitgliedsstaatenwahlrecht vorgesehen, welches es ermöglicht, auch unabhängige Erbringer von Bestätigungsleistungen für die Prüfung der Nachhaltigkeitsberichterstattung zuzulassen.[9] Wird vom Mitgliedstaat ein entsprechendes Wahlrecht in Anspruch genommen, ist die Nachhaltigkeitsberichterstattung nicht zwingend vom gesetzlichen Abschlussprüfer des (Konzern-)Abschlusses und (Konzern-)Lageberichts zu prüfen.

211

> **Beratungshinweis:**
>
> Der Entwurf zur Änderung der CSR-Richtlinie sieht eine **erhebliche Ausweitung** des Kreises an Unternehmen vor, die zu einer Nachhaltigkeitsberichterstattung verpflichtet werden sollen. Vor allem bei Unternehmen, die erstmals zur Nachhaltigkeitsberichterstattung verpflichtet sind, werden

---

1) Art. 19b Abs.2 a) Bilanz RL-E
2) Art. 19b Abs.2 b) Bilanz RL-E
3) Art. 19c Bilanz RL-E
4) Art. 19a Abs. 1 bzw. 29a Abs. 1 Bilanz RL-E
5) Im Detail s. hierzu § 289b Abs. 3 HGB
6) Art. 19d Bilanz RL-E.
7) Art. 34 Abs. 1 Unterabsatz 2 Buchstabe a Ziffer ii Bilanz RL-E.
8) Bilanz RL-E, Erwägungsgrund 53.
9) Art. 34 Abs. 3 Bilanz RL-E.

umfassende Anpassungen bei den internen Prozessen erforderlich sein, um die angedachten Berichtspflichten erfüllen zu können.

II. DRÄS 11: Änderungen des DRS 18 Latente Steuern

1. Anlass

212 DRS 18 Latente Steuern wurde im Zuge des BilMoG im Jahr 2010 veröffentlicht und seit seiner Verabschiedung, abgesehen von redaktionellen Anpassungen und punktuellen Ergänzungen, nicht überarbeitet. Der HGB-Fachausschuss (HGB-FA) des DRSC hat DRS 18 aus diesem Grund sowie vor dem Hintergrund der aufgetretenen Anwendungsfragen zur handelsrechtlichen und auch internationalen Bilanzierung latenter Steuern einer inhaltlichen Prüfung unterzogen. Mit dem DRÄS 11, der am 9.3.2021 vom DRSC verabschiedet und am 2.6.2021 vom Bundesministerium der Justiz und Verbraucherschutz bekannt gemacht wurde, wird somit das Ziel verfolgt, Anwenderfragen zu adressieren und Unklarheiten im DRS 18 „Latente Steuern" zu bereinigen.

Der Änderungsstandard ist erstmals für das nach dem 31.12.2021 beginnende Geschäftsjahr zu beachten. Eine frühere Anwendung war zulässig.

2. Änderungen des DRS 18

213 Die wichtigsten Änderungen beziehen sich auf latente Steuern im Zusammenhang mit folgenden Themen:

- **Geschäfts- oder Firmenwert**

214 In DRS 18 wurde klarstellend aufgenommen, dass Buchwertdifferenzen aus dem erstmaligen Ansatz eines Geschäfts- oder Firmenwertes bzw. eines passiven Unterschiedsbetrags nach § 301 Abs. 3 HGB gemäß § 306 Satz 3 HGB bei der Ermittlung latenter Steuern nicht zu berücksichtigen sind (DRS 18.27a i.d.F. DRÄS 11).

- **Zwischenergebniseliminierung**

215 Bei der Zwischengewinneliminierung wird als Neuregelung die Verwendung von Steuersätzen, die vom Steuersatz des Unternehmens, das die Lieferung oder Leistung empfangen hat, abweichen, nur dann als zulässig angesehen, wenn dadurch realitätsnähere Informationen vermittelt werden. Bei konzerninternen Lieferungen und Leistungen, bei denen das die Lieferung oder Leistung empfangende Unternehmen eine Personenhandelsgesellschaft ist, die nicht zur Körperschaftsteuer optiert hat → Rz. 110 ff.), wäre es z.B. nach deutschem Steuerrecht sachgerecht, neben dem Gewerbesteuersatz dieses Unternehmens zusätzlich den Körperschaftsteuersatz zuzüglich Solidaritätszuschlag des Mutterunternehmens anzuwenden.

- **Währungsumrechnung**

216 Unter der neu eingefügten Überschrift „Latente Steuern bei der Währungsumrechnung" werden Neuregelungen gefasst, die im Wesentlichen mit den bereits geltenden Vorschriften des DRS 25 B3. übereinstimmen. Dabei wird klargestellt, dass die Eigenkapitaldifferenz aus der Umrechnung von auf fremde Währung lautenden Abschlüssen gemäß § 308a HGB keine temporäre Differenz darstellt und eine Bilanzierung von latenten Steuern daher nicht in Betracht kommt.

- **Angaben im Konzernanhang**

217 Wenn in der Konzernbilanz latente Steuerschulden angesetzt werden, sind im Konzernanhang die latenten Steuersalden am Ende des Geschäftsjahres und die im Laufe des Geschäftsjahres erfolgten Änderungen dieser Salden anzugeben. Die in DRS 18.63c formulierte Konkretisierung stellt klar, dass die Angabepflicht unabhängig davon besteht, ob die in der Konzernbilanz ausgewiesenen latenten Steuerschulden aus der

Anwendung des § 274 HGB i.V.m. § 298 Abs. 1 HGB oder aus der Anwendung von § 306 HGB resultieren.

Des Weiteren wurden die Angabepflichten zum Betrag und etwaigen Zeitpunkt des Verfalls von nicht berücksichtigten abzugsfähigen temporären Differenzen sowie zu ungenutzten Verlustvorträgen und ungenutzten Steuerschulden gestrichen. Auch die Pflicht zur Erstellung einer steuerlichen Überleitungsrechnung wurde aufgehoben.

III. Internationale Rechnungslegung

1. Noch nicht angewendete neue bzw. geänderte Standards und Interpretationen (IAS 8.30)

Nach IAS 8.30 ist über bereits verabschiedete Standards oder Interpretationen des IASB **218** **zu berichten, sofern** diese in dem Berichtszeitraum **noch nicht verpflichtend anzuwenden** sind und auch nicht vorzeitig angewandt werden.

Folgende **Angaben im Anhang** sind bspw. erforderlich:

- Titel des neuen Standards oder der neuen Interpretation,
- Art der bevorstehenden Änderung der Rechnungslegungsmethode,
- Zeitpunkt, ab dem die Anwendung des Standards bzw. der Interpretation verpflichtend ist,
- Zeitpunkt, ab dem das Unternehmen die Anwendung des Standards bzw. der Interpretation beabsichtigt,
- erwartete Auswirkungen auf den Abschluss oder wenn diese Auswirkungen unbekannt oder nicht verlässlich abzuschätzen sind, eine Erklärung mit diesem Inhalt.

2. Überblick über die potenziell angabepflichtigen Vorschriften in einem EU-IFRS Konzernabschluss zum 31.12.2021

Die folgende Tabelle gibt einen Überblick über die potenziell angabepflichtigen Vor- **219** schriften nach IAS 8.30 in einem EU-IFRS Konzernabschluss zum 31.12.2021.

Anmerkung:

Bei den tabellarisch dargestellten Standards oder Interpretationen mit einem IASB Effective Date zum 1.1.2022 ist bereits eine Übernahme in EU-Recht (EU-Endorsement) erfolgt, so dass diese ab 1.1.2022 verpflichtend in der EU anzuwenden sind (ggf. vorzeitige freiwillige Anwendung). Für die übrigen tabellarisch dargestellten Standards und Interpretationen ist noch keine Übernahme in EU-Recht erfolgt.

Bei den dargestellten potenziell angabepflichtigen Vorschriften wird eine allgemeine Einschätzung hinsichtlich der Auswirkung auf die Bilanzierungspraxis vorgenommen. Auf Standards und Interpretationen mit grundsätzlicher Bedeutung sowie solche, bei denen eine Auswirkung erwartet wird, sollte im Anhang eingegangen werden. Eine vollständige Darstellung der nicht angewendeten neuen bzw. geänderten Standards und Interpretationen ist nicht erforderlich.

Beratungshinweis:

Sofern sich bei mehreren neuen Standards oder Interpretationen keine wesentlichen Auswirkungen auf das Unternehmen ergeben, kann eine Formulierung verwendet werden, in der die betreffenden Standards und Interpretationen ohne wesentliche Auswirkung weder beschrieben noch aufgelistet werden. Dies könnte bspw. in Form einer Sammelaussage erfolgen, dass außer den ausführlich beschriebenen Standards und Interpretationen die übrigen vom IASB verabschiedeten Standards und Interpretationen erwartungsgemäß keinen wesentlichen Einfluss auf den Konzernabschluss haben werden.

Ferner kann zum Zeitpunkt der Anwendung der Standards oder der Interpretationen durch das Unternehmen auch eine **Sammelaussage** getroffen werden, dass eine frühzeitige Anwendung der neuen Standards bzw. Interpretationen nicht geplant ist.

Standard	Titel	IASB Effective date*	Voraussichtlicher.Erstanwendungszeitpunkt in der EU*	Auswirkung**
EU-Endorsement (Stand 10.12.2021)				
IFRS 17, Amend. IFRS 17	Versicherungsverträge	1.1.2023	1.1.2023	Branchen- bzw. unternehmensspezifische Bedeutung
Amend. IAS 1	Darstellung des Abschlusses - Klassifizierung von Schulden als kurz- oder langfristig sowie IFRS Practice Statement 2: Offenlegung von Bilanzierungs- und Bewertungsmethoden	1.1.2023	Ausstehend	Grundsätzliche Bedeutung
Amend. IAS 8	Bilanzierungs- und Bewertungsmethoden, Änderungen von Schätzungen und Fehler - Definition von rechnungslegungsbezogenen Schätzungen	1.1.2023	Ausstehend	Grundsätzliche Bedeutung
Amend. IAS 12	Ertragsteuern - Latente Steuern, die sich auf Vermögenswerte und Schulen beziehen, die aus einer einzigen Transaktion entstehen	1.1.2023	Ausstehend	Grundsätzliche Bedeutung
Amend. IFRS 3	Unternehmenszusammenschlüsse - Verweis auf das Rahmenkonzept	1.1.2022	1.1.2022	Branchen- bzw. unternehmensspezifische Bedeutung
Amend. IAS 16	Sachanlagen - Erlöse vor der beabsichtigten Nutzung	1.1.2022	1.1.2022	Branchen- bzw. unternehmensspezifische Bedeutung
Amend. IAS 37	Rückstellungen, Eventualschulden und Eventualforderungen - Belastende Verträge -Kosten für die Erfüllung eines Vertrages	1.1.2022	1.1.2022	Branchen- bzw. unternehmensspezifische Bedeutung
Jährlicher Verbesserungsprozess (Zyklus 2018–2020)	Änderungen an IFRS 1, IFRS 9, IFRS 16 und IAS 41	1.1.2022	1.1.2022	Branchen- bzw. unternehmensspezifische Bedeutung

* Für Jahresabschlüsse, die am oder nach diesem Datum beginnen.

** Die allgemeine Einschätzung hinsichtlich der Auswirkung auf die Bilanzierungspraxis dient als Orientierung – die individuellen Auswirkungen auf das einzelne Unternehmen sind davon unabhängig zu erläutern.

a) IFRS 17 „Versicherungsverträge" und Änderungen an IFRS 17

220 Das IASB hat am 18.5.2017 **IFRS 17 „Versicherungsverträge"** veröffentlicht, der IFRS 4 „Versicherungsverträge" ersetzen soll. Zielsetzung des neuen Standards ist es, durch eine konsistente und prinzipienbasierte Bilanzierung relevante Informationen für Adressaten offen zu legen und eine einheitliche Darstellung und Bewertung von Versicherungsverträgen zu gewährleisten. Die neuen Ansatz-, Bewertungs- und Ausweisvorschriften sind von Unternehmen anzuwenden mit:

– Versicherungsverträgen und aktiven Rückversicherungsverträgen,

– passiven Rückversicherungsverträgen und

– Kapitalanlageverträgen mit ermessenabhängiger Überschussbeteiligung, die ein Unternehmen im Bestand hält, vorausgesetzt, dass das Unternehmen ebenso Versicherungsverträge ausgibt.

Sofern der primäre Zweck eines Vertrags, der nach IFRS 17 einen Versicherungsvertrag darstellt, die Erbringung von Dienstleistungen gegen ein festes Entgelt ist, kann die Bilanzierung nach IFRS 15 „Erlöse aus Verträgen mit Kunden" anstatt nach IFRS 17 erfolgen.

Gezielte **Änderungen und Klarstellungen an IFRS 17** hat das IASB am 25.6.2020 zusammen mit einer Änderung an IFRS 4 veröffentlicht. Dadurch können Versicherer, die bestimmte Anforderungen erfüllen, IFRS 17 weiterhin zusammen mit IFRS 9 erstmalig ab 1.1.2023 anwenden. Bis dahin sind Versicherer von der Anwendung des IFRS 9 befreit. Änderungen bzw. Klarstellungen betreffen acht Bereiche von IFRS 17 und zielen insgesamt darauf ab, die Implementierung des Standards zu erleichtern. Dies soll u. a. durch folgende Änderungen ermöglicht werden:

– zusätzliche Ausnahmen vom Anwendungsbereich des IFRS 17 für bestimmte Verträge,

– zusätzliche Erleichterungen bei der Anwendung der Risikominderungsoption,

– Änderungen im Rahmen des Ansatzes, der Bewertung und Vereinfachungen hinsichtlich des Ausweises von Versicherungsverträgen sowie

– zusätzliche Übergangserleichterungen, u.a. bei Unternehmenszusammenschlüssen.

Anmerkung:

Die grundlegenden Prinzipien des Standards wurden nicht geändert.

b) Änderungen an IAS 1 „Darstellung des Abschlusses" – Klassifizierung von Schulden als kurz- oder langfristig sowie IFRS Practice Statement 2: Offenlegung von Bilanzierungs- und Bewertungsmethoden

Am 23.1.2020 hat das IASB Änderungen an IAS 1 „Klassifizierung von Schulden als kurz- oder langfristig" veröffentlicht, die Klarstellungen hinsichtlich der **Klassifizierung von Schulden** mit einem ungewissen Fälligkeitstermin als kurz- oder langfristig enthalten. Die Klassifizierung soll dabei ausgehend von bestehenden Rechten des Unternehmens zum Abschlussstichtag abgeleitet werden. Sofern ein Recht zur Verlängerung einer Schuld an Kreditbedingungen (z.B. Covenants) gekoppelt ist und nach dem Bilanzstichtag ein Vertragsbruch erfolgt, ist letztlich maßgebend, ob diese Kreditbedingungen am Abschlussstichtag eingehalten wurden. Erwartungen des Managements, ob ein Recht tatsächlich ausgeübt wird, sollen unberücksichtigt bleiben. Bei der Klassifizierung sind Kreditbedingungen, welche dem Gläubiger das Recht einräumen, die Erfüllung der Schuld in Eigenkapitalinstrumenten zu verlangen, zu berücksichtigen, es sei denn, es handelt sich dabei um ein separat zu bilanzierendes Eigenkapitalinstrument.

221

Anmerkung:

Als Zeitpunkt des Inkrafttretens der Änderungen war der 1.1.2022 vorgesehen. Am 15.7.2020 hat das IASB eine **weitere Änderung an IAS 1** („Klassifizierung von Schulden als kurz- oder langfristig – Verschiebung des Zeitpunkts des Inkrafttretens") veröffentlicht, durch die der verpflichtende Erstanwendungszeitpunkt der im Januar veröffentlichten Änderungen an IAS 1 um ein Jahr auf den 1.1.2023 verschoben wird. Dies ist vor dem Hintergrund der Auswirkungen der COVID-19-Pandemie erfolgt, die Unternehmen vor zahlreiche Herausforderungen stellen, damit sich diese zunächst darauf konzentrieren können.

Ferner hat das IASB am 12.2.2021 IAS 1 – Darstellung des Abschlusses einschließlich Änderungen am Begleitmaterial **IFRS Practice Statement 2** „Making Materialty Judgements" herausgegeben. Die Änderungen an IAS 1 konkretisieren, in welchem Umfang Bilanzierungs- und Bewertungsmethoden in einem IFRS-Anhang zu erläutern sind. Während die Angabepflicht bislang sämtliche bedeutende (*significant*) Methoden umfasst, ist künftig nur auf wesentliche (*material*) Methoden einzugehen (IAS 1.117).

> **Anmerkung:**
>
> Um wesentlich zu sein, muss die Rechnungslegungsmethode zum einen mit wesentlichen Transaktionen oder anderen Ereignissen im Zusammenhang stehen. Zum anderen muss es einen Anlass für die Darstellung geben, wie z.B. die Änderung einer Bilanzierungsmethode infolge der Ausübung eines Wahlrechts oder das Vorliegen einer komplexen oder stark ermessensbehafteten Methode.

Ferner kann die Angabepflicht auch solche Methoden umfassen, die aufgrund einer Regelungslücke innerhalb der IFRS vom Unternehmen in Übereinstimmung mit IAS 8.10–11 entwickelt wurden. Damit sollen zukünftig anstelle standardisierter Ausführungen unternehmensspezifische Ausführungen in den Fokus gerückt werden. Die Leitlinien im Practice Statement 2 wurden entsprechend angepasst.

c) Bilanzierungs- und Bewertungsmethoden, Änderungen von Schätzungen und Fehler – Definition von rechnungslegungsbezogenen Schätzungen

222 Ebenfalls am 12.2.2021 hat das IASB Änderungen an IAS 8 Rechnungslegungsmethoden, Änderung von rechnungslegungsbezogenen Schätzungen und Fehler veröffentlicht. Über die Änderungen an IAS 8 wird erstmals eine Definition des Begriffs einer „rechnungslegungsbezogenen Schätzung" (*accounting estimate*) eingeführt, um Änderungen von Rechnungslegungsmethoden besser von Schätzungsänderungen abgrenzen zu können. In IAS 8 wird klargestellt, dass eine rechnungslegungsbezogene Schätzung immer auf eine Bewertungsunsicherheit einer finanziellen Größe im Abschluss bezogen ist. Ein Unternehmen verwendet neben Input-Parametern auch Bewertungsverfahren zur Ermittlung einer Schätzung. Bewertungsverfahren können Schätzverfahren oder Bewertungstechniken sein.

> **Beratungshinweis:**
>
> Eine Unterscheidung zu Bilanzierungsmethoden ist entscheidend, da IAS 8 unterschiedliche Folgen für die Änderung von Schätzungen und Rechnungslegungsmethoden vorsieht. Während Änderungen von Bilanzierungs- und Bewertungsmethoden retrospektiv abgebildet werden müssen, hat eine Änderungen von Schätzungen prospektiv zu erfolgen.

d) Ertragsteuern – Latente Steuern, die sich auf Vermögenswerte und Schulden beziehen, die aus einer einzigen Transaktion entstehen

223 Das IASB hat am 7.5.2021 gezielte Änderungen an IAS 12 veröffentlicht. Die Änderungen betreffen die bilanzielle Behandlung von latenten Steuern, die sich auf Vermögenswerte und Schulden beziehen, die aus einer einzigen Transaktion entstehen, also z.B. bei der Einbuchung von Leasingverhältnissen oder dem Einbezug von Stilllegungsverpflichtungen in die Erstbewertung eines Vermögenswerts.

Neu eingeführt wurde eine Rückausnahme zu den in IAS 12.15 b) und IAS 12.24 definierten Ausnahmen. Diese sehen jeweils vor, dass keine latente Steuerschuld anzusetzen ist, wenn diese aus dem erstmaligen Ansatz eines Vermögenswerts oder einer Schuld erwächst, die kein Unternehmenszusammenschluss ist und zum Zeitpunkt des Geschäftsvorfalls weder das bilanzielle Ergebnis vor Steuern noch das zu versteuernde Ergebnis beeinflusst.

Diese Ausnahmen gelten nun nicht mehr für Transaktionen, durch die beim berichterstattenden Unternehmen gleichzeitig sowohl abzugsfähige als auch zu versteuernde temporäre Differenzen entstehen. IAS 12.22A wurde neu eingeführt und enthält einen expliziten Verweis auf Leasingverhältnisse als Hauptanwendungsfall der überarbeiteten Regelung.

e) Änderungen an IFRS 3 „Unternehmenszusammenschlüsse" – Verweis auf das Rahmenkonzept

Das IASB hat am 14.5.2020 Änderungen an IFRS 3 herausgegeben, bei der eine Aktualisierung des Verweises auf das Rahmenkonzept (Framework) erfolgt ist. Das überarbeitete **Rahmenkonzept** wurde im März 2018 mit geänderten Definitionen von Vermögenswerten und Schulden veröffentlicht. Zeitgleich wurden damals die Verweise bei einer Vielzahl von Standards und anderen Verlautbarungen – jedoch nicht bei IFRS 3 – geändert, da dies aufgrund der unterschiedlichen Definitionen zu Konflikten bei IFRS 3 Anwendern hätte führen können. **224**

Die Änderungen an IFRS 3 enthalten neben dem Verweis auch folgende Vorschriften:

– Ein Erwerber hat bei der Identifizierung von übernommenen Verpflichtungen, die in den Anwendungsbereich von IAS 37 oder IFRIC 21 fallen, die Vorschiften des IAS 37 bzw. IFRIC 21 anstelle des Rahmenkonzeptes anzuwenden.

– Es wurde ein explizites Ansatzverbot für erworbene Eventualforderungen aufgenommen.

f) Änderungen an IAS 16 „Sachanlagen" – Erlöse vor der beabsichtigten Nutzung

Ferner hat das IASB am 14.5.2020 Änderungen an IAS 16 „Erlöse vor der beabsichtigten Nutzung" verabschiedet. Die Änderungen stellen klar, dass Erlöse, die durch den Verkauf von Gegenständen entstehen, die hergestellt wurden, während der Vermögenswert zu seinem Standort und in den betriebsbereiten Zustand gebracht wurde (bspw. Produktmuster), erfolgswirksam zu erfassen sind. **225**

Die Berücksichtigung derartiger Beträge bei der Ermittlung der Anschaffungs- oder Herstellungskosten einer Sachanlage scheidet somit aus. Dies gilt auch für die mit der Herstellung des Gegenstandes verbundenen Kosten. Die Bewertung der Herstellungskosten des Musters erfolgt nach IAS 2 „Vorräte".

Zudem ist eine Klarstellung erfolgt, wann ein Vermögenswert „betriebsbereit" ist. Die Betriebsbereitschaft ist maßgeblich für den Beginn der Abschreibung. Um als betriebsbereit zu gelten, ist es nicht erforderlich, dass eine von der Geschäftsleitung angestrebte finanzielle Leistungsfähigkeit erreicht wird (z.B. gewünschte operative Gewinnmarge).

Beratungshinweis:

Nicht aus der gewöhnlichen Geschäftstätigkeit stammende Erlöse und Kosten im Zusammenhang mit hergestellten Gegenständen sind nach den Änderungen an IAS 16 getrennt auszuweisen.

g) Änderungen an IAS 37 „Rückstellungen, Eventualschulden und Eventualforderungen" – Belastende Verträge – Kosten für die Erfüllung eines Vertrages

Ebenfalls am 14.5.2020 hat das IASB Änderungen an IAS 37 zu Belastenden Verträgen veröffentlicht. Die Änderungen betreffen eine Klarstellung, welche Kosten ein Unternehmen bei der Beurteilung, ob ein Vertrag verlustbringend sein wird, einbeziehen sollte. **226**

Demnach gehören zu den Kosten der Vertragserfüllung diejenigen Kosten, die sich direkt auf den Vertrag beziehen. Damit sind sowohl Kosten zu berücksichtigen, die ohne den Auftrag nicht anfallen würden, wie bspw. direkte Material- oder Arbeitskosten („incremental costs"), als auch andere dem Vertrag direkt zurechenbare Kosten. Diese können bspw. Abschreibungen für Sachanlagen betreffen, die bei der Erfüllung verwendet werden.

h) Jährlicher Verbesserungsprozess (Zyklus 2018 – 2020): Änderungen an IFRS 1, IFRS 9, IFRS 16 und IAS 41

227 Das IASB hat am 14.5.2020 die Annual Improvements to IFRS (2018 – 2020) veröffentlicht. Die Änderungen betreffen folgende Standards:

aa) IFRS 1 „Erstmalige Anwendung der International Financial Reporting Standards" – Tochterunternehmen als Erstanwender

228 Für Tochterunternehmen, die nach ihren Mutterunternehmen erstmalige Anwender der IFRS werden, besteht das **Wahlrecht**, Vermögenswerte und Schulden mit den bisher im Konzernabschluss des Mutterunternehmens dafür angesetzten Buchwerten (u.a. ohne Konsolidierungsanpassungen) zu bewerten. Die Änderung erweitert diese Vorschrift um die kumulierten Währungsumrechnungsdifferenzen des Tochterunternehmens, so dass diese ebenfalls mit den bisher in den Konzernabschluss des Mutterunternehmens angesetzten Werten weitergeführt werden können.

bb) IFRS 9 „Finanzinstrumente" – Einzubeziehende Gebühren in den „10 %-Test" für die Ausbuchung von finanziellen Verbindlichkeiten

229 Bei substantiellen Änderungen von Vertragsbestandteilen, die dazu führen, dass sich der Barwert einer finanziellen Verbindlichkeit um mehr als 10% ändert („10%-Test"), ist grundsätzlich eine Ausbuchung der Verbindlichkeit und der Ansatz einer neuen Verbindlichkeit vorzunehmen.

> **Anmerkung:**
> Die Änderung stellt klar, dass nur solche Gebühren in den 10 %-Test einzubeziehen sind, die zwischen dem Unternehmen und dem Gläubiger gezahlt bzw. erhalten werden. Nicht einzubeziehen sind an Dritte gezahlte oder von Dritten erhaltene Gebühren bzw. Kosten.

cc) IFRS 16 „Leasingverhältnisse" – Leasinganreize

230 In den erläuternden Beispielen zu IFRS 16 (Illustrative Example 13) enthielt ein Beispiel auch Aussagen zu Zahlungen des Leasinggebers an den Leasingnehmer zur finanziellen Erstattung von Mietereinbauten, die ausdrücklich nicht als Leasinganreiz i.S.d. IFRS 16 eingestuft wurden. Diese Passage wurde gestrichen, da sie in der Praxis zu Missverständnissen geführt hat.

dd) IAS 41 „Landwirtschaft" – Berücksichtigung von Steuereffekten bei der Bewertung zum beizulegenden Zeitwert

231 Mit der Änderung wird eine Vorschrift in IAS 41 gestrichen, die geregelt hatte, dass Unternehmen steuerliche Cashflows bei der Bemessung des beizulegenden Zeitwerts (Barwertmethode) eines biologischen Vermögenswertes nicht berücksichtigen sollen.

Nun ist bei der Ermittlung des beizulegenden Zeitwerts nicht zwingend ein Vorsteuerzinssatz im Rahmen der Diskontierung zu verwenden.

> **Anmerkung:**
> Die Änderung führt zu einer Angleichung der Anforderungen des IAS 41 an die Vorschriften des IFRS 13.

G. Wirtschaftsrecht

I. Umfassende Änderungen im Kaufrecht für Onlinehandel und digitale Inhalte

Der deutsche Gesetzgeber ist im Sommer 2021 seinen Umsetzungspflichten aus diversen EU-Richtlinien nachgekommen und hat verschiedenste Gesetze auf den Weg gebracht, die insbesondere den **eCommerce und Geschäfte mit Verbrauchern** betreffen. Aufgrund der Fülle von Regelungen, fällt es schwer, den Überblick zu behalten, welche Maßnahmen wann getroffen werden müssen. **232**

> **Anmerkung:**
>
> Die Neuregelungen im Bürgerlichen Gesetzbuch (BGB), dem Einführungsgesetz zum Bürgerlichen Gesetzbuch (EGBG) und dem Gesetz zum unlauteren Wettbewerb (UWG) sind weitreichend und verlangen insbesondere von Onlinehändlern diverse Anpassungen.

1. Einwilligung in Telefonwerbung und Abtretungsverbot

Relativ kurzfristig waren bereits zum 1.10.2021 zwei wichtige Punkte umzusetzen. Zum einen sind Regelungen in **Allgemeinen Geschäftsbedingungen** (AGB) unwirksam, die ein **Abtretungsverbot von Geldforderungen** enthalten. Dem Verbraucher soll damit ermöglicht werden, seine Forderungen auch an Dritte zur Rechtsdurchsetzung verkaufen zu können. **233**

Zum anderen traten verschärfte Regelungen zur **Dokumentationspflicht bzgl. Telefonwerbung** in Kraft. Dass für Werbung mittels Telefonanrufes eine ausdrückliche Einwilligung des Verbrauchers notwendig ist, ist bereits lange bekannt. Gesetzlich konkret neu geregelt ist jetzt, dass diese **ausdrückliche Einwilligung dokumentiert** und **fünf Jahre aufbewahrt** werden muss, andernfalls droht ein Bußgeld von bis zu 50.000 Euro.

2. Änderungen des Kaufrechts – insbesondere Gewährleistungsrecht und Verbrauchsgüterkauf

Eine der umfassendsten Gesetzesänderungen betrifft das Kaufrecht. Ab 1.1.2022 gilt für alle Kaufverträge ein neuer Mangelbegriff und es sind neue Regeln zur Gewährleistung – insbesondere im Verbrauchsgüterkauf – in Kraft getreten. **234**

Für die **Mangelfreiheit** wird es dafür nunmehr darauf ankommen, ob die Kaufsache den „subjektiven und objektiven Anforderungen sowie den Montageanforderungen" entspricht. Von Relevanz werden dabei auch von Gesetzes wegen die Beschaffenheit von etwaigen Proben und Mustern, aber auch von Zubehör, Montageanleitungen und Werbeaussagen (bspw. des Herstellers) sein.

Für Vertragsbeziehungen mit Verbrauchern gelten diverse Erleichterungen im Gewährleistungsfall. Beispielsweise profitiert der Käufer ab 2022 von einer auf ein Jahr verlängerten **Beweislastumkehr**, dass die Sache bereits bei Übergabe mangelhaft war. Daneben wurden die **Voraussetzungen für den Rücktritt oder die Geltendmachung eines Schadensersatzanspruchs** aufgeweicht. So muss der Verbraucher häufig keine konkrete Frist mehr setzen, bevor er vom Kaufvertrag zurücktritt oder Schadensersatz verlangt.

3. Sache mit digitalen Elementen – Aktualisierungspflicht der Verkäufer

Entsprechend der EU-Richtlinien wird das Bürgerliche Gesetzbuch – insbesondere das Gewährleistungsrecht – nun auch auf die speziellen Anforderungen der Digitalisierung angepasst. Neu eingefügt werden demnach Regelungen für „Kaufsachen mit digitalen Elementen". Hervorzuheben ist hierbei insbesondere die neu normierte **Aktualisierungspflicht**, bei deren Verletzung die Kaufsache als mangelhaft gilt. Das bedeutet, dass auch eine ursprünglich mangelfreie Kaufsache im Laufe der Zeit mangelhaft wird, **235** liefert der Verkäufer nicht oder nicht rechtzeitig Updates. Davon umfasst sind sowohl **funktionserhaltende als auch Sicherheitsaktualisierungen**. Besonders spannend ist dabei, dass die Dauer der Aktualisierungspflicht von den Umständen des Einzelfalls abhängen soll. Sie wird je nach Art des Produkts und dem Erwartungshorizont des Durchschnittskäufers bemessen. Es ist demnach offen, ab wann ein Verkäufer nicht mehr zur Aktualisierung verpflichtet ist.

Praxistipp:

Der Verkäufer, der nicht zugleich Hersteller der Produkte ist, muss deshalb in seinen Lieferverträgen besonders darauf achten, diese Pflicht zur Bereitstellung von Updates abzudecken, um ggfs. Regressansprüche geltend machen zu können.

4. Neue Regelungen für Verträge mit digitalen Produkten

236 Unabhängig davon gelten ab Januar 2022 neue Regelungen für Verträge, die die „Bereitstellung digitaler Inhalte und digitaler Dienstleistungen" (zusammen „digitale Produkte") zum Gegenstand haben. Davon betroffen sind insbesondere **Anbieter von Apps, eBooks und Streaming-Diensten**, aber auch **Cloud-Anbieter und Betreiber sozialer Netzwerke**.

Eine der wichtigsten Neuerungen ist dabei, dass ein Vertrag schon dann als „**entgeltlich**" gilt, sobald der Verbraucher sich zur **Bereitstellung seiner Daten**, die über die ausschließliche Verwendung zur Vertragsdurchführung hinaus gehen, verpflichtet. „Bezahlt" der Verbraucher also die Leistung mit seinen Daten, ist nun das Widerrufsrecht auf diese Verträge anwendbar.

Darüber hinaus gelten auch für die Verträge zu digitalen Produkten spezielle Regelungen im Gewährleistungsrecht, die sich an denen des neuen Kaufrechts orientieren.

5. Strenge Anforderungen an Vertragslaufzeiten und Verlängerungen

237 Ab März 2022 gelten verschärfte Bedingungen für Vertragslaufzeiten, deren automatische Verlängerung sowie deren Kündigung.

Verträge dürfen nach einer Mindestlaufzeit von maximal zwei Jahren nur noch auf unbestimmte Zeit mit einmonatiger Kündigungsmöglichkeit verlängert werden. Eine bislang häufig anzutreffende Praxis über die Verlängerung um ein weiteres Jahr ist damit nicht mehr zulässig, da der Kunde nicht darauf beschränkt werden darf, erst zum Ende der automatischen Verlängerung zu kündigen. Auch wird die Kündigungsfrist von maximal drei Monaten auf einen Monat verkürzt.

Findet der Vertragsschluss – wie heutzutage üblich – im Internet statt, hat der Unternehmer ab Juli 2022 auch einen sog. „**Kündigungsbutton**" vorzuhalten. Über diese Schaltfläche soll der Kunde künftig einfacher seinen Vertrag beenden können.

6. Umfassende Transparenzpflichten für Online-Marktplätze

238 Zusätzlich hat der Gesetzgeber Handlungsbedarf bei der Transparenz auf Online-Marktplätzen, wie bspw. Amazon, eBay, etsy & Co, gesehen.

Ähnlich wie man dies bereits beim Ranking von Suchergebnissen kennt, haben Marktplatzbetreiber ab dem 28.5.2022 konkrete Angaben zu Ranking-Kriterien und deren Gewichtung zu machen. Darüber hinaus sind die Käufer ausdrücklich über die Verbraucher- oder Unternehmereigenschaft zu informieren.

Anmerkung:

Insbesondere Amazon dürfte auch Anlass zur Regelung gegeben haben, dass nunmehr wirtschaftliche Verflechtungen zwischen der Plattform und etwaigen Verkäufern offenzulegen sind.

7. Preisbildung über Profiling oder Werbung mit Preisreduktion

Ebenfalls zum 28.5.2022 haben alle Verkäufer ausdrücklich anzugeben, wenn sie für die Preisbildung eine automatisierte Entscheidungsfindung, sog. „Profiling", verwendet haben. **239**

Ebenso muss bei der Werbung mit Preisreduzierungen als vorheriger Preis immer der günstigste Preis der letzten 30 Tage mit angegeben werden. Dies dürfte insbesondere bei zeitlich nahe aufeinander fallenden Verkaufsanlässen, wie bspw. Black Friday und dem Weihnachtsgeschäft relevant werden.

Beratungshinweis:

Für Onlinehändler wird das Jahr 2022 zur besonderen Herausforderung, da sowohl Allgemeine Geschäftsbedingungen, als auch Datenschutzerklärungen, Widerrufsbelehrungen und Preisangaben zu unterschiedlichen Zeitpunkten in 2022 – teilweise sogar mehrfach – anzupassen sind. Erste Anpassungen waren bereits 2021 erforderlich.

Darüber hinaus haben die Änderungen des Kauf- und Gewährleistungsrechts auch Auswirkungen auf Lieferverträge und etwaige Regressansprüche im B2B-Geschäftsverkehr, die es zu beachten gilt.

II. Gesellschaftsrecht

1. Gesetz zur Modernisierung des Personengesellschaftsrechts

a) Gesetzgebungsverfahren

Am 20.1.2021 beschloss das Bundeskabinett die größte Reform des Personengesellschaftsrechts seit mehr als 120 Jahren. Die Reform basiert auf dem sog. Mauracher Entwurf einer Expertenkommission vom April 2020 und dem Referentenentwurf vom 19.11.2020. Der Bundestag hat schließlich am 24.6.2021 das sog. Gesetz zur Modernisierung des Personengesellschaftsrechts (MoPeG) verabschiedet. Der Bundesrat billigte das Gesetz am 25.6.2021. Damit wird ein struktureller Wandel im Recht der Personengesellschaften vollzogen. Die Verkündung des Gesetzes vom 10.8.2021 im Bundesgesetzblatt erfolgte am 17.8.2021.[1] Die Neuregelungen treten überwiegend **zum 1.1.2024** in Kraft. **240**

b) Reform der Gesellschaft bürgerlichen Rechts

Im Mittelpunkt der Reform steht die Gesellschaft bürgerlichen Rechts (GbR), deren bisheriges Leitbild der Gelegenheitsgesellschaft auf eine Personengesellschaft von gewisser Dauer und mit eigenen Rechten und Pflichten umgestellt wird. Neben richtungsweisenden Neuregelungen, wie der Abschaffung des Gesamthandvermögens oder der Einführung eines Gesellschaftsregisters, trägt die Neuregelung in erster Linie zu einer **erleichterten Teilnahme der GbR am Geschäftsverkehr** bei und macht diese im Ergebnis zu einer für das Wirtschaftsleben besser geeigneten Gesellschaftsform. Regelungstechnisch wird die GbR als Grundform aller rechtsfähigen Personengesellschaften weiter aufgewertet.[2] Anders als bisher stehen jedoch nicht mehr die „Gesellschafter", sondern steht die „Gesellschaft" als solche im Mittelpunkt der gesetzlichen **241**

---

1) BGBl. I 2021, 3436. Zum MoPeG vgl. u.a. Bachmann, NJW 2021, 3073.
2) Vgl. Fleischer, DStR 2021, 430, 433.

Regelungen. Wie bisher kann die GbR aber weiterhin nicht nur zu Erwerbszwecken, sondern auch zu rein idealen Zwecken gegründet werden.

aa) Rechtsfähige und nicht rechtsfähige GbR

242 Die grundlegende Neuregelung besteht darin, dass die GbR nach der Reform entweder als sog. **rechtsfähige Gesellschaft** selbst Rechte erwerben und Verbindlichkeiten eingehen kann, wenn sie nach dem gemeinsamen Willen der Gesellschafter am Rechtsverkehr teilnehmen soll. Dient sie den Gesellschaftern lediglich zur Ausgestaltung ihres Rechtsverhältnisses untereinander, handelt es sich demgegenüber um eine **nicht rechtsfähige Gesellschaft**, § 705 Abs. 2 BGB n.F.

Die Abgrenzung zwischen rechts- und nichtrechtsfähiger GbR erfolgt nach § 705 Abs. 2 BGB n.F. anhand des **gemeinsamen Willens der Gesellschafter** zur Teilnahme am Rechtsverkehr. Diese subjektive Abgrenzung wurde teilweise kritisiert und eine Vermutungsregelung analog österreichischem Recht propagiert.[1] Von der Aufnahme einer entsprechenden Regelung hat der deutsche Gesetzgeber jedoch abgesehen. In der Begründung des Regierungsentwurfs sind jedoch bestimmte Kriterien enthalten, die für einen solchen gemeinsamen Willen sprechen sollen. Dabei handelt es sich insbesondere um vertragliche Bestimmungen etwa Name und Sitz, Handlungsorganisation und Haftung sowie den konkreten Gesellschaftszweck und lediglich ergänzend um die tatsächliche Art der Teilnahme am Rechtsverkehr.

bb) Öffentliches Register für die GbR

243 Vorgesehen ist auch die Einführung eines öffentlichen Registers für die Gesellschaften bürgerlichen Rechts. Damit soll das **Publizitätsdefizit der GbR behoben** werden, das sich insbesondere im Grundstücksverkehr nachteilig bemerkbar machte.[2] Im sog. **Gesellschaftsregister** können die für den Geschäftsverkehr benötigten Informationen, bspw. zur Existenz, zur Firma oder zu den Vertretungsberechtigten der jeweiligen Gesellschaft, eingesehen werden.

Die Eintragung im Gesellschaftsregister ist weder verpflichtend noch an eine bestimmte Frist gebunden, § 707 Abs. 1 BGB n.F. Beabsichtigen die Gesellschafter jedoch mit der GbR am Rechtsverkehr teilzunehmen, insb. Rechte an Grundstücken zu begründen oder Gesellschaftsanteile an anderen Unternehmen – bspw. an einer GmbH oder Aktiengesellschaft – zu erwerben, ist dies nur nach vorheriger Eintragung der GbR im Gesellschaftsregister zulässig.

Im Gesellschaftsregister eingetragene Gesellschaften sind dazu verpflichtet, den Zusatz „eingetragene Gesellschaft bürgerlichen Rechts" oder „**eGbR**" zu tragen, § 707a Abs. 2 BGB n.F.

> **Anmerkung:**
>
> Will eine GbR nicht nach außen in Erscheinung treten, sondern dient der Zusammenschluss ausschließlich einem zwischen den Gesellschaftern bestehenden Zweck – bspw. der internen Abstimmung von Stimmrechtskonsortien – ist auch weiterhin keine Eintragung erforderlich.

cc) Aufgabe des Gesamthandsvermögens

244 Das Vermögen der Gesellschaft wird aufgrund der Reform der GbR selbst und nicht mehr wie bisher den Gesellschaftern in ihrer Gesamtheit (Gesamthand) zugerechnet. In § 713 BGB n.F. ist danach geregelt, dass die Beiträge der Gesellschafter sowie die durch oder für die Gesellschaft erworbenen Rechte und die gegen sie begründeten

---

1) Vgl. Fleischer, DStR 2021, 430, 437.
2) Vgl. Fleischer, DStR 2021, 430, 434.

Verbindlichkeiten Vermögen der Gesellschaft sind. Das **Gesamthandsprinzip** wurde damit auf dem Gebiet des Gesellschaftsrechts **aufgegeben**.[1]

Anmerkung:

Ertragsteuerlich soll die Abschaffung des Gesamthandsvermögens laut Gesetzesbegründung zu keinen Änderungen führen, insbesondere bleibt es bei der transparenten Besteuerung von Personengesellschaften. Sofern in Steuergesetzen von Gesamthandsvermögen die Rede ist, handelt es sich bei rechtsfähigen Personengesellschaften um das Vermögen der Gesellschaft in Abgrenzung zum Sonderbetriebsvermögen, d.h. dem Vermögen einzelner Gesellschafter.

dd) Beschlussfassung und Geschäftsführung

In §§ 714, 715 BGB n.F. sind die Grundlagen der gesellschaftsrechtlichen Willensbildung und deren Abgrenzung von der Geschäftsführung geregelt. Bei außergewöhnlichen Geschäftsführungsmaßnahmen und sofern gesellschaftsvertraglich vorgesehen, bedarf es Gesellschafterbeschlüsse, die sofern nichts Abweichendes geregelt ist, einstimmig erfolgen müssen. **245**

Nach § 715 Abs. 1 BGB n.F. sind alle Gesellschafter zur Führung der Geschäfte der Gesellschaft berechtigt und verpflichtet. Somit ist **Gesamtgeschäftsführung** der gesetzliche Regelfall, § 715 Abs. 3 BGB n.F. Sofern einzelne Gesellschafter von der Geschäftsführung ausgeschlossen sind, bedürfen außergewöhnliche Geschäfte auch ihrer Zustimmung, § 715 Abs. 2 BGB n.F.

Zur Vertretung der Gesellschaft gegenüber Dritten sind alle Gesellschafter gemeinsam befugt, es sei denn, der Gesellschaftsvertrag bestimmt etwas anderes, § 720 Abs. 1 BGB n.F.

Kodifiziert wurde darüber hinaus eine **zwingende Notgeschäftsführungsbefugnis**. Gemäß § 715a Satz 1 BGB n.F. kann – sofern alle geschäftsführenden Gesellschafter verhindert sind – jeder Gesellschafter das Geschäft vornehmen, vorausgesetzt, mit dem Aufschub wäre eine Gefahr für die Gesellschaft oder das Gesellschaftsvermögen verbunden. Diese Notgeschäftsführungsbefugnis kann gesellschaftsvertraglich nicht abbedungen werden.

Darüber hinaus wurde in § 715b BGB n.F. die Gesellschafterklage, sog. **actio pro socio**, verankert. Danach ist jeder Gesellschafter befugt, einen auf dem Gesellschaftsverhältnis beruhenden Anspruch der Gesellschaft gegen einen anderen Gesellschafter im eigenen Namen gerichtlich geltend zu machen, wenn der dazu berufene geschäftsführungsbefugte Gesellschafter dies pflichtwidrig unterlässt.

ee) Persönliche Haftung der Gesellschafter

Gemäß § 721 BGB n.F. haften die Gesellschafter für die Verbindlichkeiten der Gesellschaft den Gläubigern als **Gesamtschuldner** persönlich. Eine entgegenstehende Vereinbarung ist Dritten gegenüber unwirksam. Mit dieser Regelung wird die neuere BGH-Rechtsprechung zur unbeschränkten Gesellschafterhaftung kodifiziert.[2] Die Haftungsregelung gilt für eingetragene und nicht eingetragene Gesellschaften bürgerlichen Rechts gleichermaßen. **246**

---

1) Fleischer, DStR 2021, 430, 435.
2) Fleischer, DStR 2021, 430, 436.

Anmerkung:

Die von der Rechtsprechung entwickelten Ausnahmen für Bauherrengemeinschaften, geschlossene Immobilienfonds, Gelegenheitsgesellschaften sowie gemeinnützige Gesellschaften sollen laut Begründung des Regierungsentwurfs weitergelten.

ff) Ausscheiden eines Gesellschafters

247 In Bezug auf das Ausscheiden eines Gesellschafters aus der Gesellschaft bürgerlichen Rechts wurde ein Richtungswechsel weg von der Personen- und hin zur **Verbandskontinuität** vollzogen.[1] Sofern gesellschaftsvertraglich nichts Abweichendes geregelt wurde, führte bisher der Tod eines Gesellschafters zu deren Auflösung. Nach der Reform führt der Tod eines Gesellschafters mangels anderweitiger Abrede zu seinem Ausscheiden, § 723 Abs. 1 Nr. 1 BGB n.F. Dies gilt auch bei

- Kündigung der Mitgliedschaft durch den Gesellschafter (Nr. 2);
- Eröffnung des Insolvenzverfahrens über das Vermögen des Gesellschafters (Nr. 3);
- Kündigung der Mitgliedschaft durch einen Privatgläubiger des Gesellschafters (Nr. 4);
- Ausschließung des Gesellschafters aus wichtigem Grund (Nr. 5).

Anmerkung:

Damit wird laut Begründung des Regierungsentwurfs die wirtschaftspolitische Absicht verfolgt, den **Unternehmenserhalt** zu fördern.

Ist das Gesellschafterverhältnis – wie häufig – auf unbestimmte Zeit eingegangen, kann jeder Gesellschafter seine Mitgliedschaft mit einer Frist von drei Monaten zum Ablauf des Kalenderjahres kündigen, es sei denn, es wurde etwas Abweichendes vereinbart. Im Zuge der Reform erhält der BGB-Gesellschafter einer auf eine bestimmte Zeit eingegangenen Gesellschaft ein **außerordentliches Kündigungsrecht aus wichtigem Grund**, § 725 Abs. 2 BGB n.F. Ein wichtiger Grund liegt dabei insbesondere dann vor, wenn ein anderer Gesellschafter eine ihm nach dem Gesellschaftsvertrag obliegende wesentliche Verpflichtung vorsätzlich oder grob fahrlässig verletzt hat oder wenn die Erfüllung einer solchen Verpflichtung unmöglich wird.

Anmerkung:

Diese Kündigungsrechte führen allerdings nicht zur Auflösung der Gesellschaft, sondern lediglich zum Ausscheiden des kündigenden Gesellschafters.

gg) Auflösung und Liquidation der Gesellschaft

248 Die **Auflösungsgründe** einer Gesellschaft bürgerlichen Rechts sind in § 729 BGB n.F. kodifiziert. Weitere Gründe können gesellschaftsvertraglich bestimmt werden. Neu ist das **zwingende Recht zur Kündigung der Gesellschaft aus wichtigem Grund**, § 731 BGB, als ultima ratio, wenn dem kündigenden Gesellschafter die Fortsetzung der Gesellschaft nicht zugemutet werden kann.

Ein **Beschluss über die Auflösung der Gesellschaft** muss mit einer Mehrheit von mindestens drei Viertel der abgegebenen Stimmen gefasst werden, § 732 BGB n.F., sofern nach dem Gesellschaftsvertrag Mehrheitsentscheidungen zulässig sind

---

1) Fleischer, DStR 2021, 430, 436.

Anmerkung:

Ist der Auflösungsgrund beseitigt, können die Gesellschafter unter den Voraussetzungen des § 734 BGB n.F. die Fortsetzung der aufgelösten Gesellschaft beschließen.

Nach Auflösung der Gesellschaft ist eine **Liquidation** erforderlich, wobei § 735 BGB n.F. auch andere Arten der Abwicklung zulässt. Mit der Auflösung der Gesellschaft erlischt die einem Gesellschafter gesellschaftsvertraglich übertragene Befugnis zur Geschäftsführung und Vertretung. Diese Befugnis steht von der Auflösung an allen Liquidatoren gemeinsam zu. Zur Liquidation sind nach § 736 Abs. 1 BGB n.F. grundsätzlich alle Gesellschafter berufen.

hh) Handlungs- und Unterlassungspflichten

Sind an Gesellschaften bürgerlichen Rechts ausschließlich Gesellschaften beteiligt, obliegen den **Organen der beteiligten Gesellschaften** bei Zahlungsunfähigkeit oder Überschuldung der GbR **gesteigerte Handlungs- und Unterlassungspflichten**. So muss mit Eintritt von Insolvenzgründen prinzipiell jede hiernach von den Geschäftsführern der beteiligten Gesellschaften für die GbR geleistete Zahlung vollumfänglich erstattet werden. Ferner sind die Organe zur Stellung eines Insolvenzantrags verpflichtet.   **249**

ii) Grundbucheintragung

Im Grundbuch wird nur noch die GbR selbst eingetragen, die namentliche Nennung sämtlicher Gesellschafter ist damit obsolet. Bei einem Wechsel im Gesellschafterbestand erübrigt sich damit die zeit- und kostenintensive Berichtigung des Grundbuchs. Eine Eintragung im Grundbuch erfolgt allerdings nur dann, wenn die GbR auch im Gesellschaftsregister eingetragen ist, § 47 Abs. 2 GBO n.F.   **250**

jj) Anteilsübertragungen

Anteilsübertragungen bei der GbR sind nach der Reform grundsätzlich zulässig. Diese sind jedoch an die **Zustimmung der übrigen Gesellschafter** geknüpft, § 711 Abs. 1 BGB n.F. Die Übertragung bedarf keiner Form, was auch für den Fall gelten soll, dass die GbR über Grundbesitz oder Anteile an Gesellschaften verfügt. Abweichende Regelungen im Gesellschaftsvertrag sind zulässig. Eigene Anteile kann die GbR nicht erwerben.   **251**

kk) Umwandlungen

Schließlich wurde im Zuge der Reform im Umwandlungsgesetz die Beteiligung der GbR an innerstaatlichen Umwandlungen ermöglicht. Die GbR kann sowohl passiv wie auch aktiv an Verschmelzungen, Spaltungen und anderen Umwandlungsakten teilnehmen.[1]   **252**

c) Reform der GmbH & Co. KG

aa) Öffnung für Freiberufler

Die Reform des Personengesellschaftsrechts erstreckt sich zudem auf die im Mittelstand beliebte Rechtsform der GmbH & Co. KG. So können sich künftig Gesellschafter auch zur gemeinsamen Ausübung der sog. „Freien Berufe" – z.B. Ärzte, Wirtschaftsprüfer, Steuerberater, Rechtsanwälte – in der Rechtsform der Kommanditgesellschaft bzw. GmbH & Co. KG zusammenschließen; § 107 HGB n.F. Bislang war dies ausschließlich Unternehmungen mit gewerblichem Gegenstand vorbehalten.   **253**

---

1) Vgl. hierzu Vossius in Widmann/Mayer, Umwandlungsrecht aktuell, A. Gesellschaftsrecht, 1 ff. (Stand: Oktober 2021).

Dies steht jedoch unter dem **Vorbehalt**, dass die berufsrechtlichen Vorschriften des jeweiligen Berufsstandes einen Zusammenschluss in der Rechtsform der (GmbH & Co.) KG zulassen. Die aktuell geltenden Beschränkungen auf Ebene des Landesrechts sollen aufgeweicht und spezifische Regelungen im sachnäheren Berufsrecht geschaffen werden.

> **Anmerkung:**
>
> Die Entwicklung dieser Vorgabe auf Landesebene ist daher aufmerksam zu beobachten.

Unter der genannten Prämisse tritt die GmbH & Co. KG bei Berufsträgern daher in direkte Konkurrenz zur Partnerschaftsgesellschaft mit beschränkter Berufshaftung (PartG mbB).

Die Wahl zwischen diesen beiden Rechtsformen dürfte im Wesentlichen von der Gewichtung folgender Gesichtspunkte abhängen:

– Die GmbH & Co. KG erzielt im Falle der gewerblich geprägten Personengesellschaft Einkünfte aus Gewerbebetrieb, welche der Gewerbesteuer unterliegen. Die PartG mbB hingegen wird nicht als Gewerbebetrieb qualifiziert und unterliegt demzufolge keiner Gewerbesteuerpflicht.

– Die Haftung der Partner einer PartG mbB ist nur insoweit beschränkt, als diese auf einer fehlerhaften Berufsausübung, bspw. auf Beratungsfehlern, beruht. Nur unter diesen Voraussetzungen ist eine Haftung des Berufsträgers auf die Versicherungssumme der Berufshaftpflichtversicherung beschränkt. Für sonstige Verbindlichkeiten – bspw. aus Mietverhältnissen oder gegenüber Angestellten – haften die Partner hingegen unbeschränkt und mit ihrem Privatvermögen.

– Die GmbH & Co. KG bietet insoweit den Vorteil, dass eine Haftung der Kommanditisten hinsichtlich aller Verbindlichkeiten (auf die Hafteinlage) beschränkt werden kann, unabhängig davon, ob die Verbindlichkeit bei spezifischer Berufsausübung oder in sonstiger Weise begründet wurde.

bb) Streitigkeiten über Gesellschafterbeschlüsse

254 Will ein Gesellschafter einer OHG oder (GmbH & Co.) KG die Rechtswidrigkeit eines in der Gesellschafterversammlung gefassten Beschlusses gerichtlich geltend machen, ist hierfür – mit Ausnahme besonders schwerwiegender Verstöße gegen die Regeln der Einberufung und Abhaltung der Gesellschafterversammlung – eine Frist von drei Monaten zu beachten, § 112 Abs. 1 HGB n.F. Lässt er die Frist verstreichen, ist der betreffende Beschluss unanfechtbar.

Um den damit verbundenen Zeitdruck der Gesellschafter zur gerichtlichen Geltendmachung der Beschlussmängel abzumildern und die Möglichkeit einer einvernehmlichen Streitbeilegung nicht zu gefährden, wird der Lauf dieser Frist bei Vergleichsverhandlungen gehemmt; § 112 Abs. 3 HGB n.F.

2. Gesetz zur Umsetzung der Digitalisierungsrichtlinie

a) Gesetzgebungsverfahren

255 Am 10.2.2021 hat das Bundeskabinett den vom Bundesministerium für Justiz und Verbraucherschutz vorgelegten Entwurf eines Gesetzes zur Umsetzung der Digitalisierungsrichtlinie (DiRUG) in das Gesetzgebungsverfahren eingebracht. Der Bundestag hat das Gesetz am 11.6.2021 in zweiter und dritter Lesung beschlossen. Der Bundesrat hat das Gesetz am 25.6.2021 gebilligt. Die Regelungen des Gesetzes vom 5.7.2021, das am 13.8.2021 im Bundesgesetzblatt verkündet worden ist,[1] treten überwiegend zum

---

1) BGBl. I 2021, 3338.

1.8.2022 in Kraft (→ Rz. 23). Damit hält die Digitalisierung Einzug in das deutsche Gesellschaftsrecht. Dadurch wird insbesondere der rechtliche Rahmen für die Gründung von Gesellschaften mit beschränkter Haftung erweitert.[1]

Anmerkung:

Durch das DiRUG wird die Richtlinie (EU) 2019/1151 des Europäischen Parlaments und des Rates vom 20.6.2019 im Hinblick auf den Einsatz digitaler Werkzeuge und Verfahren im Gesellschaftsrecht[2] umgesetzt.

Ziel der Richtlinie ist es, durch die Verringerung von Kosten, Zeit- und Verwaltungsaufwand Erleichterungen für kleine und mittlere Unternehmen zu schaffen. Hierdurch wird der Grundstein der Digitalisierung im Beurkundungs- und Registerwesen gelegt. Vorgänge, wie die Gründung einer GmbH oder Eintragungen in das Handelsregister, können dann erstmals ohne Präsenz – d.h. ausschließlich online – durchgeführt werden.

b) Notarielle Beurkundung und Beglaubigung mittels Videokommunikation

aa) Online-Gründungen von GmbHs

Durch das DiRUG wird die **Online-Bargründung** einer GmbH ermöglicht. Hierfür ist ein digitaler Austausch von Informationen und Dokumenten im Rahmen einer Videokonferenz vorgesehen, bei der auch die Beratung und Verlesung stattfindet. Die Videokonferenzen werden ausschließlich über ein von der Bundesnotarkammer betriebenes bzw. zu betreibendes Videokommunikationssystem abgehalten. Es gilt weiterhin das Amtsbereichsprinzip, wonach ein Notar seine Urkundstätigkeiten nur innerhalb seines Amtsbereiches ausüben soll, sofern nicht berechtigte Interessen der Beteiligten entgegenstehen, § 10a Abs. 3 BNotO n.F. **256**

Nach gegenwärtigem Recht kann die Gründung einer GmbH nur durch physisches Erscheinen vor einem Notar beurkundet werden. Gemäß § 13 BeurkG n.F. muss die Niederschrift, konkret das Gründungsprotokoll, den Beteiligten in Gegenwart eines Notars vollständig vorgelesen, von ihnen genehmigt und eigenhändig unterschrieben werden. Die vollständige Verlesung ist Voraussetzung für die Wirksamkeit der Beurkundung. Hieran wird auch in dem neuen Online-Verfahren festgehalten.

Im Rahmen der neuen §§ 16a ff. BeurkG n.F. wurden nun Regelungen zur Beurkundung mittels Videokommunikation und der korrespondierenden elektronischen Niederschrift verankert. In Bezug auf die elektronische Gründung einer GmbH sieht § 16a Abs. 1 BeurkG n.F. vor, dass die Beurkundung von Willenserklärungen per Videokommunikationssystem erfolgen kann, soweit § 2 Abs. 3 GmbHG n.F. dies zulässt. Dort ist geregelt, dass Bargründungen mittels Videokommunikation zulässig sind.

Anmerkung:

Der Gesetzgeber hält das Online-Verfahren lediglich für **Bargründungen** von GmbHs für geeignet.

Sachgründungen müssen weiterhin wie bisher in physischer Anwesenheit vor einem Notar erfolgen. **Geschäftsanteilsveräußerungen** und **Umwandlungsvorgänge** können ebenfalls nicht im Online-Verfahren vollzogen werden.

Auch wenn **andere Formzwecke** im Vordergrund stehen, wie dies etwa im Familien-, Erb- oder Immobilienrecht der Fall ist, kann die GmbH nicht im Online-Verfahren gegründet werden.

Der Notar kann eine **Online-Gründung** zudem **ablehnen**, wenn er die Erfüllung seiner Amtspflichten nicht gewährleisten kann, etwa wenn er sich keine Gewissheit über die Person eines Beteiligten verschaffen kann oder er die erforderliche Rechts- oder Geschäftsfähigkeit eines der Beteiligten anzweifelt, § 16a Abs. 2 BeurkG n.F.

---

1) Keller/Schümmer, NZG 2021, 573.
2) ABl.EU Nr. L 186, 80 v. 11.7.2019.

Die Bundesnotarkammer ist verpflichtet, ein entsprechendes Videokommunikationssystem zu betreiben, § 78p BNotO n.F.

Über die Verhandlung ist eine elektronische Niederschrift zu erstellen, § 16b BeurkG n.F. Dabei handelt es sich um ein rein elektronisches Dokument, nicht dagegen um ein per EDV-Unterstützung errichtetes Papierdokument. Zur Identifizierung dient die eID-Funktion des deutschen Personalausweises oder ein vergleichbares Identifizierungsmittel, § 16c BeurkG n.F.

Die Unterzeichnung erfolgt auf einer elektronischen notariellen Urkunde mittels qualifizierter elektronischer Signatur, § 16b Abs. 4 BeurkG n.F.

> **Anmerkung:**
>
> Eine qualifiziert elektronische Signatur muss dem Unterzeichner **eindeutig zugeordnet** sein, dessen Identifizierung ermöglichen, unter Verwendung elektronischer Signaturerstellungsdaten erstellt sein, die der Unterzeichner mit einem hohen Maß an Vertrauen unter seiner alleinigen Kontrolle verwenden kann. Sie muss so mit den auf diese Weise unterzeichneten Daten verbunden sein, dass eine nachträgliche Veränderung der Daten erkannt werden kann.[1] Eine Liste sämtlicher qualifizierter elektronischer Signaturerstellungseinheiten, sog. **Trusted List Browser**, findet sich auf der Website der EU-Kommission.[2]
>
> Für die Erstellung einer qualifizierten elektronischen Signatur benötigt der Ersteller eine Signaturkarte, ein Kartenlesegerät und eine entsprechende Software.[3]

bb) Öffentliche Beglaubigungen

257 Auch öffentliche Beglaubigungen werden in bestimmten Fällen durch die neu geschaffene Variante der Videokonferenz ohne zwingende Präsenz ermöglicht, § 12 Abs. 1 Satz 2 Nr. 2 HGB, § 40a BeurkG n.F.

So kann eine Anmeldung zum Handels- und Genossenschaftsregister für Kaufleute bestimmter Rechtsformen mittels einer qualifizierten elektronischen Signatur in Gegenwart eines Notars oder mittels der Videokonferenz stattfinden. Vorgesehen ist dies für Einzelkaufleute, Aktiengesellschaften, GmbHs und Genossenschaften, nicht jedoch Personenhandelsgesellschaften (OHG, KG) oder Partnerschaftsgesellschaften.

cc) Gemischte Beurkundungen

258 Nach § 16e BeurkG n.F. ist auch die Durchführung einer gemischten Beurkundung möglich. In diesem Fall wird zusätzlich zu der elektronischen Niederschrift mit den bei dem Notar physisch anwesenden Beteiligten eine inhaltsgleiche Niederschrift im Sinne von § 8 BeurkG n.F. aufgenommen. Dies ist sowohl in der Niederschrift als auch in der elektronischen Niederschrift zu vermerken, § 16e Abs. 1 Satz 2 BeurkG n.F.

c) Verbesserter grenzüberschreitender Informationsaustausch über Zweigniederlassungen

259 Auch die Eintragung von Zweigniederlassungen kann durch die Videokonferenz künftig online abgewickelt werden. Darüber hinaus soll ein grenzüberschreitender Informationsaustausch über (europäische) Zweigniederlassungen mit dem **Europäischen System der Registervernetzung** (Business Registers Interconnections System – „BRIS") eingeführt werden.

d) Bekanntmachung und Abruf von Registerinformationen

260 Eine weitere wesentliche Neuerung betrifft die Bekanntmachung von Registerinformationen. Diese werden zukünftig mittels einer „**Register only**"-Lösung ausschließlich

---

1) Keller/Schümmer, NZG 2021, 573, 575.
2) https://esignature.ec.europa.eu/efda/tl-browser/#/screen/home
3) Keller/Schümmer, NZG 2021, 573, 575.

durch die erstmalige Abrufbarkeit im Handelsregister bekannt gemacht. Eine separate Bekanntmachung, wie sie bislang stattgefunden hat, entfällt damit. Die gesetzliche Umsetzung wird durch eine Änderung des Begriffs der „Bekanntmachung" in § 10 Abs. 1 HGB n.F. erleichtert. Der Abruf der Eintragungen soll in Zukunft gebührenfrei sein. Die Kompensation der entstehenden Kosten ist durch die Erhebung einer Bereitstellungsgebühr vorgesehen.

e) Grenzüberschreitender Informationsaustausch – Directors' Disqualification

Daneben wird über das Europäische System der Registervernetzung – BRIS – ein grenzüberschreitender Informationsaustausch zu **disqualifizierten Geschäftsführern** sowie Vorstandsmitgliedern eingeführt. Über den Austausch können inländische Bestellungshindernisse in anderen Mitgliedstaaten sowie Bestellungshindernisse und entsprechende Informationen aus anderen Mitgliedsstaaten im Inland berücksichtigt werden. **261**

> **Anmerkung:**
> Von einem deutschen Register für disqualifizierte Direktoren wird allerdings abgesehen.

f) Inkrafttreten

Die Umsetzung der meisten Vorgaben sollte nach der DiRUG grundsätzlich bis 1.8.2021 erfolgen. Allerdings wurde den Mitgliedstaaten in der Richtlinie eine **Option zur Verlängerung der Umsetzungsfrist** um ein Jahr, also bis 1.8.2022, eingeräumt. Davon hat Deutschland Gebrauch gemacht. **262**

g) Kritische Stellungnahme und Ausblick

Auch wenn das DiRUG überwiegend als „Schritt in die richtige Richtung" gewertet wird, erntet das Vorhaben nicht nur Applaus.[1] Kritisiert wird u.a. der **begrenzte Anwendungsbereich**. So besteht etwa über die Gründung hinaus keine Möglichkeit der Videokommunikation für weitere beurkundungspflichte Vorgänge, wie spätere Änderungen des Gesellschaftsvertrags oder Anteilsübertragungen. Gerade für die in der Praxis häufig anzutreffenden Rechtsformen der (GmbH & Co.) KGs gehen die gesetzgeberischen Maßnahmen nicht weit genug. **263**

3. Gesetz zur Vereinheitlichung des Stiftungsrechts

a) Gesetzgebungsverfahren

Am 24.6.2021 hat der Bundestag das Gesetz zur Vereinheitlichung des Stiftungsrechts beschlossen, am 16.7.2021 erfolgte nach der Zustimmung des Bundesrates vom 25.6.2021 die Veröffentlichung des Gesetzes im Bundesgesetzblatt[2]. Damit wurde das Reformvorhaben, mit dem 2014 begonnen wurde, wie im Koalitionsvertrag von CDU/CSU und SPD vorgesehen, noch rechtzeitig in der letzten Legislaturperiode abgeschlossen. **264**

Der überwiegende Teil der Änderungen tritt zum **1.7.2023** in Kraft; das Stiftungsregister mit negativer Publizitätswirkung soll dann – wie erwartet – zum 1.1.2026 umgesetzt werden.

b) Entstehung von Stiftungen und mutmaßlicher Stifterwille

Während in vorangegangenen Entwürfen noch auf die „Errichtungssatzung" als ein eigenes Rechtsinstitut abgestellt wurde, das für die Stiftung als maßgeblich angesehen **265**

---

1) Heckschen/Knauer, NZG 2021, 1093 ff. Linke, NZG 2021, 309.
2) BGBl. I 2021, 2947.

wurde, kehrt das Gesetz nun wieder zu dem **bisherigen, offeneren Begriff der Satzung** zurück.

Damit ist auch wieder der **mutmaßliche Stifterwille** als Auslegungsmaßstab zugelassen, auch wenn nach wie vor dem im Zeitpunkt der Stiftungserrichtung niedergelegten Willen eine besondere Bedeutung zukommt. Ergänzend ist der mutmaßliche Stifterwille unter Berücksichtigung wesentlicher nachfolgender Veränderungen heranzuziehen. Die Begrenzung auf den **historische Stifterwillen**, wie er aus dem Stiftungsgeschäft einschließlich der (Errichtungs-)Satzung ermittelt werden kann, wurde insb. deshalb kritisiert, weil Stiftungsgeschäft und Satzung möglicherweise nicht alle Motive des Stifters abbilden oder der historische Stifterwille zu einem konkreten Fall später gar nicht ermittelt werden kann.

> **Anmerkung:**
>
> Der **mutmaßliche Stifterwille** kann sich auch aus anderen, außerhalb der Satzung liegenden Quellen ergeben. Unverändert bleibt es jedoch dabei, dass es auf den tatsächlichen oder mutmaßlichen Willen des Stifters im Zeitpunkt der Errichtung der Stiftung ankommt. Nachträgliche Motivänderungen sind dem Stiftungsrecht nach wie vor fremd.

c) Stiftungsregister

266 Das **ab 1.1.2026** zu führende neue Stiftungsregister soll eine den Kapitalgesellschaften oder Vereinen entsprechende **Publizität** entfalten. Es vermittelt allerdings (nur) negative Publizität. Das bedeutet, dass eine einzutragende Tatsache gegenüber einem Dritten nur gilt, wenn sie eingetragen ist oder der Dritte sie kennen musste; ist sie eingetragen, kann sie einem Dritten entgegengehalten werden, es sei denn, der Dritte kannte die Tatsache nicht und musste sie auch nicht kennen.

Die **Einsichtnahme** in das Register und in die dort veröffentlichten Dokumente ist durch jedermann ohne Darlegung eines besonderen Interesses möglich, sie ist aber eingeschränkt, wenn die Stiftung oder ein Dritter ein berechtigtes Interesse daran haben, bestimmte Inhalte nicht offen zu legen, wie z.B. die personenbezogenen Daten von Destinatären oder höchstpersönliche Inhalte in Satzungen.

> **Beratungshinweis:**
>
> Gerade für **Familienstiftungen**, aber auch für Stiftungen mit einem besonderen Unternehmensbezug in der Satzung, ist diese Einschränkung von besonderer Bedeutung.

d) Stiftungsvermögen und Umschichtungsgewinne

267 In Bezug auf das Stiftungsvermögen und Umschichtungsgewinne wurden die Regelungen aus dem Kabinettsentwurf übernommen. Die Aufteilung in Grundstockvermögen und sonstiges Vermögen bleibt erhalten.

Zum **Grundstockvermögen** gehören das der Stiftung bei der Errichtung gewidmete Vermögen, spätere Zustiftungen in das Grundstockvermögen sowie Vermögen, das von der Stiftung zu Grundstockvermögen bestimmt wird. Daneben gibt es **sonstiges Vermögen**, das nicht dem Grundsatz der Kapitalerhaltung unterliegt. Wie es bereits gängige Praxis ist, wurde nunmehr im Gesetz auch die **bereits etablierte sog. Hybridstiftung** geregelt. Hierbei handelt es sich um eine Ewigkeitsstiftung, bei der ein verbrauchbares Teilvermögen besteht.

Der Grundsatz der Erhaltung des Grundstockvermögens, der sich bisher in durchaus unterschiedlicher Ausprägung in den Landesstiftungsgesetzen findet, wird in das einheitliche Stiftungszivilrecht im Bürgerlichen Gesetzbuch (BGB) aufgenommen. Es bleibt jedoch dabei, dass gesetzlich **nicht näher konkretisiert** wird, ob ein **realer oder**

nominaler Kapitalerhalt verlangt wird. Gegenständlicher Kapitalerhalt kann u.E. nur dann verlangt werden, wenn der Stifter oder Zustifter dies bei der Zuwendung ausdrücklich bestimmt oder wenn der Vermögensgegenstand notwendigerweise im Stiftungsvermögen verbleiben muss. Dies ist der Fall, wenn der Zweck der Stiftung hierauf gerichtet ist. Im Übrigen ist für die Frage des realen oder nominalen Kapitalerhalts – wie bisher auch – der **Stifterwille** zum Zeitpunkt der Errichtung der Stiftung maßgeblich. Bei Neuerrichtungen empfiehlt es sich daher, das Kapitalerhaltungskonzept zumindest in Grundzügen in der Satzung zu regeln.

> **Beratungshinweis:**
>
> Gerade in der **aktuellen Niedrigzinsphase** wird es insb. Kapitalstiftungen nur sehr schwer möglich sein, realen Kapitalerhalt umzusetzen. Gleichwohl haben die Stiftungsbehörden bei Neuerrichtungen die Tendenz, den Stiftungen realen Kapitalerhalt „in die Satzung schreiben" zu wollen. Hier ist Vorsicht geboten. Wenn der Gesetzgeber auf eine Festlegung verzichtet hat, lässt sich daraus ableiten, dass er dem Stifter offensichtlich eine gewisse Freiheit zubilligt. Ob natürlich auf Dauer nominaler Kapitalerhalt sinnvoll ist, kann dahingestellt bleiben, denn es steht der Stiftung natürlich frei, nach Möglichkeit realen Kapitalerhalt anzustreben. Dies bedeutet jedoch nicht, dass die Stiftung sich hierauf von vornherein festlegen muss. Am Ende müssen die Stiftungsorgane in der Lage sein, nach pflichtgemäßem Ermessen zu entscheiden, welche Art und Weise der Vermögenserhaltung den Erfordernissen der Stiftung und der Verwirklichung der Zwecke entspricht.

Im Vorfeld des Gesetzesbeschlusses hatte das sog. **Surrogationsprinzip** für Besorgnis insbesondere bei **Bestandsstiftungen** geführt. Danach sollte alles zu Grundstockvermögen werden, was die Stiftung als Ersatz oder durch Rechtsgeschäft mit Mitteln des Grundstockvermögens erwirbt. Dies hätte bedeutet, dass Umschichtungsgewinne nicht zur Verwendung für satzungsmäßige Zwecke zur Verfügung stünden, sondern dem Grundstockvermögen zuzuschlagen gewesen wären. Bisher war es zwar durchaus Gegenstand von systematischen Diskussionen, jedoch grundsätzlich möglich, Umschichtungsgewinne zu verwenden. Dies sollte nach bisheriger Praxis auch ohne ausdrückliche Satzungsregelung gelten (strittig). Gerade bei Bestandsstiftungen fehlen solche Regelungen häufig.

Nach den ursprünglichen Gesetzentwürfen sollte eine Verwendung der Umschichtungsgewinne nur aufgrund ausdrücklicher Satzungsregelung erlaubt sein. Beschlossen wurde nun eine entgegengesetzte Regelung: der **Verbrauch der Umschichtungsgewinne** ist grundsätzlich möglich, es sei denn, dies ist durch die Satzung ausdrücklich ausgeschlossen.

e) Vorstands- und Organhaftung

Das neue Stiftungszivilrecht verzichtet für den Vorstand weitgehend auf Verweise ins Vereinsrecht und schafft eigenständige stiftungsrechtliche Regelungen mit Verweis auf das Auftragsrecht. Sehr positiv ist die Einführung einer stiftungsrechtlichen **Business Judgement Rule**. **268**

Ein Organmitglied, das seine Pflichten schuldhaft verletzt, ist der Stiftung nun aufgrund einer eigenen Haftungsnorm zum Ersatz des daraus entstehenden Schadens verpflichtet. Entgegen den vorangegangenen Entwürfen bleibt es bei der Beweislastregelung der allgemeinen Haftungsregelungen, wonach dem Schuldner der Entlastungsbeweis obliegt.

f) Statusänderungen bzw. Änderung der Satzung

Kernpunkt der Reform ist die **bundeseinheitliche Regelung des Stiftungszivilrechts**. Bislang regelten die Landesstiftungsgesetze höchst unterschiedlich die Frage der Satzungsänderung. Der gesamte „Lebenszyklus" der Stiftung wird jetzt im BGB geregelt. Dort sind auch die Verfahrensregelungen zentral erfasst. **269**

Es gilt ein **Konzept der dreistufigen Satzungsänderung** mit dem Grundsatz: je stärker der Eingriff in das Wesen der Stiftung, desto strenger die Voraussetzungen.

Eine **einfache Satzungsänderung** ist zukünftig möglich, wenn durch die Änderung die Zweckverwirklichung erleichtert wird; eine Änderung der Verhältnisse ist nicht erforderlich.

Eine **Änderung prägender Vorschriften** wird möglich bei einer wesentlichen Änderung der Verhältnisse und wenn die Satzungsänderung für die Anpassung an die geänderten Verhältnisse erforderlich ist.

Zweckänderung oder Zweckbeschränkung können nur beschlossen werden, wenn der Stiftungszweck nicht mehr dauernd und nachhaltig erfüllt werden kann, wobei die endgültige Unmöglichkeit nicht mehr gefordert ist. Darüber hinaus können Zweckänderung oder Zweckbeschränkung nur beschlossen werden, wenn der Zweck der Stiftung das Gemeinwohl gefährdet. Auch die Umwandlung einer notleidenden Ewigkeitsstiftung in eine Verbrauchsstiftung ist jetzt ausdrücklich geregelt.

> **Anmerkung:**
>
> Nach wie vor wird die Art und Weise der Zweckerfüllung als prägend für die Stiftung angesehen. Dies wird kritisiert, weil zwar der Stiftungszweck selbstverständlich prägend ist, jedoch nicht die Maßnahmen zur Umsetzung und Erreichung. Diese werden sich vielfach im Laufe des Lebens einer Stiftung situativ ändern, die Satzungsregelungen hierzu sind aber nur unter erschwerten Bedingungen änderbar.

Die **Regelungen zur Satzungsänderung** sind **dispositiv**, der Stifter kann Satzungsänderungen ausschließen, begrenzen oder die Voraussetzungen erleichtern. Die Satzung kann auch dem Vorstand oder einem anderen Organ die Änderungskompetenz zuweisen. Nach wie vor **unzulässig** ist aber eine **Pauschalermächtigung** an die Stiftungsorgane. Der Stifter muss Leitlinien oder Orientierungspunkte für die Satzungsänderungen in der Satzung festschreiben.

> **Anmerkung:**
>
> Die erleichterten Möglichkeiten zur Satzungsänderung stellt insb. **Bestandsstiftungen**, die unter einem strengeren Regime errichtet wurden, vor eine **Herausforderung**.
>
> Es empfiehlt sich, die Satzungen zu überprüfen, ob Anpassungen an die Neuregelungen bereits jetzt erfolgen sollten. Die Legitimation für die Satzungsänderung liegt darin, dass davon auszugehen ist, dass der Stifter, sofern er bei Errichtung die Gesetzesänderung und insbesondere die erleichterten gesetzlichen Voraussetzungen zur Veränderbarkeit der Stiftungssatzung bereits vorausgesehen hätte, diese in der Satzung angelegt hätte. Eine solche Änderung sollte vor Inkrafttreten am 1.7.2023 auf Basis der aktuellen noch anwendbaren Landesstiftungsgesetze herbeigeführt werden, denn das Gesetz lässt Erleichterungen der Änderungsvoraussetzung nur im Stiftungsgeschäft zu. Daher könnte nach dem Inkrafttreten eine solche Änderung nicht mehr möglich sein. Findet sich jedoch zu diesem Zeitpunkt eine ausdrückliche Regelung in der Satzung, genießt diese bei Inkrafttreten des Gesetzes wohl Bestandsschutz.

g) Auflösung oder Aufhebung der Stiftung

270 Zukünftig ist sowohl die **Auflösung der Stiftung durch die Stiftungsorgane** wie auch die **Aufhebung durch die Stiftungsbehörde** zulässig.

Bisher kannte das Bundesgesetz nur die behördliche Aufhebung, während eine Auflösung durch Organbeschluss unterschiedlich in den Landesstiftungsgesetzen geregelt war.

h) Zulegung und Zusammenlegung

Auch die **Zulegung zu einer anderen Stiftung** und die **Zusammenlegung mit einer anderen Stiftung** führen zum Erlöschen der Stiftung. Diese sind mit Wirkung ab Juli 2023 bundesgesetzlich geregelt. **271**

Eine Zulegung oder Zusammenlegung ist unter den Voraussetzungen möglich, dass sich die **Verhältnisse** nach Errichtung der übertragenden Stiftung **wesentlich verändert** haben und eine Satzungsänderung nicht ausreichend ist, um sie an die veränderten Verhältnisse anzupassen. Zudem muss der **Zweck** der aufnehmenden Stiftung mit dem der übertragenden Stiftung **übereinstimmen** und auch nach der Zulegung der Zweck der übertragenden Stiftung weiterhin dauernd und nachhaltig verwirklicht werden.

> **Anmerkung:**
>
> Derzeit hat weder die Beraterschaft noch die Stiftungsaufsicht gesicherte Kenntnisse darüber, was genau unter einer wesentlichen Änderung der Verhältnisse im Sinne der Vorschrift zu verstehen ist.

Beide Institute sind in Landesstiftungsgesetzen enthalten, so z.B. in § 14 Abs. 2 StiftG-BW, der die Zulegung durch autonomen Organbeschluss zulässt, soweit die Satzung dies ausdrücklich vorsieht. Weitere Voraussetzungen, an die der Organbeschluss geknüpft sein muss, enthält die Vorschrift nicht. Ob eine solche Regelung wie in § 14 StiftG-BW zulässig ist, war umstritten. Die Stiftungsbehörden gingen bisher davon aus, dass die Befugnisse des Stifters nicht so weit gehen, die Auflösung einer Stiftung in die Entscheidungskompetenz der Stiftungsorgane zu stellen. Darüber hinaus könnten die Landesstiftungsgesetze die bundesrechtliche Regelung nur ergänzen aber nicht korrigieren, indem sie den Stiftungsorganen eine darüber hinausgehende Kompetenz einräumen.

Durch die Neuregelung wird dieser **Streit nun hinfällig**. In dem dreistufigen System der Satzungsänderungen werden an die Zulegung und Zusammenlegung der Stiftung höhere Anforderungen gestellt, als an eine einfache Satzungsänderung, weil beide zur Auflösung der Stiftung führen. Die höchsten Anforderungen werden dann an die Auflösung oder Aufhebung gestellt.

Zulegung und Zusammenlegung einer Stiftung können nur nach **spezifisch stiftungsrechtlichen Vorschriften** erfolgen. Die Vorschriften zur Umwandlung von Körperschaften im Umwandlungsgesetz, insbesondere zur Verschmelzung, sind für Stiftungen nicht anwendbar, weil diese grundsätzlich einen Vermögensübergang gegen Gewährung von Gesellschafterrechten voraussetzen, der die mitglieder- bzw. gesellschafterlosen Struktur der Stiftung entgegensteht. Das Gesetz regelt daher an das Umwandlungsgesetz angelehnte Verfahren zu diesen Umwandlungsvorgängen, also neben Verfahrensvorschriften auch den Zulegungs- oder Zusammenlegungsvertrag.

Die **gesetzlichen Neuregelungen** sind **zwingend**; abweichende Satzungsregelungen sind nicht zulässig. Eine Zulegung oder Zusammenlegung ist allerdings nicht gegen den historischen, gegebenenfalls mutmaßlichen **Willen eines Stifters** möglich. Ausweislich der Gesetzesbegründung kann ein Stifter eine Zulegung oder Zusammenlegung in der Satzung ausschließen.

i) Ausblick und Kritik

Auch wenn der Gesetzgeber Stiftern zukünftig einen weiteren Gestaltungsspielraum einräumt als bisher, ist es nach wie vor lebenden Stiftern nicht möglich – wenigstens in der ersten Zeit nach der Stiftungserrichtung – erforderliche Zweckanpassungen vorzunehmen. Auch das vielfach geforderte Satzungsänderungsrecht des lebenden Stifters findet sich nicht im Reformgesetz. Stiftern ist es nach wie vor nur dann möglich, Sat- **272** zungsänderungen anzustoßen, wenn sie Mitglied eines hierzu ermächtigten Organs sind.

In der Satzung einer Verbrauchsstiftung ist auch nach der Reform ein Verbrauchszeitraum anzugeben; nach Ablauf dieses Verbrauchszeitraums ist die Stiftung zwingend aufzulösen. Hier wäre eine Flexibilisierung im Sinne einer Prolongation der Stiftungsdauer wünschenswert gewesen.

Nach wie vor unbeantwortet bleibt die Frage, ob die Führung des neuen Stiftungsregisters durch das Bundesamt für Justiz wirklich verfassungsrechtlich zulässig ist. Eine Verortung des Stiftungsregisters bei den Amtsgerichten in Ankopplung an die Vereinsregister und damit innerhalb der Justizhoheit der Länder wird vielfach nicht nur als zulässig, sondern auch als naheliegend und darüber hinaus praktikabler angesehen.

Trotz aller Kritik: Eine Modernisierung und Vereinheitlichung des Stiftungszivilrechts war überfällig. Es führt zu mehr Rechtssicherheit im Stiftungszivilrecht, weil alle Stiftungen zukünftig einheitlichen Regelungen unterliegen. Bereits jetzt sollten die beschlossenen Regeln sowohl bei Satzungsentwürfen für neu zu errichtende Stiftungen, aber auch bei der Überprüfung bereits bestehender Stiftungen berücksichtigt werden. Denn Stiftungen haben nach der Reform mehr Gestaltungsmöglichkeiten für ihre Weiterentwicklung.

III. Wirtschaftsstrafrecht

1. Verbandssanktionengesetz vorläufig gescheitert

273 Zu Beginn der 19. Legislaturperiode war sich die Koalition hinsichtlich der Frage schärferer Sanktionen gegen Unternehmensstraftaten noch einig. So hatte die Bundesregierung am 16.6.2020 das „Gesetz zur Stärkung der Integrität in der Wirtschaft" beschlossen. Kernstück des vorgestellten Gesetzesvorhabens war das Verbandssanktionengesetz (VerSanG), mit dessen Einführung insbesondere die **Sanktionierung von unternehmensbezogenen Straftaten** auf eine neue Grundlage gestellt werden sollte.[1] Mit diesem Gesetz wollte die Koalition wirtschaftliche Kriminalität bekämpfen. Im Juni 2021 erteilte jedoch die Union dem entsprechenden Entwurf zum Verbandssanktionengesetz eine Absage.

Das Vorhaben ist u.a. an dem Umgang mit **internen Ermittlungen** gescheitert. Konkret ging es darum, dass Untersuchungen, die Unternehmen selbst anstellen, um Fehlverhalten von Mitarbeitern aufzudecken, von der Staatsanwaltschaft hätten beschlagnahmt werden können, da in diesen Fällen das sog. Verteidigerprivileg nicht gilt. Von Seiten der Union wurde diese Regelung für kontraproduktiv gehalten, da derartige interne Untersuchungen dann künftig nicht mehr stattfinden würden. Das Bundesjustizministerin wertete die Ablehnung der Union als Bruch des Koalitionsvertrages.

> **Anmerkung:**
>
> Der Gesetzesentwurf ist damit aufgrund des **Diskontinuitätsgrundsatzes** – zunächst – zur Erleichterung der Unternehmen gescheitert. Wie es damit weitergeht, wird sich zeigen. Mit Blick auf bestehende Gesetzeslücken wird sich jedoch auch die neue Bundesregierung mit dieser Thematik beschäftigen müssen.

2. Hinweisgeberschutzgesetz vorläufig gescheitert

a) Gesetzgebungsverfahren

274 Mit der EU-Richtlinie 2019/1937 zum Schutz von Personen, die Verstöße gegen das Unionsrecht melden, wurde auf EU-Ebene bereits am 16.12.2019 die Schaffung eines

---

1) Ebner Stolz / BDI, Steuer- und Wirtschaftsrecht 2021, Rz. 225 ff.

einheitlichen Hinweisgeberschutzes beschlossen. Vor dem Hintergrund der am 17.12.2021 endenden Frist zur Umsetzung in nationales Recht legte das Bundesministerium der Justiz und für Verbraucherschutz am 26.11.2020 einen Referentenentwurf eines Hinweisgeberschutzgesetzes vor. Jedoch konnten sich die Koalitionspartner in der letzten Legislaturperiode nicht über den Referentenentwurf verständigen, da er weit über die Vorgaben der EU-Richtlinie hinausging. Das Gesetzgebungsverfahren wurde deshalb in der letzten Legislaturperiode nicht mehr verabschiedet und ist damit aufgrund des **Diskontinuitätsgrundsatzes** vorläufig **gescheitert**.

Da es jedoch um die Umsetzung von EU-Recht geht, wird sich auch die neue Bundesregierung schnellstmöglich mit der Umsetzung der bestehenden EU-rechtlichen Vorgaben in nationales Recht befassen müssen. Es ist davon auszugehen, dass der – gescheiterte Referentenentwurf – in der nächsten Legislaturperiode erneut in das Gesetzgebungsverfahren eingebracht wird.

Beratungshinweis:

Mit dem Scheitern der Gesetzesinitiative aufgrund des Diskontinuitätsgrundsatzes wurde mitunter vorgebracht, dass die EU-Whistleblowing-Richtlinie ab dem 18.12.2021 unmittelbare Geltung erlangen könnte, da sie nicht rechtzeitig in nationales Recht transformiert wurde. Jedoch wirken EU-Richtlinien nicht unmittelbar und verbindlich. Unterbleibt eine Umsetzung in nationales Recht, leitet die EU-Kommission ein sog. Vertragsverletzungsverfahren gegen den betreffenden Mitgliedsstaat ein.

Nur ausnahmsweise können einzelne Vorschriften von EU-Richtlinien unmittelbare Wirkung entfalten, wenn die Umsetzungsfrist abgelaufen und die Vorschriften der Richtlinie hinreichend konkret formuliert sind. Dabei kann dahinstehen, ob die Whistleblowing-Richtlinie hinreichend konkret ist, den jedenfalls würde eine eventuelle unmittelbare Wirkung lediglich für öffentliche Arbeitgeber, nicht jedoch für private Arbeitgeber gelten. Danach wären private Arbeitgeber derzeit noch nicht zur Implementierung von Meldesystemen verpflichtet.

Kernelement des gescheiterten Entwurfs war die Schaffung eines neuen Gesetzes zum Schutz hinweisgebender Personen – das sog. Hinweisgeberschutzgesetz (HinSchG). Neben der Verpflichtung zur **Einführung eines internen Hinweisgebersystems** in Unternehmen mit **mindestens 50 Beschäftigten** sah der Entwurf vor, **Hinweisgeber** umfassend vor Benachteiligungen und Sanktionen zu **schützen**.

Praxistipp:

Für Unternehmen mit **50 bis 249 Beschäftigten** sollten nach dem gescheiterten Referentenentwurf eine letzte Schonfrist bis Dezember 2023 zur Umsetzung der geplanten Neuregelungen eingeräumt werden. Dennoch sollten sich Unternehmen mit Blick auf die insoweit eindeutige Vorgabe der EU zeitnah mit der Frage beschäftigen, wie sie ein Hinweisgebersystem einführen, welches den geplanten gesetzlichen Anforderungen genügt und dem Unternehmen idealerweise zugleich einen Mehrwert bringt.

b) Überblick über die ursprünglich geplanten (und auch zu erwartenden) Regelungen

275 Wie bereits in der benannten EU-Richtlinie vorgesehen, sollten sowohl private Unternehmen als auch öffentliche Dienststellen mit **50 oder mehr Beschäftigten** zur Einrichtung einer internen Meldestelle für bestimmte Rechtsverstöße verpflichtet werden.

Der Referentenentwurf machte dabei von der Möglichkeit Gebrauch, über das Mindestmaß des von der EU-Richtlinie vorgesehenen Schutzniveaus hinauszugehen. So sollten dem sachlichen Anwendungsbereich nicht nur Verstöße gegen das Unionsrecht unterfallen, sondern auch solche, die straf- oder bußgeldbewehrt sind.

276 Dem potentiellen Hinweisgeber sollten auch weiterhin **zwei mögliche Meldewege** offenstehen. Neben der Meldung über das jeweilige **interne Hinweisgebersystem** war die Einrichtung von **externen Meldestellen** vorgesehen, an die sich Hinweisgeber wahlweise wenden können. Die externe Meldestelle des Bundes sollte bei dem oder der Bundesbeauftragten für den Datenschutz und die Informationsfreiheit eingerichtet werden. Auch eine **Offenlegung von Informationen an die Öffentlichkeit** – gewissermaßen als dritter Weg – sollte nach fruchtloser Inanspruchnahme des externen Meldewegs oder in besonderen Ausnahmefällen auch ohne Nutzung des internen und externen Meldewegs gesetzlich geschützt sein.

Praxistipp:

Speziell auf Unternehmen des Mittelstands wird das geplante Gesetz **nicht zu unterschätzende Auswirkungen** entfalten, da Hinweisgebersysteme dort bisher ganz regelmäßig noch nicht bestehen. Nach dem ursprünglichen Referentenentwurf müssen sich Unternehmen zusätzlich darauf einstellen, die Stichhaltigkeit der eingehenden Meldungen zu prüfen und Folgemaßnahmen, wie bspw. die Durchführung von internen Untersuchungen, zu ergreifen. Vorgesehen war dabei ein klarer gesetzlicher Verfahrensablauf. Innerhalb von sieben Tagen muss der Eingang einer Meldung dem Hinweisgeber bestätigt werden. Spätestens nach weiteren drei Monaten hat eine Rückmeldung hinsichtlich der geplanten oder bereits ergriffenen Folgemaßnahmen sowie die Gründe für diese an die hinweisgebende Person zu erfolgen. Ein solcher Prozess wird in organisatorischer Hinsicht einen erheblichen Mehraufwand für die verpflichteten Unternehmen mit sich bringen.

277　In diesem Zusammenhang ist insb. auch auf das gesetzlich vorgesehene **Gebot der Vertraulichkeit** hinzuweisen. Die Identität des Hinweisgebers oder auch der Personen, die Gegenstand einer Meldung sind, sollten einem besonderen Vertraulichkeitsschutz unterliegen. Die einzurichtenden Meldekanäle und ebenso die vorgesehene verpflichtende Dokumentation der Meldungen hätten so ausgestaltet werden müssen, dass die Vertraulichkeit der Identität und der Meldungen gewahrt bleibt. Nicht befugte Mitarbeiter oder Dritte dürften keinen unberechtigten Zugriff erlangen. Da dem Hinweisgeber aber zugleich die Möglichkeit offenstehen muss, Meldungen mündlich oder in Textform abzugeben, sollten diesbezüglich besondere (technische) Vorkehrungen zur Sicherstellung der Anonymität erforderlich sein.

278　Ferner sollte die mit den Aufgaben einer internen Meldestelle **beauftragte Person** bei der Ausübung ihrer Tätigkeit unabhängig sein und regelmäßig geschult werden müssen. Der Referentenentwurf sah im Übrigen auch weiterhin vor, dass ein Dritter im Namen des Unternehmens mit den Aufgaben der internen Meldestelle betraut werden darf. Die Begründung des Referentenentwurfs nannte dabei ganz ausdrücklich die bereits aktuell in der Praxis häufig vorzufindende anwaltliche **Ombudsperson**. Daneben sollten sich Unternehmen mit 50 bis 249 Beschäftigten für das Betreiben einer internen Meldestelle zusammenschließen können.

279　Der Referentenentwurf sah **Bußgelder** bis zu 100.000 Euro gegen natürliche Personen und gleichsam Geldbußen gegen das Unternehmen selbst in Höhe von bis zu 1 Mio. Euro vor.

Im Übrigen drohte die Sanktionierung von Unternehmensinhabern oder Leitungspersonen, sofern Aufsichtsmaßnahmen unterlassen wurden, die eine Zuwiderhandlung gegen die Bußgeldtatbestände des Hinweisgeberschutzgesetzes wesentlich erschwert hätten.

IV.　Lieferkettensorgfaltspflichtengesetz

1.　Gesetzgebungsverfahren

280　Das Bundesministerium für Arbeit und Soziales legte am 28.2.2021 den Referentenentwurf eines Gesetzes über die unternehmerischen Sorgfaltspflichten in Lieferketten, sog. Lieferkettensorgfaltspflichtengesetz, kurz LkSG, vor, dem das Bundeskabinett am 3.3.2021 zustimmte und in das Gesetzgebungsverfahren einbrachte. Der Bundestag verabschiedete den Gesetzentwurf am 11.6.2021 in zweiter und dritter Lesung. Die

Billigung durch den Bundesrat erfolgte am 25.6.2021. Das Lieferkettensorgfaltspflichtengesetz vom 16.7.2021 wurde am 22.7.2021 im Bundesgesetzblatt verkündet.[1]

Damit sind ab 1.1.2023 bestimmte vom Geltungsbereich betroffene Unternehmen verpflichtet, ein angemessenes und wirksames **Risikomanagement** zur Beachtung **menschenrechts- und umweltbezogener Sorgfaltspflichten** einzurichten.[2]

2. Betroffene Unternehmen

Der **räumliche Geltungsbereich** des Gesetzes erfasst deutsche und ausländische Unternehmen, die ihre Hauptverwaltung, die Hauptniederlassung, den Verwaltungssitz oder den satzungsmäßigen Sitz im Inland haben. Auch deutsche Tochterunternehmen ausländischer Mutterunternehmen können in den Anwendungsbereich des Lieferkettensorgfaltspflichtengesetzes fallen.[3] **281**

Der Begriff „**Lieferkette**" ist **weit** gefasst und umfasst dabei den eigenen Geschäftsbereich sowie die unmittelbaren und (in Grenzen) mittelbaren Zulieferer, von der Gewinnung der Rohstoffe bis hin zur Auslieferung an den Endkunden. Dabei gelten für die einzelnen Glieder in der Kette unterschiedliche Sorgfaltspflichten.[4]

Neben der Umsetzung im eigenen Unternehmen sind die **unmittelbaren eigenen Zulieferer** auf die gesetzlichen Anforderungen zu verpflichten und deren Umsetzungsbemühen ist auch entsprechend nach zu verfolgen. Erlangt das Unternehmen **Kenntnis** von einem Verstoß gegen die gesetzlichen Anforderungen in der Lieferkette, **einschließlich der mittelbaren Zulieferer**, muss es im Rahmen seiner Möglichkeiten für Abhilfe sorgen. Dies wird behördlich überwacht. Darüber hinaus sollen Nichtregierungsorganisationen und Gewerkschaften die Möglichkeit erhalten, Betroffene im Rahmen einer sog. Prozessstandschaft vor deutschen Gerichten bei Verstößen gegen Standards in Lieferketten zu vertreten, § 11 LkSG.

> **Anmerkung:**
> Bisher konnten Geschädigte nur selbst gegen entsprechende Verstöße klagen. Praktisch scheiterte dies regelmäßig an den Lebensumständen.

Die Regelungen des Lieferkettensorgfaltspflichtengesetzes gelten ab 1.1.2023 für Unternehmen mit **mindestens 3.000 Mitarbeitern**.

Ab **1.1.2024** werden die Regelungen dann auf Unternehmen mit **mindestens 1.000 Mitarbeitern** ausgeweitet, § 1 Abs. 1 LkSG.

> **Anmerkung:**
> Bei der Berechnung der Arbeitnehmer sind Leiharbeitnehmer zu berücksichtigen, sofern deren Einsatzdauer sechs Monate übersteigt, § 1 Abs. 2 LkSG.

In **verbundenen Unternehmen** sind alle Arbeitnehmer sämtlicher konzernangehöriger Gesellschaften zu berücksichtigen, § 1 Abs. 3 LkSG.

> **Anmerkung:**
> Der klassische Mittelstand ist von den vorgesehenen Maßnahmen zunächst nicht unmittelbar betroffen. Eine **mittelbare Betroffenheit** wird sich jedoch dadurch ergeben, dass die mittelständischen Unternehmen im Rahmen der Lieferkette den durch das Lieferkettensorgfaltspflichtengesetz

---

1) BGBl. I 2021, 2959.
2) Leuerking/Rubner, Lieferkettensorgfaltspflichtengesetz, NJW-Spezial 2021, 399.
3) Leuering/Rubner, NJW-Spezial 2021, 399.
4) Helck, BB 2021, 1603, 1604.

verpflichteten Unternehmen Rechenschaft zu den menschenrechtlichen und umweltbezogenen Sorgfaltspflichten ablegen müssen.

3. Menschenrechtliche und umweltbezogene Sorgfaltspflichten

a) Sorgfaltspflichten

282 Das Lieferkettensorgfaltspflichtengesetz verpflichtet größere deutsche Unternehmen (→ Rz. 281), in ihren weltweiten Lieferketten bestimmte menschenrechtliche und umweltbezogene Sorgfaltspflichten in angemessener Weise, etwa durch die Einführung eines Risikomanagements, eines Beschwerdeverfahrens sowie von Berichts- und Dokumentationspflichten, einzuhalten, § 3 LkSG.

Bezweckt wird die Verhinderung von Kinderarbeit, Zwangsarbeit, Diskriminierung und mangelnden Sicherheitsstandards entlang der Lieferkette. Ebenso sollen Arbeitsunfälle und arbeitsbedingte Gesundheitsgefahren vermieden werden. Zudem geht es um die Abwendung von Umweltrisiken. Grundlage für das Gesetz waren insbesondere die Leitprinzipien für Wirtschaft und Menschenrechte der UN.[1]

Mit dem Lieferkettensorgfaltspflichtengesetz wird eine **Bemühenspflicht** kodifiziert, § 3 LkSG, so dass weder eine Erfolgspflicht, noch eine Garantiehaftung besteht.[2]

Inwieweit eine vom Unternehmen **ergriffene Maßnahme angemessen** im Sinne von § 3 Abs. 2 LkSG ist, richtet sich insbesondere nach

– Art und Umfang der Geschäftstätigkeit des Unternehmens,

– dem Einflussvermögen des Unternehmens auf den unmittelbaren Verursacher der Verletzung einer geschützten Rechtsposition,

– der typischerweise zu erwartenden Schwere der Verletzung,

– der Umkehrbarkeit der Verletzung,

– der Wahrscheinlichkeit des Eintritts der Verletzung sowie

– nach der Art des Verursachungsbeitrags des Unternehmens zu dem menschenrechtlichen oder umweltbezogenen Risiko oder zu der Verletzung der menschenrechtsbezogenen oder umweltbezogenen Pflicht.

Dabei sind dem Unternehmen laut Regierungsentwurf umso größere Anstrengungen zuzumuten, je anfälliger die Geschäftstätigkeit für menschenrechtsbezogene oder umweltbezogene Risiken ist.

Betroffene Unternehmen (→ Rz. 281) müssen daher

– eine **menschenrechts- und umweltbezogene Risikoanalyse** vornehmen, § 5 LkSG,

– **Präventions- und Abhilfemaßnahmen** im eigenen Geschäftsbereich und gegenüber unmittelbaren Zulieferern ergreifen,

– **Beschwerdemöglichkeiten** einrichten und

– über ihre Aktivitäten **berichten**, § 3 LkSG.

b) Risikomanagement / Risikoanalyse

283 Das Gesetz legt in §§ 4 ff. LkSG die Anforderungen an ein verantwortliches **Risikomanagement** für bestimmte Unternehmen fest und definiert als „**menschenrechtliche Risiken**" drohende Verstöße gegen ausdrücklich aufgezählte Verbote, etwa das Verbot der Beschäftigung schulpflichtiger Kinder, § 2 Abs. 2 LkSG. Ein entsprechendes Risikomanagement muss mit angemessenen Maßnahmen im Unternehmen verankert werden.

---

1) Leuering/Rubner, NJW-Spezial 2021, 399.
2) Leuering/Rubner, NJW-Spezial 2021, 399.

Dabei sind Maßnahmen wirksam, die es ermöglichen, menschenrechtliche und umweltbezogene Risiken zu erkennen, Verletzungen geschützter Rechtspositionen oder umweltbezogener Pflichten vorzubeugen, zu beenden oder zu minimieren, wenn Unternehmen diese Risiken oder Verletzungen innerhalb der Lieferkette verursacht oder dazu beigetragen haben.

Innerhalb des Unternehmens muss organisatorisch festgelegt werden, wer für die **Überwachung dieses Risikomanagements** zuständig ist, § 4 Abs. 3 LkSG.

Umweltrisiken werden von dem Sorgfaltspflichtengesetz ebenfalls umfasst, soweit diese zu Menschenrechtsverletzungen führen können, § 2 Abs. 3 LkSG. Zudem werden umweltbezogene Pflichten etabliert, die sich u.a. aus internationalen Abkommen zum Schutz vor den Gesundheits- und Umweltgefahren durch Quecksilber und langlebige organische Schadstoffe ergeben.

Die **Risikoanalyse** ist das Kernelement des Risikomanagements, § 5 LkSG. Sie dient der Identifikation, Bewertung und Priorisierung menschenrechtlicher und umweltbezogener Risiken. Sie ist anlassbezogen, mindestens jedoch einmal im Jahr durchzuführen und muss sich neben dem eigenen Geschäftsbereich auch auf die unmittelbaren Zulieferer erstrecken. Mittelbare Zulieferer sind nur in missbräuchlichen Ausnahmefällen in die Risikoanalyse einzubeziehen.

c) Präventions- und Abhilfemaßnahmen

Im eigenen Geschäftsbereich des Unternehmens und gegenüber den unmittelbaren Zulieferern sind **angemessene Präventionsmaßnahmen** zu verankern, § 6 Abs. 3 und 4 LkSG. **284**

Werden menschenrechtsbezogene oder umweltbezogene Pflichtverletzungen im eigenen Unternehmen oder bei einem unmittelbaren Zulieferer festgestellt bzw. stehen solche unmittelbar bevor, sind unverzüglich angemessene **Abhilfemaßnahmen** zu ergreifen, § 7 Abs. 1 LkSG. Die Wirksamkeit dieser Abhilfemaßnahmen ist anlassbezogen, mindestens jedoch einmal jährlich zu überprüfen. Der relevante Erfolg einer solchen Abhilfemaßnahme hängt von den rechtlichen und tatsächlichen Einflussmöglichkeiten des Unternehmens ab.

Sofern das Unternehmen eine menschenrechts- oder umweltbezogene Pflichtverletzung bei einem **unmittelbaren Zulieferer** nicht kurzfristig beenden kann, muss ein Konzept zu Abstellmaßnahmen erstellt und umgesetzt werden. Als Ultima Ratio ist bei einem Fortbestand der Pflichtverletzung der vollständige Abbruch der Geschäftsbeziehungen in Betracht zu ziehen.[1]

Sorgfaltspflichten bestehen in gewissem Umfang auch im Hinblick auf **mittelbare Zulieferer**. Hier muss das Unternehmen Maßnahmen ergreifen, wenn tatsächliche Anhaltspunkte vorliegen, die eine entsprechende Pflichtverletzung bei mittelbaren Zulieferern möglich erscheinen lassen, § 9 Abs. 3 LkSG. Dazu muss ein als substantiierte Kenntnis bezeichneter Verdacht vorliegen. Ist ein solcher gegeben, muss das Unternehmen eine Risikoanalyse durchführen und angemessene Präventionsmaßnahmen gegen den Verursacher verankern. Zudem ist ein Konzept zur Verhinderung, Beendigung oder Minimierung und Vermeidung der Verletzung zu erstellen und entsprechend umzusetzen.[2]

d) Dokumentations- und Offenlegungspflichten

Die Einhaltung der Sorgfaltspflichten ist unternehmensintern zu **dokumentieren**. Die Dokumentation ist ab ihrer Erstellung mindestens **sieben Jahre lang aufzubewahren**, § 10 Abs. 1 LkSG. **285**

---

1) Helck, BB 2021, 1603, 1605.
2) Helck, BB 2021, 1603, 1606.

Zudem hat ein Unternehmen nach § 10 Abs. 2 LkSG jährlich eine Grundsatzerklärung, d.h. einen **Bericht über die Erfüllung der Sorgfaltspflichten** im vergangenen Geschäftsjahr, zu erstellen, § 6 Abs. 2 LkSG. Darin sollten mindestens Angaben über das Verfahren enthalten sein, mit dem das Unternehmen seinen durch das LkSG auferlegten Pflichten nachkommt. Darüber hinaus sind die Risiken darzulegen, die das Unternehmen im Rahmen der Risikoanalyse ermittelt hat. Auch sind die menschenrechts- und umweltbezogenen Erwartungen zu formulieren, die das Unternehmen an seine Beschäftigten und Zulieferer in der Lieferkette hat.[1]

Die **Grundsatzerklärung** ist spätestens **vier Monate nach Schluss des Geschäftsjahres** gegenüber Mitarbeitern, unmittelbaren Zulieferern und schließlich für die Öffentlichkeit auf der Internetseite des Unternehmens für sieben Jahre kostenfrei zugänglich zu machen.

4. Kontrollen und Sanktionen

286 Mit dem Lieferkettensorgfaltspflichtengesetz wird den zuständigen Behörden (Bundesamt für Wirtschafts- und Ausfuhrkontrolle) die Befugnis eingeräumt, **vor Ort Kontrollen** durchzuführen und mit **Zwangs- und Bußgeldern** mitunter drastische Sanktionen zu verhängen.

Zudem können Unternehmen, gegen die ein hohes Bußgeld verhängt wurde, bis zu drei Jahre **von öffentlichen Ausschreibungen ausgeschlossen** werden. Branchenabhängig dürfte auch ein möglicher **Reputationsschaden** bei dem betroffenen Unternehmen nicht zu unterschätzen sein.

> **Anmerkung:**
> Eine **zivilrechtliche Haftung** sieht das Lieferkettensorgfaltspflichtengesetz hingegen nicht vor.

5. Mögliche Verschärfungen aufgrund EU-rechtlicher Vorgaben

287 Auch auf EU-Ebene wird an einem Richtlinienvorschlag gearbeitet, der den EU-Rechtsrahmen für unternehmerische Sorgfaltspflichten entlang globaler Lieferketten enthält. Darin könnten noch **weitergehende Anforderungen** und Folgen für Unternehmen vorgesehen sein. Möglich ist, dass in diesem Zuge auch kleine und mittelständische Unternehmen mit einbezogen werden, eine zivilrechtliche Haftung aufgenommen wird und die Regelungen nicht nur auf die Lieferkette beschränkt sind.

---

1) Helck, BB 2021, 1603, 1605.

Dritter Teil: Entwicklungen in Gesetzgebung, Rechtsprechung und Verwaltung 2021

A. Unternehmensbesteuerung

I. Bilanzierung

1. Bilanzsteuerrechtliche Beurteilung von Pfandgeldern

Der **BFH** hatte mit Urteil vom 9.1.2013[1] entschieden, dass Individual-, Pooleinheits- **288** und Einheitsleergut in Abhängigkeit vom zivilrechtlichen Eigentumsübergang bilanzsteuerrechtlich unterschiedlich zu behandeln ist. Bei **Mehrrücknahmen von Pooleinheitsleergut** sind weder Anschaffungskosten noch Forderungen gegen Kunden zu aktivieren, ggf. aber ein Nutzungsrecht. Für die Rückzahlung erhaltener Pfandgelder ist eine Verbindlichkeit zu passivieren, wobei Bruch oder Leergutrückgaben bei anderen Poolmitgliedern zu berücksichtigen sind. Das **BMF** hatte mit Schreiben vom 19.2.2019[2] die BFH-Rechtsprechung übernommen und seine bisherige Verwaltungsauffassung[3] aufgegeben.

Laut **BMF**-Schreiben vom 8.12.2020[4] ist es anstelle der Anwendung der BFH-Grundsätze nun aber wieder möglich, **Einheitsleergut** bilanziell **wie Individualleergut abzubilden**. Bei Letzteren sind bereits bisher in Höhe der Rückzahlung des Pfandes Verbindlichkeiten auszuweisen. Wendet der Steuerpflichtige hingegen die BFH-Grundsätze an und erzielt er einen Gewinn aus der Auflösung der gebildeten Rückstellungen und der Aktivierung des am Lager befindlichen Einheitsleerguts, kann dieser Gewinn in eine Rücklage eingestellt werden. Die Rücklage ist ratierlich bis spätestens 31.12.2029 aufzulösen.

> **Beratungshinweis:**
>
> Verzichtet der Steuerpflichtige in einem nach Veröffentlichung des BMF-Schreibens endenden Wirtschaftsjahr auf die Vereinfachungsregelung, ist er daran für die Zukunft unwiderruflich gebunden.

2. Einjährige Nutzungsdauer von Computerhardware und Software

Laut Schreiben des BMF vom 26.2.2021[5] kann bei Computerhardware und Software **289** für steuerbilanzielle Zwecke eine Nutzungsdauer von einem Jahr angenommen werden.

Dabei kommt die Annahme einer nur einjährigen Nutzungsdauer erstmals in steuerlichen Gewinnermittlungen **für Wirtschaftsjahre, die nach dem 31.12.2020 enden**, für in diesem Wirtschaftsjahr angeschaffte oder hergestellte Wirtschaftsgüter in Betracht.

> **Beratungshinweis:**
>
> Restbuchwerte entsprechender, früher angeschaffter oder hergestellter Wirtschaftsgüter, bei denen bislang eine längere Nutzungsdauer berücksichtigt wurde, können darüber hinaus ebenfalls im Rahmen dieser Gewinnermittlung vollständig abgeschrieben werden.

Steuerbilanziell ist damit von einem Wahlrecht auszugehen, bei Computerhardware und Software eine einjährige Nutzungsdauer anzunehmen und somit die Anschaffungs- bzw. Herstellungskosten sogleich im Jahr der Anschaffung bzw. Herstellung sofort zum Abzug zu bringen.

In der **Handelsbilanz** dürfte hingegen nicht die Möglichkeit eines Sofortabzugs bestehen, da die Annahme einer einjährigen Nutzungsdauer in der Regel nicht der tatsächlichen Nutzung entspricht.

---

1) BFH v. 9.1.2013, I R 33/11, BStBl II 2019, 150.
2) BMF v. 19.2.2019, IV C 6 - S 213/13/10002, BStBl I 2019, 210.
3) BMF v. 13.5.2005, IV B 2 - S 2137 - 30/05, BStBl I 2000, 715.
4) BMF v. 8.12.2020, IV C 6 - S 2133/19/10002 :013, BStBl I 2020, 1367.
5) BMF v. 26.2.2021, IV C 3 - S 2190/21/10002 :013, BStBl I 2021, 298.

Kritische Stellungnahme:

Bislang unklar ist, welche Auswirkungen die Verwaltungsanweisung auf die Bilanzierung von **Leasinggegenständen** hat. Unter Annahme einer nur einjährigen Nutzungsdauer dürfte steuerbilanziell regelmäßig ein Ausweis beim Leasingnehmer angezeigt sein. Der Leasinggeber würde einen Veräußerungsgewinn realisieren. In der Handelsbilanz wäre hingegen unter Zugrundelegung einer längeren Nutzungsdauer ein anderweitiger Ausweis angezeigt.

3. Kosten für die Implementierung angeschaffter Software

290   Das FG München vertritt in seinem rechtskräftigen Urteil vom 4.2.2021[1] die Auffassung, dass die Kosten für die Implementierung angeschaffter Software als Betriebsbereitschaftskosten zu den **Anschaffungskosten für das Nutzungsrecht an der Software** gehören.

Beratungshinweis:

Die **Aktivierung eines Nutzungsrechts** an der Software ist **allerdings unzulässig, soweit** ein laufendes Nutzungsentgelt gezahlt wird, da dies einen laufenden Leistungsaustausch im Rahmen eines Dauerschuldverhältnisses belegt. Die Kosten dürfen nach den Grundsätzen für schwebende Geschäfte nicht als Anschaffungskosten aktiviert werden. Die Implementierungskosten sind in diesem Fall wie die Anschaffungs-(haupt-)kosten nicht aktivierbar.

4. Passivierung von Verbindlichkeiten bei Rangrücktritt

291   Die Gesellschafterin hatte gegenüber ihrer Tochtergesellschaft einen Rangrücktritt erklärt, wonach Forderungen nur aus Jahresüberschüssen, einem Liquidationsüberschuss oder sonstigem freien Vermögen zu begleichen sind. Dieser Rangrücktritt steht laut BFH[2] der **weiteren Passivierung** der Verbindlichkeit in der Handelsbilanz und der Steuerbilanz **nicht entgegen**. Das gelte auch bei Vermögenslosigkeit des Schuldners, denn auch wenn eine Rückzahlung wirtschaftlich ausgeschlossen sei, bleibe die rechtliche Verpflichtung bestehen.

Anmerkung:

Das **Passivierungsverbot nach § 5 Abs. 2a EStG** greift im Streitfall nicht ein, da die Verbindlichkeit laut Rangrücktritt auch aus freiem Vermögen zu tilgen ist.

5. Ausnahme von der Pflicht zur Einreichung der E-Bilanz

292   Der Inhalt der Bilanz und der Gewinn- und Verlustrechnung muss nach amtlich vorgeschriebenem Datensatz durch Datenfernübertragung an das Finanzamt übermittelt werden (E-Bilanz). Ausnahmsweise kann auf Antrag zur **Vermeidung unbilliger Härten** auf die elektronische Übermittlung verzichtet werden. Hiervon geht der BFH laut Urteil vom 22.4.2021[3] aber nicht bereits dann aus, wenn die Einkünfte des bilanzierenden Steuerpflichtigen gering oder negativ sind. Es sei vielmehr zu beurteilen, ob angesichts des Umfangs der Bilanz- sowie der Gewinn- und Verlustrechnung die vom Steuerpflichtigen zu tragenden **Kosten unverhältnismäßig** seien. Nur dann liege ein nicht unerheblicher finanzieller Aufwand vor, der als wirtschaftlich oder persönlich unzumutbar zu bewerten sei und zu einer unbilligen Härte führe.

---

1)   FG München v. 4.2.2021, 10 K 1620/20, EFG 2021, 931.
2)   BFH v. 19.8.2020, XI R 32/18, ZIP 2020, 2566. Vgl. hierzu Reddig, jurisPR SteuerR 10/2021 Anm. 3, Schiffers, eNews Steuern, Topthema, 49/2020 v. 7.12.2020.
3)   BFH v. 22.4.2021, XI R 29/20, GmbHR 2021, 995. Vgl. hierzu Steinhauff, jurisPR-SteuerR 45/2021 Anm. 2.

Anmerkung:

Im Streitfall ging es um einen finanziellen Aufwand von rund 40 Euro, der laut BFH auch für einen Kleinstbetrieb wirtschaftlich zumutbar ist.

II. Gewinnermittlung

1. Gewinnbegriff i.S.d. § 4 Abs. 4a EStG

Der **BFH** entschied mit Urteil vom 3.12.2019[1], dass für die Ermittlung der nicht abziehbaren Schuldzinsen nach § 4 Abs. 4a EStG der Gewinn i.S.d. § 4 Abs. 1 EStG heranzuziehen ist. **Außerbilanzielle Korrekturen** sind nach Auffassung des BFH **nicht zu berücksichtigen**. **293**

Mit Schreiben vom 18.1.2021[2] passt das **BMF** seine bisher abweichende Rechtsauffassung an die des BFH an, wobei als nicht zu berücksichtigende außerbilanzielle Korrekturen **u.a. die nicht abzugsfähige Gewerbesteuer** samt Nebenleistungen sowie abgezogene oder hinzugerechnete Investitionsabzugsbeträge genannt werden.

Beratungshinweis:

Grundsätzlich wendet das BMF die neue Rechtsauffassung **in allen offenen Fällen** an. **Auf Antrag** des Steuerpflichtigen, der im Fall einer Mitunternehmerschaft einvernehmlich von allen Mitunternehmern zu stellen ist, können außerbilanzielle Hinzurechnungen jedoch gemäß des vorgehenden BMF-Schreibens vom 2.11.2018[3] **letztmals** für **Wirtschaftsjahre** berücksichtigt werden, die **vor dem 1.1.2021 begonnen** haben. Zudem wird nicht beanstandet, wenn bereits durchgeführte Berechnungen der Gewinne und Verluste unverändert fortgeschrieben werden.

2. Steuerliche Anerkennung von Bewirtungsaufwendungen als Betriebsausgaben

Bereits mit Schreiben vom 21.11.1994[4] ging das BMF ausführlich darauf ein, unter welchen Voraussetzungen Bewirtungsaufwendungen steuerlich als Betriebsausgaben anerkannt werden. Diese Ausführungen wurden nun überarbeitet. **294**

Demnach setzt der Betriebsausgabenabzug von Bewirtungsaufwendungen laut Schreiben des BMF vom 30.6.2021[5] u.a. den **zeitnah schriftlich erstellten Nachweis der Bewirtung** voraus, der formlos als Eigenbeleg erfolgen kann. Diesem ist im Fall der Bewirtung in einem Bewirtungsbetrieb die Rechnung über die Bewirtung beizufügen, die den umsatzsteuerlichen Anforderungen nach § 14 UStG entsprechen muss. Dabei gelten die Erleichterungen für Kleinbetragsrechnungen, d.h. Rechnungen, deren Gesamtbetrag 250 Euro nicht übersteigt

Beratungshinweis:

Sofern im BMF-Schreiben vom 30.6.2021 **höhere Anforderungen** an die Nachweisführung gestellt werden, als dies im vorgehenden BMF-Schreiben vom 21.11.1994[6] vorgesehen war, wie z.B. die Angabe des Ausstellungsdatums auf der Rechnung, sind diese Anforderungen erst für **nach dem 1.7.2021** anfallende Bewirtungsaufwendungen zwingend zu beachten.

---

1) BFH v. 3.12.2019, X R 6/18, BStBl II 2021, 77 = HFR 2020, 868 mit Anm. Träger. Vgl. hierzu Reddig, jurisPR-SteuerR 35/2020 Anm. 3.
2) BMF v. 18.1.2021, IV C 6 - S 2144/19/10003 :004, BStBl I 2021, 119. Vgl. hierzu Schiffers, DStZ 2021, 206.
3) BMF v. 2.11.2018, IV C - S 2144/07/10001 :007, BStBl I 2018, 1207.
4) BMF v. 21.11.1994, IV B 2 - S 2145 - 165/94, BStBl I 1994, 855.
5) BMF v. 30.6.2021, IV C 6 - S 2145/19/10003 :003, BStBl I 2021, 908. Vgl. hierzu Feldgen, eNews Steuern, 26/2021 v. 5.7.2021.
6) BMF v. 21.11.1994, IV B 2 - S 2145 - 165/94, BStBl I 1994, 855.

Das BMF geht in seinem Schreiben vom 30.6.2021 zudem auf die Erstellung der Bewirtungsrechnung durch den Bewirtungsbetrieb **unter Verwendung eines elektronischen Aufzeichnungssystems** ein. Die steuerliche Anerkennung als Bewirtungsaufwendungen setzt in diesen Fällen voraus, dass eine zertifizierte technische Sicherheitseinrichtung (TSE) bei der Rechnungserstellung zum Einsatz kommt. Die Rechnung muss die nach der Kassensicherungsverordnung (KassenSichV)[1] vorgesehenen Angaben enthalten, u.a. eine Transaktionsnummer (s. zur Änderung der KassenSichV → Rz. 349). Ist eine solche Transaktionsnummer und weitere Angaben zum Aufzeichnungssystem auf dem ausgestellten Beleg ausgewiesen, kann der bewirtende Steuerpflichtigen laut BMF grundsätzlich darauf vertrauen, dass die erteilte Rechnung des Bewirtungsbetriebs ordnungsgemäß erstellt und aufgezeichnet worden ist.

Zudem erläutert das BMF, wie der Bewirtungsnachweis samt Bewirtungsrechnung in digitaler oder digitalisierter Form erbracht werden kann.

> **Beratungshinweis:**
>
> Das BMF-Schreiben ist zwar grundsätzlich in allen offenen Fällen anzuwenden. **Für bis 31.12.2022 ausgestellte Belege** über Bewirtungsaufwendungen wird es jedoch **nicht beanstandet, wenn** die nach der KassenSichV geforderten Angaben nicht oder nicht vollständig gemacht werden.

3. Beiträge für rückgedeckte Unterstützungskasse im Ehegattenarbeitsverhältnis

295 Beiträge an eine Unterstützungskasse dürfen vom leistenden Unternehmen (Trägerunternehmen) als Betriebsausgabe abgezogen werden, soweit die Leistungen der Kasse, wenn sie vom Trägerunternehmen unmittelbar erbracht würden, bei diesem betrieblich veranlasst wären (§ 4d Abs. 1 Satz 1 EStG). Bei einem steuerrechtlich anzuerkennenden (Ehegatten-) Arbeitsverhältnis besteht regelmäßig eine **betriebliche Veranlassung**, wenn der Arbeitgeberaufwand durch die Entgeltumwandlung in Beiträge in die Unterstützungskasse unverändert bleibt.[2] Unter Bezugnahme auf dieses Urteil führt der BFH in seiner Entscheidung vom 28.10.2020[3] aus, dass **ausnahmsweise** eine **Privatveranlassung** vorliegen kann, wenn z.B. infolge einer vollständigen Entgeltumwandlung eine „Nur-Pension" gegeben ist. Einen solchen Ausnahmecharakter der Vereinbarung sah der BFH im Streitfall nicht für gegeben, da weniger als 50 % des Bruttogehalts umgewandelt wurden.

> **Anmerkung:**
>
> Als Fälle einer ausnahmsweisen unangemessenen Umgestaltung von Arbeitsentgelt führt der BFH zudem der Entgeltumwandlung vorangegangene Gehaltssprünge oder Risiko- und Kostensteigerungen für das Unternehmen aufgrund eines möglichen Ausfalls der Rückdeckungsversicherung an.

4. Kostendeckelung bei 1 %-Methode hinsichtlich Leasingsonderzahlung

296 Das FG Schleswig-Holstein hatte darüber zu entscheiden, wie eine Leasingsonderzahlung im Rahmen der sog. Kostendeckelungsregelung der Finanzverwaltung[4] zu behandeln ist. Im Streitfall ging es um die private Nutzung eines betrieblichen Kraft-

---

1) KassenSichV v. 26.9.2017, BGBl. I 2017, 3515 = BStBl I 2017, 1310, geändert durch Verordnung zur Änderung der Kassensicherungsverordnung v. 30.7.2021, BGBl. I 2021, 3295 = BStBl I 2021, 1458. Vgl. zur in großen Teilen geänderten KassenSichV die Kommentierung von Märtens in Gosch, § 146a AO Rz. 1 ff.).
2) BFH v. 10.6.2008, VIII R 68/06, BStBl II 2008, 973.
3) BFH v. 28.10.2020, X R 32/18, BStBl II 2021, 434. Vgl. hierzu Durst, BeSt 2021, 25, Weber-Grellet, jurisPR-ArbR 34/2021 Anm. 7.
4) BMF v. 18.11.2009, IV C 6 - S 2177/07/10004, BStBl I 2009, 1326, Rz. 18.

fahrzeuges durch einen Freiberufler, der seine Gewinne mittels Einnahmen-Überschussrechnung nach § 4 Abs. 3 EStG ermittelt.

Die Kostendeckungsregelung besagt, dass der mittels 1 %-Methode ermittelte Nutzungswert **höchstens mit dem Betrag der Gesamtkosten** des Kraftfahrzeugs anzusetzen ist, wenn der pauschale Nutzungswert über den tatsächlichen Aufwendungen liegt.

Mit Urteil vom 26.8.2020[1] stellt das FG Schleswig-Holstein klar, dass auch hier eine einmalig geleistete Leasingsonderzahlung **periodengerecht auf die Nutzungsdauer zu verteilen** ist und damit anteilig die Gesamtkosten in den jeweiligen Jahren erhöht.

Anmerkung:

Zu diesem Ergebnis kamen bereits andere Finanzgerichte.[2] Gegen das Urteil des FG Schleswig-Holstein ist die Revision beim BFH unter Az. VIII R 26/20 anhängig.

5. Rücklage für Ersatzbeschaffung – Verlängerung der Reinvestitionsfrist

Die Aufdeckung stiller Reserven kann durch **Bildung einer Rücklage nach R 6.6 EStR** **297** vermieden werden, wenn für ein infolge höherer Gewalt oder zur Vermeidung eines behördlichen Eingriffs aus dem Betriebsvermögen ausgeschiedenes Wirtschaftsgut innerhalb einer bestimmten Frist ein Ersatzwirtschaftsgut beschafft wird. Die **Reinvestitionsfrist** beträgt je nach Art des Wirtschaftsguts zwischen einem **bis zu sechs Jahren**.

Mit BMF-Schreiben vom 13.1.2021[3] wurden die Fristen jeweils um ein Jahr verlängert, wenn das Fristende andernfalls in einem nach dem 29.2.2020 und vor dem 1.1.2021 endenden Wirtschaftsjahr läge. Das BMF verlängert mit Schreiben vom 15.12.2021[4] in diesen Fällen die Fristen **um zwei Jahre** und gewährt in Fällen, in denen die Rücklage am Schluss des nach dem 31.12.2020 und vor dem 1.1.2022 endenden Wirtschaftsjahres aufzulösen wäre, **um ein Jahr**.

6. Verlängerung der Reinvestitionsfrist in § 6b EStG

§ 6b EStG ermöglicht, einen realisierten Gewinn aus der Veräußerung bestimmter Wirt- **298** schaftsgüter auf bestimmte angeschaffte oder hergestellte Wirtschaftsgüter zu übertragen, sofern die Anschaffung oder Herstellung innerhalb der dort vorgegebenen Fristen erfolgt.

Durch das Zweite Corona-Steuerhilfegesetz[5] wurden die Reinvestitionsfristen des § 6b EStG zunächst um ein Jahr verlängert, sofern eine Reinvestitionsrücklage **am Schluss des nach dem 29.2.2020 und vor dem 1.1.2021 endenden Wirtschaftsjahres** noch vorhanden ist und wegen Ablaufs der Reinvestitionsfrist aufzulösen wäre (§ 52 Abs. 14 Satz 4 EStG). Mit dem Gesetz zur Modernisierung des Körperschaftsteuerrechts (sog. Körperschaftsteuermodernisierungsgesetz – KöMoG)[6] wird anstelle einer Verlängerung von einem Jahr eine zweijährige Verlängerung gewährt. Zudem gilt eine einjährige Verlängerung der Reinvestitionsfrist, wenn die Reinvestitionsrücklage am Schluss des **nach dem 31.12.2020 und vor dem 1.1.2022** endenden Wirtschaftsjahres noch vorhanden ist und grundsätzlich aufzulösen wäre (§ 52 Abs. 14 Satz 4 und 5 EStG).[7]

---

1) FG Schleswig-Holstein v. 26.8.2020, 5 K 194/18, EFG 2021, 10 mit Anm. Scheibe.
2) Z.B. Niedersächsisches FG v. 13.1.2020, 8 K 98/19, EFG 2020, 1597 mit Anm. Mutschler; Revision anhängig unter VIII R 21/20.
3) BMF v. 13.1.2021, IV C 6 - S 2138/19/10002 :003, BStBl I 2021, 102. Vgl. Schiffers, DStZ 2021, 154.
4) BMF v. 15.12.2021, IV C 6 - S 2138/19/10002 :003, BStBl I 2021, 2475.
5) Gesetz v. 29.6.2020, BGBl. I 2020, 1512 = BStBl I 2020, 563.
6) Gesetz v. 25.6.2021, BGBl. I 2021, 2050 = BStBl I 2021, 889.
7) S. dazu auch FinMin Schleswig-Holstein v. 12.7.2021, VI 306 - S 2183b-024, DStR 2021, 2202.

7. Investitionsabzugsbetrag

a) Verlängerung der Investitionsfrist

299 Für die künftige Anschaffung oder Herstellung von abnutzbaren beweglichen Wirtschaftsgütern kann unter den Voraussetzungen des § 7g EStG ein gewinnmindernder Investitionsabzugsbetrag gebildet werden. Der Investitionsabzugsbetrag muss grundsätzlich innerhalb der folgenden drei Jahre von den Anschaffungs- bzw. Herstellungskosten eines Investitionsobjekts zum Abzug gebracht werden. Andernfalls ist er gewinnerhöhend aufzulösen.

Zur Vermeidung von negativen steuerlichen Effekten aus der Corona-Krise und zur Steigerung der Liquidität der Unternehmen wurde mit dem Jahressteuergesetz 2020[1] die Frist für Investitionsabzugsbeträge, die in **nach dem 31.12.2016 und vor dem 1.1.2018 endenden Wirtschaftsjahren beansprucht** wurden, von drei auf vier Jahre verlängert. Diese Frist wurde mit dem Körperschaftsteuermodernisierungsgesetz[2] nochmals von vier auf fünf Jahre verlängert. Zudem wurde explizit für Investitionsabzugsbeträge, die in **nach dem 31.12.2017 und vor dem 1.1.2019 endenden Wirtschaftsjahren** beansprucht wurden, die dreijährige durch eine vierjährige Investitionsfrist ersetzt (§ 52 Abs. 16 Satz 3 und Satz 4 EStG).

Damit ergeben sich je nach Jahr der Bildung des Investitionsabzugsbetrags folgende Fristläufe[3]:

Bildung des Investitionsabzugsbetrags im Jahr	Ende der Investitionsfrist im Jahr
2017, 2018, 2019	2022
2020	2023
2021	2024

b) Nutzungsvoraussetzung

300 Laut BFH-Urteil vom 3.12.2020[4] ist das Kriterium der betrieblichen Nutzung eines Investitionsguts, das Voraussetzung für die Geltendmachung eines Investitionsabzugsbetrags sowie von Sonderabschreibungen i.S.v. § 7g EStG ist, auch dann erfüllt, wenn ein **anderes Unternehmen** die angeschafften Wirtschaftsgüter **im Rahmen der Auftragsproduktion nutzt**.

Im Streitfall ging es um Spritzgussformen-Werkzeuge, die das den Investitionsabzugsbetrag nutzende Unternehmen einem ausländischen Subunternehmer ausschließlich zur Herstellung von Vorprodukten für die eigene Produktion überlassen hatte. Der BFH legte den erforderlichen **räumlichen Bezug zu einer Betriebsstätte** des investierenden Unternehmens **funktional** aus – es kam ihm auf die Bedeutung der Werkzeuge für dessen Betrieb an. Für den Subunternehmer, der nur den Spritzvorgang durchführte, waren die Werkzeuge hingegen nur von untergeordneter Bedeutung. Da das Unternehmen auch jederzeit die Verfügungsmacht über die Werkzeuge zurückerlangen konnte, lag keine Nutzungsüberlassung vor, sondern eine ausschließliche betriebliche Nutzung durch ihn, sodass laut BFH Investitionsabzugsbetrag und Sonderabschreibungen zu gewähren waren.

---

1) Gesetz v. 21.12.2020, BGBl. I 2020, 3096 = BStBl I 2021, 6.
2) Gesetz v. 25.6.2021, BGBl. I 2021, 2050 = BStBl I 2021, 889.
3) FinMin Schleswig-Holstein v. 12.7.2021, VI 306 - S2183b-024, DStR 2021, 2202.
4) BFH v. 3.12.2020, IV R 16/18, BStBl II 2021, 382. Vgl. hierzu Reddig, jurisPR-SteuerR 19/2021 Anm. 2.

Anmerkung:

Wie der BFH in seinem Urteil vom 28.7.2021[1] entschied, ist es für die Erfüllung der Nutzungsvoraussetzungen in Fällen, in denen der Betrieb im Jahr nach der Anschaffung oder Herstellung des begünstigten Wirtschaftsgutes aufgegeben wird, nicht erforderlich, dass das Wirtschaftsgut für ein volles Kalenderjahr bzw. einen vollen Zwölf-Monats-Zeitraum nach dem Wirtschaftsjahr seiner Anschaffung oder Herstellung betrieblich genutzt wird. Vielmehr genügt es laut BFH, wenn das Wirtschaftsgut nur während des mit der Betriebsaufgabe endenden Rumpfwirtschaftsjahres in einer inländischen Betriebsstätte des Betriebs ausschließlich oder fast ausschließlich betrieblich genutzt wird.

c) Nachweis der betrieblichen Nutzung

Der Investitionsabzugsbetrag und die Sonderabschreibung nach § 7g EStG kann nur in Anspruch genommen werden, wenn das Wirtschaftsgut (fast) ausschließlich betrieblich genutzt wird. Laut BFH-Urteil vom 15.7.2020[2] können für den Nachweis der betrieblichen und außerbetrieblichen Nutzung eines **Pkw** für Zwecke des § 7g EStG, für den ein nicht ordnungsgemäßes Fahrtenbuch geführt wurde, **auch andere Beweismittel** geeignet sein. Das FG Berlin-Brandenburg hat daher im zweiten Rechtsgang zu klären, ob vom Kläger ausreichend Beweise für eine betriebliche Nutzung des Pkw von mindestens 90 % vorgelegt werden können. **301**

Beratungshinweis:

Die Anwendung der sog. 1 %-Regelung zur Bewertung der Privatnutzung des Fahrzeugs ist als Nachweis für die notwendige betriebliche Nutzung von mindestens 90 % ungeeignet, da diese Bewertung regelmäßig einer Privatnutzung zwischen 20 bis 25 % entspricht.

8. Kein steuerfreier Sanierungsgewinn bei Forderungserlass aus eigennützigem Interesse

Erträge aus einem Schuldenerlass zum Zwecke einer unternehmensbezogenen Sanierung sind gemäß § 3a Abs. 1 EStG steuerfrei. Eine unternehmensbezogene Sanierung liegt vor, wenn der Steuerpflichtige für den Zeitpunkt des Schuldenerlasses u.a. die **Sanierungsabsicht der Gläubiger** nachweist. Mit rechtskräftigem Urteil vom 12.6.2020 weist das FG Hamburg[3] jedoch darauf hin, dass es an einer Sanierungsabsicht fehlt, wenn der Gläubiger eine Forderung erlässt, weil es ihm allein auf die Erzielung möglichst hoher Erträge aus der Abwicklung eines Kreditengagements ankommt. Damit habe der Gläubiger den Schuldenerlass aus eigennützigen Motiven und nicht mit dem Ziel der Sanierung des schuldnerischen Unternehmens ausgesprochen. Folglich seien die Voraussetzungen für die Steuerfreiheit des Sanierungsertrags nicht gegeben. Das Gericht führt weiter aus, dass in einem solchen Fall auch ein Erlass oder eine Stundung der aus den steuerpflichtigen Sanierungsertrag resultierenden Steuern aufgrund des bloßen Forderungserlasses nicht in Betracht kommt. **302**

Anmerkung:

Eine vom Forderungsschuldner eingelegte Nichtzulassungsbeschwerde zum BFH wurde mit Beschluss vom 27.10.2020[4] zurückgewiesen, da die Auslegung des Tatbestandsmerkmals einer unternehmensbezogenen Sanierung bereits durch die vorgehende Rechtsprechung, auch zur Vorgängerregelung § 3 Nr. 66 EStG a.F., hinreichend geklärt sei.

---

1) BFH v. 28.7.2021, X R 30/19, BFH/NV 2021, 1568; a.A. BMF v. 20.11.2013, IV C 6 - S 2139-b/07/ 10002, BStBl I 2013, 1493.
2) BFH v. 15.7.2020, III R 62/19, HFR 2021, 458. Vgl. hierzu Reddig, jurisPR-SteuerR 23/2021 Anm. 1.
3) FG Hamburg v. 12.6.2020, 5 K 160/17, DStRE 2021, 897.
4) BFH v. 27.10.2020, X B 63/20, HFR 2021, 437. Vgl. hierzu Feldgen, eNews Steuern, 11/2021 v. 22.3.2021.

9. Zinsen auf Steuernachforderungen und -erstattungen

a) Verfassungswidrigkeit der Höhe des Zinssatzes

303 Das BVerfG entschied mit Beschluss vom 8.7.2021[1], dass die Verzinsung von Steuernachforderungen und Steuererstattungen gemäß §§ 233a, 238 AO **verfassungswidrig** ist, soweit der Zinsberechnung **für Verzinsungszeiträume ab dem 1.1.2014** ein Zinssatz von monatlich 0,5 % zugrunde gelegt wird.[2]

Die Verzinsung mit einem Zinssatz von monatlich 0,5 % sei dann nicht mehr zu rechtfertigen, wenn sich der typisiert festgelegte Zinssatz im Laufe der Zeit unter veränderten tatsächlichen Bedingungen als evident realitätsfern erweist. Mit der Anknüpfung an einen jährlichen Zinssatz von 6 % entfaltet diese sog. Vollverzinsung laut BVerfG spätestens für in das Jahr 2014 fallende Verzinsungszeiträume im Regelfall eine überschießende Wirkung, die als verfassungswidrig einzustufen ist. **Für Verzinsungszeiträume vom 1.1.2014 bis zum 31.12.2018 gilt** die Vorschrift jedoch aus fiskalischen Gründen **trotz dieser Verfassungswidrigkeit fort**.

Für **ab in das Jahr 2019 fallende Verzinsungszeiträume** ist die Vorschrift hingegen **nicht mehr anzuwenden**. Das BVerfG verpflichtet den Gesetzgeber, **bis 31.7.2022 eine Neuregelung** zu schaffen, die sich rückwirkend auf alle Verzinsungszeiträume ab dem Jahr 2019 erstreckt und auf alle noch nicht bestandskräftigen Bescheide bezieht.

In der Vergangenheit reagierte die Finanzverwaltung auf die noch zu klärende Verfassungskonformität der Zinssatzhöhe bereits dahingehend, dass bei einem Antrag auf **Aussetzung der Vollziehung** von Zinsfestsetzungen für Verzinsungszeiträume ab dem 1.4.2012 diese grundsätzlich zu gewähren ist.[3] Zudem wies das BMF die Finanzverwaltung mit Schreiben vom 2.5.2019[4] an, Zinsbescheide wegen der verfassungsrechtlichen Zweifel grundsätzlich **nur noch vorläufig** festzusetzen.

Mit Schreiben vom 17.9.2021[5] geht das BMF nun auf die Entscheidung des BVerfG ein und führt aus, dass im Falle von **erstmaligen Festsetzungen** von Nachzahlungs- und Erstattungszinsen die Verzinsung für **Verzinsungszeiträume ab dem 1.1.2019 auszusetzen** ist. Sobald eine rückwirkende Neuregelung durch den Gesetzgeber vorliegt, ist die ausgesetzte Verzinsung nachzuholen. Für **Verzinsungszeiträume bis 31.12.2018** anfallende Nachzahlungs- oder Erstattungszinsen werden hingegen **endgültig festgesetzt**. In betroffenen Zinsbescheiden werden hierzu entsprechende Erläuterungen aufgenommen.

Bei **geänderten oder berichtigten Zinsfestsetzungen** ist die geänderte oder berichtigte Zinsfestsetzung für Verzinsungszeiträume ab 1.1.2019 im Umfang der betragsmäßig neu festzusetzenden Zinsen auszusetzen.

Daraus ergeben sich folgende Auswirkungen in der Praxis:

– Bereits ergangene Zinsbescheide mit Verzinsungszeiträumen ab 2019 müssen, sobald eine gesetzliche Neuregelung vorliegt, korrigiert werden, sofern dies verfahrensrechtlich noch möglich ist. Dies dürfte zumindest bei seit Mai 2019 ergangenen Zinsbescheide aufgrund eines entsprechenden Vorläufigkeitsvermerks nach § 165 AO möglich sein. In neu ergehenden Zinsbescheiden wird eine Festsetzung für Zinsen für Verzinsungszeiträume ab 2019 ohnehin ausgesetzt.

– Für Verzinsungszeiträume von 2014 bis 2018 verbleibt es trotz der festgestellten Verfassungswidrigkeit bei der Anwendbarkeit des jährlichen Zinssatzes von 6 %. Bislang vorläufig ergangene Zinsfestsetzungen werden insoweit final bestätigt.

---

1) BVerfG v. 8.7.2021, 1 BvR 2237/14, 1 BvR 2422/17, HFR 2021, 922 mit Anm. Bopp.
2) Vgl. hierzu im Einzelnen Kögel in Gosch, § 238 AO Rz. 4 ff.
3) BMF v. 14.12.2018, IV A 3 - S 0465/18/10005-01, BStBl I 2018, 1393.
4) BMF v. 2.5.2019, IV A 3 - S 0338/18/10002, BStBl I 2019, 448.
5) BMF v. 17.9.2021, IV A 3 - S 0338/19/10004 :005, BStBl I 2021, 1759. Vgl. hierzu Kögel in Gosch, § 238 AO Rz. 4.2.4.

Sofern entsprechend der Anweisung des BMF vom 14.12.2018[1] für Zinszeiträume von 2012 bis 2018 die Aussetzung der Vollziehung von Zinsen gewährt wurde, kommen auf Betroffene entsprechende Zinsnachzahlungen zu. Einsprüche gegen Zinsfestsetzungen für Verzinsungszeiträume bis 31.12.2018 werden per Allgemeinverfügung zurückgewiesen, soweit damit die Verfassungswidrigkeit der Zinssatzhöhe geltend gemacht wurde.[2]

– Da der Zinssatz von 6 % für Verzinsungszeiträume ab 2019 nicht mehr anwendbar ist, ist in neu zu ergehenden Bescheiden die Festsetzung vorläufig auszusetzen.[3] Sobald die rückwirkende Neuregelung durch den Gesetzgeber vorliegt, sind diese Bescheide entsprechend anzupassen und Zinsen für Verzinsungszeiträume ab 2019 festzusetzen.

Beratungshinweis:

Städte und Gemeinden sind nicht an die Vorgabe des BMF gebunden, Zinsbescheide nur noch vorläufig festzusetzen. Ca. 70 % der Städte und Gemeinden sind aber bereits in der Vergangenheit entsprechend vorgegangen und haben in Zinsbescheiden zu Gewerbesteuernachzahlungen bzw. -erstattungen Zinsen für Verzinsungszeiträume ab dem 1.4.2015 nur vorläufig festgesetzt.[4]

Weitere Verzinsungstatbestände der Abgabenordnung, wie z.B. Stundungs-, Hinterziehungs- oder Aussetzungszinsen, sind von der BVerfG-Entscheidung **nicht betroffen.**[5] Dieser Auffassung stimmt auch das BMF zu und weist die Finanzverwaltung in diesen Fällen an, bislang vorläufig ergangene Zinsfestsetzungen auf Antrag des Zinsschuldners oder bei Bescheidänderung für endgültig zu erklären.[6] Wegen Zweifel an der Verfassungskonformität des Zinssatzes von 6 % p.a. in diesen Fällen könnte Einspruch gegen die Zinsfestsetzungen eingelegt werden. Allerdings sind derzeit keine anhängigen Verfahren beim BFH oder BVerfG bekannt, auf die Bezug genommen werden könnte, um ein Ruhen des Einspruchsverfahrens zu erzielen. Auch sind die Grundsätze des Zinsbeschlusses des BVerfG nicht auf den sogar noch höheren Zinssatz von 1 % pro Monat (12 % p.a.) für Säumniszuschläge nach § 240 Abs. 1 Satz 1 AO übertragbar und zwar wohl auch nicht bezogen auf einen „Zinsanteil" von 6 % p.a.[7]

b) Billigkeitsregelung

Zinsen auf Steuernachforderungen[8] sind nicht steuermindernd abziehbar, während Erstattungszinsen steuerpflichtig sind. So kommt das FG München in seinem Urteil vom 2.2.2021[9] konsequenterweise zu dem Ergebnis, dass die Höhe der zu versteuernden Erstattungszinsen nicht zwingend dem Festsetzungsteil eines Zinsbescheids entnommen werden kann. Der insgesamt festgesetzte **Erstattungsbetrag** und die zu versteuernden **Erstattungszinsen** können sich unterscheiden, sofern aus verfahrensrechtlichen Gründen bei der Zinsfestsetzung eine Saldierung von Nachforderungs- und Erstattungszinsen durch das Finanzamt vorgenommen wurde. In diesen Fällen sind die zu versteuernden Erstattungszinsen höher als der in dem Zinsbescheid angegebene Erstattungsbetrag.

Beruhen Steuernachforderungen und Steuererstattungen gegenüber demselben Steuerpflichtigen aber auf ein und demselben Ereignis, kann das zu unbilligen Ergebnissen führen.

304

---

1) BMF v. 14.12.2018, IV A 3 - S 0465/18/10005-01, BStBl I 2018, 1393.
2) Oberste Finanzbehörden der Länder v. 29.11.2021, DStR 2021, 2802.
3) BMF v. 17.9.2021, IV A 3 - S 0338/19/10004 :005, BStBl I 2021, 1759.
4) BVerfG v. 8.7.2021, 1 BvR 2237/14, 1 BvR 2422/17, Rz. 89, 257, HFR 2021, 922 mit Anm. Bopp.
5) BVerfG v. 8.7.2021, 1 BvR 2237/14, 1 BvR 2422/17, Rz. 242, 243, HFR 2021, 922 mit Anm. Bopp.
6) BMF v. 17.9.2021, IV A 3 - S 0338/19/10004 :005, BStBl I 2021, 1759; BMF v. 3.12.2021, IV A 3 - S 0338/19/10004 :005, BStBl I 2021, 2227.
7) Vgl. hierzu zuletzt FG Münster v. 16.3.2021, 12 V 16/21 AO, EFG 2021, 1869 mit Anm. Kaufhold sowie die Ausführungen hierzu von Kögel in Gosch, § 240 AO Rz. 63.
8) Zur Verfassungswidrigkeit der Höhe des Zinssatzes BVerfG v. 8.7.2021, 1 BvR 2237/14 und 1 BvR 2422/17, HFR 2021, 922 (→ Rz 15).
9) FG München v. 2.2.2021, 6 K 1871/20, DStRE 2021, 1224.

Mit Schreiben vom 16.3.2021[1] hat deshalb das BMF seine bereits mit BMF-Schreiben vom 5.10.2000[2] eingeführte **Billigkeitsregelung neu gefasst**, wonach Erstattungszinsen i.S.d. § 233a AO **auf Antrag** im Billigkeitswege nicht in die Steuerbemessungsgrundlage einbezogen werden, **soweit** ihnen nicht abziehbare Nachzahlungszinsen gegenüberstehen, die auf ein und demselben Ereignis beruhen.

Ein **Ereignis** in diesem Sinne ist laut BMF dann gegeben, wenn der einzelne Vorgang Ansprüche aus dem Steuerschuldverhältnis im engen zeitlichen und sachlichen Zusammenhang erhöht oder vermindert. Dies ist z.B. gegeben, wenn im Rahmen einer Betriebsprüfung der Warenbestand eines Jahres erhöht wird (was zu einer Gewinnerhöhung und Nachzahlungszinsen führt) und korrespondierend der Wareneinsatz im Folgejahr steigt (was eine Gewinnminderung und Erstattungszinsen bedingt). In diesem Fall sind die Erstattungszinsen (bis zur Höhe der Nachzahlungszinsen) auf Antrag nicht zu versteuern.

> **Beratungshinweis:**
>
> Die Folgerungen aus den Billigkeitsregelungen sind laut BMF auch für die Ermittlung des Gewerbeertrags zu ziehen.

III. Personengesellschaften

1. Buchwertfortführung nach § 6 Abs. 3 EStG – schädliche zeitgleiche Veräußerung

305 Der BFH entschied mit Urteil vom 10.9.2020[3], dass bei unentgeltlicher Übertragung des gesamten Mitunternehmeranteils eine Buchwertfortführung nach § 6 Abs. 3 EStG nicht möglich ist, wenn **zeitgleich eine funktional wesentliche Betriebsgrundlage des Sonderbetriebsvermögens veräußert** wird. Er begründet dies damit, dass für die Buchwertfortführung neben dem Gesellschaftsanteil sämtliche funktional wesentlichen Wirtschaftsgüter des Sonderbetriebsvermögens mitübertragen werden müssen.

Dieser Rechtsauffassung folgt nun auch das BMF und weist in seinem Schreiben vom 5.5.2021[4] darauf hin, dass dazu eine **zeitpunktbezogene Prüfung** vorzunehmen ist. Eine Veräußerung oder Entnahme von funktional wesentlichem Sonderbetriebsvermögen ist demnach für die Buchwertfortführung unschädlich, wenn die Veräußerung oder Entnahme eine juristische Sekunde vor der Übertragung des gesamten Mitunternehmeranteils erfolgte. Bislang sah das BMF neben der zeitgleichen auch eine taggleiche Veräußerung oder Entnahme als schädlich an.

> **Beratungshinweis:**
>
> Ist die Buchwertfortführung abzulehnen, sind somit auch hinsichtlich der unentgeltlichen Übertragung des verbleibenden Mitunternehmeranteils die stillen Reserven aufzudecken, weil es sich insgesamt um die Aufgabe des (gesamten) Mitunternehmeranteils i.S.v. § 16 Abs. 3 Satz 1 i.V.m. Abs. 1 Nr. 2 EStG handelt.

2. Sperrfrist nach § 6 Abs. 5 Satz 6 EStG

a) Teleologische Reduktion bei entgeltlicher Veräußerung des Mitunternehmeranteils

306 Werden **Wirtschaftsgüter von einem Betriebsvermögen zum Buchwert in eine Mitunternehmerschaft eingebracht**, greift nach § 6 Abs. 5 Satz 6 EStG eine **siebenjährige**

---

1) BMF v. 16.3.2021, IV C 1 - S 2252/19/10012 :011, BStBl I 2021, 353. Vgl. hierzu Feldgen, eNews Steuern, 11/2021 v. 22.3.2021.
2) BMF v. 5.10.2000, IV C 3 - S 2256 - 263/00, BStBl I 2000, 1383.
3) BFH v. 10.9.2020, IV R 14/18, BStBl II 2021, 367 = HFR 2021, 281 mit Anm. Geissler. Vgl. hierzu auch Bodden, BeSt 2021, 13 und Feldgen, eNews Steuern, Topthema, 51/2020 v. 21.12.2020 und Steinhauff, jurisPR-SteuerR 16/2021 Anm. 3.
4) BMF v. 5.5.2021, IV C 6 - S 2240/19/10003 :017, BStBl I 2021, 696. Vgl. hierzu Schiffers, eNews Steuern, Topthema, 18/2021 v. 10.5.2021.

Sperrfrist. Erhöht sich in diesem Zeitraum der Anteil einer Körperschaft an den eingebrachten Wirtschaftsgütern oder wird erstmalig begründet, ist rückwirkend der Teilwert anstelle des Buchwerts anzusetzen.

Das FG Münster entschied am 24.6.2020[1], dass diese Sperrfrist jedoch nicht verletzt ist, wenn faktisch aufgrund einer entgeltlichen Veräußerung keine stillen Reserven auf ein Körperschaftsteuersubjekt übergehen. Im Streitfall kam es durch den Verkauf des Mitunternehmeranteils durch die Einbringende zu einem fremdüblichen Entgelt zur vollständigen Realisation der stillen Reserven an den zuvor übertragenen Wirtschaftsgütern.

Das FG Münster spricht sich im konkreten Fall für eine **teleologische Reduktion** des § 6 Abs. 5 Satz 6 EStG aus. Die Finanzrichter begründen ihre einschränkende Auslegung damit, dass sie eine **Analogie** zu der nach höchstrichterlicher Rechtsprechung teleologisch zu reduzierenden Sperrfristregelung nach § 6 Abs. 5 Satz 4 EStG sehen.[2] Dort verneinte der BFH einen Sperrfristverstoß im Falle der Veräußerung des Wirtschaftsguts, das zuvor durch den 100 % beteiligten Kommanditisten in die KG eingebracht wurde.

b) Sperrfristverstoß bei Formwechsel einer Oberpersonengesellschaft zu Buchwerten

Der BFH hatte darüber zu entscheiden, ob ein Verstoß gegen die Sperrfrist nach § 6 **307** Abs. 5 Satz 6 EStG gegeben ist, wenn bei einer mehrstöckigen Personengesellschaft eine an dem übertragenen Wirtschaftsgut mittelbar beteiligte Oberpersonengesellschaft zu Buchwerten formwechselnd in eine Kapitalgesellschaft umgewandelt wird.

Entscheidend war laut den Ausführungen des BFH dabei, ob damit eine Begründung oder **Erhöhung des Anteils einer Körperschaft** an dem übertragenen Wirtschaftsgut „aus einem anderen Grund" vorlag. Laut BFH umfasse die Formulierung „aus einem anderen Grund" jeden Vorgang, der zu der Begründung oder Erhöhung eines Anteils einer Körperschaft führe. Ein Rechtsträgerwechsel sei hierfür nicht notwendig.[3]

Die Sperrfristregelung könne nicht im Wege der teleologischen Reduktion dahingehend verstanden werden, dass ein Sperrfristverstoß ausscheidet, wenn die Anteilsbegründung durch einen Formwechsel der Oberpersonengesellschaft zu Buchwerten erfolgt und wenn im Zeitpunkt des Formwechsels an der Oberpersonengesellschaft (auch) natürliche Personen beteiligt sind, die bereits an dem übertragenen Wirtschaftsgut mittelbar vermögensmäßig beteiligt waren.

> **Beratungshinweis:**
>
> Die Entscheidung macht deutlich, dass bei steuerneutralen Vorgängen nach § 6 Abs. 5 Satz 3 EStG sämtliche Veräußerungs- und Umwandlungstatbestände innerhalb der Beteiligungskette während der Sperrfrist überwacht werden sollten.

3. Keine Betriebsaufspaltung bei „Stimmen-Patt"

Der BFH bestätigt mit Urteil vom 14.4.2021[4] seine bisherige Rechtsprechung[5] und **308** verneint im Fall eines „Stimmen-Patts" **mangels personeller Verflechtung** das Vorliegen einer Betriebsaufspaltung.

1) FG Münster v. 24.6.2020, 13 K 3029/18 F, EFG 2020, 1503 mit Anm. Jüdes; Revision nunmehr anhängig unter XI R 43/20 (zuvor unter I R 34/20).
2) Vgl. BFH v. 31.7.2013, I R 44/12, BStBl II 2015, 450; BFH v. 26.6.2014, IV R 31/12, BStBl II 2015, 463.
3) BFH v. 15.7.2021, IV R 36/18, BFH/NV 2021, 1588. Vgl. hierzu Feldgen, eNews Steuern, 43/2021 v. 2.11.2021.
4) BFH v. 14.4.2021, X R 5/19, DStR 2021, 2119. Vgl. hierzu Steinhauff, jurisPR-SteuerR 44/2021 Anm. 3.
5) BFH v. 30.11.2005, X R 56/04, BStBl II 2006, 415.

Daran ändert sich im Streitfall auch nichts dadurch, dass die weiteren 50 % der Stimmen an der Betriebskapitalgesellschaft von einem minderjährigen Kind des Gesellschafters gehalten werden. Diese Stimmen können jedenfalls dann nicht dem Elternteil zugerechnet werden, wenn in Bezug auf die Gesellschafterstellung des Kindes eine Ergänzungspflegschaft angeordnet wurde.

IV. Kapitalgesellschaften

1. Währungskursverluste aus Forderungen gegen eine ausländische Tochtergesellschaft

309 Im Streitfall ging es um die Frage, ob Fremdwährungskursverluste einer deutschen Muttergesellschaft aus stehengelassenen Forderungen aus Lieferungen und Leistungen gegen eine brasilianische Tochtergesellschaft nach § 8b Abs. 3 Satz 4 KStG außerbilanziell hinzuzurechnen sind. Mit Urteil vom 24.9.2020[1] bejaht dies das FG Baden-Württemberg, da das **Stehenlassen der Forderungen als Dauerrechtsverhältnis** und Stützungsmaßnahme der ausländischen Tochtergesellschaft anzusehen sei, das auf eine Mindestlaufzeit angelegt ist (im Streitfall mindestens weitere 90 Tage nach Ablauf des Zahlungsziels von 90 Tagen), und daher einer Darlehensgewährung i.S.v. § 8b Abs. 3 Satz 4 KStG vergleichbar sei. Die **gesellschaftsrechtliche Veranlassung** konnte vom Kläger nicht durch den Gegenbeweis, dass auch fremde Dritte die Forderungen nicht beigetrieben hätten, entkräftet werden.

Eine **teleologische Reduktion** des § 8b Abs. 3 Satz 4 KStG, wonach durch Währungskursverluste verursachte Gewinnminderungen nicht unter das Abzugsverbot fallen, hält das FG Baden-Württemberg **nicht für angezeigt**.

> **Beratungshinweis:**
>
> Mit dem sog. Körperschaftsteuermodernisierungsgesetz (KöMoG)[2] wurde allerdings explizit gesetzlich geregelt, dass künftig Währungskursverluste nicht mehr dem Abzugsverbot nach § 8b Abs. 3 Satz 4 KStG unterfallen (→ Rz. 132).

2. Schachtelbeteiligung: unterjähriger Hinzuerwerb von Anteilen

310 Die 95 %-ige Steuerbefreiung von Dividendenerträgen und Veräußerungsgewinnen aus Beteiligungen an Kapitalgesellschaften, die von einer Kapitalgesellschaft erzielt werden, wird nach § 8b Abs. 4 Satz 1 KStG nicht gewährt, wenn die Beteiligung zu Beginn des Kalenderjahres unmittelbar weniger als 10 % des Grund- oder Stammkapitals betragen hat. Dabei gilt allerdings der Erwerb einer Beteiligung von mindestens 10 % als zu Beginn des Kalenderjahres als erfolgt (§ 8b Abs. 4 Satz 6 KStG).

Mit Verfügung vom 16.8.2021[3] nimmt die **OFD Frankfurt a.M.** Stellung zu der **Rückbeziehungsregelung** und vertritt die Auffassung, dass diese nur zur Anwendung kommt, wenn ein Anteilspaket von mindestens 10 % **durch einen einzelnen Erwerbsvorgang** erworben wird.

Anders hat dazu das **Hessische FG** mit Urteil vom 15.3.2021[4] entschieden. Entgegen der Verwaltungsauffassung sieht es das Gericht für ausreichend an, wenn zu irgendeinem Zeitpunkt im Laufe des Kalenderjahres eine Beteiligungshöhe von mindestens 10 % erreicht wurde. Dazu können **auch mehrere Erwerbsvorgänge** getätigt worden sein, die kumuliert letztlich zu einer Beteiligung von mindestens 10 % führen. Gegen die Entscheidung wurde Revision eingelegt (Az. I R 16/19).

---

1) FG Baden-Württemberg v. 24.9.2020, 3 K 1486/19, EFG 2021, 402 mit Anm. Hennigfeld; Revision anhängig unter I R 41/20.
2) Gesetz v. 25.6.2021, BGBl. I 2021, 2050 = BStBl I 2021, 889.
3) OFD Frankfurt a.M. v. 16.8.2021, S 2750a A - 027 - St 52, DStR 2021, 2468. Vgl. hierzu Köster, DStZ 2021, 881.
4) Hessisches FG v. 15.3.2021, 6 K 1163/17, EFG 2021, 1225 mit Anm. Falk.

3. Einkommenserhöhung durch verdeckte Einlage nach vorhergehender vGA

Grundsätzlich wird das Einkommen einer Kapitalgesellschaft nicht durch verdeckte **311** Einlagen erhöht (§ 8 Abs. 3 Satz 3 KStG). Etwas anderes gilt jedoch, wenn eine verdeckte Einlage das Einkommen der leistenden Kapitalgesellschaft gemindert hat und auf einer vGA beruht, die einer dem Gesellschafter nahestehenden Person zugeflossen ist und bei der Besteuerung des Gesellschafters nicht berücksichtigt wurde (§ 8 Abs. 3 Satz 5 KStG).

Laut Urteil des **BFH** vom 13.6.2018[1] kommt **§ 8 Abs. 3 Satz 5 KStG nicht zur Anwendung**, wenn die zugrundeliegende vGA zwar nicht erfasst wurde, jedoch **nach § 8b Abs. 1 KStG ohnehin hätte außer Ansatz** bleiben müssen.

Das **BMF wendet** diese Rechtsprechung laut Schreiben vom 18.11.2020[2] über den Einzelfall hinaus **nicht an**. Eine vGA sei dann bei der Besteuerung des Gesellschafters als nicht berücksichtigt anzusehen, wenn sie ihm Rahmen seiner Veranlagung **tatsächlich nicht angesetzt** worden ist. Eine etwaige Steuerfreistellung nach § 8b Abs. 1 KStG ändere daran nichts.

4. Nachweis der Einlagenrückgewähr bei Ausschüttungen einer EU-Kapitalgesellschaft

Bezüge eines inländischen Anteilseigners von einer EU-Kapitalgesellschaft unterliegen **312** als Kapitaleinkünfte der Besteuerung, soweit diese nicht als Einlagenrückgewähr zu werten sind. Vergleichbar der Beteiligung an einer inländischen Kapitalgesellschaft, bei der der Nachweis einer Einlagenrückgewähr durch eine entsprechende Bescheinigung erbracht wird, wozu die Feststellung des steuerlichen Einlagekontos erforderlich ist, ist der Nachweis bei einer EU-Kapitalgesellschaft durch ein Feststellungsverfahren nach § 27 Abs. 8 KStG zu erbringen. Bei Drittstaatenkapitalgesellschaften kann ebenso eine Einlagenrückgewähr vorliegen, die nicht der Besteuerung als Kapitaleinkünfte unterliegt. Der Nachweis dazu kann aber – mangels gesondertem Verfahren – im Rahmen des Veranlagungsverfahrens zur Einkommensteuer erbracht werden.

Der **BFH** sieht **keine Grundrechtsverletzung** darin, wenn eine den Kapitaleinkünften zuzurechnende Gewinnausschüttung beim Anteilseigner fingiert wird, weil die EU-Kapitalgesellschaft ein Feststellungsverfahren nach § 27 Abs. 8 KStG unterlassen hat.[3] Zwar erkennt der BFH eine **Ungleichbehandlung zwischen Anteilseignern von Drittstaaten- und EU-Kapitalgesellschaften**. Diese sei jedoch **sachlich gerechtfertigt**, weil sich die beiden Anteilseignergruppen, mangels gesetzlich vorgesehenen Feststellungsverfahren in Drittstaatenfällen, in verfahrensrechtlich nicht vergleichbaren Ausgangssituationen befänden.

---

1) BFH v. 13.6.2018, I R 94/15, BStBl II 2020, 755. Vgl. Märtens, jurisPR-SteuerR 46/2018 Anm. 2.
2) BMF v. 18.11.2020, IV C 2 - S 2743/18/10002 :001, BStBl I 2020, 1226. Kersten, eNews Steuern, 47/2020 v. 23.11.2020.
3) BFH v. 27.10.2020, VIII R 18/17, HFR 2021, 368. Vgl. hierzu Kahsnitz, BeSt 2021, 19, Kersten, eNews Steuern, Topthema, 5/2021 v. 8.2.2021.

Anmerkung:

Einen etwaigen Verstoß gegen die EU-rechtlich geschützte Kapitalverkehrsfreiheit sah der BFH im Streitfall nicht für entscheidungserheblich an. Zudem seien keine Anhaltspunkte dafür gegeben, dass eine Einlagenrückgewähr vorgelegen haben könnte.

5. Fortführungsgebundener Verlustvortrag

313 In dem Schreiben vom 18.3.2021[1] äußert sich das **BMF** u.a. zum Antragserfordernis, zu materiellen Voraussetzungen, Rechtsfolgen, Untergang des fortführungsgebundenen Verlustvortrags bei schädlichen Ereignissen, der Stille-Reserven-Klausel des § 8d Abs. 2 KStG und zur Anwendung des § 8c KStG auf einen fortführungsgebundenen Verlustvortrag.

Das Schreiben klärt z.B. die bislang offene Frage, ob der **Antrag** auf Feststellung eines fortführungsgebundenen Verlustvortrags widerruflich ist. Laut BMF ist eine Antrags-rücknahme bis zum Eintritt der Unanfechtbarkeit der Steuerfestsetzung oder der Fest-stellung des Verlustvortrags des Feststellungszeitraums, in den der schädliche Beteili-gungserwerb i.S.d. § 8c KStG fällt, möglich. Es gelten demnach die Formvorschriften wie bei der Antragstellung, sodass eine berichtigte Körperschaftsteuererklärung abzu-geben ist.

Auch zum unbestimmten Rechtsbegriff des „**Geschäftsbetriebs**", auf dessen Aufrecht-erhaltung es für den fortführungsgebundenen Verlustvortrag ankommt, äußert sich das BMF. Der Begriff sei vor dem Hintergrund der BFH-Rechtsprechung zum gewerbesteu-erlichen Begriff des Gewerbebetriebs und zur Unternehmensidentität sowie zur Seg-mentierung bei Ermittlung der Gewinnerzielungsabsicht auszulegen. Maßgeblich soll es laut BMF auf den „wesentlichen Kern der Betätigung" ankommen.

Anmerkung:

Mit gleichlautenden Erlassen vom 19.3.2021[2] einigten sich die obersten Finanzbehörden der Län-der darauf, die Ausführungen des BMF-Schreibens für die Anwendung des § 8d KStG **bei der Gewerbesteuer entsprechend** anzuwenden.

6. Organschaft

a) Anpassung von Gewinnabführungsverträgen in Altfällen

314 Für die ertragsteuerliche Anerkennung eines Organschaftsverhältnisses ist ein Gewinnabführungsvertrag erforderlich, der die Anforderungen nach § 14 Abs. 1 Satz 1 Nr. 3 KStG und im Falle einer GmbH als Organgesellschaft zudem nach § 17 Abs. 1 KStG erfüllt.

Für vor dem 27.2.2013 abgeschlossene und letztmalig geänderte Gewinnabführungs-verträge sah § 17 Satz 2 Nr. 2 KStG a.F. vor, dass die Verlustübernahme durch einen statischen Verweis auf die Regelung des § 302 AktG oder eine wörtliche Wiedergabe des § 302 AktG in seiner zum Vertragsschluss geltenden Fassung geregelt werden kann. § 17 Abs. 1 Satz 2 Nr. 2 KStG in seiner aktuellen Fassung fordert hingegen einen dynamischen Verweis auf § 302 AktG.

Durch das Gesetz zur Fortentwicklung des Sanierungs- und Insolvenzrechts vom 22.12.2020[3] wurde mit Wirkung zum 1.1.2021 die Verlustübernahmeregelung in § 302

---

1) BMF v. 18.3.2021, IV C 2 - S 2745-b/19/10002 :002, BStBl I 2021, 363. Vgl. hierzu Olbing, Stbg 2021, 204, Kahsnitz, kösdi 2021, 22286, Feldgen, DStZ 2021, 443.
2) Oberste Finanzbehörden der Länder v. 19.3.2021, BStBl I 2021, 359.
3) Gesetz v. 22.12.2020, BGBl. I 2020, 3256.

AktG modifiziert. Das BMF weist mit Schreiben vom 24.3.2021[1] darauf hin, dass bei **Gewinnabführungsverträgen mit** einer Regelung nach § 17 Satz 2 Nr. 2 KStG a.F. (**statischer Verweis auf § 302 AktG**) damit **Handlungsbedarf** besteht, um die künftige steuerliche Anerkennung der ertragsteuerlichen Organschaft nicht zu gefährden. Allerdings steht der Anerkennung der Organschaft für VZ ab 2021 nicht entgegen, wenn diese **Anpassung spätestens bis 31.12.2021 wirksam vorgenommen** und die Änderung im Handelsregister eingetragen wird. Eine Anpassung kann unterbleiben, wenn das Organschaftsverhältnis vor dem 1.1.2022 beendet wird.

> **Beratungshinweis:**
>
> In den genannten Altfällen war in vielen Fällen bereits bis 31.12.2014 eine Anpassung der Verlustübernahmeregelung durch dynamischen Verweis auf § 302 AktG vorzunehmen, um die steuerliche Anerkennung für VZ bis 2014 nicht zu gefährden. Sollte eine solche Anpassung bislang nicht erfolgt und der Organschaft damit die steuerliche Anerkennung versagt worden sein, konnte durch eine Anpassung bis zum Ende des Jahres 2021 die künftige Anerkennung erzielt werden. Handlungsbedarf konnte zudem bei Gewinnabführungsverträgen bestehen, die zwar einen dynamischen Verweis auf § 302 AktG beinhalten, zudem aber die Regelung wortwörtlich übernommen haben und somit nun auf einen veralteten Rechtsstand hinweisen.

b) EU-/EWR-Kapitalgesellschaft mit inländischer Geschäftsleitung als Organgesellschaft

Eine in der EU bzw. dem EWR gegründete Kapitalgesellschaft mit Geschäftsleitung in Deutschland kann Organgesellschaft sein, wenn der ausländische Gewinnabführungsvertrag den Anforderungen des § 14 Abs. 1 Satz 1 KStG entspricht. Die OFD Frankfurt a.M. konkretisiert in einer Verfügung vom 9.7.2020[2] die **Anforderungen an den ausländischen Gewinnabführungsvertrag**.   **315**

Demnach muss dieser vollständig den Vorgaben des § 291 AktG entsprechen und insb. eine **Verlustübernahmeverpflichtung entsprechend § 302 AktG** enthalten. Der Vertrag muss nach den Vorgaben des ausländischen (Zivil-)Rechts zulässig sein und **in eintragungspflichtiger Form vereinbart** werden. Davon ist auszugehen, wenn entweder nach ausländischem Recht die Pflicht zur Eintragung in ein dem deutschen Handelsregister vergleichbaren öffentlichen Register besteht oder die Regelungen zur Gewinnabführung in die Satzung der beherrschten Gesellschaft aufgenommen werden und diese Satzungsänderung eintragungspflichtig ist. Ist der Gewinnabführungsvertrag nicht selbst in der Satzung verankert, muss dieser zudem satzungsändernden Charakter haben.

> **Beratungshinweis:**
>
> Liegen diese Voraussetzungen vor, ist die Organschaft frühestens ab dem Jahr der Registereintragung anzuerkennen, auch wenn der Gewinnabführungsvertrag bereits früher vereinbart wurde.

V. Gewerbesteuer

1. Berücksichtigung des Hinzurechnungsbetrags nach § 10 Abs. 1 Satz 1 AStG für Altjahre

Mit gleich lautenden Erlassen vom 14.12.2015[3] regelten die obersten Finanzbehörden der Länder zunächst, dass es sich bei Hinzurechnungsbeträgen gemäß § 10 Abs. 1 Satz 1 AStG aus passiven Tätigkeiten ausländischer Tochtergesellschaften oder ausländischer Betriebstätten für gewerbesteuerliche Zwecke um **inländische Einkünfte** han-   **316**

---

1) BMF v. 24.3.2021, IV C 2 - S 2770/21/10001 :001, BStBl I 2021, 379. Vgl. hierzu Köster, DStZ 2021, 344.
2) OFD Frankfurt a.M. v. 9.7.2020, S 2770 A - 55 - St 55, StEd 2020, 513.
3) Oberste Finanzbehörden der Länder v. 14.12.2015, BStBl I 2015, 1090.

dele. Mit Ergänzung der Sätze 7 bis 9 in § 7 GewStG wurde diese Rechtsauffassung **gesetzlich normiert** und findet nun im Ergebnis **seit dem EZ 2017** Anwendung.

Mit gleichlautenden Erlassen vom 4.2.2021[1] haben die obersten Finanzbehörden der Länder den Erlass vom 14.12.2015, bei dem es sich letztlich um einen **Nichtanwendungserlass** der vorgehenden BFH-Rechtsprechung handelt, **wieder aufgehoben**. Aufgrund dessen findet nun auf alle offenen Fälle für **Altjahre bis 2016** das Urteil des BFH vom 11.3.2015[2] Anwendung. Hiernach ist der im Gewinn enthaltene Hinzurechnungsbetrag nach § 10 Abs. 1 Satz 1 AStG **bei der Ermittlung des Gewerbeertrags zu kürzen**, weil dieser insoweit auf eine nicht im Inland belegene Betriebsstätte entfällt.

Anmerkung:

Die gesetzliche Regelung in § 7 Sätze 7 bis 9 GewStG und die ergänzende Regelung in § 9 Nr. 3 Satz 1 GewStG wurden mit Gesetz vom 20.12.2016[3] aufgenommen. Nicht gänzlich klar war, ab wann diese Regelungen zur Anwendung kommen. Teilweise wurde eine erstmalige Anwendung bereits im EZ 2016 vertreten. Mit dem Jahressteuergesetz 2020[4] klärte der **Gesetzgeber** diese Rechtsunsicherheit und regelte in § 36 Abs. 3 Satz 4 und Abs. 5 Satz 1 GewStG die **erstmalige Anwendung im EZ 2017**.

---

2. Hinzurechnung von Miet- und Pachtzinsen

a) Bei Herstellung materieller Wirtschaftsgüter

317 Im Streitfall hatte eine Baugesellschaft gemietete Baustelleneinrichtungen zur Errichtung von Bauwerken genutzt. Der BFH entschied mit Urteil vom 30.7.2020[5], dass eine gewerbesteuerliche Hinzurechnung nach § 8 Nr. 1 Buchst. d GewStG ausscheidet, soweit die Mietzinsen als Baustelleneinzelkosten zu den Herstellungskosten von Wirtschaftsgütern des Umlaufvermögens gehören.

Damit **überträgt** der BFH seine **zu Bauzeitzinsen getroffene Beurteilung** auf Miet- und Pachtzinsen, wonach es durch die Aktivierung zu einer Umqualifizierung in Herstellungskosten kommt, die nicht mehr Gegenstand einer gewerbesteuerlichen Hinzurechnung sein können. **Entscheidend** ist, dass die Mietzinsen grundsätzlich den **handelsrechtlichen Herstellungskostenbegriff** erfüllen.

Beratungshinweis:

Eine gewerbesteuerliche Hinzurechnung unterbleibt dabei ungeachtet dessen, ob die hergestellten Wirtschaftsgüter am Bilanzstichtag noch vorhanden und dementsprechend aktiviert, oder bereits unterjährig aus dem Betriebsvermögen ausgeschieden sind.[6]

---

b) Bei Herstellung immaterieller Wirtschaftsgüter

318 Anders als im Fall der Herstellung materieller Wirtschaftsgüter (→ Rz. 317) entschied der BFH bei Miet- und Pachtaufwendungen, die Herstellungskosten immaterieller Wirtschaftsgüter darstellen würden, wenn das Aktivierungsverbot nicht bestünde. Diese **unterliegen** laut BFH der **gewerbesteuerlichen Hinzurechnung**.

---

1) Oberste Finanzbehörden der Länder v. 4.2.2021, BStBl I 2021, 248.
2) BFH v. 11.3.2015, I R 10/14, BStBl II 2015, 1049.
3) Gesetz v. 20.12.2016, BGBl. I 2016, 3000 = BStBl I 2017, 5.
4) Gesetz v. 21.12.2020, BGBl. I 2020, 3096 = BStBl I 2021, 6.
5) BFH v. 30.7.2020, III R 24/18, HFR 2021, 68 mit Anm. Wendl. Vgl. hierzu Strecker, BeSt 2021, 8, Bäßler, eNews Steuern, 46/2020 v. 16.11.2020.
6) So auch nochmals explizit BFH v. 20.5.2021, IV R 31/18, BFH/NV 2021, 1367. Vgl. hierzu Bäßler, eNews Steuern, 38/2021 v. 27.9.2021.

Dabei weist der BFH verfassungsrechtliche Bedenken zurück. Konkret entschied er im Fall eines Filmherstellers, dass die gewerbesteuerliche Hinzurechnung von Miet- und Pachtaufwendungen, die im Rahmen der Herstellung eines Films als immaterielles Wirtschaftsgut angefallen sind, **nicht gegen den allgemeinen Gleichheitssatz** verstößt.[1] Zwar sind diese Aufwendungen handelsrechtlich als Herstellungskosten eines immateriellen Wirtschaftsguts nach § 255 Abs. 2 und 2a HGB zu behandeln, unterliegen aber steuerlich dem Aktivierungsverbot nach § 5 Abs. 2 EStG. Der BFH sieht darin keinen Verfassungsverstoß, dass bei der Herstellung materieller Wirtschaftsgüter entsprechende Miet- und Pachtaufwendungen auch steuerlich als Herstellungskosten zu behandeln sind und somit eine gewerbesteuerliche Hinzurechnung unterbleibt (→ Rz. 317).[2]

3. Erweiterte Grundstückskürzung

a) Unschädliche Stromlieferungen

Einnahmen aus Stromlieferungen sind **seit dem EZ 2021** für die erweiterte Grundstückskürzung im Rahmen der Ermittlung des Gewerbeertrags unschädlich, wenn diese in Verbindung mit der Verwaltung und Nutzung eigenen Grundbesitzes und **319**

– im Zusammenhang mit dem Betrieb von **Anlagen zur Stromerzeugung aus erneuerbaren Energien** oder
– aus dem Betrieb von **Ladestationen** für Elektrofahrzeuge oder Elektrofahrräder

resultieren und nicht mehr als 10 % der Einnahmen aus der Grundstücksüberlassung betragen. Im Fall der Stromerzeugung aus erneuerbaren Energien dürfen die Einnahmen nur aus Lieferungen an Mieter, nicht jedoch an andere Verbraucher stammen (§ 9 Nr. 1 Satz 3 Buchst. b GewStG).

> **Beratungshinweis:**
>
> In der mit dem Fondsstandortgesetz (FoStoG)[3] eingeführten Regelung ist hingegen keine Begrenzung des Nutzerkreises der Ladestationen vorgesehen. Somit dürften aus dem Betrieb von Ladestationen resultierende Einnahmen im Rahmen der 10 %-Grenze auch dann unschädlich sein, wenn diese von anderen Personen als Mieter genutzt werden.
>
> Liegen nach der Neuregelung Einnahmen aus unschädlichen Stromlieferungen vor, stehen diese der Gewährung der erweiterten Grundstückskürzung nicht entgegen. Die erweiterte Grundstückskürzung wird jedoch nur auf den Teil des Gewerbeertrags gewährt, der auf die Verwaltung und Nutzung des eigenen Grundbesitzes entfällt.

b) Sonstige unschädliche Einnahmen aus Vertragsbeziehungen mit Mietern

Mit dem Fondsstandortgesetz (FoStoG)[4] wurde zudem geregelt, dass Einnahmen aus unmittelbaren Vertragsbeziehungen mit den Mietern aus **anderen Tätigkeiten** als der Errichtung und Veräußerung von Ein- bzw. Zweifamilienhäusern oder Eigentumswohnungen samt Teileigentum (§ 9 Nr. 1 Satz 3 Buchst. a GewStG) sowie aus der Lieferung von Strom (§ 9 Nr. 1 Satz 3 Buchst. b GewStG), die **nicht höher als 5 %** der Einnahmen aus der Grundstücksüberlassung sind, für die erweiterte Grundstückskürzung unschädlich sind (§ 9 Nr. 1 Satz 3 Buchst. c GewStG). **320**

---

1) BFH v. 12.11.2020, III R 38/17, DB 2021, 1511. Vgl. hierzu Pfützenreuter, jurisPR-SteuerR 35/2021 Anm. 5.
2) BFH v. 30.7.2020, III R 24/18, HFR 2021, 68 mit Anm. Wendl. Vgl. hierzu Strecker, BeSt 2021, 8.
3) Gesetz v. 3.6.2021, BGBl. I 2021, 1498 = BStBl I 2021, 803.
4) Gesetz v. 3.6.2021, BGBl. I 2021, 1498 = BStBl I 2021, 803.

> **Beratungshinweis:**
>
> Sofern die 5 %-Grenze mit den sonstigen Einnahmen nicht überschritten wird, kann die erweiterte Grundstückskürzung weiterhin beansprucht werden. Allerdings beschränkt sich die Kürzung des Gewerbeertrags auf den Teil, der aus der Verwaltung und Nutzung des eigenen Grundbesitzes stammt.

c) Mitvermietung eines angemieteten Gebäudeteils

321 Die erweiterte gewerbesteuerliche Kürzung nach § 9 Nr. 1 Satz 2 GewStG wird nur dann gewährt, wenn ausschließlich eigener Grundbesitz genutzt und verwaltet wird. Die An- und Weitervermietung fremden Grundbesitzes ist laut BFH[1] allerdings unschädlich, wenn diese zwingend notwendiger Teil der wirtschaftlich sinnvoll gestalteten Überlassung eigenen Grundbesitzes ist.

So entschied der BFH im ersten Schritt, dass die erweiterte gewerbesteuerliche Grundstückskürzung auch bei Vermietung einer Halle zu gewähren ist, die der Unternehmer als Untererbbauberechtigter errichtet hat. Ein Untererbbaurecht einschließlich des darauf errichteten Gebäudes sei als eigener Grundbesitz des Untererbbauberechtigten zu behandeln.

Im nächsten Schritt kam der BFH zu dem Ergebnis, dass auch die An- und Weitervermietung einer Halle auf dem Nachbargrundstück nicht der erweiterten Grundstückskürzung entgegensteht. Voraussetzung für die Unschädlichkeit sei, dass die An- und Weitervermietung von Grundbesitz für die Überlassung des eigenen Grundbesitzes wirtschaftlich zwingend notwendig ist und ihr nur ein geringer Umfang zukommt.

d) Ausschluss im Falle einer Betriebsaufspaltung

322 Mit Urteil vom 20.5.2021[2] weist der BFH darauf hin, dass die erweiterte Kürzung des auf die Verwaltung eigenen Grundbesitzes entfallenden Gewerbeertrags dann nicht zu gewähren ist, wenn mit der Verwaltung oder Nutzung eigenen Grundbesitzes die **Grenzen der Gewerblichkeit überschritten** werden. Davon ist der BFH in seiner bisherigen Rechtsprechung insb. dann ausgegangen, wenn die Überlassung eines Grundstücks **im Rahmen einer Betriebsaufspaltung** erfolgt und somit das Besitzunternehmen (originär) gewerbliche Einkünfte erzielt.[3]

In dem zu entscheidenden Streitfall lehnte der BFH jedoch das Vorliegen einer Betriebsaufspaltung ab, da die mittelbar zu 100 % an der Betriebspersonengesellschaft beteiligte Kommanditistin zwar zivilrechtlich auch zu 100 % an der Besitzpersonengesellschaft beteiligt und alleinige Gesellschafterin der nicht vermögensmäßig beteiligten Komplementär-GmbH war, die **Kommanditanteile aber überwiegend treuhänderisch** für andere hielt. Dadurch **fehle** es an der **personellen Verflechtung**, da die Kommanditistin ihre eigenen Interessen überwiegend den Interessen der Treugeber unterzuordnen hatte und daher ihren Willen im Zusammenhang mit den wesentlichen Betriebsgrundlagen „Grundstücke", u.a. bei der Kündigung der Mietverträge, nicht durchsetzen konnte. Offenlassen konnte daher der BFH die Frage, inwieweit an der bisherigen Rechtsprechung der fehlenden Beherrschung einer Besitzgesellschaft bei einer lediglich mittelbaren herrschenden Beteiligung über eine Kapitalgesellschaft – hier die Komplementär-GmbH- aufgrund des Durchgriffsverbots festgehalten wird. Mangels Betriebsaufspaltung war daher die erweitere Grundstückskürzung bei der Besitzgesellschaft anwendbar.

---

1) BFH v. 22.10.2020, IV R 4/19, HFR 2021, 486. Vgl. hierzu Strecker, BeSt 2021, 21, Bäßler, eNews Steuern, Topthema, 2/2021 v. 18.1.2021.
2) BFH v. 20.5.2021, IV R 31/19, DB 2021, 2055. Vgl. hierzu Urbach, BeSt 2021, 42, Steinhauff, jurisPR-SteuerR 42/2021 Anm. 2.
3) Z.B. BFH v. 22.6.2016, X R 54/14, BStBl II 2017, 529.

e) Dem Gewerbebetrieb eines Gesellschafters dienende Überlassung

Das FG Münster befasste sich mit der Ausnahmeregelung zur erweiterten Grund- **323** stückskürzung, wonach diese nicht zu gewähren ist, wenn der Grundbesitz ganz oder teilweise dem Gewerbebetrieb eines Gesellschafters dient (§ 9 Nr. 1 Satz 5 Nr. 1 GewStG). Dazu urteilte der BFH bereits, dass nicht nur die Nutzung des Grundstücks durch den Gesellschafter selbst, sondern **auch durch eine Mitunternehmerschaft schädlich** ist, an welcher der Gesellschafter als Mitunternehmer beteiligt ist.[1]

Das FG Münster hatte nun zu entscheiden, ob eine Bagatellgrenze besteht, bei deren Unterschreiten die Beteiligung an der mietenden Mitunternehmerschaft unschädlich sein könnte. Konkret ging es im Streitfall um eine **Beteiligung von lediglich 0,3 %** an einer mietenden GbR. Dies sah das FG Münster als **schädlich** an, **wenn** – wie im Streitfall – die Gesellschafter bei der mietenden GbR der persönlichen Haftung unterliegen und sie zusammen gleichzeitig mehrheitlich an der Grundstücksgesellschaft beteiligt sind.[2]

4. Freibetrag bei unterjähriger Begründung einer GmbH & atypisch Still

Beteiligt sich ein atypisch stiller Gesellschafter an einer GmbH, besteht der Gewerbe- **324** betrieb der atypisch stillen Gesellschaft als Mitunternehmerschaft neben dem selbst- ständigen Gewerbebetrieb der GmbH. Der Mitunternehmerschaft ist dabei auch bei unterjähriger Begründung der volle gewerbesteuerliche Freibetrag zu gewähren.

Zu diesem Ergebnis kommt der BFH mit Urteil vom 15.7.2020.[3] Demnach ist einer GmbH & atypisch Still, die unterjährig begründet wurde, der **gesamte Freibetrag** für natürliche Personen und Mitunternehmerschaften **von 24.500 Euro** nach § 11 Abs. 1 Satz 3 Nr. 1 GewStG zu gewähren.

Dieser Freibetrag ist **bei der Ermittlung des Gewerbeertrags der GmbH & atypisch Still** zu berücksichtigen. Denn es handelt sich um einen vom Betrieb der GmbH abzu- grenzenden Betrieb, auch wenn die GmbH Gewerbesteueradressat beider Betriebe ist. Der BFH grenzt in seiner Entscheidung die sachliche Steuerpflicht dieser Gesellschaft von der persönlichen Steuerpflicht der GmbH als Inhaberin ab.

Anmerkung:

Der GmbH selbst steht für den vor Begründung der stillen Gesellschaft entstandenen Gewerbeer- trag aus dem bis dahin bestehenden Betrieb der GmbH kein gewerbesteuerlicher Freibetrag zu.

5. Zerlegung bei Wind- und Solarenergieanlagen

Mit dem Fondsstandortgesetz (FoStoG)[4] wurde mit Wirkung ab dem EZ 2021 die Zerle- **325** gung des Gewerbesteuermessbetrags für Betriebe, die ausschließlich Wind- und Solar- energieanlagen betreiben, modifiziert. So erfolgt die Zerlegung zu 1/10 nach dem Ver- hältnis der Arbeitslöhne an den jeweiligen Betriebsstätten und zu **9/10 nach der instal- lierten Leistung**. Für die **EZ 2021 bis 2023** ist bei der Zerlegung noch zwischen Neuanlagen und anderen Anlagen zu differenzieren. Nur für Neuanlagen gilt dabei die neue Aufteilung. Bei anderen Anlagen bleibt es innerhalb dieses Zeitraums noch bei der Zerlegung nach dem Verhältnis der Arbeitslöhne.

---

1) BFH v. 22.1.2009, IV R 80/06, BFH/NV 2009, 1279.
2) FG Münster v. 17.12.2020, 5 K 631/20 G,F, EFG 2021, 389 mit Anm. Wiesch; Revision beim BFH anhängig unter III R 3/21.
3) BFH v. 15.7.2020, III R 68/18, HFR 2021, 678 mit Anm. Görke. Vgl. hierzu Bäßler, eNews Steuern, Topthema, 9/2021 v. 8.3.2021.
4) Gesetz v. 3.6.2021, BGBl. I 2021, 1498 = BStBl I 2021, 803.

6. Verlustvortrag

a) Ausscheiden eines Mitunternehmers infolge einer Abspaltung

326 Laut BFH geht der gewerbesteuerliche Verlustvortrag, soweit er auf eine Besitzgesellschaft als Mitunternehmerin entfällt, unter, wenn der Kommanditanteil von der Kapitalgesellschaft als Mitunternehmerin im Wege der Abspaltung in vollem Umfang auf eine andere Kapitalgesellschaft übertragen wird.[1]

Der gewerbesteuerliche Verlustvortrag bleibt auch **nicht aufgrund** der speziellen Norm zur Gewerbesteuer bei Vermögensübergang auf eine Körperschaft (**§ 19 UmwStG**) erhalten, denn diese regelt nur die Ermittlung des Gewerbeertrags der beteiligten Körperschaften und den Umgang mit den gewerbesteuerlichen Verlustvorträgen, die auf Ebene der übertragenden Körperschaft entstanden sind. Verlustvorträge, die auf die Körperschaft als Mitunternehmerin an einer Personengesellschaft entfallen, zählen nicht dazu.

Ebenso wenig kann – so der BFH – der Verweis in § 10a Satz 10 GewStG auf **§ 8c KStG** und die dort vorgesehene Konzernklausel zum Erhalt des gewerbesteuerlichen Verlustvortrags herangezogen werden.

b) Mittelbarer Gesellschafterwechsel in mehrstöckigen Personengesellschaftsstrukturen

327 Mit Urteil vom 24.4.2014[2] hatte der BFH entschieden, dass eine doppelstöckige Mitunternehmerschaft entsteht, wenn der Betrieb einer Kommanditgesellschaft (Obergesellschaft) in eine atypisch stille Gesellschaft (Untergesellschaft) eingebracht wird. Zur Frage, ob und inwieweit gewerbesteuerliche Fehlbeträge nach § 10a GewStG, die bis zur Begründung der atypisch stillen Beteiligung entstanden sind, auf der Ebene der Untergesellschaft für eine Verrechnung zur Verfügung stehen, stellte der **BFH** auf eine **mittelbare Gesellschafterstellung** der Gesellschafter der Obergesellschaft an der Untergesellschaft ab.

Wie die **obersten Finanzbehörden der Länder** mit gleichlautendem Erlass vom 11.8.2021[3] bekannt gaben, wird dieser **Durchgriff** durch die Obergesellschaft auf deren Gesellschafter von der Finanzverwaltung über den entschiedenen Einzelfall hinaus **nicht angewendet**. Damit wird uneingeschränkt an der bisherigen Verwaltungsauffassung (R 10a.3 Abs. 3 Satz 1 GewStR 2009) festgehalten, wonach es für die Beurteilung des Vorliegens der Unternehmeridentität immer und ausschließlich auf eine unmittelbare Gesellschafterstellung ankommt.

Bei der **Beteiligung einer Obergesellschaft an einer Untergesellschaft** sind somit nicht die Gesellschafter der Obergesellschaft, sondern ist die **Obergesellschaft Gesellschafterin** und damit **Träger des Gewerbeverlusts** nach § 10a GewStG der Untergesellschaft. Folglich hat ein Wechsel im Gesellschafterbestand der Obergesellschaft keinen Einfluss auf Fehlbeträge bei der Untergesellschaft, da dort die Unternehmeridentität unberührt bleibt.

VI. Umwandlungssteuer

1. Steuerliche Rückwirkung bei Umwandlungen

a) Rückwirkungszeitraum

328 Nachdem durch eine entsprechende Änderung des § 17 Abs. 2 Satz 4 UmwG durch das sog. COVID-19-Gesetz[4] bereits für 2020 geregelt wurde, dass einer Umwandlung eine Schlussbilanz zugrunde gelegt werden kann, die auf einen **höchstens zwölf Monate**

---

1) BFH v. 12.11.2020, IV R 29/18, BStBl II 2021, 722. Vgl. Schießl, jurisPR-SteuerR 15/2021 Anm. 6.
2) BFH v. 24.4.2014, IV R 34/10, BStBl II 2017, 233.
3) Oberste Finanzbehörden der Länder v. 11.8.2021, DStR 2021, 1951.
4) Gesetz v. 27.3.2020, BGBl. I 2020, 569.

vor der Anmeldung der Umwandlung liegenden Stichtag aufgestellt wurde, erfolgte mit der Verordnung zur Verlängerung der Maßnahmen im Gesellschafts-, Genossenschafts-, Vereins- und Stiftungsrecht zur Bekämpfung der Auswirkungen der COVID-19-Pandemie (GesRGenRCOVMVV)[1] eine entsprechende Verlängerung der Anwendung in 2021.

Sofern das Umwandlungssteuerrecht auf Umwandlungen im Sinne des UmwG angewendet wird, kommt dieser verlängerte Rückwirkungszeitraum **in 2020 und 2021** auch für steuerliche Zwecke zur Anwendung.

Die mit dem Corona-Steuerhilfegesetz[2] eingeführte Regelung nach § 27 Abs. 15 UmwStG, wonach für Formwechsel in eine Personengesellschaft und Einbringungen, die nicht auf Umwandlungen i.S.d. UmwG beruhen, parallel dazu in 2020 ebenso eine verlängerte steuerliche Rückwirkungsfrist von zwölf Monate gilt, wurde mit der Verordnung zu § 27 Abs. 15 UmwStG[3] ebenso auf 2021 ausgedehnt.

b) Verlustnutzungsbeschränkung beim Einbringenden im Rückwirkungszeitraum

Das FG Berlin-Brandenburg hatte in einem Streitfall zu entscheiden, in dem es um **329** die Verlustnutzungsbeschränkung nach § 2 Abs. 4 Satz 3 UmwStG ging. Nach dieser Regelung dürfen positive Einkünfte des übertragenden Rechtsträgers innerhalb des Rückwirkungszeitraums einer Einbringung nicht mit negativen Einkünften des übernehmenden Rechtsträgers ausgeglichen werden.

Im konkreten Fall erklärte ein Einzelkaufmann mit notarieller Urkunde vom 13.7.2017 die Umwandlung seines Einzelunternehmens im Wege der Ausgliederung zur Neugründung in eine neu zu gründende GmbH. Als Umwandlungsstichtag war der 1.1.2017 bestimmt. Die GmbH wurde am 21.8.2017 in das Handelsregister eingetragen und die Firma des eingetragenen Kaufmanns gelöscht.

In Anwendung des § 2 Abs. 4 Satz 3 UmwStG sieht es das FG Berlin-Brandenburg laut Urteil vom 22.10.2020[4] als Rechtens an, dass die positiven Einkünfte bis zum Tag der Eintragung der GmbH dem übertragenen Einzelunternehmen zuzurechnen und daher von der GmbH ohne die Möglichkeit der Verrechnung mit auf Ebene der GmbH im Rückwirkungszeitraum erwirtschafteten Verlusten zu versteuern sind. Der Verlust der GmbH ist lediglich als Verlustvortrag festzustellen und kann im Folgejahr mit Gewinnen verrechnet werden. Eine **teleologische Reduktion** der Regelung dahingehend, dass diese **nur in Missbrauchsfällen** anzuwenden wäre, **lehnt das Gericht ab**.

Anmerkung:

Zudem stellt das FG Berlin-Brandenburg klar, dass die Verlustnutzungsbeschränkung nur für die Einkommen- und Körperschaftsteuer gilt. Für die Gewerbesteuer sei sie hingegen nicht anwendbar.

c) Einschränkung der Nutzung von Verlusten aus Finanzinstrumenten oder Anteilen

Im Hinblick auf die steuerliche Rückwirkung bei Umwandlungsvorgängen werden mit **330** ergänzenden Regelungen durch das Abzugsteuerentlastungsmodernisierungsgesetz (AbzStEntModG)[5] Gestaltungen vermieden, bei welchen der übernehmende Rechtsträger im steuerlichen Rückwirkungszeitraum geschaffenes Verlustpotenzial (noch nicht realisierte stille Lasten) zur Verrechnung mit positiven Einkünften nach einer Umwandlung nutzen kann. Dazu können Wertverluste von Finanzinstrumenten oder

---

[1] Verordnung v. 28.10.2020, BGBl. I 2020, 2258.
[2] Gesetz v. 19.6.2020, BGBl. I 2020, 1385 = BStBl I 2020, 563.
[3] Verordnung v. 18.12.2020, BGBl. I 2020, 3042 = BStBl I 2021, 123.
[4] FG Berlin-Brandenburg v. 22.10.2020, 10 K 10192/19, EFG 2021, 507 mit Anm. Weinschütz; Revision beim BFH anhängig unter I R 48/20.
[5] Gesetz v. 2.6.2021, BGBl. I 2021, 1259 = BStBl I 2021, 789.

Anteilen an Körperschaften, die dem übernehmenden Rechtsträger aufgrund der steuerlichen Rückwirkung zugerechnet werden, grundsätzlich nicht mit Gewinnen des übernehmenden Rechtsträgers verrechnet werden (§ 2 Abs. 5 Satz 1 UmwStG).

Die **Regelung greift nicht, soweit** die Finanzinstrumente oder Anteile an einer Körperschaft ohne die steuerliche Rückwirkung beim übertragenden Rechtsträger in der steuerlichen Schlussbilanz mit einem anderen als dem gemeinen Wert hätten angesetzt werden können (z.B. wenn trotz Vorhandenseins von Wirtschaftsgütern mit stillen Lasten der gemeine Wert der Sachgesamtheit den Buchwert nicht unterschreitet) oder der Steuerpflichtige nachweist, dass die Verrechnung negativer Einkünfte kein Haupt- oder Nebenzweck der Umwandlungsvorgangs war (§ 2 Abs. 5 Sätze 5 und 6 UmwStG).

> **Beratungshinweis:**
>
> Die Änderungen gelten für Umwandlungen und Einbringungen, bei denen die Handelsregistereintragung bzw. bei Einbringungen der Übergang des wirtschaftlichen Eigentums **nach dem 20.11.2020** (Tag der Veröffentlichung des Referentenentwurfs des Abzugsteuerentlastungsmodernierungsgesetzes – AbzStEntModG) erfolgt. Sie sind aber auch auf früher verwirklichte, **noch offene Fälle** anzuwenden, wenn die äußeren Umstände darauf schließen lassen, dass die Verrechnung übergehender stiller Lasten wesentlicher Zweck der Umwandlung oder Einbringung war und der Steuerpflichtige dies nicht widerlegen kann (§ 27 Abs. 16 UmwStG).

2. Finanzielle Eingliederung bei unterjährigem Umwandlungsvorgang

331 Bislang ist umstritten, ob bei Verschmelzung oder auch bei Anteilstausch des Organträgers die für das Vorliegen einer ertragsteuerlichen Organschaft erforderliche finanzielle Eingliederung dem neuen Organträger auch dann zuzurechnen ist, wenn der Verschmelzungsstichtag nicht auf den Beginn des Wirtschaftsjahres der Organgesellschaft fällt.

Das **Hessische FG** entschied mit Urteil vom 14.5.2020[1], dass die finanzielle Eingliederung bei Verschmelzung des bisherigen Organträgers auf dessen Muttergesellschaft als neuen Organträger auch dann besteht, wenn der Übertragungsstichtag vom Beginn des Wirtschaftsjahres der Organgesellschaft abweicht. Damit wenden sich die Finanzrichter **gegen die Auffassung der Finanzverwaltung**[2], die eine Beteiligung des übernehmenden Rechtsträgers bereits zu Beginn des Wirtschaftsjahrs der Organgesellschaft verlangt.

Das Hessische FG bestätigt in seiner Entscheidung die im Schrifttum verbreitete Auffassung, wonach es ausreicht, wenn eine **Mehrheitsbeteiligung nacheinander auf zwei Organträger verteilt** ist, weil insoweit das Halten der Beteiligung des ersten Organträgers dem zweiten Organträger im Rahmen der Gesamtrechtsnachfolge zugerechnet wird.

> **Anmerkung:**
>
> Allerdings ordnet das Hessische FG für den Fall eines nicht mit dem Beginn des Wirtschaftsjahres der Organgesellschaft identischen Übertragungsstichtags eine Aufteilung des von der Organgesellschaft erzielten Einkommens auf den alten und neuen Organträger an.

Zu einem ähnlichen Ergebnis kommt das **FG Düsseldorf**. Mit Urteil vom 29.9.2020[3] entschied es, dass eine Organschaft zwischen übernehmender und erworbener Gesell-

---

1) Hessische FG v. 14.5.2020, 4 K 412/19, EFG 2020, 1344 mit Anm. Loewens; Revision anhängig unter I R 21/20.
2) BMF v. 11.11.2011, IV C 2 - S 1978-b/08/10001, BStBl I 2011, 1314, UmwStE 2011 Randnr. Org. 02, Satz 2.
3) FG Düsseldorf, 6 K 2704/17 K, EFG 2020, 1782 mit Anm. Falk; Revision anhängig unter I R 40/20. Vgl. hierzu Kersten, eNews Steuern, 43/2020 v. 26.10.2020.

schaft ab dem Beginn des laufenden Wirtschaftsjahrs der Organgesellschaft möglich ist, wenn die Organgesellschaft seit Wirtschaftsjahresanfang zuerst in den übertragenden und anschließend in den übernehmenden Rechtsträger finanziell eingegliedert war.

Beratungshinweis:

Die **Finanzverwaltung** vertritt bislang eine andere Auffassung. Demnach kann eine Organschaft bei unterjähriger Einbringung **nur im Folgejahr** begründet werden.[1] Laut FG Düsseldorf ist diese Annahme nicht mit der BFH-Rechtsprechung[2] zur erstmaligen Begründung einer Organschaft nach einer Ausgliederung vereinbar. Es komme für die finanzielle Eingliederung nicht auf die (bei Anteilstausch nicht mehr vorgesehene) steuerliche Rückwirkung an, sondern auf die umwandlungssteuerrechtliche Rechtsnachfolge der übernehmenden Körperschaft in die Position der übertragenden Körperschaft.

Dem stimmt auch das **FG Rheinland-Pfalz** mit Urteil vom 19.8.2020[3] zu. Bei einer (rückwirkenden) Verschmelzung des bisherigen Organträgers auf einen unterjährigen Übertragungsstichtag auf den neuen Organträger komme die sog. **Fußstapfentheorie** zum Tragen, so dass die finanzielle Eingliederung und somit die (fortbestehende) Organschaft zu bejahen sei.

3. Einbringungsgewinn II nach Formwechsel innerhalb der Sperrfrist

Der Formwechsel einer Kapitalgesellschaft in eine Personengesellschaft innerhalb der siebenjährigen Sperrfrist nach einem qualifizierten Anteilstausch löst einen Einbringungsgewinn II aus. **332**

Konkret wurde im Streitfall im Wege eines qualifizierten Anteilstauschs der Anteil an einer Kapitalgesellschaft zu Zwischenwerten in eine GmbH eingebracht. Im Folgejahr wurde die GmbH zu Buchwerten formwechselnd in eine OHG umgewandelt.

Laut Urteil des BFH vom 18.11.2020[4] stellt der Formwechsel eine Veräußerung des eingebrachten Anteils durch die GmbH i.S.d. § 22 Abs. 2 Satz 1 UmwStG dar. Damit geht der BFH von einer Verletzung der siebenjährigen Sperrfrist aus, was die rückwirkende Versteuerung des sog. Einbringungsgewinns II, also des Gewinns aus der Veräußerung des eingebrachten Anteils im Einbringungszeitpunkt, auslöst.

Der hier verwendete Veräußerungsbegriff umfasse **tauschähnliche Vorgänge**, worunter laut BFH auch ein Formwechsel falle. Denn das Vermögen der GmbH gehe dadurch mittelbar auf deren Gesellschafter über, die als „Gegenleistung" ihre bisherige Beteiligung an der GmbH verlören. Eine **teleologische Reduktion** der Norm **lehnt der BFH im Streitfall ab**, da es im Zuge des Formwechsels zu einem Transfer stiller Reserven zwischen den Gesellschaftern komme.

4. Kein Gestaltungsmissbrauch bei Verschmelzung einer Gewinn- auf eine Verlustgesellschaft

Der BFH sieht keinen Gestaltungsmissbrauch darin, wenn eine Gewinngesellschaft auf eine Verlustgesellschaft verschmolzen wird und somit die Verluste der ursprünglichen Gesellschaft nun mit Gewinnen der übertragenen Gesellschaft, insb. im steuerlichen Rückwirkungszeitraum, ausgeglichen werden können.[5] **333**

Zumindest nach der Rechtslage des Jahres 2008 sei selbst dann kein Gestaltungsmissbrauch nach § 42 AO gegeben, wenn die Gewinngesellschaft ihre Gewinne im Rück-

---

1) BMF v. 11.11.2011, IV C 2 - S 1978-b/08/10001, BStBl I 2011, 1314, UmwStE 2011 Randnr. Org. 15.
2) BFH v. 28.7.2010, I R 89/09, BStBl II 2011, 528 und I R 111/09, BFH/NV 2011, 67.
3) FG Rheinland-Pfalz v. 19.8.2020, 1 K 1585/15, EFG 2021, 149 mit Anm. Diehl, Revision anhängig unter I R 45/20.
4) BFH v. 18.11.2020, I R 25/18, BStBl II 2021, 732 = HFR 2021, 818 mit Anm. Pfirrmann; ebenso BFH v. 18.11.2020, I R 24/18, DStRE 2021, 929. Vgl. hierzu Schiffers, DStZ 2021, 594.
5) BFH v. 17.11.2020, I R 2/18, BStBl II 2021, 580 = HFR 2021, 744 mit Anm. Pfirrmann. Vgl. hierzu Bodden, BeSt 2021, 37, Schiffers, DStZ 2021, 595, Feldgen, eNews Steuern, 22/2021 v. 7.6.2021.

wirkungszeitraum der Verschmelzung an ihre bisherige Muttergesellschaft ausge-schüttet hat.

> **Beratungshinweis:**
>
> Zur Anwendung der allgemeinen Missbrauchsvorschrift des § 42 AO führt der BFH aus, dass einzel-steuergesetzliche Missbrauchsvermeidungsnormen keine „Abschirmwirkung" haben und somit § 42 AO weiterhin anwendbar bleibt, dabei aber die Wertungen der spezielleren Normen zu berücksichtigen sind.
>
> § 2 Abs. 4 Satz 3 UmwStG, der auf **Vorgänge nach dem 6.6.2013** anzuwenden ist, schließt allerdings den Ausgleich oder die Verrechnung von positiven Einkünften des übertragenden Rechtsträgers im Rückwirkungszeitraum mit verrechenbaren Verlusten oder Verlustvorträgen des übernehmenden Rechtsträgers aus, so dass das Urteil **nur für Altfälle** von Interesse ist.

VII. Forschungszulage

1. EU/EWR-Geschäftsleitungssitz als Voraussetzung der Begünstigung von Auftragsforschung

334 Das BMF ging mit Schreiben vom 11.11.2021[1] umfassend auf die Regelungen zum Forschungszulagengesetz ein. Zudem wurden bereits gesetzliche Modifikationen vor-genommen. Konkret wurden mit dem Grundsteuerreform-Umsetzungsgesetz (GrStRe-fUG)[2] die Voraussetzungen der Begünstigung von Auftragsforschung durch das For-schungszulagengesetz rückwirkend zum 1.1.2020 (Art. 7 Abs. 3 GrStRefUG) modifi-ziert. Nach § 2 Abs. 5 FZulG kommt im Falle der Auftragsforschung, die nur bei Auftragsvergabe an EU-/EWR-Unternehmen durch die Forschungszulage unterstützt wird, nicht mehr auf den Gesellschaftssitz, sondern auf den Geschäftsleitungssitz des Auftragsnehmers innerhalb der EU bzw. des EWR an.

Dadurch soll eine missbräuchliche Inanspruchnahme durch Verlagerung des Verwal-tungssitzes des Auftragnehmers vermieden werden.

2. Begriff des „verbundenen Unternehmens"

335 Die maximale Bemessungsgrundlage für die Ermittlung der Forschungszulage von aktuell 4 Mio. Euro gilt für verbundene Unternehmen insgesamt. Mit dem Grundsteu-erreform-Umsetzungsgesetz (GrStRefUG)[3] wurde rückwirkend zum 1.1.2020 die Definition für verbundene Unternehmen, die sich bislang an § 15 AktG orientierte, geändert. Ein Verbund liegt laut § 3 Abs. 6 Satz 3 FZulG vor, wenn ein Unternehmen **auf ein anderes Unternehmen einen beherrschenden Einfluss** i.S.d. § 290 Abs. 2 bis 4 HGB **ausübt**. Es kommt aber nicht darauf an, ob ein Konzernabschluss aufzustellen ist oder eine Befreiung greift.

> **Anmerkung:**
>
> Hintergrund der Änderung ist, dass nach der aktuell weit gefassten Definition des § 15 AktG auch Beteiligungsgesellschaften von Private-Equity Fonds als Verbund anzusehen sind, auch wenn es keine inhaltlichen Überschneidungen oder Berührungspunkte zwischen den Gesellschaften gibt. Dieses Problem besteht auch bei Privatinvestoren, die in Start-ups engagiert sind.

Die Beziehungen zu verbundenen Unternehmen sind jeweils **am Ende des Wirtschafts-jahrs**, für das die Forschungszulage beantragt wird, **zu prüfen** (§ 3 Abs. 6 Satz 1 FZulG). Zu diesem Stichtag erfolgt auch die Aufteilung der Bemessungsgrundlage auf die Ver-bundunternehmen.

---

1) BMF v. 11.11.2021, IV C 3 – S 2020/20/10029 :007, BStBl I 2021, 2277.
2) Gesetz v. 16.7.2021, BGBl. I 2021, 2931 = BStBl I 2021, 1451.
3) Gesetz v. 16.7.2021, BGBl. I 2021, 2931 = BStBl I 2021, 1451.

Für die Begrenzung der Bemessungsgrundlage auf (aktuell) 4 Mio. Euro kommt es – auch bei abweichendem Wirtschaftsjahr einzelner verbundener Unternehmen – auf die für das jeweilige Kalenderjahr geltende Regelung an (§ 3 Abs. 6 Satz 2 FZulG).

3. Aufteilung der Bemessungsgrundlage im Verbund

Nach § 5 Abs. 2 Satz 2 FZulG haben verbundene Unternehmen im Antrag auf For- **336** schungszulage anzugeben, wie die Aufteilung der förderfähigen Bemessungsgrundlage zu erfolgen hat.

Mit dem Grundsteuerreform-Umsetzungsgesetz (GrStRefUG)[1] wurde rückwirkend zum 1.1.2020 in § 3 Abs. 6 Satz 4 FZulG aufgenommen, dass die **Änderung eines Bescheids** über die festgesetzte Forschungszulage auch nach Bestandskraft **noch möglich** ist, wenn bei einem anderen Unternehmen desselben Verbunds ein Festsetzungsbescheid über die Forschungszulage geändert wird und insofern der Höchstbetrag für den Verbund nicht mehr ausgeschöpft wird. In diesen Fällen können von dem Verbundunternehmen, das die Änderung begehrt, weitere förderfähige Aufwendungen geltend gemacht werden.

4. Gesondertes Feststellungsverfahren

Der Antragsberechtigte muss den Antrag auf Forschungszulage bei seinem Wohnsitz- **337** finanzamt stellen. In den Fällen des § 180 Abs. 1 Satz 1 Nr. 2 Buchst. b AO ist allerdings ein anderes Finanzamt für die Feststellung der Einkünfte des Betriebs zuständig, sodass dem Wohnsitzfinanzamt Informationen zu förderfähigen Aufwendungen fehlen. Rückwirkend zum 1.1.2020 wurde mit dem Grundsteuerreform-Umsetzungsgesetz (GrStRefUG)[2] daher ein **neues Feststellungsverfahren für die förderfähigen Aufwendungen eines Betriebes** eingeführt. Dieses greift ein, wenn sich der Betrieb in dem Zuständigkeitsbereich eines vom Feststellungsfinanzamt abweichenden Finanzamtes befindet (§ 5 Abs. 4 FZulG). Der Antrag auf Forschungszulage ist aber weiterhin unverändert bei dem für die Einkommensbesteuerung zuständigen Finanzamt zu stellen sein (§ 5 Abs. 1 Satz 2 FZulG).

VIII. Sonstige Themen der Unternehmensbesteuerung

1. Nochmalige Erweiterung des steuerlichen Verlustrücktrags

a) Verdoppelung der Höchstbetragsgrenzen

Nachdem bereits mit dem Zweiten Corona-Steuerhilfegesetz[3] der Höchstbetrag für **338** den steuerlichen Verlustrücktrag gemäß § 10d Abs. 1 Satz 1 EStG für Verluste der VZ 2020 und 2021 von 1 Mio. Euro auf 5 Mio. Euro (bzw. auf 10 Mio. Euro bei Zusammenveranlagung) angehoben wurden,[4] wurden der Höchstbetrag mit dem Dritten Corona-Steuerhilfegesetz[5] nochmals verdoppelt. Somit gilt für **Verluste der VZ 2020 und 2021** ein Höchstbetrag von **10 Mio. Euro** bei Einzelveranlagung und von **20 Mio. Euro** bei Zusammenveranlagung.

> **Anmerkung:**
>
> Für Verluste ab dem VZ 2022 gilt wiederum der frühere Höchstbetrag von 1 Mio. Euro (bzw. 2 Mio. Euro bei Zusammenveranlagung).

---

1) Gesetz v. 16.7.2021, BGBl. I 2021, 2931 = BStBl I 2021, 1451.
2) Gesetz v. 16.7.2021, BGBl. I 2021, 2931 = BStBl I 2021, 1451.
3) Gesetz v. 29.6.2020, BGBl. I 2020, 1512 = BStBl I 2020, 563.
4) Vgl. Ebner Stolz / BDI, Steuer- und Wirtschaftsrecht 2021, Rz. 313.
5) Gesetz v. 10.3.2021, BGBl. I 2021, 330 = BStBl I 2021, 335.

b) Vorläufiger Verlustrücktrag für 2021

339 Mit dem Zweiten Corona-Steuerhilfegesetz[1] wurde die Möglichkeit geschaffen, bei der **Veranlagung 2019** bereits **vorläufig** einen **Verlustrücktrag für 2020** im Rahmen der neuen Höchstbetragsgrenze zu berücksichtigen.[2] Infolge der Anhebung des Höchstbetrags durch das Dritte Corona-Steuerhilfegesetz[3] gilt auch hier ein Höchstbetrag von 10 Mio. Euro (bzw. 20 Mio. Euro bei Zusammenveranlagung).

Zudem wurde die Möglichkeit der Berücksichtigung eines vorläufigen Verlustvortrags im Rahmen der Höchstbetragsgrenze auch bei der **Veranlagung 2020** geschaffen, bei der ein entsprechender **vorläufiger Verlustrücktrag für 2021** berücksichtigt werden kann.

> **Anmerkung:**
>
> Der vorläufige Verlustvortrag kann pauschal in Höhe von 30 % des Gesamtbetrags der Einkünfte des VZ 2019 bzw. VZ 2020 (ohne Einkünfte aus nichtselbständiger Arbeit) bzw. in nachgewiesener Höhe berücksichtigt werden.

2. Steuerliche Maßnahmen in der Corona-Pandemie

340 Mit Schreiben vom 19.3.2020[4] gab das BMF steuerliche Maßnahmen zur Entlastung von Steuerpflichtigen in der Corona-Pandemie bekannt. Diese Maßnahmen wurden zunächst mit Schreiben vom 22.12.2020[5], dann mit Schreiben vom 18.3.2021[6] und zuletzt mit Schreiben vom 7.12.2021[7] verlängert.[8]

Von der Corona-Pandemie nachweislich unmittelbar und nicht unerheblich negativ wirtschaftlich betroffene Steuerpflichtige können **bis 31.1.2022 Anträge auf Stundung** der bis zum 31.1.2022 fälligen Steuern im vereinfachten Verfahren stellen. Die Stundungen sind längstens bis 31.3.2022 zu gewähren. Darüberhinausgehende Anschlussstundungen können mit einer angemessenen, längstens bis 30.6.2022 dauernden Ratenzahlungsvereinbarung gewährt werden. Auf die Erhebung von Stundungszinsen kann verzichtet werden.

Weiter ist vorgesehen, im vereinfachten Verfahren einen **Vollstreckungsaufschub bis 31.3.2022** zu gewähren, wenn das Finanzamt bis 31.1.2022 durch Mitteilung des Vollstreckungsschuldners über die Corona-Betroffenheit in Kenntnis gesetzt wird.

Schließlich kann **bis 30.6.2022 ein Antrag auf Anpassung der Einkommen- und Körperschaftsteuervorauszahlungen 2021 und 2022** gestellt werden, in denen die unmittelbare und nicht unerhebliche negative wirtschaftliche Betroffenheit nachzuweisen ist, jedoch kein wertmäßiger Nachweis eines entstandenen Schadens gefordert wird. Die Obersten Finanzbehörden der Länder wiesen mit gleich lautenden Erlassen vom 9.12.2021[9] darauf hin, dass in entsprechenden Fällen auch eine Herabsetzung des Gewerbesteuermessbetrags für Zwecke der Festsetzung von **Gewerbesteuer-Vorauszahlungen für 2021 und 2022 bis 30.6.2022** beantragt werden kann. Etwaige Anträge wegen Stundung der Gewerbesteuer sind grundsätzlich an die Gemeinden zu richten.

---

1) Gesetz v. 29.6.2020, BGBl. I 2020, 1512 = BStBl I 2020, 563.
2) Vgl. Ebner Stolz / BDI, Steuer- und Wirtschaftsrecht 2021, Rz. 315.
3) Gesetz v. 10.3.2021, BGBl. I 2021, 330 = BStBl I 2021, 335.
4) BMF v. 19.3.2020, IV A 3 - S 0337/19/10007 :002, BStBl I 2020, 262.
5) BMF v. 22.12.2020, IV A 3 - S 0336/20/10001 :025, BStBl I 2021, 45.
6) BMF v. 18.3.2021, IV A 3 - S 0336/20/10001 :037, BStBl I 2021, 337.
7) BMF v. 7.12.2021, IV A 3 - S 0336/20/10001 :045, BStBl I 2021, 2228.
8) Zu den steuerlichen Maßnahmen in der Corona-Pandemie vgl. auch Strecker, kösdi 2021, 22367.
9) Oberste Finanzbehörden der Länder v. 9.12.2021, BStBl I 2021, 2478, und zuvor v. 25.1.2021, BStBl I 2021, 151.

Beratungshinweis:

Ungeachtet der Betroffenheit durch die Corona-Pandemie kann das Finanzamt die **Einkommen-steuer-Vorauszahlungen** grundsätzlich bis zum Ablauf des 15. Kalendermonats nach Ablauf des Veranlagungszeitraums anpassen, wenn mit einer abweichenden Steuerlast zu rechnen ist (§ 37 Abs. 3 Satz 3 EStG). Mit dem ATAD-Umsetzungsgesetz (ATADUmsG)[1] wurde die Änderungsfrist für den Veranlagungszeitraum **2019 bis zum Ablauf des 21. Kalendermonats** und für den Veranlagungszeitraum **2020 bis zum Ablauf des 18. Kalendermonats** verlängert (§ 52 Abs. 35d EStG; → Rz. 346).

Zudem konnten auch in 2021 die bereits für 2020 vorgesehenen Erleichterungen bei der **steuerlichen Berücksichtigung von Hilfeleistungen** zur Bewältigung der Corona-Pandemie genutzt werden. Mit Schreiben vom 18.12.2020[2] sah das BMF vor, dass die mit Schreiben vom 9.4.2020[3] vorgesehenen Regelungen u.a. zu Spenden und Zuwendungen aus dem Betriebsvermögen sowie zu Spendenaktionen und Unterstützungsmaßnahmen steuerbegünstigter Körperschaften auf alle Maßnahmen erweitert werden, die bis 31.12.2021 durchgeführt wurden.

Zuletzt verlängerte das BMF mit Schreiben vom 15.12.2021[4] die Anwendung dieser Regelungen nochmals auf alle Maßnahmen, die **bis 31.12.2022** durchgeführt werden, so dass die steuerlichen Erleichterungen auch in 2022 greifen.

Verlängert wurden zudem die **umsatzsteuerlichen Billigkeitsregelungen** im Zusammenhang mit der Corona-Pandemie. So wird u. a. auf die Umsatzbesteuerung einer unentgeltlichen Wertabgabe im Billigkeitswege **bis zum 31.12.2022** verzichtet, wenn Unternehmen medizinischen Bedarf oder Personal unentgeltlich für medizinische Zwecke bereitstellen, die z.B. in Krankhäusern oder anderen öffentlichen Institutionen zur Krisenbewältigung eingesetzt werden.[5]

3. Steuererleichterungen für Hochwassergeschädigte und Helfer

Angesichts der Schäden und der Hilfsbedürftigkeit von Betroffenen der Hochwasserkatastrophe im Juli 2021 haben sich Bund und Länder neben Soforthilfen auf steuerliche Erleichterungen verständigt. Die von der Flutkatastrophe betroffenen Bundesländer, **Bayern, Nordrhein-Westfalen, Rheinland-Pfalz und Sachsen**, haben in dazu veröffentlichten Erlassen zahlreiche Billigkeitsmaßnahmen aufgeführt.[6]

341

So konnten u.a. durch das Hochwasser unmittelbar und erheblich Geschädigte bis 31.10.2021 einen **Antrag auf Steuerstundungen** bis 31.1.2022 stellen. Betroffene Unternehmen können **Sonderabschreibungen** beim Wiederaufbau von Betriebsgebäuden oder der Ersatzbeschaffung von beweglichen Anlagegütern geltend machen.

Bei **Spenden** zugunsten der Betroffenen bis 31.10.2021 ist lediglich der vereinfachte Spendennachweis erforderlich. Das BMF weist zudem in seinem Schreiben vom 23.7.2021[7] darauf hin, dass Helfende für zahlreiche Zuwendungen aus dem Betriebsvermögen den Betriebsausgabenabzug erhalten. Mit Schreiben vom 28.10.2021[8] wurde die Anwendung der Maßnahmen bis 31.12.2021 verlängert. Auch umsatzsteuerlich galten bis 31.12.2021 Billigkeitsregelungen für Unterstützungsleistungen zugunsten von Flutopfern.

---

1) Gesetz v. 25.6.2021, BGBl. I 2021, 2035 = BStBl I 2021, 874.
2) BMF v. 18.12.2020, IV C 4 - S 2223/19/10003 :006, BStBl I 2021, 57.
3) BMF v. 9.4.2020, IV C 4 - S 2223/19/10003 :003, BStBl I 2020, 498.
4) BMF v. 15.12.2021, IV C 4 - S 2223/19/10003 :006.
5) BMF v. 14.12.2021, III C 2 - S 7030/20/10004 :004, DStR 2021, 2979.
6) FinMin Bayern v. 26.7.2021, 37 - S 1915 - 14; FinMin Nordrhein-Westfalen v. 16.7.2021, S 1915 - 6748 - V A 3, DStR 2021, 1762; FinMin Rheinland-Pfalz v. 26.7.2021, S 1915#2018/0001–0401 447; FinMin Sachsen v. 27.7.2021, 31 S 1915/1/303 - 2021/51320. Vgl. hierzu Mirbach, DStZ 2021, 838.
7) BMF v. 23.7.2021, III C 2 - S 7030/21/10008 :001, BStBl I 2021, 1024. Vgl. hierzu Kraeusel, UVR 2021, 262, Köster, DStZ 2021, 687.
8) BMF v. 28.10.2021, III C 2 - S 7030/21/10008 :001, BStBl I 2021, 2141.

4. Solidaritätszuschlag

a) Teilweise Rückführung des Solidaritätszuschlags

342 Der Solidaritätszuschlag wurde mit Wirkung ab 2021 zu Gunsten **niedrigerer und mittlerer Einkommen** zurückgeführt. Mit dem Gesetz zur teilweisen Rückführung des Solidaritätszuschlags[1] wurde dazu die Freigrenze erheblich angehoben. **Bis zu einem Einkommensteuerbetrag von 16.956 Euro** bei Einzelveranlagung (statt bislang 972 Euro) bzw. 33.912 Euro bei Zusammenveranlagung (statt 1.944 Euro) wird kein Solidaritätszuschlag mehr erhoben (§ 3 Abs. 3 SolZG). Entsprechend wurden die Beiträge für das Lohnsteuerabzugsverfahren in § 3 Abs. 4 SolZG angepasst.

Übersteigen die Einkommensteuerbeträge die vorgenannte Freigrenze, führt die **Deckelung des Solidaritätszuschlags** nach § 4 SolZG darüber hinaus zu einer Entlastung, die mit steigendem Einkommensteuerbetrag abnimmt bzw. wegfällt. Dabei wurde der Unterschiedsbetrag von bislang 20 % auf 11,9 % reduziert.

> **Beratungshinweis:**
>
> Einkommensteuerpflichtige mit **höheren Einkommen** werden hingegen weiterhin mit Solidaritätszuschlag belastet. Ebenso haben **Körperschaftsteuerpflichtige** unverändert den Solidaritätszuschlag zu entrichten.

b) Zweifel an der Verfassungsmäßigkeit ab 2020

343 Beim BVerfG ist derzeit eine **Verfassungsbeschwerde** anhängig[2], mit der sich Bundestagsabgeordnete gegen die Fortführung des Solidaritätszuschlagsgesetzes, zuletzt geändert durch Art. 1 des Gesetzes zur teilweisen Rückführung des Solidaritätszuschlags[3], wenden.

Zudem wurde gegen das Urteil des FG Nürnberg[4] **Revision beim BFH** eingelegt. Das FG Nürnberg vertritt in seiner Entscheidung allerdings die Auffassung, der Solidaritätszuschlag als Ergänzungsabgabe zur Einkommensteuer und Körperschaftsteuer sei für VZ ab 2020 verfassungskonform.

> **Beratungshinweis:**
>
> Gegen Festsetzungen des Solidaritätszuschlags für die VZ ab 2020 sollte mit Verweis auf die obigen Verfahren **Einspruch** eingelegt werden. Dies betrifft derzeit insb. Festsetzungen in Zusammenhang mit Quellensteuern für 2020. Bei anderen Festsetzungen (Körperschaftsteuer/Einkommensteuer nach Abgabe von Steuererklärungen) ist mittlerweile regelmäßig bereits ein diesbezüglicher Vorläufigkeitsvermerk im Bescheid enthalten.

c) Solidaritätszuschlag auf die Nachsteuer bei Thesaurierungsbegünstigung

344 Wird die Thesaurierungsbegünstigung in Anspruch genommen und infolge der späteren Entnahme der thesaurierten Gewinne eine Nachsteuer ausgelöst, ist die Nachsteuer Teil der festzusetzenden Einkommensteuer und damit **in die Bemessungsgrundlage für den Solidaritätszuschlag einzubeziehen**. Zu diesem Ergebnis kommt der BFH mit Urteil vom 10.11.2020[5] und bestätigt damit die Auffassung der Finanzverwaltung im Anwendungsschreiben[6] zur Thesaurierungsbesteuerung nach § 34a EStG.

---

1) Gesetz v. 10.12.2019, BGBl. I 2019, 2115 = BStBl I 2020, 15.
2) BVerfG 2 BvR 1505/20.
3) Gesetz v. 10.12.2019, BGBl. I 2019, 2115 = BStBl I 2020, 15.
4) FG Nürnberg v. 29.7.2020, 3 K 1098/19, EFG 2020, 1771 mit Anm. Hennigfeld, Revision anhängig unter IX R 15/20.
5) BFH v. 10.11.2020, IX R 34/18, BStBl II 2021, 455 = HFR 2021, 573 mit Anm. Trossen. Vgl. hierzu Schießl, jurisPR-SteuerR 14/2021 Anm. 3.
6) BMF v. 11.8.2008, IV C 6 - S 2290-a/07/10001, BStBl I 2008, 838, Rz. 27.

Die Einkommensteuer in Höhe von 25 % auf den Nachversteuerungsbetrag, die nach Inanspruchnahme der Thesaurierungsbegünstigung auf Entnahmen fällig wird, ist auch ohne explizite Nennung in § 2 Abs. 6 EStG Teil der festzusetzenden Einkommensteuer und rechnet damit zur Bemessungsgrundlage für den Solidaritätszuschlag.

5. Verlängerung der Steuererklärungsfrist

a) VZ 2019

Für **beratene Steuerpflichtige** wurde die gesetzliche **Erklärungsfrist** für den VZ 2019 **345** durch Art. 2 des Gesetzes zur Verlängerung der Aussetzung der Insolvenzantragspflicht und des Anfechtungsschutzes für pandemiebedingte Stundungen sowie zur Verlängerung der Steuererklärungsfrist in beratenen Fällen und der zinsfreien Karenzzeit[1] um sechs Monate bis zum 31.8.2021 verlängert (Art. 97 § 36 Abs. 1 EGAO). Das BMF geht darauf detailliert in einem Schreiben vom 15.4.2021[2] ein und führt aus, dass eine Fristverlängerung für Steuererklärungen 2019 über den 31.8.2021 hinaus laut BMF-Schreiben nur in besonderen Ausnahmefällen mit der Arbeitsüberlastung des Steuerberaters gerechtfertigt werden kann.

> **Beratungshinweis:**
>
> Bei Erklärungsabgabe nach Fristablauf tritt Erklärungssäumnis ein, die die Festsetzung eines Verspätungszuschlags nach sich zieht. Eine Ermessensentscheidung haben die Finanzämter beim Verspätungszuschlag nur, wenn eine nach § 109 AO verlängerte Frist nicht eingehalten wurde, die Steuer null Euro beträgt bzw. ein negativer Betrag festgesetzt wurde oder die festgesetzte Steuer unter den Vorauszahlungen bleibt.

Zugleich wurde der **Beginn des Zinslaufs um sechs Monate verschoben** und beginnt somit für Steuernachzahlungen oder -erstattungen für 2019 am 1.10.2021 (Art. 97 § 36 Abs. 2 EGAO). Zu dem für den Besteuerungszeitraum 2019 verschobenen Zinslauf ab 1.10.2021 (bzw. bei Einkünften aus Land- und Forstwirtschaft ab dem 1.5.2022) weist das BMF darauf hin, dass dieser sowohl **für Nachzahlungs- als auch für Erstattungszinsen und in beratenen sowie nicht beratenen Fällen** gleichermaßen gilt.[3]

b) VZ 2020

Für Steuererklärungen für den VZ 2020 wurde durch Art. 6 des ATAD-Umsetzungsgesetzes (ATADUmsG) vom 25.6.2021 **in beratenen Fällen** die Erklärungsfrist **vom** **346** **28.2.2022 bis 31.5.2022 verlängert** (Art. 97 § 36 Abs. 3 Nr. 5 EGAO).[4]

> **Beratungshinweis:**
>
> Die erhöhten Anforderungen für Fristverlängerungen in beratenen Fällen nach § 109 Abs. 2 Satz 1 Nr. 1 AO für den Besteuerungszeitraum 2020 kommen damit erst ab dem 31.5.2022 zur Anwendung.

Auch die für **nicht beratene Steuerpflichtige** geltende Erklärungsfrist (§ 149 Abs. 2 AO), die grds. eine Abgabe der Steuererklärungen für den VZ 2020 bis zum 31.7.2021 erforderlich machen würde, wird um drei Monate verlängert, so dass die Abgabe **bis zum 31.10.2021** zu erfolgen hat (Art. 97 § 36 Abs. 3 Nr. 3 EGAO).

Zudem wird für den Besteuerungszeitraum 2020 der **Beginn des Zinslaufs** für die Verzinsung von Steuernachforderungen und Steuererstattungen von 15 Monate auf 18 Monate hinausgeschoben. Somit beginnt der Zinslauf für Steuernachzahlungen oder

---

1) Gesetz v. 15.2.2021, BGBl. I 2021, 237 = BStBl I 2021, 263.
2) BMF v. 15.4.2021, IV A 3 - S 0261/20/10001 :010, BStBl I 2021, 615.
3) BMF v. 15.4.2021, IV A 3 - S 0261/20/10001 :010, BStBl I 2021, 615.
4) Gesetz v. 25.6.2021, BGBl. I 2021, 2035 = BStBl I 2021, 874.

-erstattungen des Besteuerungszeitraums 2020 erst am 1.7.2022 (Art. 97 § 36 Abs. 3 Nr. 10 EGAO).

> **Anmerkung:**
>
> Zudem wurde sowohl für den VZ 2019 als auch für den VZ 2020 die Möglichkeit zur **Anpassung von Einkommensteuervorauszahlungen** mit dem ATAD-Umsetzungsgesetz (ATADUmsG)[1] verlängert. Statt bis zum Ablauf des auf den VZ 2019 folgenden 15. Kalendermonats kann eine Anpassung der Vorauszahlungen **für 2019 bis zum 21. Kalendermonat** erfolgen, d.h. bis zum 30.9.2021. Für den VZ 2020 können Einkommensteuervorauszahlungen **bis zum 18.** (statt 15.) Kalendermonat nach Ablauf des **VZ 2020** angepasst werden, d.h. bis zum 30.6.2022 (§ 52 Abs. 35d EStG).

6. Buchführung

a) Umsatzgrenze für Buchführungspflicht

347 Besteht nicht bereits nach anderen Gesetzen eine Buchführungspflicht, wird diese u.a. durch Überschreiten der Umsatzgrenze nach § 141 Abs. 1 Satz 1 Nr. 1 AO begründet. Diese Umsatzgrenze beträgt zwar unverändert 600.000 Euro im Kalenderjahr, sie wurde jedoch mit dem AbzStEntlModG[2] dahingehend modifiziert, dass hierzu der **Gesamtumsatz i.S.d. § 19 Abs. 3 Satz 1 UStG** heranzuziehen ist.

> **Anmerkung:**
>
> Die Regelung ist am Tag nach der Gesetzesverkündung, somit am 9.6.2021, in Kraft getreten.

b) Verlagerung der elektronischen Buchführung ins Ausland

348 Seit Inkrafttreten des Jahressteuergesetzes 2020[3] zum 29.12.2020 kann die (elektronische) Buchführung unter bestimmten Voraussetzungen ins EU-Ausland verlagert werden, ohne dass dafür ein Antrag beim Finanzamt zu stellen ist.

Bei einer Verlagerung in ein **Drittland** ist hingegen weiterhin eine Bewilligung seitens des Finanzamts erforderlich. Dazu äußert sich das LfSt Bayern mit Schreiben vom 29.1.2021[4] und geht darin auf die **Voraussetzungen** ein, die ein Antrag auf Verlagerung der Buchführung erfüllen muss. Explizit weist es darauf hin, dass die GoBD[5] auch nach der Verlagerung zu erfüllen sind. Eine Verlagerung der Buchführung ins Ausland soll nur bei Steuerpflichtigen bewilligt werden, die in der Vergangenheit **sämtlichen steuerlichen Pflichten nachgekommen** sind. Darüber hinaus darf die **Besteuerung** durch die Verlagerung **nicht beeinträchtigt** werden. Das ist laut LfSt Bayern der Fall, wenn eine lückenlose Prüfung der Gewinnermittlung gleichermaßen möglich ist wie bei Steuerpflichtigen mit DV-gestützter Buchführung im Inland.

> **Beratungshinweis:**
>
> Auch bei der antragslos möglichen Verlagerung ins EU-Ausland muss sichergestellt sein, dass der Datenzugriff u.a. per Datenträgerüberlassung weiterhin vollumfänglich möglich bleibt.

---

1) Gesetz v. 25.6.2021, BGBl. I 2021, 2035 = BStBl I 2021, 874.
2) Gesetz v. 2.6.2021, BGBl. I 2021, 1259 = BStBl I 2021, 789.
3) Gesetz v. 21.12.2020, BGBl. I 2020, 3096 = BStBl I 2021, 6.
4) LfSt Bayern v. 29.1.2021, S 0316.1.1 - 3/7 St 43, DStR 2021, 619.
5) BMF v. 28.11.2019, IV A 4 - S 0316/19/10003 :001, BStBl I 2019, 1269. Vgl. hierzu Schiffers, DStZ 2020, 2.

7. Elektronische und computergestützte Kassensysteme

Mit der Verordnung zur Änderung der Kassensicherungsverordnung vom 30.7.2021[1] **349** werden u.a. weitere Vorgaben gemacht, welche Angaben Belege von elektronischen oder computergestützten Kassensystemen und Registrierkassen enthalten müssen.

Konkret werden mit Wirkung ab 1.1.2024 als **zusätzliche Mindestangaben** der Prüfwert und der fortlaufende Zähler, der vom Sicherheitsmodul festgesetzt wird (Signaturzähler), vorgegeben. Dadurch soll eine Belegverifikation auch außerhalb der Geschäftsräume der Steuerpflichtigen ermöglicht werden, was laut BMF sowohl für die Finanzverwaltung als auch für die Steuerpflichtigen effektiv und ressourcenschonend sein soll.

Weiter müssen ebenso ab 1.1.2024 auch EU-Taxameter und Wegstreckenzähler über eine zertifizierte technische Sicherheitseinrichtung zum Schutz vor unprotokollierten Änderungen und Löschungen der digitalen Grundaufzeichnungen verfügen. Die Anforderungen hieran werden in der Verordnung geregelt.

Bereits mit Wirkung seit **10.8.2021** wurden **Kassen- und Parkscheinautomaten** der Parkraumbewirtschaftung aufgrund der Vergleichbarkeit zu Fahrscheindruckern explizit von dem Anwendungsbereich der Verordnung **ausgenommen**. **Auch Ladepunkte für Elektro- oder Hybridfahrzeuge** zählen nicht zu den elektronischen Aufzeichnungssystemen.

B. Arbeitnehmerbesteuerung

I. Lohnversteuerung

1. Sachbezüge

a) Bewertung von Sachbezügen

Der **BFH** hatte in seinem Urteil[2] entschieden, dass ein Sachbezug nach § 8 Abs. 2 **350** Satz 1 EStG nach den **Kosten des Arbeitgebers** bemessen werden kann, wenn die **Ware oder Dienstleistung nicht an Endverbraucher vertrieben** wird. Mit seinem Schreiben vom 11.2.2021[3] ändert das **BMF** dementsprechend sein Schreiben vom 16.5.2013[4] zum Verhältnis von § 8 Abs. 2 und 3 EStG. Bietet der Arbeitgeber die konkrete Ware nicht vergleichbar am Markt an, kann der Sachbezug in Höhe der Aufwendungen des Arbeitgebers einschließlich der Umsatzsteuer und Nebenkosten angesetzt werden.

> **Beratungshinweis:**
>
> R 8.1 Abs. 2 Satz 3 LStR, wonach die Bewertung zur Vereinfachung mit 96 % des Endpreises erfolgen kann, ist laut BMF in allen offenen Fällen nicht mehr anzuwenden.

b) Geldkarten als Sachbezug

Mit Wirkung seit 1.1.2020 ist in § 8 Abs. 1 Satz 2 EStG explizit geregelt, unter welchen **351** Voraussetzungen Gutscheine und Geldkarten als Sachbezug anzuerkennen sind, auf die die 44 Euro-Freigrenze (ab 1.1.2022: 50 Euro-Freigrenze, → Rz. 136) angewendet werden kann. Demnach werden Gutscheine und Geldkarten dann steuerlich als Sach-

---

1) Verordnung v. 30.7.2021, BGBl. I 2021, 3295 = BStBl I 2021, 1458. Vgl. zur geänderten KassenSichV im Einzelnen bereits Märtens in Gosch, § 146a AO Rz. 1 ff.
2) BFH v. 7.7.2020, VI R 14/18, BStBl II 2021, 232 = HFR 2021, 143 mit Anm. Krüger. Vgl. hierzu Geserich, jurisPR-SteuerR 7/2021 Anm. 2.
3) BMF v. 11.2.2021, IV C 5 - S 2334/19/10024 :003, BStBl I 2021, 311. Vgl. hierzu Feldgen, eNews Steuern, 6/2021 v. 16.2.2021.
4) BMF v. 16.5.2013, IV C 5 - S 2334/07/0011, BStBl I 2013, 729.

bezug anerkannt, wenn sie ausschließlich zum Bezug von Waren und Dienstleistungen berechtigten und die Voraussetzungen des § 2 Abs. 1 Nr. 10 Zahlungsdiensteaufsichtsgesetz (ZAG) erfüllen.

Laut Schreiben des **BMF** vom 13.4.2021[1] können jedoch Gutscheine und Geldkarten, die zwar ausschließlich zum Bezug von Waren und Dienstleistungen berechtigen, **nicht aber die Kriterien des § 2 Abs. 1 Nr. 10 ZAG** erfüllen, **noch bis 31.12.2021** als Sachbezug anerkannt werden.

> **Beratungshinweis:**
>
> Durch die Bezugnahme auf § 2 Abs. 1 Nr. 10 ZAG wird der Umfang des Waren- und Dienstleistungsangebots eingeschränkt, für die die Geldkarten eingesetzt werden können. So dürfen diese künftig nur für den Erwerb von Waren oder Dienstleistungen in den Geschäftsräumen des Ausstellers oder aufgrund von Akzeptanzverträgen innerhalb eines begrenzten Kreises von Akzeptanzstellen im Inland einsetzbar sein. Unschädlich ist auch, wenn die Geldkarten für den Erwerb eines sehr begrenzten Waren- oder Dienstleistungsspektrums eingesetzt werden können. Auf die Anzahl der Akzeptanzstellen und den Bezug im Inland kommt es dabei laut BMF[2] nicht an. Weiterhin als Sachbezug anerkannt werden auch sog. Zweckkarten, die ausschließlich zum Bezug von Waren oder Dienstleistungen für bestimmte soziale oder steuerliche Zwecke im Inland berechtigten, unabhängig von der Anzahl der Akzeptanzstellen.

2. Mitarbeiterbeteiligung

a) Anhebung des steuerfreien Höchstbetrags für Vorteile des Arbeitnehmers

352 Mit dem Fondsstandortgesetz (FoStoG)[3] wurde zur Erhöhung der Attraktivität von Mitarbeiterbeteiligungen der steuerfreie Höchstbetrag für Vorteile des Arbeitnehmers aus der unentgeltlichen oder verbilligten Überlassung von Vermögensbeteiligungen am Unternehmen des Arbeitgebers nach § 3 Nr. 39 EStG von bislang 360 Euro **auf 1.440 Euro angehoben**.

Die Regelung ist zum 1.7.2021 in Kraft getreten und somit im VZ 2021 erstmals zu berücksichtigen.

> **Beratungshinweis:**
>
> Das BMF aktualisiert mit Schreiben vom 16.11.2021[4] seine Anweisungen zur Anwendung des Freibetrags nach § 3 Nr. 39 EStG und weist explizit darauf hin, dass vom Arbeitgeber getragene Depotgebühren nicht als Arbeitslohn zu berücksichtigen sind, wenn sie z.B. durch ein zentral verwaltetes Sammeldepot ausgelöst sind und mit dieser Depotführung der Verwaltungsaufwand reduziert werden soll.

b) Aufgeschobene Besteuerung von Vorteilen des Arbeitnehmers

353 Zur Förderung von Mitarbeiterbeteiligungen an Unternehmen, die die sog. **KMU-Kriterien** der EU-Kommission erfüllen, und deren **Gründung nicht mehr als zwölf Jahre zurückliegt**, wurde ebenso mit dem Fondsstandortgesetz (FoStoG)[5] eine Regelung zur aufgeschobenen Besteuerung von aus der Mitarbeiterbeteiligung resultierenden Vorteilen des Arbeitnehmers aufgenommen (§ 19a EStG). Für Vermögensbeteiligungen an dem Unternehmen des Arbeitgebers, die einem Arbeitnehmer nach dem 30.6.2021 unentgeltlich oder verbilligt übertragen werden, kann mit Zustimmung des Arbeitneh-

---

1) BMF v. 13.4.2021, IV C 5 - S 2334/19/10007 :002, BStBl I 2021, 624. Vgl. hierzu Mader, B+P 2021, 402.
2) BMF v. 13.4.2021, IV C 5 - S 2334/19/10007 :002, BStBl I 2021, 624. Vgl. hierzu Mader, B+P 2021, 402.
3) Gesetz v. 3.6.2021, BGBl. I 2021, 1498 = BStBl I 2021, 803.
4) BMF v. 16.11.2021, IV C 5 - S 2347/21/10001 :006, BStBl I 2021, 2308.
5) Gesetz v. 3.6.2021, BGBl. I 2021, 1498 = BStBl I 2021, 803.

mers zunächst auf die Besteuerung des Vorteils verzichtet werden. Dies ist nur dann möglich, wenn der Vorteil zusätzlich zum ohnehin geschuldeten Arbeitslohn gewährt wurde. Auf diese neue Regelung geht das BMF mit Schreiben vom 16.11.2021 ein.[1]

Die **Besteuerung** des Vorteils wird in diesem Falle erst **nachgeholt, wenn** der Arbeitnehmer die Vermögensbeteiligung überträgt, seit der Übertragung auf den Arbeitnehmer zwölf Jahre vergangen sind oder das Dienstverhältnis zu dem bisherigen Arbeitgeber beendet wird.

Beratungshinweis:

Der zu versteuernde Arbeitslohn kann für die Ermittlung des Steuersatzes auf fünf Jahre verteilt werden (**Progressionsmilderung** nach § 34 Abs. 1 EStG), wenn seit der Übertragung der Vermögungsbeteiligung mindestens drei Jahre vergangen sind. Im Falle von Veräußerungsverlusten aus der Beteiligung unterliegt nur ein entsprechend geminderter Betrag der nachgeholten Besteuerung.

3. Arbeitslohn anlässlich einer Betriebsveranstaltung

Die Bemessungsgrundlage der Zuwendungen anlässlich einer Betriebsveranstaltung **354** ergibt sich aus der gesetzlichen Regelung in § 19 Abs. 1 Satz 1 Nr. 1a Satz 1 EStG. Demnach sind alle Aufwendungen des Arbeitgebers einschließlich Umsatzsteuer anzusetzen, die in **unmittelbarem Zusammenhang mit der Veranstaltung** stehen, unabhängig davon, ob sie beim Arbeitnehmer einen Vorteil begründen können. Laut BFH handelt es sich dabei um eine eigenständige Bewertungsvorschrift, die die allgemeine Bewertung von Sachbezügen nach § 8 Abs. 2 Satz 1 EStG (→ Rz. 350) verdrängt. Eine solche gesetzliche Typisierung sei auch nicht zu beanstanden, wie der BFH in seinem Urteil vom 29.4.2021[2] ausführt.

Entgegen der Auffassung des FG Köln[3] sind die zu berücksichtigenden Aufwendungen des Arbeitgebers auf die an der Betriebsveranstaltung **tatsächlich teilnehmenden** und nicht auf die angemeldeten **Arbeitnehmer aufzuteilen**. Damit folgt der BFH der Rechtsauffassung des BMF[4].

4. Betriebliche Gesundheitsförderungsleistungen

Arbeitgebergeförderte Präventions- und betriebliche Gesundheitsförderungsleistungen **355** sind nach § 3 Nr. 34 EStG bis zu einem Betrag von **jährlich 600 Euro steuerfrei**.

Das BMF gibt mit Schreiben[5] eine Umsetzungshilfe für die Anwendung der Steuerbefreiungsvorschrift und erläutert anhand von zahlreichen Beispielen, welche **Maßnahmen als Gesundheitsförderung** i.S.d. § 3 Nr. 34 EStG anzuerkennen sind. Explizit von der Steuerbefreiung erfasst sind z.B. zertifizierte Leistungen der Krankenkassen zur individuellen verhaltensbezogenen Prävention wie auch nicht zertifizierte Leistungen des Arbeitgebers, sofern sie bestimmte Voraussetzungen erfüllen (wie etwa eine inhaltliche Vergleichbarkeit aufweisen).

Zusätzlich führt das BMF aus, bei welchen Leistungen regelmäßig von einem **überwiegenden betrieblichen Interesse** des Arbeitgebers auszugehen ist. Sofern Vorteile als notwendige Begleiterscheinung betriebsfunktionaler Zielsetzungen anzusehen sind, wie z.B. Aufwendungen für einen betriebseigenen Fitnessraum oder höhenverstellbare Schreibtische, handelt es sich nämlich von vornherein nicht um Arbeitslohn.

---

1) BMF v. 16.11.2021, IV C 5 - S 2347/21/10001 :006, BStBl I 2021, 2308.
2) BFH v. 29.4.2021, VI R 31/18, BStBl II 2021, 606 = HFR 2021, 867 mit Anm. Geserich. Vgl. hierzu Durst, BeSt 2021, 43.
3) FG Köln v. 27.6.2018, 3 K 870/17, EFG 2018, 1647.
4) BMF v. 14.10.2015, IV C 5 - S 2332/15/10001, III C 2 - S 7109/15/10001, BStBl I 2015, 832.
5) BMF v. 20.4.2021, IV C 5 - S 2342/20/10003 :003, BStBl I 2021, 700. Vgl. hierzu Mader, B+P 2021, 369.

Beratungshinweis:

Hingegen **nicht** nach § 3 Nr. 34 EStG steuerfrei sind z.B. Mitgliedsbeiträge in Sportvereinen oder Fitness-Studios, Massagen oder Eintrittsgelder in Schwimmbäder.

5. Verlängerung der Auszahlungsfrist für den steuerfreien Corona-Bonus

356 Zusätzlich zum ohnehin geschuldeten Arbeitslohn vom Arbeitgeber gezahlte Beihilfen und Unterstützungen, die der Arbeitnehmer aufgrund der Corona-Krise in Form von Zuschüssen und Sachbezügen erhält (sog. Corona-Bonus), sind nach § 3 Nr. 11a EStG **bis zu einem Betrag von 1.500 Euro steuerfrei**.

Zunächst war vorgesehen, dass hierunter Zahlungen vom 1.3.2020 bis 31.12.2020 fallen. Mit dem Abzugsteuerentlastungsmodernisierungsgesetz (AbzStEntModG)[1] wurde die Auszahlungsfrist zuletzt **bis 31.3.2022** verlängert.

Beratungshinweis:

Es handelt sich dabei lediglich um eine Verlängerung der Zahlungsfrist. Der Steuerfreibetrag von 1.500 Euro kann dadurch nicht mehrfach genutzt werden.

6. Private Nutzung des Dienstwagens

a) Geldwerter Vorteil für Dienstwagennutzung bei Homeoffice-Tätigkeit

357 Infolge der Corona-Pandemie hat die Tätigkeit von Arbeitnehmern von ihrem Homeoffice aus deutlich zugenommen. Ob künftig wieder auf ein Niveau vor der Corona-Pandemie zurückgekehrt wird, bleibt abzuwarten. Steuerlich ergibt sich aus der vermehrten Home-Office-Tätigkeit die Frage, wie sich dies bei Überlassung eines Dienstwagens auf den geldwerten Vorteil des Arbeitnehmers für **Fahrten zwischen Wohnung und erster Tätigkeitsstätte** auswirkt.

Das LfSt Niedersachsen weist in seiner Verfügung vom 18.6.2020[2] darauf hin, dass weiterhin die Regelungen des BMF-Schreibens vom 4.4.2018[3] anzuwenden sind. Demnach kann für Fahrten zwischen Wohnung und erster Tätigkeitsstätte anstelle der 0,03 %-Monatspauschale begrenzt auf 180 Tage eine **Einzelbewertung** erfolgen, bei der 0,002 % des Listenpreises je Entfernungskilometer zwischen Wohnung und erster Tätigkeitsstätte berücksichtigt werden. Das Wahlrecht kann für das Kalenderjahr nur einheitlich ausgeübt werden, ein unterjähriger Wechsel ist ausgeschlossen. Arbeitnehmer können aber im Rahmen ihrer Einkommensteuererklärung zur Einzelbewertung wechseln.[4]

Beratungshinweis:

Die Versteuerung des geldwerten Vorteils für die Möglichkeit der Nutzung für (andere) private Fahrten nach der **1 %-Methode** durch den Arbeitgeber kann nur unterbleiben, wenn der Firmenwagen dem Arbeitnehmer für volle Kalendermonate tatsächlich nicht zur Verfügung stand. Ein **Nutzungsverbot**, das den Ansatz dieses pauschalen geldwerten Vorteils ausschließt, wird laut LfSt Niedersachsen nur mit Wirkung für die Zukunft akzeptiert und ist zu dokumentieren.

b) Dienstwagennutzung durch Alleingesellschafter-Geschäftsführer

358 Der BFH entschied mit Urteil vom 16.10.2020[5], dass der **Anscheinsbeweis**, wonach dienstliche Fahrzeuge, die zur privaten Nutzung überlassen werden, im Allgemeinen

---

1) Gesetz v. 2.6.2021, BGBl. I 2021, 1259 = BStBl I 2021, 789.
2) LfSt Niedersachsen v. 18.6.2020, S 2334 - 355 - St 215, DStR 2020, 2679.
3) BMF v. 4.4.2018, IV C 5 - S 2334/18/10001, BStBl I 2018, 592.
4) S. dazu auch FinMin Schleswig-Holstein v. 21.5.2021, VI 302 - S 2334 - 372, DB 2021, 1368.
5) BFH v. 16.10.2020, VI B 13/20, HFR 2021, 351 mit Anm. Krüger. Vgl. hierzu Schmitz-Herscheidt, jurisPR-SteuerR 28/2021 Anm. 2.

auch privat genutzt werden, für angestellte Gesellschafter-Geschäftsführer **gleichermaßen gilt** wie für andere Arbeitnehmer. Der Steuerpflichtige kann die Besteuerung des geldwerten Vorteils auch nicht dadurch vermeiden, dass er (belastbar) behauptet, keine Privatfahrten unternommen zu haben.

Beratungshinweis:

Um den Anscheinsbeweis der privaten Nutzung zu widerlegen, muss es somit dem Gesellschafter-Geschäftsführer untersagt sein, das betriebliche Fahrzeug privat zu nutzen.

c) Zeitraumbezogene Zuzahlungen des Arbeitnehmers

Der Wert des geldwerten Vorteils eines Arbeitnehmers aus der Überlassung eines Firmenfahrzeuges zur privaten Nutzung mindert sich, wenn der Arbeitnehmer an den Arbeitgeber hierfür ein Nutzungsentgelt zahlt. Dabei ist auch zu berücksichtigen, wenn der Arbeitnehmer im Rahmen der privaten Nutzung **einzelne (individuelle) Kosten** des Firmenfahrzeugs trägt.[1] **359**

Mit Urteil vom 16.12.2020[2] führt der BFH aus, dass dies auch gilt, wenn der Arbeitnehmer zeitraumbezogene Zuzahlungen zu den Anschaffungskosten für den betrieblichen PKW leistet. Abweichend von der Auffassung der Finanzverwaltung[3] sind diese **zeitraumbezogenen (Einmal-)Zahlungen** des Arbeitnehmers laut BFH bei der Bemessung des geldwerten Vorteils auf den Zeitraum, für den sie geleistet werden, **gleichmäßig zu verteilen** und vorteilsmindernd zu berücksichtigen.

7. Überlassung eines Jobtickets

Die Überlassung von Jobtickets für den öffentlichen Nahverkehr, um der Parkplatznot auf dem Firmengelände zu begegnen, führt nach Auffassung des Hessischen FG nicht zu einem lohnsteuerpflichtigen Sachbezug. **360**

In dem konkreten Urteilsfall ging es um ein Unternehmen, welches in Anbetracht der Parkplatzknappheit auf den Firmenparkplätzen ein Mobilitätskonzept erarbeitet hatte. Im Zuge dessen wurde den Mitarbeitern ein Jobticket zur Verfügung gestellt, um mehr Mitarbeiter für die Nutzung öffentlicher Verkehrsmittel zu gewinnen und so die Parkplatznot zu mindern.

In seinem Urteil vom 25.11.2020[4] kommt das Hessische FG zu dem Ergebnis, dass hier weder Arbeitslohn noch ein Sachbezug vorliegt. Die Gewährung des Vorteils in Form des vergünstigten Jobtickets sei **nicht durch das Dienstverhältnis veranlasst** und stelle insbesondere keine Prämie oder Belohnung für die Arbeitsleistung der einzelnen Mitarbeiter dar. Vielmehr habe der **Arbeitgeber im eigenen Interesse** eine Lösung für die Parkplatznot auf dem Firmengelände gesucht.

Beratungshinweis:

Die Revision gegen das Urteil wurde nicht zugelassen, eine Nichtzulassungsbeschwerde ist anhängig (Az. VI B 5/21). In ähnlich gelagerten Fällen sollten Arbeitgeber gegen etwaige Lohnsteuerhaftungsbescheide Einspruch einlegen und ein Ruhen des Verfahrens mit Hinweis auf die beim BFH anhängige Nichtzulassungsbeschwerde beantragen.

---

1) BFH v. 30.11.2016, VI R 2/15, BStBl II 2017, 1014.
2) BFH v. 16.12.2020, VI R 19/18, HFR 2021, 749 mit Anm. Geserich.
3) R 8.1 Abs. 9 Nr. 4 Sätze 2 und 3 LStR und BMF v. 4.4.2018, IV C 5 - S 2334/18/10001, BStBl I 2018, 592.
4) Hessisches FG v. 25.11.2020, 12 K 2283/17, EFG 2021, 485 mit Anm. Callebaut.

8. Betriebliche Altersversorgung

361 Vor dem Hintergrund gesetzlicher Änderungen hat das BMF seine bisherigen Verlautbarungen zur steuerlichen Förderung der betrieblichen Altersversorgung angepasst. So geht das BMF in seinem Schreiben vom 12.8.2021[1] zunächst darauf ein, wann eine betriebliche Altersversorgung vorliegt. Nach § 1 Betriebsrentengesetz ist dazu erforderlich, dass der Arbeitgeber dem Arbeitnehmer aus Anlass seines Arbeitsverhältnisses Leistungen oder Beiträge zur **Absicherung mindestens eines biometrischen Risikos** zusagt und Leistungsansprüche erst mit dem Eintritt des biologischen Ereignisses fällig werden. Als biometrische Risiken werden Alter, Tod und Invalidität aufgeführt. Das Risiko der Invalidität wird grundsätzlich bei Eintritt einer Erwerbsminderung, Erwerbsunfähigkeit oder Berufsunfähigkeit erfüllt, so dass entsprechende Versicherungen die Voraussetzungen des Betriebsrentengesetzes erfüllen, so nun explizit das BMF. Nicht hierunter fällt hingegen die Versicherung des Risikos einer Arbeitsunfähigkeit, auch wenn es sich um eine längerfristige handelt.

Weiter hat das BMF u.a. die Ausführungen zur Förderung von Beiträgen zur betrieblichen Altersversorgung durch die Altersvorsorgezulage angepasst und dort die Ende 2018 eingeführte Möglichkeit einer **reinen Beitragszusage** berücksichtigt (§ 82 Abs. 2 Satz 2 Nr. 2 EStG).

Auch wurde berücksichtigt, dass mit Wirkung ab 19.8.2020 der **Förderbetrag** zur betrieblichen Altersversorgung nach § 100 Abs. 2 EStG von maximal 144 Euro auf 288 Euro verdoppelt wurde. Das BMF stellt dazu insb. dar, wie bei bereits vor 2018 bestehenden Vereinbarungen vorzugehen ist.

II. Werbungskosten

1. Entfernungspauschale

a) Erhöhung der Entfernungspauschale

362 Mit dem Gesetz zur Umsetzung des Klimaschutzprogramms 2030 im Steuerrecht[2] wurde die Entfernungspauschale für Fahrten zwischen Wohnung und erster Tätigkeitsstätte befristet für die Veranlagungszeiträume 2021 bis 2026 angehoben. Sie beträgt statt 30 Cent **ab dem 21. Kilometer für 2021 bis 2023 35 Cent** (§ 9 Abs. 1 Satz 3 Nr. 4 EStG). Für 2024 bis 2026 wird die Entfernungspauschale ab dem 21. Kilometer nochmals angehoben, auf dann 38 Cent. Dies gilt entsprechend für Familienheimfahrten im Rahmen der doppelten Haushaltsführung (§ 9 Abs. 1 Satz 3 Nr. 5 EStG).[3]

b) Vom Arbeitgeber festgelegter Sammelpunkt

363 Die Anwendung der Entfernungspauschale setzt voraus, dass der Arbeitnehmer den Ort zur Aufnahme der Arbeit aufgrund einer Weisung des Arbeitgebers typischerweise arbeitstäglich und auch dauerhaft aufsuchen muss.

Der BFH hatte dazu in dem Fall eines Baumaschinenführers zu entscheiden. Dieser gelangte zu den jeweiligen Baustellen nach betriebsinterner Anweisung jeweils mit einem Sammelfahrzeug seines Arbeitgebers, was sowohl Fahrten mit täglicher Rückkehr als auch Fahrten zu sonstigen Arbeitsorten, an denen er übernachtete, betraf.

Der BFH kam mit Urteil vom 19.4.2021[4] zu dem Ergebnis, dass ein **typischerweise arbeitstägliches Aufsuchen** kein ausnahmsloses Aufsuchen des vom Arbeitgeber festgelegten Orts oder Gebiets an sämtlichen Arbeitstagen des Arbeitnehmers erfordert. Ausnahmen, wie etwa die Teilnahme an Fortbildungsveranstaltungen oder ein unvor-

---

1) BMF v. 12.8.2021, IV C 5 - S 2333/19/10008 :017, BStBl I 2021, 1050.
2) Gesetz v. 21.12.2019, BGBl. I 2019, 2886 = BStBl I 2020, 138.
3) BMF v. 18.11.2021, IV C 5 - 2351/20/10001 :002, BStBl I 2021, 2315.
4) BFH v. 19.4.2021, VI R 6/19, BStBl II 2021, 727 = HFR 2021, 984 mit Anm. Teller. Vgl. hierzu Geserich, jurisPR-SteuerR 40/2021 Anm. 1.

hergesehener anderweitiger Einsatz, seien unschädlich. Hingegen genüge es **nicht**, wenn der Arbeitnehmer nur an jedem Arbeitstag, an dem er von seiner Wohnung aus Fahrten durchführt, den **Sammelpunkt** aufzusuchen hat.

Beratungshinweis:

Da der BFH das Vorliegen einer ersten Tätigkeitsstätte ablehnte, ließ der BFH den Abzug der Fahrtkosten nach Dienstreisegrundsätzen zu.

2. Mobilitätsprämie

Neben der Berücksichtigung der erhöhten Entfernungspauschale (→ Rz. 362) kann **364** zudem ggf. ab dem 21. Kilometer in den Veranlagungszeiträumen 2021 bis 2026 eine Mobilitätsprämie in Anspruch genommen werden (§§ 101 ff. EStG). Die mit dem Gesetz zur Umsetzung des Klimaschutzprogramms 2030 im Steuerrecht[1] eingeführte Mobilitätsprämie beträgt **14 % der Entfernungspauschale ab dem 21. Kilometer**, soweit das zu versteuernde Einkommen den einkommensteuerlichen Grundfreibetrag unterschreitet und bei Arbeitnehmern die Entfernungspauschale den Arbeitnehmer-Pauschbetrag übersteigt (§ 101 Sätze 2 bis 4 EStG). Die Mobilitätsprämie wird per Prämienbescheid festgesetzt, wobei die Festsetzung nur erfolgt, wenn sie mindestens 10 Euro beträgt (§ 105 EStG).

3. Homeoffice-Pauschale und ÖPNV-Zeitfahrkarten

Zur Abgeltung der Aufwendungen bei einer Tätigkeit im Homeoffice wurde mit dem **365** Jahressteuergesetz 2020[2] eine sog. Homeoffice-Pauschale von **täglich 5 Euro, jährlich maximal 600 Euro**, für die Jahre 2020 und 2021 eingeführt. Die Finanzverwaltung bezieht nun Stellung zu der Frage, was bei gleichzeitiger Bezahlung einer ÖPNV-Zeitfahrkarte gilt.

In dem Erlass des Finanzministeriums Thüringen vom 17.2.2021[3] wird erläutert, dass für Tage, an welchen die Homeoffice-Pauschale zum Ansatz kommt, eine **ausschließliche Tätigkeit von zu Hause aus** erfolgt sein muss. Im Umkehrschluss ist der Abzug von Fahrtkosten an diesen Tagen ausgeschlossen. Wird hingegen bei Aufsuchen einer anderen Betätigungsstätte die Entfernungspauschale oder Reisekosten geltend gemacht, scheidet die Homeoffice-Pauschale für diesen Tag aus.

Bezüglich der Kosten für eine ÖPNV-Zeitfahrkarte wird hingegen bundeseinheitlich die Auffassung vertreten, dass die Aufwendungen für eine **Zeitfahrkarte für Wege zwischen Wohnung und erster Tätigkeitsstätte unabhängig** von der Inanspruchnahme der Homeoffice-Pauschale als Werbungskosten **abziehbar** sind, soweit sie die insgesamt im Kalenderjahr ermittelte Entfernungspauschale übersteigen. Das soll auch gelten, wenn die Fahrkarte in der Erwartung einer regelmäßigen Nutzung für den Weg zur Tätigkeitsstätte gekauft, aber letztlich nicht im geplanten Umfang genutzt wurde. Die Aufwendungen müssen nicht auf einzelne Arbeitstage aufgeteilt werden.

4. Reisekosten

a) Erste Tätigkeitsstätte

In zwei Urteilen äußert sich der BFH zu der Frage, wo die erste Tätigkeitsstätte bei **366** Arbeitnehmern zu verorten ist, die typischerweise nur einen geringen Anteil ihrer Arbeitszeit am Sitz ihres Arbeitgebers verbringen.

---

1) Gesetz v. 21.12.2019, BGBl. I 2019, 2886 = BStBl I 2020, 138.
2) Gesetz v. 21.12.2020, BGBl. I 2020, 3096 = BStBl I 2021, 6.
3) FinMin Thüringen v. 17.2.2021, S 1901 - 2020 Corona – 21.15, DStR 2021, 992.

Der BFH führt in den Urteilen vom 30.9.2020[1] aus, dass die erste Tätigkeitsstätte an der **ortsfesten betrieblichen Einrichtung** ist, der der Arbeitnehmer **durch dienst- oder arbeitsrechtliche Festlegung zugeordnet** ist. Wo der qualitative Schwerpunkt der Tätigkeit liegt, ist dabei nicht maßgeblich. Es genügt vielmehr, wenn an dem Ort arbeitstäglich vor- und/oder nachbereitende Tätigkeiten ausgeübt werden.

Im Fall eines Postzustellers war erste Tätigkeitsstätte demnach das Zustellzentrum, an dem er u.a. Sortiertätigkeiten und Abrechnungen vornahm.[2] Im anderen Fall sah der BFH die erste Tätigkeitsstätte eines Rettungsassistenten in der Hauptwache, wo er z.B. das Rettungsfahrzeug zu reinigen und mit neuem Verbrauchsmaterial zu bestücken hatte.[3]

Beratungshinweis:

Dieser Rechtsauffassung folgt auch die Finanzverwaltung.[4]

Die Bestimmung der ersten Tätigkeitsstätte ist insb. für die Unterscheidung zwischen Fahrten zwischen Wohnung und erster Tätigkeitsstätte und Dienstreisen maßgeblich. Liegt eine Dienstreise vor, können nach den Reisekostengrundsätzen vom Arbeitgeber Reisekosten steuerfrei erstattet oder vom Arbeitnehmer als Werbungskosten angesetzt werden.

b) Pauschale Kilometersätze

367 Gemäß § 9 Abs. 1 Satz 3 Nr. 4a Satz 2 EStG können als Reisekosten statt der tatsächlichen Aufwendungen die pauschalen Kilometersätze angesetzt werden, die für das jeweilige Beförderungsmittel nach dem Bundesreisekostengesetz (BRKG) festgesetzt sind. Vor diesem Hintergrund begehrte ein Arbeitnehmer in dem vom BFH entschiedenen Streitfall auch für seine Fahrten mit öffentlichen Verkehrsmitteln den Ansatz der pauschalen Sätze als Werbungskosten.

Handelt es sich allerdings um **regelmäßig verkehrende Beförderungsmittel**, wie Bahn, Flugzeug, S-Bahn oder Schiffe, werden nach § 4 Abs. 1 BRKG **ausschließlich die entstandenen Fahrt- oder Flugkosten** – teilweise beschränkt auf die niedrigste Beförderungsklasse – ersetzt. Daraus folgert der BFH in seinem Urteil vom 11.2.2021[5], dass ein Ansatz der Kilometerpauschale als Werbungskosten ausscheidet.

Anmerkung:

Entscheidend für die Versagung des Ansatzes pauschaler Kilometersätze ist laut BFH, dass es sich um ein Beförderungsmittel zur Personenbeförderung handelt und ein fester Zeit- bzw. Fahrplan besteht.

c) Kürzung der Verpflegungspauschalen bei Nichteinnahme von Mahlzeiten

368 Wird dem Arbeitnehmer anlässlich oder während einer Tätigkeit außerhalb seiner ersten Tätigkeitsstätte vom Arbeitgeber eine Mahlzeit zur Verfügung gestellt, sind die Verpflegungspauschalen gemäß § 9 Abs 4a Satz 8 EStG um **20 % für ein Frühstück** und um jeweils **40 % für ein Mittag- oder Abendessen** zu kürzen. Hat der Arbeitnehmer für eine Mahlzeit eine Zuzahlung geleistet, mindert dieses Entgelt den Kürzungsbetrag.

---

1) BFH v. 30.9.2020, VI R 10/19, BStBl II 2021, 306 = HFR 2021, 264 mit Anm. Geserich, und VI R 11/19, BStBl II 2021, 308.
2) BFH v. 30.9.2020, VI R 10/19, BStBl II 2021, 306 = HFR 2021, 264 mit Anm. Geserich.
3) BFH v. 30.9.2020, VI R 11/19, BStBl II 2021, 308.
4) BMF v. 25.11.2020, IV C 5 - S 2353/19/10011 :006, BStBl I 2020, 1228. Vgl. hierzu Mader, B+P 2021, 8.
5) BFH v. 11.2.2021, VI R 50/18, BStBl II 2021, 440 = HFR 2021, 575 mit Anm. Teller. Vgl. hierzu Feldgen, eNews Steuern, 17/2021 v. 3.5.2021.

Der BFH bestätigt mit Urteil vom 7.7.2020[1] seine bisherige Rechtsauffassung und kommt im Einklang mit der Finanzverwaltung[2] zu dem Ergebnis, dass eine **Kürzung unabhängig davon** vorzunehmen ist, ob der Arbeitnehmer die vom Arbeitgeber angebotene Mahlzeit einnimmt oder nicht.

d) Pauschbeträge bei Auslandsreisen

Mit Schreiben vom 3.12.2020[3] veröffentlichte das BMF **Änderungen bei den Auslandspauschbeträgen** i.S.d. § 9 Abs. 4a Satz 5 ff. EStG, die seit dem 1.1.2021 zur Anwendung kommen. Daraus ergeben sich die Verpflegungsmehraufwendungen und Übernachtungskosten, die bei beruflich und betrieblich veranlassten Auslandsdienstreisen gelten. **369**

In einer Verlautbarung vom 27.9.2021[4] weist das BMF darauf hin, dass pandemiebedingt Auslandstage- und Auslandsübernachtungsgelder nach dem Bundesreisekostengesetz zum 1.1.2022 nicht neu festgesetzt wurden und somit die **seit 1.1.2021** geltenden Pauschbeträge **unverändert fortgelten**.

> **Beratungshinweis:**
>
> Die Pauschbeträge für Übernachtungskosten gelten nur bei Erstattung durch den Arbeitgeber (R 9.7 Abs. 3 LStR). Für den Werbungs- und Betriebskostenabzug sind die tatsächlichen Übernachtungskosten maßgebend.

5. (Atem-)Schutzmasken und Antigen-Selbsttests

Mit Verfügung vom 23.6.2021[5] führt die OFD Frankfurt a.M. aus, dass es sich bei den Aufwendungen eines Steuerpflichtigen für den Erwerb von Masken zum Schutz vor einer Ansteckung mit dem Coronavirus und Antigen-Selbsttests zum Nachweis einer möglichen Infektion zwar **grundsätzlich** um steuerlich **nicht berücksichtigungsfähige Kosten** der privaten Lebensführung handelt, die weder als Sonderausgaben, noch als außergewöhnliche Belastungen geltend gemacht werden können. **370**

Sofern die Schutzmasken jedoch durch einen Arbeitnehmer **eigens für die berufliche Nutzung** angeschafft werden, handelt es sich bei den Aufwendungen um **Werbungskosten**.

> **Beratungshinweis:**
>
> Stellt der Arbeitgeber seinen Arbeitnehmern Schutzmasken bzw. Antigen-Schnelltests zur Ausübung der beruflichen Tätigkeit zur Verfügung, sind die Aufwendungen als Betriebsausgaben abziehbar. Entsprechendes gilt für ein Testangebot des Arbeitgebers in Form von POC-Antigen-Schnelltests oder PCR-Tests auf freiwilliger Basis bzw. nach § 5 Corona-ArbSchV sowie die Übernahme der Kosten für diese Tests durch den Arbeitgeber.
>
> Aufgrund des überwiegend eigenbetrieblichen Interesses des Arbeitgebers ist auf Ebene der Arbeitnehmer kein steuerpflichtiger Arbeitslohn anzunehmen.
>
> Zudem ist davon auszugehen, dass die Gestellung von Masken, Antigentests und die Zurverfügungstellung von Testangeboten für Arbeitnehmer auch für Zwecke der Umsatzsteuer als nicht steuerbare Leistung zu beurteilen ist (vgl. Abschnitt 1.8 Absatz 4 UStAE).

---

1) BFH v. 7.7.2020, VI R 16/18, BStBl II 2020, 783 = HFR 2021, 31 mit Anm. Krüger.
2) BMF v. 24.10.2014, IV C 5 - S 2353/14/10002, BStBl I 2014, 1412.
3) BMF v. 3.12.2020, IV C 5 - S 2353/19/10010 :002, BStBl I 2020, 1256.
4) Abrufbar unter: https://www.bundesfinanzministerium.de/Content/DE/Downloads/BMF_Schreiben/Steuerarten/Lohnsteuer/2021–09-27-steuerliche-behandlung-reisekosten-reisekostenverguetungen-2022.pdf?__blob=publicationFile&v=2.
5) OFD Frankfurt/Main v. 23.6.2021, S 2500 A-213-St 214, DB 2021, 1574. Vgl. hierzu Mader, B+P 2021, 728.

C. Umsatzsteuer

I. Besteuerung der Umsätze

1. Unternehmereigenschaft von Aufsichtsratsmitgliedern

371 Das BMF reagiert auf die EuGH- bzw. BFH-Rechtsprechung und führt aus, in welchen Fällen die Finanzverwaltung von einer im umsatzsteuerrechtlichen Sinne selbständigen Tätigkeit des Aufsichtsratsmitglieds ausgeht, so dass eine Unternehmereigenschaft zu bejahen ist.

Erforderlich hierfür ist laut BMF-Schreiben vom 8.7.2021[1], dass das Aufsichtsratsmitglied ein **Vergütungsrisiko** trägt. Wurde eine nicht variable Festvergütung vereinbart, ist diese jedenfalls zu verneinen. Diese Grundsätze sollen in vergleichbaren Fällen auch für Mitglieder anderer Kontrollgremien gelten.

> **Beratungshinweis:**
>
> Ist eine **selbständige Tätigkeit zu verneinen**, besteht sowohl für Aufsichtsratsmitglieder als auch für Mitglieder anderer Kontrollgremien Handlungsbedarf. Rechnungen des Aufsichtsratsmitglieds bzw. durch das Unternehmen ausgestellte Gutschriften dürfen dann **keinen Umsatzsteuerausweis** mehr enthalten. Zudem entfällt seitens des Unternehmens der Vorsteuerabzug einer ggf. zu Unrecht ausgewiesenen Umsatzsteuer.
>
> Das BMF-Schreiben enthält zwar eine **Nichtbeanstandungsregelung für alle bis einschließlich 31.12.2021 erbrachte Leistungen**. Soweit Aufsichtsratsmitglieder jedoch unter die neuen Anwendungsgrundsätze fallen, kann jetzt schon Handlungsbedarf bestehen, denn häufig stellen die unterjährigen Abrechnungen lediglich Anzahlungsrechnungen für im Folgejahr zu erbringende Leistungen dar, da die Leistung des Aufsichtsrats regelmäßig erst im Zeitpunkt der Entlastung auf der Hauptversammlung als erbracht gilt.

2. Ort der Lieferung beim Fernverkauf

372 Der Ort der Lieferung beim Fernverkauf wird gemäß Änderung durch das JStG 2020[2] explizit in § 3c UStG geregelt und ist auf Umsätze anzuwenden, die nach dem 30.6.2021 ausgeführt werden (§ 27 Abs. 34 Satz 1 UStG).[3]

Dabei versteht man unter Fernverkauf nach § 3c Abs. 1 UStG **Lieferungen innerhalb des Gemeinschaftsgebiets an einen Nichtunternehmer** bzw. an einen Erwerber im Sinne des § 3a Abs. 5 Satz 1 UStG oder § 1a Abs. 3 Nr. 1 UStG (innergemeinschaftlicher Fernverkauf), sowie nach § 3c Abs. 2 UStG **Lieferungen eines Gegenstandes aus dem Drittlandsgebiet an einen Nichtunternehmer** im Gemeinschaftsgebiet. Der Lieferer ist hierbei für die Beförderung oder Versendung der Waren verantwortlich.

Der Ort der Lieferung beim Fernverkauf orientiert sich grundsätzlich am **Bestimmungslandprinzip**, d. h. sowohl beim innergemeinschaftlichen Fernverkauf als auch beim Fernverkauf von aus dem Drittland eingeführten Gegenständen ist der Ort der Lieferung der Ort, an dem sich der Gegenstand am Ende der Beförderung oder Versendung befindet (§ 3c Abs. 1 und Abs. 2 UStG). Im Hinblick auf die in § 1a Abs. 3 Nr. 1 UStG genannten Personen (Unternehmer mit nur steuerfreien Umsätzen oder unter die Kleinunternehmerregelung fallend) ist der Erwerberkreis auf diejenigen Personen beschränkt, die weder die maßgebende Erwerbsschwelle überschreiten, noch auf ihre Anwendung verzichten.

Die neue Ortsbestimmung nach § 3c Abs. 1 UStG kommt **nicht zur Anwendung**, wenn ein EU-Unternehmer Sitz, Geschäftsleitung oder Betriebsstätte **in nur einem Mitglied-**

---

1) BMF v. 8.7.2021, III C 2 - S 7104/19/10001 :003, BStBl I 2021, 919. Vgl. hierzu Kraeusel, UVR 2021, 262.
2) Gesetz v. 21.12.2020, BGBl. I 2020, 3096 = BStBl I 2021, 6.
3) Vgl. zum MwSt-Digitalpaket allgemein sowie zum Fernverkauf Brill, kösdi 2021, 22115 Tz. 14 ff., Tz. 22 und Neeser, UVR 2021, 301.

staat hat und die Entgelte für elektronische Dienstleistungen an Nichtunternehmer in anderen Mitgliedstaaten (§ 3a Abs. 5 UStG) sowie für innergemeinschaftliche Fernverkäufe insgesamt **10.000 Euro** im vorangegangenen Kalenderjahr nicht überschritten haben und im laufenden Jahr **nicht überschreiten** (§ 3c Abs. 4 Satz 1 UStG). Entsprechend erfolgt auch eine Anpassung des § 3a Abs. 5 Satz 3 UStG, in dem bereits bislang der Schwellenwert von 10.000 Euro für elektronische Dienstleistungen geregelt ist. Bei der Prüfung dieses Schwellenwerts sind künftig auch innergemeinschaftliche Fernverkäufe einzubeziehen. Überschreitet ein Unternehmer den Schwellenwert nicht, liegt der Leistungsort nach § 3a Abs. 1 UStG dort, wo der Unternehmer sein Unternehmen betreibt oder die Betriebsstätte unterhält, von der die sonstige Leistung ausgeführt wird.

Beratungshinweis:

Bei innergemeinschaftlichen Fernverkäufen liegt bei Nichtüberschreiten des Schwellenwerts der Lieferungsort an dem Ort, der sich nach § 3 Abs. 6 Satz 1 UStG bestimmt (Ort des Beförderungs-/Versendungsbeginns). Auf die Anwendung der Umsatzschwelle kann der leistende Unternehmer verzichten, wobei ihn der Verzicht für mindestens zwei Kalenderjahre bindet (§ 3c Abs. 4 Sätze 2 und 3 UStG).

3. Reihengeschäftsfiktion

Gemäß der seit 1.7.2021 geltenden neuen Reihengeschäftsfiktion, die mit dem JStG **373** 2020[1] eingefügt wurde, werden Unternehmer, die **mittels einer elektronischen Schnittstelle Warenversendungen innerhalb des Gemeinschaftsgebiets** durch einen **im Drittland ansässigen Händler unterstützen**, so behandelt, als ob sie den Gegenstand für ihr Unternehmen selbst erhalten und an den Endkunden geliefert hätten (§ 3 Abs. 3a Satz 1 UStG). Das gilt auch, wenn mittels der elektronischen Schnittstelle Fernverkäufe aus dem Drittland von Sendungen mit einem Sachwert von **höchstens 150 Euro** unterstützt werden (§ 3 Abs. 3a Satz 2 UStG). Somit wird ein Reihengeschäft fingiert und der mittels elektronischer Schnittstelle agierende Unternehmer wird zum Steuerschuldner. Die Regelung erfasst nur Lieferungen **an Endkunden**, die **Nichtunternehmer** sind.[2]

Der **Begriff der elektronischen Schnittstelle** ist laut Gesetzesbegründung weit auszulegen, so dass darunter nicht nur elektronische Marktplätze, Plattformen und Portale fallen, sondern auch „andere vergleichbare elektronische Mittel".

Wird ein Unternehmer durch die Reihengeschäftsfiktion des § 3 Abs. 3a UStG so behandelt, als ob er einen Gegenstand erhalten und geliefert hätte, wird die Beförderung oder Versendung des Gegenstands (**bewegte Lieferung**) der Lieferung durch diesen Unternehmer an den Endkunden zugeschrieben (§ 3 Abs. 6b UStG). Für diese bewegte Lieferung ist folglich die Neuregelung beim Fernverkauf nach § 3c UStG anwendbar. Der Betreiber der elektronischen Schnittstelle kann diese Lieferung im Rahmen der OSS-Verfahren nach §§ 18j und § 18k UStG erklären (→ Rz. 372). Die (fiktive) Lieferung an diesen Unternehmer wird mit der Einfügung eines neuen § 4 Nr. 4c UStG von der Umsatzsteuer befreit.

Anmerkung:

Die Steuer entsteht in Fällen des § 3 Abs. 3a UStG zu dem Zeitpunkt, zu dem die Zahlung angenommen wurde (§ 13 Abs. 1 Nr. 1 Buchst. i UStG).

---

1) Gesetz v. 21.12.2020, BGBl. I 2020, 3096 = BStBl I 2021, 6.
2) Vgl. zum MwSt-Digitalpaket allgemein sowie zur Reihengeschäftsfiktion Brill, kösdi 2021, 22115 Tz. 14 ff., Tz. 19.

4. Umsatzbesteuerung nach dem Brexit

374 Mit Ablauf des 31.12.2020 endete der Brexit-Übergangszeitraums und brachte eine Reihe umsatzsteuerlicher Änderungen mit sich, die das BMF mit Schreiben vom 10.12.2020[1] thematisierte.

Seit 1.1.2021 ist das **Vereinigte Königreich als Drittland** anzusehen. Davon **ausgenommen** ist **Nordirland**, das für die Umsatzbesteuerung des **Warenverkehrs** auch nach dem 31.12.2020 als zum Gemeinschaftsgebiet gehörig behandelt wird. Die Drittlandsbestimmungen gelten damit im Waren- und Dienstleistungsverkehr mit Großbritannien, in Bezug auf Nordirland gelten sie nur im Dienstleistungsverkehr. Das wirkt sich auch auf Zölle und die Einfuhrumsatzsteuer aus, die für den Warenverkehr mit Großbritannien anfallen, nicht aber für den Warenverkehr mit Nordirland.

Für Lieferungen über den Jahreswechsel 2020/2021 (Beförderungsbeginn in 2020 und Beförderungsende in 2021) konnten (noch) die Regelungen für den innergemeinschaftlichen Warenverkehr angewendet werden. Bei Dauerleistungen, die in 2020 begannen und in 2021 endeten, kommt es für die umsatzsteuerliche Beurteilung auf die Verhältnisse bei Leistungsbeendigung an.

> **Beratungshinweis:**
>
> Die qualifizierte Bestätigungsabfrage einer GB-USt-IdNr. war beim BZSt nur noch bis 31.12.2020 möglich. Bei Unternehmern aus Nordirland ist darauf zu achten, dass diese seit dem 1.1.2021 eine USt-IdNr. verwenden, deren Länderpräfix mit „XI" beginnt.

5. Werklieferung nur bei Be- oder Verarbeitung fremder Gegenstände

375 Nach früherer Rechtsauffassung ging die Finanzverwaltung von einer Werklieferung aus, wenn der Werkhersteller für das Werk selbstbeschaffte Stoffe verwendet, die nicht nur Zutaten oder sonstige Nebensachen sind. Mit Schreiben vom 1.10.2020 schloss sich das BMF[2] jedoch der abweichenden Rechtsauffassung des BFH[3] an, wonach eine Werklieferung nur dann vorliegt, wenn ein fremder Gegenstand bearbeitet wird und dabei Hauptstoffe verwendet werden. Die im BMF-Schreiben vorgesehene Nichtbeanstandungsregelung, wonach hinsichtlich aller vor dem 1.1.2021 entstandener gesetzlicher Umsatzsteuerbeträge – auch für Zwecke des Vorsteuerabzugs – nicht zu beanstanden ist, wenn an der bisherigen Handhabung festgehalten wird,[4] wurde mit BMF-Schreiben vom 11.3.2021[5] bis zum **1.7.2021** verlängert.

> **Beratungshinweis:**
>
> Insbesondere im Ausland ansässige Unternehmer können hiervon betroffen sein, da dann in Deutschland ausgeführte Werklieferungen zu einer Registrierungspflicht für Umsatzsteuerzwecke führen können, denn diese fallen ab 1.7.2021 aus dem Anwendungsbereich des § 13b Abs. 2 Nr. 1 UStG heraus.

6. Grenzüberschreitende Beförderungsleistungen eines Haupt- bzw. Unterfrachtführers

376 Laut Urteil des **EuGH** vom 29.6.2017[6] ist die **Steuerbefreiung** für Umsätze aus der Beförderung von Gegenständen in einen Drittstaat **nur für Leistungen des Hauptfracht-**

---

1) BMF v. 10.12.2020, III C 1 - S 7050/19/10001 :002, BStBl I 2020, 1370. Vgl. hierzu Kraeusel, UVR 2021, 38.
2) BMF v. 1.10.2020, III C 2 - S 7112/19/10001 :001, BStBl I 2020, 983. Vgl. hierzu Kraeusel, UVR 2021, 8.
3) BFH v. 22.8.2013, V R 37/10, BStBl II 2014, 128.
4) Vgl. Ebner Stolz / BDI, Steuer- und Wirtschaftsrecht 2021, Rz. 373.
5) BMF v. 11.3.2021, III C 2 - S 7112/19/10001 :001, BStBl I 2021, 380. Vgl. hierzu Koisiak, eNews Steuern 10/2021 v. 15.3.2021.
6) EuGH v. 29.6.2017, L.C., C-288/16, HFR 2017, 983.

führers, nicht aber für Leistungen des Unterfrachtführers zu gewähren. Das **BMF** passte daraufhin die Ausführungen im UStAE zur entsprechenden Steuerbefreiung gemäß § 4 Nr. 3 Buchst. a Doppelbuchst. aa UStG an, räumte den Unternehmern aber mit einer **Nichtbeanstandungsregelung** mehr Zeit zur Umsetzung ein.[1] Diese Nichtbeanstandungsregelung wurde mit BMF-Schreiben vom 14.10.2020[2] **bis 31.12.2021** verlängert.

Da in der Praxis jedoch Fragen zur Bestimmung des Versenders und Schwierigkeiten bei der Umsetzung der neuen Vorgaben auftraten, konkretisiert das BMF mit Schreiben vom 27.9.2021[3] den **Begriff des Versenders** (liefernder Unternehmer) und des **Empfängers** (Abnehmer der Waren) und geht auf **Haupt- und Unterfrachtführerkonstellationen** ein. In den Fällen, in denen ein Hauptfrachtführer sog. Unterfrachtführer einschaltet, sind Konstellationen denkbar, in denen der Hauptfrachtführer in Bezug auf einzelne Gegenstände selbst Lieferer und damit Versender ist (sog. **gemischte Sendungen**). Die Steuerbefreiung kommt bei diesen gemischten Sendungen grundsätzlich nur für die Gegenstände in Betracht, für die der Hauptfrachtführer selbst Versender ist, sodass die Leistungen des Unterfrachtführers grundsätzlich in einen steuerpflichtigen und steuerfreien Teil aufzuteilen sind. Zudem normiert das BMF eine Nichtbeanstandungsregelung, wonach es nicht beanstandet wird, wenn diese insgesamt als steuerpflichtig behandelt werden.

> **Beratungshinweis:**
> Wendet der Hauptfrachtführer die Steuerbefreiung an, muss er die Anwendung der Steuerbefreiung durch geeignete Belege nachweisen, z.B. durch eine beleghafte Erklärung über eine Versendereigenschaft. Stellen sich diese Angaben nachträglich als unzutreffend heraus, kann die Steuerbefreiung u.U. aus Billigkeitsgründen gewährt werden. Wann dies der Fall ist, wird ebenfalls im BMF-Schreiben näher erläutert.

7. Konsignationslagerregelung

Sind die in der seit 1.1.2020 anzuwendenden Konsignationslagerregelung nach § 6b UStG geregelten Voraussetzungen erfüllt, ist der Warentransport in das Konsignationslager umsatzsteuerlich unbeachtlich. Denn die Konsignationslagerregelung sieht vor, dass erst im Zeitpunkt der Entnahme der Ware aus dem Konsignationslager eine innergemeinschaftliche Lieferung angenommen wird. Diese ist umsatzsteuerfrei, so dass der Lieferant im Mitgliedstaat des Konsignationslagers nicht registrierungspflichtig ist. **377**

Das **BMF** geht mit Schreiben vom 10.12.2021[4] auf **Anwendungsfragen** ein. So befasst sich das BMF u.a. damit, ob in sog. feststehenden Abnehmerfällen ein faktisches Wahlrecht auf Anwendung des § 6b UStG besteht. Hat der Abnehmer den Liefergegenstand vor dem Zeitpunkt der Entnahme aus dem Konsignationslager bereits verbindlich bestellt oder bezahlt, kann die Konsignationslagerregelung laut BMF zur Anwendung kommen, wenn die Vertragspartner in einem Rahmenvertrag eine entsprechende Vereinbarung treffen.

Zudem enthält das BMF-Schreiben einige Klarstellungen. So erfordert die Anwendung der Konsignationslagerregelung u.a. die Verwendung einer durch den Bestimmungsmitgliedsstaat erteilten USt-IdNr. durch den Erwerber. Das BMF sieht es hier im Einzelfall für unschädlich an, wenn der Leistungsempfänger die USt-IdNr. erst nachträglich verwendet. Zudem soll entgegen dem Grundsatz, dass der Transport in das Konsignationslager durch den Lieferanten oder durch einen von diesem beauftragten Dritten zu erfolgen hat, auch die Transportveranlassung durch den Erwerber der Anwendung der

---

1) BMF v. 6.2.2020, III C 3 - S 7156/19/10002 :001, BStBl I 2020, 235.
2) BMF v. 14.10.2020, III C 3 - S 7156/19/10002 :002, BStBl I 2020, 1043.
3) BMF v. 27.9.2021, III C 3 - S 7156/19/10002 :006, BStBl 2021, 1810. Vgl. hierzu Kraeusel, UVR 2021, 326.
4) BMF v. 10.12.2021, III C 3 - S 7146/20/10001 :005, BStBl I 2021, 2492.

Vereinfachungsregelung nicht entgegenstehen, wenn der spätere Erwerber den Transport ausdrücklich und im Namen des liefernden Unternehmers übernimmt. Zudem darf ihm die Verfügungsmacht noch nicht verschafft worden sein.

8. Reiseleistungen

a) Vor dem 18.12.2019 erbrachte Reiseleistungen

378 Seit Inkrafttreten des sog. JStG 2019[1] am 18.12.2019 fallen auch Reiseleistungen, die **an Unternehmer erbracht** werden, unter den **Anwendungsbereich des § 25 UStG**.

Davor galt die Margenbesteuerung und die damit verbundene Beschränkung des Vorsteuerabzugs nur für Leistungen an Nichtunternehmer. Dies entsprach jedoch nicht den Vorgaben der Mehrwertsteuersystemrichtlinie.[2] Dementsprechend konnte sich der Unternehmer gemäß BFH-Urteilen vom 21.11.2013[3] und vom 20.3.2014[4] unmittelbar auf höherrangiges EU-Recht berufen und die Margenbesteuerung auch auf an andere Unternehmer erbrachte Reiseleistungen anwenden.

Das BMF äußert sich nun mit Schreiben vom 30.11.2020[5] zu vor dem 18.12.2019 erbrachten Reiseleistungen. Das BMF hält daran fest, dass sich ein Unternehmer für vor dem 18.12.2019 an andere Unternehmer für deren Unternehmen erbrachte Reiseleistungen unmittelbar auf die Sonderregelung der Art. 306 ff. MwStSystRL berufen kann, so dass **auch in diesen Fällen die Margenbesteuerung** Anwendung findet. Das gilt auch für vor dem 18.12.2019 im Inland für sein Unternehmen von einem im übrigen Gemeinschaftsgebiet ansässigen Unternehmer bezogene Reiseleistungen.

> **Beratungshinweis:**
>
> Damit hatten Unternehmen **faktisch** ein **Wahlrecht**, das transaktionsbezogen ausgeübt werden kann. Sie können sich für jede einzelne Reiseleistung auf den Vorrang des Unionsrechts berufen, so dass ein Wechsel zwischen Unions- und nationalem Recht möglich war (vgl. BFH-Urteil vom 13.12.2017[6]). Beruft sich der Unternehmer auf Art. 306 ff. MwStSystRL, kann er die Marge dennoch für bestimmte Gruppen von Reiseleistungen nach § 25 Abs. 3 Satz 3 UStG in der bis 17.12.2019 geltenden Fassung ermitteln und muss keine Einzelmargen nach Art. 308 MwStSystRL heranziehen.
>
> Die Bestimmungen des BMF-Schreibens sind in **allen offenen Fällen** anzuwenden. Insb. im grenzüberschreitenden Kontext kann die Anwendung der Margenbesteuerung von Vorteil sein. Zu beachten ist allerdings, dass auf Grund der Änderung durch das JStG 2019 die Margenbesteuerung zwingend anzuwenden ist. Da hierfür auf die Art der Leistung und nicht das Unternehmen abgestellt wird, kann dies grundsätzlich jeden Unternehmer treffen, der Reiseleistungen in Rechnung stellt.

b) Ab dem 18.12.2019 erbrachte Reiseleistungen

379 Bei ab dem 18.12.2019 erbrachten Reiseleistungen ist die Sonderregelung für Reiseleistungen nach § 25 UStG **auch im B2B-Bereich** anzuwenden (zu vor dem 18.12.2019 erbrachte Reiseleistungen → Rz. 378). Zudem **entfällt ab 1.1.2022** die Möglichkeit einer **Gesamtmargenbildung**. Auf diese Änderungen reagiert das BMF mit einer Überarbeitung seiner Verlautbarungen im Umsatzsteuer-Anwendungserlass (UStAE).

---

1) Gesetz v. 12.12.2019, BGBl. I 2019, 2451 = BStBl I 2020, 17.
2) S. EuGH v. 8.2.2018, C-380/16, HFR 2018, 259, sowie BFH v. 13.12.2017, XI R 4/16, BStBl II 2020, 823.
3) BFH v. 12.11.2013, V R 11/11, BStBl II 2020, 819.
4) BFH v. 20.3.2014, V R 25/11, BStBl II 2020, 821.
5) BMF v. 30.11.2020, III C 2 - S 7419/19/10001 :001, BStBl I 2020, 1338. Vgl. hierzu Kraeusel, UVR 2021, 106.
6) BFH v. 13.12.2017, XI R 4/16, BStBl II 2020, 823.

In dem mit BMF-Schreiben vom 24.6.2021[1] überarbeiteten Abschn. 25 UStAE wird zunächst ausgeführt, wann eine Reiseleistung anzunehmen ist, die der Margenbesteuerung nach § 25 UStG unterliegt. Von einer Reiseleistung ist laut BMF nur dann auszugehen, wenn der Unternehmer ein **Bündel von Einzelleistungen** erbringt, welches **zumindest eine Beförderungs- oder Beherbergungsleistung beinhalten** muss. Eine Ausnahme hiervon besteht bei einer Beherbergungsleistung, die auch als einzelne Leistung unter § 25 UStG fallen kann. Zu beachten ist, dass § 25 UStG für alle Unternehmer gilt, die Reiseleistungen erbringen, ohne Rücksicht darauf, ob dies allein Gegenstand des Unternehmens ist.

> **Beratungshinweis:**
>
> Bei Anwendung der Margenbesteuerung ist abweichend von § 10 UStG als Bemessungsgrundlage die Differenz (Marge) zwischen dem Betrag, den der Leistungsempfänger entrichtet, und den Aufwendungen für die Reisevorleistungen, jedoch abzüglich der Umsatzsteuer, heranzuziehen. Der Vorsteuerabzug aus den Reisevorleistungen ist ausgeschlossen.

Werden z.B. Hotelzimmerkontingente zentral von einem Konzernunternehmen für eine konzernweite Incentive-Veranstaltung eingekauft und diese den anderen Konzernunternehmen in Rechnung gestellt, liegt eine Reiseleistung i.S.v. § 25 UStG vor. Das BMF geht hingegen bei der Einräumung von Eintrittsberechtigungen für Messen, Ausstellungen, Seminaren und Kongressen und damit im Zusammenhang erbrachte Beförderungs-, Verpflegungs- und Beherbergungsleistungen, die vom Veranstalter als einheitliche Leistung (vgl. Abschn. 3.10 UStAE) angeboten werden, explizit nicht von Reiseleistungen aus.

Ab 1.1.2022 kommt die Gesamtmargenbildung für alle Reiseleistungen eines Besteuerungszeitraums nicht mehr in Betracht. Bei Berechnung der Marge ist nunmehr auf die einzelne Reise abzustellen. Aus **Vereinfachungsgründen** beanstandet es das BMF jedoch weiterhin nicht, wenn **mehrere Reisen zusammengefasst** werden, für die ein einheitlicher Aufschlags- oder Kalkulationssatz verwendet wird. Ferner können bei Dritten erworbene Übernachtungs- oder Beförderungskontingente vollständig als Reisevorleistungen behandelt werden, auch wenn diese nicht vollständig abgerufen werden.

c) Reiseleistungen von Drittlandsunternehmen

Die Margenbesteuerung für Reiseleistungen nach § 25 UStG ist laut Finanzverwaltung **380** bei Reiseleistungen von **im Drittland ansässigen Unternehmen ohne feste Niederlassung im Gemeinschaftsgebiet nicht anwendbar**. Diese Auffassung verankert das BMF mit Schreiben vom 29.1.2021[2] im Umsatzsteueranwendungserlass. Sie gilt in allen offenen Fällen.

> **Beratungshinweis:**
>
> Damit unterliegen Reiseleistungen von im Drittland ansässigen Unternehmen nicht der Regelung des § 25 UStG, so dass es für die Ortsbestimmung auf die allgemeinen Vorschriften ankommt, die abweichend von § 25 Abs. 1 UStG (Sitzort des leistenden Unternehmers) zu einer Besteuerung im Inland und damit Registrierungspflicht für Umsatzsteuerzwecke führen können.

Aus Vertrauensschutzgründen beanstandet es die Finanzverwaltung jedoch nicht, wenn **§ 25 UStG** zeitlich befristet **weiterhin angewendet** wird. Zunächst war hier vorgesehen, dass dies für bis zum 31.12.2020 ausgeführte Reiseleistungen von Drittlandsun-

---

1) BMF v. 24.6.2021, III C 2 - S 7419/19/10001 :006, BStBl I 2021, 857. Vgl. hierzu Kraeusel, UVR 2021, 235, Heinrichshofen, UVR 2021, 314 und Weber, UVR 2021, 304.
2) BMF v. 29.1.2021, III C 2 - S 7419/19/10002 :004, BStBl I 2021, 250. Vgl. hierzu Kirch, eNews Steuern, 5/2021 v. 8.2.2021.

ternehmen gelten soll.[1] Mit Schreiben vom 1.12.2021[2] verlängerte das BMF die Nicht-beanstandungsregelung auf **bis zum 31.12.2022 ausgeführte Reiseleistungen**.

9. Kein Entgelt durch Dienstwagenüberlassung

381 Die Überlassung eines betrieblichen Kfz an den Arbeitnehmer zur Privatnutzung wird im Inland derzeit als **umsatzsteuerpflichtige entgeltliche Leistung** behandelt. Das Entgelt wird dabei in Form der Arbeitsleistung erbracht, zu dessen Bestimmung **aus Vereinfachungsgründen auf die lohnsteuerliche Wertermittlung** insb. nach der sog. 1 %-Regelung zurückgegriffen wird. Die Finanzverwaltung sieht darin stets eine entgeltliche Leistung, wenn dem Arbeitnehmer der Pkw auch zur privaten Nutzung überlassen wird und behandelt diese Leistung als eine Vermietung eines Beförderungsmittels (Abschn. 3a.5 Abs. 4 UStAE), so dass der Ort der Leistung nach § 3a Abs. 3 Nr. 2 UStG zu bestimmen ist und sich somit am Wohnsitz des Leistungsempfängers befindet.

In seinem Urteil vom 20.1.2021[3] kommt der **EuGH** jedoch zu dem Ergebnis, dass es sich bei der Überlassung eines betrieblichen Kfz an den Arbeitnehmer zur Privatnutzung **nicht zwingend um eine entgeltliche Leistung** handelt. Die erbrachte Arbeitsleistung erkennt der EuGH nicht automatisch als Entgelt an, wenn **keine Vereinbarung zwischen Arbeitgeber und Arbeitnehmer** besteht, nach der der Arbeitnehmer eine Zahlung für die Nutzung leistet. Ist dann entsprechend der Vorlagefrage des FG Saarland eine Entgeltlichkeit zu verneinen, wäre die Dienstwagenüberlassung als eine steuerbare unentgeltliche Wertabgabe zu beurteilen, deren Leistungsort mangels Zahlung einer Miete nicht nach der Ortsbestimmungsregelung für die Vermietung eines Beförderungsmittels i.S. der EU-rechtlichen Vorgabe in Art. 56 Abs. 2 MwStSystRL bestimmt werden könne. Umsatzsteuerlich kann für die Prüfung der Frage, ob ein Entgelt vorliegt, nicht auf die einkommensteuerlichen Grundsätze zurückgegriffen werden, so dass die Versteuerung des geldwerten Vorteils allein nicht das Vorliegen eines Mietentgelts begründet.

Liegt hingegen eine **Entgeltlichkeit** vor, ist im Hinblick auf die für die Leistungsortbestimmung relevante Frage, **ob eine Vermietung eines Beförderungsmittels** vorliegt, nach dem EuGH entscheidend darauf abzustellen, ob dem Arbeitnehmer das alleinige Nutzungsrecht an dem Pkw eingeräumt wird.

Kritische Stellungnahme:

Die Entscheidung des EuGH wirkt auf den ersten Blick eindeutig und könnte insoweit die bisherigen Verwaltungsgrundsätze in Frage stellen. Allerdings hat das FG Saarland dem EuGH lediglich die Frage vorgelegt, ob der Leistungsort nach Art. 56 Abs. 2 MwStSystRL zu bestimmen ist, wenn dem Arbeitnehmer ein Pkw zur Nutzung überlassen wird, für den dieser weder ein Entgelt zu entrichten hat noch eine Vereinbarung mit diesem besteht, wonach der Anspruch auf Nutzung des Pkw mit dem Verzicht auf andere Vorteile verbunden ist. Insofern musste der EuGH bei der Beantwortung zwar von der Unentgeltlichkeit ausgehen, hat diese in Rz. 32 seines Urteils gleichwohl unter den Vorbehalt der weiteren Sachverhaltsprüfungen des vorlegenden Gerichts gestellt. Insoweit ist **offen, ob und in welchem Umfang** die Finanzverwaltung ihre Ausführungen im UStAE anzupassen hat. Es ist zweifelhaft, ob zukünftig immer von einer unentgeltlichen Leistung auszugehen ist. Fest steht nur, dass allein die Versteuerung als geldwerter Vorteil zukünftig nicht mehr für die Annahme einer entgeltlichen Leistung ausreicht. Häufig bestehen jedoch Vereinbarungen zwischen Arbeitgeber und Arbeitnehmer, die auf eine Entgeltlichkeit der Leistung schließen lassen, z.B. wenn der Anspruch auf Nutzung des Firmenwagens mit dem Verzicht auf andere Vorteile, etwa eines höheren Gehalts, verbunden ist.

---

1) BMF v. 29.1.2021, III C 2 - S 7419/19/10002 :004, BStBl I 2021, 250. Vgl. hierzu Kraeusel, UVR 2021, 133.
2) BMF v. 1.12.2021, III C 2 - S 7419/19/10002 :004, BStBl I 2021, 2488 und zuvor mit einer Nichtbeanstandungsfrist bis 31.12.2021 durch BMF v. 29.3.2021, III C 2 - S 7419/19/10002 :004, BStBl I 2021, 386. Vgl. hierzu Kraeusel, UVR 2021, 133.
3) EuGH v. 20.1.2021, QM, C-288/19, HFR 2021, 325. Vgl. hierzu Mader, B+P 2021, 153.

10. Keine Entgeltminderung durch „0 %-Finanzierung"

Der BFH hatte sich mit der Frage auseinander zu setzen, ob die umsatzsteuerliche **382** Bemessungsgrundlage aus Warenverkäufen im Zusammenhang mit sog. 0 %-Finanzierungen um die an ein finanzierendes Kreditinstitut entrichteten Finanzierungsentgelte zu mindern ist.

Dem Urteil vom 24.2.2021[1] lag folgender Sachverhalt zugrunde: Der liefernde Unternehmer trug im Rahmen einer Warenlieferung mit „0 %-Finanzierung" die Kosten der Finanzierung des Kaufpreises durch einen Dritten (Kreditinstitut) in der Weise, dass das Kreditinstitut im Rahmen der Auszahlung an den Unternehmer vom Darlehensbetrag die Zinsen einbehielt und der Kunde in Raten den Kaufpreis bzw. die (ungekürzte) Darlehensvaluta an das Kreditinstitut zahlte. Nach Auffassung des BFH **mindern die einbehaltenen Zinsen das Entgelt der Warenlieferung** des Unternehmers an den Kunden **nicht**.

Vielmehr stellen die einbehaltenden Zinsen die **Gegenleistung für eine Leistung des Kreditinstituts** an den liefernden Unternehmer dar, nämlich dem Kunden des liefernden Unternehmens ein Sonderzinsdarlehen einzuräumen und damit für die Bezahlung der Ware zu garantieren. Zu diesem Ergebnis kommt der BFH auch dann, wenn der Unternehmer in der Rechnung gegenüber dem Kunden angibt, er gewähre ihm einen Nachlass in Höhe der Zinsen.

11. Garantiezusage eines Kfz-Händlers

Mit Schreiben vom 11.5.2021[2] stellt das BMF mit Verweis auf das Urteil des BFH vom **383** 14.11.2018[3] klar, dass die **entgeltliche Garantiezusage** eines Kfz-Verkäufers umsatzsteuerlich **nicht als unselbstständige Nebenleistung zur Fahrzeuglieferung** zu werten ist. Bei einer Garantiezusage, durch die der Kfz-Verkäufer als Garantiegeber im Garantiefall eine Geldleistung verspricht, liege eine **eigenständige Leistung** aufgrund eines Versicherungsverhältnisses im Sinne des Versicherungsteuergesetzes (VersStG) vor, die nach § 4 Nr. 10 Buchst. a UStG **umsatzsteuerfrei** ist.

Gleiches gelte für das Versprechen einer Reparaturleistung durch den Garantiegeber. Mit der Leistungserbringung im Garantiefall in Zusammenhang stehende Vorsteuerbeträge sind damit grundsätzlich nicht abziehbar.

Dabei ist für diese Wertung irrelevant, ob im Versicherungsfall eine Geldleistung erbracht wird. Diese können auch in Beistandsleistungen bestehen, die entweder durch Geld- oder Sachleistung erbracht werden.

> **Beratungshinweis:**
>
> Neben den umsatzsteuerlichen Folgen (steuerfreie Ausgangsleistungen und Einschränkungen beim Vorsteuerabzug) sollten Kfz-Händler prüfen, ob im Zusammenhang mit derartigen Garantiezusagen und Leistungen eine **Versicherungsteuerpflicht** begründet wird. Das für die Garantiezusage vom Käufer gezahlte Entgelt könnte als Versicherungsentgelt i.S.d. § 3 VersStG anzusehen sein.
>
> Für Umsatzsteuerzwecke sind laut BMF-Schreiben die Grundsätze für Garantiezusagen, die **nach dem 31.12.2022** abgegeben werden, anzuwenden. Eine Anwendung für vor dem 1.1.2023 abgegebene Garantiezusagen wird jedoch nicht beanstandet.[4]

---

1) BFH v. 24.2.2021, XI R 15/19, BStBl II 2021, 729. Vgl. hierzu Weymüller, jurisPR-SteuerR 42/2021 Anm. 6.
2) BMF v. 11.5.2021, III C 3 - S 7163/19/10001 :001, BStBl I 2021, 781, ergänzt durch BMF v. 18.6.2021, III C 3 - S 7163/19/10001 :001, BStBl I 2021, 871. Vgl. zum BMF-Schreiben v. 11.5.2021 Brill, DStZ 2021, 644 und Schmidt, UVR 2021, 266; zur Änderung v. 18.6.2021 Kraeusel, UVR 2021, 234.
3) BFH v. 14.11.2018, XI R 16/17, BStBl II 2021, 461.
4) BMF v. 18.10.2021, III C 3 - S 7163/19/10001 :001, BStBl I 2021, 2142.

12. Grundstückslieferung: Widerruf des Verzichts auf die Steuerbefreiung

384 Ein Unternehmer kann einen unter das Grunderwerbsteuergesetz fallenden Umsatz, der an sich nach § 4 Nr. 9 Buchst. a UStG steuerfrei ist, als steuerpflichtig behandeln, wenn der Umsatz an einen anderen Unternehmer für dessen Unternehmen ausgeführt wird (§ 9 Abs. 1 UStG). Dies setzt gemäß § 9 Abs. 3 Satz 2 UStG voraus, dass der Verzicht in der notariellen Urkunde ausgeübt wird, die der Grundstücksübertragung zu Grunde liegt. Eine nachträgliche Optionsausübung – auch in notarieller Form – wird der BFH-Rechtsprechung folgend durch die Finanzverwaltung nicht anerkannt.

Ob diese Formvorschrift auch für den Widerruf der Option gilt, war lange offen. Mit Beschluss vom 2.7.2021[1] hat der **BFH** jetzt klargestellt, dass der Widerruf der Umsatzsteueroption formlos möglich ist, also **außerhalb einer notariellen Urkunde erklärt** und zudem **bis zur materiellen Bestandskraft der Veranlagung** ausgeübt werden kann.

> **Anmerkung:**
>
> Die Finanzverwaltung wird den Umsatzsteueranwendungserlass in Abschn. 9.2 Abs. 4 Satz 1 UStAE insoweit ändern müssen.

13. Vermietung von Immobilien

a) Keine feste Niederlassung durch vermietete Immobilie

385 Das österreichische Bundesfinanzgericht legte dem **EuGH** die Frage zur Vorabentscheidung vor, ob eine in einem Mitgliedstaat vermietete Immobilie eine feste Niederlassung nach Art. 44 und 45 MwStSystRL darstellt, wenn der Eigentümer der Immobilie nicht über eigenes Personal für die Leistungsbewirkung im Zusammenhang mit der Vermietung verfügt. Im Ausgangsrechtsstreit vermietete eine Kapitalgesellschaft mit Sitz und Geschäftsleitung auf Jersey eine in Wien belegene Immobilie umsatzsteuerpflichtig an zwei österreichische Unternehmer. Mangels fester Niederlassung ging die Kapitalgesellschaft davon aus, dass sie in Österreich keine Umsatzsteuer schulde. Die Kapitalgesellschaft selbst verfügte in Österreich weder über Räumlichkeiten noch über eigenes Personal. Für die Abwicklung der laufenden Geschäfte im Zusammenhang mit der Vermietung beauftragte die Kapitalgesellschaft ein österreichisches Hausverwaltungsunternehmen. Die Entscheidungsgewalt über die Begründung und Auflösung von Mietverhältnissen sowie weitere wesentliche Geschäfte behielt sich die Kapitalgesellschaft vor.

Die **österreichische Finanzverwaltung** ging unter Verweis auf die dort geltenden Verwaltungsanweisungen von der Steuerschuldnerschaft der Kapitalgesellschaft aus. Gemäß den Umsatzsteuerrichtlinie 2000 ist ein im Ausland ansässiger Unternehmer, der in Österreich ein Grundstück besitzt und vermietet, als inländischer Unternehmer zu behandeln und schulde daher die Umsatzsteuer.

Zur **fiktiven Ansässigkeit** entsprechend der österreichischen Umsatzsteuerrichtlinie hat der EuGH keine Stellung genommen, sie war auch nicht Gegenstand der Vorlagefrage. Der EuGH bestätigt in seinem Urteil vom 3.6.2021[2] jedoch seine bisherige Rechtsauffassung, dass der Begriff der festen Niederlassung i.S.d. MwStSystRL einen **Mindestbestand an Personal- und Sachmitteln erfordere**. Er setzt einen hinreichenden Grad an Beständigkeit sowie eine Struktur voraus, die von der personellen und technischen Ausstattung her eine autonome Leistungserbringung ermöglicht. Insbesondere in Fällen, in denen eigenes Personal fehlt, schließt der EuGH deshalb eine Subsumtion unter den Begriff der festen Niederlassung aus.

---

1) BFH v. 2.7.2021, XI R 22/19, BFH/NV 2021, 1624. Vgl. hierzu Joost/Szabó, UVR 2021, 355.
2) EuGH v. 3.6.2021, Titanium Ltd, C-931/19, IStR 2021, 557 = HFR 2021, 945 mit Anm. Klenk. Vgl. hierzu Wäger, jurisPR-SteuerR 29/2021 Anm. 4.

Damit ist in dem österreichischen Streitfall eine Steuerschuldnerschaft der leistenden Kapitalgesellschaft ausgeschlossen, so dass bei umsatzsteuerpflichtigen Vermietungen durch im Ausland ansässige Unternehmer die Steuerschuld auf den Leistungsempfänger übergeht.

Beratungshinweis:

Die Entscheidung des EuGH kann **Ausstrahlwirkung** für ausländische Immobilienbesitzer mit in Deutschland belegenem Grundvermögen haben. Gemäß Abschn. 18.10 Abs. 1 Satz 4 UStAE wird ebenfalls eine fiktive Ansässigkeit fingiert, ohne dass es hierfür einer besonderen personellen oder sachlichen Ausstattung im Inland bedarf.

Bei konsequenter Anwendung der gesetzlichen Regelung, würde die **Steuerschuld auf den Mieter übergehen** und damit eine Registrierungspflicht für Umsatzsteuerzwecke in der Regel entfallen. Vorsteuern müssten dann über das Vorsteuervergütungsverfahren geltend gemacht werden. Die Reaktion der deutschen Finanzverwaltung steht noch aus. Betroffene Vermieter und Mieter sollten gleichwohl ihren steuerlichen Berater kontaktieren, um möglichen Handlungsbedarf zu eruieren.

Die Begründung einer (umsatzsteuerlichen) Betriebsstätte wäre dabei keine alternative Gestaltungsmöglichkeit, da dies Ausstrahlwirkung auf die Gewerbesteuer hat und in der Regel zu einer Gewerbesteuerpflicht im Inland führen würde.

b) Stellplatzvermietung an Wohnungsmieter

Der BFH stellte mit Urteil vom 10.12.2020[1] klar, dass die Vermietung von Fahrzeugstellplätzen wie die Vermietung von Grundstücken für Wohnzwecke **umsatzsteuerfrei** ist, **wenn die Stellplatzvermietung im Rahmen eines einheitlichen wirtschaftlichen Vorgangs** eng mit der Wohnungsvermietung verbunden ist. Die Mietflächen seien Teil eines Gebäudekomplexes, auch wenn die Stellplätze sich zwischen dem Vorder- und Hinterhaus befinden und von demselben Vermieter an denselben Mieter vermietet werden. Es kommt dabei laut BFH nicht darauf an, ob andere externe Mieter von Stellplätzen Zugang zu diesen hatten, ohne das Mietwohngebäude betreten zu müssen. **386**

Anmerkung:

Die Entscheidung des BFH ist **in Übereinstimmung mit der geltenden Verwaltungsauffassung** in Abschn. 4.12.2 Abs. 3 Satz 4 ff. UStAE ergangen. Danach ist die Parkplatzvermietung steuerfrei, sofern sie eine Nebenleistung zu einer steuerfreien Grundstücksvermietung darstellt. Dem steht nach Auffassung der Finanzverwaltung auch nicht entgegen, wenn die steuerfreie Grundstücksvermietung und die Stellplatzvermietung zivilrechtlich in getrennten Verträgen vereinbart werden, wenn beide Verträge zwischen denselben Vertragsparteien abgeschlossen wurden.

c) (Mit)Verpachtung von Betriebsvorrichtungen

Dem BFH liegt ein Streitfall zur Entscheidung vor, in dem es um die Verpachtung eines Stallgebäudes mit auf Dauer eingebauten Vorrichtungen und Maschinen geht. Bei diesen handelt es sich um speziell abgestimmte Ausstattungselemente für die vertragsgemäße Nutzung. Der Verpächter beurteilte seine Leistung bei der Verpachtung der Stallgebäude mit den auf Dauer eingebauten Vorrichtungen und Maschinen insgesamt als umsatzsteuerfrei. Hierfür vereinnahmte er ein einheitliches Entgelt, das nach den vertraglichen Regelungen nicht auf die Überlassung des Stalls einerseits und Vorrichtungen und Maschinen andererseits aufgeteilt war. Demgegenüber vertrat das Finanzamt die Auffassung, dass das einheitlich vereinbarte Pachtentgelt nach Maßgabe der beim Verpächter entstehenden Kosten zu 20 % auf die Vorrichtungen entfalle und insoweit umsatzsteuerpflichtig sei. **387**

---

1) BFH v. 10.12.2020, V R 41/19, BFH/NV 2021, 949. Vgl. hierzu Prätzler, jurisPR-SteuerR 31/2021 Anm. 6.

Mit Beschluss vom 26.5.2021[1] legte der BFH dem **EuGH die Frage zur Vorabentscheidung** vor, ob die bei Vermietung von auf Dauer eingebauten Vorrichtungen und Maschinen gemäß Art. 135 Abs. 2 Buchst. c MwStSystRL vorgesehene **Ausnahme von der Umsatzsteuerbefreiung** nur die isolierte (eigenständige) Vermietung derartiger Vorrichtungen und Maschinen oder auch die Vermietung (Verpachtung) derartiger Vorrichtungen und Maschinen erfasst, die aufgrund einer zwischen denselben Parteien erfolgenden Gebäudeverpachtung (und als Nebenleistung zu dieser) nach Art. 135 Abs. 1 Buchst. l MwStSystRL umsatzsteuerfrei ist.

Anmerkung:

Der BFH wird im Streitfall erst final beschließen, wenn der EuGH diese Vorabfrage geklärt hat. Das Ergebnis dürfte sich auf zahlreiche weitere Fallkonstellationen übertragen lassen.

d) Lieferung von selbst erzeugtem Strom

388 Nach Auffassung der **Finanzverwaltung** stellt die Lieferung von z.B. Strom eine **Nebenleistung zur Vermietung** dar, wenn diese durch den Vermieter über die Nebenkostenabrechnung abgerechnet wird (Abschn. 4.12.1 Abs. 5 Satz 3 UStAE). Ist die Vermietung steuerfrei, teilt die Nebenleistung dieses Schicksal und wird auch von der Steuerbefreiung umfasst.

Demgegenüber hatte der **EuGH** mit Urteil vom 16.4.2015[2] entschieden, dass die im Rahmen der Vermietung einer Immobilie von Dritten erbrachte Lieferung von Elektrizität, Wärme und Wasser sowie die Abfallentsorgung zugunsten des Mieters als vom Vermieter erbracht anzusehen sind, wenn dieser die Leistungen einkauft und lediglich die Kosten an die Mieter weitergibt. Diese Leistungen seien als **eigenständige Leistungen** auszulegen. Die Grundsätze des EuGH hat der BFH im Urteil vom 11.11.2015[3] wiedergegeben und im Hinblick auf das mitvermietete Mobiliar eine unselbständige Nebenleistung angenommen.

Unter Verweis auf die durch den EuGH aufgestellten Grundsätze geht das **Niedersächsische FG** im Rahmen seines Urteils vom 25.2.2021[4] davon aus, dass der durch den Vermieter **selbst erzeugte und an die Mieter gelieferte Strom als eigenständige Leistung** zu behandeln sei. Als Indiz hierfür wertet das Gericht die individuelle Abrechnung über den Strom. Im Streitfall wurde der durch die Mieter genutzte Strom durch den Stromversorger im Namen und auf Rechnung des Vermieters mit einem Aufschlag abgerechnet. Da es sich bei der Stromlieferung um eine umsatzsteuerpflichtige Lieferung handelte, stehe dem Vermieter folglich ein Vorsteuerabzug aus der Anschaffung der Photovoltaikanlage zu.

Beratungshinweis:

Gegen das Urteil wurde Revision beim BFH eingelegt, die unter Az. XI R 8/21 anhängig ist. Bis zur Entscheidung des XI. Senates des BFH können sich Vermieter weiter auf den UStAE berufen und die Stromlieferungen als unselbstständige Nebenleistungen behandeln. Abgerechnet werden dann die Bruttokosten, so dass die Umsatzsteuer in der Regel ohnehin indirekt durch den Mieter getragen wird, beim Vermieter bleibt allenfalls ein Zinsrisiko.

Soll diese Abrechnungspraxis im Hinblick auf bspw. hohe Vorsteuerbeträge geändert werden, wäre dies unter Verweis auf das o.g. EuGH-Urteil und das beim BFH anhängige Verfahren möglich. Die von der Verwaltungsauffassung abweichende Behandlung sollte dann unter Verwendung von Kennziffer 23 in der Umsatzsteuervoranmeldung gegenüber dem Finanzamt angezeigt werden. Bei nicht unternehmerischen Mietern empfiehlt es sich zudem, allein über den Bruttobetrag ohne

---

1) BFH v. 26.5.2021, V R 22/20, DB 2021, 1991. Vgl. hierzu Joost/Szabó, UVR 2021, 290.
2) EuGH v. 16.4.2015, Wojskowa Agencja Mieszkaniowa w Wars zawie, C-42/14, MwStR 2015, 413.
3) BFH v. 11.11.2015, V R 37/14, BStBl II 2017, 1259.
4) Niedersächsisches FG v. 25.2.2021, 11 K 201/19, EFG 2021, 883 mit Anm. Hennigfeld.

gesonderten Umsatzsteuerweis abzurechnen, um § 14c UStG-Thematiken und mögliche Zinsrisiken hieraus zu vermeiden.

14. Leistungsort von Seminarleistungen

Der **EuGH** hatte in einem schwedisches Umsatzsteuerrecht betreffenden Streitfall ent- **389** schieden, dass Lehrgänge, die die physische Anwesenheit der Teilnehmer vorausset- zen, als solche unter Art. 53 MwStSystRL fallen, so dass sich der Leistungsort dort befindet, wo die Veranstaltungen tatsächlich stattfinden.[1]

Mit Schreiben vom 9.6.2021[2] berücksichtigt das **BMF** diese Grundsätze nun in einem neuen Abschn. 3a.7a UStAE zum Leistungsort bei Veranstaltungen, so dass **bei physischer Anwesenheit** regelmäßig **auf den Veranstaltungsort abzustellen** sein wird. Keine Anwendung findet die Vorschrift bei Online-Teilnahme des Leistungsempfängers.

> **Beratungshinweis:**
>
> **Bisher** differenzierte die deutsche Finanzverwaltung bei der Leistungsortbestimmung danach, ob eine Veranstaltung der Allgemeinheit offensteht bzw. nicht der Öffentlichkeit zugänglich ist. Im letzten Fall sollte der Leistungsort nach dem Ort des Empfängers und nicht dem Veranstaltungsort zu bestimmen sein (Abschn. 3a.6 Abs. 13 Satz 3 Nr. 3 UStAE). Diese Differenzierung gilt nunmehr nicht mehr, Abs. 13 wird gestrichen.
>
> Mit Schreiben vom 19.8.2021[3] weist das BMF darauf hin, dass es für **vor dem 1.1.2022 ausgeführte Leistungen**, die nicht für die Öffentlichkeit allgemein zugänglich sind, **nicht beanstandet** wird, wenn die Beteiligten übereinstimmend die Leistungsbestimmung nach den vorgehenden Grundsätzen vornehmen.

15. Steuerbefreiungen im Gesundheits-, Pflege- und Sozialbereich

Mit dem JStG 2020[4] wurden mit Wirkung zum 1.1.2021 die bestehenden Steuerbefrei- **390** ungen im Gesundheits- Pflege- und Sozialbereich ausgedehnt.

Mit der Förderung des öffentlichen Gesundheitswesens verbundene Leistungen bestimmter Unternehmer, wie z.B. Sanitäts- und Rettungsdienste, sind künftig umsatzsteuerbefreit (§ 4 Nr. 14 Buchst. f UStG).

Leistungen, die **eng mit der Betreuung oder Pflege hilfsbedürftiger Personen verbunden** sind (wie z.B. Gutachtertätigkeiten), sind durch entsprechende Anpassung des § 4 Nr. 16 Satz 1 UStG künftig auch steuerbefreit, sofern sie von einer juristischen Person oder einer der dort genannten Einrichtungen erbracht werden.

Ergänzend werden **Einrichtungen** aufgenommen, mit denen eine **Vereinbarung zur Pflegeberatung** nach § 7a SGB XI besteht (§ 4 Nr. 16 Satz 1 Buchst. l UStG). Die Regelung für Einrichtungen, deren Betreuungs- oder Pflegekosten in mindestens 25 % der Fälle überwiegend von einem Sozialträger übernommen wurden, wird in einen neuen § 4 Nr. 16 Satz 1 Buchst. m UStG überführt und dabei werden auch Kosten einbezogen, die eng mit der Betreuung oder Pflege verbunden sind. Zudem erfolgt eine auf BFH-Rechtsprechung[5] basierende Änderung. Die **„Sozialgrenze" von 25 %** wird nicht mehr anhand des vorangegangenen Kalenderjahres geprüft. Maßgebend sind laut der Gesetzesbegründung die Verhältnisse zu Beginn des Kalenderjahres oder bei Aufnahme der Tätigkeit. Eine Erfüllung der 25 %-Grenze für das laufende Kalenderjahr liegt allerdings auch (weiterhin) vor, wenn sie im vorangegangenen Kalenderjahr erfüllt wurde.

---

1) EuGH v. 13.3.2019, Srf konsulterna, C-647/17, MwStR 2019, 359.
2) BMF v. 9.6.2021, III C 3 - S 7117-b/20/10002 :00, BStBl I 2021, 778.
3) BMF v. 19.8.2021, III C 3 - S 7117-b/20/10002 :00, BStBl I 2021, 1088.
4) Gesetz v. 21.12.2020, BGBl. I 2020, 3096 = BStBl I 2021, 6.
5) BFH v. 22.11.1984, V R 170/83, BStBl II 1985, 142 und v. 7.3.1995, XI R 51/94, BStBl II 1995, 562.

Die Steuerbefreiung gemäß § 4 Nr. 23 Satz 1 Buchst. c UStG umfasst künftig **neben Verpflegungsdienstleistungen auch Beherbergungsleistungen**, wie die kurzfristige Wohnungsvermietung gegenüber Studierenden und Schülern an Hochschulen und bestimmten Schulen, was insb. die Leistungen der Studentenwerke betrifft. Die Steuerfreiheit greift auch für entsprechende Leistungen von Kindertageseinrichtungen und von Berufsschulheimen an Studierende und Schüler.

16. Steuerschuldnerschaft des Leistungsempfängers bei Telekommunikationsdienstleistungen

391 Mit dem Jahressteuergesetz 2020[1] wurde zum 1.1.2021 § 13b Abs. 2 Nr. 12 UStG eingeführt, mit dem die **Steuerschuldnerschaft** des Leistungsempfängers auf sonstige Leistungen auf dem Gebiet der Telekommunikation **ausgeweitet** wurde. Damit schuldet der Leistungsempfänger für nach dem 31.12.2020 ausgeführte Telekommunikationsleistungen an sog. Wiederverkäufer die Umsatzsteuer.

> **Anmerkung:**
>
> Wiederverkäufer ist ein Unternehmer, dessen Haupttätigkeit in Bezug auf den Erwerb dieser Leistungen in deren Erbringung besteht und dessen eigener Verbrauch dieser Leistungen von untergeordneter Bedeutung ist (§ 13b Abs. 5 Satz 6 UStG). Unternehmer, die Telekommunikationsdienstleistungen nur als Nebenleistungen erbringen oder lediglich erwerben, sind nicht betroffen.

Mit Schreiben vom 23.12.2020[2] geht das BMF auf diese Neuregelung ein und nimmt entsprechende Ergänzungen im UStAE vor. So sind für **nach dem 31.12.2020 erbrachte Leistungen**, die unter die Neuregelung fallen, für die bereits vor dem 1.1.2021 auf Basis einer Rechnung mit Steuerausweis **Abschlagszahlungen** vereinnahmt wurden, grundsätzlich **Berichtigungen** im Voranmeldungszeitraum der Leistungserbringung nötig. Es wird aber nicht beanstandet, wenn für die Anwendung der Steuerschuldnerschaft des Leistungsempfängers nur das Entgelt zugrunde gelegt wird, das um die vor dem 1.1.2021 vereinnahmten Abschlagszahlungen gemindert wurde.

Zudem sieht das BMF eine **Übergangsregelung** vor. Nach dem 31.12.2020 und vor dem 1.4.2021 ausgeführten Leistungen konnten die Vertragsparteien einvernehmlich noch so behandeln, dass der Leistungserbringer die Steuer schuldet.

> **Anmerkung:**
>
> Zusammen mit dem BMF-Schreiben wurde das Vordruckmuster „USt 1 TQ" veröffentlicht, das vom Finanzamt auf Antrag als Bescheinigung über die Wiederverkäufereigenschaft ausgestellt wird.

17. Organschaft

a) Einbeziehung einer Personengesellschaft

392 Das **FG Berlin-Brandenburg** legte dem EuGH die Frage zur Vorabentscheidung vor, ob die restriktive Rechtsauffassung der Finanzverwaltung (Abschn. 2.8 Abs. 5a Satz 1 UStAE) sowie des BFH[3] zur Einbeziehung einer Personengesellschaft als Organgesellschaft EU-rechtskonform ist. Um die als Organgesellschaft erforderliche finanzielle Eingliederung vorweisen zu können, setzen die deutschen Finanzgerichte voraus, dass an der Personengesellschaft ausschließlich der Organträger und in dessen Unternehmen finanziell eingegliederte Personen beteiligt sind. Diese **einschränkende Auslegung der finanziellen Eingliederung** einer Personengesellschaft in den Organträger wird mit

---

1) Gesetz v. 21.12.2020, BGBl. I 2020, 3096 = BStBl I 2021, 6.
2) BMF v. 23.12.2020, III C 3 - S 7279/19/10006 :002, BStBl I 2021, 92. Vgl. hierzu Kraeusel, UVR 2021, 68.
3) BFH v. 2.12.2015, V R 25/13, BStBl II 2017, 547.

dem fehlenden Formzwang für Gesellschaftsverträge von Personengesellschaften begründet.

Der **EuGH** beurteilt eine solche restriktive Auslegung jedoch mit Urteil vom 15.4.2021[1] als **EU-rechtswidrig**. Die Bildung einer umsatzsteuerlichen Organschaft mit einer Personengesellschaft als Organgesellschaft dürfe nicht davon abhängig gemacht werden, ob Gesellschafter der Personengesellschaft neben dem Organträger nur Personen sind, die in das Unternehmen des Organträgers finanziell eingegliedert sind. Entscheidend sei vielmehr die Willensdurchsetzung auf Basis der Stimmrechtsverhältnisse.

Beratungshinweis:

Es bleibt **abzuwarten**, wie die **Finanzverwaltung** auf diese Entscheidung reagiert. In der Praxis könnten künftig, aber auch in noch offenen Fällen Personengesellschaften mit Fremdgesellschaftern in die umsatzsteuerliche Organschaft einzubeziehen sein. Diese mögliche Erweiterung des umsatzsteuerlichen Organkreises kann auch gerade im Hinblick auf die weiteren beim EuGH anhängigen Verfahren zur Frage der generellen Zulässigkeit der deutschen Organschaftsregelungen und den möglichen Folgen daraus interessant werden.

b) Anordnung der vorläufigen Eigenverwaltung

Mit BMF-Schreiben vom 4.3.2021[2] schließt sich das BMF der Rechtsprechung des **393** BFH[3] an. Dieser hatte entschieden, dass **weder die Anordnung der vorläufigen Eigenverwaltung beim Organträger noch** die Anordnung der vorläufigen Eigenverwaltung **bei der Organgesellschaft** eine umsatzsteuerliche Organschaft beendet, wenn das Insolvenzgericht lediglich bestimmt, dass ein vorläufiger Sachwalter bestellt wird, sowie Zwangsvollstreckungsmaßnahmen untersagt, soweit diese bewegliche Gegenstände betreffen (Anordnung gemäß § 21 Abs. 2 Satz 1 Nr. 3 InsO).

Anmerkung:

Die Finanzverwaltung wendet diese Rechtsauffassung, die in Abschn. 2.8 Abs. 12 Satz 6 UStAE eingefügt wurde, grundsätzlich **in allen offen Fällen** an. Mit Schreiben vom 22.6.2021[4] ergänzt das BMF, dass diese Rechtsauffassung allerdings nicht für vorläufige Eigenverwaltungsverfahren gilt, die nach dem 31.12.2020 angeordnet wurden, es sei denn, diese fallen unter die Anwendung des § 5 Abs. 1 COVID-19-Insolvenzaussetzungsgesetz (→ Rz. 611).

c) Steuerschuldnerschaft des Leistungsempfängers

Mit Urteil vom 23.7.2020[5] hatte der **BFH** für den Fall einer umsatzsteuerlichen Organ- **394** schaft entschieden, dass für die Beurteilung der Umkehr der Steuerschuldnerschaft und damit der Steuerschuldnerschaft des Leistungsempfängers bei Bauleistungen darauf abzustellen ist, **welche Außenumsätze im Organkreis** getätigt werden. Nichtsteuerbare Innenumsätze der Organgesellschaft innerhalb des Organkreis ließ der BFH hingegen unbeachtet.

Diese Rechtsauffassung übernimmt nun auch das **BMF** in seinem Schreiben vom 27.9.2021[6] und wendet diese darüber hinaus auch in Fällen der Umkehr der Steuer-

1) EuGH v. 15.4.2021, C-868/19, DStR 2021, 915. Vgl. hierzu Prätzler, jurisPR-SteuerR 25/2021 Anm. 7.
2) BMF v. 4.3.2021, III C 2 - S 7105/20/10001 :001, BStBl I 2021, 316. Vgl. hierzu Kraeusel, UVR 2021, 164.
3) BFH v. 27.11.2019, XI R 35/17, BStBl II 2021, 252. Vgl. hierzu Prätzler, jurisPR-SteuerR 19/2020 Anm. 6.
4) BMF v. 22.6.2021, III C 2 - S 7105/20/10001 :001, BStBl I 2021, 856. Vgl. hierzu Kraeusel, UVR 2021, 231.
5) BFH v. 23.7.2020, V R 32/19, HFR 2020, 1193. Vgl. hierzu Kirch, eNews steuern, Topthema, 43/2020 v. 26.10.2020.
6) BMF v. 27.9.2021, III C 3 - S 7279/19/10005 :003, BStBl I 2021, 1856. Vgl. hierzu Koisiak, eNews Steuern, 39/2021 v. 4.10.2021.

schuldnerschaft bei Lieferungen von Gas oder Elektrizität, Reinigung von Gebäuden und Gebäudeteilen sowie sonstigen Leistungen auf dem Gebiet der Telekommunikation an.

Anmerkung:

Bereits mit Schreiben vom 10.2.2021[1] hatte die Finanzverwaltung auf das o.g. Urteil reagiert und dargelegt, dass die Bescheinigungen über die Bauleister- oder Wiederverkäufereigenschaft beim für den Organträger zuständigen Finanzamt für den jeweiligen Organteil zu beantragen sind. Auch mit dem nun vorliegenden BMF-Schreiben gibt die Finanzverwaltung die isolierte Betrachtungsweise nicht auf, lediglich Innenumsätze sollen für die Beurteilung der Bauleister- bzw. Wiederverkäufereigenschaft des jeweiligen Organteils nicht beachtet werden. Ob diese isolierte Betrachtungsweise zukünftig einer gerichtlichen Überprüfung standhalten wird, ist vor dem Hintergrund des o.g. BFH-Urteils vom 23.7.2020 fraglich.

II. Vorsteuerabzug

1. Vorsteuerabzug einer Holdinggesellschaft

a) Gemischte Holdinggesellschaft

395 In seinem Urteil vom 12.11.2020[2] führt der EuGH entsprechend seiner bisherigen Rechtsprechung aus, dass eine Holdinggesellschaft wirtschaftlich tätig und zum Vorsteuerabzug berechtigt ist, wenn sie **in wiederkehrender Weise in die Verwaltung ihrer Tochtergesellschaften eingreift** (gemischte Holdinggesellschaft). Der Vorsteuerabzug sei dann bereits für **Vorbereitungshandlungen** in direktem und unmittelbarem Zusammenhang mit steuerbaren Ausgangsumsätzen zu gewähren. Da der EuGH hier von einem solchen Zusammenhang ausging, bejahte er den Vorsteuerabzug aus **Beratungsdienstleistungen** für eine durchgeführte Markterkundung, die auf den Erwerb von Gesellschaftsanteilen an einer anderen Gesellschaft gerichtet war, auch wenn der Erwerb letztlich nicht erfolgt ist.

Zu einem **anderen Ergebnis** kommt der EuGH hingegen hinsichtlich der Mehrwertsteuer, die auf eine Provision an ein Kreditinstitut entrichtet wurde. Das Kreditinstitut sollte hierfür die **Emission einer Anleihe** organisieren und einrichten. Das Kapital aus der Anleihe war für den Erwerb bzw. die Ausstattung von Tochtergesellschaften bestimmt, deren Erwerb letztlich nicht erfolgte. Stattdessen wurde das über die Anleihen erlangte Kapital der Muttergesellschaft als Darlehen (steuerfrei) gewährt. Obgleich die Holding bei Leistungsbezug eine steuerpflichtige Verwendungsabsicht hatte, versagte der EuGH aufgrund der tatsächlich steuerfreien Verwendung in Form der steuerfreien Darlehensgewährung letztlich den Vorsteuerabzug. Aus dem Funktionieren des Mehrwertsteuersystems sei letztlich zu schließen, dass es auf die tatsächliche Verwendung ankomme. Ein anderes Ergebnis würde der Neutralität der Mehrwertsteuer hinsichtlich der Abgabenbelastung der Unternehmer nicht gerecht werden.

Beratungshinweis:

Der EuGH stellte im ersten Teil seines Urteils nochmals klar, dass einer gemischten Holdinggesellschaft grundsätzlich ein Vorsteuerabzugsrecht im Hinblick auf Kosten im Zusammenhang des Erwerbs an einer geplant unternehmerisch gehaltenen Beteiligung zusteht, selbst wenn die Investition letztlich nicht getätigt wird. In der Praxis wird es gerade bei nicht realisierten Investitionen entscheidend darauf ankommen, die beabsichtigten Leistungsbeziehungen mit der Beteiligung **zu dokumentieren** und damit die beabsichtigte Funktion als Führungsholding hinreichend nachweisen zu können.

---

1) BMF v. 10.2.2021, III C 3 - S 7532/19/10010 :003, BStBl I 2021, 314. Vgl. hierzu Kraeusel, UVR 2021, 108.

2) EuGH v. 12.11.2020, Sonaecom SGPS, C-42/19, HFR 2021, 104. Vgl. hierzu Prätzler, jurisPR-SteuerR 8/2021 Anm. 6.

Soweit der EuGH im zweiten Teil der Entscheidung jedoch für die Frage des Vorsteuerabzugs nicht auf die Verwendungsabsicht sondern auf die spätere abweichende Verwendung abstellt, ist die Entscheidung überraschend und nicht im Einklang mit dem aktuellen Rechtsverständnis zum Vorsteuerabzug nach § 15 UStG. Hier muss die weitere Rechtsentwicklung beobachtet werden. Interessant ist insoweit auch, ob die abweichende Verwendung – wie im Entscheidungsfall – nur im Jahr des Leistungsbezugs oder auch in darauffolgenden Veranlagungszeiträumen die bisher für den Vorsteuerabzug maßgebliche Verwendungsabsicht außerhalb der Korrekturnorm des § 15a UStG überschreiben kann.

b) Geschäftsleitende Holdinggesellschaft

Der BFH bittet den EuGH um Klärung in der Frage des Vorsteuerabzugs für Eingangs- **396** leistungen einer geschäftsleitenden Holdinggesellschaft, die im Zusammenhang mit Gesellschafterbeiträgen der Holdinggesellschaft stehen. Konkret geht es in dem Vorabentscheidungsersuchen des BFH vom 23.9.2020[1] darum, ob einer geschäftsführenden Holdinggesellschaft der Vorsteuerabzug im Zusammenhang mit Eingangsleistungen aus **bezogenen Planungs- und Architektenleistungen** zusteht, die die Holding nicht für eigene Leistungen verwendet, sondern außerhalb einer umsatzsteuerlichen Organschaft **in die Tochtergesellschaft eingelegt** hat. Bei Direktbezug durch die Tochtergesellschaft wäre der Vorsteuerabzug ausgeschlossen gewesen, weil die Leistungen auf Ebene der Tochtergesellschaft in steuerfreie Grundstücksumsätze eingehen. Das Niedersächsische FG bejahte in erster Instanz mit Urteil vom 19.4.2018[2] das Recht auf Vorsteuerabzug vor dem Hintergrund der beachtlichen außersteuerlichen Gründe.

Der **BFH zweifelt an der Vorsteuerabzugsberechtigung** der Holding und legt hierzu dem EuGH zwei Vorlagefragen zur Entscheidung vor. Zum einen sei fraglich, ob ein Leistungsbezug für das (eigene) Unternehmen der Holding vorliegt oder nicht vielmehr ein Leistungsbezug für das Unternehmen ihrer Tochtergesellschaften anzunehmen ist und daher in einem solchen **„Durchleitungs"-Fall** das Vorsteuerabzugsrecht zu verneinen wäre. Die Fragestellung ist im Streitfall insb. deshalb von Bedeutung, weil die bezogenen Eingangsleistungen auf Ebene der Tochtergesellschaft im Zusammenhang mit steuerfreien Umsätzen gestanden haben.

Sollte der EuGH bei den streitigen Eingangsleistungen eine Vorsteuerabzugsberechtigung annehmen, sieht es der BFH als zweifelhaft an, ob die Zwischenschaltung einer Holding in den Leistungsbezug der Tochtergesellschaft zur Erlangung eines an sich nicht zustehenden Vorsteuerabzugs **nicht typischerweise rechtsmissbräuchlich** ist. Wirtschaftlich gesehen geschehe dasselbe wie in den sog. Vorschalt-Fällen, so dass ein Missbrauch in Betracht käme. Denn durch die Zwischenschaltung soll die Muttergesellschaft einen Vorsteuerabzug erhalten, der ihr bei unmittelbarem Leistungsbezug nicht zustünde. Dies sei nach Auffassung des BFH auch beim Vorliegen von außersteuerlichen Gründen nicht systemgerecht, da dadurch Holdinggesellschaften ein Wettbewerbsvorteil gegenüber einstufigen Unternehmen verschafft würde.

Anmerkung:

Die Gesellschafterbeiträge führten auf Ebene der Holding nicht zu einer Versteuerung als unentgeltliche Wertabgabe, da die Sachleistungen nur als Dienstleistungen erbracht wurden und keine Einlage körperlicher Gegenstände bspw. in Form von Werklieferungen vorlag. Während die unentgeltliche Zuwendung eines Gegenstandes regelmäßig zu der Versteuerung als unentgeltliche Wertabgabe führt, tritt diese Rechtsfolge bei Sachleistungen nur beim Vorliegen außerbetrieblicher Gründe ein.

---

1) BFH v. 23.9.2020, XI R 22/18, BStBl II 2021, 325 (Az. des EuGH: C-98/21).
2) Niedersächsisches FG v. 19.4.2018, 5 K 285/16, EFG 2019, 653 mit Anm. Hennigfeld.

2. Vorsteuerberichtigung bei teilweise erfolglosem Unternehmer

397 Der BFH entschied mit Urteil vom 27.10.2020[1] über folgenden Streitfall: Der in 2003 errichtete Anbau eines Pflegeheims sollte als Cafeteria sowohl von externen Besuchern für steuerpflichtige Umsätze als auch von Heimbewohnern für steuerfreie Umsätze genutzt werden. Seit 2009 stand die Cafeteria jedoch ohne weitere Verwendungsabsicht leer.

Auf die zuvor durch den BFH beim EuGH vorgelegte Frage antwortete der EuGH in seinem Urteil vom 9.7.2020[2] dahingehend, dass nach Einstellung des Betriebs die umsatzsteuerpflichtige Nutzung der Cafeteria entfallen und nur noch die steuerfreie Verwendung durch die Heimbewohner verblieben sei. Dementsprechend sei eine Änderung i.S.v. Art. 185 MwStSystRL gegeben und eine Berichtigung des Vorsteuerabzugs erforderlich. Hieran anschließend führt der BFH aus, dass eine **Vorsteuerberichtigung** dann vorzunehmen wäre, **wenn** die Cafeteria **entgegen der ursprünglichen Verwendungsabsicht nur noch für steuerfreie Umsätze** genutzt wurde. Hingegen sieht der BFH **keine Berichtigungsverpflichtung** bei einem **Leerstand ohne Verwendungsabsicht**.

> **Beratungshinweis:**
>
> In welchem Umfang ein Leerstand oder eine Nutzung für steuerfreie Umsätze vorlag, hat nun das FG Rheinland-Pfalz im Nachgang zu klären. Erstinstanzlich ist es noch vom Wegfall der steuerpflichtigen und fortan ausschließlich steuerfreien Verwendung ausgegangen. Im Hinblick auf die Revisionsrüge der Klägerin muss das FG nun prüfen, ob die Räume tatsächlich verschlossen waren und nur eine punktuelle Verwendung für Veranstaltungen des Heims mit einem Leerstand ohne Verwendungsabsicht im Übrigen vorlag. Im Umfang eines derartigen Leerstandes liege keine Nutzung für steuerfreie Umsätze vor. Auch wenn die Entscheidung des FG Rheinland-Pfalz noch aussteht, verdeutlicht die Entscheidung des BFH die Wichtigkeit der Dokumentation der Verwendungsabsicht oder auch der Nichtverwendungsabsicht bei Leerständen von Immobilien. Zu begrüßen ist, dass nach Auffassung des BFH ein Leerstand ohne Verwendungsabsicht zu keiner Vorsteuerberichtung nach § 15a UStG führt.

3. Zuordnung gemischt genutzter Gegenstände

398 Der V. BFH-Senat[3] und die Finanzverwaltung (Abschn. 15.2c Abs. 18 Satz 4 UStAE) vertreten bisher die Auffassung, dass der Vorsteuerabzug bei Vorliegen eines Zuordnungswahlrecht ausgeschlossen ist, wenn bis zum Ablauf der gesetzlichen Abgabefrist für die Umsatzsteuer-Jahreserklärung keine für die Finanzbehörden erkennbare Zuordnungsentscheidung abgegeben wurde. **Unterbleibt eine rechtzeitige Dokumentation**, geht die Finanzverwaltung davon aus, dass das Wirtschaftsgut dem privaten Bereich zugeordnet ist, sodass ein **Vorsteuerabzug nicht mehr möglich** ist. Der XI. BFH-Senat zweifelte an dieser Rechtsauslegung und hatte daher den EuGH in zwei Verfahren um Vorabentscheidung ersucht.[4]

In seinem Urteil vom 14.10.2021[5] führt der EuGH aus, dass zwischen der Zuordnungsentscheidung als solcher und der Dokumentation der Entscheidung zu differenzieren sei. Die **Entscheidung** sei **materielle Voraussetzung** für den Vorsteuerabzug, die Mitteilung an die Finanzverwaltung hingegen rein formelle Voraussetzung. Die materielle Voraussetzung setzt die **Zuordnung** zum Unternehmen grundsätzlich **im Zeitpunkt des Leistungsbezuges** voraus, dies erfordert jedoch nicht die Dokumentation gegenüber den Finanzbehörden, sondern kann sich grundsätzlich auch implizit (z.B. aus dem Abschluss von Verträgen) ergeben.

---

1) BFH v. 27.10.2020, V R 20/20 (V R 61/17), HFR 2021, 616. Vgl. hierzu Kirch, eNews Steuern, 8/2021 v. 1.3.2021.
2) EuGH v. 9.7.2020, HF, C-374/19, HFR 2020, 855. Vgl. hierzu Brill, DStZ 2020, 633.
3) U.a. BFH v. 7.7.2011, V R 42/09, BStBl II 2014, 76.
4) BFH v. 18.9.2019, XI R 7/19, HFR 2020, 300, v. 18.9.2019, XI R 3/19, BStBl II 2021, 112.
5) EuGH v. 14.10.2021, C-45/20 und C-46/20, BFH/NV 2021, 1629.

Die **Information der Finanzbehörde** über diese Zuordnung zum Unternehmen ist hingegen eine **rein formelle Voraussetzung** für den Vorsteuerabzug und der Vorsteuerabzug dürfe grundsätzlich nicht allein wegen der Nichterfüllung einer formellen Voraussetzung versagt werden. Zwar folge aus der Rechtsprechung des EuGH, dass die Ausübung des Abzugsrechts ohne zeitliche Beschränkung dem Grundsatz der Rechtsicherheit zuwiderlaufe, auf der anderen Seite Ausschlussfristen, deren Nichteinhaltung mit der Versagung des Abzugsrechts sanktioniert werden, nur dann EU-konform sind, wenn hierdurch der Äquivalenz- und der Effektivitätsgrundsatz gewahrt werden.

> **Beratungshinweis:**
>
> Daher hat der EuGH dem BFH aufgetragen, zu prüfen, ob die fragliche Ausschlussfrist im Hinblick auf das Ziel der Wahrung des Grundsatzes der Rechtsicherheit verhältnismäßig ist. Insofern ist abzuwarten, wie der BFH darüber entscheiden wird. Jedenfalls verdeutlicht die Entscheidung des EuGH wiederholt, welche Wichtigkeit eine ausreichende Dokumentation auf Ebene des Unternehmens hat.

4. Unberechtigter Steuerausweis

a) Auf einer Rechnung

Der nicht zum Ausweis von Umsatzsteuer berechtigte Rechnungsaussteller schuldet den ausgewiesenen Umsatzsteuerbetrag als unberechtigten Steuerausweis auch dann, wenn eine Rechnung **nicht alle** für eine ordnungsgemäße Rechnung erforderlichen **Rechnungsmerkmale** aufweist. Dies bestätigte der **BFH** zuletzt mit Urteil vom 21.9.2016.[1] **399**

Basierend hierauf hat das **BMF** mit Schreiben vom 11.1.2021[2] den UStAE geändert. Danach reicht es sowohl für Zwecke des unrichtigen (§ 14c Abs. 1 UStG) als auch des unberechtigten (§ 14c Abs. 2 UStG) Steuerausweises aus, wenn die Rechnung die **Mindestanforderungen** erfüllt. Dabei handelt es sich um den Rechnungsaussteller, den (vermeintlichen) Leistungsempfänger, eine Leistungsbeschreibung sowie das Entgelt und die gesondert ausgewiesene Umsatzsteuer. An den gesonderten Umsatzsteuerausweis sind laut BMF-Schreiben keine besonderen optischen Anforderungen zu stellen. So kann die Steuer z.B. durch einen erläuternden Hinweis, der die Steuer als Geldbetrag nennt und den Steuerbetrag kennzeichnet, bereits als gesondert ausgewiesen gelten. Das BMF ändert entsprechend Abschn. 14c.1 Abs. 1 und 14c.2 Abs. 1 und Abs. 7 UStAE.

> **Beratungshinweis:**
>
> Eine § 14c UStG-Steuer kann nicht nur durch ein abstraktes Abrechnungspapier ausgelöst werden. Auch Verträge können zu einer § 14c UStG-Steuerschuld führen, wenn darin eine Umsatzsteuer offen ausgewiesen wird und zusätzlich mittels separater Rechnung abgerechnet wird. Zur Vermeidung dieses Risikos sollte in Verträgen der offene Ausweis von Umsatzsteuer vermieden werden.

b) In einer Gutschrift

Mit Urteil vom 27.11.2019[3] entschied der **BFH**, dass eine Gutschrift, die über die Leistung eines Nichtunternehmers ausgestellt wird, **nicht einer Rechnung gleichsteht**. In dem Entscheidungsfall wurde gegenüber einem Aufsichtsrat mittels Gutschrift abgerechnet und obgleich der BFH in dem Fall eine unternehmerische Tätigkeit des Auf- **400**

---

1) BFH v. 21.9.2016, XI R 4/15, BStBl II 2021, 106.
2) BMF v. 11.1.2021, III C 2 - S 7283/19/10001 :001, BStBl I 2021, 120.
3) BFH v. 27.11.2019, V R 23/19 (V R 62/17), BStBl II 2021, 542. Vgl. hierzu Frase, BeSt 2020, 21, Koisiak, eNews Steuern, Topthema, 6/2020 v. 10.2.2020.

sichtsrats ablehnte, führte dies nicht zu einer Steuerschuld des Aufsichtsrates nach § 14c Abs. 2 UStG. Offen war, ob dies auch für den Fall gilt, wenn zwischen zwei Unternehmern über eine nicht erbrachte Leistung mittels Gutschrift abgerechnet wird.

Hierzu hat das **BMF** mit Schreiben vom 19.8.2021[1] Stellung genommen. Wird **zwischen zwei Unternehmern** eine Gutschrift über eine nicht erbrachte Leistung ausgestellt, steht dieses Abrechnungsdokument nach Auffassung der Finanzverwaltung einer Rechnung gleich und kann eine **Steuerschuld nach § 14 c Abs. 2 UStG** auslösen. Ein **Vorsteuerabzug** aus einem solchen Abrechnungsdokument ist von vorneherein **ausgeschlossen.**

Des Weiteren betont das BMF in seinem Schreiben, dass ein nach § 14 Abs. 2 Satz 3 UStG wirksamer **Widerspruch** des Gutschriftempfängers gegen eine ihm erteilte Gutschrift, zwar dazu führt, dass ab dem Besteuerungszeitpunkt des Widerspruchs kein Rechnungsdokument mehr vorliegt, das dem Gutschriftaussteller den Vorsteuerabzug ermöglicht, aber der Widerspruch allein nicht genügt, um auch die Steuergefährdung nach § 14c Abs. 2 UStG zu beseitigen. Hintergrund seien die unterschiedlichen Rechnungsbegriffe nach § 14 und § 14c UStG. Der Gutschriftempfänger schuldet somit trotz eines wirksamen Widerspruchs die ausgewiesene Steuer weiterhin nach § 14 c Abs. 2 UStG bis die Steuergefährdung tatsächlich beseitigt worden ist.

> **Beratungshinweis:**
>
> Die Ausführungen der Finanzverwaltung zur erforderlichen Beseitigung der Gefährdung des Steueraufkommens bei Abrechnung mittels Gutschrift über eine nicht erbrachte Leistung zwischen Unternehmern stellen eine Verschärfung für den Gutschriftempfänger dar. Für betroffene Unternehmer als Gutschriftempfänger wäre es dann nicht ausreichend, lediglich der Gutschrift zu widersprechen. Die Umsatzsteuerkorrektur müsste dann, folgt man der Auffassung der Finanzverwaltung, beim Finanzamt beantragt werden und würde dessen Zustimmung voraussetzen.

5. Angabe des Leistungszeitpunkts in der Rechnung

401 Eine Rechnung, die zum Vorsteuerabzug berechtigt, muss die in § 14 Abs. 4 UStG vorgegebenen Angaben enthalten. Gemäß § 31 Abs. 4 UStDV genügt für die Angabe des Leistungszeitpunkts, wenn der Kalendermonat der Leistung angegeben wird. Mit Urteil vom 1.3.2018[2] entschied der **BFH**, dass sich die Angabe des Kalendermonats als Leistungszeitpunkt unter Beachtung unionsrechtlicher Vorgaben **aus dem Ausstellungsdatum der Rechnung** ergeben kann, wenn nach den Verhältnissen des Einzelfalls davon auszugehen ist, dass die Leistung in dem Monat bewirkt wurde, in dem die Rechnung ausgestellt wurde. Darüber hinaus stellte er klar, dass die Leistungsbeschreibung in dem damaligen Streitfall keinen Rückschluss auf den Ort der Leistungserbringung und eine mögliche Steuerpflicht erlaubte. Mangels Vorliegens einer ordnungsgemäßen Leistungsbeschreibung in der Rechnung versagte er in dem konkreten Fall den Vorsteuerabzug. Die Grundsätze bestätigte der BFH mit Urteil vom 15.10.2019[3] und führt weiterhin aus, wann in sog. Strohmannfällen dieser als leistender Unternehmer anerkannt wird.

Diese Rechtsprechung hat die **Finanzverwaltung** nun mit BMF-Schreiben vom 9.9.2021[4] aufgegriffen und den UStAE daran angepasst. Danach sind Rechnungen, in denen keine Angabe zum Leistungszeitpunkt enthalten ist, nicht ordnungsgemäß und ein Vorsteuerabzug grundsätzlich nicht möglich, es sei denn die Finanzverwaltung verfügt **ausnahmsweise über sämtliche Angaben**, um die materiellen Voraussetzungen zu prüfen. Die durch den BFH aufgestellten Grundsätze, wonach sich die Angabe des

---

1) BMF v. 19.8.2021, III C 2 - S 7283/19/10001 :002, BStBl I 2021, 1087. Vgl. hierzu Kraeusel, UVR 2021, 325.
2) BFH v. 1.3.2018, V R 18/17, BStBl II 2021, 644.
3) BFH v. 15.10.2019, V R 29/19 (V R 44/16), BStBl II 2021, 646.
4) BMF v. 9.9.2021, III C 2 - S 7280-a/19/10004 :001, BStBl I 2021, 1593.

Leistungszeitpunkts aus dem Ausstellungsdatum ergibt, basieren auf Einzelfall-Entscheidungen. Dies bedeutet im Umkehrschluss, dass die Grundsätze immer dann nicht gelten, wenn nicht feststeht, dass die Daten zusammenfallen. Anhaltspunkte hierfür sind z.B. wenn eine unmittelbar mit der Leistung zusammenfallende Rechnungsstellung nicht branchenüblich ist, vom betroffenen Rechnungsaussteller nicht immer durchgeführt wird oder bei der konkreten Leistung sonstige Zweifel an einem Zusammenfallen der Daten bestehen. Sofern **Zweifel** bestehen, muss der **Unternehmer** diese **ausräumen**, andernfalls wird der Vorsteuerabzug versagt. Darüber hinaus konkretisiert die Finanzverwaltung, dass unrichtige und ungenaue Angaben nicht ausreichen, wenn diese keinen Rückschluss auf den Ort der Leistungserbringung ermöglichen und nimmt Ergänzungen im Hinblick auf die o.g. Strohmann-Rechtsprechung vor.

> **Beratungshinweis:**
>
> Grundsätzlich obliegt die Nachweispflicht dem den Vorsteuerabzug begehrenden Unternehmer. Der Rechtsprechung des EuGH folgend kann der Unternehmer fehlende Angaben zur Leistungsbeschreibung oder zum Leistungszeitpunkt durch andere ihm vorliegende Geschäftsunterlagen (bspw. Lieferschein) ergänzen oder nachweisen; letzteres muss ihm nach den aktuellen Anpassungen jedoch nunmehr zweifelsfrei gelingen.

6. Unvollständige Vorsteuervergütungsanträge

Anträge auf Vergütung von Vorsteuern sind in Drittlandsfällen regelmäßig bis 30.6. des **402** Folgejahres und in EU-Fällen bis 30.9. des Folgejahres zu stellen. Vorsteuervergütungsanträge über deutsche Vorsteuern werden durch das BZSt bearbeitet, wobei die Antragstellung von in der übrigen EU ansässigen Unternehmern über die entsprechende Behörde im Ansässigkeitsstaat erfolgt. Das **BZSt** versteht die jeweilige Antragsfrist als Ausschlussfrist und **lehnte** in der Vergangenheit Anträge, bei denen **Angaben oder Unterlagen fehlten**, systematisch ab.

> **Anmerkung:**
>
> Die EU-Kommission rügte bereits 2016, Deutschland verstoße mit dieser Verwaltungspraxis, unzureichend ausgefüllte Erstattungsanträge ohne Aufklärungsbemühung abzulehnen, gegen den Grundsatz der Neutralität der Mehrwertsteuer und gegen Art. 170 und 171 MwStSystRL sowie Art. 5 RL 2008/9/EG. Zwar wurden zwischenzeitlich von der Finanzverwaltung entsprechende Unterlagen bzw. Rechnungskopien nachgefordert. Sofern die Unterlagen aber erst nach Fristablauf am 30.9. des auf das Antragsjahr folgenden Jahres eingingen, wurden Vorsteuervergütungsanträge weiterhin abgelehnt.

Auf Klage der EU-Kommission hin hat der **EuGH**[1] festgestellt, dass ein solches Vorgehen, soweit es Vorsteuervergütungsanträge von EU-ansässigen Steuerpflichtigen betrifft, **EU-rechtswidrig** ist. Ein fristgerechter Vorsteuervergütungsantrag dürfe nicht abgelehnt werden, wenn Rechnungskopien fehlen und ggf. erst nach Fristablauf vorgelegt werden. Der EuGH macht damit erneut deutlich, dass der Vorsteuerabzug bei Vorliegen der materiellen Voraussetzungen auch dann zu gewähren ist, wenn bestimmte formelle Anforderungen nicht erfüllt werden.

III. Steuersatz

1. Verlängerung der Absenkung für Restaurantleistungen

Mit dem Corona-Steuerhilfegesetz[2] wurde **zunächst** befristet für Umsätze aus Restau- **403** rant- und Verpflegungsleistungen, die **nach dem 30.6.2020 und vor dem 1.7.2021**

---

1) EuGH v. 18.11.2020, Kommission/Deutschland, C-371/19, HFR 2021, 112. Vgl. hierzu Prätzler, jurisPR-SteuerR 23/2021 Anm. 5.
2) Gesetz v. 19.6.2020, BGBl. I 2020, 1385 = BStBl I 2020, 550.

erbracht wurden, die Anwendung des ermäßigten Umsatzsteuersatzes angeordnet. Infolge der Absenkung der Umsatzsteuersätze im Zeitraum 1.7.2020 bis 31.12.2020 von 19 % auf 16 % bzw. 7 % auf 5 % unterlagen damit Restaurant- und Verpflegungsleistungen in diesem Zeitraum nur einem Umsatzsteuersatz von 5 %. Seit 1.1.2021 kam hier wieder Steuersatz von 7 % zur Anwendung.[1]

Die Anwendung des ermäßigten Umsatzsteuersatzes von 7 % wurde durch das Dritte Corona-Steuerhilfegesetz[2] auf Restaurant- und Verpflegungsleistungen erneut **verlängert** und gilt für die entsprechenden Leistungen, die **vor dem 1.1.2023 erbracht** werden.

Anmerkung:

Wie bereits bislang wird die Ausgabe von Getränken nicht von dieser Begünstigung erfasst. Soweit sich Restaurant- und Verpflegungsleistungen auf Getränke beziehen, unterliegt der Umsatz dem Regelsteuersatz von 19 %.

2. Mitbenutzungsrecht an Verzehrvorrichtungen Dritter

404 Der **BFH** hatte mit Urteil vom 3.8.2017[3] entschieden, dass die **Abgabe von Brezeln** („Wiesnbrezn") **in Festzelten** durch einen anderen Unternehmer als den Festzeltbetreiber dem ermäßigten Steuersatz unterliegt. Dabei verneinte der BFH, dass dem Breznverkäufer, der lediglich einen Verkaufsstand in einem Festzelt betrieb, die vorhandene „verzehrfördernde Infrastruktur" des Festzelts zuzurechnen sei.

Mit Schreiben vom 22.4.2021[4] arbeitet das **BMF** diese Grundsätze nun in Abschn. 3.6 Abs. 5 UStAE zur Abgrenzung von Lieferungen und sonstigen Leistungen bei der Abgabe von Speisen und Getränken ein. **Grundsätzlich** sind zwar **von Dritten erbrachte Dienstleistungselemente nicht zu berücksichtigen**. Etwas anderes solle aber gelten und dabei bezieht sich das BMF auf eine vom BFH genannte **Ausnahmemöglichkeit**, wenn dem Leistenden durch den Dritten ein Mitbenutzungsrecht in Form von **Verfügungs- und Dispositionsmöglichkeiten** an dessen Dienstleistungselementen (z.B. Verzehrvorrichtungen) zugestanden worden ist.

Beratungshinweis:

Im Breznverkäufer-Urteil war das nicht der Fall, da der Breznverkäufer z.B. nicht über Tischzuweisungen o.Ä. entscheiden durfte. Dies wird durch die Finanzverwaltung (leider) nicht aufgegriffen, die es insoweit bei dem allgemeinen Hinweis belässt, dass immer die Umstände des jeweiligen Einzelfalls maßgebend seien.

IV. Sonstige umsatzsteuerliche Themen

1. Neue One-Stop-Shops

405 Im Zuge der Umsetzung des sog. MwSt-Digitalpakets mit dem JStG 2020[5] wird der bereits bestehende Mini-One-Stop-Shop (MOSS) sowohl für Unternehmer mit Sitz außerhalb des Gemeinschaftsgebiets (§ 18i UStG), als auch für EU-Unternehmer auf weitere Leistungen ausgedehnt (§ 18j UStG).[6] Zudem wird ein neuer Import-One-Stop-

---

1) Vgl. dazu ausführlich auch Ebner Stolz / BDI, Steuer- und Wirtschaftsrecht 2021, Rz. 411.
2) Gesetz v. 10.3.2021, BGBl. I 2021, 330 = BStBl I 2021, 335.
3) BFH v. 3.8.2017, V R 15/17, BStBl II 2021, 403. Vgl. hierzu Koisiak, eNews Steuern, Topthema, 37/2017 v. 18.7.2017.
4) BMF v. 22.4.2021, III C 2 - S 7210/19/10002 :005, BStBl I 2021, 712. Vgl. hierzu Kraeusel, UVR 2021, 231.
5) Gesetz v. 21.12.2020, BGBl. I 2020, 3096 = BStBl I 2021, 6.
6) Vgl. zum neuen OSS-Verfahren sowie zum neuen IOSS-Verfahren Huschens UVR 2021, 73; Brill, kösdi 2021, 22115.

Shop (IOSS) für Einfuhren mit einem Sachwert von maximal 150 Euro eingeführt (§ 18k UStG).

Beratungshinweis:

An den jeweiligen One-Stop-Shop-Verfahren können Unternehmer **nur einheitlich für alle EU-Staaten** und mit **allen entsprechenden Umsätzen** teilnehmen.

Die Frist für die Einreichung der entsprechend zu übermittelnden Steuererklärung beträgt einen Monat nach Ablauf des Besteuerungszeitraums (anstelle von 20 Tagen beim MOSS). Als Besteuerungszeitraum wird das Kalendervierteljahr bestimmt, außer bei Einfuhren von Sendungen aus dem Drittlandsgebiet mit einem Wert von höchstens 150 Euro. In diesem Fall ist als Besteuerungszeitraum der Kalendermonat vorgesehen (§ 16 Abs. 1c bis 1e UStG). Unternehmern ist es zudem gestattet, vorangegangene Mehrwertsteuererklärungen in einer späteren Erklärung und nicht in den Erklärungen der Besteuerungszeiträume, auf die sich die Berichtigungen beziehen, zu berichtigen.

a) One-Stop-Shop-Verfahren nach § 18i UStG

Das bisherige Mini-One-Stop-Shop (MOSS)-Verfahren für nicht in der EU ansässige **406** Unternehmer wurde durch das JStG 2020[1] auf alle am Ort des Verbrauchs ausgeführten Dienstleistungen an Nichtunternehmer mit (Wohn-)Sitz im Gemeinschaftsgebiet ausgedehnt (§ 18i UStG). Damit können **Nicht-EU-Unternehmer für alle sonstigen Leistungen an Nichtunternehmer** das damit entstehende One-Stop-Shop (OSS)-Verfahren in einem EU-Staat nutzen und nicht mehr wie bislang nach § 18 Abs. 4c UStG nur für elektronische Dienstleistungen. Nicht-EU-Unternehmer konnten seit 1.4.2021 beim BZSt anzeigen, dass sie mit Wirkung zum 1.7.2021 am OSS-Verfahren teilnehmen, worauf das BMF in seinem Schreiben vom 1.4.2021[2] hinweist.[3]

Anmerkung:

Bei einer Teilnahme am OSS-Verfahren sind vom Unternehmer **vierteljährliche Erklärungen** zu übermitteln (§ 16 Abs. 1c Satz 1 i.V.m. § 18i Abs. 3 UStG). Hieran anknüpfend entsteht nach § 13 Abs. 1 Nr. 1 Buchst. f UStG künftig die Steuer mit Ablauf des Besteuerungszeitraums der Leistungsausführung.

b) One-Stop-Shop-Verfahren nach § 18j UStG

Für **EU-ansässige Unternehmer**, die sonstige Leistungen an Nichtunternehmer erbringen, wurde – ebenso durch das JStG 2020[4] – der bestehende Mini-One-Stop-Shop, der **407** aktuell nur elektronische Leistungen an Nichtunternehmer erfasst, auf **Lieferungen** nach § 3 Abs. 3a Satz 1 UStG **innerhalb eines Mitgliedstaates über eine elektronische Schnittstelle**, auf **innergemeinschaftliche Fernverkäufe** nach § 3c Abs. 1 UStG und **alle am Ort des Verbrauchs ausgeführten Dienstleistungen an Nichtunternehmer** mit Sitz oder Wohnsitz **im Gemeinschaftsgebiet** ausgedehnt. Auch diese Änderung gilt seit 1.4.2021.

EU-ansässige Unternehmer müssen ihre Teilnahme an diesem damit entstehenden OSS-Verfahren in ihrem jeweiligen Ansässigkeitsstaat anzeigen. Für im Inland ansässige Unternehmer erfolgt die Anzeige über das BZSt (§ 18j Abs. 2 Satz 1 und 2 UStG).

Darüber hinaus steht das besondere Besteuerungsverfahren nach § 18j Abs. 1 Nr. 1 UStG auch **Nicht-EU-Unternehmern** offen, die durch das **Betreiben einer elektroni-**

---

1) Gesetz v. 21.12.2020, BGBl. I 2020, 3096 = BStBl I 2021, 6.
2) BMF v. 1.4.2021, III C 3 - S 7340/19/10003 :022, BStBl I 2021, 629. Vgl. hierzu Kraeusel, UVR 2021, 135.
3) Vgl. hierzu Huschens UVR 2021, 73, Brill, kösdi 2021, 22115.
4) Gesetz v. 21.12.2020, BGBl. I 2020, 3096 = BStBl I 2021, 6.

schen **Schnittstelle** gemäß dem neuen § 3 Abs. 3a Satz 1 UStG selbst aufgrund der Fiktion Gegenstände innerhalb eines Mitgliedstaates verkaufen oder innergemeinschaftliche Fernverkäufe nach § 3c Abs. 1 Satz 2 und 3 UStG erbringen. Damit können Nicht-EU-Unternehmer Lager in mehreren Mitgliedstaaten unterhalten und zusätzlich zu innergemeinschaftlichen Fernverkäufen Gegenstände aus diesen Lagern an Erwerber im selben Mitgliedstaat liefern.

Verfügt der im Drittland ansässige Unternehmer über eine Betriebsstätte im Inland, muss er die Teilnahme am OSS-Verfahren beim BZSt anzeigen (§ 18j Abs. 2 Satz 3 UStG). Bei Betriebsstätten in mehreren EU-Staaten kann der Unternehmer entweder im Inland oder in einem der anderen EU-Staaten, in denen er Betriebsstätten unterhält, die Teilnahme anzeigen (§ 18j Abs. 2 Satz 4 UStG). Verfügt ein Nicht-EU-Unternehmer über keine Betriebsstätte innerhalb der EU, muss er die Teilnahme am OSS-Verfahren im Inland anzeigen, wenn der Beginn der Beförderung oder Versendung im Inland ist (§ 18j Abs. 2 Satz 5 UStG).

> **Anmerkung:**
>
> Bei einer Teilnahme am OSS-Verfahren sind vom Unternehmer vierteljährliche Erklärungen zu übermitteln (§ 16 Abs. 1d Satz 1 i.V.m. § 18j Abs. 4 UStG), was erstmals für nach dem 30.6.2021 ausgeführte Umsätze möglich war. Hieran anknüpfend entsteht gemäß § 13 Abs. 1 Nr. 1 Buchst. g UStG künftig die Steuer mit Ablauf des Besteuerungszeitraums der Leistungsausführung.

c) Import-One-Stop-Shop-Verfahren nach § 18k UStG

408 Unternehmer, die **Fernverkäufe von Gegenständen** nach den mit dem JStG 2020[1] neu geregelten §§ 3 Abs. 3a Satz 2 oder 3c Abs. 2 oder 3 UStG mit einem **Sachwert von maximal 150 Euro pro Sendung** im Gemeinschaftsgebiet erbringen, können dafür seit 1.7.2021 auch ein besonderes Besteuerungsverfahren, den sog. Import-One-Stop-Shop (IOSS), wählen. Das IOSS-Verfahren gilt für **EU-** ebenso wie für **Nicht-EU-Unternehmer**. Verbrauchsteuerpflichtige Waren sind ausgeschlossen.

Für aus dem Drittland in die EU eingeführte Gegenstände mit einem Sachwert pro Sendung von höchstens 150 Euro gilt eine neue **Befreiung von der Einfuhrumsatzsteuer** nach § 5 Abs. 1 Nr. 7 UStG. Voraussetzung ist die Angabe einer individuellen Identifikationsnummer des Lieferers oder dessen Vertreters bei der Zollanmeldung.

Die Zuordnung, in welchem Staat die Anzeige über die Teilnahme am IOSS-Verfahren erfolgen soll, erfolgt nach ähnlichen Grundsätzen wie nach § 18j UStG (§ 18k Abs. 2 UStG, → Rz. 407).

> **Anmerkung:**
>
> Bei einer Teilnahme am IOSS-Verfahren sind vom Unternehmer monatliche Erklärungen zu übermitteln (§ 16 Abs. 1e Satz 1 i.V.m. § 18j Abs. 4 UStG). Hieran anknüpfend entsteht nach § 13 Abs. 1 Nr. 1 Buchst. h UStG die Steuer mit Ablauf des Besteuerungszeitraums der Leistungsausführung. Zusätzlich wird bestimmt, dass die Gegenstände als zu dem Zeitpunkt geliefert gelten, zu dem die Zahlung angenommen wurde.

Durch Einfügung eines neuen § 13a Abs. 1 Nr. 7 UStG können Unternehmer, die am IOSS-Verfahren teilnehmen, einen **in der EU-ansässigen Vertreter als Steuerschuldner** und zur Erfüllung der Verpflichtungen aus dem IOSS-Verfahren für Rechnung des Unternehmers benennen. Für Unternehmer, die in einem Drittland ansässig sind, das nicht in der Durchführungsverordnung entsprechend Art. 369m Abs. 3 MwStSystRL aufgeführt ist, gilt das verpflichtend.

---

1) Gesetz v. 21.12.2020, BGBl. I 2020, 3096 = BStBl I 2021, 6.

2. Betreiber einer elektronischen Schnittstelle

a) Erweiterung der besonderen Pflichten

Betreiber einer elektronischen Schnittstelle unterliegen besonderen Pflichten. Sie **409** haben Angaben über Lieferungen eines Unternehmers, die auf dem von ihm bereitgestellten Marktplatz rechtlich begründet werden aufzuzeichnen und auf Aufforderung dem Finanzamt zu übermitteln.

Diese in § 22f UStG geregelten Pflichten wurden für nach dem 30.6.2021 ausgeführte Umsätze durch das JStG 2020[1] modifiziert. Der Betreiber der elektronischen Schnittstelle muss **neben den bereits bislang vorgesehenen Angaben**, wie z.B. den vollständigen Namen und die Anschrift des liefernden Unternehmers, künftig u.a. auch dessen Website und, soweit bekannt, seine Steuernummer und Bankverbindung aufzeichnen.

b) Modifizierung der Haftung

Die bisherige Haftungsregel für elektronische Marktplätze nach § 25e UStG wurde **410** durch das JStG 2020[2] verändert und ist auf nach dem 30.6.2021 ausgeführte Umsätze anzuwenden. Als **Betreiber** haftet folglich derjenige, der mittels einer elektronischen Schnittstelle die Lieferung von Gegenständen unterstützt (§ 25e Abs. 1 UStG). Der so definierte Betreiber haftet weiterhin für die nicht entrichtete Steuer aus diesen Lieferungen, allerdings nicht in Fällen des § 3 Abs. 3a UStG. Hierauf weist auch das BMF explizit in seinem Schreiben vom 1.4.2021[3] hin.

Auch die Begriffsdefinition der **elektronischen Schnittstelle** wird angepasst. Nach § 25e Abs. 5 UStG handelt es sich dabei um einen elektronischen Marktplatz, eine elektronische Plattform, ein elektronisches Portal oder „Ähnliches". In § 25e Abs. 6 UStG wird festgelegt, dass eine elektronische Schnittstelle eine Lieferung **unterstützt**, wenn darüber Gegenstände zum Verkauf angeboten werden und eine Kontaktaufnahmemöglichkeit besteht, die zum Verkauf führt. Kein „Unterstützen" im Sinne der Norm liegt vor, wenn der Schnittstellenbetreiber keine der Lieferbedingungen festlegt und nicht an der Autorisierung der Abrechnung sowie der Bestellung oder Lieferung der Gegenstände beteiligt ist.

Eine **Haftung des Betreibers** besteht allerdings dann **nicht**, wenn der **liefernde Unternehmer eine Bescheinigung** vorgelegt hat. Ab 1.7.2021 ist zudem das Vorliegen einer gültigen **UStIdNr.** erforderlich. Dementsprechend wird gemäß § 18e Nr. 3 UStG seit 1.7.2021 Betreibern i.S.d. § 25e UStG auf Antrag die Gültigkeit einer inländischen UStIdNr. sowie der Name und die Anschrift des liefernden Unternehmers durch das BZSt bestätigt.

> **Beratungshinweis:**
>
> Mit Schreiben vom 20.4.2021 geht das BMF[4] ausführlich auf die Details zu diesem Bestätigungsverfahren ein, die in einem neuen Abschn. 18e.3 UStAE geregelt sind. Eine **einfache Bestätigungsabfrage** ist demnach **nicht ausreichend**. Zudem setzt die Bestätigungsanfrage beim BZSt voraus, dass der Betreiber im Zeitpunkt der Anfrage im Inland steuerlich erfasst ist und selbst über eine gültige UStIdNr. verfügt. Darüber hinaus muss er vom zuständigen Finanzamt zur Teilnahme am Bestätigungsverfahren zugelassen sein. Für den Antrag soll der Betreiber glaubhaft darlegen, dass er die Voraussetzungen des § 25e Abs. 5 und 6 UStG erfüllt. Im Falle einer umsatzsteuerlichen Organschaft ist eine Antragstellung nicht durch die Organgesellschaft, sondern durch den Organträger vorgesehen.

---

1) Gesetz v. 21.12.2020, BGBl. I 2020, 3096 = BStBl I 2021, 6.
2) Gesetz v. 21.12.2020, BGBl. I 2020, 3096 = BStBl I 2021, 6.
3) BMF v. 1.4.2021, III C 3 - S 7340/19/10003 :022, BStBl I 2021, 629.
4) BMF v. 20.4.2021, III C 5 - S 7420/19/10002 :013, DStR 2021, 993.

3. Umsatzbesteuerung von Bund und Ländern

411 Erfüllt eine juristische Person des öffentlichen Rechts die Unternehmereigenschaft nach § 2b UStG, müssen grundsätzlich seit 1.1.2021 alle ihre steuerbaren Umsätze aus ihren sämtlichen Betrieben gewerblicher Art in einer einzigen Umsatzsteuervoranmeldung bzw. -jahreserklärung deklariert werden.

Die Abgabe einer einheitlichen Erklärung für die durch das gesamte Handeln ihrer Organe bewirkten steuerbaren Umsätze wäre für die Gebietskörperschaften Bund und Länder mit erheblichen praktischen und rechtlichen Schwierigkeiten verbunden. Daher wurde mit dem JStG 2020[1] zur Verwaltungsvereinfachung für die Umsatzbesteuerung von Bund und Ländern geregelt, dass die **einzelnen Organisationseinheiten** alle steuerlichen Rechte und Pflichten wahrnehmen (§ 18 Abs. 4f Sätze 1 bis 7 UStG). Die Gebietskörperschaften bekommen aber auch die Möglichkeit, diese Vereinfachungsregelungen **nicht anzuwenden** (§ 18 Abs. 4f Satz 8 UStG).

4. Einfuhr von Sendungen mit Sachwert bis 150 Euro

412 Mit dem JStG 2020[2] wurde die Einfuhrumsatzsteuerfreiheit nach § 1a EUStBV für Warensendungen aus dem Drittland, deren Wert 22 Euro nicht übersteigt, zum 1.7.2021 aufgehoben.

Eine Befreiung von der Einfuhrumsatzsteuer für Einfuhren, die nach dem 30.6.2021 ausgeführt werden, ist dann aber nach § 5 Abs. 1 Nr. 7 UStG bei Warensendungen mit einem Wert von **höchstens 150 Euro** möglich, die **im Rahmen des IOSS-Verfahrens** (§ 18k UStG, → Rz. 408) **gemeldet** werden.

> **Beratungshinweis:**
> Wird eine Befreiung von der Einfuhrumsatzsteuer nach § 5 Abs. 1 Nr. 7 UStG nicht in Anspruch genommen, kann die Person, die die Gegenstände im Inland für Rechnung des Sendungsempfängers anmeldet (gestellende Person), die entstandene Einfuhrumsatzsteuer ihrem Aufschubkonto belasten (§ 21a Abs. 3 UStG). Bei Auslieferung hat der Sendungsempfänger die Einfuhrumsatzsteuer an die gestellende Person zu entrichten (§ 21a Abs. 4 UStG). Nach § 21a Abs. 5 UStG hat die gestellende Person zudem Nachweis- und Meldepflichten zu erfüllen.

5. Voranmeldungen bei Neugründungen

413 In Neugründungsfällen besteht grundsätzlich die Pflicht, im Jahr der Aufnahme der Tätigkeit und im Folgejahr monatlich Umsatzsteuer-Voranmeldungen abzugeben. Mit dem Dritten Bürokratieentlastungsgesetz vom 22.11.2019[3] wurde für die Besteuerungszeiträume **2021 bis 2026** die **Pflicht zur Abgabe monatlicher Umsatzsteuer-Voranmeldungen** für Unternehmer, die nur für einen Teil des Jahres gewerblich oder beruflich tätig sind und deren voraussichtliche Jahressteuer unter 7.500 Euro beträgt, **ausgesetzt**. Diese sind vielmehr zur vierteljährlichen Abgabe verpflichtet. Beträgt die Steuer für das vorangegangene Kalenderjahr mehr als 7.500 Euro ist Voranmeldezeitraum weiterhin der Kalendermonat.

Das BMF ändert mit Schreiben vom 16.12.2020[4] den UStAE und macht deutlich, dass für die Bestimmung des Voranmeldungszeitraums die voraussichtliche Jahressteuer zu Beginn der gewerblichen oder beruflichen Tätigkeit zu schätzen ist. Im Folgejahr ist die tatsächliche Steuer des Vorjahres in eine Jahressteuer umzurechnen.

---

1) Gesetz v. 21.12.2020, BGBl. I 2020, 3096 = BStBl I 2021, 6.
2) Gesetz v. 21.12.2020, BGBl. I 2020, 3096 = BStBl I 2021, 6.
3) Gesetz v. 22.11.2019, BGBl. I 2019 1746 = BStBl I 2019, 1313.
4) BMF v. 16.12.2020, III C 3 - S 7346/20/10001 :002, BStBl I 2020, 1379. Vgl. hierzu Kraeusel, UVR 2021, 68.

Beratungshinweis:

Eine Befreiung von der Pflicht zur Abgabe von Voranmeldungen kommt für das Gründungs- und das Folgejahr hingegen nicht in Betracht. Zudem bleibt es für Vorratsgesellschaften und Firmenmäntel beim Kalendermonat als Voranmeldungsperiode.

D. Internationales Steuerrecht

I. Doppelbesteuerungsabkommen

1. Stand der Doppelbesteuerungsabkommen

Das BMF veröffentlichte mit Schreiben vom 18.2.2021[1] den Stand der Doppelbesteuerungsabkommen, die **zum 1.1.2021** zwischen Deutschland und anderen Staaten vorlagen.

414

Beratungshinweis:

Das BMF weist in diesem Zusammenhang auch auf das **Multilaterale Instrument** hin. Das dazu am 7.6.2017 unterzeichnete **Mehrseitige Übereinkommen** wurde im Dezember 2020 ratifiziert[2] und ist in Deutschland am 1.4.2021 in Kraft getreten. Allerdings werden die Modifikationen der von dem Übereinkommen erfassten Steuerabkommen aus Gründen der Rechtssicherheit und Rechtsklarheit erst nach Abschluss eines noch ausstehenden Anwendungsgesetzgebungsverfahrens wirksam werden. Konkret wurden von deutscher Seite die Steuerabkommen folgender Staaten für eine Modifikation durch das Mehrseitige Übereinkommen benannt:

– Frankreich
– Griechenland
– Italien
– Japan
– Kroatien
– Luxemburg
– Malta
– Österreich
– Rumänien
– Slowakei
– Spanien
– Tschechien
– Türkei
– Ungarn.

2. Änderungsprotokoll zum DBA Großbritannien

Am 12.1.2021 unterzeichneten Deutschland und das Vereinigte Königreich ein Protokoll zur Änderung des zwischen den beiden Staaten bestehenden Doppelbesteuerungsabkommens (DBA).[3] Mit dem Änderungsprotokoll werden insb. Maßnahmen der OECD-Initiative gegen Steuervermeidung durch die Verkürzung und Verlagerung von Gewinnen (BEPS) und zur Umsetzung des Multilateralen Abkommens (MLI) umgesetzt.

415

So wird insb. in Art. 5 Abs. 4a DBA-Großbritannien eine Regelung aufgenommen, mit der die **Umgehung des Betriebsstättenstatus verhindert** werden soll. Die Geschäftstätigkeit von eng verbundenen Unternehmen wird steuersubjektübergreifend in einer

---

1) BMF v. 18.2.2021, IV B 2 - S 1301/07/10017–12, BStBl I 2021, 265.
2) Gesetz v. 22.11.2020, BGBl. I 2020, 946.
3) BGBl. II 2021, 666.

Gesamtschau betrachtet, um einer künstlichen Aufteilung der Tätigkeit entgegen zu wirken. Was unter eng verbunden zu verstehen ist, ist dem neuen Art. 5 Abs. 8 DBA-Großbritannien zu entnehmen.

Zur **Verhinderung von Abkommensmissbrauch** wird in Art. 30a DBA-Großbritannien eine allgemeine Missbrauchsvermeidungsvorschrift aufgenommen. Diese sieht einen „Principle Purpose Test" vor, der Abkommensvorteile für bestimmte Einkünfte oder Vermögenswerte versagt, wenn die Erlangung dieser Vorteile einer der Hauptzwecke für eine Gestaltung ist.

> **Anmerkung:**
>
> Das Änderungsprotokoll bedarf zum Inkrafttreten noch der **Ratifizierung** in beiden Staaten und ist ab dem 1.1. des auf die Ratifizierung folgenden Kalenderjahres anzuwenden. Bis zur Drucklegung des Ratgebers stand die Ratifizierung noch aus.
>
> Mit dem Änderungsprotokoll wurde zudem eine gemeinsame Erklärung der britischen und deutschen Behörden veröffentlicht, wonach beide Vertragsstaaten ihre Bereitschaft bekunden, bis Ende 2021 Verhandlungen zur **weiteren Abkommensänderung** aufzunehmen.

3. Änderungsprotokoll zum DBA Mauritius

416 Am 29.10.2021 wurde das Änderungsprotokoll zu dem zwischen Deutschland und Mauritius bestehenden DBA unterzeichnet. Damit werden die **übereinstimmenden Auswahlentscheidungen** beider Vertragspartner zum **Multilateralen Instrument** (MLI) umgesetzt. Konkret geht es um Regelungen zur Anwendung des Schiedsverfahrens.

> **Anmerkung:**
>
> Das Änderungsprotokoll bedarf noch der Ratifizierung in beiden Staaten, um in Kraft treten zu können. Nach Inkrafttreten soll es ab dem 1.1. des darauffolgenden Kalenderjahres zur Anwendung kommen.

4. Änderungsprotokoll zum DBA Mexiko

417 Mexiko und Deutschland haben am 8.10.2021 das Änderungsprotokoll zu dem zwischen beiden Staaten geschlossenen DBA unterzeichnet. Mit dem Änderungsprotokoll werden die Anpassungen aus dem Multilateralen Instrument (MLI) übernommen. Zwar dient das MLI grundsätzlich dazu, bestehende DBA statt in bilateralen Verhandlungen im Rahmen dieser multilateralen Vereinbarung zu ändern. Mexiko und Deutschland sind jedoch übereinkommen, das bestehende Abkommen im Wege eines Änderungsprotokolls an die Inhalte des MLI anzupassen, statt dies im Wege des MLI vorzunehmen.

Mit dem Änderungsprotokoll werden u.a. die Voraussetzungen für die Reduktion des **Quellensteuerabzugs bei Dividendenzahlungen an Körperschaften** auf 5 % modifiziert. Konkret ist künftig erforderlich, dass die bereits bislang vorgesehene Mindestbeteiligung von 10 % über einen Zeitraum von 365 Tagen bestanden haben muss.

> **Anmerkung:**
>
> Da das Änderungsprotokoll noch der Ratifizierung bedarf, ist damit zu rechnen, dass die darin geregelten Änderungen frühestens in 2023 anwendbar sind.

5. Außerkrafttreten des DBA Vereinigte Arabische Emirate (VAE)

418 In dem zwischen Deutschland und den VAE vereinbarten Doppelbesteuerungsabkommen ist in Art. 30 eine zehnjährige Geltungsdauer des Abkommens geregelt. Darin findet sich auch die Möglichkeit der Verlängerung, wenn beide Vertragsstaaten der Verlängerung zustimmen und sich darüber gegenseitig sechs Monate vor dem Außerkrafttreten informieren.

Da Deutschland einer solchen Verlängerung bislang nicht zugestimmt hat, tritt das in 2010 und zum 1.1.2011 in Kraft getretene Abkommen nun **zum 31.12.2021 außer Kraft**.

> **Anmerkung:**
>
> Die VAE gelten somit ab 1.1.2022 als Nicht-DBA-Staat. Die DBA-Regelungen kommen nicht mehr zur Anwendung.

6. Änderungsprotokoll zum DBA Zypern

Zum mit Zypern abgeschlossenen DBA vom 18.2.2011[1] wurde am 19.2.2021 ein Änderungsprotokoll von Deutschland und Zypern unterzeichnet. **419**

Konkret wird in Art. 7 DBA Zypern geregelt, dass Gewinne einer Betriebsstätte insoweit zuzurechnen sind, als sie diese voraussichtlich auch erzielen würde, wenn sie ein selbständiges und unabhängiges Unternehmen wäre (**Authorized OECD Approach**). Zudem verpflichten sich die Staaten dazu, bei der Änderung der Zurechnung von Gewinnen zu einer Betriebsstätte eine spiegelbildliche Änderung vorzunehmen, wenn der Betriebsstättenstaat dem zustimmt. Andernfalls bemühen sich die Vertragsstaaten eine sich ergebende Doppelbesteuerung durch Verständigung zu beseitigen.

Abkommensvergünstigungen werden nach § 27 Abs. 2 DBA Zypern künftig nicht mehr gewährt, wenn der Erhalt der Vergünstigung einer der Hauptzwecke einer Gestaltung oder Transaktion war, es sei denn, es wird nachgewiesen, dass die Gewährung der Vergünstigung im Einklang mit dem Ziel und Zweck der Abkommensbestimmungen steht.

> **Anmerkung:**
>
> Das Änderungsprotokoll tritt zum 1.1. des auf das Jahr der beidseitigen **Ratifizierung** folgenden Jahres in Kraft. Zum Zeitpunkt der Drucklegung des Ratgebers stand die Ratifizierung noch aus.

II. Umsetzung von ATAD-Vorgaben mit Wirkung ab 2021

1. Wertverknüpfung bei Entstrickungsbesteuerung im Ausland

Durch das ATAD-Umsetzungsgesetz (ATADUmsG)[2] wurde erstmalig eine Wertverknüpfung im Rahmen der Entstrickungsbesteuerung in § 4 Abs. 1 Satz 3 2. Halbsatz und Satz 9 EStG eingefügt. **420**

Konkret geht es um Fälle, in denen ein Wirtschaftsgut aus einer ausländischen Anrechnungsbetriebsstätte in eine inländische Betriebsstätte überführt wird, wodurch die Beschränkung des deutschen Besteuerungsrechts entfällt und es zu einer sog. „Verstärkung" des Besteuerungsrechts kommt. Mit der Gesetzesänderung wird Art. 5 Abs. 5 ATAD in das nationale Recht umgesetzt, wonach ein Staat in einem solchen Fall verpflichtet ist, den vom ausländischen Staat im Rahmen der Entstrickungsbesteuerung angesetzten Wert anzuerkennen. Realisiert wird dies gesetzestechnisch durch die **auf Antrag** anzuwendende **Fiktion einer Entnahme** nach § 4 Abs. 1 Satz 3 2. Halbsatz EStG, die gemäß § 6 Abs. 1 Nr. 4 Satz 1 2. Halbsatz EStG **mit dem im anderen Staat der Besteuerung zugrunde gelegten Wert** (maximal dem gemeinen Wert) zu bewerten

---

1) BGBl. II 2011, 1068.
2) Gesetz v. 25.6.2021, BGBl. I 2021, 2035 = BStBl I 2021, 874. Vgl. hierzu Höreth/Stelzer/Kummer, DStZ 2021, 393, 395.

ist. **Unmittelbar darauf** wird eine **Einlage** nach § 4 Abs. 1 Satz 9 EStG fingiert, bei welcher die Bewertung gemäß § 6 Abs. 1 Nr. 5b EStG ebenfalls mit dem vom anderen Staat zugrunde gelegten Wert erfolgt.

> **Beratungshinweis:**
>
> Die Wertverknüpfung mit dem der ausländischen Besteuerung unterliegenden Wert führt dazu, dass zusätzliches Abschreibungspotential generiert wird. Eine Doppelbesteuerung des durch die Fiktion der Entnahme generierten Gewinns kann durch Anrechnung oder Abzug der ausländischen Steuer nach den Vorgaben des § 34c EStG vermieden werden.

In den Fällen des § 4 Abs. 1 Satz 8 2. Halbsatz EStG, in welchen auch bereits bisher durch erstmalige Begründung eines Besteuerungsrechts in Deutschland eine Steuerverstrickung gegeben ist (z.B. bei Überführung eines Wirtschaftsguts aus einer ausländischen Freistellungsbetriebsstätte ins Inland), kommt durch Änderung des § 6 Abs. 1 Nr. 5a EStG ebenfalls der **vom anderen Staat der Besteuerung zugrunde gelegte Wert** (maximal der gemeine Wert) zur Anwendung.

Für Körperschaften wird eine § 4 Abs. 1 Satz 3 2. Halbsatz EStG **weitgehend entsprechende Regelung** mit § 12 Abs. 1 Satz 3 KStG eingefügt. Dadurch wird sichergestellt, dass bei Wegfall der Beschränkung des Besteuerungsrechts das betreffende Wirtschaftsgut auf Antrag zu dem Wert als im Inland veräußert und sofort zu demselben Wert wieder angeschafft gilt, den der andere Staat für seine Entstrickungsbesteuerung zugrunde legt, höchstens jedoch zum gemeinen Wert (§ 8 Abs. 1 KStG i.V.m. § 4 Abs. 1 Satz 9 und § 6 Abs. 1 Nr. 5b EStG). Um Wirtschaftsgüter der außerbetrieblichen Sphäre einer Körperschaft, für die der allgemeine Anwendungsverweis nach § 8 Abs. 1 KStG nicht greift, auch unter diese Regelungen zu fassen, wird zudem für solche Wirtschaftsgüter die entsprechende Anwendung der einkommensteuerlichen Regelungen in § 12 Abs. 1a KStG explizit vorgegeben.

> **Anmerkung:**
>
> Die Regelungen sind erstmals in dem **nach dem 31.12.2019 endenden Wirtschaftsjahr** anzuwenden (§ 52 Abs. 6 Satz 1 und 3 EStG, § 34 Abs. 6d KStG).

2. Zeitliche Streckung der Besteuerung des Entstrickungsgewinns

421 Bereits bislang war durch § 4g Abs. 1 und 2 EStG a.F. vorgesehen, dass bei Überführung eines Wirtschaftsguts des Anlagevermögens aus dem inländischen Betriebsvermögen eines unbeschränkt Steuerpflichtigen in eine EU-Betriebsstätte in Höhe des Unterschiedsbetrags zwischen dem Buchwert und dem Entnahmewert auf Antrag ein **Ausgleichsposten** gebildet werden kann. Dieser ist **über fünf Jahre gestreckt aufzulösen**, was zu einer entsprechend gestreckten Besteuerung des Entstrickungsgewinns führt.

Da gemäß Art. 5 Abs. 2 ATAD weder eine Beschränkung auf Wirtschaftsgüter des Anlagevermögens noch auf unbeschränkt Steuerpflichtige vorgesehen ist, wurde § 4g Abs. 1 EStG mit dem ATADUmsG[1] entsprechend angepasst. Zudem wurde klargestellt, dass ein Ausgleichsposten auch im Fall einer sog. **passiven Entstrickung**, z.B. infolge der erstmaligen Anwendbarkeit eines neuen oder überarbeiteten DBA, zu bilden ist. Durch Verweis auf den neu gefassten § 36 Abs. 5 Satz 1 EStG wird die ratierliche Besteuerung des Entstrickungsgewinns zwar neben EU- auch **auf Staaten des EWR ausgeweitet**. Im Falle eines EWR-Staates gilt dies allerdings nur dann, wenn dieser Amtshilfe entsprechend den EU-rechtlichen Vorgaben leistet.

---

1) Gesetz v. 25.6.2021, BGBl. I 2021, 2035 = BStBl I 2021, 874.

Art. 5 Abs. 4 ATAD sieht **Gründe** vor, die zur **sofortigen Auflösung des Ausgleichspostens** führen. Dieser wird in § 36 Abs. 5 Satz 4 EStG abgebildet, auf den in § 4g Abs. 2 Satz 2 EStG verwiesen wird. Demnach kommt es künftig nicht nur bei einem Ausscheiden des als entnommen geltenden Wirtschaftsguts aus dem Betriebsvermögen bzw. aus dem Gebiet der EU bzw. des EWR zur Fälligkeit der noch nicht entrichteten Steuer, sondern auch bei verdeckter Einlage in eine Kapitalgesellschaft, Betriebseinstellung/-veräußerung oder Betriebsverlegung in einen Nicht-EU/EWR-Staat. Ebenso schädlich für die Stundung ist, wenn der Steuerpflichtige aus der inländischen unbeschränkten Steuerpflicht oder der unbeschränkten Steuerpflicht in der EU/im EWR ausscheidet, Insolvenz anmeldet oder seinen Verpflichtungen aus den Ratenzahlungen nicht nachkommt und über mindestens zwölf Monate dafür keine Abhilfe schafft. Zudem ist der Ausgleichsposten aufzulösen, wenn ein künftiger Steueranspruch gefährdet erscheint und der Steuerpflichtige der Forderung nach einer Sicherheitsleistung nicht nachkommt. Der Eintritt eines dieser Ereignisse muss dem Finanzamt vom Steuerpflichtigen unverzüglich angezeigt werden (§ 4g Abs. 5 Satz 1 EStG). Unterliegt er aber einer Steuererklärungspflicht, ist künftig eine Anzeige im Rahmen der nächsten Steuererklärung möglich (§ 4g Abs. 5 Satz 3 i.V.m. § 36 Abs. 5 Satz 8 EStG).

Bei Rückführung eines Wirtschaftsguts vor vollständiger Auflösung des Ausgleichspostens wurde bislang der noch bestehende Ausgleichsposten nach § 4g Abs. 3 EStG steuerneutral aufgelöst. Diese Sonderregelung wurde gestrichen, da dies von Art. 5 Abs. 7 ATAD nur bei wenigen Ausnahmen vorgesehen ist, für die laut Begründung des Gesetzentwurfs[1] kein praktischer Anwendungsbedarf gesehen wird.

> **Anmerkung:**
>
> Die Modifizierungen des Anwendungsbereichs des Ausgleichspostens nach § 4g Abs. 1 EStG sind in allen noch offenen Fälle anzuwenden (§ 52 Abs. 8a EStG). Im Übrigen sind die Änderungen erstmals im VZ 2021 anzuwenden (Art. 7 Abs. 1 ATADUmsG i.V.m. § 52 Abs. 1 EStG).

3. Betriebsausgabenabzug bei hybriden Gestaltungen

a) Aufbau der Neuregelung

Gemäß Art. 9 und 9b der ATAD ist bei hybriden Gestaltungen der Betriebsausgabenabzug für bestimmte Aufwendungen zu versagen, wenn es bei den korrespondierenden Erträgen beim Gläubiger **nicht zu einer Besteuerung** kommt und damit sog. Deduction/Non-Inclusion (D/NI)-Inkongruenzen vorliegen. Zudem soll vermieden werden, dass die Aufwendungen im anderen Staat **ebenfalls abgezogen** werden können, ohne dass entsprechende Erträge steuererhöhend erfasst werden, d.h. es zu sog. Double Deduction (DD)-Inkongruenzen kommt. Der dritte Anwendungsbereich für eine Einschränkung des Betriebsausgabenabzugs sind sog. importierte Besteuerungsinkongruenzen, welche daraus resultieren, dass **in anderen Staaten nicht beseitigte Besteuerungsinkongruenzen** bestehen, die über eine oder mehrere Transaktionen ins Inland „importiert" werden. **422**

Diese Vorgaben wurden mit dem durch das ATAD-Umsetzungsgesetz (ATADUmsG)[2] eingefügten § 4k EStG grundsätzlich bereits mit Wirkung für Aufwendungen nach dem 31.12.2019 umgesetzt.[3] Dabei kommt die Beschränkung des Betriebsausgabenabzugs **ungeachtet** der Vorgaben von **Doppelbesteuerungsabkommen** zur Anwendung (§ 4k Abs. 7 EStG).

---

1) BT-Drucks. 19/28652, 33.
2) Gesetz v. 25.6.2021, BGBl. I 2021, 2035 = BStBl I 2021, 874.
3) Vgl. zu § 4k EStG i.d.F. des ATADUmsG Frase in Fuhrmann/Kraeusel/Schiffers, eKomm Ab VZ 2020, § 4k EStG (Aktualisierung v. 1.7.2021).

b) Persönlicher Anwendungsbereich

423 Die neue Betriebsausgabenabzugsbeschränkung bei Besteuerungsinkongruenzen gilt für **Leistungsbeziehungen**

– zwischen nahestehenden Personen i.S.d. § 1 Abs. 2 AStG (zur Neufassung ab VZ 2022 → Rz. 142),

– zwischen Unternehmen und ihren Betriebsstätten oder

– bei strukturierten Gestaltungen (§ 4k Abs. 6 Satz 1 EStG).

Wirkt eine Person mit einer anderen Person durch abgestimmtes Verhalten zusammen, werden dieser die Stimmrechte und Gewinnbezugsrechte der anderen Person zugerechnet, um Gestaltungsmöglichkeiten auszuschließen (§ 4k Abs. 6 Satz 2 EStG). Eine Gestaltung gilt als strukturiert, wenn der Steuervorteil bereits in den Transaktionskosten eingepreist und damit vertraglich fixiert wurde oder ihn die Beteiligten sicher erwarten konnten, es sei denn, der Steuerpflichtige kennt die Besteuerungsinkongruenz nicht und profitiert nicht von ihr (§ 4k Abs. 6 Sätze 3 und 4 EStG).

c) D/NI-Inkongruenzen

aa) Hybride Finanzinstrumente

424 Nach § 4k Abs. 1 EStG wird der Betriebsausgabenabzug bei Besteuerungsinkongruenzen durch hybride Finanzinstrumente beschränkt. Wird insb. eine von Deutschland aus geleistete Zahlung, die im Inland als Zinszahlung zum Betriebsausgabenabzug zugelassen wird, **vom Sitzstaat** des Zahlungsempfängers **als Gewinnausschüttung** behandelt und daher nicht oder **niedriger besteuert als** bei einer Qualifikation als Zinszahlung, wird der **Betriebsausgabenabzug** in Deutschland gemäß § 4k Abs. 1 Satz 1 EStG **insoweit versagt**. Erfolgt aufgrund der unterschiedlichen Wertung des Finanzinstruments im In- und Ausland[1] keine Besteuerung im anderen Staat, ist der Betriebsausgabenabzug im Inland ausgeschlossen. Liegt eine Steuervergünstigung vor, sind die Aufwendungen in der Höhe vom Abzug ausgeschlossen, die dem Verhältnis der Steuervergünstigung zur „Normalbesteuerung" bei einer hypothetischen Gleichbehandlung im In- und Ausland entspricht.

Laut der Begründung des Gesetzentwurfs[2] sollen von der Regelung neben **hybriden Finanzinstrumenten**, wie z.B. Hybridanleihen, Genussrechte, auch Kompensationszahlungen im Rahmen einer Wertpapierleihe oder eines Wertpapierpensionsgeschäfts erfasst werden. Ebenfalls hierunter fallen sollen sog. **hybride Übertragungen**, bei welchen der Ertrag aus der Übertragung von Kapitalvermögen wirtschaftlich mehr als einer Person zugerechnet wird. Zu dieser Konstellation kann es bei sog. Repo-Geschäften kommen (Kauf- und Rückkaufvereinbarung), wenn aus deutscher Sicht die übertragenen Anteile nach den Grundsätzen des BMF-Schreibens vom 11.11.2016[3] ununterbrochen dem inländischen Veräußerer als wirtschaftlichem Eigentümer zugerechnet und Teile des Rückkaufspreises als abzugsfähiger Zinsaufwand behandelt werden, der Staat des Käufers das Eigentum aber zwischen Kauf und Rückkauf beim Käufer sieht und zwischenzeitlich vereinnahmte Dividenden und den Gewinn aus der Anteilsrückveräußerung analog § 8b Abs. 1 und 2 KStG steuerfrei stellt. Auch eine grenzüberschreitende Wertpapierleihe kann erfasst sein, wenn Deutschland als Staat des Entleihers diesem die Wertpapiere zurechnet. Hier läge eine Besteuerungsinkongruenz vor, wenn Deutschland die an den Verleiher gezahlte Kompensationszahlung für eine vom Entleiher steuerfrei vereinnahmte Dividende grundsätzlich zum Abzug zulässt, der

---

1) Vgl. Schnitger/Oskamp, IStR 2020, 909, 911, wonach ein Betriebsausgabenabzugsverbot nur greift, wenn die Nicht- oder Niedrigbesteuerung ausschließlich auf dem Qualifikations- oder Zurechnungskonflikt beruht.

2) BT-Drucks. 19/28652 v. 19.4.2021, 34.

3) BMF v. 11.11.2016, IV C 6 - S 2134/10/10003–02, BStBl I 2016, 1324.

andere Staat aber den Verleiher als Eigentümer behandelt und die Kompensationszahlung wie eine Dividende steuerfrei stellt.

Eine Beschränkung des Betriebsausgabenabzugs besteht jedoch **nicht, soweit** die **Besteuerungsinkongruenz voraussichtlich künftig beseitigt** wird und die Zahlungsbedingungen fremdüblich vereinbart wurden (§ 4k Abs. 1 Satz 2 EStG).

bb) Hybride Gesellschaften

Nach § 4k Abs. 2 Satz 1 EStG sind auch z.B. Zins-, Lizenz-, Miet- und Dienstleistungs- **425** aufwendungen aus Leistungsbeziehungen zwischen hybriden Gesellschaften und ihren Gesellschaftern dem **Betriebsausgabenabzugsverbot** zu unterwerfen, **soweit** es tatsächlich aufgrund einer abweichenden steuerlichen Behandlung im anderen Staat **nicht zu einer Besteuerung der entsprechenden Erträge** kommt. **Reine Steuerermäßigungen** sind hingegen – anders als in Fällen des § 4k Abs. 1 EStG – **unbeachtlich**. Eine dem § 4k Abs. 2 EStG unterliegende abweichende steuerliche Behandlung des Rechtsträgers ergibt sich, wenn z.B. das Inland die Gesellschaft als intransparent behandelt, der Staat des Gläubigers der Erträge die Gesellschaft aber als transparent ansieht.

Eine **Ausnahme vom Abzugsverbot** wird in § 4k Abs. 2 Satz 3 EStG normiert, wenn den Aufwendungen Erträge desselben Steuerpflichtigen gegenüberstehen und Erträge sowohl im Inland als auch im Staat des Gläubigers besteuert werden.

Sofern im Fall einer im Ausland ansässigen, aus deutscher Sicht vermögensverwaltenden Personengesellschaft mit im Inland unbeschränkt steuerpflichtigen Gesellschaftern, die ggf. über eine weitere Personengesellschaft beteiligt sind, die Besteuerungsinkongruenz nicht bereits durch Versagung des Abzugs der Aufwendungen im Ausland beseitigt wird, sieht § 4k Abs. 2 Satz 2 EStG eine sog. **Sekundärregelung** vor.[1] Entgegen § 39 Abs. 2 Nr. 2 AO wird die Leistungsbeziehung zwischen der Gesellschaft und dem Gesellschafter anerkannt und Erträge unterliegen beim Gesellschafter der inländischen Besteuerung, soweit Zins-, Lizenz-, Miet- oder Dienstleistungsaufwendungen im anderen Staat zum Abzug zugelassen sind.

cc) Weitere hybride Gestaltungen

Als **Auffangnorm** erfasst § 4k Abs. 3 EStG weitere D/NI-Inkongruenzen, die nicht unter **426** die Absätze 1 und 2 zu subsumieren sind. Dazu gehören z.B. umgekehrt hybride Rechtsträger[2] und Inkongruenzen aufgrund von Zuordnungsunterschieden zu verschiedenen Betriebsteilen.

d) DD-Inkongruenzen

Der Betriebsausgabenabzug ist nach § 4k Abs. 4 Satz 1 EStG ausgeschlossen, **soweit** **427** **dieselben Betriebsausgaben** neben Deutschland **auch in einem anderen Staat zum Abzug kommen**. Dies könnte z.B. der Fall sein, wenn ein hybrider Rechtsträger im Sitzstaat (Ausland) als intransparent, im Staat des Gesellschafters (Inland) aber als transparent behandelt wird und dadurch Zinszahlungen an einen Dritten für ein gewährtes Darlehen sowohl im Inland als auch im Ausland als Betriebsausgaben berücksichtigt werden.

Für die Frage, welcher Staat den Betriebsausgabenabzug zu versagen hat, wird in § 4k Abs. 4 Satz 2 EStG grundsätzlich das in der ATAD verankerte Prinzip umgesetzt,

---

1) Vgl. Schnitger/Oskamp, IStR 2020, 909, 918, die diese Fälle als Outbound-Fälle von den in § 4k Abs. 2 Satz 1 EStG geregelten Inbound-Fällen abgrenzen.
2) S. dazu mit Beispielen Schnitger/Oskamp, IStR 2020, 960, 962.

wonach **vorrangig der Staat des Investors** bzw. der Sitzstaat der Muttergesellschaft die **Besteuerungsinkongruenz zu beseitigen** hat.[1]

In § 4k Abs. 4 Sätze 3 und 4 EStG sind **Ausnahmen vom Abzugsverbot** enthalten. So tritt das Betriebsausgabenabzugsverbot u.a. dann nicht ein, soweit den Aufwendungen Erträge des Steuerpflichtigen gegenüberstehen, die sowohl im Inland, als auch nachweislich im Ausland besteuert werden.

e) Importierte Besteuerungsinkongruenzen

428 Für importierte Besteuerungsinkongruenzen wird der Betriebsausgabenabzug durch § 4k Abs. 5 Satz 1 EStG versagt. Erfasst werden davon Fälle, in denen der Gläubiger des Steuerpflichtigen (oder ein weiterer Gläubiger) Aufwendungen hat, die **bei entsprechender Anwendung** dieses Absatzes oder nach den vorgehenden Absätzen des § 4k EStG einem **Abzugsverbot unterliegen würden, wenn** der Gläubiger unbeschränkt steuerpflichtig wäre („hybride" Aufwendungen). Zudem ist laut der Begründung des Gesetzentwurfs[2] als weitere Voraussetzung zu prüfen, ob „eine Verkettung zwischen den Aufwendungen des Steuerpflichtigen und den unmittelbar oder mittelbar zu einer Besteuerungsinkongruenz führenden Aufwendungen" besteht. Hierfür soll grundsätzlich genügen, wenn eine „unmittelbare oder mittelbare Verrechnung der „hybriden" Aufwendungen mit den Erträgen aus der Transaktion des Steuerpflichtigen" erfolgt.[3]

Keine Versagung des Betriebsausgabenabzugs tritt ein, soweit der Steuervorteil aus der Besteuerungsinkongruenz bereits beim Gläubiger oder einem weiteren Gläubiger beseitigt wird (§ 4k Abs. 5 Satz 2 EStG). Hingegen soll laut der Begründung des Gesetzentwurfs[4] das Betriebsausgabenabzugsverbot weiterhin bestehen, wenn die Beseitigung der Besteuerungsinkongruenz auf einer nachgelagerten Stufe erfolgt, z.B. bei der ausländischen Muttergesellschaft der inländischen Kapitalgesellschaft, deren Betriebsausgabenabzug nach § 4k Abs. 5 Satz 1 EStG versagt wird.

f) Erstmalige Anwendung des § 4k EStG

429 Die Betriebsausgabenabzugsbeschränkungen nach § 4k EStG sind erstmals für **Aufwendungen** anzuwenden, die **nach dem 31.12.2019 entstehen** (§ 52 Abs. 8c Satz 1 EStG).

Dabei gelten Aufwendungen, die **rechtlich bereits vor dem 1.1.2020 verursacht** wurden, nur insoweit als nach dem 31.12.2019 entstanden, als sie auf einem **Dauerschuldverhältnis** beruhen und ab 1.1.2020 ohne wesentliche Nachteile hätten vermieden werden können (§ 52 Abs. 8c Satz 2 EStG). Als wesentlicher Nachteil in diesem Sinne gilt insb., wenn sämtliche mit der Vermeidung der Aufwendungen verbundene Kosten den Steuervorteil infolge der Besteuerungsinkongruenz übersteigen (§ 52 Abs. 8c Satz 3 EStG). Die beschränkte Anwendung bei Aufwendungen, die auf vor dem 1.1.2020 vereinbarten Dauerschuldverhältnissen beruhen, gilt allerdings dann nicht, wenn das Dauerschuldverhältnis nach dem 31.12.2019 wesentlich geändert wurde (§ 52 Abs. 8c Satz 4 EStG).

4. Erträge aus hybriden Übertragungen

430 Werden die aus der Übertragung von Kapitalgesellschaftsanteilen resultierenden Bezüge in einem anderen Staat einer anderen Person zugerechnet, werden diese nur

---

1) Vgl. auch Schnitger/Oskamp, IStR 2020, 960, 963, die § 4k Abs. 4 Satz 2 EStG als Vorfahrtsregelung bezeichnen.
2) BT-Drucks. 19/28652 v. 19.4.2021, 40.
3) Kritisch dazu Schnitger/Oskamp/Kockrow, IStR 2021, 701, 706, was unter „Verkettung" und „Verrechnung" in diesem Zusammenhang zu verstehen ist.
4) BT-Drucks. 19/28652 v. 19.4.2021, 40.

dann zu 95 % **körperschaftsteuerfrei** gestellt (§ 8b Abs. 1 Satz 1 KStG) bzw. unterliegen dem **Teileinkünfteverfahren** (§ 3 Nr. 40 Satz 1 Buchst. d Satz 1 EStG), **soweit das Einkommen dieser anderen Person nicht niedriger besteuert** wird als bei einer dem deutschen Recht entsprechenden Zurechnung (§ 3 Nr. 40 Satz 1 Buchst. d Satz 3 EStG, § 8b Abs. 1 Satz 3 KStG).

Mit den Regelungen werden Erträge aus hybriden Übertragungen steuerlich erfasst, soweit die Besteuerungsinkongruenz nicht oder nur teilweise im anderen Staat, z.B. durch eine § 4k EStG entsprechende Regelung, beseitigt wurde. Nach dem ATAD-Verständnis handelt es sich bei hybriden Übertragungen um Gestaltungen, bei denen der Ertrag aus der Übertragung eines Finanzinstruments für steuerliche Zwecke mehr als nur einer an der Gestaltung beteiligten Partei zugerechnet werden.

Anmerkung:

Die Regelungen gelten für Bezüge, die **nach dem 31.12.2019 zufließen** (§ 52 Abs. 4 Satz 9 EStG, § 34 Abs. 5 Satz 1 KStG).

5. Neutralisierung der Effekte sog. „hybrid branches"

Die laut anzuwendenden DBA vorgesehene **Freistellung** von ausländischen Einkünften **431** wird ab dem VZ 2021 **nicht mehr gewährt, soweit** die Einkünfte im anderen Staat nur deshalb **nicht steuerpflichtig** sind, weil sie von diesem Staat einer Betriebsstätte in einem anderen Staat zugeordnet werden. Damit wird entsprechend der Empfehlung der OECD eine Neutralisierung der Effekte sog. „hybrid branches" erzielt. Die Freistellung nach den DBA-Vorgaben wird zudem auch dann verwehrt, soweit die Einkünfte im anderen Staat nicht steuerpflichtig sind, weil sie auf Grund einer anzunehmenden schuldrechtlichen Beziehung die steuerliche Bemessungsgrundlage im anderen Staat mindern (§ 50d Abs. 9 Satz 1 Nr. 3 EStG).

III. Brexit: Regelungen zu den steuerlichen Folgewirkungen für eine Ltd.

1. Leistungen zwischen der Ltd. und dem Gesellschafter

Nach der Rechtsprechung des **BGH**[1] ist eine in einem außerhalb der EU bzw. des EWR **432** gelegenen Staat gegründete Kapitalgesellschaft nach der sog. **Sitztheorie** im Inland nur dann zivilrechtsfähig, wenn sie vorbehaltlich völkerrechtlicher Verträge im Inland nicht ihren Verwaltungssitz hat. Hätte die ausländische Kapitalgesellschaft im Inland ihren Verwaltungssitz, würde die Zivilrechtsfähigkeit eine Eintragung im deutschen Handelsregister erfordern, was nur im Fall einer Neugründung möglich ist. Hieraus schließt der BGH, dass **Drittstaats-Kapitalgesellschaften mit Verwaltungssitz im Inland nicht als Kapitalgesellschaft zivilrechtsfähig** sind. Vielmehr liegt zivilrechtlich eine rechtsfähige Personengesellschaft vor oder aber der Alleingesellschafter tritt zivilrechtlich an die Stelle der Gesellschaft.

Steuerrechtlich hat der **BFH** hingegen mit Urteil vom 8.9.2010[2] entschieden, dass auch ausländische Kapitalgesellschaften mit Geschäftsleitung im Inland **unbeschränkt körperschaftsteuerpflichtig sein können**.

In § 8 Abs. 1 Satz 4 KStG wurde mit dem sog. Steueroasen-Abwehrgesetz[3] die von der zivilrechtlichen Würdigung **abweichende steuerrechtliche Sichtweise normiert**. Leistungen zwischen einer Körperschaft mit Sitz im Ausland, aber Geschäftsleitung im Inland, die im Inland zivilrechtlich als nicht rechtsfähig behandelt wird, und ihren Anteilseignern werden ertragsteuerlich wie Leistungen zwischen einer rechtsfähigen Körperschaft und ihren Anteilseignern behandelt.

---

1) BGH v. 27.10.2008, II ZR 158/06, BB 2009, 14 mit Anm. Lamsa.
2) BFH v. 8.9.2010, I R 6/09, BStBl II 2013, 186.
3) Gesetz v. 25.6.2021, BGBl. I 2021, 2056 = BStBl I 2021, 895.

Laut der Gesetzbegründung[1] ist die Regelung insb. für Kapitalgesellschaften im Vereinigten Königreich, z.B. Limited, kurz Ltd., mit Geschäftsleitung im Inland von Relevanz, die seit dem Auslaufen der Übergangsfrist zum 31.12.2020 als Drittstaats-Gesellschaft gelten. Da somit die ertragsteuerliche Behandlung im Verhältnis der Gesellschaft zu ihren Gesellschaftern weiterhin gleich einer Kapitalgesellschaft erfolgt, kann die Sonderregelung zur Zurechnung von Wirtschaftsgütern auf eine Limited in § 12 Abs. 4 KStG entfallen.

> **Beratungshinweis:**
>
> Die Besteuerungsregelung in § 8 Abs. 1 Satz 4 KStG ist auch für VZ vor 2021 anzuwenden (§ 34 Abs. 3c KStG). Die Sonderregelung in § 12 Abs. 4 KStG kommt letztmals im VZ 2020 zur Anwendung (§ 34 Abs. 6d Satz 2 KStG).

2. Bewertungsrechtliche und erbschaftsteuerliche Behandlung der Ltd.

433 In § 95 Abs. 1 Satz 2 BewG wurde durch Art. 9 des sog. Steueroasen-Abwehrgesetzes[2] mit Wirkung zum 1.7.2021 explizit geregelt, dass der Betrieb einer Kapitalgesellschaft mit Sitz im Ausland, aber Geschäftsleitung im Inland, die zivilrechtlich nicht als juristische Person behandelt wird (→ Rz. 432), **bewertungsrechtlich als Gewerbebetrieb** anzusehen ist, wenn die Gesellschaft einer **originär gewerblichen Tätigkeit** (§ 15 Abs. 1 und Abs. 2 EStG) nachgeht. Davon betroffen ist somit nach dem Brexit u.a. eine Ltd. mit Sitz in Großbritannien und Geschäftsleitung im Inland.

Zudem wird die **Aufzählung der Personengesellschaften**, die als Gewerbebetrieb gelten, um Kapitalgesellschaften mit Sitz im Ausland, aber Geschäftsleitung im Inland, die zivilrechtlich als Personengesellschaften gelten, erweitert.

> **Anmerkung:**
>
> Zur Aufrechterhaltung des Status Quo werden zudem **nach § 1a Abs. 1 KStG optierende Personengesellschaften** (→ Rz. 110) auch dann in das Betriebsvermögen einbezogen, wenn die Gesellschaft nur nach § 15 Abs. 3 EStG gewerblich geprägt ist (§ 97 Abs. 1 Satz 1 Nr. 5 Satz 1 BewG).

Der **Freibetrag von 15 % für Finanzmittel** kann bislang genutzt werden, wenn eine Mitunternehmerschaft vorliegt. Die Regelung in § 13b Abs. 4 Nr. 5 Satz 5 ErbStG wurde ebenso durch Art. 10 des sog. Steueroasen-Abwehrgesetzes[3] mit Wirkung zum 1.7.2021 um Kapitalgesellschaften mit Sitz im Ausland und Geschäftsleitung im Inland ergänzt, die zivilrechtlich als Personengesellschaft zu behandeln sind.

3. Keine grunderwerbsteuerliche Begünstigung

434 Durch die mit Art. 11 des sog. Steueroasen-Abwehrgesetzes[4] vorgenommene Ergänzung in § 5 Abs. 1 Satz 3 und Abs. 2 Satz 3 GrEStG wird mit Wirkung ab 1.7.2021 **ausgeschlossen**, dass eine Drittstaatsgesellschaft mit Sitz im Ausland und Geschäftsleitung im Inland, die zivilrechtlich als Personengesellschaft behandelt wird (→ Rz. 432), in den Genuss der **Steuerbegünstigung bei Übergang** eines Grundstücks **auf eine Gesamthand** kommt.

Entsprechend wird durch § 6 Abs. 3 Satz 4 GrEStG in diesen Fällen auch die **Begünstigung** bei Übergang eines Grundstücks von der Gesamthand **auf den Gesellschafter ausgeschlossen**.

---

1) BT-Drucks. 19/30470 v. 9.6.2021, 42.
2) Gesetz v. 25.6.2021, BGBl. I 2021, 2056 = BStBl I 2021, 895.
3) Gesetz v. 25.6.2021, BGBl. I 2021, 2056 = BStBl I 2021, 895.
4) Gesetz v. 25.6.2021, BGBl. I 2021, 2056 = BStBl I 2021, 895.

IV. Quellensteuerabzug

1. Quellensteuerpflicht bei Registerfällen

Mit Schreiben vom 6.11.2020 führte das BMF[1] aus, dass eine Pflicht zum Einbehalt **435** und zur Abführung von Quellensteuer besteht, wenn durch einen **nicht im Inland ansässigen Lizenzgeber** Rechte überlassen werden, die **in einem inländischen Register eingetragen** sind. Hierunter fallen z.B. Patente, die aufgrund einer Anmeldung beim Europäischen Patent- und Markenamt auch in das inländische Register eingetragen werden. Ungeachtet dessen, ob etwa der Lizenznehmer im Inland ansässig ist oder die Verwertung der Rechte im Inland erfolgt, bejaht das BMF hier eine Pflicht des Lizenznehmers und Vergütungsschuldners zum Quellensteuerabzug.

Nachdem eine zwischenzeitlich im Rahmen des Gesetzgebungsverfahrens zum Abzugsteuerentlastungsmodernisierungsgesetz (AbzStEntModG) vorgeschlagene gesetzliche Änderung nicht mehr weiterverfolgt wurde, gab das BMF mit Schreiben vom 11.2.2021[2] eine **Vereinfachungsregel** bekannt. Diese beinhaltet den **Verzicht auf einen Quellensteuereinbehalt**, wenn

– der Vergütungsschuldner nicht im Inland ansässig ist,

– der Vergütungsgläubiger bei Zufluss der Vergütung durch ein zwischen Deutschland und seinem Ansässigkeitsstaat vereinbartes Doppelbesteuerungsabkommen unzweifelhaft von in Deutschland erhobenen Quellensteuern entlastet wird und

– der Vergütungsgläubiger bis 31.12.2021 (bzw. nach nachfolgender Verlängerung bis 30.6.2022) beim BZSt einen Antrag auf Freistellung vom Steuerabzug stellt, wobei die Vertragsverhältnisse – ggf. in deutscher Übersetzung – offen zu legen sind.

Zunächst war die Anwendung der Vereinfachungsregelung auf bis zum 30.9.2021 zufließende Lizenzvergütungen vorgesehen. Mit BMF-Schreiben vom 14.7.2021[3] wurde die Anwendung jedoch auf **vor dem 1.7.2022 zufließende Vergütungen** ausgedehnt und dabei die Voraussetzungen beibehalten. Lediglich die Frist, bis zu der der Vergütungsgläubiger beim BZSt einen Antrag auf Freistellung vom Steuerabzug zu stellen hat, wurde bis 30.6.2022 verlängert.

> **Beratungshinweis:**
> Unter den genannten Voraussetzungen kann auch für bereits in der Vergangenheit zugeflossene Vergütungen auf den Quellensteuereinbehalt verzichtet werden, so dass hier, abgesehen von der Prüfung des jeweiligen Sachverhalts und der Erfüllung der Voraussetzungen, kein zusätzlicher Verwaltungsaufwand entsteht.

2. Anrechnung ausländischer Quellensteuer auf die Gewerbesteuer

In seinem Urteil vom 26.8.2020[4] bejaht das Hessische FG die Anrechnung von auf **436** Kapitalerträge einbehaltener kanadischer Quellensteuer auf die inländische Gewerbesteuer. Art. 23 Abs. 2 Buchst. b Doppelbuchst. aa DBA-Kanada sehe die Anrechnung der in Kanada gezahlten Steuer vor und differenziere dabei nicht zwischen einerseits einer Anrechnung auf die Körperschaftsteuer oder Einkommensteuer und andererseits auf die Gewerbesteuer. Die Anrechnung scheitere auch nicht daran, dass im deutschen Gewerbesteuerrecht – anders als im Einkommensteuer- und Körperschaftsteuerrecht – keine Regelung zur Anrechnung ausländischer Steuern enthalten sei.

1) BMF v. 6.11.2020, IV C 5 - S 2300/19/10016 :006, BStBl I 2020, 1060.
2) BMF v. 11.2.2021, IV B 8 - S 2300/19/10016 :007, BStBl I 2021, 301. Vgl. hierzu Höring, DStZ 2021, 467.
3) BMF v. 14.7.2021, IV B 8 - S 2300/19/10016 :007, BStBl I 2021, 1005.
4) Hessisches FG v. 26.8.2020, 8 K 1860/16, EFG 2021, 779 mit Anm. Spengler = IStR 2021, 271.

Beratungshinweis:

Gegen die Entscheidung des Hessischen FG wurde Revision beim BFH eingelegt, die unter dem Az. I R 8/21 anhängig ist. Vergleichbare Fälle sollten mit Verweis auf das anhängige Verfahren per Einspruch offengehalten werden.

3. Überarbeitung der Anti-Treaty-Shopping-Regelung

437 Mit dem Abzugsteuerentlastungsmodernisierungsgesetz (AbzStEntModG)[1] wurde die bereits bislang in § 50d Abs. 3 EStG geregelte Anti-Treaty-Shopping-Regelung modifiziert. Ausweislich der Begründung zum Gesetzentwurf[2] erfolgt dies als Reaktion u.a. auf das EuGH-Urteil vom 14.6.2018[3], in dem der EuGH die **EU-Rechtswidrigkeit der bisherigen Fassung** des § 50d Abs. 3 EStG feststellt. Zudem wurden mit der Neufassung die Vorgaben der Missbrauchsbekämpfungsregelung nach **Art. 6 ATAD** und des Aktionspunkts 6 des BEPS-Aktionsplans umgesetzt.

Nach § 50d Abs. 3 Satz 1 EStG in der nun geltenden Fassung liegt ein Gestaltungsmissbrauch vor, soweit folgende **zwei Voraussetzungen** erfüllt sind:

- Durch die Zwischenschaltung einer Körperschaft, Personenvereinigung oder Vermögensmasse werden Abkommensvorteile erlangt, auf die Personen, die an diesen beteiligt sind oder durch die Satzung, das Stiftungsgeschäft oder die sonstige Verfassung begünstigt werden, im Falle des Direktbezugs keinen Anspruch hätten. Laut der Begründung des Gesetzentwurfs[4] soll diese Voraussetzung selbst dann erfüllt sein, wenn der Beteiligte oder Begünstigte auf der Grundlage einer anderen Anspruchsnorm einen vergleichbaren Entlastungsanspruch wie die Körperschaft, Personenvereinigung oder Vermögensmasse hätte.

- Die Einkunftsquelle weist keinen wesentlichen Zusammenhang mit einer Wirtschaftstätigkeit dieser Körperschaft, Personenvereinigung oder Vermögensmasse auf. Dabei gilt das Erzielen von Einkünften, deren Weiterleitung an beteiligte oder begünstigte Personen und Tätigkeiten, soweit sie mit einem nicht angemessen eingerichteten Geschäftsbetrieb ausgeübt werden, nicht als Wirtschaftstätigkeit. Laut Begründung des Gesetzentwurfs[5] soll demnach eine Holdinggesellschaft nur dann eine Wirtschaftstätigkeit ausüben, wenn sie die Geschicke der Tochtergesellschaften planmäßig steuert, nicht aber bei nur sog. passiver Beteiligungsverwaltung.

Die **Vermutung des Gestaltungsmissbrauchs** kann die Körperschaft, Personenvereinigung oder Vermögensmasse nach § 50d Abs. 3 Satz 2 EStG **widerlegen**, soweit hinreichende außersteuerliche Gründe für die Gestaltung nachgewiesen werden. Konkret ist nachzuweisen, dass keiner der Hauptzwecke für deren Einschaltung die Erlangung eines steuerlichen Vorteils ist. Dabei sollen laut der Begründung des Gesetzentwurfs[6] sämtliche außersteuerlichen Gründe zu berücksichtigen sein, auch wenn sie sich aus einem Konzernverhältnis ergeben. Zudem fallen auch börsennotierte ausländische Gesellschaften nicht unter § 50d Abs. 3 EStG, sofern mit deren Aktien ein wesentlicher und regelmäßiger Handel an einer anerkannten Börse erfolgt. Die bisherige Ausnahme für Investmentfonds nach § 50d Abs. 3 Satz 5 a.E. EStG entfällt hingegen.

Die Vorgaben des § 50d Abs. 3 EStG sind unmittelbar in Fällen der Entlastung nach DBA-Vorgaben vom Kapitalertragsteuerabzug oder Quellensteuerabzug nach § 50a EStG anzuwenden. Zusätzlich wird in § 43b Abs. 1 Satz 1 a.E. EStG (Entlastung vom Kapitalertragsteuerabzug nach der Mutter-Tochter-Richtlinie) sowie in § 50g Abs. 4

---

1) Gesetz v. 2.6.2021, BGBl. I 2021, 1259 = BStBl I 2021, 789. Vgl. hierzu Frase, kösdi 2021, 22208, insbes. Tz. 10 ff.
2) BT-Drucks. 19/27632 v. 17.3.2021, 56.
3) EuGH v. 14.6.2018, GS, C-440/17, HFR 2018, 615.
4) BT-Drucks. 19/27632 v. 17.3.2021, 59.
5) BT-Drucks. 19/27632 v. 17.3.2021, 60.
6) BT-Drucks. 19/27632 v. 17.3.2021, 60.

EStG (Entlastung vom Quellensteuerabzug nach der Zins- und Lizenzrichtlinie) explizit eine entsprechende Anwendung angeordnet.

V. Außensteuerrecht

1. Ermittlung der fremdüblichen Zinsen auf Konzerndarlehen

Der BFH erläutert in dem Fall eines von einer ausländischen Konzerngesellschaft an **438** die inländische Konzerngesellschaft gewährten Darlehens, bei dem nach Auffassung des Finanzamts ein überhöhter Zinssatz vereinbart wurde, wie die Fremdüblichkeit zu ermitteln ist. Laut Urteil des BFH vom 18.5.2021[2] ist dazu zunächst die sog. **Preisvergleichsmethode** – als eine der bislang vorrangig transaktionsbezogenen Standardmethoden – anzuwenden. Der vereinbarte Zinssatz für das Konzerndarlehen ist dem Zinssatz gegenüberzustellen, der bei vergleichbaren Geschäften zwischen unabhängigen Dritten oder zwischen einem Konzernunternehmen mit einem unabhängigen Dritten vereinbart wurde. Ist **mangels Vergleichbarkeit** ein derartiger Preisvergleich nicht möglich, kann auf die sog. **Kostenaufschlagsmethode** zurückgegriffen werden. Dazu sind die Selbstkosten des Darlehensgebers zu ermitteln und um einen angemessenen Gewinnaufschlag zu erhöhen.

Der **Vorrang der Preisvergleichsmethode** gilt laut BFH auch dann, wenn das Konzerndarlehen **unbesichert** gewährt wird. Irrelevant ist dabei, ob das Darlehen von der Konzernmutter oder einer anderen Konzerngesellschaft ausgereicht wurde.

Weiter führt der BFH aus, dass für die zur Ermittlung des Zinssatzes **maßgebliche Bonität** nicht die durchschnittliche Bonität des Gesamtkonzerns, sondern die Bonität **des einzelnen Konzernunternehmens** entscheidend ist. Es ist somit ein „Stand alone"-Rating vorzunehmen. Ein nicht durch rechtlich bindende Einstandsverpflichtungen verfestigter Konzernrückhalt ist nur dann zu berücksichtigen, wenn auch ein konzernfremder Darlehensgeber dadurch von einer Kreditwürdigkeit des Darlehensnehmers ausgehen würde, die höher ist als die „Stand alone"-Bonität.

In einem weiteren Urteil vom 18.5.2021[4] befasste sich der BFH abermals mit der Frage der Fremdüblichkeit des vereinbarten Zinssatzes für ein unbesichertes Gesellschafterdarlehen. Darin kommt er zu dem Ergebnis, dass die **gesetzlich angeordnete Nachrangigkeit** von Gesellschafterdarlehen bei der Ermittlung des fremdüblichen Darlehens-

---

1) BT-Drucks. 19/27632 v. 17.3.2021, 63.
2) BFH v. 18.5.2021, I R 4/17, DB 2021, 2531. Vgl. hierzu Kersten, eNews Steuern, Topthema, 42/2021 v. 25.10.2021.
3) Gesetz v. 2.6.2021, BGBl. I 2021, 1259 = BStBl I 2021, 789.
4) BFH v. 18.5.2021, I R 62/17, BFH/NV 2021, 1601. Vgl. hierzu Kersten, eNews Steuern, 43/2021 v. 2.11.2021.

zinses für ein unbesichertes Gesellschafterdarlehen einem **Risikozuschlag** bei der Festlegung der Zinshöhe zum Ausgleich der fehlenden Darlehensbesicherung **nicht entgegensteht**. Denn ein fremder Darlehensgeber würde eine in vergleichbarem Umfang vereinbarte Nachrangigkeit nur akzeptieren, wenn er im Gegenzug eine Kompensation für die Hinnahme dieses Nachteils und des größeren Risikos erhält.

2. Einkünftekorrektur bei fehlender Besicherung eines Konzerndarlehens

a) EU-Rechtskonformität des § 1 Abs. 1 AStG

439 Mit Urteil vom 27.2.2019[1] hatte der **BFH** entschieden, dass die Ausbuchung eines Darlehens der deutschen Muttergesellschaft an eine belgische Tochtergesellschaft **in 2005 wegen fehlender Besicherung in voller Höhe der Korrektur** gemäß § 1 Abs. 1 AStG unterliegt. Einen Verstoß gegen Unionsrecht sah der BFH darin nicht. Zwar werde durch § 1 Abs. 1 AStG die Niederlassungsfreiheit beschränkt. Aus der EuGH-Rechtsprechung ergebe sich jedoch hinreichend deutlich – so der BFH –, dass dies zur Wahrung der ausgewogenen Aufteilung der Besteuerungsbefugnis zwischen den Mitgliedstaaten gerechtfertigt sei.

Dem widersprach das **BVerfG**. Laut seinem Beschluss vom 4.3.2021[2] ist ein **Verstoß gegen das Recht auf den gesetzlichen Richter** gegeben, da der BFH entgegen den EU-rechtlichen Vorgaben von einem Vorabentscheidungsersuchen an den EuGH abgesehen hat. Angesichts der Unvollständigkeit der Rechtsprechung des EuGH zu den Anforderungen der Niederlassungsfreiheit sei nicht offenkundig, dass bei Hingabe eines fremdunüblich nicht besicherten Konzerndarlehens eine Beschränkung der Niederlassungsfreiheit in jedem Fall gerechtfertigt sei.

In seiner Entscheidung macht das BVerfG zudem deutlich, dass es den Ausführungen des BFH zum im Rahmen des § 1 AStG gebotenen Fremdvergleich nicht folgt und dessen Auslegung **ggf. als Verstoß gegen das Willkürverbot** bewertet. Denn der BFH scheine hier von dem Erfordernis einer Vollbesicherung auszugehen, ohne dies im Hinblick auf die übliche Höhe von Sicherheiten und auf mögliche Wechselwirkungen mit der Höhe des vereinbarten Zinssatzes zu begründen. Das BFH-Urteil wird damit aufgehoben und das Verfahren an den BFH zurückverwiesen.

> **Beratungshinweis:**
>
> Es ist damit zu rechnen, dass der BFH aufgrund dieses Beschlusses des BVerfG nun seine Rechtsauffassung[3] zur steuerlichen Anerkennung unbesicherter Konzerndarlehen anpassen wird. Entsprechende Fälle sollten offengehalten werden, um ggf. auf eine geänderte Rechtsprechung des BFH reagieren zu können.

b) Nichtbesicherung als Bedingung i.S.v. § 1 Abs. 1 AStG

440 Im Streitfall gewährte eine inländische Kapitalgesellschaft ausländischen Tochterkapitalgesellschaften Darlehen ohne Vereinbarung von Sicherheiten, die im Streitjahr (2005) gewinnmindernd abgeschrieben wurden.

Laut Urteil des BFH vom 9.6.2021[4] kommt hinsichtlich der Teilwertabschreibungen eine außerbilanzielle Hinzurechnung gemäß § 1 Abs. 1 AStG in Betracht. Dabei hält

---

1) BFH v. 27.2.2019, I R 73/16, BStBl II 2019, 394. Vgl. hierzu Frase, BeSt 2019, 25.
2) BVerG v. 4.3.2021, 2 BvR 1161/19, HFR 2021, 504 mit Anm. Bopp. Vgl. hierzu Steinhauff, jurisPR-SteuerR 22/2021 Anm. 4.
3) Nochmals im Sinne der hier aufgehobenen Entscheidung kommt der BFH auch mit Urteil vom 19.2.2020, I R 19/17, BStBl II 2021, 223 = HFR 2021, 336 mit Anm. Witt, zu dem Ergebnis, dass eine Einkünftekorrektur wegen fehlender Besicherung eines abgeschriebenen Konzerndarlehens vorzunehmen ist. Vgl. hierzu auch Höring, DStZ 2021, 105.
4) BFH v. 9.6.2021, I R 32/17, IStR 2021, 937.

der BFH an seiner bisherigen Rechtsauffassung fest, wonach die **Einkünfteminderung** i.S.v. § 1 Abs. 1 AStG **durch die fehlende Besicherung eingetreten sein kann**.[1] Im Falle der Einräumung werthaltiger Sicherungsrechte wäre es infolge der negativen wirtschaftlichen Entwicklung der Tochtergesellschaften nicht zum Verzicht auf die Darlehensrückzahlungsansprüche gekommen. Die Einkünftekorrektur nach § 1 Abs. 1 AStG werde auch nicht durch anzuwendende DBA-Regelungen ausgeschlossen. Die frühere Rechtsprechung zur sog. Sperrwirkung der dem Art. 9 Abs. 1 OECD-Musterabkommen nachgebildeten DBA-Vorschriften hat der BFH bereits in 2019 aufgegeben.[2]

Die Nichtbesicherung der Ansprüche gehört laut BFH zu den **Bedingungen i.S.d. § 1 Abs. 1 AStG**. Diese könne von den Bedingungen abweichen, die unter fremden Dritten vereinbart worden wären. Eine solche Prüfung werde **nicht** bereits aufgrund des sog. **Rückhalts im Konzern entbehrlich**. Allerdings könne das Fehlen einer Besicherung nicht allein dazu führen, dass eine Berichtigung nach § 1 Abs. 1 AStG vorzunehmen wäre. Vielmehr sei eine Prüfung der vereinbarten Darlehensbedingungen in ihrer Gesamtheit erforderlich, wozu das Finanzgericht noch Feststellungen zu treffen hat.

3. Hinzurechnungsbesteuerung: Nachweis einer tatsächlichen wirtschaftlichen Tätigkeit

Mit Urteil vom 22.5.2019[3] entschied der **BFH**, dass sich die Hinzurechnungsbesteuerung von Zwischeneinkünften mit Kapitalanlagecharakter im Falle von Direktinvestitionen hinsichtlich einer **in einem Drittstaat ansässigen Zwischengesellschaft** an der Kapitalverkehrsfreiheit messen lassen muss. Allerdings kann – so der BFH – die Beschränkung der Kapitalverkehrsfreiheit aus zwingenden Gründen des Allgemeininteresses und insb. der Verhinderung von Steuerhinterziehung und Steuerumgehung gerechtfertigt sein. Die Hinzurechnungsbesteuerung ist jedoch aus EU-rechtlichen Gründen nicht anzuwenden, wenn der Steuerpflichtige nachweist, dass die Beteiligung an der ausländischen Gesellschaft **nicht auf einer künstlichen Gestaltung** beruht (Entlastungsbeweis) und rechtliche Verpflichtungen des Drittstaates gegenüber den deutschen Steuerbehörden bestehen, die eine Überprüfung der Angaben ermöglichen. Mit Urteil vom 18.12.2019 kam der BFH[4] auch hinsichtlich der allgemeinen Hinzurechnungsbesteuerung nach § 7 Abs. 1 AStG a.F. zum selben Ergebnis.

Das **BMF** folgt mit Schreiben vom 17.3.2021[5] dieser Rechtsprechung. Demnach ist die in § 8 Abs. 2 AStG a.F. vorgesehene **Nachweismöglichkeit**, die bei Beteiligung an EU-Gesellschaften gilt, sinngemäß **auch bei Drittstaaten-Gesellschaften anzuwenden**.

Das BMF konkretisiert dazu zunächst die **Anforderungen an den Entlastungsbeweis** nach § 8 Abs. 2 AStG a.F., wie er in EU-/EWR-Fällen vorgesehen ist. Dazu ist der Nachweis einer tatsächlichen wirtschaftlichen Tätigkeit der Zwischengesellschaft zu erbringen. Laut BMF ist erforderlich, dass eine gezielte Nutzziehung der Ressourcen im Aufnahmestaat vorliegt, die Zwischengesellschaft nicht nur personell, sondern auch sachlich angemessen ausgestattet ist und die wesentlichen unternehmerischen Entscheidungen durch die ausländische Gesellschaft selbst getroffen werden. Neben diesen Substanzerfordernissen, die hinsichtlich der jeweiligen passiven Einkünfte zu erfüllen sind, ist zudem nachzuweisen, dass die Beteiligung an der ausländischen Gesellschaft keine rein künstliche Gestaltung darstellt. Dazu sind triftige wirtschaftliche, d.h. außersteuerliche, Gründe darzulegen und nachzuweisen.

Diese Anforderungen sind laut BMF auch in Drittstaaten-Fällen anzuwenden. Der Entlastungsbeweis ist aber nur dann möglich, wenn rechtliche Verpflichtungen des Drittstaats gegenüber den deutschen Steuerbehörden bestehen, die eine **Überprüfung der**

---

1) Zuletzt BFH v. 19.2.2020, I R 19/17, BStBl II 2021, 223 = HFR 2021, 336 mit Anm. Witt.
2) U.a. BFH v. 27.2.2019, I R 81/17, BStBl II 2020, 443.
3) BFH v. 22.5.2019, I R 11/19 (I R 80/14), BStBl II 2021, 265.
4) BFH v. 18.12.2019, I R 59/17, BStBl II 2021, 270.
5) BMF v. 17.3.2021, IV B 5 - S 1351/19/10002 :001, BStBl I 2021, 342. Vgl. hierzu Höring, DStZ 2021, 511.

Richtigkeit der Angaben ermöglichen. Das BMF konkretisiert, in welchen Fällen von einen solchem hinreichenden Informationsanspruch und einer tatsächlichen Verifikationsmöglichkeit auszugehen ist.

> **Beratungshinweis:**
>
> Mit dem ATAD-Umsetzungsgesetz[1] wurde die Regelung der Hinzurechnungsbesteuerung neu gefasst (→ Rz. 152). In der ab 2022 anzuwendenden Fassung des § 8 Abs. 2 bis 4 AStG ist weiterhin die Möglichkeit des Entlastungsbeweises nur in EU-/EWR-Fällen vorgesehen. Allerdings ist im Spezialfall bei Beteiligung an Kapitalanlagegesellschaften nach § 13 AStG ein Motivtest als Entlastungsbeweis auch in Drittstaatenfällen möglich, sofern ein zwischenstaatlicher Informationsaustausch besteht.

4. Verrechnungspreise

a) Verwaltungsgrundsätze 2020

442 Das BMF legte mit Schreiben vom 3.12.2020[2] die „Verwaltungsgrundsätze 2020" vor, mit denen die **Grundsätze für die Prüfung der Einkunftsabgrenzung zwischen international verbundenen Unternehmen** dargestellt werden. Eingegangen wird insb. auf die Mitwirkungspflichten des Steuerpflichtigen sowie die Schätzung von Besteuerungsgrundlagen und Zuschläge. Konkret geht das BMF im Detail auf erhöhte Mitwirkungspflichten bei Auslandssachverhalten (§ 90 Abs. 2 AO), besondere Mitwirkungspflichten bei Geschäftsbeziehungen i.S.d. § 1 Abs. 4 AStG (§ 90 Abs. 3 AO) sowie die unterschiedlichen Arten der Schätzung nach § 162 AO und Zuschläge nach § 162 Abs. 4 AO ein.

> **Anmerkung:**
>
> Mit den „Verwaltungsgrundsätzen 2020" wurden Teile der Verwaltungsgrundsätze-Verfahren vom 12.4.2005[3] überarbeitet.

Unter Berücksichtigung der Auswirkungen der Corona-Pandemie auf die Verrechnungspreise veröffentlichte zudem die **OECD** am 18.12.2020 **Leitlinien**.[4] Darin wird darauf eingegangen, wie der Fremdvergleichsgrundsatz und die OECD-Verrechnungspreisleitlinien angesichts der besonderen wirtschaftlichen Herausforderungen anzuwenden sind.

b) Verwaltungsgrundsätze Verrechnungspreise

443 Das BMF veröffentlichte zudem mit Schreiben vom 14.7.2021[5] die „Verwaltungsgrundsätze Verrechnungspreise". Darin werden die Grundsätze der Einkunftsabgrenzung neu gefasst und dabei zahlreiche bisherige finanzverwaltungsseitige Vorgaben aufgehoben, allen voran die Verwaltungsgrundsätze 1983[6], die Verwaltungsgrundsätze-Verfahren aus 2005[7] und das Schreiben betr. Namensnutzung im Konzern aus 2017[8].

---

1) Gesetz v. 25.6.2021, BGBl. I 2021, 2035 = BStBl I 2021, 874.
2) BMF v. 3.12.2020, IV B 5 - S 1341/19/10018 :001, BStBl I 2020, 1325.
3) BMF v. 12.4.2005, IV B 4 - S 1341 - 1/05, BStBl I 2005, 570.
4) https://www.oecd.org/coronavirus/policy-responses/leitlinien-zu-den-verrechnungspreisfolgen-der-covid-19-pandemie-752115f6/
5) BMF v. 14.7.2021, IV B 5 - S 1341/19/10017 :001, BStBl I 2021, 1098. Vgl. hierzu Grotherr, DStZ 2021, 864 und DStZ 2021, 950.
6) BMF v. 23.2.1983, IV C 5 - S 1341 - 4/83, BStBl I 1983, 218.
7) BMF v. 12.4.2005, IV B 4 - S 1341 - 1/05, BStBl I 2005, S. 570.
8) BMF v. 7.4.2017, IV B 5 - S 1341/16/10003, BStBl I 2017, 701.

Anmerkung:

Weiterhin sind u.a. die Ausführungen des BMF zur „Verwaltungsgrundsätze-Funktionsverlagerung"[1] und zur Arbeitnehmerentsendung[2] zu beachten.

In dem in allen offenen Fällen anzuwendenden Schreiben vom 14.7.2021[3] gibt das BMF u.a. **Leitlinien für die Anwendung des Fremdvergleichsgrundsatzes** bei der Prüfung von grenzüberschreitenden Geschäftsbeziehungen, zu den **Verrechnungspreismethoden** und zur **Vergleichbarkeitsanalyse** vor.

Zudem geht das BMF auf verschiedene Arten von Geschäftsbeziehungen ein. So werden z.B. bei Transaktionen mit immateriellen Werten die sog. **DEMPE-Funktionen** erläutert. Bei Finanzbeziehungen thematisiert das BMF die Bedeutung des Konzernrückhalts und das Erfordernis der Besicherung bei Darlehen innerhalb einer Unternehmensgruppe. Ob eine Nichtbesicherung als fremdüblich zu beurteilen ist, soll sich aus den Umständen des jeweiligen Einzelfalls ergeben, wozu das BMF verschiedene Aspekte vorgibt, die im Rahmen der Gesamtschau von besonderer Bedeutung sein sollen.

c) Vorabverständigungsverfahren

Zwar wurden bereits bislang insb. über Verrechnungspreismethoden Vorabverständigungsverfahren zwischen der deutschen Finanzverwaltung und den zuständigen Behörden anderer Staaten geführt, um eine für die Unternehmen drohende wirtschaftliche Doppelbesteuerung abzuwenden. Diese Verfahren beruhten bislang allerdings lediglich auf einem Merkblatt des BMF vom 5.10.2006[4] unter Berufung auf die Art. 25 OECD-Musterabkommen nachgebildeten Artikel der jeweiligen DBA. Mit dem im Rahmen des Abzugsteuerentlastungsmodernisierungsgesetzes (AbzStEntModG)[5] eingeführten § 89a AO wurde nun eine **gesetzliche Regelung** getroffen, die erstmals auf **Anträge** anzuwenden ist, die nach dem Tag der Gesetzesverkündung, somit **nach dem 8.6.2021**, bei der zuständigen Behörde eingehen (Art. 97 § 34 Satz 1 EGAO).[6] **444**

Ein solches Vorabverständigungsverfahren kann nach § 89a Abs. 1 Satz 1 AO auf Antrag nur eingeleitet werden, wenn das **anzuwendende DBA ein solches Verfahren vorsieht**. In der Praxis wird ein Antrag auf Vorabverständigungsverfahren regelmäßig sowohl in Deutschland als auch im anderen Staat zu stellen sein. Die Anforderungen an einen Antrag auf die Durchführung eines Vorabverständigungsverfahrens werden in § 89a Abs. 2 AO umfassend geregelt.

Ein Vorabverständigungsverfahren kann nur eingeleitet werden, wenn es um die **steuerliche Beurteilung** von genau bestimmten, im Zeitpunkt der Antragstellung **noch nicht verwirklichten Sachverhalten** für einen bestimmten, regelmäßig fünf Jahre nicht überschreitenden Geltungszeitraum geht, die Gefahr einer Doppelbesteuerung besteht und es wahrscheinlich ist, dass diese durch das Verfahren vermieden und eine übereinstimmende Abkommensauslegung der zuständigen Behörde des Vertragsstaats erreicht werden kann (§ 89a Abs. 1 Satz 1 und 2 AO). Zudem setzt die Einleitung die unanfechtbar gewordene Gebührenfestsetzung und Entrichtung der Gebühr voraus (§ 89a Abs. 1 Satz 3 AO).

Die bisherige Regelung zur Erhebung einer Gebühr bei besonderer Inanspruchnahme der Finanzbehörden (§ 178a AO) wird aufgehoben. An Stelle dessen werden die **Gebühren** in § 89a Abs. 7 AO wie folgt geregelt: Die Gebühr beträgt **30.000 Euro** für

---

1) BMF v. 13.10.2010, IV B 5 - S 1341/08/10003 BStBl I 2010, 774.
2) BMF v. 9.11.2001, IV B 4 - S 1341 - 20/01, BStBl I 2001, 796.
3) BMF v. 14.7.2021, IV B 5 - S 1341/19/10017 :001, BStBl I 2021, 1098.
4) BMF v. 5.10.2006, BStBl I 2006, 594.
5) Gesetz v. 2.6.2021, BGBl. I 2021, 1259 = BStBl I 2021, 789.
6) Vgl. zur neu eingeführten Vorschrift Baum, eKomm Ab 9.6.2021, § 89a AO Rz. 1 ff.

jeden Antrag auf Einleitung eines Vorabverständigungsverfahrens (§ 89a Abs. 7 Satz 5 AO). Wird der Antrag auf Einleitung eines Vorabverständigungsverfahrens von einem kleinen Unternehmen gestellt, das im laufenden Wirtschaftsjahr nicht mehr als 6 Mio. Euro an Entgelten für Warenlieferungen aus Geschäftsbeziehungen mit nahestehenden Personen und nicht mehr als 600.000 Euro an Vergütungen für andere Leistungen mit nahestehenden Personen aufweist, ist eine Gebühr von 10.000 Euro zu erheben (§ 89a Abs. 7 Satz 8 AO). Sofern es sich bei dem Antrag nicht um einen Verrechnungspreisfall handelt, beträgt sie 7.500 Euro (§ 89a Abs. 7 Satz 6 AO).

Die **regelmäßig maximal fünfjährige Geltung** der Vorabverständigungsvereinbarung (§ 89a Abs. 1 Sätze 1 und 7 AO) kann auf Antrag verlängert werden (§ 89a Abs. 6 AO). Für einen Verlängerungsantrag liegt die Gebühr bei 15.000 Euro bzw. bei kleinen Unternehmen bei 7.500 Euro (§ 89a Abs. 7 Satz 5 und 8 AO).

Zu einer Vorabverständigungsvereinbarung kommt es nur, wenn der Antragsteller deren Inhalt zustimmt und einen **Rechtsbehelfsverzicht erklärt** (§ 89a Abs. 3 Sätze 1 und 3 AO).

Die **Bindung** des örtlich zuständigen Finanzamts an die Vorabverständigungsvereinbarung **entfällt allerdings, wenn** die darin enthaltenen Bedingungen nicht erfüllt werden, der andere beteiligte Vertragsstaat sich nicht daran hält oder die Rechtsvorschriften, auf denen die Vereinbarung beruht, aufgehoben oder geändert werden (§ 89a Abs. 4 Satz 1 AO).

> **Anmerkung:**
>
> In § 89a Abs. 5 AO wird das Verhältnis der Vorabverständigungsvereinbarung zur verbindlichen Auskunft, zur verbindlichen Zusage und zur Anrufungsauskunft nach § 42e EStG geregelt.

d) Zuschläge für nicht vorgelegte oder verwertbare Verrechnungspreisdokumentation

445 Wird eine nach § 90 Abs. 3 AO zu führende Verrechnungspreisdokumentation der Finanzverwaltung nicht vorgelegt oder ist weitgehend unverwertbar, wird widerlegbar vermutet, dass die diesen Aufzeichnungen zugrunde liegenden im Inland steuerpflichtigen Einkünfte höher sind als die erklärten Einkünfte. Muss die Finanzverwaltung in solchen Fällen eine **Schätzung** vornehmen und diese Einkünfte innerhalb eines bestimmten Rahmens, insb. auf Grund von Preisspannen bestimmen, kann dieser Rahmen zu Lasten des Steuerpflichtigen ausgeschöpft werden. Darüber hinaus ist nach § 162 Abs. 4 AO ein **Zuschlag** festzusetzen, der **mindestens 5 %, höchstens aber 10 % des ermittelten Mehrbetrags** der Einkünfte, aber mindestens 5.000 Euro, und bei verspäteter Vorlage von verwertbaren Aufzeichnungen bis zu 1 Mio. Euro, mindestens jedoch 100 Euro für jeden vollen Tag der Fristüberschreitung, beträgt. Von der Festsetzung eines Zuschlages ist nur dann abzusehen, wenn die Nichterfüllung der Aufzeichnungspflichten entschuldbar erscheint oder im Falle eines nur geringfügigen Verschuldens.

Das FG Bremen führt in dem Beschluss vom 7.7.2021[1] aus, dass es sowohl in den Aufzeichnungspflichten nach § 90 Abs. 3 AO als auch in der Regelung eines Strafzuschlags nach § 162 Abs. 4 AO eine **Beeinträchtigung der Niederlassungsfreiheit sowie möglicherweise der Dienstleistungsfreiheit** sieht. Aus diesem Grunde wurde eine entsprechende Rechtsfrage dem **EuGH vorgelegt**.

Zur Begründung führt das FG Bremen weiter aus, der BFH habe aber bereits mit Urteil vom 10.4.2013[2] entschieden, dass der Eingriff durch die Aufzeichnungspflichten durch zwingende Gründe des Allgemeinwohls gerechtfertigt sei. Ob aber auch die

---

1) FG Bremen v. 7.7.2021, 2 K 187/17 (3), EFG 2021, 1665 mit Anm. Hennigfeld.
2) BFH v. 10.4.2013, I R 45/11, BStBl II 2013, 771.

Zuschlagsregelung nach § 162 Abs. 4 AO gerechtfertigt sei, bezweifelt das FG Bremen und legt diese Regelung dem EuGH zur EU-rechtlichen Beurteilung vor.

Beratungshinweis:

Betroffene Steuerpflichtige sollten mit Verweis auf das beim EuGH anhängige Verfahren Einspruch gegen noch nicht bestandskräftige Bescheide über die Festsetzung eines Zuschlags einlegen und das Ruhen des Verfahrens beantragen, um ggf. von einer positiven Entscheidung des EuGH profitieren zu können.

VI. Mitteilungspflichten

1. Mitteilungspflichten bei Auslandsbeziehungen

Mit Schreiben vom 28.12.2020[1] konkretisiert das BMF, in welchen Fällen bei Über- **446** schreiten der Beteiligungsgrenze nach § 138 Abs. 2 Satz 1 Nr. 3 AO eine Mitteilungspflicht besteht. Bei Vorliegen der übrigen Voraussetzungen besteht eine Mitteilungspflicht über den Erwerb ausländischer Beteiligungen nur, wenn die Beteiligungen durch den inländischen Steuerpflichtigen **selbst entgeltlich oder unentgeltlich erworben** wurden. Besteht demnach eine Mitteilungspflicht, sind gleichzeitig **miterworbene mittelbare Beteiligungen** mitzuteilen. Entsprechend wird bei der Mitteilungspflicht bei Veräußerung von Beteiligungen ergänzt, dass bei Vorliegen der übrigen Voraussetzungen nur für die unmittelbaren Beteiligungen, die der Steuerpflichtige selbst veräußert, eine Mitteilungspflicht besteht. In diesen Fällen besteht laut BMF eine Mitteilungspflicht zudem hinsichtlich der gleichzeitig mitveräußerten mittelbaren Beteiligungen.

Wird eine Meldung nach § 138 Abs. 2 AO unterlassen, beginnt der Lauf der **Verfolgungsverjährung** grundsätzlich zu dem Zeitpunkt, zu dem an der Erfüllung kein Interesse mehr besteht. Dieser bundesmehrheitlich vertretenen Auffassung folgt auch das LSF Sachsen laut Verfügung vom 11.11.2020[2]. Von fehlendem Erfüllungsinteresse könne z.B. ausgegangen werden, weil im Rahmen von Betriebsprüfungen bereits entsprechende Feststellungen getroffen wurden.

Beratungshinweis:

Trotz der Verlängerung der Steuererklärungsfrist für den VZ 2019 (→Rz. 345) waren Meldungen nach § 138 Abs. 2 AO über meldepflichtige Ereignisse in 2019 spätestens bis 28.2.2021 zu übermitteln. Nichts anderes gilt für die verlängerte Steuererklärungsfrist für den VZ 2020 (→Rz. 346). Die Fristverlängerung für Steuererklärungsfrist greift hier nicht, da die **Meldungen explizit spätestens 14 Monate nach Ablauf des Besteuerungszeitraums** zu erfolgen haben.

2. Mitteilungspflichten bei grenzüberschreitenden Gestaltungen

Seit 1.7.2020 sind grenzüberschreitende Steuergestaltungen bei Erfüllung der in § 138e **447** AO geregelten Kennzeichen (sog. Hallmarks) gemäß § 138f AO innerhalb von 30 Tagen der Finanzverwaltung zu melden (sog. **DAC 6-Meldepflichten**). Nach § 138d AO hat die Meldung grundsätzlich durch den Intermediär (insb. Steuerberater, Rechtsanwalt, Wirtschaftsprüfer) an das Bundeszentralamt für Steuern (BZSt) zu erfolgen. Sofern der Nutzer der Gestaltung (in der Regel der Steuerpflichtige) dem Intermediär keine Befreiung von der Verschwiegenheitspflicht erteilt, sind personenbezogene Daten von ihm direkt zu übermitteln. In einigen Fällen obliegt die Meldepflicht insgesamt dem Nutzer.

---

1) BMF v. 28.12.2020, IV B 5 - S 0301/19/10009 :001, BStBl I 2021, 55. Vgl. hierzu Grotherr in Gosch, § 138 AO Rz. 28 ff. (Juni 2021).
2) LSF Sachsen v. 11.11.2020, 216 - S 0711/1/1–2020/55661, DB 2020, 2666.

Mit Schreiben vom 29.3.2021[1] geht das **BMF** ausführlich auf die Anwendung der Mitteilungspflichten nach §§ 138d ff. AO ein. Neben ausführlichen Erläuterungen, wer konkret die Meldepflichten zu erfüllen hat und unter welchen Bedingungen es sich um einen grenzüberschreitenden Sachverhalt handelt, befasst sich das BMF insb. mit den unterschiedlichen **Kennzeichen**. Bestimmte Kennzeichen führen nur dann zur Meldepflicht, wenn einer der zu erwartenden Hauptvorteile der Gestaltung die Erlangung eines Steuervorteils ist (sog. Relevanztest).

So geht das BMF u.a. näher darauf ein, in welchen Fällen nach Durchführung des **Relevanztests** von einer meldepflichtigen Steuergestaltung wegen einer standardisierten Gestaltung, dem Umwandeln von Einkünften, zirkulären Transaktionen oder präferenziell bzw. (nahe) null besteuerten Zahlungen im Konzern auszugehen ist.

Ungeachtet eines Relevanztests führen etwa gruppeninterne grenzüberschreitende Zahlungen, die beim Zahlenden als Betriebsausgaben abzugsfähig sind, zu einer Meldepflicht, wenn der Zahlungsempfänger in einem Staat ansässig ist, der in der EU- oder der OECD-Blacklist nichtkooperativer Staaten aufgeführt wird. Die derzeit hierunter fallenden Staaten werden auf der Internetseite des Bundeszentralamts für Steuern (www.bzst.de) aufgeführt, worauf das BMF in seinem Schreiben hinweist.

Zudem hat das BMF seinen Ausführungen eine sog. **White List** angefügt, in der Standardfälle aufgeführt sind, die regelmäßig keine Meldepflicht im Rahmen der Kennzeichen mit Relevanztest auslösen. So soll z.B. die Ausübung steuerlicher Wahlrechte oder die Nutzung steuerlicher Freigrenzen oder Freibeträge regelmäßig nicht das Kriterium des steuerlichen Hauptvorteils erfüllen.

Beratungshinweis:

Mit dem finalen BMF-Schreiben liegt nun die offizielle Rechtsauffassung der Finanzverwaltung zu zahlreichen Fragestellungen im Zusammenhang mit DAC 6 vor. Damit besteht auch mehr Klarheit, in welchen Fällen eine umfassende Prüfung des Einzelfalls erforderlich ist, um den DAC 6-Meldepflichten gerecht zu werden. Aus den Ausführungen des BMF lässt sich allerdings nicht für jede Fallgestaltung entnehmen, wie vorzugehen ist. Anspruch auf abschließende Aufzählungen oder Prüfungsvorgaben für jeden Einzelfall kann das BMF-Schreiben angesichts der Vielzahl an steuerlichen Gestaltungs- und Optimierungsmöglichkeiten nicht erheben.

Betroffenen Unternehmen ist anzuraten, unternehmensindividuelle DAC 6-Prozesse einzuführen, deren Durchführung in DAC 6-Guidelines für alle Beteiligten im Unternehmen transparent und nachvollziehbar dargestellt werden. Sofern bereits Prozesse bestehen, sollten diese dahingehend überprüft werden, ob sich aus dem BMF-Schreiben vom 29.3.2021[2] Anpassungsbedarf ergibt. Zudem sollte sichergestellt werden, dass aus bereits erfolgten Prüfungen vergangener Sachverhalte sich daraus ergebende wichtige Informationen dokumentiert werden, um diese für vergleichbare künftige Konstellationen nutzen zu können.

---

3. Informationsaustausch über kapitalmarktbezogene Gestaltungen

448 Mit dem Abzugsteuerentlastungsmodernisierungsgesetz (AbzStEntModG)[3] wurde in § 88c AO die Regelung zum Informationsaustausch über kapitalmarktbezogene Gestaltungen eingeführt. **Finanzbehörden** müssen demnach seit 9.6.2021 Tatsachen, die sie dienstlich erfahren und die Anhaltspunkte für Steuergestaltungen im Zusammenhang mit Kapitalertragsteuern von länderübergreifender oder erheblicher Bedeutung ergeben, **an das BZSt melden** (§ 88c Abs. 1 AO, Art. 15 Abs. 1 AbzStEntModG).

Die Vorschrift soll der zielgerichteten Aufdeckung von missbräuchlichen Gestaltungen bei Aktiengeschäften um den Dividendenstichtag sowie anderer Steuervorteile im Zusammenhang mit Kapitalertragsteuern dienen. Dazu werden die Informationen

---

1) BMF v. 29.3.2021, IV A 3 - S 0304/19/10006 :010, IV B 1 - S 1317/19/10058 :011, BStBl I 2021, 582. Vgl. hierzu z.B. Grotherr in Gosch, § 138d AO Rz. 1 ff.
2) BMF v. 29.3.2021, IV A 3 - S 0304/19/10006 :010, IV B 1 - S 1317/19/10058 :011, BStBl I 2021, 582.
3) Gesetz v. 2.6.2021, BGBl. I 2021, 1259 = BStBl I 2021, 789.

durch das BZSt gespeichert und im Hinblick auf missbräuchliche Steuergestaltungsmodelle analysiert (§ 88c Abs. 2 AO).

4. Spontanaustausch länderbezogener Berichte über Konzernkennzahlen mit den USA

Das BMF veröffentlichte mit Schreiben vom 10.8.2021[1] eine gemeinsame Erklärung mit **449** dem US Internal Revenue Service über die Durchführung des spontanen Austauschs länderbezogener Berichte über Konzernkennzahlen für Wirtschaftsjahre ab 2020. Hierdurch soll die internationale steuerliche Transparenz erhöht und der Zugang der jeweiligen Steuerbehörden zu Informationen über die weltweite Verteilung der Einkünfte, die entrichteten Steuern und bestimmte Indikatoren für die Orte wirtschaftlicher Tätigkeit in Steuergebieten, in denen multinationale Konzerne tätig sind, verbessert werden, um erhebliche Verrechnungspreisrisiken und andere Risiken im Zusammenhang mit Gewinnverkürzung und Gewinnverlagerung zu bewerten.

Die gemeinsame Erklärung gilt für spontan ausgetauschte länderbezogene Berichte für am oder nach dem 1.1.2020 und vor dem 1.1.2021 beginnende Wirtschaftsjahre multinationaler Konzerne. Damit wird der spontane Austausch länderbezogener Berichte für ein Jahr fortgeführt, der bereits zuvor für die Wirtschaftsjahre 2016 bis 2019 erfolgt ist.[2]

> **Anmerkung:**
>
> Der Spontanaustausch wird nach Abschluss des nationalen Gesetzgebungsverfahrens zur Transformation des am 14.8.2020 gezeichneten Regierungsabkommens mit den USA über den automatischen Informationsaustausch durch einen automatischen Informationsaustausch abgelöst werden.

VII. Grenzüberschreitend tätige Arbeitnehmer

1. Corona-Sonderregelungen für Grenzgänger

Fallen der Wohnsitzstaat und der Tätigkeitsstaat eines Arbeitnehmers auseinander, **450** sehen die zwischen den Staaten bilateral vereinbarten **DBA** regelmäßig vor, dass das Arbeitsentgelt in dem Umfang dort zu versteuern ist, wo die Tätigkeit ausgeübt wird. Einige Doppelbesteuerungsabkommen beinhalten **spezielle Grenzgängerregelungen**, wonach abweichend von diesem Grundsatz bei grenznah wohnenden Arbeitnehmern, die arbeitstäglich zu ihrem Wohnsitz zurückkehren, der Wohnsitzstaat das Recht zur Besteuerung des Arbeitsentgelts hat. Eine solche **arbeitstägliche Rückkehr** findet bei Tätigkeiten vom Homeoffice aus nicht mehr statt. Um zu vermeiden, dass Coronabedingte Homeoffice-Tätigkeiten von Grenzgängern Auswirkungen auf das bislang bestehende Besteuerungsrecht haben, wurden mit

– Belgien[3],
– Frankreich[4],
– Luxemburg[5],
– Niederlande[6],
– Österreich[7],

1) BMF v. 10.8.2021, IV B 6 - S 1315/19/10050 :006, BStBl I 2021, 1807.
2) Vgl. BMF v. 8.12.2020, IV B 6 - S 1315/19/10050 :004, BStBl I 2021, 52.
3) Zuletzt BMF v. 21.12.2021, IV B 3 - S 1301-BEL/20/10002 :001, BStBl I 2022, 34.
4) Zuletzt BMF v. 9.12.2021, IV B 3 - S 1301-FRA/19/10018 :007, BStBl I 2021, 2470.
5) Zuletzt BMF v. 6.12.2021, IV B 3 - S 1301-LUX/19/10007 :003, BStBl I 2021, 2468.
6) Zuletzt BMF v. 21.12.2021, IV B 3 - S 1301-NDL/20/10004 :001, BStBl I 2022, 32.
7) Zuletzt BMF v. 20.12.2021, IV B 3 - S 1301-AUT/20/10001 :002, BStBl I 2021, 2472.

– Polen[1]) und
– der Schweiz[2])

spezielle Vereinbarungen getroffen.

Danach werden zeitlich befristete Sonderregelungen gewährt, wonach Arbeitstage, für die Arbeitslohn bezogen wird und an denen grenzüberschreitend tätige Beschäftigte nur **aufgrund der Maßnahmen** zur Bekämpfung der Covid-19-Pandemie ihre Tätigkeit **im Homeoffice** ausüben, als Tätigkeitsstaat verbrachte Arbeitstage gelten können.

Für Arbeitstage hingegen, die **unabhängig von diesen Maßnahmen im Homeoffice** verbracht worden wären, soll diese **Möglichkeit nicht gelten**, insb. dann nicht, wenn die Beschäftigten nach den arbeitsvertraglichen Regelungen grundsätzlich ohnehin im Homeoffice tätig wären.

2. Keine Betriebsstättenbegründung durch Homeoffice-Tätigkeit

451 **Zwischen Deutschland und der Schweiz** wurde am 27.4.2021 eine Konsultationsvereinbarung getroffen, wonach durch die Corona-bedingte Homeoffice-Tätigkeit eines grenzüberschreitend tätigen Arbeitnehmers keine Betriebsstätte in dessen Wohnsitzstaat begründet wird. Darauf weist das BMF mit Schreiben vom 7.5.2021[3]) hin.

Durch die aufgrund der Maßnahmen zur Bekämpfung der Corona-Pandemie erforderliche Tätigkeit einer Arbeitskraft von ihrem Wohnsitz aus wird somit in diesem Staat keine Betriebsstätte des im anderen Staat ansässigen Arbeitgebers begründet.

> **Anmerkung:**
> Die ergänzende Konsultationsvereinbarung soll mindestens bis 31.3.2022 in Kraft bleiben. Erst danach ist ggf. eine Kündigung vorgesehen.[4])

3. Erste Tätigkeitsstätte bei grenzüberschreitender Arbeitnehmerentsendung

452 Ein Arbeitnehmer, der in die USA entsendet wurde, bezog neben Arbeitslohn einen Wohnkostenzuschuss, Möbelmiete und ein Flugbudget für Heimflüge von der „Gastgesellschaft" in den USA, bei der er für die Zeit der Entsendung im Rahmen eines (befristeten) Arbeitsverhältnisses angestellt war. Da der Arbeitnehmer seinen Wohnsitz im Inland während der Entsendung beibehielt, blieb er in Deutschland weiterhin unbeschränkt steuerpflichtig, weshalb seine laut DBA im Inland steuerfreigestellten ausländischen Arbeitseinkünfte dem deutschen Progressionsvorbehalt unterfielen.

Der BFH entschied mit Urteil vom 17.12.2020[5]), dass auch die Wohnkostenzuschüsse, Möbelmiete und die Flugkosten im Rahmen des Progressionsvorbehalts zu erfassen waren, da eine Steuerfreiheit nach § 3 Nr. 16 EStG für Erstattungen von Aufwendungen des Arbeitnehmers für beruflich veranlasste Fahrten und Übernachtungen ausschied. Eine solche steuerfreie Erstattung wäre nur möglich, wenn der Arbeitnehmer während der Entsendung weiterhin eine erste Tätigkeitsstätte im Inland gehabt hätte.

Laut BFH wird jedoch bei einer grenzüberschreitenden Arbeitnehmerentsendung **eine erste Tätigkeitsstätte in der ortsfesten betrieblichen Einrichtung des aufnehmenden Unternehmens** begründet, der der Arbeitnehmer im Rahmen eines eigenständigen

---

1) BMF v. 8.12.2020, IV B 3 - S 1301-POL/19/10006 :002, BStBl I 2020, 1359.
2) Zuletzt BMF v. 1.12.2021, IV B 2 - S 1301-CHE/21/10018 :002. Vgl. zum vorgehenden Schreiben Höring, eNews Steuern, 36/2021 v. 13.9.2021.
3) BMF v. 7.5.2021, IV B 2 - S 1301-CHE/07/10019–05, BStBl I 2021, 685.
4) BMF v. 1.12.2021, IV B 2 - S 1301-CHE/21/10018 :002. Vgl. hierzu Höring, eNews Steuern, 36/2021 v. 13.9.2021.
5) BFH v. 17.12.2020, VI R 21/18, BStBl II 2021, 506. Vgl. hierzu Geserich, jurisPR- SteuerR 24/2021 Anm. 1.

Arbeitsvertrags mit diesem Unternehmen für die Dauer der Entsendung zugeordnet ist. Im Streitfall ging der BFH von einer solchen Zuordnung aus, unabhängig davon, ob es sich nach US-amerikanischem Arbeitsrecht um einen wirksamen Arbeitsvertrag handelte oder nicht. Dem parallel weiter bestehenden Arbeitsverhältnis zum inländischen Arbeitgeber maß der BFH hinsichtlich der ersten Tätigkeitsstätte keine Bedeutung zu, da es während der Entsendung ruhend gestellt war.

Der BFH weist darauf hin, dass seine anderslautende, ältere Rechtsprechung[1] durch die Neuregelung zur ersten Tätigkeitsstätte überholt ist.

Beratungshinweis:

Sollten allerdings – anders als im entschiedenen Streitfall explizit durch das Finanzgericht festgestellt – die Voraussetzungen einer doppelten Haushaltsführung erfüllt sein, könnten u.a. Miet- und Fahrtkosten als Kosten im Rahmen einer doppelten Haushaltsführung im Inland steuerfrei erstattet werden. Dies sollte im Einzelfall geprüft werden.

4. Altersvorsorgeaufwendungen bei steuerfreiem Arbeitslohn aus der Schweiz

Altersvorsorgeaufwendungen dürfen grundsätzlich nur als Sonderausgaben abgezogen werden, wenn sie nicht in unmittelbarem wirtschaftlichem Zusammenhang mit steuerfreien Einkünften stehen. Davon ausgenommen waren bislang nur Vorsorgeaufwendungen in Zusammenhang mit in der EU bzw. dem EWR erzielten steuerfreien Einnahmen (§ 10 Abs. 2 Satz 1 Nr. 1 1. Halbsatz EStG a.F.). Laut BFH verstieß dieses Sonderausgabenabzugsverbot gegen das **Freizügigkeitsabkommen mit der Schweiz**.[2] Das BMF schloss sich mit Schreiben vom 19.11.2020[3] dieser Rechtsauffassung an. Mit dem JStG 2020[4] wurde die Regelung des § 10 Abs. 2 Satz 1 Nr. 1 Buchst. a EStG dahingehend modifiziert, als dass der Sonderausgabenabzug auch möglich ist, soweit die Sonderausgaben in unmittelbarem wirtschaftlichen Zusammenhang neben Arbeitsentgelt im EU- bzw. EWR-Raum auch mit Arbeitsentgelt in der Schweiz stehen. **453**

Beratungshinweis:

Die Modifizierung ist in allen noch offenen Fällen anzuwenden (§ 52 Abs. 18 Satz 4 EStG).

5. Besteuerung von Einkünften aus ausländischen Altersvorsorgesystemen

Werden Arbeitnehmer im Ausland beruflich tätig und erzielen nach ihrer Rückkehr ins Inland Einkünfte aus einem ausländischen Altersvorsorgeplan, handelt es sich um steuerpflichtige sonstige Einkünfte. Der BFH äußert sich dazu, in welcher Höhe diese der Besteuerung unterliegen. **454**

Im entschiedenen Streitfall hatte der Arbeitnehmer während seiner beruflichen Tätigkeit in den USA an einem von seinem dortigen Arbeitgeber aufgelegten US-amerikanischen Altersvorsorgeplan („401(k) pension plan") teilgenommen, aus dem ihm nach seiner Rückkehr nach Deutschland ein Teilbetrag ausgezahlt wurde. Der BFH entschied mit Urteil vom 28.10.2020[5], dass die **einmalige Kapitalauszahlung sonstige Einkünfte** nach § 22 Nr. 5 EStG darstellt. Da der Arbeitnehmer während der Ansparphase des Altersvorsorgeplans nicht der inländischen Besteuerung unterlag und die entrichteten Beiträge im Inland nicht steuerlich freigestellt wurden, ist – so der BFH – jedoch

---

1) BFH v. 10.4.2014, VI R 11/13, BStBl II 2014, 804.
2) BFH v. 5.11.2019, X R 23/17, BStBl II 2020, 763 = HFR 2020, 514 mit Anm. Reddig.
3) BMF v. 19.11.2020, IV C 3 - S 2221/14/10006 :002, BStBl I 2020, 1216.
4) Gesetz v. 21.12.2020, BGBl. I 2020, 3096 = BStBl I 2021, 6.
5) BFH v. 28.10.2020, X R 29/18, BStBl I 2021, 675 = HFR 2021, 641 mit Anm. Reddig. Vgl. hierzu Nöcker, jurisPR-SteuerR 42/2021 Anm. 3.

nur der **Unterschiedsbetrag zwischen der Kapitalauszahlung und der getätigten Einzahlungen zu besteuern**.

VIII. Sonstiges

1. Beiträge zu berufsständischen Versorgungseinrichtungen

455 Mit Urteil vom 6.12.2018[1] entschied der EuGH, dass das Abzugsverbot von Pflichtbeiträgen eines **in Deutschland beschränkt Steuerpflichtigen** mit inländischen Einkünften aus selbständiger Arbeit an eine berufsständische Altersversorgungseinrichtung EU-rechtswidrig ist.[2]

Mit dem JStG 2020[3] wird deshalb der **Sonderausgabenabzug** für nach dem 31.12.2020 geleistete Beiträge zu berufsständischen Versorgungseinrichtungen i.S.d. § 10 Abs. 1 Nr. 2 Buchst. a EStG auch bei beschränkt Steuerpflichtigen **ermöglicht, soweit** die Beiträge im Zusammenhang mit Einkünften aus Gewerbebetrieb oder selbstständiger Arbeit stehen und keine Berücksichtigung im Ansässigkeitsstaat erfolgt. Voraussetzung hierfür ist zudem, dass der beschränkt Steuerpflichtige Staatsangehöriger eines EU-/EWR-Staates oder der Schweiz ist und in einem dieser Staaten seinen Wohnsitz oder gewöhnlichen Aufenthalt hat (§ 50 Abs. 1a EStG).

2. Unentgeltliche Nutzungsmöglichkeit einer Auslandsimmobilie

456 Mit Urteil vom 14.12.2020[4] hatte das Hessische FG über den Ansatz einer vGA im Zusammenhang mit der Nutzung einer im Eigentum von zwei spanischen Kapitalgesellschaften stehenden Immobilie durch deren in Deutschland ansässige Gesellschafter zu entscheiden. Die Immobilie wurde den **Gesellschaftern ganzjährig zur jederzeitigen Nutzung überlassen**, wobei auf die **Zahlung eines marktüblichen Entgelts verzichtet** wurde.

Das FG kommt zu dem Ergebnis, dass die unentgeltliche Überlassung der Immobilie bei den Gesellschaftern zu Einkünften aus Kapitalvermögen in Form einer **vGA** führe. Dem stehe insbesondere nicht entgegen, dass die Immobilie tatsächlich nur für sehr kurze Aufenthalte der Gesellschafter, die zudem im Zusammenhang mit der späteren Veräußerung der Immobilie standen, genutzt wurde. Auch sei unerheblich, wie die spanische Steuerbehörde den Sachverhalt steuerlich würdige.

Die **Bewertung** der vGA habe mit der **Kostenmiete** zu erfolgen und sei mit dem persönlichen Steuersatz des Gesellschafters zu versteuern.

> **Anmerkung:**
>
> Im Zusammenhang mit der unentgeltlichen Überlassung von Auslandsimmobilien entschied der BFH bereits mit Urteilen vom 16.12.1992[5] sowie 12.6.2013[6], dass die bloße unentgeltliche Nutzungsmöglichkeit einer spanischen Immobilie ungeachtet der tatsächlichen Nutzung den Zufluss einer vGA begründe.

---

1) EuGH v. 6.12.2018, Franz Montag, C-480/17, HFR 2019, 153.
2) Vgl. dazu auch Ebner Stolz / BDI, Steuer- und Wirtschaftsrecht 2020, Rz. 550.
3) Gesetz v. 21.12.2020, BGBl. I 2020, 3096 = BStBl I 2021, 6.
4) Hessisches FG v. 14.12.2020, 9 K 1266/17, EFG 2021, 377 mit Anm. Schaz; Revision anhängig unter VIII R 4/21.
5) BFH v. 16.12.1992, I R 32/92, NJW 1993, 2334.
6) BFH v. 12.6.2013, I R 109–111/10, BStBl II 2013, 1024.

E. Immobilienbesteuerung

I. Grunderwerbsteuer

1. Einführung eines neuen Ergänzungstatbestands für Kapitalgesellschaften

Als Pendant zu dem bereits bislang bestehenden Ergänzungstatbestand für Personengesellschaften in § 1 Abs. 2a GrEStG, dessen Voraussetzungen entsprechend angepasst werden (→ Rz. 459), wurde mit dem Gesetz zur Änderung des Grunderwerbsteuergesetzes[1] mit **§ 1 Abs. 2b GrEStG** ein neuer Ergänzungstatbestand für Kapitalgesellschaften eingefügt.

457

Gehen innerhalb von zehn Jahren unmittelbar oder mittelbar **mindestens 90 % der Anteile** an einer Kapitalgesellschaft mit inländischem Grundbesitz **auf neue Gesellschafter** über, wird ein Erwerbsvorgang fingiert (§ 1 Abs. 2b Satz 1 GrEStG). Damit müssten, um durch einen Share Deal keine Grunderwerbsteuer auszulösen, mehr als 10 % der Anteile über einen Zeitraum von zehn Jahren bei den bisherigen Anteilseignern verbleiben. In § 1 Abs. 2b Sätze 2 bis 5 GrEStG werden die Regelungen zu mittelbaren Änderungen im Gesellschafterbestand entsprechend zu den bereits in § 1 Abs. 2a GrEStG enthaltenen Regelungen vorgegeben. Ein Erwerb von Anteilen von Todes wegen gilt jedoch nicht als Erwerb im Sinne dieses neuen Ergänzungstatbestands (§ 1 Abs. 2b Satz 6 GrEStG).

> **Beratungshinweis:**
>
> Der neue Ergänzungstatbestand des § 1 Abs. 2b GrEStG kommt erstmals auf Erwerbsvorgänge zur Anwendung, die **nach dem 30.6.2021 verwirklicht** werden (§ 23 Abs. 18 GrEStG). Vor dem 1.7.2021 erfolgte Anteilsübergänge bleiben nach § 23 Abs. 23 GrEStG explizit unberücksichtigt. Zudem finden sich in § 23 Abs. 19 bis 24 GrEStG weitere Übergangsregelungen, deren Anwendung mit **gleich lautenden Ländererlassen** vom 29.6.2021[2] konkretisiert wurden.

2. Einführung einer Börsenklausel

Für Anteilsübertragungen an börsennotierten Kapitalgesellschaften wurde mit § 1 Abs. 2c GrEStG eine Ausnahmeregelung (sog. Börsenklausel) mit dem Gesetz zur Änderung des Grunderwerbsteuergesetzes[3] eingeführt, die eine überschießende Wirkung des neuen Ergänzungstatbestands in § 1 Abs. 2b GrEStG verhindern soll. Die Regelung ist zum 1.7.2021 in Kraft getreten.

458

Am Kapitalmarkt verwirklichte Anteilsübergänge börsennotierter Kapitalgesellschaften werden demnach bei der Ermittlung des Vomhundertsatzes i.S.v. § 1 Abs. 2b Satz 1 GrEStG **nicht berücksichtigt**. Gleiches gilt bei einer grundbesitzenden Personengesellschaft, an der eine börsennotierte Kapitalgesellschaft unmittelbar oder mittelbar beteiligt ist. **Auch bei Anwendung des § 1 Abs. 2a Satz 1 GrEStG** bleiben am Kapitalmarkt verwirklichte Anteilsübergänge bei der Ermittlung des Vomhundertsatzes unberücksichtigt.

> **Anmerkung:**
>
> Mit der Börsenklausel wird dem Umstand Rechnung getragen, dass bei Kapitalmarkttransaktionen für den Erwerber nicht die Einsparung von Grunderwerbsteuer im Vordergrund steht, sondern Grund für den Erwerb die Ertragskraft des Unternehmens ist.

---

1) Gesetz v. 12.5.2021, BGBl. I 2021, 986 = BStBl I 2021, 838. Vgl. hierzu Wengerofsky, UVR 2021, 240.
2) Oberste Finanzbehörden der Länder v. 29.6.2021, BStBl I 2021, 1006. Vgl. hierzu Halaczinsky, UVR 2021, 293.
3) Gesetz v. 12.5.2021, BGBl. I 2021, 986 = BStBl I 2021, 838. Vgl. hierzu Wengerofsky, UVR 2021, 240.

3. Verschärfung bei Gesellschafterwechsel einer Personengesellschaft

459 Bei einer grundbesitzenden Personengesellschaft löst eine unmittelbare oder mittelbare Änderung des Gesellschafterbestands innerhalb von **zehn Jahren** (statt bisher fünf Jahren) Grunderwerbsteuer aus, wenn **mindestens 90 %** (statt bisher 95 %) der Anteile am Gesellschaftsvermögen auf neue Gesellschafter übergehen (§ 1 Abs. 2a Satz 1 GrEStG).

Diese Verschärfungen, die ebenso mit dem Gesetz zur Änderung des Grunderwerbsteuergesetzes[1] vorgenommen wurden, sind auf Erwerbsvorgänge anzuwenden, die **nach dem 30.6.2021 verwirklicht** werden (§ 23 Abs. 18 GrEStG).

Zur Vermeidung einer verfassungsrechtlich kritischen Rückwirkung werden Gesellschafter, die nach der bisherigen Fassung des § 1 Abs. 2a GrEStG keine neuen Gesellschafter mehr sind, nicht durch die Verlängerung der Behaltensfrist zu Neugesellschaftern (§ 23 Abs. 19 Satz 1 GrEStG). Eine unmittelbar oder mittelbar an der Personengesellschaft beteiligte Kapitalgesellschaft gilt jedoch auch bei vor dem 1.7.2021 erfolgten Anteilsübergängen als Neugesellschafter, wenn mindestens 90 % der Anteile innerhalb von zehn Jahren auf neue Gesellschafter übergegangen sind (§ 23 Abs. 19 Satz 2 GrEStG).

Subsidiär, wenn also nach den Neuregelungen kein grunderwerbsteuerpflichtiger Erwerb vorliegt, ist die bisherige Regelung zum Gesellschafterwechsel auf Änderungen des Gesellschafterbestands bis zum 30.6.2026 weiter anzuwenden (§ 23 Abs. 20 GrEStG).

4. Verschärfung bei Anteilsvereinigung und wirtschaftlicher Beteiligung

460 Die Vereinigung der Anteile in einer Hand ist zu bejahen, wenn auf den Erwerber oder den grunderwerbsteuerlichen Organkreis **mindestens 90 %** (statt bisher 95 %) der Anteile unmittelbar oder mittelbar übertragen werden (§ 1 Abs. 3 GrEStG). Entsprechend erfolgt auch eine Herabsetzung der Mindestbeteiligungsschwelle auf 90 % bei Innehaben einer wirtschaftlichen Beteiligung (§ 1 Abs. 3a GrEStG). Die Beteiligungsgrenze wurde mit dem Gesetz zur Änderung des Grunderwerbsteuergesetzes[2] mit Wirkung auf Erwerbsvorgänge herabgesetzt, die **nach dem 30.6.2021 verwirklicht** werden (§ 23 Abs. 18 GrEStG).

Subsidiär ist die bisherige Regelung des § 1 Abs. 3 GrEStG zur Anteilsvereinigung weiterhin anzuwenden, wenn am 30.6.2021 weniger als 95 % und mindestens 90 % der Anteile in einer Hand vereinigt waren. Hierunter fallen auch Anteile, über deren Erwerb ein Rechtsgeschäft vor dem 1.7.2021 abgeschlossen wurde. Sinken die Anteile nach dem 30.6.2021 unter 90 %, unterliegt ein späterer, nach dem 30.6.2021 verwirklichter Erwerbsvorgang wiederum der Neuregelung (§ 23 Abs. 21 GrEStG).

Ist ein Rechtsträger zum 30.6.2021 zu weniger als 95 % und zu mindestens 90 % an der Gesellschaft wirtschaftlich beteiligt, ist subsidiär die bisherige Regelung des § 1 Abs. 3a GrEStG weiterhin anzuwenden. Sinkt jedoch in der Folgezeit die wirtschaftliche Beteiligung unter 90 %, greift die Neuregelung im Falle eines späteren Erwerbsvorgangs (§ 23 Abs. 22 GrEStG).

5. Verlängerung der Vor- und Nachbehaltensfristen

461 Die Steuerbefreiungen bei Übergang auf eine Gesamthand sowie von einer Gesamthand werden bei Verstoß gegen die Vor- bzw. Nachbehaltensfristen nicht gewährt. Diese betrugen bislang einheitlich fünf Jahre und wurden mit dem Gesetz zur Änderung des Grunderwerbsteuergesetzes[3] **auf zehn Jahre verlängert**. In Fällen, in denen

---

1) Gesetz v. 12.5.2021, BGBl. I 2021, 986 = BStBl I 2021, 838. Vgl. hierzu Wengerofsky, UVR 2021, 240.
2) Gesetz v. 12.5.2021, BGBl. I 2021, 986 = BStBl I 2021, 838. Vgl. hierzu Wengerofsky, UVR 2021, 240.
3) Gesetz v. 12.5.2021, BGBl. I 2021, 986 = BStBl I 2021, 838.

keine Besteuerung nach § 1 Abs. 2a GrEStG erfolgt ist, beträgt die Nachbehaltensfrist sogar 15 Jahre (§ 5 Abs. 3, § 6 Abs. 3 Satz 2 und Abs. 4 GrEStG).

Die Verlängerung der Vor- und Nachbehaltensfristen ist auf Erwerbsvorgänge anzuwenden, die **nach dem 30.6.2021 verwirklicht** werden (§ 23 Abs. 18 GrEStG).

Beratungshinweis:

Sind die bisher geltenden Fristen jedoch bereits vor dem 1.7.2021 abgelaufen, kommen die Beschränkungen der Steuerbefreiungen nach den neuen Regelungen nicht zur Anwendung (§ 23 Abs. 24 GrEStG).

6. Grundstücksverkauf im steuerlichen Rückwirkungszeitraum einer Umwandlung

In der Gestaltungspraxis wurde oftmals vor einer Umwandlung ein Grundstück aus **462** dem Betriebsvermögen des übertragenden Rechtsträgers an den übernehmenden Rechtsträger zu einem Kaufpreis unterhalb dessen Verkehrswerts verkauft. Dieser Verkauf löste Grunderwerbsteuer auf Basis des Kaufpreises aus. Die darauffolgende Umwandlung hätte ggf. einen der Ergänzungstatbestände erfüllen können, mangels Grundstücks im Betriebsvermögen wäre dabei jedoch keine (weitere) Grunderwerbsteuer ausgelöst worden.

Dieser Gestaltung wirkt eine auf Erwerbsvorgänge, die nach dem 30.6.2021 verwirklicht werden, geltende Regelung entgegen, die mit dem Gesetz zur Änderung des Grunderwerbsteuergesetzes[1] eingeführt wurde. Nach § 8 Abs. 2 Satz 1 Nr. 4 GrEStG wird **fingiert**, dass der Erwerb des Grundstücks vor der Umwandlung auf Basis des **Verkehrswerts** erfolgte. Die Anwendung der Regelung wird dabei auf den steuerlichen Rückwirkungszeitraum einer Umwandlung von acht Monaten beschränkt.

7. Kaufpreisaufteilung auf Grund und Gebäude

Entspricht die vertragliche Aufteilung eines Kaufpreises auf Grund und Gebäude nicht **463** den tatsächlichen Wertverhältnissen und erscheint damit wirtschaftlich nicht haltbar, kann zur Bestimmung des Gebäudeanteils als AfA-Bemessungsgrundlage die Aufteilung nicht durch die Arbeitshilfe des BMF ersetzt werden.

Laut Urteil des **BFH** vom 21.7.2020[2] gewährleistet die durch das BMF auf seiner Internetseite bereitgestellte „Arbeitshilfe zur Aufteilung eines Gesamtkaufpreises für ein bebautes Grundstück (**Kaufpreisaufteilung**)" **nicht die von der Rechtsprechung geforderte Aufteilung** nach den realen Verkehrswerten von Grund und Gebäude. Denn die Arbeitshilfe verengte die zur Verfügung stehenden Bewertungsverfahren auf das (vereinfachte) Sachwertverfahren. Auch würde kein sog. Orts- oder Regionalisierungsfaktor berücksichtigt. Die fehlende Berücksichtigung lokaler Gegebenheiten bei der Ermittlung des Gebäudewerts führe insb. in Großstädten mit hohen Bodenrichtwerten zu einem überproportionalen Anteil des Grund und Bodens.

Anmerkung:

Das Verfahren wurde an das FG zurückverwiesen. Dieses hat, sofern es nicht ausnahmsweise selbst über die nötige Sachkunde verfügt, das Gutachten eines Grundstückssachverständigen einzuholen.

8. Instandhaltungsrückstellung

Wird Teileigentum erworben, ist Bemessungsgrundlage der Grunderwerbsteuer grund- **464** sätzlich der vereinbarte Kaufpreis für dessen Erwerb. Eine Aufteilung des Kaufpreises

---

1) Gesetz v. 12.5.2021, BGBl. I 2021, 986 = BStBl I 2021, 838.
2) BFH v. 21.7.2020, IX R 26/19, BStBl II 2021, 372 = HFR 2021, 139 mit Anm. Graw. Vgl. hierzu Frase, BeSt 2021, 17.

ist nach ständiger Rechtsprechung des BFH nur geboten, wenn der Kaufvertrag Gegenstände umfasst, deren Erwerb nicht der Grunderwerbsteuer unterliegt. Eine solche Aufteilung verneint der **BFH** jedoch bei der mit dem Teileigentum übergehenden anteiligen Instandhaltungsrücklage.[1] Die Instandhaltungsrückstellung gehöre zum Verwaltungsvermögen der Wohnungseigentümergemeinschaft (§ 10 Abs. 7 Satz 1 WEG). Auch wenn sich die Vertragsparteien laut Kaufvertrag darauf geeinigt haben, dass die Instandhaltungsrückstellung anteilig auf den Erwerber übergehen soll und ein Teil des Kaufpreises auf die Instandhaltungsrückstellung entfällt, sei dies zivilrechtlich nicht möglich. Der Wohnungseigentümer habe keinen Anteil am Verwaltungsvermögen, über das er verfügen könnte. Dementsprechend ist laut BFH das Entgelt, das wirtschaftlich betrachtet für die anteilige Instandhaltungsrücklage aufgewendet wurde, Teil des Grundstückskaufpreises, der **der Grunderwerbsteuer unterliegt**.

Dieser Rechtsauffassung folgt laut koordinierten Erlassen der obersten Finanzbehörden der Länder vom 19.3.2021[2] auch die Finanzverwaltung, allerdings nur in den Fällen, in denen der **Notarvertrag** nach dem Tag der Veröffentlichung des Urteils im Bundessteuerblatt, somit **nach dem 20.5.2021**, geschlossen worden ist.

9. Grunderwerbsteuer bei treuhänderischem Erwerb

465 Der BFH weist in seinem Urteil vom 23.2.2021[3] darauf hin, dass bei Erwerb eines Grundstücks durch den Treuhänder von einem Dritten für den **Treugeber zwei grunderwerbsteuerbare Vorgänge** vorliegen. Zum einen ist der Grundstückserwerb durch den Treuhänder grunderwerbsteuerpflichtig. Zum anderen ist der Erwerb der Verwertungsbefugnis durch den Treugeber grunderwerbsteuerlich relevant.

> **Anmerkung:**
> Der BFH geht weiter darauf ein, ob und in welchem Umfang **Steuerbefreiungen** greifen können. Dazu seien **beide Erwerbsvorgänge grundsätzlich getrennt voneinander** zu betrachten. Im Streitfall war der Treuhänder der Gesellschafter einer GbR, die als Treugeber fungierte. Grunderwerbsteuerlich sei die Personengesellschaft grundsätzlich als intransparent zu behandeln. Für einen ausnahmsweise möglichen Durchgriff sieht der BFH keine Rechtsgrundlage, weshalb er eine analoge Anwendung der Befreiungsvorschriften nach §§ 5 und 6 GrEStG ablehnt.

II. Sonderabschreibungen

1. Mietwohnungsneubau

466 Werden neue Wohnungen angeschafft oder hergestellt, kann im Jahr der Anschaffung oder Herstellung sowie in den folgenden drei Jahren die Sonderabschreibung nach § 7b EStG von bis zu jährlich 5 % in Anspruch genommen werden.

In seinem Schreiben vom 21.9.2021[4] geht das BMF auf die Voraussetzungen ein und modifiziert dabei seine Ausführungen im Anwendungserlass zur Sonderabschreibung nach § 7b EStG.[5]

Konkret führt das BMF u.a. aus, dass die Sonderabschreibung nur in Anspruch genommen werden kann, wenn der **Bauantrag oder** – sofern eine Baugenehmigung nicht erforderlich ist – die **Bauanzeige nach dem 31.8.2018 und vor dem 1.1.2022** gestellt bzw. getätigt worden ist. Ist bei Mietwohnungen eine Errichtung nach den baurechtli-

---

1) BFH v. 16.9.2020, II R 49/17, BStBl II 2021, 339 = HFR 2021, 680 mit Anm. Suabedissen. Vgl. hierzu Figatowski, jurisPR-SteuerR 11/2021 Anm. 2.
2) Oberste Finanzbehörden der Länder v. 19.3.2021, BStBl I 2021, 621.
3) BFH v. 23.2.2021, II R 22/19, BStBl II 2021, 636. Vgl. hierzu Wengerofsky, eNews Steuern, Topthema, 32/2021 v. 16.8.2021, Loose, jurisPR-SteuerR 40/2021 Anm. 5.
4) BMF v. 21.9.2021, IV C 3 - S 2197/19/10009 :009, BStBl I 2021, 1805. Vgl. hierzu Schiffers, DStZ 2021, 878, Feldgen, eNews Steuern, 38/2021 v. 27.9.2021.
5) BMF v. 7.7.2020, IV C 3 - S 2197/19/10009 :008, BStBl I 2020, 623.

chen Vorschriften ohne Bauantrag bzw. Bauanzeige möglich, kann auf den Zeitpunkt des Beginns der Bauausführung abgestellt werden.

2. Gebäude in Sanierungsgebieten und Baudenkmale

Für die Inanspruchnahme erhöhter Absetzungen bei Gebäuden in Sanierungsgebieten **467** und bei Baudenkmalen müssen Steuerpflichtige dem Finanzamt eine Bescheinigung der zuständigen Gemeindebehörde bzw. Denkmalschutzbehörde vorlegen, um das Vorliegen der Voraussetzungen für die Begünstigungsmöglichkeit nachzuweisen. Mit dem JStG 2020[1] wurde für nach dem 31.12.2020 erteilte Bescheinigungen explizit geregelt, dass **offensichtlich rechtswidrige Bescheinigungen** der Gemeinden **nicht als Nachweis** i.S.d. § 7h Abs. 2 Satz 1 bzw. § 7i Abs. 2 Satz 1 EStG anerkannt werden.

F. Erbschaftsteuer

I. Begünstigung von Betriebsvermögen

1. Sonderbetriebsvermögen

a) Begünstigte Schenkung

Schenker und Beschenkter vereinbaren, dass die dingliche Wirkung der Übertragung **468** eines **Kommanditanteils** aus Haftungsgründen abweichend vom Übertragungsstichtag (1.1.2014) erst dann eintreten sollte, wenn der Beschenkte im Handelsregister kraft Sonderrechtsnachfolge eingetragen ist. Die **Handelsregistereintragung als aufschiebende Bedingung** erfolgte im konkreten Fall nach zwei Wochen. In der Zwischenzeit hielt der Schenker den Kommanditanteil treuhänderisch. Vermeintlich gleichzeitig übertrug der Schenker zudem ein **Grundstück aus seinem Sonderbetriebsvermögen** bei der KG an den Beschenkten, wobei die Einigung über den Eigentumsübergang und die Eintragungsbewilligung am 30.12.2013 erfolgten. Besitz, Nutzen und Lasten am Grundstück sollten am 1.1.2014 übergehen.

Der BFH bestätigte mit Urteil vom 17.6.2020[2] die vom Finanzamt vertretene Auffassung, dass das Sonderbetriebsvermögens nicht nach den §§ 13a, 13b ErbStG a.F. begünstigt übertragen wurde. Anders als für die Begünstigung erforderlich, sei die Grundstücksschenkung nicht gleichzeitig mit der Übertragung des Kommanditanteils erfolgt.

Bei einer Grundstücksschenkung entsteht die Steuer zum Zeitpunkt der Auflassung (Einigung über den Eigentumsübergang) und Eintragungsbewilligung. Daher war das Grundstück im Sonderbetriebsvermögen aus schenkungsteuerlicher Sicht schon am 30.12.2013 isoliert vom Kommanditanteil auf den Kläger übergegangen. Der Kläger war zum Zeitpunkt der Grundstücksschenkung (noch) kein Mitunternehmer nach ertragsteuerlichen Kriterien.

Anmerkung:

Auch wenn die Entscheidung die zwischenzeitlich überholte Gesetzesfassung der §§ 13a, 13b ErbStG a.F. betrifft, ist die **gleichzeitige Übertragung von Mitunternehmeranteil und Sonderbetriebsvermögen** immer noch maßgeblich für die erbschaftsteuerliche Begünstigung des Sonderbetriebsvermögens. Da die Auflassung nach § 925 Abs. 2 BGB nicht bedingt erfolgen kann, ist bei der Übertragung von Grundbesitz besonders sorgfältig zu planen, um die Zuwendung von Sonderbetriebsvermögen und Mitunternehmeranteil exakt auf denselben Stichtag auszuführen.

---

1) Gesetz v. 21.12.2020, BGBl. I 2020, 3096 = BStBl I 2021, 6.
2) BFH v. 17.6.2020, II R 38/17, BStBl II 2021, 98. Vgl. hierzu Bodden, BeSt 2021, 10.

b) Junge Finanzmittel durch Übertragung in das Gesamthandsvermögen

469 Das Bayerische Landesamt für Steuern vertritt in einer Verfügung vom 19.1.2021[1]) die Auffassung, dass eine **Einlage von Finanzmitteln aus dem Sonderbetriebsvermögen** innerhalb von zwei Jahren vor dem Zeitpunkt der Übertragung der Beteiligung an einer Personengesellschaft zu **jungen Finanzmitteln im Gesamthandsvermögen** führt. Korrespondierend liege im Sonderbetriebsvermögen eine Entnahme vor. Analog seien Einlagen innerhalb von zwei Jahren vor dem Übertragungszeitpunkt zwischen Sonder- und Gesamthandsvermögen von sonstigen Wirtschaftsgütern des Verwaltungsvermögens zu beurteilen. Infolge der Einlagen entstehe junges Verwaltungsvermögen.

> **Beratungshinweis:**
>
> Junge Finanzmittel sind stets als schädliches Verwaltungsvermögen zu behandeln. Junges Verwaltungsvermögen ist ebenso stets als schädliches Verwaltungsvermögen von der Begünstigung als Betriebsvermögen ausgenommen.

2. Verwaltungsvermögen

a) Aufteilung des Verwaltungsvermögens auf die Gesellschafter einer Personengesellschaft

470 Das für erbschaftsteuerliche Zwecke zu ermittelnde Verwaltungsvermögen ist bei Personengesellschaften **gesellschafterbezogen festzustellen**. An diesem Grundsatz hält die Finanzverwaltung grundsätzlich fest. So bestätigen die obersten Finanzbehörden der Länder in dem gleichlautenden Ländererlass vom 11.2.2021[2]) zunächst, dass als Regel-Aufteilungsmaßstab das **Verhältnis des Werts der Beteiligung des Gesellschafters am Gesamthandsvermögen** zu dessen gemeinem Wert heranzuziehen ist.

Allerdings ergeben sich laut Finanzverwaltung **Abweichungen** hiervon, wenn der Wert der Beteiligung des Gesellschafters am Gesamthandsvermögen (Anteil am Gesamthandsvermögen) und/oder der Wert des Gesamthandsvermögens negativ oder 0 Euro sind. Zudem ist danach zu differenzieren, ob sich die Beteiligung auf der obersten oder einer nachgeordneten Feststellungsstufe befindet. Ist zwar der Anteil am Gesamthandsvermögen 0 Euro oder negativ, der Wert des Gesamthandsvermögens aber positiv, wird der positive Wert des Verwaltungsvermögen nach den vereinbarten Beteiligungsquoten am Vermögen und den stillen Reserven aufgeteilt. Dies gilt sowohl für die oberste als auch für nachgeordnete Feststellungsstufen gleichermaßen. Ist der Wert des Gesamthandsvermögens hingegen negativ oder 0 Euro, ist ungeachtet dessen, ob der Anteil am Gesamthandsvermögen positiv, negativ oder 0 Euro ist, das Verwaltungsvermögen des Gesellschafters mit 0 Euro festzustellen. Dies gilt allerdings nur auf der obersten Feststellungsstufe. Auf nachgeordneten Feststellungsstufen erfolgt aus Vereinfachungsgründen eine Aufteilung nach den vereinbarten Beteiligungsquoten am Vermögen und den stillen Reserven der Gesellschafter.

Zudem greift in Fällen, in welchen sich durch die Aufteilung anhand der unterschiedlichen Aufteilungsmaßstäbe rechnerisch ein Wert des Verwaltungsvermögens von mehr als 100 % des gemeinen Werts ergeben würde, eine Begrenzung auf 100 % auf jeder Beteiligungsstufe unter Einbeziehung der anteiligen Werte der übrigen Gesellschafter.

> **Anmerkung:**
>
> Die Ausführungen gelten entsprechend für die Aufteilung von jungem Verwaltungsvermögen, (jungen) Finanzmittel und Schulden im Gesamthandsvermögen der Personengesellschaft. Sie sind für

---

1) Bayrisches Landesamt für Steuern v. 19.1.2021, S 3812b.2.1 - 27/7 St 34, DStR 2021, 352. Vgl. hierzu Halaczinsky, UVR 2021, 139.
2) Oberste Finanzbehörde der Länder v. 11.2.2021, BStBl I 2021, 355. Vgl. hierzu Halaczinsky, UVR 2021, 171.

Erwerbe anzuwenden, für die die Steuer nach dem 30.6.2016 entstanden ist, soweit die Feststellungsbescheide noch nicht bestandskräftig sind.

b) An Dritte zur Nutzung überlassenes Betriebsgrundstück

Im Betriebsvermögen enthaltene Grundstücke zählen grundsätzlich zum Verwaltungs- **471**
vermögen, wenn sie Dritten zur Nutzung überlassen werden. Dazu bestehen allerdings
Ausnahmeregelungen.

So liegt keine steuerschädliche Nutzungsüberlassung an Dritte vor, wenn die Voraussetzungen der sog. **Betriebsaufspaltung** erfüllt sind. Im Fall der Überlassung des Grundstücks durch ein Besitzunternehmen an eine Betriebskapitalgesellschaft genügt hierfür laut Urteil des BFH vom 23.2.2021[1], wenn der Erblasser oder Schenker sowohl das Besitzunternehmen als auch die Betriebskapitalgesellschaft faktisch beherrscht. Allerdings bedarf es hierzu eines Einwirkens mit den Mitteln des Gesellschaftsrechts auf die zur Beherrschung führenden Stimmrechte. Im Streitfall war dies abzulehnen, da der Erblasser an der Betriebskapitalgesellschaft nicht beteiligt war und dort mit Mitteln des Gesellschaftsrechts seinen Willen nicht durchsetzen konnte. Dass zugunsten des Erblassers bei der Betriebskapitalgesellschaft eine Einzelprokura eingetragen war, sah der BFH als nicht ausreichend an.

Ebenso wenig war im Streitfall die Ausnahmeregelung der sog. **Betriebsverpachtung im Ganzen** einschlägig, wonach keine steuerschädliche Nutzungsüberlassung an Dritte vorliegt, wenn die Überlassung im Rahmen der unbefristeten Verpachtung eines ganzen Betriebs erfolgt und der Pächter als Erbe eingesetzt wird. Im Streitfall war die Betriebskapitalgesellschaft Pächter und der Erbe der alleinige Anteilseigner der Betriebskapitalgesellschaft, an die das Grundstück überlassen wurde.

Schließlich war im Streitfall auch die Ausnahmeregelung der sog. **Konzernklausel** nicht anwendbar. Nach dieser Klausel liegt keine steuerschädliche Nutzungsüberlassung an Dritte vor, wenn sowohl der überlassende Betrieb als auch der nutzende Betrieb zu einem Konzern gehören. Im Streitfall war dies abzulehnen, da die beiden Betriebe durch mehrere Personen beherrscht werden und damit kein Gleichordnungskonzern vorliegt.

> **Anmerkung:**
>
> Zwar erging das Urteil zur Regelung des Verwaltungsvermögens bei Erwerben vor dem 1.7.2016. In der aktuellen Gesetzesfassung findet sich jedoch an anderer Stelle die wortgleiche Definition des Verwaltungsvermögens. Lediglich die Rechtsfolge hat sich geändert. So entfällt die Begünstigung für Betriebsvermögen nicht vollständig bei Überschreiten einer Verwaltungsvermögensgrenze von 50 %. Vielmehr ist nun Verwaltungsvermögen grundsätzlich von der Begünstigung ausgenommen.

3. Lohnsummenregelung

a) Ermittlung der Ausgangslohnsumme

Streitig war, ob **Gehälter, die die Erwerber als angestellte Geschäftsführer** des Unter- **472**
nehmens in der Zeit vor dem Erwerb erhalten hatten, bei der gesonderten Feststellung der Ausgangslohnsumme zu berücksichtigen sind, wenn die Erwerber nach dem Erwerb als Mitunternehmer und dementsprechend nicht mehr als Arbeitnehmer anzusehen sind.

---

1) BFH v. 23.2.2021, II R 26/18, DStR 2021, 1753 = HFR 2021, 900 mit Anm. Kugelmüller-Pugh. Vgl. hierzu Stelzer, eNews Steuern, Topthema, 30/2021 v. 2.8.2021, Halaczinsky, jurisPR-SteuerR 38/2021 Anm. 6.

Das FG Münster entschied mit rechtskräftigem Urteil vom 1.10.2020[1], dass bei der Ermittlung der gesondert festzustellenden Ausgangslohnsumme gemäß § 13a Abs. 1 Satz 3 i.V.m. § 13a Abs. 4 Satz 1 ErbStG a.F. Vergütungen an Beschäftigte eines Betriebs nach dem Stichtagsprinzip **auch dann einzubeziehen** sind, wenn diese nach dem Erwerb entsprechend der ertragsteuerlichen Qualifikation keinen Arbeitslohn, sondern gewerbliche Einkünfte beziehen.

> **Anmerkung:**
>
> Eine teleologische Reduktion, wie vom Schrifttum vor dem Hintergrund einer rechtsformneutralen Besteuerung vertreten, dass derartige Vergütungen in der Ausgangslohnsumme nicht anzusetzen sind, ist laut FG Münster nicht vorzunehmen. Das zu § 13a Abs. 4 Satz 1 ErbStG a.F. ergangene Urteil ist auch für die seit 1.7.2016 geltende Rechtslage von Bedeutung, da die Regelungen im Wesentlichen inhaltsgleich in § 13a Abs. 3 ErbStG fortgeführt werden.

b) Berücksichtigung von Kurzarbeitergeld

473 Bei der Überprüfung der Mindestlohnsumme innerhalb der Lohnsummenfrist ist laut gleich lautenden Erlassen der obersten Finanzbehörden der Länder vom 14.10.2020[2] **keine Kürzung** der nach § 13a Abs. 3 Satz 6 bis 13 ErbStG heranzuziehenden **Lohnsumme um** gewinnwirksam gebuchtes **Kurzarbeitergeld** vorzunehmen. Wurde das Kurzarbeitergeld weder als Aufwand noch als Ertrag, sondern bilanziell neutral als durchlaufender Posten erfasst, ist es bei entsprechender Nachweiserbringung zusätzlich zu dem gebuchten Lohn- und Gehaltsaufwand zu berücksichtigen.

> **Beratungshinweis:**
>
> Entsprechend ist laut Finanzverwaltung auch bei der Bestimmung der Ausgangslohnsumme nach § 13a Abs. 3 Satz 2 ErbStG vorzugehen.

4. Kein Wegfall des Verschonungsabschlags nach Eröffnung des Insolvenzverfahrens

474 Wird ein erbschaftsteuerlich begünstigt übertragener Anteil **innerhalb von fünf Jahren** nach der Übertragung **veräußert** oder die Betriebsaufgabe erklärt, entfällt der Verschonungsabschlag (anteilig). Die Eröffnung des Insolvenzverfahrens über das Vermögen einer KG löst dies jedoch nicht aus.

Mit Urteil vom 1.7.2020[3] hat der BFH entschieden, dass es **nicht zum nachträglichen (anteiligen) Wegfall** des erbschaftsteuerlichen Verschonungsabschlags für einen im Wege der Schenkung oder von Todes wegen übertragenen Kommanditanteil kommt, wenn über das Vermögen einer KG das **Insolvenzverfahren eröffnet** wird. Allein mit Eröffnung des Insolvenzverfahrens sei noch keine Betriebsaufgabe verwirklicht und die Auflösung einer KG führe – anders als die Auflösung einer Kapitalgesellschaft – nicht zum Wegfall des Verschonungsabschlags.

Vielmehr fällt der Verschonungsabschlag nach Auffassung des BFH **erst** dann mit Wirkung für die Vergangenheit (anteilig) weg, **wenn wesentliche Betriebsgrundlagen durch den Insolvenzverwalter veräußert** werden oder der Betrieb endgültig eingestellt wird.

---

1) FG Münster v. 1.10.2020, 3 K 2983/17 F, EFG 2021, 130 mit Anm. Dallmann. Vgl. hierzu Halaczinsky, UVR 2021, 138.
2) Oberste Finanzbehörde der Länder v. 14.10.2020, BStBl I 2020, 1163. Vgl. hierzu Halaczinsky, UVR 2021, 44.
3) BFH v. 1.7.2020, II R 19/18, HFR 2021, 182. Vgl. hierzu Loose, jurisPR-SteuerR 5/2021 Anm. 3; Stelzer, eNews Steuern, 46/2020 v. 16.11.2020.

5. Abzugsbetrag bei der Verschonung von Betriebsvermögen

Neben der Steuerbefreiung des (begünstigten) Betriebsvermögens von 85 % (Regelver- **475** schonung) kann einmalig innerhalb von zehn Jahren ein (abschmelzender) Abzugsbetrag in Höhe von maximal 150.000 Euro geltend gemacht werden.

Mit Urteil vom 23.2.2021 entschied der BFH[1], dass der Abzugsbetrag von 150.000 Euro nach § 13a Abs. 2 Satz 3 ErbStG a.F. innerhalb des Zehnjahreszeitraums für das von derselben Person zugewendete Betriebsvermögen **nur beim ersten Erwerb berücksichtigt** werden kann. Wurde einmal begünstigtes Betriebsvermögen unter Anwendung der Regelverschonung zugewendet, wird der Abzugsbetrag **vollständig verbraucht**. Laut BFH wird der Abzugsbetrag auch dann „berücksichtigt", wenn er sich rechnerisch beim ersten Erwerb aufgrund des Wertes des übertragenen Betriebsvermögens und der dabei vorgesehenen „Abschmelzung" des Abzugsbetrags bis auf 0 Euro nicht steuermindernd auswirken konnte.

Für den Erwerber bestehe auch ausdrücklich **kein Antrags- oder Verzichtsrecht**, optional beim ersten Erwerb von der Berücksichtigung des Abzugsbetrags abzusehen.

> **Anmerkung:**
> Auch wenn die Entscheidung zur alten Fassung des Erbschaftsteuergesetzes vor der Reform 2016 erging, dürfte die Beurteilung auch für die neue Gesetzesfassung gelten, da § 13a Abs. 2 ErbStG im Rahmen der letzten Erbschaftsteuerreform nicht verändert wurde. Die Finanzverwaltung vertritt jedenfalls zum aktuellen Recht diese Auffassung (R E 13a.3 Abs. 2 Satz 3 ErbStR 2019).

II. Nachlassverbindlichkeiten

1. Steuerberatungskosten und Räumungskosten als Nachlassregelungskosten

Mit Urteil vom 14.10.2020 entschied der BFH[2], dass unter den Begriff der Nachlassre- **476** gelungskosten auch **vom Erben getragene Steuerberatungskosten für die Nacherklärung** von Einkünften des Erblassers fallen. Sie sind als Nachlassverbindlichkeiten nach § 10 Abs. 5 Nr. 3 Satz 1 ErbStG vom erbschaftsteuerlichen Erwerb abzuziehen. Entscheidend ist der **zeitliche und sachliche Zusammenhang mit dem Erwerb von Todes wegen**, nicht aber die Frage, ob der Erbe aus eigenem Entschluss die Kosten ausgelöst hat. Der BFH widerspricht damit der Auffassung der Finanzverwaltung[3], die auf einen eigenen Entschluss des Erben zurückgehende Kosten nicht als Nachlassregelungskosten bewertet.

Auch die Kosten für die **Haushaltsauflösung und Räumung der Erblasserwohnung** ließ der BFH zum Abzug als Nachlassregelungskosten zu, soweit hierdurch festgestellt wird, **welche Gegenstände des Erblassers zum Nachlass gehören**, oder aber an Dritte herauszugeben wären, weil sie z.B. vom Erblasser angemietet wurden.

> **Beratungshinweis:**
> Hingegen gehören die Kosten für das Aufräumen der Wohnung zwecks Verkaufs, Vermietung oder Selbstnutzung zur Verwertung und damit zur Verwaltung des Nachlasses. Diese Kosten sind somit nach § 10 Abs. 5 Nr. 3 Satz 3 ErbStG nicht abzugsfähig.

2. Vorfälligkeitsentschädigung keine Nachlassverbindlichkeit

Wird ein Darlehen des Erblassers nach dem Eintritt des Erbfalles vorzeitig abgelöst, ist **477** die **Vorfälligkeitsentschädigung mit ihrem Zinsanteil nicht** gesondert als **Nachlassver-**

---

1) BFH v. 23.2.2021, II R 34/19, BStBl II 2021, 619 = HFR 2021, 1100 mit Anm. Hübner. Vgl. hierzu Höreth, eNews Steuern, 21/2021 v. 31.5.2021, Loose, jurisPR-SteuerR 30/2021 Anm. 6.
2) BFH v. 14.10.2020, II R 30/19, HFR 2021, 890. Vgl. hierzu Loose, jurisPR 21/2021 Anm. 4.
3) Oberste Finanzbehörde der Länder v. 11.12.2015, BStBl I 2015, 1028.

bindlichkeit abzugsfähig. Weder stellt diese eine Erblasserschuld nach § 10 Abs. 5 Nr. 1 ErbStG noch Nachlassregelungskosten nach § 10 Abs. 5 Nr. 3 Satz 1 ErbStG dar. Vielmehr handelt es sich – mangels unmittelbarem Zusammenhang mit der Abwicklung, Regelung oder Verteilung des Nachlasses oder mit der Erlangung des Erwerbs – um **Kosten für die Verwaltung**, die nach § 10 Abs. 5 Nr. 3 Satz 3 ErbStG **nicht abzugsfähig** sind. Dies stellt der BFH mit Urteil vom 2.12.2020[1] klar. Zudem qualifiziert der BFH die Zinsen als Teil der als Kapitalschuld zu bewertenden und als Erblasserschuld bereits abziehbaren Darlehensverbindlichkeit.

> **Anmerkung:**
>
> Enthält die Vorfälligkeitsentschädigung neben dem Zinsanteil etwa auch Kosten oder Gebühren, führt der BFH weiter aus, dass sich deren Abzugsfähigkeit danach richtet, ob die vorzeitige Darlehenskündigung der Nachlassregelung oder der Nachlassverwaltung zuzuordnen ist. Sofern ein Nachlasspfleger die Kosten veranlasst habe, seien hinsichtlich deren Abziehbarkeit als Nachlassverbindlichkeit dieselben Maßstäbe anzulegen, als hätte der Erbe die Kosten selbst veranlasst.

III. Beschränkt Steuerpflichtige

478 Für Erwerbe, für welche die Steuer **nach dem 24.6.2017** entsteht, ist der **persönliche Freibetrag** bei beschränkter Steuerpflicht **um einen Teilbetrag** nach § 16 Abs. 2 und 3 ErbStG **zu vermindern**. Bei früheren Erwerben wurde bei beschränkter Steuerpflicht nur ein Freibetrag in Höhe von 2.000 Euro gewährt. Das **FG Düsseldorf** hat **Zweifel** daran, dass die aktuelle Regelung, die als Reaktion auf das EuGH-Urteil vom 8.6.2016[2] eingeführt wurde, mit der EU-rechtlich geschützten Kapitalverkehrsfreiheit vereinbar ist. Eine Freibetragskürzung bei beschränkter Steuerpflicht könne nicht mit der Kohärenz des deutschen Steuersystems begründet werden, so dass ein Rechtfertigungsgrund für die unterschiedliche Behandlung in Fällen der beschränkten und unbeschränkten Steuerpflicht fehle.[3]

Zudem äußern die Finanzrichter **Zweifel** an der Unionsrechtskonformität im Hinblick auf die **Abzugsbeschränkung für Nachlassverbindlichkeiten** bei beschränkter Steuerpflicht nach § 10 Abs. 6 Satz 2 ErbStG. Demnach sind Schulden und Lasten bei beschränkt steuerpflichtigen Erwerbern nur abzugsfähig, wenn sie im wirtschaftlichen Zusammenhang mit einzelnen besteuerten Vermögensgegenständen des Inlandsvermögens stehen, was ebenso eine unzulässige Einschränkung der Kapitalverkehrsfreiheit darstellen könnte.

> **Beratungshinweis:**
>
> In entsprechenden Fällen kann ein Antrag auf vorläufige Festsetzung der Steuer nach § 165 Abs. 1 Satz 2 Nr. 3 AO gestellt werden, so dass im Fall einer für den Steuerpflichtigen positiven Entscheidung des EuGH die Steuerfestsetzung noch geändert werden kann.

G. Besteuerung von Privatpersonen

I. Kapitaleinkünfte

1. Abgeltungsteuer

a) BMF zu Einzelfragen

479 Das BMF ergänzt sein umfangreiches Anwendungsschreiben vom 18.1.2016[4] zur Abgeltungsteuer zur Klärung von Einzelfragen.

---

1) BFH v. 2.12.2020, II R 17/18, HFR 2021, 892 mit Anm. Hübner. Vgl. hierzu Stelzer, eNews Steuern, 23/2021 v. 14.6.2021.
2) EuGH v. 8.6.2016, Hünnebeck, C-479/14, ErbStB 2016, 261.
3) FG Düsseldorf v. 20.7.2020, 4 K 1095/20 Erb, EFG 2020, 1522 mit Anm. Hennigfeld. Az. beim EuGH C-394/20.
4) BMF v. 18.1.2016, IV C 1 - S 2252/08/10004 :017, BStBl I 2016, 85.

So führt laut BMF-Schreiben vom 19.2.2021[1] die **Veräußerung oder Einlösung von Inhaberschuldverschreibungen**, die einen **Lieferanspruch** auf Rohstoffe (z.B. Gold) verbriefen und **nicht in physischer Form gedeckt** sind, zu Einkünften aus Kapitalvermögen, die grundsätzlich der Abgeltungsteuer unterliegen. Sehen die Emissionsbedingungen hingegen vor, dass ausschließlich ein Anspruch auf Auslieferung des Rohstoffs besteht, liegt keine Kapitalforderung vor. Ggf. kommt eine Besteuerung als privates Veräußerungsgeschäft in Betracht.

Negative Einlagezinsen stuft das BMF als Verwahrgebühr und dementsprechend als Werbungskosten ein, die mit dem Sparer-Pauschbetrag abgegolten sind. Bei Staffelzinsen ist eine Gesamtbetrachtung vorgesehen. Ist die Gesamtverzinsung positiv, handelt es sich nach dem Verständnis des BMF insgesamt um Zinsen, die als Einkünfte aus Kapitalvermögen zu behandeln sind. Bei einer negativen Gesamtverzinsung liegen Werbungskosten vor.

b) Weitere Ausnahme von der Abgeltungsteuer

Bei Kapitalerträgen, die nach dem 31.12.2020 erzielt werden, kommt die Abgeltungsteuer nicht zur Anwendung, wenn diese von einer Kapitalgesellschaft an einen zu mindestens 10 % beteiligten Anteilseigner gezahlt werden und soweit entsprechende **Aufwendungen beim Schuldner Betriebsausgaben oder Werbungskosten** im Zusammenhang **mit nicht der Abgeltungsteuer unterliegenden Einkünften** darstellen (§ 32d Abs. 2 Nr. 1 Buchst. b EStG). Mit dieser durch das JStG 2020[2] eingefügten Regelung soll sichergestellt werden, dass Einkünfte des Gesellschafters aus einer Forderung gegenüber der Kapitalgesellschaft tariflich besteuert werden, wenn sie auf Seiten der Gesellschaft Betriebsausgaben darstellen (vergleichbar der Regelung in § 32d Abs. 2 Nr. 1 Buchst. a EStG). **480**

> **Anmerkung:**
>
> Für vor dem 1.1.2021 begründete Darlehen an die Kapitalgesellschaft oder Genossenschaft besteht allerdings eine **Übergangsvorschrift**. In diesen Fällen ist die bisherige Rechtslage bis zum VZ 2023 weiter anzuwenden. Erst ab dem VZ 2024 kommt auch hier die Neuregelung zur Anwendung (§ 52 Abs. 33b Sätze 1 und 2 EStG).

2. Kapitalertragsteuerabzug bei Dauerüberzahlerbescheinigung

Mit dem Abzugsteuerentlastungsmodernisierungsgesetz (AbzStEntModG)[3] werden Inhaber von Dauerüberzahlerbescheinigungen **aus dem Katalog des § 44a Abs. 10 EStG gestrichen**, da sie – so die Begründung der Gesetzesänderung[4] – in der Vergangenheit u.a. als Vehikel zur Umgehung der Dividendenbesteuerung genutzt wurden (Cum/Cum-Gestaltungen). **481**

Damit wird **ab dem VZ 2021** Inhabern von Dauerüberzahlerbescheinigungen keine Abstandnahme vom Kapitalertragsteuerabzug bei Dividendenzahlungen aus inländischen **girosammelverwahrten Aktien** mehr gewährt.

> **Beratungshinweis:**
>
> Laut Schreiben des BMF vom 17.6.2021[5] wird es jedoch nicht beanstandet, wenn die Regelung erst für Zuflüsse von Kapitalerträgen ab dem 1.8.2021 berücksichtigt wird.

---

1) BMF v. 19.2.2021, IV C 1 - S 2252/19/10003 :007, BStBl I 2021, 296. Vgl. hierzu Schiffers, DStZ 2021, 262.
2) Gesetz v. 21.12.2020, BGBl. I 2020, 3096 = BStBl I 2021, 6.
3) Gesetz v. 2.6.2021, BGBl. I 2021, 1259 = BStBl I 2021, 789.
4) BT-Drucks. 19/28925 v. 22.4.2021, 73.
5) BMF v. 17.6.2021, IV C 1 - S 2405/19/10009 :002, DStR 2021, 2467.

3. Zuteilung neuer Aktien

482 Zur Vereinfachung der steuerlichen Qualifikation bei Zuteilung von Aktien durch Aktiengesellschaften waren bislang gemäß § 20 Abs. 4a Satz 5 EStG a.F. der Ertrag und die Anschaffungskosten bei Vorliegen der Voraussetzungen mit 0 Euro anzusetzen. Während die Erfahrungen mit der Norm zeigten, dass bei Kapitalmaßnahmen inländischer Aktiengesellschaften keine Vereinfachung erforderlich wäre, haben die Kreditinstitute bei der Einbuchung von Aktien ausländischer Aktiengesellschaften trotz der bisherigen Vereinfachungsregelung häufig Schwierigkeiten im Hinblick auf die steuerliche Einordnung der Kapitalmaßnahme.

Mit dem JStG 2020[1] wurde deshalb § 20 Abs. 4a Satz 5 EStG modifiziert. Wurden nach dem 31.12.2008 Anteile erworben und erfolgt nun **nach dem 31.12.2020** die **Zuteilung neuer Aktien** (§ 52 Abs. 28 Satz 20 EStG), ist im Fall **ausländischer Gesellschaften** stets ein Kapitalertrag von 0 Euro anzusetzen. Entsprechend betragen die Anschaffungskosten der erhaltenen Anteile 0 Euro. Die Besteuerung des Wertzuwachses erfolgt damit erst im Zeitpunkt der Veräußerung der eingebuchten Aktien.

4. Wertlose Aktien

a) Veräußerung

483 Der BFH kommt sowohl in dem Fall der Veräußerung von wertlos gewordenen Aktien zu einem sehr geringen Kaufpreis als auch bei insolvenzbedingtem Untergang von Aktien zu dem Ergebnis, dass hier **negative Einkünfte aus Kapitalvermögen** vorliegen. Laut BFH-Urteil vom 29.9.2020[2] ist zwar der Ausschluss der Aktien infolge eines Kursverfalls vom Handel an der Börse (Delisting) noch nicht mit der Realisierung des Aktienverlusts gleichzusetzen. Sehr wohl aber liege eine entgeltliche Veräußerung vor, die zu einem steuerlich relevanten Veräußerungsverlust führen kann, wenn die Aktien an einen fremden Dritten verkauft werden, unabhängig von der Höhe des Kaufpreises oder der anfallenden Veräußerungskosten.

Im Streitfall wurden Aktien zum Stückpreis von 0,01 Euro an die Käuferin veräußert. Die Aktien wurden kostenlos aus dem Depot des Verkäufers ausgebucht und in das der Käuferin übertragen. Dadurch sei – so der BFH – ein Verlust entstanden, der im Rahmen der Kapitaleinkünfte zu berücksichtigen sei und mit Gewinnen aus der Veräußerung von Aktien ausgeglichen werden kann. Auch die Verpflichtung des Verkäufers, im Gegenzug von der Käuferin wertlose Aktien zu erwerben, ändere nichts an der Verlustrealisation. Ein Gestaltungsmissbrauch liege nicht vor.

b) Untergang

484 In einem weiteren Streitfall, der dem BFH-Urteil vom 17.11.2020[3] zugrunde lag, ging es ebenfalls um die Frage, wie mit **wertlos gewordenen Aktien** umzugehen ist und **zu welchem Zeitpunkt** im Fall der **Insolvenz** der Aktiengesellschaft der Verlust realisiert wird. Laut BFH erfüllt allein der Kursverfall noch nicht den Verlustrealisationstatbestand. Vielmehr sei dieser erst bei Vollbeendigung der AG und dem insolvenzbedingten Erlöschen der Mitgliedschaftsrechte erfüllt. Zwar liegt laut BFH dem Gesetzeswortlaut nach weder eine steuerlich relevante Veräußerung noch eine Einlösung vor. Nichtsdestotrotz hält es der BFH vor dem Gleichheitsgrundsatz des Art. 3 Abs. 1 GG für geboten, die insolvenzbedingte negative Wertänderung der Aktien bei Insolvenz der AG entsprechend zu berücksichtigen und somit von einem Verlust aus der Veräußerung von Aktien, der zu negativen Kapitaleinkünften führt, auszugehen.

---

1) Gesetz v. 21.12.2020, BGBl. I 2020, 3096 = BStBl I 2021, 6.
2) BFH v. 29.9.2020, VIII R 9/17, BStBl II 2021, 385 = HFR 2021, 471 mit Anm. Werth. Vgl. hierzu Jachmann-Michel, jurisPR-SteuerR 17/2021 Anm. 5.
3) BFH v. 17.11.2020, VIII R 20/18, BStBl II 2021, 378 = HFR 2021, 473 mit Anm. Levedag. Vgl. hierzu Feldgen, eNews Steuern, Topthema, 10/2021 v. 15.3.2021.

5. Verfassungswidrigkeit der Verrechnungsbeschränkung von Aktienveräußerungsverlusten?

Der **BFH** hat dem BVerfG mit Beschluss vom 17.11.2020[1] die Frage vorgelegt, ob die **485** seit 2009 geltende Verlustnutzungsbeschränkung, im Privatvermögen Aktienveräußerungsverluste nur mit Aktienveräußerungsgewinnen verrechnen zu dürfen (§ 20 Abs. 6 Satz 4 EStG), verfassungswidrig ist.

Der BFH sieht einen **Verstoß gegen den Gleichheitsgrundsatz** Art. 3 Abs. 1 GG in der Ausprägung des Grundsatzes der Steuergerechtigkeit für vorliegend an. In seiner Prüfung der Vorschrift kommt er zu dem Ergebnis, dass

– eine Ungleichbehandlung vorliegt, weil Steuerpflichtige mit Verlusten aus Aktien gegenüber Steuerpflichtigen mit Verlusten aus aktienbasierten Kapitalanlagen, die aber keine Aktien sind, schlechter gestellt seien und

– keine Rechtfertigung für diese Ungleichbehandlung erkennbar sei.

6. Insolvenzbedingter Ausfall einer privaten Darlehensforderung

Der BFH verweist in seinem Urteil vom 1.7.2021[2] auf seine bisherige Rechtsprechung **486** zur Verlustberücksichtigung in Folge von Darlehensausfällen im Privatvermögen. So hatte der BFH bereits in der Vergangenheit entschieden, dass ein steuerlich zu berücksichtigender Verlust auch vor dem endgültig feststehenden Ausfall der Forderung vorliegt, sobald nicht mehr mit einer Rückzahlung gerechnet werden kann und objektive Anhaltspunkte für die Uneinbringlichkeit der Forderung bestehen.[3]

In dem Urteilsfall steht nach Auffassung des BFH bereits **bei Anzeige der Masseunzulänglichkeit** gegenüber dem Insolvenzgericht mit hinreichender Sicherheit fest, dass keine Rückzahlung mehr erfolgen wird, sodass ein steuerlicher Verlust zu diesem Zeitpunkt entsteht. Sofern die Masseunzulänglichkeit später überwunden und das Insolvenzverfahren weitergeführt wird, liegt ein rückwirkendes Ereignis vor. In diesem Fall kann die Steuerfestsetzung für das Jahr, in dem der Verlust geltend gemacht wurde, grundsätzlich geändert werden.

---

1) BFH v. 17.11.2020, VIII R 11/18, BStBl II 2021, 378 = HFR 2021, 473 mit Anm. Levedag. Az. des BVerfG 2 BvL 3/21.
2) BFH v. 1.7.2021, VIII R 28/18, BFH/NV 2021, 1561. Vgl. hierzu Dötsch, jurisPR-SteuerR 45/2021 Anm. 3.
3) BFH v. 24.10.2017, VIII R 13/15, BStBl II 2020, 831.

7. Verlustverrechnungsbeschränkungen bei Termingeschäften

487 Mit dem Gesetz zur Einführung einer Pflicht zur Mitteilung grenzüberschreitender Steuergestaltungen[1] wurde eine **Beschränkung der Verlustberücksichtigung** in § 20 Abs. 6 Satz 5 EStG eingefügt, die für nach dem 31.12.2020 entstehende Verlust greift. Danach können **Verluste aus Termingeschäften nur** mit Gewinnen aus Termingeschäften und mit Erträgen aus Stillhaltergeschäften ausgeglichen werden. Dabei war zunächst vorgesehen, die Verrechnung auf 10.000 Euro im VZ zu beschränken. Mit dem JStG 2020[2] wurde jedoch der Höchstbetrag auf **20.000 Euro** angehoben, so dass diese betragliche Beschränkung ab 2021 zu berücksichtigen ist.

> **Beratungshinweis:**
>
> Bereits mit Wirkung für nach dem 31.12.2019 entstehende Verluste wurde eine entsprechende Verlustverrechnungsbeschränkung für Verluste aus der ganzen oder teilweisen Uneinbringlichkeit von Kapitalforderungen eingeführt (§ 20 Abs. 6 Satz 6 EStG). Auch hier wurde die betragliche Beschränkung mit dem JStG 2020[3] von 10.000 Euro auf 20.000 Euro, anzuwenden bereits ab 2020, angehoben.

8. Musterklage zu Folgen der Investmentsteuerreform

488 Nach den Regelungen der Investmentsteuerreform gelten vor 2018 erworbene Fondsanteile als **zum 31.12.2017 veräußert und zum 1.1.2018 neu angeschafft**. Aus dem fiktiven Verkauf kann eine Steuerbelastung resultieren, die den tatsächlich aus den Fondsanteilen erzielten Gewinn übersteigt.

Der Bund der Steuerzahler (BdSt) unterstützt die Klage eines Kapitalanlegers, der sich in den Jahren 2009 bis 2017 an ausländischen Aktienfonds beteiligt und Ende 2018 seine Anteile mit einem Veräußerungsgewinn von knapp 600 Euro verkauft hatte. Aufgrund der fiktiven Veräußerung zu einem deutlich höheren Kurswert zum 31.12.2017 wurde allerdings ein Gewinn von knapp 2.250 Euro besteuert. Problematisch ist hierbei auch, dass der **fiktive Gewinn voll steuerpflichtig** ist, während der sich im Jahr 2018 ergebende Verlust nur zu 70 % steuerlich anerkannt wird. In der Konsequenz wurde im Streitfall der tatsächlich erzielte Gewinn durch die Steuerbelastung aufgezehrt.

Mit der Musterklage, die **beim FG Köln** unter dem Az. 15 K 2594/20 **anhängig** ist, soll die Rechtmäßigkeit der Besteuerung von fiktiven Gewinnen im Rahmen der Übergangsregelung geprüft werden.

> **Beratungshinweis:**
>
> Von der Übergangsregelung zur Investmentsteuerreform betroffene Anleger können unter Verweis auf das anhängige Verfahren Einspruch gegen ihren Steuerbescheid einlegen und ein Ruhen des Verfahrens bis zu einer Entscheidung im Musterklage-Streitfall beantragen.

II. Vermietungseinkünfte

1. Verbilligte Wohnraumvermietung

489 Nach früherer Regelung war eine Wohnraumvermietung in einen **entgeltlichen und einen unentgeltlichen Teil aufzuteilen**, wenn das Entgelt weniger als 66 % der ortsüblichen Miete beträgt. Diese Grenze wurde mit dem JStG 2020[4] mit Wirkung ab dem VZ 2021 auf **50 %** herabgesetzt (§ 21 Abs. 2 Satz 1 EStG).

---

1) Gesetz v. 21.12.2019, BGBl. I 2019, 2875 = BStBl I 2020, 127.
2) Gesetz v. 21.12.2020, BGBl. I 2020, 3096 = BStBl I 2021, 6.
3) Gesetz v. 21.12.2020, BGBl. I 2020, 3096 = BStBl I 2021, 6.
4) Gesetz v. 21.12.2020, BGBl. I 2020, 3096 = BStBl I 2021, 6.

Laut der Gesetzesbegründung[1] ist damit (wieder) eine Totalüberschussprognoseprüfung erforderlich, wenn das Entgelt mindestens 50 %, aber weniger als 66 % der ortsüblichen Miete beträgt.

Beratungshinweis:

Bei positiver Überschussprognose können angefallene Werbungskosten in vollem Umfang abgezogen werden. Bei negativer Überschussprognose greift die vorgenannte Aufteilung in einen entgeltlichen und unentgeltlichen Teil, wobei nur der entgeltliche Teil steuerlich relevant ist.

2. Coronabedingter Mietausfall

Die OFD Nordrhein-Westfalen macht in einer Kurzinformation vom 2.12.2020[2] deutlich, dass ein Mieterlass aufgrund einer finanziellen Notlage des Mieters **prinzipiell kein Grund für eine Kürzung des Werbungskostenabzugs** nach § 21 Abs. 2 EStG ist. Diese Regelung greift dann, wenn das Mietentgelt weniger als 50 % (bzw. bis 2020: 66 %; → Rz. 489) der ortsüblichen Marktmiete beträgt. **490**

Die OFD Nordrhein-Westfalen führt weiter aus, dass wegen der Notsituation des Mieters auch **nicht die Einkünfteerzielungsabsicht** des Vermieters **wegfällt**.

3. Nicht berücksichtigte Erhaltungsaufwendungen im Todesfall

Werbungskosten sind grundsätzlich in dem VZ abzugsfähig, in dem sie angefallen sind. Für größere Erhaltungsaufwendungen kann nach § 82b EStDV eine Verteilung über zwei bis fünf Jahre gewählt werden. Der BFH hatte darüber zu entscheiden, ob im Falle des Versterbens des Vermieters noch nicht berücksichtigte Erhaltungsaufwendungen im Jahr seines Todes bei ihm in einer Summe abzuziehen sind oder die Verteilung beim Erben fortgeführt wird. Mit Urteil vom 10.11.2020[3] entschied der **BFH** entgegen der anderslautenden Auffassung der Finanzverwaltung in R 21.1 Abs. 6 Satz 2 f. EStR, dass der noch nicht berücksichtigte Teil der Erhaltungsaufwendungen **in dem Veranlagungsjahr, in das der Todeszeitpunkt fällt**, als Werbungskosten bei den Einkünften aus Vermietung und Verpachtung **abzusetzen** ist. **491**

Laut BFH entfällt mit dem Tod des verstorbenen Vermieters der Zweck der Verteilung, der in der besseren Ausnutzung der Tarifprogression besteht. Demnach seien spätestens in diesem VZ die von ihm getragenen Aufwendungen steuermindernd zu berücksichtigen. Für eine Übertragung der Erhaltungsaufwendungen auf die Erben, wie es die Finanzverwaltung in R 21.1 Abs. 6 Satz 2 f. EStR vertritt, fehle die gesetzliche Grundlage.

4. Gewinnerzielungsabsicht bei kleinen PV-Anlagen

Bei **Photovoltaikanlagen** mit einer installierten Leistung von **bis zu 10 kW** und **Blockheizkraftwerken** mit einer installierten Leistung von **bis zu 2,5 kW** kann auf schriftlichen Antrag des Steuerpflichtigen oder der die Anlage betreibenden Mitunternehmerschaft das Fehlen der Gewinnerzielungsabsicht unterstellt werden. Bei der Prüfung der vorgenannten Leistungsgrenzen sind die jeweiligen Leistungen aller PV-Anlagen und Blockheizkraftwerke, die von einer antragstellenden Person betrieben werden, zu addieren. **492**

Diese im Schreiben des BMF vom 29.10.2021[4] vorgesehene Vereinfachungsregelung greift, wenn der durch kleine PV-Anlagen und/oder Blockheizkraftwerke erzeugte

---

1) BT-Drucks. 19/22850 v. 25.9.2020, 89.
2) OFD Nordrhein-Westfalen v. 2.12.2020, S 2253 - 2020/0025 - St 231, DB 2020, 2722.
3) BFH v. 10.11.2020, IX R 31/19, BStBl II 2021, 474 = HFR 2021, 569 mit Anm. Trossen. Vgl. hierzu Schießl, jurisPR-SteuerR 22/2021 Anm. 2.
4) BMF v. 29.10.2021, IV C 6 - S 2240/19/10006 :006, BStBl I 2021, 2202. Vgl. hierzu Feldgen, eNews Steuern, 44/2021 v. 8.11.2021.

Strom neben der Einspeisung in das öffentliche Stromnetz ausschließlich **in den zu eigenen Wohnzwecken genutzten Räumen verbraucht** wird. Dabei steht die unentgeltliche Überlassung zu Wohnzwecken der Nutzung zu eigenen Wohnzwecken gleich. Der Stromverbrauch im häuslichen Arbeitszimmer ist unschädlich. Ein anderweitiger Verbrauch, z.B. durch einen Mieter, muss technisch ausgeschlossen sein.

Der Antrag kann regelmäßig dann gestellt werden, wenn die Anlage **nach dem 31.12.2003 in Betrieb genommen** wurde. Bei **Inbetriebnahme vor dem 31.12.2021 (Altanlagen)** ist eine **Antragstellung bis 31.12.2022** erforderlich. Bei Neuanlagen, die nach dem 31.12.2021 in Betrieb genommen werden, ist der Antrag bis zum Ablauf des auf das Jahr der Inbetriebnahme folgenden VZ zu stellen.

> **Anmerkung:**
>
> Auf diesen Antrag des Steuerpflichtigen ist aus Vereinfachungsgründen **in allen offenen VZ** zu unterstellen, dass die Anlage nicht mit Gewinnerzielungsabsicht betrieben wird und damit steuerlich irrelevant ist. Der Antrag wirkt auch für Folgejahre.

5. Auf das häusliche Arbeitszimmer entfallender Veräußerungsgewinn

493 Wird eine **zu eigenen Wohnzwecken genutzte Immobilie** innerhalb der zehnjährigen Haltefrist veräußert, ist der erzielte Veräußerungsgewinn nach § 23 Abs. 1 Satz 1 Nr. 1 Satz 3 EStG **von der Besteuerung** als privates Veräußerungsgeschäft **ausgenommen**. Diese Ausnahmeregelung findet laut Urteil des BFH vom 1.3.2021[1] **auch auf das häusliche Arbeitszimmer** in dieser Immobilie Anwendung. Dass dieser Raum zur Erzielung von Überschusseinkünften genutzt wurde, steht damit der Anwendung der Ausnahmeregelung nicht entgegen.

> **Anmerkung:**
>
> Der BFH **widerspricht** damit explizit der Rechtsauffassung des **BMF** laut Schreiben vom 5.10.2000.[2]

III. Weitere Einkünfte

1. Übungsleiter- und Ehrenamtspauschale

494 Durch das JStG 2020[3] wurde die Übungsleiterpauschale von bislang 2.400 Euro mit Wirkung ab dem VZ 2021 auf 3.000 Euro (§ 3 Nr. 26 Satz 1 EStG) und die Ehrenamtspauschale von 720 Euro ab dem VZ 2021 auf 840 Euro (§ 3 Nr. 26a Satz 1 EStG) **angehoben**.

2. Drohende doppelte Besteuerung von Renten

a) BFH-Rechtsprechung

495 Mit Urteil vom 19.5.2021[4] weist der **BFH** zwar die Klage eines Steuerberaters ab, der seit 2007 eine Altersrente aus der gesetzlichen Rentenversicherung bezieht. Eine **doppelte Besteuerung** sei dann **nicht gegeben, wenn** die Summe der voraussichtlich steuerfrei bleibenden Rentenzuflüsse mindestens so hoch ist wie die Summe der aus ver-

---

1) BFH v. 1.3.2021, IX R 27/19, BStBl II 2021, 680 = HFR 2021, 870 mit Anm. Schießl. Vgl. hierzu Feldgen, eNews Steuern, 29/2021 v. 26.7.2021, Mader, B+P 2021, 767.
2) BMF v. 5.10.2000, IV C 3 – S 2256 – 263/00, BStBl I 2000, 1383
3) Gesetz v. 21.12.2020, BGBl. I 2020, 3096 = BStBl I 2021, 6.
4) BFH v. 19.5.2021, X R 33/19, HFR 2021, 648 mit Anm. Kulosa. Vgl. hierzu Nöcker, jurisPR-SteuerR 25/2021 Anm. 1.

steuertem Einkommen aufgebrachten Altersvorsorgeaufwendungen. Damit verneinte der BFH im Streitfall angesichts der 46 %-igen Steuerfreistellung der Rentenbezüge trotz der begrenzten Abziehbarkeit der Versicherungsbeiträge als Sonderausgaben eine Doppelbesteuerung.

Bei der zur Beurteilung einer etwaigen doppelten Besteuerung erforderlichen Vergleichs- und Prognoserechnung sind laut BFH die infolge der Übergangsregelung vorgesehenen Rentenfreibeträge sowohl für die Rente des Steuerpflichtigen als auch für eine etwaige Hinterbliebenenrente des statistisch voraussichtlich länger lebenden Ehegatten anzusetzen. Weitere Steuerentlastungen, wie z.B. der Grundfreibetrag oder der Sonderausgabenabzug für Kranken- und Pflegeversicherungsbeiträge, seien hingegen nicht zu berücksichtigen. Zudem gibt der BFH konkrete Berechnungsparameter zur Ermittlung der aus versteuertem Einkommen geleisteten Teile der Altersvorsorgeaufwendungen vor.

Anmerkung:

Hingegen kam der BFH im Rahmen eines Verfahrens des einstweiligen Rechtsschutzes zu dem Ergebnis, dass der Vergleich des relativen Anteils von aus versteuerten Beiträgen erdienten Renten-Entgeltpunkten (§ 63 Abs. 2 SGB VI) und dem gesetzlich angeordneten Steuerfreistellungsanteil der Rente keine geeignete Methode zur Berechnung einer eventuellen doppelten Besteuerung darstelle.[1]

Der BFH geht allerdings davon aus, dass unter Zugrundelegung dieser Vergleichs- und Prognoserechnung **spätere Rentnerjahrgänge** infolge des sinkenden Rentenfreibetrags von einer doppelten Besteuerung ihrer Renten **betroffen sein dürften**.

In einem zweiten Urteil vom 19.5.2021[2] geht der BFH auf weitere Streitfragen zur sog. doppelten Rentenbesteuerung ein. So stellt er u.a. klar, dass es bei Renten aus privaten Kapitalanlageprodukten außerhalb der Basisversorgung, die anders als gesetzliche Altersrenten nur mit dem Ertragsanteil besteuert werden, systembedingt nicht zu einer Doppelbesteuerung kommen kann.

Beratungshinweis:

Die Kläger in den beiden Verfahren vor dem BFH haben zwischenzeitlich Verfassungsbeschwerde beim BVerfG eingelegt (Az. 2 BvR 1143/21 und 2 BvR 1140/21). Sofern Bescheide hinsichtlich der Rentenbesteuerung nicht vorläufig ergehen (→ Rz. 496), könnte mit Verweis auf diese Verfahren Einspruch gegen betroffene Einkommensteuerbescheide eingelegt werden.

b) Vorläufige Einkommensteuerfestsetzungen

Mit Schreiben vom 30.8.2021[3] reagiert das BMF auf die BFH-Rechtsprechung zur **496** Frage der Doppelbesteuerung von Renten (→ Rz. 495) und weist die Finanzverwaltung u.a. an, soweit verfahrensrechtlich möglich, **Einkommensteuerfestsetzungen für VZ ab 2005 hinsichtlich der Besteuerung von Rentenzahlungen nur noch vorläufig** vorzunehmen.

Da zur Feststellung einer etwaigen zu hohen Belastung von Alterseinkünften **weitere Informationen** durch den Steuerpflichtigen erforderlich sind, wird die Finanzverwaltung einen entsprechenden zusätzlichen Hinweis in den Steuerbescheid aufnehmen.

---

1) BFH v. 24.8.2021, X B 53/21, BFH/NV 2021, 1571.
2) BFH v. 19.5.2021, X R 20/19, HFR 2021, 659 mit Anm. Reddig. Vgl. hierzu Feldgen, eNews Steuern, 40/2021 v. 11.10.2021.
3) BMF v. 30.8.2021, IV A 3 - S 0338/19/10006 :001, BStBl I 2021, 1042.

IV. Persönliche Abzüge

1. Unterhaltsleistungen

497 Aufwendungen für den Unterhalt einer gesetzlich unterhaltsberechtigten Person konnten bis 2020 bis zu 9.408 Euro im Kalenderjahr vom Gesamtbetrag der Einkünfte abgezogen werden. Dieser **Höchstbetrag** wurde mit dem Zweiten Familienentlastungsgesetz[1] für den **VZ 2021** auf **9.744 Euro** angehoben. Ab dem VZ 2022 steigt der Höchstbetrag nochmals und beträgt dann 9.984 Euro.

2. Spenden

498 Um eine Zuwendung als Spende steuermindern berücksichtigen zu können, bedarf es eines Zuwendungsnachweises. Bis zu einem Höchstbetrag kann dieser in Form eines **vereinfachten Zuwendungsnachweises** erbracht werden. Mit dem JStG 2020[2] wurde der Höchstbetrag von 200 Euro mit Wirkung ab 1.1.2021 auf **300 Euro** erhöht (§ 50 Abs. 4 Satz 1 Nr. 2 EStDV).

Anmerkung:

Zudem wird künftig berücksichtigt, dass sich Organisationen **mit Sitz in der EU oder dem EWR** in das **Zuwendungsempfängerregister** aufnehmen lassen können. Erhalten sie Spenden aus Deutschland, können sie künftig Spendenquittungen nach amtlich vorgeschriebenem Muster ausstellen. Die aktuell noch vorgesehene Beschränkung in § 50 Abs. 1 Satz 2 EStDV wird mit Wirkung für Zuwendungen nach dem 31.12.2024 gestrichen (§ 84 Abs. 2d EStDV).

Unabhängig von der Höhe der Spende ist zudem bei Spenden zugunsten der Betroffenen der **Hochwasserkatastrophe** im Sommer 2021 bis 31.10.2021 lediglich der vereinfachte Spendennachweis erforderlich.[3] Eine entsprechende Regelung ist auch bei Zuwendungen zur Hilfe in der **Corona-Krise** vorgesehen. Hier ist für Spenden ungeachtet der Höhe bis 31.12.2022 nur der vereinfachte Spendennachweis erforderlich.[4]

3. Behinderten-Pauschbeträge

499 Mit dem Behinderten-Pauschbetragsgesetz[5] wurden mit Wirkung ab dem VZ 2021 die Behinderten-Pauschbeträge deutlich erhöht.

Nach der früheren Regelung mussten bei behinderten Menschen mit einem Grad der Behinderung zwischen 25 und weniger als 50 weitere Einschränkungen, wie z.B. eine Einbuße der körperlichen Beweglichkeit, vorliegen, damit die gesetzlich vorgegebenen Pauschbeträge angesetzt werden konnten. Ab dem VZ 2021 werden die Pauschbeträge bereits **ab einem Grad der Behinderung von 20** ohne solche zusätzlichen Anspruchsvoraussetzungen gewährt. Zudem erhöhen sich die bisherigen Behinderten-Pauschbeträge, so dass die Pauschbeträge stufenweise von **384 Euro** bei einem Behinderungsgrad von 20 **bis zu 2.840 Euro** bei einem Behinderungsgrad von 100 ansteigen.

---

1) Gesetz v. 1.12.2020, BGBl. I 2020, 2616 = BStBl I 2020, 1347.
2) Gesetz v. 21.12.2020, BGBl. I 2020, 3096 = BStBl I 2021, 6.
3) BMF v. 23.7.2021, III C 2 - S 7030/21/10008 :001, BStBl I 2021, 1024. Vgl. hierzu Feldgen, eNews Steuern, Sondernummer 2/2021 v. 23.7.2021.
4) BMF v. 9.4.2020, IV C 4 - S 2223/19/10003 :003, BStBl I 2020, 498, BMF v. 18.12.2020, IV C 4 - S 2223/19/10003 :006, BStBl I 2021, 57 sowie BMF v. 15.12.2021, IV C 4 – S 2223/19/10003 :006, BStBl I 2021, 2476.
5) Gesetz v. 9.12.2020, BGBl. I 2020, 2770 = BStBl I 2020, 1355.

Darüber hinaus wurde eine **behinderungsbedingte Fahrtkosten-Pauschale** eingeführt, die je nach Art der Behinderung entweder 900 Euro oder 4.500 Euro beträgt. Über die Pauschale hinaus sind keine weiteren behinderungsbedingten Fahrtkosten als außergewöhnliche Belastung abzugsfähig.

4. Pflege-Pauschbetrag

Der bereits bislang vorgesehene Pflege-Pauschbetrag bei der Pflege von Personen mit den Pflegegraden 4 und 5 von 924 Euro wurde mit Wirkung ab dem VZ 2021 auf **1.800 Euro** angehoben. Zudem wurde durch das Behinderten-Pauschbetragsgesetz[2] ein Pflege-Pauschbetrag für die Pflege von Personen mit dem Pflegegrad 2 von **600 Euro** und für die Pflege von Personen mit dem Pflegegrad 3 von **1.100 Euro** neu eingeführt.

500

5. Steuerermäßigung nach § 35a EStG

a) Fahrbahnreinigung keine haushaltsnahe Dienstleistung

Aufwendungen müssen einen unmittelbaren räumlichen Zusammenhang zum Haushalt aufweisen, um als haushaltsnahe Dienstleistung anerkannt zu werden und zur Steuerermäßigung nach § 35a Abs. 2 EStG zu berechtigen. Laut Urteil des BFH vom 13.5.2020[3] fehlt ein solcher Zusammenhang mit dem Haushalt des Steuerpflichtigen bei der **Reinigung der Fahrbahn einer öffentlichen Straße**.

501

Zwar **bejahte** der **BFH** mit Urteil vom 20.3.2014[4] eine haushaltsnahe Dienstleistung, **wenn der Steuerpflichtige** zur Reinigung und Schneeräumung von öffentlichen Straßen und Gehwegen **verpflichtet** ist. Bei der Straßenreinigung handele es sich hingegen nicht um eine hauswirtschaftliche Verrichtung, die gewöhnlich durch Mitglieder des privaten Haushalts erledigt werde, sondern vielmehr um eine öffentliche Aufgabe. Das gelte auch, wenn die Reinigungskosten auf die Anwohner abgewälzt werden, da der Haushalt trotzdem „an der Bordsteinkante" ende.

Die Rechtsauffassung des BFH steht im Einklang mit der der Finanzverwaltung. So konkretisiert das **BMF** mit Schreiben vom 1.9.2021[5] seine bisherige Zuweisung laut Schreiben vom 9.11.2016[6] von Aufwendungen in begünstigte bzw. nicht begünstigte Aufwendungen im Zusammenhang mit der **Straßenreinigung** und dem **Winterdienst**. So sind zwar die Straßenreinigung und der Winterdienst hinsichtlich des Gehwegs begünstigt, nicht jedoch hinsichtlich der Fahrbahn.

---

1) Gesetz v. 9.12.2020, BGBl. I 2020, 2770 = BStBl I 2020, 1355.
2) Gesetz v. 9.12.2020, BGBl. I 2020, 2770 = BStBl I 2020, 1355.
3) BFH v. 13.5.2020, VI R 4/18, BStBl II 2021, 669. Vgl. hierzu Geserich, jurisPR-SteuerR 5/2021 Anm. 2.
4) BFH v. 20.3.2014, VI R 55/12, BStBl II 2014, 880.
5) BMF v. 1.9.2021, IV C 8 - S 2296-b/21/10002 :001, BStBl I 2021, 1494.
6) BMF v. 9.11.2016, IV C 8 - S 2296-b/07/10003 :008, BStBl I 2016, 1213.

b) Maßnahmen der öffentlichen Hand als Handwerkerleistungen

502 Werden Handwerkerleistungen für Renovierungs-, Erhaltungs- und Modernisierungsmaßnahmen in Anspruch genommen, ermäßigt sich die tarifliche Einkommensteuer um 20 % der Aufwendungen, maximal um 1.200 Euro im Jahr (§ 35a Abs. 3 EStG). Mit Verweis auf das Urteil des BFH vom 21.2.2018[1] führt das BMF in seinem Schreiben vom 1.9.2021[2] aus, dass diese **Steuerbegünstigung ausscheidet**, wenn Handwerkerleistungen der öffentlichen Hand erbracht werden, **die nicht nur einzelnen Haushalten, sondern** allen an den Maßnahmen der öffentlichen Hand beteiligten Haushalten zugutekommen. Als Beispiele hierfür nennt das BMF den Ausbau des allgemeinen Versorgungsnetzes oder die Erschließung einer Straße.

6. Energetische Maßnahmen bei zu eigenen Wohnzwecken genutzten Gebäuden

503 Für nach dem 31.12.2019 begonnene und vor dem 1.1.2030 abgeschlossene energetische Maßnahmen an zu eigenen Wohnzwecken genutzten Gebäuden kann eine Steuerermäßigung nach § 35c EStG in Anspruch genommen werden. Das BMF geht in seinem Schreiben vom 14.1.2021[3] auf diese Regelung ein und erläutert u.a., **welche Objekte** begünstigt sind, wer **anspruchsberechtigte Person** ist, wann eine **Nutzung zu eigenen Wohnzwecken** vorliegt und was förderfähige Aufwendungen sind.

Sind die Voraussetzungen des § 35c EStG erfüllt, können im Kalenderjahr des Abschlusses der energetischen Maßnahme und im Folgejahr jeweils 7 % der Aufwendungen, höchstens je 14.000 Euro, und im übernächsten Kalenderjahr 6 % der Aufwendungen, höchstens 12.000 Euro, von der tariflichen Einkommensteuer abgezogen werden. Das BMF führt dazu aus, dass die Förderung **personen- und objektbezogen** ist und somit von jeder steuerpflichtigen Person für jedes begünstigte Objekt nur einmal in Anspruch genommen werden kann. Dabei ist die zeitgleiche steuerliche Förderung mehrerer Objekte möglich, wobei für jedes Objekt ein eigener Höchstbetrag der Steuerermäßigung zur Verfügung steht.

V. Einkommensteuertarif

504 Mit dem Zweiten Familienentlastungsgesetz[4] wurde der **Grundfreibetrag** von bislang 9.408 Euro **im VZ 2021** auf **9.744 Euro** und ab dem VZ 2022 auf 9.984 Euro angehoben. Zudem wurden zum Ausgleich der kalten Progression die weiteren Eckwerte des Einkommensteuertarifs nach § 32a Abs. 1 EStG für den VZ 2021 und ab dem VZ 2022 entsprechend angepasst.

VI. Familienleistungen

1. Kindergeld

505 Mit dem Zweiten Familienentlastungsgesetz[5] wurde das Kindergeld für Zeiträume **nach dem 31.12.2020** angehoben. Dieses beträgt im Vergleich zu den früheren Beträgen für das

	Seit 1.7.2019	Seit 1.1.2021
Erste und zweite Kind	204 Euro	219 Euro
Dritte Kind	210 Euro	225 Euro
Vierte und jedes weitere Kind	235 Euro	250 Euro

---

1) BFH v. 21.2.2018, VI R 18/16, BStBl II 2018, 641.
2) BMF v. 1.9.2021, IV C 8 - S 2296-b/21/10002 :001, BStBl I 2021, 1494.
3) BMF v. 14.1.2021, IV C 1 - S 2296-c/20/10004 :006, BStBl I 2021, 103.
4) Gesetz v. 1.12.2020, BGBl. I 2020, 2616 = BStBl I 2020, 1347.
5) Gesetz v. 1.12.2020, BGBl. I 2020, 2616 = BStBl I 2020, 1347.

Anmerkung:

Zudem wurde – wie bereits in 2020, dort allerdings in doppelter Höhe – in 2021 ein einmaliger Kinderbonus von 150 Euro gezahlt, was mit dem Dritten Corona-Steuerhilfegesetz[1] gesetzgeberisch umgesetzt wurde.

2. Kinderfreibetrag

Der Kinderfreibetrag und der Freibetrag für Betreuungs-, Erziehungs- oder Ausbildungsbedarf des Kindes wurden mit dem Zweiten Familienentlastungsgesetz[2] wie folgt erhöht: **506**

	Im VZ 2020	Seit VZ 2021
Kinderfreibetrag	2.586 Euro	2.730 Euro
Freibetrag für Betreuungs-, Erziehungs- oder Ausbildungsbedarf	1.320 Euro	1.464 Euro

3. Übertragung des BEA-Freibetrags

Nach bisheriger Verwaltungspraxis folgt bei Kindern der Freibetrag für den Betreuungs- und Erziehungs- oder Ausbildungsbedarf (BEA-Freibetrag) nach § 32 Abs. 6 EStG der Übertragung des Kinderfreibetrags. Der BFH hat hingegen entschieden, dass bei volljährigen Kindern die Übertragung des dem anderen Elternteil zustehenden BEA-Freibetrags – anders als beim Kinderfreibetrag – auch bei Verletzung der Unterhaltsverpflichtungen gesetzlich nicht vorgesehen ist.[3] **507**

Als Reaktion darauf wurde mit dem Abzugsteuerentlastungsmodernisierungsgesetz (AbzStEntModG)[4] § 32 Abs. 6 Satz 6 EStG so angepasst, dass die **Übertragung des Kinderfreibetrags** ab dem VZ 2021 **stets auch zur Übertragung des BEA-Freibetrags** führt.

H. Steuerstrafrecht – Cum-Ex-Rechtsprechung

Mit Urteil vom 28.7.2021 bestätigte der BGH[5] die Auffassung der Vorinstanz, wonach die Geltendmachung tatsächlich nicht einbehaltener Kapitalertragsteuer gegenüber den Finanzbehörden auf der Grundlage sog. Cum-Ex-Geschäfte den Straftatbestand der **Steuerhinterziehung** erfüllt. Laut BGH bestanden an einer vorsätzlichen Steuerhinterziehung keine Zweifel, weil die Beteiligten um den Dividendenstichtag bewusst arbeitsteilig auf die Auszahlung nicht abgeführter Kapitalertragsteuer hingewirkt hatten. Aus dem Wortlaut des Gesetzes ergibt sich nämlich, dass nur die tatsächlich einbehaltene Kapitalertragsteuer zur Anrechnung und Auszahlung angemeldet werden darf. **508**

Anmerkung:

Auch bestätigte der BGH, dass die Einziehung anhand der erzielten Taterträge und der hieraus gezogenen Nutzungen erfolgt. Die Vorinstanz hat danach auch die Höhe der Einziehungsbeträge zutreffend bestimmt. Die Einziehung war nicht wegen Verjährung ausgeschlossen (§ 73e Abs. 1 Satz 2 StGB).

---

1) Gesetz v. 10.3.2021, BGBl. I 2021, 330 = BStBl I 2021, 335.
2) Gesetz v. 1.12.2020, BGBl. I 2020, 2616 = BStBl I 2020, 1347.
3) BFH v. 22.4.2020, III R 61/18, BFHE 269, 252, und III R 25/19, BFHE 269, 257. Vgl. hierzu Selder, jurisPR-SteuerR 51/2020 Anm. 5.
4) Gesetz v. 2.6.2021, BGBl. I 2021, 1259 = BStBl I 2021, 789.
5) BGH v. 28.7.2021, 1 StR 519/20, NZWiSt 2021, 425. Vgl. hierzu Fischer, jurisPR-SteuerR 45/2021 Anm. 1, Höring, DStZ 2021, 741.

I. Wirtschaftsprüfung

I. Gesetz zur Stärkung der Finanzmarktintegrität

1. Gesetzgebungsverfahren

509 Der Bundestag verabschiedete am 21.5.2021 das sog. Finanzmarktintegritätsstärkungs-gesetz, kurz FISG, und bereits am 28.5.2021 erteilte der Bundesrat seine Zustimmung. Das Gesetzgebungsverfahren wurde im Eiltempo mit verkürzten Beratungsfristen durchgeführt. Das Gesetz vom 3.6.2021 wurde am 10.6.2021 im Bundesgesetzblatt ver-kündet[1]. Es tritt grundsätzlich zum 1.7.2021 und 1.1.2022 in Kraft, lediglich für die externe Rotation gelten unter bestimmen Voraussetzungen Übergangsfristen von bis zu zwei Jahren (→ Rz. 513).

Das FISG ist ein **allumfassendes Gesetz**, das nicht nur die Prüfung von Unternehmen im öffentlichen Interesse, sog. PIE, betrifft. Es sieht weitreichende Änderungen für Unternehmen im Bereich der **Corporate Governance** vor. Diese umfassen die Abschlussprüfung, das Risikomanagement und das Interne Kontrollsystem, die Zusam-mensetzung und Kompetenzen des Prüfungsausschusses und die Verschärfung der Haftungsregelungen für die gesetzlichen Vertreter und den Aufsichtsrat. Für Abschlussprüfer wird neben der Pflicht zur externen Rotation nach zehn Jahren und einer stärkeren Trennung von Prüfung und Beratung auch die zivilrechtliche Haftung verschärft. Zudem wurde das Bilanzkontrollverfahren grundlegend reformiert. Es ist stärker staatlich-hoheitlich von der BaFin organisiert.

2. Neue Pflichten für Vorstände und Aufsichtsräte

a) Pflicht zur Errichtung eines Risikomanagementsystems bei börsennotierten Gesellschaften

510 Vorstände börsennotierter Aktiengesellschaften müssen seit dem 1.7.2021 ein ange-messenes und wirksames **Kontroll- und Risikomanagementsystem** einführen, § 91 Abs. 3 AktG. Bisher bestand hierzu lediglich eine faktische Pflicht. Nunmehr ist die Pflicht zur Implementierung eines umfassenden Risikomanagementsystems gefordert. Bei der Art und Weise der Ausgestaltung besteht für Vorstände jedoch ein haftungs-freier Ermessensspielraum nach den Grundsätzen der Business Judgement Rule. IDW PS 981 f. kann hierbei wichtige Impulse geben.

Spätestens seit 1.7.2021 sollten börsennotierte Unternehmen den Nachweis des Beste-hens eines Internen Kontrollsystems und Risikomanagementsystems erbringen können.

b) Verschärfung der strafrechtlichen Haftung der gesetzlichen Vertreter bei Bilanzdelikten

511 Im Falle der leichtfertigen Abgabe eines unrichtigen **Bilanz- oder Lageberichtseides** droht eine Freiheitsstrafe von bis zu zwei Jahren oder eine Geldstrafe. Leichtfertig handelt dabei, wer die gebotenen Sorgfaltspflichten verletzt. Diese Verschärfung gilt seit 1.7.2021 und ist damit bereits für den Halbjahresabschluss 2021 relevant. Anderen-falls droht eine Freiheitsstrafe von bis zu fünf Jahren (§ 331a HGB).

c) Neue Anforderungen an den Sachverstand des Aufsichtsrates und Pflicht zur Bildung eines Prüfungsausschusses

512 Der Aufsichtsrat, konkret der Prüfungsausschuss (→ Rz. 513), ist zur Überwachung der Qualität der Abschlussprüfung verpflichtet. Diese Vorgabe galt bisher lediglich im Rah-men einer Empfehlung des Deutschen Corporate-Governance-Kodex bzw. abgeleitet aus der allgemeinen Anforderung der Hauptversammlung, einen substantiierten Wahl-vorschlag zu unterbreiten. Bei der Überwachung sind nunmehr veröffentlichte Quali-tätsmängel zu berücksichtigen.

---

1) BGBl. I 2021, 1534.

Höhere Anforderungen werden dabei an **Fachkenntnisse** von Aufsichtsräten gestellt: Bei kapitalmarktorientierten Gesellschaften im Sinne des § 264d HGB muss mindestens ein Mitglied des Aufsichtsrats über Sachverstand auf dem Gebiet Rechnungslegung und mindestens ein weiteres Mitglied des Aufsichtsrats über Sachverstand auf dem Gebiet Abschlussprüfung verfügen, § 100 Abs. 5 Halbsatz 1 AktG.

Für Aufsichtsräte von PIE-Unternehmen besteht nach § 107 Abs. 4 Satz 1 AktG die Pflicht zur Einrichtung von Prüfungsausschüssen und deren Besetzung mit einem in Rechnungslegungsfragen und einem in Prüfungsfragen erfahrenen Mitglied. Der eingerichtete Prüfungsausschuss muss über die Sachkunde im Sinne von § 100 Abs. 5 Halbsatz 1 AktG verfügen.

Sofern der Aufsichtsrat nur aus drei Mitgliedern besteht, ist dieser ab 1.7.2021 zugleich Prüfungsausschuss, § 100 Abs. 4 Satz 2 AktG.

Anmerkung:

Diese neuen Anforderungen müssen gemäß einer Übergangsregelung so lange nicht erfüllt werden, wie alle Mitglieder des Aufsichtsrats und des Prüfungsausschusses vor dem 1.7.2021 bestellt worden sind. Damit sind die neuen Vorgaben zwingend erst bei der nächsten Nachbestellung und folglich meist erst beim nächsten turnusmäßigen Wechsel eines der Aufsichtsratsmitglieder anzuwenden.

Jedem Mitglied des Prüfungsausschusses steht ein Auskunftsrecht gegenüber den Leitern der Zentralbereiche der Gesellschaft zu, die für Aufgaben zuständig sind, die den Prüfungsausschuss betreffen. Auf eine enumerative Aufzählung der auskunftspflichtigen Personen wurde verzichtet. Adressiert werden sollen die Zentraleinheiten unter dem Vorstand. Wenngleich jedem Mitglied des Prüfungsausschusses das Auskunftsrecht zusteht, hat der Ausschussvorsitzende die eingeholte Auskunft allen Mitgliedern des Prüfungsausschusses mitzuteilen, § 107 Abs. 4 Satz 5 AktG.

3. Verschärfungen für den Berufsstand der Wirtschaftsprüfer

a) Abschlussprüfung: Höchstlaufzeiten von Mandaten

Die bisher mögliche Verlängerung der Höchstlaufzeit von Mandaten zur Abschlussprüfung bei kapitalmarktorientierten Kapitalgesellschaften und diesen gleichgestellten Personenhandelsgesellschaften, sog. PIE-Unternehmen, von zehn auf bis zu 24 Jahre ist durch Aufhebung des § 318 Abs. 1a HGB entfallen. Damit besteht nunmehr eine **zwingende externe Rotation** nach zehn Jahren ohne jegliche Verlängerungsoption. Unternehmen, die bis einschließlich bei kalenderjahrgleichem Geschäftsjahr 2021 seit zehn oder mehr Jahren von einem Abschlussprüfer geprüft werden, müssen damit bereits für das Geschäftsjahr 2022 einen neuen Abschlussprüfer wählen. **513**

Übergangsweise kann, sofern ein EU-konformes Ausschreibungsverfahren bis 30.6.2021 stattgefunden hat, der bisherige Prüfer bis einschließlich 2023 prüfen.

b) Verkürzung der internen Rotation des verantwortlichen Prüfungspartners bei PIE

Bei PIE-Unternehmen müssen die für die Durchführung einer gesetzlichen Abschlussprüfung **verantwortlichen Prüfungspartner** ihre Teilnahme an der Abschlussprüfung spätestens fünf Jahre nach dem Datum ihrer Bestellung beenden. Verantwortlicher Prüfungspartner ist dabei derjenige, der den Bestätigungsvermerk nach § 322 HGB unterzeichnet bzw. als Wirtschaftsprüfer von der Prüfungsgesellschaft als für die Durchführung einer Abschlussprüfung vorrangig verantwortlich bestimmt worden ist. Diese Regelung galt ursprünglich ab dem 1.7.2021; sie wurde aber auf den 1.1.2022 verschoben. **514**

c) Trennung von Prüfung und (Steuer-)Beratung

515 U.a. zur Minimierung der aus Nichtprüfungsleistungen bei PIE-Unternehmen erwachsenen Risiken für Interessenkonflikte und zur Stärkung der Unabhängigkeit des Abschlussprüfers wird das Verbot der zusätzlichen Erbringung von Steuerberatungs- und Bewertungsleistungen umgesetzt. Damit wird der in Art. 5 Abs. 1 Unterabs. 2 der Abschlussprüferverordnung enthaltene Katalog an verbotenen Nichtprüfungsleistungen in Deutschland uneingeschränkt anwendbar. Auch eine ausnahmsweise Überschreitung des „Fee Cap" ist künftig nicht mehr zulässig. Damit kommt es zu einer Verschärfung der Regelungen zur Unabhängigkeit des Wirtschaftsprüfers.

> **Beratungshinweis:**
>
> Konkret gehören zu den für Abschlussprüfer verbotenen Nichtprüfungsleistungen nun auch folgende Steuerberatungsleistungen oder Teilbereiche:
>
> – Allgemeine Steuerberatung
> – Erstellung von Steuererklärungen
> – Beratung bei staatlichen Beihilfen und steuerlichen Anreizen
> – Betreuung von steuerlichen Außen- und Betriebsprüfungen
> – Steuerberechnungen
> – Erbringung von sonstigen Steuerberatungsleistungen.
>
> Diese Leistungen dürfen nur noch von Steuerberatern oder Rechtsanwälten erbracht werden, die von den Abschlussprüfern unabhängig sind. Von dieser Neuregelung sind alle kapitalmarktorientierten Unternehmen, sog. PIE-Unternehmen, betroffen. Darüber hinaus erstreckt sich der Anwendungsbereich der Neuregelungen auf Kreditinstitute und Versicherungen. Hiervon umfasst sind auch die Mutter-, Tochter- und Enkelgesellschaften der vorgenannten Unternehmen innerhalb und außerhalb der EU, sofern diese im EU-Ausland als PIE definiert sind.

d) Verschärfung der zivilrechtlichen Haftung des Abschlussprüfers

516 Durch Änderung von § 323 Abs. 2 HGB wird die zivilrechtliche Haftung der Abschlussprüfer von Kapitalgesellschaften, ihrer Gehilfen und der bei der Prüfung mitwirkenden gesetzlichen Vertreter einer Prüfungsgesellschaft verschärft. Dies gilt durch entsprechende Verweise in § 323 HGB u.a. auch für die Abschlussprüfer von Kapitalgesellschaften gleichgestellten Personenhandelsgesellschaften.

Bei **leicht fahrlässigem Handeln** sind folgende Haftungshöchstgrenzen vorgesehen

– 16 Mio. Euro bei der Prüfung von Kapitalgesellschaften, die Unternehmen von öffentlichem Interesse nach § 316a Satz 2 Nr. 1 HGB, also kapitalmarktorientiert im Sinne des § 264d HGB sind

– 4 Mio. Euro für die Prüfung von Kapitalgesellschaften, die Unternehmen von öffentlichem Interesse nach § 316a Satz 2 Nr. 2 oder 3 HGB sind

– 1,5 Mio. Euro für die Prüfung von Kapitalgesellschaften, die nicht Unternehmen von öffentlichem Interesse nach § 316a Satz 2 HGB sind.

Darüber hinaus bestehen bei **grober Fahrlässigkeit** folgende Haftungshöchstgrenzen

– 32 Mio. Euro für die Prüfung einer Kapitalgesellschaft nach § 323 Abs. 2 Satz 1 Nr. 2 HGB

– 12 Mio. Euro für die Prüfung einer Kapitalgesellschaft nach § 323 Abs. 2 Satz 1 Nr. 3 HGB

Im Falle der Prüfung von PIE kommt es bei grober Fahrlässigkeit zu einer unbegrenzten Haftung, § 323 Abs. 2 Satz 2 Halbsatz 2 HGB.

Bei **vorsätzlichem Handeln** gelten die dargestellten Haftungshöchstgrenzen für Abschlussprüfer nicht. In diesem Fall besteht wie bisher eine **unbeschränkte Haftung**, § 323 Abs. 2 Satz 2 Halbsatz 1 HGB.

Anmerkung:

Die Beweislast für das Vorliegen eines vorsätzlichen oder (grob) fahrlässigen Verhaltens eines Abschlussprüfers trägt nach allgemeinen Beweislastregeln der Anspruchsteller.

Darüber hinaus wurden neue berufsrechtliche Anforderung für alle Wirtschaftsprüfer verankert, die unabhängig davon gelten, ob ein PIE- oder ein Non-PIE-Unternehmen geprüft wird. Auch könnte nunmehr bei einer einzelnen Pflichtverletzung eine Sanktionierung möglich werden. Dabei wird der Sanktionsrahmen von 500.000 Euro auf 1 Mio. Euro erhöht, bei natürlichen Personen bleibt die Sanktionshöchstgrenze bei 500.000 Euro.

4. Umfassende Ausweitung der Befugnisse der BaFin und Neuordnung der „Bilanzkontrolle"

Das bisherige zweistufige und auf freiwillige Mitwirkung der geprüften Unternehmen ausgerichtete Bilanzkontrollverfahren wird **grundlegend reformiert**.   **517**

Zum 1.1.2022 entfallen die stichprobenhaften Prüfungen der Deutschen Prüfstelle für Rechnungslegung (DPR). Die DPR wurde zum 31.12.2021 geschlossen. Deren Prüfungen wurden zum 1.1.2022 auf die BaFin überführt.

Daneben wurden die Befugnisse der BaFin erheblich ausgeweitet. So wurde die Pflicht zur Zusammenarbeit zwischen den Börsenaufsichtsbehörden der Länder und der BaFin konkretisiert und gewährleistet, dass die BaFin Informationen erhält, über die sie infolge ihrer fehlenden Zuständigkeit für die Börsenaufsicht nicht verfügt.

Die BaFin kann bei konkreten Anhaltspunkten für einen Verstoß gegen Rechnungslegungsvorschriften eine Prüfung der Rechnungslegung anfordern, § 107 Abs. 1 Satz 1 WpHG. Dabei ist sie bei Vorliegen eines öffentlichen Interesses berechtigt, ihre Anordnung unter Nennung des betroffenen Unternehmens und den Grund für die Anordnung im **Bundesanzeiger** und auf ihrer **Internetseite bekannt zu machen**.

Ordnet die BaFin die Prüfung der Rechnungslegung an, können auch Abschlüsse und Berichte Prüfungsgegenstand sein, die die beiden Geschäftsjahre betreffen, die dem Geschäftsjahr vorausgehen, auf das sich die Prüfungsanordnung bezieht. Auch kann die BaFin die Organmitglieder und Beschäftigten des geprüften Unternehmens und dessen Abschlussprüfer laden und vernehmen. Zudem steht ihr ein Durchsuchungs- und Beschlagnahmerecht zu, das ebenfalls gegenüber Dritten gilt. Dazu darf die BaFin unter bestimmten Voraussetzungen Geschäfts- und Wohnräume durchsuchen. Schließlich ist die BaFin berechtigt, bei Vorliegen eines öffentlichen Interesses die Öffentlichkeit frühzeitiger und stärker als bisher über ihre Arbeit im Bereich der Bilanzkontrolle zu informieren. Bisher war die BaFin hieran aufgrund von Verschwiegenheitspflichten gehindert.

II. EU-Taxonomie-Verordnung

1. Hintergrund

Einen weiteren Baustein zur Umsetzung des EU-Aktionsplans[1] sieht die EU-Kommission in der **Umwelt-Taxonomie**. Mittels der Taxonomie wird festgelegt, **welche Wirtschaftstätigkeiten als nachhaltig** zu qualifizieren sind. Darauf aufbauend sind berichtspflichtige Leistungsindikatoren definiert. Unternehmen im Anwendungsbereich der   **518**

---

1) Mitteilung der Kommission an das europäische Parlament, den europäischen Rat, den Rat, die europäische Zentralbank, den europäischen Wirtschafts- und Sozialausschuss und den Ausschuss der Regionen: Aktionsplan: Finanzierung nachhaltigen Wachstums, COM(2018) 97 final, abrufbar unter https://eur-lex.europa.eu/legal-content/DE/TXT/PDF/?uri=CELEX:52018DC0097 (zuletzt abgerufen am 24.11.2021).

Taxonomie-VO[1] haben daher im Rahmen ihrer **nichtfinanziellen Erklärung** anzugeben, in welchem Umfang ihre Umsätze, Investitionen und operativen Aufwendungen in Zusammenhang mit nachhaltigen und damit taxonomiekonformen Tätigkeiten stehen.

Primäre Rechtsgrundlage für die Angabepflichten ist die Verordnung EU 2020/852 des europäischen Parlaments und des Rates vom 18.6.2020 über die Einrichtung eines Rahmens zur Erleichterung nachhaltiger Investitionen und zur Änderung der Verordnung EU (2019/2088) (Taxonomie-VO). Die Taxonomie-VO sieht ein einheitliches Klassifizierungssystem für Wirtschaftstätigkeiten vor, die als „ökologisch nachhaltig" einzustufen sind. Zu diesem Zweck sind in der Taxonomie-VO sechs Umweltziele (zwei klimabezogene Ziele und vier weitere Umweltziele) definiert.

Die Taxonomie-VO wird derzeit durch zwei Delegierte Rechtsakte ergänzt bzw. konkretisiert. Mit dem Delegierten Rechtsakt vom 4.6.2021[2] wurden die technischen Bewertungskriterien für die Ziele „Klimaschutz" und „Anpassung an den Klimawandel" bereitgestellt. Mit dem Delegierten Rechtsakt vom 6.7.2021[3] wurden das genaue Format für die Präsentation der Informationen sowie inhaltliche Detailfragen spezifiziert. Ein weiterer Delegierter Rechtsakt zu den vier Umweltzielen der Taxonomie-VO wird von der EU-Kommission voraussichtlich bis zum 31.12.2021 erlassen.

Perspektivisch ist vorgesehen, die Umwelttaxonomie um eine Sozialtaxonomie zu ergänzen.[4] Die „Platform on Sustainable Finance" hat hierzu am 12.7.2021 einen ersten Draft Report veröffentlicht.[5]

2. Berichtspflichtige Unternehmen

519 In den Geltungsbereich der Taxonomie-VO fallen alle Unternehmen bzw. Konzerne, die eine nichtfinanzielle Erklärung gem. Art. 19a bzw. 29a Bilanzrichtlinie abgeben müssen. Im Bereich der Nicht-Finanzunternehmen sind dies in Deutschland die Unternehmen, die gemäß § 289b Abs. 1 HGB bzw. 315b HGB verpflichtet sind, eine nichtfinanzielle (Konzern-)Erklärung abzugeben. Davon betroffen sind aktuell **große Gesellschaften bzw. Konzerne**, die **kapitalmarktorientiert** sind und im Jahresdurchschnitt **mehr als 500 Mitarbeiter** beschäftigen. Für **Finanzunternehmen** besteht eine solche Berichterstattungspflicht unabhängig von einer Kapitalmarktorientierung. Hierunter fallen große Kreditinstitute, Finanzdienstleister und Versicherungsunternehmen, die zur Abgabe einer nichtfinanziellen Erklärung verpflichtet sind.[6]

---

1) Verordnung (EU) 2020/852 des Europäischen Parlaments und des Rates vom 18. Juni 2020 über die Einrichtung eines Rahmens zur Erleichterung nachhaltiger Investitionen und zur Änderung der Verordnung (EU) 2019/2088, ABl.EU Nr. L 198 v. 22.6.2020, 13.

2) Delegierte Verordnung zur Ergänzung der Verordnung EU 2020/852 des europäischen Parlaments und des Rates durch Festlegung der technischen Bewertungskriterien, anhand derer bestimmt wird, unter welchen Bedingungen davon auszugehen ist, dass eine Wirtschaftstätigkeit einen wesentlichen Beitrag zum Klimaschutz oder zur Anpassung an den Klimawandel leistet und anhand deren bestimmt wird, ob diese Wirtschaftstätigkeit erhebliche Beeinträchtigungen eine der übrigen Umweltziele vermeidet; C(2021) 2800 final. Zustimmung durch EU-Parlament am 5.10.2021, Behandlung im Rat der EU voraussichtlich am 7.12.2021, Inkrafttreten am 20. Tag nach der Veröffentlichung im EU Amtsblatt.

3) Delegierte Verordnung zur Ergänzung der Verordnung EU 2020/852 des europäischen Parlaments und des Rates durch Festlegung des Inhalts und der Darstellung der Informationen, die von Unternehmen, die unter Artikel 19a oder Artikel 29a der Richtlinie 2013/34/EU fallen, in Bezug auf ökologisch nachhaltige Wirtschaftstätigkeiten offenzulegen sind, und durch Festlegung der Methode, anhand deren die Einhaltung dieser Offenlegungspflicht zu gewährleisten ist, C(2021) 4987 final. Prüfung durch EU-Parlament und EU Rat innerhalb einer Frist von 4 Monaten mit einer weiteren Verlängerungsoption von 2 Monaten.

4) Art. 26 Abs. 2 Buchstabe b) Taxonomie-VO. Ein Bericht hierzu soll bis zum 31.12.2021 erfolgen.

5) Abrufbar unter https://ec.europa.eu/info/sites/default/files/business_economy_euro/banking_and_finance/documents/sf-draft-report-social-taxonomy-july2021_en.pdf (zuletzt abgerufen am 12.11.2021).

6) Vgl. IDW Fragen und Antworten zu Artikel 8 Taxonomie-VO, Ziffer 3.

Anmerkung:

Mit Umsetzung der CSRD-Richtlinie (Entwurf vom 21.4.2021; → Rz. 205) werden zukünftig voraussichtlich alle großen Gesellschaften und Konzerne, unabhängig von einer Kapitalmarktorientierung und des bisherigen Schwellenwertes von 500 Mitarbeitern, unmittelbar in den Anwendungsbereich der Taxonomie-VO fallen. Ab dem 1.1.2026 werden darüber hinaus voraussichtlich auch kapitalmarktorientierte kleine und mittelgroße Unternehmen die Anforderungen der Taxonomie-VO erfüllen müssen.

3. Umweltziele

Die Taxonomie-VO definiert in Artikel 9 die nachfolgend dargestellten sechs Umweltziele, zu deren Erreichen eine Wirtschaftstätigkeit wesentlich beitragen kann: **520**

– **Klimaschutz**: Stabilisierung der Treibhausgaskonzentration in der Atmosphäre auf einem Niveau, das eine Störung des Klimasystems verhindert und in Einklang mit den Temperaturzielen des Pariser Abkommens steht.[1]

– **Anpassung an den Klimawandel**: Umsetzung von Maßnahmen, die das Risiko von negativen Auswirkungen des Klimawandels auf die eigene Wirtschaftstätigkeit erheblich verringern sowie die Bereitstellung von Lösungsmöglichkeiten zur Anpassung an den Klimawandel.[2]

– **Nachhaltige Nutzung und Schutz von Wasser- und Meeresressourcen**: Beitrag zur Erreichung eines guten Zustands von Oberflächengewässern und Grundwasser bzw. Vermeidung der Verschlechterung von Gewässern in gutem Zustand. Gleiches gilt auch für den Zustand der Meere.[3]

– **Übergang zu einer Kreislaufwirtschaft**: Einsatz von natürlichen Ressourcen, Vermeidung des Einsatzes von Primärrohstoffen, Erhöhung von Haltbarkeit und Reparaturfähigkeit sowie Gewährleistung der Recyclingfähigkeit von Produkten.[4]

– **Vermeidung und Verminderung der Umweltverschmutzung**: Vermeidung und Verringerung von Emissionen, Verbesserung der Luft-, Wasser- und Bodenqualität, Beseitigung von Abfällen und sonstigen Schadstoffen.[5]

– **Schutz und Wiederherstellung der Biodiversität und der Ökosysteme**: Erhaltung der Natur und Biodiversität, nachhaltige Landnutzung, Einsatz von nachhaltigen Verfahren in Land- und Forstwirtschaft.[6]

4. Prüfschritte zur Klassifizierung von Wirtschaftstätigkeiten im Sinne der Taxonomie-VO

Die übergeordneten Kriterien, unter welchen Voraussetzungen eine Wirtschaftstätigkeit als ökologisch nachhaltig einzustufen ist, ergeben sind aus Artikel 3 Taxonomie-VO. Eine **Wirtschaftstätigkeit** gilt demnach als **nachhaltig**, wenn durch diese ein wesentlicher Beitrag zur Erreichung eines der sechs Umweltziele geleistet wird, keine erhebliche Beeinträchtigung auf eines der Umweltziele ausgeht und Mindeststandards eingehalten werden. Daneben muss den für die spezifische Tätigkeit festgelegten technischen Bewertungskriterien entsprochen werden. **521**

a) Überprüfung des wesentlichen Beitrags zu einem Umweltziel mittels technischer Bewertungskriterien

Anhand von technischen Bewertungskriterien ist für definierte Wirtschaftstätigkeiten zu überprüfen, ob eine Wirtschaftstätigkeit zur Erreichung eines der sechs Umweltziele **522**

---

1) Art. 10 Taxonomie-VO.
2) Art. 11 Taxonomie-VO.
3) Art. 12 Taxonomie-VO.
4) Art. 13 Taxonomie-VO.
5) Art. 14 Taxonomie-VO.
6) Art. 15 Taxonomie-VO.

wesentlich beiträgt. Die bisher veröffentlichten technischen Bewertungskriterien für die Ziele „Klimaschutz" und „Anpassung an den Klimawandel" umfassen nach Einschätzung der EU-Kommission rund 40 % der Wirtschaftstätigkeiten der börsennotierten Unternehmen, die aktuell in den Anwendungsbereich der Taxonomie-VO fallen und die in Sektoren tätig sind, die nahezu 80 % der Treibhausgasemissionen in Europa verursachen.[1]

Wirtschaftstätigkeiten, für die bisher technische Bewertungskriterien entwickelt wurden, werden als taxonomiefähige Tätigkeiten bezeichnet.[2] Wirtschaftstätigkeiten, die im Katalog nicht enthalten sind, werden als nicht taxonomiefähig bezeichnet.[3] Ist eine Tätigkeit nicht taxonomiefähig, dann ist dies jedoch nicht gleichzusetzen mit nicht nachhaltig.[4]

> **Beispiel:**
>
> **Stromerzeugungstätigkeiten** aus festen fossilen Brennstoffen gelten generell nicht als ökologisch nachhaltige Wirtschaftstätigkeiten.[5]

b) DNSH-Vorbehalt

523 Erfüllt eine Wirtschaftstätigkeit die technischen Bewertungskriterien und qualifiziert als nachhaltig betreffend einem Umweltziel, ist in einem weiteren Schritt zu prüfen, ob durch die Tätigkeit das Erreichen eines der anderen fünf Ziele beeinträchtigt (**do not significantly harm** [DNSH-Kriterium]) wird.[6] Nur wenn eine Wirtschaftstätigkeit auf keines der weiteren Ziele negativ wirkt, kann diese als nachhaltig eingestuft werden. Technisch erfolgt die Verknüpfung dieser Prüfung dadurch, dass z.B. in den technischen Bewertungskriterien für das Ziel „Klimaschutz" vermerkt ist, welche Anforderungen eine bestimmte Wirtschaftstätigkeit erfüllen muss, um nicht negativ auf eines der fünf weiteren Ziele zu wirken.

> **Beispiel:**
>
> So gelten z.B. Tätigkeiten mit erheblichen **Treibhausgasemissionen** im Hinblick auf das Umweltziel „Klimaschutz" als erheblich beeinträchtigend.

c) Einhaltung bestimmter sozialer Standards (Mindestschutz)

524 Zusätzlich zu den Umweltkriterien muss ein Unternehmen auch grundlegende **Mindeststandards im sozialen Bereich** einhalten bzw. deren Einhaltung durchsetzen, um Tätigkeiten überhaupt als nachhaltig und damit taxonomiekonform deklarieren zu können. In der Taxonomie-VO werden diesbezüglich folgende Abkommen genannt, die zu beachten sind: die OECD-Leitsätze für multinationale Unternehmen, die Leitprinzipien für Wirtschaft und Menschenrechte der Vereinten Nationen einschließlich der Grundprinzipien und Rechte aus den acht Kernübereinkommen, die in der Erklärung der Internationalen Arbeitsorganisation über grundlegende Prinzipien und Rechte bei der Arbeit festgelegt sind, sowie die Internationale Charta der Menschenrechte.[7]

---

1) Vgl. Mitteilung der Kommission an das Europäische Parlament zur EU-Taxonomie, 1.
2) Art. 1 Nr. 5 delegierter Rechtsakt v. 6.7.2021.
3) Art. 1 Nr. 6 delegierter Rechtsakt v. 6.7.2021.
4) Vgl. Mitteilung der Kommission an das Europäische Parlament zur EU-Taxonomie, 5.
5) Art. 19 Abs. 3 Taxonomie-VO.
6) Art. 17 Taxonomie-VO.
7) Art. 18 Taxonomie-VO.

5. Leistungsindikatoren

Nach erfolgter Überprüfung und Einstufung der Wirtschaftstätigkeiten in die Gruppen **525** „taxonomiekonform" und „nicht taxonomiekonform" sind diesen spezifische Leistungsindikatoren (KPI) zuzuordnen. Dies sind:[1]

– Umsatzerlöse

– Investitionen (CapEx)

– Operative Aufwendungen (OpEx).

Anhand der **drei Leistungsindikatoren** soll dargestellt werden, inwieweit das Unternehmen bzw. der Konzern Umsatzerlöse mit ökologisch nachhaltigen Wirtschaftstätigkeiten erzielt bzw. in solche Wirtschaftstätigkeiten investiert. Dabei ist zu beachten, dass taxonomiekonforme Investitionen unabhängig von taxonomiekonformen Umsatzerlösen bestehen können.

Durch die Taxonomie soll der **Wandel hin zu einem nachhaltigen Wirtschaftssystem** gefördert werden. Es ist daher vorgesehen, dass Investitionen bereits als nachhaltig ausgewiesen werden dürfen, auch wenn die Wirtschaftstätigkeit in deren Zusammenhang die Investition steht, selbst aktuell noch nicht die Kriterien für eine nachhaltige Wirtschaftstätigkeit erfüllt, also nicht taxonomiekonform ist. Voraussetzung ist jedoch, dass die Investition dazu beiträgt, die konkrete Tätigkeit innerhalb der nächsten fünf Jahre[2] in eine nachhaltige Tätigkeit im Sinne der Taxonomie-VO zu transformieren. Als **Nachweis** hierfür muss das Unternehmen einen entsprechenden Investitionsplan (CapEx-Plan) erarbeiten.[3]

6. Zusätzliche Angaben zu den Leistungsindikatoren

Die ermittelten Leistungsindikatoren sind um zahlreiche erläuternde Angaben und **526** Informationen zu erweitern. Die angabepflichtigen Sachverhalte ergeben sich aus Anlage I zum delegierten Rechtsakt vom 6.6.2021 und sind nachfolgend überblicksartig und in Auszügen dargestellt.

(1) Rechnungslegungsmethode[4]

Es ist auszuführen, wie Umsatzerlöse, Investitions- und Betriebsausgaben ermittelt werden. Soweit möglich, sind Querreferenzen zu den Zahlen im Abschluss herzustellen.

Sollten Investitionspläne zur Anwendung kommen, ist beispielsweise zu erläutern, wenn es im Geschäftsjahr zu wesentlichen Änderungen im Plan gekommen ist und ob diese Auswirkungen auf die Erreichung der Planziele haben.

(2) Anwendung der Regulierung[5]

Es ist dazulegen, wie die zutreffende Anwendung der Vorgaben der Taxonomie-VO, insbesondere die Beurteilung der Kriterien zu Einstufung der Wirtschaftstätigkeiten, sichergestellt wurde.

(3) Beitrag zu mehreren Umweltzielen[6]

Trägt eine Wirtschaftstätigkeit zu mehreren Umweltzielen bei, ist die Basis für die Aufteilung der Umsatzerlöse sowie der Investitions- und Betriebsausgaben auf die unter-

---

1) Art. 8 Abs. 2 Taxonomie-VO. Weiterführende Informationen zur Ermittlung der KPI finden sich in: IDW Fragen und Antworten zu Artikel 8 Taxonomie-VO, Ziffer 8.
2) In Ausnahmefällen auch zehn Jahre.
3) Anlage I Ziffer 1.1.2.2. zum delegierten Rechtsakt v. 6.7.2021
4) Anlage I Ziffer 1.2.1. zum delegierten Rechtsakt v. 6.7.2021.
5) Anlage I Ziffer 1.2.2.1. zum delegierten Rechtsakt v. 6.7.2021.
6) Anlage I Ziffer 1.2.2.2. zum delegierten Rechtsakt v. 6.7.2021.

schiedlichen Ziele zu erläutern. Wird auf eine Aufteilung der KPI trotz Beitrag zu mehreren Zielen verzichtet, so ist auch dies anzugeben.

(4) Disaggregation von Leistungskennzahlen[1]

Sollen Leistungsindikatoren für eine Wirtschaftstätigkeit aufgeschlüsselt werden, weil z.B. Produktionsanlagen integriert genutzt werden, hat dies anhand von technisch nachvollziehbaren Kriterien zu erfolgen, die auch entsprechend offengelegt werden müssen.

7. Berichtsformat

527 Die von der Taxonomie-VO geforderten Angaben sind in einem genau vorgegebenen Tabellenformat zu veröffentlichen. Die Leistungsindikatoren Umsatzerlöse, Investitionen und operative Aufwendungen sind jeweils in gesonderten Tabellen aufzubereiten und offen zu legen.[2]

8. Offenlegung

528 Für Finanzunternehmen als auch für Nicht-Finanzunternehmen gilt gleichermaßen, dass die nichtfinanzielle (Konzern-)Erklärung um die nach Art. 8 Abs. 1 der Taxonomie-VO geforderten Angaben zu erweitern ist. Veröffentlicht eine Gesellschaft einen gesonderten nichtfinanziellen (Konzern-)Bericht, hat dieser die Angaben nach Art. 8 der Taxonomie-VO zu enthalten.[3]

9. Erstanwendung und Übergangserleichterungen

529 Die Angaben entsprechend der Taxonomie-VO für die Umweltziele „Klimaschutz" und „Anpassung für den Klimawandel", sind **erstmals im Jahr 2022** für das vorhergegangene Geschäftsjahr, also für 2021, zu veröffentlichen.[4] Angaben zu den verbleibenden vier Umweltzielen haben erst zu einem späteren Zeitpunkt zu erfolgen. Für die Angaben, die das Geschäftsjahr 2021 betreffen, ist es zulässig, die Umsatzerlöse, Investitionen und operativen Aufwendungen nur danach zu clustern, ob diese taxonomiefähig sind oder nicht, also in Zusammenhang mit Wirtschaftstätigkeiten stehen, die bisher in den technischen Bewertungskriterien genannt sind.[5] Ob eine Wirtschaftstätigkeit die technischen Bewertungskriterien für eine nachhaltige Tätigkeit im Sinne der Taxonomie-VO erfüllt, ist hingegen nicht anzugeben. Auf die Analyse, ob eine taxonomiekonforme Wirtschaftstätigkeit vorliegt, kann damit verzichtet werden. Auf die grundsätzlich notwendige Angabe von Vorjahreszahlen kann für das Berichtsjahr 2021 ebenfalls verzichtet werden.[6]

10. Auswirkung auf unternehmensinterne Prozesse

530 Die Taxonomie-VO bringt eine Vielzahl an neuen Begrifflichkeiten mit sich, die bisher in den Unternehmen nicht verankert sind und für die kein Berichtswesen eingerichtet ist. Aufbauend auf den Begriffsbestimmungen und den daraus abgeleiteten Datenermittlungserfordernissen sind die Prozesse im Unternehmen anzupassen bzw. neu einzurichten. Es ist darauf zu achten, dass hierdurch ein angemessenes Bewusstsein für ein ökologisch nachhaltiges Wirtschaften entsteht und ein solches auch im Unterneh-

---

1) Anlage I Ziffer 1.2.2.3. zum delegierten Rechtsakt v. 6.72021.
2) Art. 2 Abs. 2 delegierter Rechtsakt v. 6.7.2021. Die entsprechenden Vorlagen finden sich in Anlage II zum delegierten Rechtsakt v. 6.7.2021.
3) Vgl. IDW Fragen und Antworten zu Artikel 8 Taxonomie-VO, Ziffer 11.2. Dort findet sich auch eine ausführliche Darstellung der grundsätzlich möglichen Varianten zur Offenlegung der nichtfinanziellen Erklärung nach aktueller Rechtslage bestehen.
4) Art. 27. Abs. 2 a) Taxonomie-VO.
5) Art. 10 Abs. 1 delegierter Rechtsakt v. 6.7.2021.
6) Art. 8 Abs. 3 delegierter Rechtsakt v. 6.7.2021.

men umgesetzt wird. Bei der Implementierung der Prozessanpassungen respektive bei der Etablierung der Prozesse bedarf es eines **abteilungs- oder bereichsübergreifenden Zusammenwirkens**. Ziel der unternehmensweiten Abstimmung ist es, die nachfolgend aufgeführten Aspekte zu beachten und in der weiteren Unternehmensplanung umzusetzen sowie die Erhebung der zugehörigen Daten sicherzustellen:[1]

– Einbezug der definierten Begrifflichkeiten in die produktions- oder dienstleistungsbezogenen Prozesse,

– Ergänzung der vorhandenen produktions- und dienstleistungsbezogenen Prozesse um die technischen Bewertungskriterien,

– Integration der zur Verwirklichung eines Umweltziels oder mehrerer Umweltziele erforderlichen Rahmenbedingungen in die etablierten produktions- und dienstleistungsbezogenen Prozesse,

– Sicherstellung, dass von einer Wirtschaftstätigkeit keine wesentliche Beeinträchtigung auf eines der Umweltziele ausgeht,

– Beachtung der Regelungen zum Mindestschutz gemäß Art. 18 Taxonomie-VO,

– Festlegung, wie die konkrete Datenerhebung zu erfolgen hat.

III. Bilanzielle Erfassung von Forschungszulagen nach dem Forschungszulagengesetz

1. Kurzüberblick über die Forschungszulage

a) Antragsverfahren

Für in Deutschland unbeschränkt oder beschränkt steuerpflichtige Unternehmen hat **531** der Gesetzgeber mit Inkrafttreten des Forschungszulagengesetzes (FZulG)[2] zum 1.1.2020 die Möglichkeit geschaffen, eine nicht rückzahlbare Forschungszulage unabhängig von der jeweiligen Gewinnsituation zu beantragen (→ Rz. 334). Zielsetzung ist es, die Stärkung und Förderung von F&E-Tätigkeiten am Investitionsstandort Deutschland, insbesondere auch von kleinen und mittelständischen Unternehmen, anzuregen. Gefördert werden Tätigkeiten im Rahmen der Grundlagenforschung, der industriellen Forschung sowie der experimentellen Entwicklung.[3]

Antrag und Festsetzung der Forschungszulage erfolgen im Rahmen eines zweistufigen Verfahrens:[4]

---

[1] In Anlehnung an IDW Fragen und Antworten zu Artikel 8 Taxonomie-VO, Ziffer 10.1.
[2] Gesetz v. 14.12.2019 (BGBl. I 2019, 2763 = BStBl I 2020, 122; zuletzt geändert mit Wirkung ab dem 1.1.2022 durch Art. 11 des Gesetzes zur Modernisierung des Körperschaftsteuerrechts v. 25.6.2021, BGBl. I 2021, 2050 = BStBl I 2021, 889 (hierzu → Rz. 110).
[3] Am 11.11.2021 veröffentlichte das BMF ein Schreiben (IV C 3 – S 2020/20/10029 :007, BStBl I 2021, 2277) zur Gewährung von Forschungszulage nach dem Gesetz zur steuerlichen Förderung von Forschung und Entwicklung (Forschungszulagengesetz – FZulG) mit weiteren Konkretisierungen (S. hierzu → Rz. 334 ff.).
[4] Die nachfolgende Abbildung steht auf folgender Internetseite zur Verfügung: https://www.bescheinigung-forschungszulage.de/antragsverfahren.

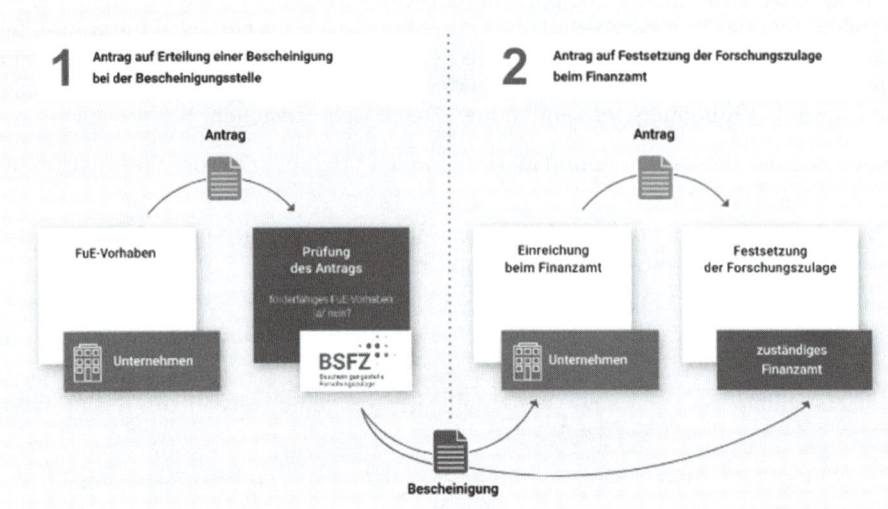

Im ersten Schritt wird von der Bescheinigungsstelle Forschungszulage (BSFZ) geprüft, ob die inhaltlichen Voraussetzungen für ein förderfähiges Projekt vorliegen (Grundlagenbescheid; keine Prüfung von Höhe bzw. Existenz der F&E-Aufwendungen). Für jedes F&E-Vorhaben (ggf. auch von Teilprojekten) ist eine gesonderte Prüfung i.S.d. § 2 FZulG notwendig. Sofern der Antragsteller mehrere F&E-Vorhaben begutachten lassen möchte, können diese in einem Antrag gestellt werden. Die Feststellungen der Bescheinigungsstelle werden dann in einer Bescheinigung zusammengefasst.

In einem zweiten Schritt (nach Ablauf des Wirtschaftsjahres, in dem die Aufwendungen entstanden sind) hat das Unternehmen einen Antrag beim zuständigen Finanzamt einzureichen. Die Festsetzung der Forschungszulage erfolgt durch einen gesonderten Forschungszulagenbescheid seitens des Finanzamts. Die „Auszahlung" der festgesetzten Zulage erfolgt anschließend durch Anrechnung auf die Einkommen- bzw. Körperschaftsteuer, wobei allerdings kein unmittelbarer Zusammenhang zur Steuerfestsetzung selbst besteht. In zeitlicher Hinsicht erfolgt die Anrechnung in demjenigen Einkommen- bzw. Körperschaftsteuerbescheid, der dem Bescheid über die Forschungszulage als erster nachfolgt. Dies kann auch eine Steuerfestsetzung für weiter zurückliegende Veranlagungszeiträume sein.

b) Höhe der Forschungszulage

532 Im Bereich der **eigenbetrieblichen Forschung** umfasst die Bemessungsgrundlage für die Forschungszulage den lohnsteuerpflichtigen Arbeitslohn der im Rahmen der F&E-Tätigkeit involvierten forschenden Mitarbeiter zuzüglich der nach § 3 Nr. 62 EStG steuerfreien Arbeitgeberanteile für die Zukunftssicherung der Arbeitnehmer (ggf. Pauschalierung möglich: Summe Arbeitslöhne × Faktor 1,2).

Beratungshinweis für Einzelunternehmen und Personengesellschaften

Förderfähige Aufwendungen sind auch Eigenleistungen in einem begünstigten Forschungs- und Entwicklungsvorhaben. Je nachgewiesener Arbeitsstunde sind 40,00 Euro bei maximal 40 Arbeitsstunden pro Woche förderfähig.

Erhalten Mitunternehmer für solche Tätigkeiten eine Vergütung, so ist diese bis zu den oben genannten Beträgen förderfähig. Allerdings gilt hierfür eine Höchstgrenze von 200.000,00 Euro (für alle De-minimis-Beihilfen) für einen Zeitraum von drei Veranlagungszeiträumen.

Demgegenüber werden bei der **Auftragsforschung** 60 % des gezahlten Entgelts der Bemessungsgrundlage zugrunde gelegt. Dabei kann der Vertragspartner sowohl im Inland als auch in einem Mitgliedsstaat der Europäischen Union oder einem Staat im Europäischen Wirtschaftsraum (Ort der Geschäftsleitung) ansässig sein.

Die Forschungszulage beträgt 25 % auf den ermittelten Betrag der förderfähigen Aufwendungen. Durch das Zweite Corona-Steuerhilfegesetz vom 29.6.2020[1] ist die Obergrenze für Aufwendungen nach dem 30.6.2020 und vor dem 1.7.2026 von 2,0 Mio. Euro auf 4,0 Mio. Euro je Unternehmen angehoben worden. Diese Höchstgrenzen der Bemessungsgrundlage gelten im Falle einer Konzernstruktur (verbundene Unternehmen i.S.d. § 15 AktG) für den Konzern insgesamt (vgl. § 3 Abs. 6 FZulG).

2. Bilanzielle Behandlung nach HGB

a) Zeitpunkt der Aktivierung

Die nicht rückzahlbare Forschungszulage als Zuwendung der öffentlichen Hand führt **533** bei Erfüllung der inhaltlichen Anspruchsvoraussetzungen zu einem **Rechtsanspruch** beim Antragsteller.

Die **Aktivierung** dieses Rechtsanspruchs **setzt nicht voraus**, dass bis zur Beendigung der Aufstellung des Jahresabschlusses ein **Antrag** auf Festsetzung der Forschungszulage **beim zuständigen Finanzamt** (Schritt 2) gestellt wurde. Vielmehr ist es ausreichend, wenn die inhaltlichen/sachlichen Voraussetzungen der Forschungszulage zum Abschlussstichtag erfüllt sind und zudem der Antrag auf Festsetzung der Forschungszulage bis zum Zeitpunkt der Beendigung der Jahresabschlusserstellung mit an Sicherheit grenzender Wahrscheinlichkeit gestellt werden wird.[2]

Grundsätzlich stellt sich damit die Frage, ob ein Anspruch aktiviert werden kann, wenn bis zur Beendigung der Abschlusserstellung noch keine Bescheinigung durch die BSFZ (Schritt 1: Erfüllung der inhaltlichen Voraussetzungen) vorliegt. Diese Beurteilung ist stark vom jeweiligen Einzelfall abhängig, wobei nachfolgende Erläuterungen für eine Einschätzung hinzugezogen werden können.

Erteilt die BSFZ ihre **Bescheinigung bis zum Zeitpunkt der Beendigung der Aufstellung des Abschlusses** (Ende Wertaufhellungszeitraum), kann dies als Hinweis gewertet werden, dass die inhaltlichen Voraussetzungen zum vorangegangenen Abschlussstichtag bereits vorlagen und damit ein quasi-sicherer Rechtsanspruch auf die Forschungszulage bestand.

Liegt diese Bescheinigung auch zum Ende des Wertaufhellungszeitraums nicht vor, kann grundsätzlich von keinem Anspruch zum Abschlussstichtag ausgegangen werden. Widerlegt werden kann diese Annahme nur dann, wenn nachvollziehbare Anhaltspunkte vorliegen, die vermuten lassen, dass zum Abschlussstichtag der Anspruch auf die Forschungszulage bereits so gut wie sicher bestand.[3]

Da dies oftmals schwierig nachzuweisen ist, sollte auf eine zeitnahe Erteilung der Bescheinigung durch die BSFZ hingewirkt werden.

b) Varianten der Bilanzierung vereinnahmter Forschungszulagen

Für die Bilanzierung einer Forschungszulage ist grundsätzlich die **Unterscheidung** zwi- **534** schen einem Aufwandszuschuss und einem Investitionszuschuss/-zulage von Bedeutung.[4] Sofern die Forschungszulage für einen entgeltlich erworbenen/bereits aktivierten Vermögensgegenstand oder für einen selbst geschaffenen immateriellen Vermö-

---

1) BGBl. I 2020, 1512 = BStBl I 2020, 563.
2) vgl. IDW St/HFA 1/1984, Abschn. 2 b) Abs. 1 Satz 2; IDW 265. FAB-Sitzung v. 1.7.2021.
3) vgl. IDW 265. FAB-Sitzung vom 1.7.2021.
4) IDW St/HFA 1/1984 Abschnitt 2 d).

gensgegenstand (Ausübung Aktivierungswahlrecht nach § 248 Abs. 2 HGB) beantragt bzw. ausgezahlt wurde, liegt ein **Investitionszuschuss/-zulage** vor. In allen weiteren Fällen, in denen das Unternehmen keinen Vermögensgegenstand bilanziert, handelt es sich um einen **Aufwandszuschuss**.

c) Aufwandszuschuss

535 Die vereinnahmten Aufwandszuschüsse aus der Forschungszulage sind in der **Gewinn- und Verlustrechnung** als sonstiger betrieblicher Ertrag zu erfassen. Eine direkte Verrechnung mit den zugrunde liegenden (Personal-) Aufwendungen ist aufgrund des Saldierungsverbots nicht zulässig.

Eine offene Absetzung von den Aufwendungen wäre grundsätzlich möglich, führt aber zu Verzerrungen beim Ausweis von Aufwendungen und Erträgen. Insofern ist dem Ausweis im sonstigen betrieblichen Ertrag gegenüber einer offenen Absetzung von den Aufwendungen der Vorzug zu geben. Ein Ausweis in Form von negativen Steuern bzw. eines Steuerertrags kommt nicht in Betracht, da kein direkter Zusammenhang mit der Steuerfestsetzung selbst besteht und nur eine „technische" Abwicklung mit Hilfe eines Steuerbescheids erfolgt.

Die Erfassung in der Bilanz wird als sonstiger Vermögensgegenstand oder alternativ als Minderung der (Ertrag-)Steuerrückstellung erfolgen.

d) Investitionszuschuss/-zulage

536 Auch im Falle einer Behandlung als Investitionszuschuss/-zulage wird der Anspruch auf Forschungszulage in der Regel **als sonstiger Vermögensgegenstand aktiviert** werden bzw. alternativ eine Minderung der (Ertrag)Steuerrückstellung erfolgen. Hinsichtlich der Zuordnung des Investitionszuschusses/-zulage zum bezuschussten Vermögensgegenstand besteht das **Wahlrecht** zwischen einer erfolgsneutralen Absetzung von dessen Anschaffungs-/Herstellungskosten oder dem Ausweis eines passiven Sonderpostens („Sonderposten für Investitionszuschüsse zum Anlagevermögen").

Im Falle einer **aktivischen Absetzung von den Anschaffungs-/Herstellungskosten** des bezuschussten Vermögensgegenstands vermindern sich dessen Abschreibungsbeträge dementsprechend über die Nutzungsdauer.

Im Falle der **Bildung eines passiven Sonderpostens** ist dieser über die Nutzungsdauer des Vermögensgegenstands korrespondierend erfolgswirksam aufzulösen (GuV-Ausweis in den sonstigen betrieblichen Erträgen oder alternativ als Minderung der Abschreibungen). Unter Verweis auf die Generalnorm des § 264 Abs. 2 HGB ist die Bildung eines Sonderpostens vorzuziehen.[1]

> **Anmerkung:**
> Grundsätzlich können durch die Forschungszulage sowohl aktivierte Entwicklungskosten als auch nicht aktivierungsfähige Forschungsaufwendungen gefördert werden (**Mischfälle**). In diesem Fall liegt sowohl ein Investitionszuschuss als auch ein Aufwandszuschuss vor.
>
> Die Aufteilung der gesamten Forschungszulage hat in sachgerechter Weise zu erfolgen (bspw. im Verhältnis der im Antrag geltend gemachten Aufwendungen). Die Bilanzierung erfolgt dann nach den bereits erläuterten Regelungen.

e) Besonderheiten bei Personengesellschaften

537 Bei Personengesellschaften tritt nach § 1 Abs. 2 FZulG an Stelle des Steuerpflichtigen die Personengesellschaft (Mitunternehmerschaft) als Anspruchsberechtigter der For-

---

[1] IDW St/HFA 1/1984, Abschnitt d1).

schungszulage. Sofern die Mitunternehmerschaft nicht nach § 1a KStG zur Besteuerung wie eine Körperschaft optiert hat (→ Rz. 110 ff.), erfolgt die Abrechnung der Forschungszulage durch anteilige Anrechnung auf die Einkommen-/Körperschaftsteuerschuld der einzelnen Gesellschafter (Mitunternehmer). Vergleichbar mit der Behandlung von einbehaltener Kapitalertragsteuer bei Ausschüttungen an die Personengesellschaft kann die Forschungszulage als **Vorauszahlung auf die persönliche Steuerschuld des Gesellschafters** gesehen werden.

In Abhängigkeit von den Vereinbarungen im Gesellschaftsvertrag oder eines Gesellschafterbeschlusses ist der **sonstige betriebliche Ertrag der Personengesellschaft** aus der Forschungszulage entweder als **Entnahme oder** als **Forderung** gegen den jeweiligen Mitunternehmer zu buchen.[1] Zum Teil wird in der Literatur als mögliche Vorgehensweise für die Ebene der Personengesellschaft auch eine Nichtbilanzierung der Forschungszulage vorgeschlagen.

Kritische Stellungnahme:

Kritisch ist anzumerken, dass bei Mitunternehmerschaften Anspruchsberechtigter für die Forschungszulage und tatsächlich Begünstigter voneinander abweichen. Die Erreichung des gesetzgeberischen Ziels, Forschung und Entwicklung des Unternehmens zu fördern, darf zumindest angezweifelt werden, da der Cashflow der Gesellschaft regelmäßig hierdurch nicht gestärkt werden dürfte.

Sofern Mitunternehmer nach dem Gesellschaftsvertrag zur Einlage von Fördermitteln verpflichtet sind, ist hierfür eine ergebnisneutrale Einlage zu erfassen.

f) Hinweise zur ertragsteuerlichen Organschaft

Sofern eine Organgesellschaft begünstigte Forschungs- und Entwicklungsvorhaben **538** durchgeführt oder in Auftrag gegeben hat, ist diese nach dem FZulG bei Erfüllung der inhaltlichen Voraussetzungen selbst Anspruchsberechtigte für die Forschungszulage. Im Forschungszulagenbescheid dürfte die Organgesellschaft mithin als Anspruchsberechtigte festgesetzt werden. Eine **Aktivierung** der Forschungszulage dürfte, auch wenn vereinzelt in der Literatur abweichende Auffassungen vertreten werden, **auf Ebene der Organgesellschaft** vorzunehmen sein. Da das Einkommen der Organgesellschaft dem Organträger zugerechnet wird, fallen Steuerschuld und die Anspruchsberechtigung für die Forschungszulage auseinander.

g) Ausschüttungssperre für selbst geschaffene immaterielle Vermögensgegenstände

Im Falle der Ausübung des Aktivierungswahlrechts für selbst geschaffene immaterielle **539** Vermögensgegenstände besteht nach § 268 Abs. 8 HGB eine gesetzliche Ausschüttungssperre.

Sofern für die Bilanzierung der Forschungszulage der direkte Abzug von den Herstellungskosten gewählt wurde, ist eine Verminderung der Ausschüttungssperre infolge des reduzierten Buchwerts für die selbst geschaffenen immateriellen Vermögensgegenstände grundsätzlich denkbar. Demgegenüber führt die Bildung eines zugehörigen Sonderpostens nicht zur Minderung der Ausschüttungssperre. Erst in Folgejahren wird durch die Auflösung des Sonderpostens eine gegenüber der ersten Alternative niedrigere Ausschüttungssperre indirekt bewirkt. Die möglichen unterschiedlichen Auswirkungen auf die Ausschüttungssperre abhängig von der gewählten Bilanzierung werden in der Literatur kontrovers diskutiert.

---

1) vgl. IDW 265. FAB-Sitzung v. 1.7.2021.

Der vom Gesetzgeber beabsichtigte Zweck einer Ausschüttungssperre im Falle der Aktivierung von selbst geschaffenen immateriellen Vermögensgegenständen liegt darin, dass kein höheres Ausschüttungsvolumen als im Falle einer Nichtaktivierung zur Verfügung stehen soll. Insofern ist auch beim direkten Abzug der Forschungszulage von den Herstellungskosten die Höhe der Ausschüttungssperre vor Abzug der Forschungszulage beizubehalten. Vor diesem Hintergrund und in Hinblick auf die Stellungnahme des IDW[1] ist die Bildung eines Sonderpostens vorteilhaft.

> **Anmerkung:**
>
> Grundsätzlich sind bei der Ermittlung der Ausschüttungssperre nach § 268 Abs. 8 HGB auch hierfür gebildete passive latente Steuern (Folge des Aktivierungsverbots in der Steuerbilanz) zu berücksichtigen.

IV. Handelsrechtliche Bewertung von Rückstellungen für Altersversorgungsverpflichtungen aus rückgedeckten Direktzusagen

1. Allgemeines

a) Überblick über die Neuerungen

540 Mit dem Abschluss sog. **Rückdeckungsversicherungen** besteht für Unternehmen ein Mittel zur Finanzierung von Altersversorgungsverpflichtungen. Für das Unternehmen entsteht mit der Rückdeckungsversicherung ein Anspruch gegen die Versicherungsgesellschaft und korrespondierend mit der Versorgungszusage eine Verpflichtung gegenüber dem Arbeitnehmer.

Bei einer isolierten Betrachtung des Rückdeckungsversicherungsanspruchs und der Pensionsverpflichtung können deren bilanzielle Wertansätze, selbst bei (nahezu) deckungsgleichen Zahlungsreihen, erheblich voneinander abweichen.

In der Stellungnahme zur Rechnungslegung „Handelsrechtliche Bilanzierung von Altersversorgungsverpflichtungen" (IDW RS HFA 30 n.F.) hat sich das IDW bereits mit den Grundsätzen der Bewertung leistungskongruenter rückgedeckter Versorgungszusagen beschäftigt. Mit dem Rechnungslegungshinweis IDW RH FAB 1.021 hat der Fachausschuss nun durch Erarbeitung relevanter Praxisfälle zur handelsrechtlichen Bewertung kongruent rückgedeckter Direktzusagen eine präzisierte Hilfestellung veröffentlicht. Der Rechnungslegungshinweis geht den Fragestellungen nach, wann im Jahres- und Konzernabschluss eine der Höhe nach übereinstimmende bzw. in Teilen übereinstimmende „kongruente Bewertung" zu erfolgen hat, welche Bewertungsmethoden maßgebend sind und wann die Grundsätze der wertpapiergebundenen Versorgungszusagen zur Anwendung kommen. Eine **Zahlungsstrombetrachtung** der Rückdeckungsversicherung und Versorgungszusage im Sinne einer deckungsgleichen Zahlung in Höhe und Zeitpunkt bildet bei der Beurteilung dieser Fragestellung die **zentrale Grundlage**.

> **Anmerkung:**
>
> Eine Anwendung des Rechnungslegungshinweises kann bei einigen Unternehmen durchaus weitgehende prozessuale Anpassungen, z.B. im Bereich der geänderten Anforderungen an Pensionsgutachten, nach sich ziehen, weshalb eine **Nichtanwendung des Rechnungslegungshinweises vor dem 31.12.2022** durch den Abschlussprüfer nach Auffassung des FAB **nicht zu beanstanden** ist.

---

1) ST/HFA 1/1984.

b) Bewertung nach allgemeinen Grundsätzen

Grundsätzlich sind Rückdeckungsversicherungsverträge mit den **fortgeführten** **541**
Anschaffungskosten zu bewerten (§§ 255 Abs. 1, 253 Abs. 1 Satz 1 HGB). Dies entspricht dem Deckungskapital des Versicherungsvertrags zuzüglich verzinslicher ange-
sammelter Überschussanteile. Werden die Versicherungsverträge dem Zugriff aller
übrigen Gläubiger entzogen und ausschließlich für die Erfüllung von Schulden aus
Altersversorgungsverpflichtungen verwendet, sind diese gemäß § 253 Abs. 1 Satz 4
HGB mit dem beizulegenden **Zeitwert** zu bewerten. Kann der beizulegende Zeitwert
nicht ermittelt werden, erfolgt eine Bewertung analog der fortgeführten
Anschaffungskosten.

Nach § 253 Abs. 1 Satz 2 HGB werden **Rückstellungen** für Verpflichtungen aus Direktzusagen in Höhe des nach vernünftiger kaufmännischer Beurteilung notwendigen
Erfüllungsbetrags bewertet. Dieser Betrag ergibt sich grundsätzlich aus der Abzinsung
der den Versorgungsberechtigten zugesagten Zahlungen (§ 253 Abs. 2 HGB). Abweichend hiervon sind Pensionsrückstellungen im Fall von wertpapiergebundenen Altersversorgungszusagen gemäß § 253 Abs. 1 Satz 3 HGB mit dem beizulegenden **Zeitwert**
der entsprechenden Wertpapiere zu bewerten, soweit dieser einen garantierten Min-
destbetrag übersteigt. Folglich stimmen die Wertansätze der Wertpapiere und der
betreffenden Versorgungsverpflichtungen überein, solange der beizulegende Zeitwert
der Wertpapiere eine zugesagte Mindestleistung (notwendiger Erfüllungsbetrag) nicht
übersteigt.

Altersversorgungszusagen, deren Höhe sich ausschließlich nach dem beizulegenden
Zeitwert eines Rückdeckungsanspruchs bestimmt, sind nach IDW RS HFA 30 n.F. (Tz.
74) bilanziell wie wertpapiergebundene Versorgungszusagen zu bewerten.

c) Konkretisierungen durch den IDW RH FAB 1.021

IDW RH FAB 1.021 **differenziert** grundsätzlich zwischen versicherungsgebundenen **542**
Zusagen (→ Rz. 543 f.) und rückgedeckten Zusagen ohne Versicherungsbindung
(→ Rz. 545 f.).

Im Rahmen der **versicherungsgebundenen Zusagen** wird die Frage aufgegriffen, wie
der Begriff „ausschließlich" (§ 253 Abs. 1 Satz 3 HGB: „soweit ... ausschließlich") vor
dem Hintergrund einer Zusage, bei der nur für einzelne Leistungskomponenten eine
Versicherungsbindung besteht (z.B. Versicherungsbindung für Altersrente, keine Bindung für eine Invaliditätsabsicherung), auszulegen ist.

Im Falle einer **rückgedeckten Zusage** ohne Versicherungsbindung wird zunächst auf
die Frage einer „stand alone" oder „kongruenten" Bewertung eingegangen, um darauf
aufbauend die anzuwendenden Methoden der bilanziellen Bewertung einer teilweise
kongruenten Bewertung abzustecken.

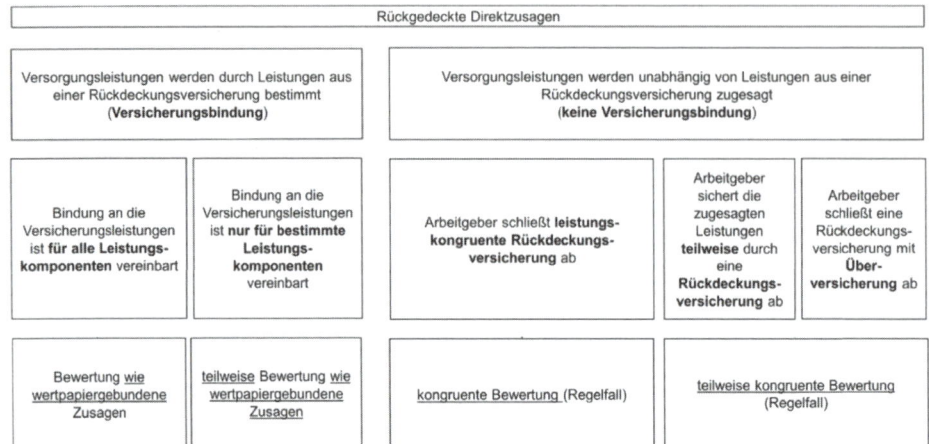

Abb. 1: Rückgedeckte Direktzusagen

2. Versorgungsleistungen werden durch Leistungen aus einer Rückdeckungsversicherung bestimmt

a) Vollständige Bindung an die Rückdeckungsversicherung

543 Werden im Rahmen von Altersversorgungszusagen Leistungskomponenten vereinbart, welche eine Bindung an die Leistungen aus der Rückdeckungsversicherung (Versicherungsbindung) vorsehen, erfolgt analog der Behandlung von wertpapiergebundenen Zusagen eine Bilanzierung mit dem beizulegenden **Zeitwert** des Rückdeckungsanspruchs.

Die bilanzielle Folge einer vollständig versicherungsgebundenen Zusage ist eine **Pensionsrückstellung**, welche korrespondierend mit dem beizulegenden Zeitwert des Rückdeckungsversicherungsanspruchs zu bewerten ist. Gleiches gilt auch dann, wenn der Rückdeckungsversicherungsanspruch aufgrund seiner Eigenschaft als Deckungsvermögen selbst zum beizulegenden Zeitwert bewertet wird. Soweit ein beizulegender Zeitwert des Rückdeckungsanspruchs nicht bestimmt werden kann, ist die Rückstellung mit den **fortgeführten Anschaffungskosten** des Rückdeckungsanspruchs zu bewerten. Eine solche korrespondierende Bewertung liegt darin begründet, dass sich Zahlungen an den Versorgungsberechtigten und die Zahlungen des Versicherungsträgers hinsichtlich der Höhe und des Zeitpunkts entsprechen.

Sollte eine Versorgungszusage an den Arbeitnehmer **garantierte Mindestleistungen** enthalten, welche von der Rückdeckungsversicherung nicht abgebildet werden, gebietet das Vorsichtsprinzip aufgrund der hierdurch entstehenden höheren Verpflichtung, eine über den beizulegenden Zeitwert des Rückdeckungsversicherungsanspruchs hinausgehende **Passivierung einer Pensionsrückstellung**. Ein Gleichlauf der Rückstellung und des Rückdeckungsanspruchs wird es in solch gelagerten Konstellationen folglich nicht geben. Bei einer versicherungsgebundenen Altersversorgungszusage in Form beitragsorientierter Leistungszusagen verläuft die Finanzierung der Rückdeckungsversicherung und das Erdienen der Ansprüche jedoch in aller Regel synchron. Die Bewertung der bilanzierten Pensionsrückstellung entspricht folglich dem beizulegenden Zeitwert des angesetzten Rückdeckungsversicherungsanspruchs (keine Über- oder Unterfinanzierung).

b) Teilweise Bindung an die Rückdeckungsversicherung

544 Anders als bei der vollständigen Bindung der Versorgungszusage an den Rückdeckungsversicherungsanspruch erfolgt bei der teilweisen Bindung eine **an einzelne Leistungskomponenten** der Versorgungszusage **ausgerichtete Rückdeckungsversiche-**

rung. Dies macht eine **differenzierte Bewertung** der Leistungskomponenten notwendig. Für Leistungskomponenten, für welche wie unter → Rz. 543 dargestellt, ein vollständiger Rückdeckungsanspruch besteht, erfolgt die Bewertung der Rückstellung nach dem beizulegenden Wert des Rückdeckungsanspruchs. Für alle weiteren Leistungskomponenten ohne Rückdeckungsanspruch (z.B. zusätzliche Zusage einer Invaliditätsleistung zur Altersvorsorge) gelten die allgemeinen Bilanzierungs- und Bewertungsgrundsätze.

3. Zusage von Versorgungsleistungen unabhängig von Leistungen aus einer Rückdeckungsversicherung (keine Versicherungsbindung)

a) Leistungskongruent rückgedeckte Zusagen

Eine leistungskongruente Rückdeckungsversicherung kann auch bei Versorgungszu- **545** sagen vorliegen, welche nicht versicherungsgebunden sind. Dies ist der Fall, wenn die Zahlungen aus der abgeschlossenen Rückdeckungsversicherung und der Versorgungszusage im Hinblick auf die Höhe und den Zeitpunkt deckungsgleich sind. Eine taggenaue Übereinstimmung ist hier keine notwendige Voraussetzung. Beispielsweise gilt eine vorschüssig quartalsweise Auszahlung aus der Rückdeckungsversicherung und eine zum Monatsende ausbezahlte Rente als zeitlich leistungskongruent. Die **Leistungskongruenz** erfordert demnach eine **konsequente Zahlungsstrombetrachtung** im Hinblick auf die Höhe und den Zeitpunkt der Zahlung.

Auch im Fall, in dem sich zwar die Zahlungen der Rückdeckungsversicherung und der Versorgungszusage im Hinblick auf die Höhe und den Zeitpunkt entsprechen, jedoch eine Berücksichtigung der gesetzlichen Rentenanpassungsverpflichtung ausbleibt, kann von einer Leistungskongruenz ausgegangen werden, soweit die zu erwartenden Überschussanteile aus der Rückdeckungsversicherung die Erhöhungen der sich aus der Rentenanpassung ergebenden zusätzlichen Leistungen an den Versorgungsberechtigten decken.

Im Regelfall wird das bilanzierende Unternehmen den Rückdeckungsversicherungsanspruch zur Entlastung der Versicherungsleistung verwenden. Hiervon kann regelmäßig ausgegangen werden, wenn eine anderweitige Mittelverwendung rechtlich eingeschränkt ist, z.B. aufgrund einer Verpfändung des Rückdeckungsanspruchs an den Versorgungsberechtigten. Kann eine abweichende Verwertungsabsicht nicht begründet werden, ist der Regelfall anzunehmen.

In Anlehnung an die dargestellten Grundsätze zur Bewertung von Verpflichtungen aus wertpapiergebundenen Zusagen, folgt die Bewertung der Pensionsrückstellung dem Buchwert des korrespondierenden Rückdeckungsversicherungsanspruchs („Primat der Aktivseite"). Aufgrund fehlender gesetzlicher Regelungen kann eine kongruente Bewertung jedoch auch durch den Ansatz des Rückdeckungsversicherungsanspruchs in Höhe des notwendigen Erfüllungsbetrags der korrespondierenden Pensionsrückstellung erreicht werden („Primat der Passivseite"). Die angewandte Bewertungsmethode ist nach den §§ 284 Abs. 2 Nr. 1, 313 Abs. 1 Satz 3 Nr. 1 HGB im (Konzern-) Anhang anzugeben.

Soweit das bilanzierende Unternehmen anderweitige Verwertungsabsichten des Rückdeckungsversicherungsanspruchs als die Finanzierung der Versorgungsleistung verfolgt, kann nicht von einer kongruenten Bewertung ausgegangen werden und es müssen die allgemeinen Bewertungsgrundsätze Anwendung finden. Besteht zwischen den beiden Verträgen keine vollständige Finanzierungs- und Erdienungskongruenz, muss jeweils bestimmt werden, welche Teile der Verträge in die kongruente Bewertung einzubeziehen sind. Folglich kann eine Über- oder Unterfinanzierung vorliegen.

Im Falle der **Überfinanzierung**, z.B. aufgrund einer sofortigen vollständigen Ausfinanzierung des Rückdeckungsanspruchs bei gleichzeitiger zeitlicher Ansammlung der Versorgungsverpflichtung bis zum Renteneintritt des Versorgungsverpflichteten, unterliegt lediglich der Teil des Rückdeckungsanspruchs einer kongruenten Bewertung, der zur Erfüllung der erdienten Ansprüche aus der Versorgungszusage bis zum Abschlussstichtag notwendig ist. Der darüberhinausgehende Teil unterliegt der allgemeinen Bewertung. Im umgekehrten Fall der **Unterfinanzierung** gilt entsprechend ebenfalls die Bewertung nach den allgemeinen Grundsätzen, soweit kein ausreichendes Deckungskapital zur Erfüllung der bereits erdienten Ansprüche besteht. Zur Bestimmung einer Über- oder Unterfinanzierung ist konsequent eine Zahlungsstrombetrachtung im Sinne eines Vergleichs der Zahlungsreihen bzw. der ausfinanzierten Versicherungsleistungen anzustellen, deren Bestimmung i.d.R. eine sachverständige Schätzung notwendig macht.

b) Teilweise rückgedeckte Zusagen und Überversicherung

546 Auf teilweise rückgedeckte Zusagen und Überversicherungen sind die vorstehenden Abschnitte (→ Rz. 543 ff.) analog anzuwenden. Danach beschränkt sich die nach vorstehenden Grundsätzen gebotene kongruente Bewertung im Falle einer teilweise rückgedeckten Zusage auf denjenigen Teil der Pensionsrückstellung, der die versicherten Versorgungsleistungen umfasst (rückgedeckter Teil der Pensionsrückstellung), und im Fall der Überversicherung beschränkt sich die kongruente Bewertung auf denjenigen Teil des Rückdeckungsversicherungsanspruchs, der die zugesagten Versicherungsleistungen umfasst (leistungskongruenter Teil des Rückdeckungsversicherungsanspruchs).

V. Sanierung und Restrukturierung

1. Beurteilung des Vorliegens von Insolvenzeröffnungsgründen

a) Vorbemerkung

547 Die Insolvenzordnung sieht als Eröffnungsgrund für das Insolvenzverfahren Zahlungsunfähigkeit (§ 17 InsO), drohende Zahlungsunfähigkeit (§ 18 InsO) und Überschuldung (§ 19 InsO) vor. Bei Zahlungsunfähigkeit und/oder Überschuldung ist in den Fällen des § 15a InsO von den Verantwortlichen die Eröffnung des Insolvenzverfahrens unverzüglich, d.h. ohne schuldhaftes Zögern, zu beantragen. Das Gesetz sieht hierfür eine Frist von drei Wochen nach Eintritt der Zahlungsunfähigkeit vor, § 15a Abs. 1 Satz 1 InsO. Die Frist für die Stellung des Insolvenzantrags bei Überschuldung beträgt seit 1.1.2021 sechs Wochen nach Eintritt der Überschuldung, § 15a Abs. 1 Satz 2 InsO. Diese Fristen dürfen jedoch nur dann ausgeschöpft werden, wenn Maßnahmen zur Beseitigung der Insolvenzeröffnungsgründe eingeleitet sind oder werden, die mit hinreichender Wahrscheinlichkeit innerhalb der jeweiligen Frist zum Erfolg führen. Mit dem IDW ES 11 n.F. werden unter Berücksichtigung der höchstrichterlichen Rechtsprechung Anforderungen an die Beurteilung des Vorliegens von Insolvenzeröffnungsgründen (Insolvenzreife) aufgestellt.

b) Zahlungsunfähigkeit

548 Zahlungsunfähigkeit bedeutet, dass der Schuldner nicht in der Lage ist, seine fälligen Zahlungsverpflichtungen zu erfüllen.[1] Von der Zahlungsunfähigkeit ist jedoch die Zahlungsstockung abzugrenzen, bei der es sich um die nur vorübergehende Unfähigkeit des Schuldners handelt, die fälligen Verbindlichkeiten vollständig zu begleichen.

Zur Abgrenzung der Zahlungsunfähigkeit von der Zahlungsstockung ist es notwendig, dass zunächst ein **stichtagsbezogener Finanzstatus** und – soweit erforderlich – im Anschluss ein **zeitraumbezogener Finanzplan** erstellt werden.[2]

In einem Finanzstatus werden den fälligen Verbindlichkeiten die gegenwärtig verfügbaren Finanzmittel (bspw. Barmittel, Bankguthaben, Schecks in der Kasse und nicht

---

1) IDW S 11, Rn. 13.
2) IDW S 11, Rn. 23.

ausgeschöpfte und ungekündigte Kreditlinien) gegenübergestellt.[1] Weist der Finanzstatus einen Überhang der verfügbaren Finanzmittel über die fälligen Verbindlichkeiten aus, liegt keine Zahlungsunfähigkeit vor. Ergibt sich im Finanzstatus eine Liquiditätslücke, d.h. die verfügbaren Finanzmittel decken nicht die fälligen Verbindlichkeiten, ist der Finanzstatus in einem Finanzplan fortzuführen. In dem zu erstellenden Finanzplan sind die erwarteten Ein- und Auszahlungen auf Basis einer dokumentierten und nach betriebswirtschaftlichen Grundsätzen erstellten Unternehmensplanung fortzuentwickeln.[2]

Anmerkung:

Ist das Unternehmen einem Cash-Pooling-System oder einer zentralen Liquiditätssteuerung im Konzern bzw. einer Unternehmensgruppe angeschlossen, kommt der Feststellung der verfügbaren Liquiditätsreserven und der Liquiditätsplanung des Konzerns bzw. der Unternehmensgruppe besondere Bedeutung zu. Nimmt das Unternehmen an einem Cash-Pooling-System oder einer zentralen Liquiditätssteuerung von in einem Finanzierungskreis zusammengeschlossenen Gesellschaften teil, ist für die Finanzplanung maßgebend, ob ein Zugriff auf freie Liquidität innerhalb von drei Wochen mit hinreichender Wahrscheinlichkeit gesichert erscheint.[3]

Zur Abgrenzung von der Zahlungsstockung ist der Finanzplan zunächst für einen Zeitraum von bis zu drei Wochen aufzustellen. Ergibt dieser Finanzplan, dass die anfängliche Liquiditätslücke geschlossen wird, liegt eine bloße Zahlungsstockung und damit keine Zahlungsunfähigkeit vor. Eine weitere zeitliche Ausdehnung des Finanzplans ist in diesem Fall nicht erforderlich.

Ergibt sich aus dem Finanzplan, dass die Liquiditätslücke in dem Dreiwochenzeitraum nicht geschlossen wird oder sich vergrößert, ist eine Fortschreibung des Finanzplans erforderlich, um festzustellen, ob Zahlungsunfähigkeit vorliegt oder es sich nur um eine Zahlungsstockung handelt. Um eine reine Zahlungsstockung handelt es sich, wenn die nach drei Wochen verbleibende Liquiditätslücke von 10 % oder mehr innerhalb eines „überschaubaren" Zeitraums geschlossen werden kann.[4]

Anmerkung:

Eine Erstreckung auf einen Zeitraum von mehr als drei Wochen kommt nur in Betracht, wenn mit an Sicherheit grenzender Wahrscheinlichkeit davon ausgegangen werden kann, dass die Liquiditätslücke vollständig geschlossen und den Gläubigern dies zugemutet werden kann.

Nach § 17 Abs. 2 Satz 2 InsO ist Zahlungsunfähigkeit i.d.R. zudem anzunehmen, wenn der Schuldner seine Zahlungen eingestellt hat. **Zahlungseinstellung** liegt vor, wenn der Schuldner wegen eines Mangels an Zahlungsmitteln aufhört, seine fälligen Verbindlichkeiten zu erfüllen, und dies für die beteiligten Verkehrskreise hinreichend erkennbar geworden ist.

Anmerkung:

Beweisanzeichen für das Vorliegen einer Zahlungseinstellung können bspw. die Nichtbegleichung von Sozialversicherungsbeiträgen, eine dauerhaft schleppende Zahlungsweise, die Nichtzahlung von Stromrechnungen oder zurückgegebene Lastschriften sein. Diese Indizien müssen jedoch nach der neueren Rechtsprechung des BGH im konkreten Einzelfall ein Gewicht erreichen, das der Erklärung des Schuldners entspricht, aus Mangel an liquiden Mitteln nicht zahlen zu können.[5]

---

1) IDW S 11, Rn. 33.
2) IDW S 11, Rn. 34.
3) IDW S 11, Rn. 46
4) IDW S 11, Rn. 41.
5) IDW S 11, Rn. 19.

c) Überschuldung

549 Überschuldung liegt nach § 19 Abs. 2 InsO vor, wenn das Vermögen des Schuldners die bestehenden Verbindlichkeiten nicht mehr deckt. Sofern eine **positive Fortbestehensprognose** nach § 19 Abs. 2 InsO vorliegt, d.h. die Fortführung des Unternehmens überwiegend wahrscheinlich ist und somit keine drohende Zahlungsunfähigkeit gegeben ist, liegt eine Überschuldung nicht vor.[1] Die Überschuldungsprüfung erfordert somit i.d.R. ein **zweistufiges Vorgehen**.

Auf der ersten Stufe sind die Überlebenschancen des Unternehmens in einer **Fortbestehensprognose** zu beurteilen. Bei einer positiven Fortbestehensprognose liegt keine Überschuldung i.S.d. § 19 Abs. 2 InsO vor. Zur Feststellung einer künftigen, der Fortführung des Unternehmens entgegenstehenden Liquiditätslücke ist ausgehend von der Stichtagsliquidität im Prüfungszeitpunkt die gesamte finanzielle Entwicklung des Unternehmens für den Prognosezeitraum von zwölf Monaten in einer Fortbestehensprognose darzustellen.

Im Falle einer **negativen Fortbestehensprognose** sind auf der zweiten Stufe Vermögen und Schulden des Unternehmens in einem stichtagsbezogenen Status zu Liquidationswerten gegenüberzustellen. In diesem Fall liegt zumindest eine drohende Zahlungsunfähigkeit und damit ein Insolvenzantragsrecht vor. Ist darüber hinaus das sich aus dem **Überschuldungsstatus** ergebende Reinvermögen negativ, liegt zusätzlich eine Überschuldung vor, die eine Antragspflicht begründet.[2]

Der Prognosezeitraum für die Fortbestehensprognose, die für die Einschätzung der Überschuldung maßgeblich ist, umfasst gemäß § 19 Abs. 2 Satz 1 InsO ab dem Beurteilungsstichtag zwölf Monate (bis zum 31.12.2020: i.d.R. laufendes und folgendes Geschäftsjahr). Eine nach diesem Prognosezeitraum eintretende Liquiditätslücke (z.B. in 13 Monaten) begründet zum Beurteilungsstichtag keine Überschuldung. Sofern die Liquiditätslücke nach zwölf Monaten aber innerhalb der nächsten i.d.R. 24 Monate eintritt, liegt eine drohende Zahlungsunfähigkeit und damit nur ein Antragsrecht vor.

> **Anmerkung:**
>
> Der erforderliche Detaillierungsgrad der Fortbestehensprognose (z.B. quartals-, monats- oder wochenweise Planung) wird vom Ausmaß der Unternehmenskrise und der bereits eingetretenen sowie der erwarteten Liquiditätsanspannung bestimmt.

d) Drohende Zahlungsunfähigkeit

550 Nach § 18 InsO ist auch die drohende Zahlungsunfähigkeit Grund für die Eröffnung des Insolvenzverfahrens. Die drohende Zahlungsunfähigkeit begründet allerdings **keine Antragspflicht**, sondern gibt dem Schuldner lediglich das Recht, die Eröffnung des Insolvenzverfahrens zu beantragen.

> **Anmerkung:**
>
> Die drohende Zahlungsunfähigkeit ist auch eine Zugangsvoraussetzung für den Stabilisierungs- und Restrukturierungsrahmen nach dem Gesetz über den Stabilisierungs- und Restrukturierungsrahmen für Unternehmen (Unternehmensstabilisierungs- und -restrukturierungsgesetz – StaRUG; → Rz. 552).[3]

Zahlungsunfähigkeit droht, wenn zum Beurteilungsstichtag keine Liquiditätslücke vorhanden ist, nach dem Finanzplan aber absehbar ist, dass die Zahlungsmittel im Progno-

---

1) IDW S 11, Rn. 52.
2) IDW S 11, Rn. 53 ff.
3) Art. 1 des Gesetzes zur Fortentwicklung des Sanierungs- und Insolvenzrechts (Sanierungs- und Insolvenzrechtsfortentwicklungsgesetz v. 22.12.2020, BGBl. I 2020, 3256; vgl. IDW S 11, Rn. 93 ff.

sezeitraum der Fortbestehensprognose nach § 18 Abs. 2 InsO (in aller Regel 24 Monate; bis zum 31.12.2020: laufendes und folgendes Geschäftsjahr) zur Erfüllung der fällig werdenden Zahlungsverpflichtungen nicht mehr ausreichen und die sich ergebende Liquiditätslücke durch Maßnahmen (bspw. Kapitalbeschaffung) ausgeglichen werden kann.[1]

Anmerkung:

Bei der Fortbestehensprognose nach § 18 Abs. 2 InsO handelt es sich bei den ersten zwölf Monaten um dieselbe Planung wie bei der Fortbestehensprognose nach § 19 Abs. 2 InsO (→ Rz. 549). Im Zusammenhang mit der drohenden Zahlungsunfähigkeit sind deshalb die gleichen inhaltlichen Anforderungen an die Fortbestehensprognose nach § 18 Abs. 2 InsO zu stellen wie bei dem Insolvenztatbestand der Überschuldung.[2]

2. Schutzschirmverfahren

Mit dem Gesetz zur weiteren Erleichterung der Sanierung von Unternehmen (ESUG), **551** hatte der Gesetzgeber im Jahr 2011 ein neues Verfahren eingeführt, das sog. Schutzschirmverfahren, mit dem Ziel, die Eigenverwaltung zu stärken und Anreize für die frühzeitige Einleitung von Sanierungsmaßnahmen zu setzen.

Die Vorbereitung einer Sanierung über ein Schutzschirmverfahren nach § 270d InsO kann nur bei einem zeitgleich gestellten Antrag auf Eröffnung des Insolvenzverfahrens in Eigenverwaltung nach §§ 270, 270a InsO erreicht werden, an den bestimmte Anforderungen gestellt sind. Am 1.1.2021 ist das Gesetz zur Fortentwicklung des Sanierungs- und Insolvenzrechts (Sanierungs- und Insolvenzrechtsfortentwicklungsgesetz – SanInsFoG) vom 22.12.2020[3] in Kraft getreten. Darin enthalten sind wesentliche Änderungen der Eigenverwaltung (§§ 270 ff. InsO). So hat der Gesetzgeber den Zugang zum Eigenverwaltungsverfahren nun an weitere Seriositätsanforderungen geknüpft, während die inhaltlichen Anforderungen an die Schutzschirmbescheinigung des § 270d InsO (bisher: § 270b InsO) unverändert geblieben sind. Diese **erhöhten Seriositätsanforderungen** finden ihren Niederschlag insbesondere in der Eigenverwaltungsplanung (§ 270a Abs. 1 InsO) sowie in weiteren, dem Antrag beizufügenden sonstigen Erklärungen (§ 270a Abs. 2 InsO).

Anmerkung:

Bei diesen sonstigen durch den Schuldner abzugebenden Erklärungen handelt es sich um die Erklärungen zu einem etwaigen Zahlungsverzug gegenüber bestimmten Gläubigern, zur Einhaltung handelsrechtlicher Offenlegungspflichten der letzten drei Geschäftsjahre und zu einer Inanspruchnahme von sanierungsrechtlichen Verfahrenshilfen nach diesem Gesetz oder dem StaRUG in den letzten drei Jahren.

Für die Beantragung des Schutzschirmverfahrens sind ein Insolvenzantrag, ein Antrag auf Eigenverwaltung sowie eine Bescheinigung, aus der sich ergibt, dass drohende Zahlungsunfähigkeit oder Überschuldung, aber keine Zahlungsunfähigkeit vorliegt und die Sanierung nicht offensichtlich aussichtslos ist, beizufügen.

Anmerkung:

Bei dem Bescheinigenden muss es sich um einen in Insolvenzsachen erfahrenen Wirtschaftsprüfer, Steuerberater, Rechtsanwalt oder eine Person mit vergleichbarer Qualifikation handeln.

---

1) IDW S 11, Rn. 94 ff.
2) IDW S 11, Rn. 95 ff.
3) BGBl. I 2020, 3256.

Bei der Erstellung der Bescheinigung nach § 270d InsO müssen für die Beurteilung, ob die Sanierung nicht offensichtlich aussichtslos ist, auch die von der Schutzschirmbescheinigung nicht abgedeckten Anforderungen des § 270a Abs. 1 und Abs. 2 InsO einbezogen werden, da bei fehlender Erfüllung dieser Voraussetzungen die Sanierung offensichtlich aussichtslos sein könnte. Das Schutzschirmverfahren wird nur dann ausgeschlossen, wenn für die Sanierungsbemühungen eindeutig negative Erfolgsaussichten bestehen und diese Erkenntnis offensichtlich ist, d.h. dass diese Erkenntnis sich ohne umfassende Beurteilung des Gutachters aufdrängt.

> **Anmerkung:**
>
> Die Anforderungen, die an die Tätigkeiten zu stellen sind, unterschreiten deutlich die Anforderungen an die Tätigkeiten, die zur Erlangung einer Aussage zur Sanierungsfähigkeit nach IDW S 6 durchzuführen sind. Die Sanierung ist dann aussichtslos, wenn nicht mindestens im Rahmen eines Grobkonzepts grundsätzliche Vorstellungen darüber vorliegen, wie die angestrebte Sanierung finanziell und konzeptionell erreicht werden kann.

Aus dem Grobkonzept müssen das Ziel der angestrebten Sanierung und die dafür wesentlichen Maßnahmen, aber auch etwaige wesentliche Hindernisse der Sanierung (bspw. auf Seiten der Stakeholder) hervorgehen.[1] Das Grobkonzept umfasst mindestens

- eine Analyse der Krisenursachen,
- die Darstellung der aktuellen wirtschaftlichen Situation,
- eine Skizze des Zukunftsbildes des Unternehmens sowie
- eine grobe Beschreibung der für die Sanierung angestrebten Maßnahmen mit ihren finanziellen Auswirkungen.

Dabei ist überschlägig einzuschätzen, ob die skizzierten Maßnahmen für eine erfolgreiche Sanierung im Rahmen eines Insolvenzplans ausreichen können. Auch ist die Realisierungswahrscheinlichkeit der einzelnen Maßnahmen qualitativ zu erläutern.[2] Des Weiteren ist dem Grobkonzept eine Finanzplanung über sechs Monate beizufügen.

3. StaRUG-Verfahren – Präventiver Restrukturierungsrahmen

552 Der Sanierungspraxis steht seit dem 1.1.2021 mit dem StaRUG-Verfahren bzw. dem präventiven Restrukturierungsrahmen ein neues Instrument zur außergerichtlichen Sanierung von in finanzielle Notlage geratenen Unternehmen zur Verfügung (→ Rz. 556 ff.). Bisher waren außergerichtliche Sanierungen ausschließlich möglich, wenn ein Konsens zwischen allen beteiligten Stakeholdern hergestellt werden konnte, von denen ein Sanierungsbeitrag eingefordert wurde. Der Gesetzgeber hat mit dem StaRUG seit dem 1.1.2021 einen Rechtsrahmen zur Ermöglichung insolvenzabwendender Sanierungen zur Verfügung gestellt, der drohend zahlungsunfähigen Unternehmen die Möglichkeit zur finanzwirtschaftlichen Sanierung unter Einbeziehung von Gläubigern auch gegen deren Willen schafft. Im Gegensatz zu einem Insolvenzplanverfahren kann das nicht öffentliche StaRUG-Verfahren auf einzelne Gläubigergruppen (z.B. Kreditinstitute) beschränkt werden. Diese können unter Umständen auch überstimmt werden. Nachteilig ist, dass der Anwendungsbereich der präventiven Restrukturierungsmaßnahmen auf finanzielle Sanierungsmaßnahmen beschränkt ist. Eingriffe in Verpflichtungen gegenüber Arbeitnehmern sind – wie auch Eingriffe in andere Dauerschuldverhältnisse – gesetzlich nicht vorgesehen. Ist für die Sanierungsfähigkeit Voraussetzung, dass sich das Unternehmen bspw. von nachteiligen Mietverträgen trennen muss, oder sind für die Sanierung auch arbeitsrechtliche Maßnahmen erforderlich,

---

1) IDW ES 9 n.F. Rn. 31 ff.
2) IDW ES 9 n.F. Rn. 35.

wird man eher auf die Werkzeuge der Insolvenzordnung zurückgreifen müssen. Gleiches gilt bei hohen Verpflichtungen aus zugesagten Altersversorgungen.

Beratungshinweis:

Der Restrukturierungsrahmen eignet sich in der Praxis insbesondere dann, wenn die leistungswirtschaftliche Sanierung im Wesentlichen bereits umgesetzt ist oder sich in Umsetzung befindet und (nur noch) finanzielle Sanierungsmaßnahmen ausstehen. Erscheint in diesen Fällen eine konsensuale Lösung nicht (mehr) möglich, weil sich bspw. einzelne Finanzgläubiger oder -gläubigergruppen einer objektiv sinnvollen Sanierung verschließen oder sich unter Umständen Sondervorteile verschaffen wollen, kann der Restrukturierungsrahmen allein aufgrund seines „Drohpotentials" dazu beitragen, dass das Unternehmen in einer Sanierung weniger erpressbar wird. Findet sich keine konsensuale Lösung, können mit dem Restrukturierungsrahmen dissertierende Minderheiten unter den im Gesetz genannten Bedingungen von anderen betroffenen Gläubigern, die dem Sanierungskonzept und somit dem Restrukturierungsplan zustimmen wollen, in der Abstimmung hierüber überstimmt werden.

4. Verpflichtung zur Einrichtung eines Risikofrühwarnsystems

Durch das zum 1.1.2021 in Kraft getretene StaRUG ist der Stellenwert des Risikomanagements weiter gestärkt worden. Durch § 1 StaRUG sind die Anforderungen an die Einhaltung der Sorgfaltspflichten des Geschäftsleiters seit dem 1.1.2021 rechtsformübergreifend gesetzlich verankert worden. Danach hat der Geschäftsleiter geeignete Regelungen im Unternehmen zur Identifikation bestandsgefährdender Entwicklungen bzgl. einer drohenden Zahlungsunfähigkeit (Risikoinventur) und zu deren Bewertung bzgl. der Wahrscheinlichkeit und des Schadensausmaßes für den Eintritt einer drohenden Zahlungsunfähigkeit zu implementieren. Zusätzlich gilt dies auch bzgl. des Anstoßens von Maßnahmen zur Sicherung und Aufrechterhaltung der Zahlungsunfähigkeit. **553**

Anmerkung:

In § 1 StaRUG wird das Erfordernis einer Unternehmensplanung nicht explizit genannt. Da es aber ein Frühwarnsystem und eine Risikoüberwachung ohne eine Unternehmensplanung nicht geben kann, muss beachtet werden, dass obige Anforderungen systemseitig auch mit der Unternehmensplanung, den Soll-Ist-Vergleichen und neuen Forecasts verknüpft werden.

VI. Energiewirtschaft

1. Bilanzierung von Zertifikaten nach dem Brennstoffemissionshandelsgesetz

a) Überblick über die CO$_2$-Bepreisung für die Sektoren Verkehr und Wärme

Zur Erreichung der Ziele des Klimaschutzpakets 2030 verabschiedete der Bundestag das Brennstoffemissionshandelsgesetz (BEHG) und regelte damit eine **CO$_2$-Bepreisung** für die Sektoren Verkehr und Wärme (sog. NonETS-Sektor) ab dem Jahr 2021. **554**

Das am 20.12.2019 in Kraft getretene Brennstoffemissionshandelsgesetz (BEHG)[1] verpflichtet demnach sog. **Inverkehrbringer** bestimmter Brennstoffe, wie bspw. Erdgas, **Emissionszertifikate (nEH-Zertifikate) je Tonne CO$_2$ zu erwerben** (§ 2 Abs 1 BEHG i.V.m. Anlage 1 und 2).

Als Inverkehrbringer gelten natürliche oder juristische Personen oder Personenhandelsgesellschaften, die als Energiesteuerschuldner i.S.d. Energiesteuergesetzes gelten (§ 2 Abs. 2 BEHG). Für die Jahre **2021 bis 2025 (Einführungsphase)** werden die Emissionszertifikate zu einem jährlich steigenden Festpreis ausgegeben (als Verkaufsplattform wurde die EEX durch die Deutsche Emissionshandelsstelle (DEHST) aus dem Geschäftsbereich des Umweltbundesamtes beauftragt). **Ab dem Jahr 2026** wird die

---

1) BGBl. I 2019, 2728.

Preisfindung durch einen Börsenpreis im Rahmen eines festgelegten Preiskorridors stattfinden (§ 10 Abs. 2 BEHG). Voraussichtlich wird **ab dem Jahr 2027** eine freie Preisbildung am Markt erfolgen, sofern nicht bis 2025 von der Bundesregierung entschieden wird, für die Jahre ab 2027 erneut einen Preiskorridor einzuführen (§ 23 BEHG).

Inverkehrbringer sind verpflichtet bei der DEHST ein Compliance-Konto und ein Handelskonto im nationalen Emissionshandelsregister (nEHS-Register) für den Abwicklungsprozess zu eröffnen und **ab Oktober 2021** Emissionszertifikate mit der Jahreskennung 2021 für die erwarteten Emissionen 2021 zu erwerben. **Bis 31.7.2022** sind die tatsächlichen Brennstoffemissionen im nEHS-Register zu melden und ein Emissionsbericht einzureichen. **Bis 30.9.2022** sind dann Emissionszertifikate in der Anzahl an die DEHST abzugeben, die der nach § 7 BEHG berichteten Gesamtmenge an Brennstoffemissionen entspricht.

Sofern die erworbenen Zertifikate zur Kompensation nicht ausreichen, besteht die Möglichkeit, im Rahmen der **Nachkaufregel bis 30.9.2022** Zertifikate an der EEX zu erwerben. Die Nachkaufregel beschränkt den Erwerb für Zertifikate mit der Vorjahreskennung auf maximal 10 % des Saldos, der sich bis zum 31.12.2021 auf dem Compliance-Konto des Inverkehrbringers befindet. Grundsätzlich besteht die Möglichkeit, Zertifikate mit aktueller Jahreskennung für die Erfüllung der Vorjahreskompensation zu verwenden. Unabhängig davon können Zertifikate außerbörslich auf dem sich etablierenden Sekundärmärkt erworben werden.

Anmerkung:

Bis 31.12.2022 sind die Zertifikate für die Emissionen des Jahres 2022 mit entsprechender Jahreskennung zu erwerben.

b) Bilanzielle Behandlung der Emissionszertifikate

555 Mit der IDW Stellungnahme zur Rechnungslegung: Bilanzierung von Emissionsberechtigungen nach HGB (IDW RS HFA 15) (Stand: 1.3.2006) wurde die Bilanzierung offizieller Zertifikattypen bereits im Jahr 2006 geregelt. Die Bilanzierung der nEH-Zertifikate dürfte sich weitestgehend nach den Grundsätzen des IDW RS HFA 15 Tz. 5 richten.

aa) Aktivierungsfähigkeit

556 Nicht zuletzt durch die mögliche **selbständige Verwertbarkeit** der Zertifikate am Primär- und Sekundärmärkt sind die Voraussetzungen für das Vorliegen eines Vermögensgegenstandes nach § 246 Abs. 1 HGB erfüllt (IDW RS HFA 15 Tz. 4). Auch wenn die Preise grundsätzlich am Primärmarkt vorerst fixiert sind und dort als Handelspartner nur die EEX zur Verfügung steht, ist unter der Annahme der Entwicklung eines Sekundärmarktes grundsätzlich von einer selbständigen Verwertbarkeit auszugehen. Da kein Bilanzierungsverbot vorliegt, ist zudem die **konkrete Aktivierungsfähigkeit** gegeben.

bb) Ausweis in der Bilanz

557 Die nEH-Zertifikate gehören zu den **immateriellen Vermögensgegenständen**. Da die Zertifikate von den Inverkehrbringern benötigt werden, um die gesetzlichen Anforderungen nach dem BEHG aufgrund der im Rahmen der Produktion benötigten Brennstoffe zu erfüllen, sind diese wie Verbrauchsgüter zu behandeln und dem **Umlaufvermögen** zuzuordnen. Ein Ausweis unter den Vorräten scheint daher sachgerecht zu sein. Im Falle wesentlicher Anschaffungskosten ist ein gesonderter Ausweis nach § 265 Abs. 5 Satz 2 HGB möglich.

Sofern die nEH-Zertifikate zu **Handelszwecken** gehalten werden oder ein Überbestand vorliegt, sind diese dem Bilanzposten Sonstige Vermögensgegenstände zuzuordnen (IDW RS HFA Tz. 5).

cc) Bewertung

Entgeltlich erworbene nEH-Zertifikate sind gemäß § 255 Abs. 1 HGB mit den **558** **Anschaffungskosten** sowie etwaigen Anschaffungsnebenkosten (§ 255 Abs. 1 Satz 2 HGB anzusetzen. Als Anschaffungsnebenkosten kann bspw. das Transaktionsentgelt an der EEX in Höhe von 0,0049 Euro (netto) angesehen werden, welches pro erworbenem Zertifikat anfällt. Die Folgebewertung richtet sich im Umlaufvermögen nach dem strengen Niederstwertprinzip.

c) Bilanzielle Behandlung der Rückgabe- bzw. Ausgleichsverpflichtung

Aufgrund der Verpflichtung nach § 8 und § 2 Abs. 2 BEHG i.V.m. § 38 Abs. 1 Ener- **559** gieStG muss der Inverkehrbringer für die ab dem 1.1.2021 gelieferten Brennstoffmengen der dem BEHG unterliegenden Erzeugnisse jährlich zum 30.9. des Folgejahres eine entsprechende Anzahl von **Emissionszertifikaten an das Umweltbundesamt abgeben**. Der Inverkehrbringer (Energieversorgungsunternehmen bzw. Gaslieferant) muss dieser Verpflichtung zur Abgabe von Emissionszertifikaten durch die Dotierung einer **Rückstellung für ungewisse Verbindlichkeiten** nach § 249 Abs. 1 Satz 1 HGB Rechnung tragen.

Die **Bewertung** der Rückstellung richtet sich nach § 253 Abs. 1 Satz 1 HGB. Der Wertansatz ergibt sich durch Multiplikation der in Verkehr gebrachten Gesamtmenge an Brennstoffemissionen (entsprechend dem Emissionsbericht) mit dem Preis für die abzugebende Menge. I.d.R. werden zur Rücklieferung die Zertifikate des Vorratsbestands verwendet. Sofern diese zur Deckung der CO_2-Emissionen nicht ausreichen, sind bei der Rückstellungsbewertung zusätzliche Zertifikate mit dem Zeitwert (Marktpreise am Sekundärmarkt) zu berücksichtigen (IDW RS HFA 15 Tz. 18).

In der **Einführungsphase von 2021 bis 2025** können unter dem Aspekt des Vorsichtsprinzips als Preise die fixierten Preisvorgaben der DEHST zugrunde gelegt werden. **Nach der Einführungsphase** stellen die Anschaffungskosten den Multiplikator dar. Marktentwicklungen sind dann jedoch nur für den Anteil zu berücksichtigen, für die noch keine Zertifikate vorhanden sind.

Die Bildung einer **Bewertungseinheit** kann, sofern sich die Einlöseverpflichtung auf der Passivseite und die Bestände auf der Aktivseite auf die gleichen CO_2-Mengen beziehen und die Grundsätze der IDW Stellungnahme zur Rechnungslegung: Besonderheiten der Bilanzierung von Energiebeschaffungs- und Energieabsatzverträgen in handelsrechtlichen Abschlüssen von Energieversorgungsunternehmen (IDW RS ÖFA 3) (Stand: 24.8.2015) in Betracht gezogen werden, vorgenommen werden.

Die Dotierung der Rückstellung sollte entsprechend dem Ausweis der gehaltenen Zertifikate unter den Vorräten bei Anwendung des Gesamtkostenverfahrens im Materialaufwand erfolgen. Eine Absetzung als Erlösschmälerung von den Umsatzerlösen als mit dem Umsatz verbundene Steuer nach § 277 Abs. 1 HGB scheidet dadurch aus, weil es sich nicht um eine Steuer handelt. Das Unternehmen leistet keine Zahlung in Form von Geld, wie es § 3 Abs. 1 AO für eine Steuer fordert, sondern muss Emissionszertifikate erwerben, um diese an das Umweltbundesamt abzugeben.[1]

---

1) So auch die Begründung zu Fraktionsentwurf zum BEHG, in der von „nicht-steuerlichen Abgaben" die Rede ist; vgl. BT-Drucks. 19/14746, 37.

Anmerkung:

Der Energiefachausschusses des IDW (EFA) hält eine analoge Anwendung des § 277 Abs. 1 HGB nicht für sachgerecht, weil zwar die Entstehung der CO_2-Abgabe/Steuer wie die Stromsteuer oder die Energiesteuer mit dem Zeitpunkt der handelsrechtlichen Umsatzrealisierung zusammenhängt, aber das Unternehmen die Emissionszertifikate am Markt noch erwerben muss, d.h. es unterliegt hinsichtlich des zu leistenden Marktpreises einem eigenen Beschaffungsrisiko.

d) Angaben in Anhang und Lagebericht

560 Im **Anhang** sind die Bilanzierungs- und Bewertungsmethoden der nEH-Zertifikate sowie der Rückstellungsverpflichtung nach § 284 Abs. 2 Nr. 1 HGB anzugeben. Sofern sich wesentliche Chancen oder Risiken für das Unternehmen aus dem BEHG ergeben, sind diese gemäß § 289 Abs. 1 Satz 4 HGB im **Lagebericht** zu beurteilen und zu erläutern.

Anmerkung:

Vertikal integrierte Energieversorgungsunternehmen im **Konzernverbund** sollten den Kreis der Verantwortlichen bzw. Inverkehrbringer nach dem BEHG überprüfen. Teilweise können auch Netzbetreiber im Zusammenhang mit der Mehr-/Mindermengenabrechnung als Erdgaslieferer über eine Zollerlaubnis nach § 38 Abs. 3 EnergieStG verfügen und daher im Anwendungsbereich des BEHG sein. Zudem könnten Unternehmen im Verbundbereich auch durch die Vereinbarung von technischen Betriebsführungsverträgen als Inverkehrbringer zu qualifizieren sein. Diese unerkannten Versorger können nach § 38 Abs. 5 EnergieStG bei Vorliegen der Voraussetzungen eine Entlastung hinsichtlich der vom Vorlieferanten ausgewiesenen Energiesteuer beim Hauptzollamt geltend machen.

2. Festlegungen der Bundesnetzagentur (BNetzA) nach § 6b EnWG für den Strom- und Gasbereich

561 Die Beschlusskammern 8 (Netzentgelte Strom) und 9 (Netzentgelte Gas) der Bundesnetzagentur (BNetzA) des OLG Düsseldorf haben mit zwei Festlegungen am 25.11.2019[1] gemäß § 6b Abs. 6 i.V.m. § 29 Abs. 1 EnWG **zusätzliche Vorgaben** für die Erstellung und Prüfung von Jahresabschlüssen und Tätigkeitsabschlüssen gegenüber vertikal integrierten Energieversorgungsunternehmen und rechtlich selbständigen Netzbetreibern aufgestellt.

Adressaten der Festlegungen sind Unternehmen nach § 6b Abs. 1 EnWG, die dem Zuständigkeitsbereich der BNetzA unterliegen. Das ist der Fall, wenn über das jeweilige Bundesland hinausgehend ein Versorgungsgebiet vorliegt und/oder mindestens 100.000 Kunden mittelbar oder unmittelbar an das Netz angeschlossen sind sowie die Fälle der Organleihe für den Zuständigkeitsbereich einzelner Bundesländer. Im Hinblick auf die Organleihen wurden gleichlautende Festlegungen mit abweichenden Aktenzeichen getroffen.

Anmerkung:

Für **Baden-Württemberg** gelten zudem die Prüfungsschwerpunkt-Vorgaben vom 2.6.2015 für bestimmte Unternehmen im Anwendungsbereich der Landesregulierungsbehörde (LRegbBW). Weitere Bundesländer haben (i.d.R.) gleichlautende Festlegungen zu den Prüfungsschwerpunkten getroffen – allerdings mit unterschiedlichen Anwendungszeitpunkten.

---

[1] OLG Düsseldorf v. 25.11.2019, BK8–19/00002-A, im Folgenden: „Festlegung Strom" und BK9–19613-1, im Folgenden: „Festlegung Gas".

Verpflichtete Unternehmen nach den Festlegungen Strom und Gas sind nach § 6b Abs. 1 EnWG:

– rechtlich selbstständige Netzbetreiber;

– verbundene, vertikal integrierte Energieversorgungsunternehmen, die Tätigkeiten der Elektrizitätsverteilung und/oder -übertragung bzw. Gasverteilung und/oder -fernleitung ausüben;

– Unternehmen, welche energiespezifische Dienstleistungen gegenüber dem Tätigkeitsbereich Elektrizitätsübertragung, -verteilung, Gasverteilung und -fernleitung eines anderen Unternehmens erbringen;

– Unternehmen, welche energiespezifische Dienstleistungen gegenüber dem Tätigkeitsbereich Elektrizitätsübertragung, -verteilung, Gasverteilung und -fernleitung eines Unternehmens des vertikal integrierten Energieversorgungsunternehmens erbringen.

Anmerkung:
Geschlossene Verteilnetzbetreiber i.S.d. § 110 EnWG sind von der Festlegung nicht betroffen.

Unter **energiespezifische Dienstleistungen** fallen sowohl unmittelbare als auch mittelbare Dienstleistungen. Unmittelbare energiespezifische Dienstleistungen stellen kommerzielle, technische oder wartungsbezogene Aufgaben dar.

Gegen diese BNetzA-Festlegungen wurden Beschwerden beim OLG Düsseldorf eingereicht. Das OLG Düsseldorf hat mit mehreren Beschlüssen[1] die angefochtenen Vorgaben in den Festlegungen Strom und Gas der BNetzA bestätigt.

Das OLG Düsseldorf kam insbesondere zu dem Schluss, dass die in der jeweiligen Tenorziffer 4 der Festlegungen angeordnete Verpflichtung, die Jahresabschlussprüfung um die Prüfung entsprechender Angaben und Erläuterungen nach den Tenorziffern 4.1 bis 4.6 zu erweitern, von der Ermächtigungsgrundlage in § 6b Abs. 6 i.V.m. § 29 Abs. 1 EnWG umfasst sei. Insbesondere bewegen sich die den Unternehmen dort auferlegten Pflichten im Rahmen der Zweckbestimmung des § 6b EnWG und sind rein tatsächlich durchführbar. Nach den Beschlüssen umfasst die Ermächtigung der BNetzA auch den Erlass zusätzlicher Bestimmungen, die den Prüfungsgegenstand einer Jahresabschlussprüfung betreffen, wie Aspekte der Rechnungslegung nach § 6b Abs. 3 EnWG.

Die IDW Stellungnahme zur Rechnungslegung: Rechnungslegung nach § 6b Energiewirtschaftsgesetz[2] wurde an die Beschlüsse des OLG Düsseldorf angepasst. Insbes. wurde Tz. 28 zur Zuordnung von energiespezifischen Dienstleistungen auf die verschiedenen Tätigkeitsbereiche bzw. Tätigkeiten überarbeitet und klargestellt, dass energiespezifische Dienstleistungen, die ein nach § 6b Abs. 1 Satz 1 EnWG verpflichtetes Unternehmen gegenüber dem Tätigkeitsbereich Elektrizitätsübertragung bzw. Elektrizitätsverteilung nach § 6b Abs. 3 Satz 1 Nr. 1 und 2 EnWG eines verbundenen, vertikal integrierten Unternehmens erbringt, auch beim Erbringer der energiespezifischen Dienstleistung dem jeweiligen Tätigkeitsbereich (Elektrizitätsübertragung bzw. Elektrizitätsverteilung) zuzuordnen sind. Entsprechendes gilt für energiespezifische Dienstleistungen, die gegenüber dem Tätigkeitsbereich Gasfernleitung bzw. Gasverteilung nach § 6b Abs. 3 Satz 1 Nr. 3 und 4 EnWG erbracht werden.

Der in 2021 verabschiedete IDW Prüfungsstandard: Gesonderte Prüfung aufgrund der Festlegungen der BNetzA nach § 6b Abs. 6 i.V.m. § 29 EnWG[3] berücksichtigt ebenfalls die genannten Beschlüsse des OLG Düsseldorf.

---

1) OLG Düsseldorf v. 28.4.2021, 3 Kart 132/20, ER 2021, 175 (Leitsatz), Kart 23/20, RdE 2021, 373 und 3 Kart 83/20, Versorgungswirtschaft 2021, 215 (Leitsatz).
2) IDW ERS ÖFA 2 n.F., Stand: 9.6.2021.
3) IDW PS 611 (06.2021), Stand: 2.7.2021.

Nachstehende Änderungen ergaben sich gegenüber dem Entwurf des IDW Prüfungsstandards (IDW EPS 611):

(1) Handelt es sich nicht um Unternehmen im Sinne von § 6b Abs. 1 EnWG, unterliegt dieses nicht den Festlegungen.

(2) Mit der gesonderten Prüfung der zusätzlichen Angaben und Erläuterungspflichten darf nur der Abschlussprüfer beauftragt werden, der auch den zugrunde liegenden Jahresabschluss geprüft hat. Für die Beauftragung zur Erweiterung der Abschlussprüfung ist das demnach das Gesellschaftsorgan zuständig (z.B. Aufsichtsrat, Geschäftsführung), das auch für die Erteilung des Prüfungsauftrags zur Jahresabschlussprüfung zuständig ist. D.h., sofern der Aufsichtsrat für die Beauftragung der Jahresabschlussprüfung zuständig ist, ist auch die gesonderte Prüfung vom Aufsichtsrat zu beauftragen.

(3) Nach IDW RS ÖFA 2, Tz. 46 kann bei der erstmaligen Aufstellung von Tätigkeitsabschlüssen nach dem EnWG von der Angabe der Vorjahreszahlen abgesehen werden, dennoch werden in diesen Fällen Eröffnungsbilanzwerte benötigt. Daher werden weiterhin Anlagengitter und Rückstellungsspiegel aufgestellt werden müssen.

(4) Nach Tenorziffer 4.1 der Festlegungen wird eine Übersicht von verbundenen vertikal integrierten Energieversorgungsunternehmen, die gegenüber dem jeweiligen Tätigkeitsbereich Dienstleistungen erbringen und/oder Netzinfrastruktur überlassen, gefordert. Diese Anforderung muss aus Sicht des EFA nicht von rechtlich selbstständigen Netzbetreibern erfüllt werden, die nicht mit einem vertikal integrierten Energieversorgungsunternehmen verbunden sind.

(5) Der Energiefachausschuss des IDW (EFA) hat mit Vertretern des Bundesverbands der Energie- und Wasserwirtschaft e.V., Berlin (BDEW) und der BNetzA die Frage erörtert, ob ein Unternehmen, welches weder ein vertikal integriertes Energieversorgungsunternehmen ist noch zu einer Gruppe von Elektrizitäts- oder Gasunternehmen i.S.d. § 3 Nr. 38 EnWG verbunden ist, sondern lediglich ein Elektrizitäts- oder Gasnetz verpachtet (sog. Stand-alone-Verpächter) in den Anwendungsbereich des § 6b EnWG fällt. Der EFA ist der Auffassung, dass solche Stand-alone-Verpächter weder in den Anwendungsbereich von § 6b EnWG noch in den Anwendungsbereich der BNetzA fallen.

Anmerkung:

Es ist eine komplette Neufassung des IDW RS ÖFA 2 vorgesehen. Insbesondere soll die Änderung des EnWG durch das Gesetz zur Umsetzung unionsrechtlicher Vorgaben und zur Regelung reiner Wasserstoffnetze im Energiewirtschaftsrecht (§ 28k EnWG) und zur buchhalterischen Entflechtung des modernen und intelligenten Messstellenbetrieb nach § 3 Abs. 4 MsbG aufgenommen werden.

---

3. Neue Eigenkapitalverzinsung für Strom- und Gasnetze in der 4. Regulierungsperiode

562 Die Bundesnetzagentur (BNetzA) hat am 12.10.2021 ihre Beschlüsse der Festlegungen der zukünftigen Eigenkapitalzinssätze zur Bestimmung der Erlösobergrenze für die Elektrizitäts- und Gasnetzbetreiber für die 4. Regulierungsperiode (Strom 2023 bis 2027/Gas 2024 bis 2028) veröffentlicht. Am 30.7.2021 ist zudem die „Verordnung zur Änderung der Anreizregulierungsverordnung und der Stromnetzentgeltverordnung" vom 27.7.2021 im Bundesgesetzblatt verkündet worden.

Ab der 4. Regulierungsperiode soll der für den kalkulatorischen Eigenkapitalanteil bis 40 % relevante Eigenkapitalzinssatz I (EKI-Zinssatz) nach § 7 Abs. 6 Strom- und Gasnetzentgeltverordnung

– für Neuanlagen 5,07 % (3. Regulierungsperiode: 6,91 %) und

– für Altanlagen 3,51 % (3. Regulierungsperiode: 5,12 %)

vor Steuern betragen. Im Vergleich zur 3. Regulierungsperiode ist damit ein erheblicher Rückgang der für die Kostenprüfungen und Kapitalkostenaufschläge wichtigen Zinssätze hinzunehmen.

Zudem ist eine Änderung der Berechnungsgrundlage des für die kalkulatorischen Eigenkapitalanteile > 40 % relevanten Eigenkapitalzinssatz II (EKII-Zinssatz) gemäß § 7 Abs. 7 Strom- und Gasnetzentgeltverordnung zu verzeichnen. Bisher bestimmt sich der EKII-Zinssatz über den zehnjährigen Mittelwert von Umlaufsrenditen der Anleihen der öffentlichen Hand, Anleihen von Unternehmen und Hypothekenpfandbriefen. Ab der 4. Regulierungsperiode werden zum einen die Umlaufsrenditen für Hypothekenpfandbriefe gestrichen und zum anderen die Umlaufsrenditen der Anleihen der öffentlichen Hand und der Anleihen von Unternehmen im Verhältnis 1:2 einbezogen.

Aufgrund der neuen Berechnungsmodalitäten reduziert sich der EKII-Zinssatz für die 4. Regulierungsperiode für Gasnetzbetreiber (Ausgangspunkt Basisjahr 2020) auf 2,04 % (3. Regulierungsperiode: 3,03 %).

> **Anmerkung:**
>
> Im Vergleich zur 3. Regulierungsperiode ergeben sich negative Effekte aus der Senkung der EK-Zinssätze. Diese Zinssatzsenkungen stehen im Widerspruch zur Umsetzung des ambitionierten Klimaschutzpakts 2030 der Bundesregierung, der einen Ausbau der Netze notwendig macht. Die Finanzierung (Eigenkapital/Fremdkapital) und Investitionsplanung sollten insofern eng miteinander abgestimmt werden.

VII. Internationale Rechnungslegung

1. Überblick zu den Angabepflichten in einem EU-IFRS-Konzernabschluss zum 31.12.2021

Bei der Erstellung und Prüfung des Konzernabschlusses sollte ein besonderes Augenmerk auf die **vollständigen Anhangangaben** zu neuen bzw. geänderten Standards gelegt werden. Anhangangaben sind sowohl für die neu angewendeten Standards und Interpretationen (IAS 8.28), als auch die verabschiedeten, aber noch nicht angewandten Standards und Interpretationen zu machen (IAS 8.30). **563**

Im Folgenden wird ein Überblick über den Stand der durch das IASB verabschiedeten Standards und Interpretationen (Stand: 31.10.2021) gegeben, über die gemäß IAS 8.28 und IAS 8.30 in einem EU-IFRS-Konzernabschluss zum 31.12.2021 zu berichten ist.

2. Auswirkungen neuer bzw. geänderter Standards oder Interpretationen (IAS 8.28)

IAS 8.28 verlangt die Angabe von neuen bzw. geänderten Standards und Interpretationen, wenn ihre erstmalige Anwendung Auswirkungen auf die Berichtperiode oder eine frühere Periode hat. Der Anwendungsbereich von IAS 8.28 umfasst daher alle **Änderungen von Bilanzierungs- und Bewertungsmethoden,** die sich aus der erstmaligen Anwendung eines neuen oder geänderten Standards oder einer Interpretation ergeben. Die Anhangangaben müssen dann in Bezug auf den neuen Standard oder die Interpretation u.a. folgende Inhalte umfassen: **564**

– Titel des Standards bzw. der Interpretation,

– falls zutreffend, eine Beschreibung der Übergangsvorschriften,

– Art und Änderung der Rechnungslegungsmethode,

– Betrag der Änderung jedes betroffenen Abschlusspostens (einschließlich des Ergebnisses je Aktie) für den Beginn des Vorjahrs, für das Vorjahr und für das laufende Jahr, soweit praktikabel.

Ferner ist zu beachten, dass die Angaben nach IAS 8.28 auch bei einer frühzeitigen freiwilligen Anwendung eines neuen Standards oder einer Interpretation erforderlich sind.

Die folgende Tabelle gibt einen Überblick über **potenziell angabepflichtige Vorschriften** nach IAS 8.28 in einem EU-IFRS-Konzernabschluss zum 31.12.2021 sowie eine allgemeine Einschätzung hinsichtlich der Auswirkung auf die Bilanzierungspraxis.

Anmerkung:

Eine Auflistung aller neuen bzw. geänderten Vorschriften ist nicht erforderlich. Ggf. kann nach der Erläuterung der neuen Standards und Interpretationen, deren Anwendung Auswirkungen auf den IFRS Konzernabschluss haben, eine allgemeine Formulierung aufgenommen werden, wonach die übrigen erstmals zum 1.1.2021 verpflichtend in der EU anzuwendenden Standards und Interpretationen keine wesentlichen Auswirkungen auf den Konzernabschluss haben.

Standard	Titel	IASB Effective date[*]	Erstanwendungszeitpunkt in der EU[*]	Auswirkung[**]
Amend. IFRS 4	Versicherungsverträge - Anwendung von IFRS 9 Finanzinstrumente mit IFRS 4 Versicherungsverträge	1.1.2021	1.1.2021	Branchen- bzw. unternehmensspezifische Bedeutung
Amend. IFRS 9, IAS 39, IFRS 7, IFRS 4, IFRS 16	Reform der Referenzzinssätze (Phase 2)	1.1.2021	1.1.2021	Branchen- bzw. unternehmensspezifische Bedeutung
Amend. IFRS 16	Leasingverhältnisse: Covid-19-bezogene Mietkonzessionen nach dem 30.6.2021	1.4.2021	1.4.2021[***]	Branchen- bzw. unternehmensspezifische Bedeutung

[*] Für Jahresabschlüsse, die am oder nach diesem Datum beginnen.

[**] Die allgemeine Einschätzung hinsichtlich der Auswirkung auf die Bilanzierungspraxis dient als Orientierung – die individuellen Auswirkungen auf das einzelne Unternehmen sind davon unabhängig zu erläutern.

[***] Die Übernahme in EU-Recht der Änderungen an diesem Standard ist am 30.8.2021 erfolgt; gemäß der entsprechenden Verordnung der EU-Kommission sind die Änderungen bereits ab dem 1.4.2021 für Geschäftsjahre anzuwenden, die am oder nach dem 1.1.2021 beginnen.

a) Änderungen an IFRS 4 „Versicherungsverträge" – Anwendung von IFRS 9 Finanzinstrumente mit IFRS 4 Versicherungsverträge

565   Das IASB hat am 25.6.2020 eine Änderung an IFRS 4 „Versicherungsverträge" herausgegeben, die mit den zeitgleich veröffentlichten Änderungen an IFRS 17 „Versicherungsverträge" zusammenhängt. Die vorgenommene Änderung an IFRS 4 ermöglicht eine verlängerte vorübergehende Befreiung von IFRS 9 bis zum Erstanwendungszeitpunkt von IFRS 17.

Dadurch können Versicherer, die bestimmte Anforderungen erfüllen, IFRS 17 weiterhin zusammen mit IFRS 9 erstmalig ab 1.1.2023 anwenden. Bis dahin sind Versicherer von der Anwendung des IFRS 9 befreit. Die Ausnahme wurde gewährt, um bilanzielle Verwerfungen zwischen Aktiv- und Passivseite in den Bilanzen der Versicherer (accounting mismatch) zu verhindern.

b) Änderungen an IFRS 9, IAS 39, IFRS 7, IFRS 4 und IFRS 16 – Reform der Referenzzinssätze (Phase 2)

Das IASB hat am 27.8.2020 den Änderungsstandard „Interest Rate Benchmark Reform – **566** Phase 2" herausgegeben und damit Änderungen an IFRS 9, IAS 39, IFRS 7, IFRS 4 und IFRS 16 vorgenommen.

Phase 2 adressiert Erleichterungen bei der Finanzberichterstattung nach der Reform eines Referenzzinssatzes, wenn also ein bestehender Referenzzinssatz tatsächlich ersetzt wird.

Die Änderungen betreffen folgende Bereiche:

Modifikation von finanziellen Vermögenswerten, finanziellen Verbindlichkeiten und Leasingverbindlichkeiten

Das IASB hat durch Änderungen an IFRS 9 „Finanzinstrumente" und IAS 39 „Finanzinstrumente: Ansatz und Bewertung" praktische Erleichterungen gewährt, wenn vertragliche Zahlungsströme als direkte Folge der IBOR-Reform geändert werden und diese auf einer wirtschaftlich gleichwertigen Grundlage erfolgen. Nach der vorgenommenen Klarstellung kann es sich dabei um eine Modifikation handeln, auch wenn keine Änderung vertraglicher Bedingungen erfolgt ist. Um den Übergang auf die neuen Referenzzinssätze bilanziell abzubilden genügt es, wenn die Berücksichtigung durch Aktualisierung des Effektivzinssatzes erfolgt. Sofern weitere Modifikationen vorgenommen werden, sind diese unter Anwendung der bestehenden IFRS-Vorschriften bilanziell zu berücksichtigen. Durch die Änderungen an IFRS 4 und IFRS 16 werden Versicherern und Leasingnehmern ähnliche Erleichterungen in Bezug auf ihre Finanzinstrumente bzw. Leasingverhältnisse gewährt.

Bilanzierung von Sicherungsbeziehungen

Die Änderungen ermöglichen die Fortführung des Hedge Accountings nach Übergang auf die neuen Referenzzinssätze. Um die durch den Übergang erfolgte Modifikation widerzuspiegeln, ist es jedoch erforderlich, die Sicherungsbeziehungen sowie die damit verbundene Dokumentation zu ändern. Ferner müssen die geänderten Sicherungsbeziehungen weiterhin alle Kriterien für das Hedge Accounting erfüllen.

Angabevorschriften nach IFRS 7

Damit die Abschlussadressaten Art und Umfang der Risiken, denen das Unternehmen aufgrund der IBOR-Reform ausgesetzt ist sowie den Umgang mit diesen Risiken bzw. den Übergang auf alternative Referenzzinssätze verstehen können, sind umfassende Angaben dazu in den Notes zu machen.

c) Änderungen an IFRS 16 – Auf die Coronavirus-Pandemie bezogene Mietkonzessionen

Als Reaktion auf die Corona-Pandemie haben einige Leasinggeber den Leasingneh- **567** mern Erleichterungen in Form von Konzessionen, z.B. mietfreie Monate, vergünstige Mietzahlungen oder Stundung der Leasingzahlungen für einen bestimmten Zeitraum gewährt.

Das IASB hat die im vergangenen Jahr aufgrund der Corona-Pandemie eingeführte Ausnahmeregelung zur Bilanzierung von Leasingverhältnissen nach IFRS 16 um ein weiteres Jahr verlängert.

Die am 31.3.2021 verabschiedete Änderung an IFRS 16 sieht eine optionale Befreiung für Leasingnehmer vor, eine Beurteilung vorzunehmen, ob eine auf die Corona-Pandemie bezogene Mietkonzession eine Änderung des Leasingverhältnisses i.S.d. IFRS 16 („lease modification") darstellt.

Eine solche lease modification liegt vor, wenn eine Anpassung des Nutzungsrechts am Vermögenswert oder der Höhe der Leasingzahlungen über die verbleibende Vertragslaufzeit erfolgt und somit vom ursprünglichen Leasingvertrag abweicht. Dann ist eine

Neubewertung des Leasingvertrags vorzunehmen, bei der die modifizierten zukünftigen Leasingzahlungen mit dem aktuellen Diskontierungssatz abzuzinsen sind. In der Folge ist die Bewertung des bilanzierten Nutzungsrechts sowie der Leasingverbindlichkeit anzupassen. Die sich hieraus ergebenden Anpassungsbeträge sind erfolgswirksam zu erfassen.

Um diesen Aufwand der Einzelfallprüfungen für jeden Leasingvertrag zu vermeiden, eröffnet die Änderung in IFRS 16 den Leasingnehmern ein **Wahlrecht zur vereinfachten Bilanzierung** von Mietkonzessionen. Die Nutzung des Wahlrechts ist möglich, sofern

– die Leasingkonzessionen die direkte Folge der Corona-Pandemie sind,

– die geänderten Gesamtleasingzahlungen nicht höher als diejenigen vor der Änderung sind,

– die Konzessionen nur Zahlungen mit Fälligkeit bis einschließlich 30.6.2022 betreffen und

– sonst keine wesentlichen Punkte der Leasingvereinbarung verändert wurden.

Sind diese Voraussetzungen kumulativ erfüllt, kann der Leasingnehmer bei Ausübung des Wahlrechts auf die Prüfung verzichten, ob eine lease modification vorliegt und stattdessen die Mietkonzession als negative variable Leasingzahlung erfolgswirksam erfassen. Bei (Teil-)Erlassen von Leasingzahlungen ist darüber hinaus zu prüfen, ob die Leasingverbindlichkeit gemäß IFRS 9 auszubuchen und eine neue Verbindlichkeit in geringerer Höhe einzubuchen ist, wenn sich der Barwert der Verpflichtung um mehr als 10 % verändert hat.

Der Leasingnehmer hat die Ausübung des Wahlrechts sowie die in diesem Zusammenhang erfolgswirksam erfassten Beträge in den Notes anzugeben. Die Vereinfachung gilt nur für Leasingnehmer, nicht für Leasinggeber.

J. Wirtschaftsrecht

I. Allgemeines Zivilrecht

1. COVID-19-Pandemie

a) Keine Pfändung der Corona-Soforthilfe wegen alter Schulden

568 Der BGH stellt klar, dass die Corona-Soforthilfe **nicht zur Pfändung** alter, vor dem 10.3.2020 begründeter Schulden herangezogen werden kann.

Laut Beschluss des BGH vom 10.3.2021[1] handelt es sich bei der Corona-Soforthilfe um eine **nicht pfändbare Forderung** im Sinne von § 851 Abs. 1 ZPO. Die Corona-Soforthilfe diene der Abmilderung der finanziellen Notlagen des betroffenen Unternehmens im Zusammenhang mit der COVID-19-Pandemie, insb. der Überbrückung hierdurch seit 1.3.2020 hervorgerufener Liquiditätsengpässe.

Die Soforthilfe diene gerade nicht zur Befriedigung von vor dem 1.3.2020 entstandener Gläubigeransprüche. Aus diesem Grunde sei der Pfändungsfreibetrag in Höhe des bewilligten und auf einem Pfändungsschutzkonto des Schuldners gutgeschriebenen Betrags analog § 850k Abs. 4 ZPO zu erhöhen.

b) Kein Anspruch aus Betriebsschließungsversicherung wegen Corona

569 Gemäß rechtskräftigem Urteil des OLG Oldenburg vom 6.5.2021[2] sind **Betriebsschließungen infolge COVID-19** bzw. des Krankheitserregers SARS-CoV-2 grundsätzlich **nicht vom Versicherungsschutz umfasst**, wenn die Versicherungsbedingungen melde-

---

1) BGH v. 10.3.2021, VII ZB 24/20, NZI 2021, 437.
2) OLG Oldenburg v. 6.5.2021, 1 U 10/21, NW-RR 2021, 1042.

pflichtige Krankheiten oder Krankheitserreger, als „die im Infektionsschutzgesetz in den §§ 6 und 7 namentlich genannte Krankheiten oder Krankheitserreger" definieren und sich an die zitierte Klausel eine Auflistung einzelner Krankheiten und Krankheitserreger anschließt, die weder COVID-19 noch SARS-CoV-2 beinhaltet.

Eine entsprechende Klausel sei so zu verstehen, dass der dort enthaltene **Katalog abschließend** sei. Dadurch werde gerade nicht der Eindruck vermittelt, dass es auf die Aufzählungen in §§ 6 und 7 IfSG ankomme.

Das OLG Bremen bestätigt diese Auffassung mit noch nicht rechtskräftigem Urteil vom 16.9.2021[1]. Auch dieses Gericht verneint damit eine Ausdehnung des Versicherungsschutzes auf behördlich angeordnete Betriebsschließungen aufgrund von COVID-19.

> **Anmerkung:**
>
> Auch gegen diese Entscheidung wurde die Revision zugelassen. Neben diesen beiden Gerichten haben ebenso bereits das OLG Dresden[2], das OLG Köln[3] und das OLG Celle[4] entschieden. Auch in diesen Fällen wurde jeweils die Revision zugelassen.

2. Haftung des Unternehmensverkäufers für Verletzung vorvertraglicher Aufklärungspflichten

Das OLG München hat mit rechtskräftigem Urteil vom 3.12.2020[5] klargestellt, dass der Verkäufer bei einem Unternehmensverkauf grundsätzlich verpflichtet ist, den Käufer **ungefragt** über konkrete Vorkommnisse zu informieren, die gewichtige Anzeichen für eine anhaltende Krise der Gesellschaft darstellen. **570**

Derartige Anzeichen können etwa Zahlungsrückstände in erheblichem Umfang, mehrfache Mahnungen oder Lieferengpässe sein. Weiter muss der Verkäufer – deutlich und unmissverständlich – darüber aufklären, dass und in welcher Höhe die Gesellschaft bislang nur negative Ergebnisse erzielt hatte. Kommt er dem nicht nach, kann der Käufer den Kaufvertrag wegen **arglistiger Täuschung** über die wirtschaftliche Situation der Gesellschaft **anfechten** und vom Verkäufer Schadensersatz verlangen.

> **Anmerkung:**
>
> Wurden dem Käufer **Geschäftsunterlagen übergeben**, die ihrerseits jedoch kein klares, vollständiges Bild der wirtschaftlichen Lage des Unternehmens darlegen, **entfällt die Täuschung** durch den Verkäufer **nicht**. Auch ein vertraglich vereinbarter Haftungsausschluss in Bezug auf die Rechte und Ansprüche des Käufers wegen Mängel erfasst nicht die Haftung des Verkäufers für schuldhafte Aufklärungspflichtverletzungen.

3. Änderung des Musters der Widerrufsinformationen in Fernabsatzverträgen

Der EuGH gibt mit seinem Urteil vom 26.3.2020[6] Anlass zur **Überarbeitung** der im BGB enthaltenen **Musterwiderrufsbelehrung**. Dazu hat das BMJV am 14.1.2021 einen Referentenentwurf vorgelegt, der ein Muster für die Widerrufsbelehrung bei außerhalb von Geschäftsräumen geschlossenen Verträgen und bei Fernabsatzverträgen über Finanzdienstleistungen enthält. Die Bundesregierung brachte das Gesetz am 14.11.2020 in das Gesetzgebungsverfahren ein. Der Bundestag stimmte dem Gesetz zur Anpassung des Finanzdienstleistungsrechts an die Rechtsprechung des Gerichtshofs der Europäischen Union vom 11. September 2019[7] in der Rechtssache C-383/18 **571**

1) OLG Bremen v. 16.9.2021, 3 U 9/21. Vgl. hierzu Körner, jurisPR-VersR 11/2021 Anm. 4.
2) OLG Dresden v. 8.6.2021, 4 U 61/21, VersR 2021, 961.
3) OLG Köln v. 7.9.2021, 9 U 14/21, 9 U 18/21.
4) OLG Celle v. 2.9.2021, 8 U 119/21.
5) OLG München v. 3.12.2020, 23 U 5742/19, NZG 2021, 423. Vgl. hierzu Laukemann, jM 2021, 321.
6) EuGH v. 26.3.2020, C-66/19, NJW 2020, 1423.
7) EuGH v. 11.9.2019, C-383/18, NJW 2019, 3565.

und vom 26. März 2020 in der Rechtssache C-66/19[1] am 6.5.2021 und der Bundesrat am darauffolgenden Tag zu. Das Gesetz vom 9.6.2021 wurde am 14.6.2021 im Bundesgesetzblatt[2] veröffentlicht.

Nach den neuen Vorgaben ist ein ausschließlicher **Verweis auf die einschlägigen Bestimmungen im Einführungsgesetz des BGB nicht mehr zulässig.** Vielmehr ist vorgesehen, dass die **für den Beginn der Widerrufsfrist zu erteilenden Informationen** im Einzelnen **in einer Musterwiderrufsbelehrung aufzulisten** sind.

Verbraucher sollen anhand der Belehrung überprüfen können, ob ihr Vertrag alle erforderlichen Informationen enthält und ob die Widerrufsfrist zu laufen begonnen hat.

Anmerkung:

Damit wird die Musterwiderrufsbelehrung erheblich ausgeweitet.

4. Prämiensparverträge: Wirksamkeit von Zinsänderungsklauseln

572 Der BGH erklärt mit Urteil vom 6.10.2021[3] eine Zinsänderungsklausel in Prämiensparverträgen, die der Sparkasse ein pauschales Recht zur Zinsänderung einräumte, wegen eines Verstoßes gegen § 308 Nr. 4 BGB in Bezug auf die Ausgestaltung der Variabilität der Verzinsung der Spareinlagen für unwirksam. Eine solche Klausel weise nicht das erforderliche **Mindestmaß an Kalkulierbarkeit möglicher Zinsänderungen** auf. Die insoweit entstandene Regelungslücke in den Prämiensparverträgen sei durch ergänzende Vertragsauslegung zu schließen.

Beratungshinweis:

Darüber hinaus entschied der BGH, dass die Zinsanpassungen der Sparkasse monatlich und unter Beibehaltung des anfänglichen relativen Abstands des Vertragszinssatzes zum Referenzzinssatz (Verhältnismethode) vorzunehmen sind. Weiter führte er aus, dass Ansprüche der Verbraucher auf Zahlung von weiteren Zinsbeträgen frühestens mit Beendigung des Sparvertrags fällig werden und somit auch die Verjährungsfrist für eventuelle Ansprüche auf Zinsnachzahlung erst mit der Beendigung des Sparvertrags beginnt bzw. begonnen hat.

5. Online-Händler: Handlungsbedarf bei der Rücknahme von Elektroschrott

573 Online-Händler sind verpflichtet, **bessere Bedingungen für die Rücknahme von Elektroschrott** zu schaffen. Ein pauschales Anbieten von Paketversand oder bloßes Verweisen auf ein Filialnetz, wie es aktuell viele Händler praktizieren, genügt nicht, so das OLG München in seinem Urteil vom 17.12.2020[4].

Anmerkung:

Im Streitfall ging es um die Rücknahme von quecksilberhaltigen Altlampen. Diesbezüglich verwies der Online-Händler auf deren Rückgabe per Paketversand. Eine solche Rückgabe ist jedoch nach den jeweiligen Transportrichtlinien der Paketdienstleister ausgeschlossen. Eine andere Möglichkeit zur Rückgabe bestand nur in einer 50 km vom Kunden entfernten Rückgabestelle.

Verbraucher können seit dem 24.7.2016 bei Händlern mit einer Verkaufsfläche von mehr als 400 m² (für Online-Händler gilt insoweit die Versand- und Lagerfläche) elektronische Altgeräte, die in keiner äußeren Abmessung größer als 25 cm sind, kostenlos abgeben. Sind die Geräte größer als 25 cm, können sie ebenfalls von dem Verbraucher

---

1) EuGH v. 26.3.2020, C-66/19, NJW 2020, 1423.
2) BGBl. I 2021, 1666.
3) BGH v. 6.10.2021, XI ZR 234/20, WM 2021, 2234.
4) OLG München v. 17.12.2020, 6 U 1549/20.

unentgeltlich bei dem Händler abgegeben werden, wenn dort gleichzeitig ein ähnliches Neugerät erworben wird.

Konkret sind die Händler **verpflichtet, für Verbraucher angemessene, zumutbare und verbraucherfreundliche Rückgabemöglichkeiten** zu schaffen, wie etwa eine Annahmestelle pro Postleitzahlgebiet zu ermöglichen oder mit anderen Entsorgungsanbietern zu kooperieren, und sich finanziell an der Entsorgung zu beteiligen.

Nach dem Urteil des OLG München sind die meisten Online-Händler zum Handeln verpflichtet, denn viele bieten nur unzureichende oder verbraucherunfreundliche Rückgabemöglichkeiten an.

Beratungshinweis:

Durch die **Deutsche Umwelthilfe** wurden bereits verstärkt Kontrollen in Bezug auf die Umsetzung dieser Rücknahmevorgaben angekündigt. Auch können Behörden die Umsetzung dieser Vorgaben kontrollieren. Im Falle einer nicht ordnungsgemäßen Umsetzung drohen den Händlern empfindliche Bußgelder.

Betroffene Händler sollten deshalb schnellstmöglich ihre **Rückgabebedingungen überprüfen** und ggf. entsprechend nachbessern. Die Hinzuziehung eines Experten bei der konkreten Ausgestaltung der Rückgabebedingungen sollte in Betracht gezogen werden, um eventuelle Rechtsstreitigkeiten und drohende Bußgelder zu vermeiden.

6. Verpackungsgesetz

Der Bundesrat hat am 28.5.2021 der am 6.5.2021 vom Bundestag beschlossenen Novelle des Verpackungsgesetzes seine Zustimmung erteilt. Damit werden zwei EU-Richtlinien in deutsches Recht umgesetzt. Das Gesetz zur Umsetzung von Vorgaben der **Einwegkunststoffrichtlinie** und der **Abfallrahmenrichtlinie** im Verpackungsgesetz und in anderen Gesetzen vom 9.6.2021 wurde am 14.6.2021 im Bundesgesetzblatt[1] verkündet. Der Vollzug des seit 2019 geltenden deutschen Verpackungsgesetzes soll sich damit in der Praxis weiter verbessern. Die Novelle ist aufgrund EU-rechtlicher Vorgaben in weiten Teilen bereits am 3.7.2021 in Kraft getreten, allerdings fordert der Bundesrat alsbald umfassende Nachbesserungen, da seine fachlichen Anregungen nicht aufgenommen wurden. **574**

Die **Getrenntsammlung bestimmter Verpackungsabfallströme** wurde erweitert, um das Recycling zu verbessern und um das achtlose Wegwerfen von Plastikabfall, sog. Littering, zu vermeiden. Das Gesetz schreibt **für bestimmte Verpackungen einen verpflichtenden Mindest-Rezyklatanteil** vor und weitet die Informationspflichten gegenüber den Verbrauchern aus – etwa über die Möglichkeiten kostenloser Rückgabe. Herstellern werden weitere Pflichten auferlegt – u.a. im Versandhandel mit ausländischen Anbietern.

Ab 1.1.2022 entfallen fast alle bisher geltenden **Ausnahmen von der Pfandpflicht** für Einweggetränkeflaschen und -dosen. Für Milch und Milcherzeugnisse gilt die Pfandpflicht allerdings erst ab 1.1.2024.

Gastronomen und Einzelhändler müssen beim Verkauf von Lebensmitteln und Getränken zum Sofortverzehr auch **Mehrwegalternativen** statt der bisher üblichen Einwegkunststoffverpackungen anbieten. Ab 1.1.2025 ist für die Herstellung von PET-Flaschen ein Mindestanteil an recyceltem Kunststoff vorgeschrieben.

---

1) BGBl. I 2021, 1699.

Kritische Stellungnahme:

Der Bundesrat hat das Gesetz nur gebilligt, um die fristgerechte Umsetzung der EU-Vorgaben nicht aufzuhalten. In der Sache hält er die Novelle jedoch für unzureichend und teilweise nicht vollzugstauglich und fordert eine alsbaldige Nachbesserung, da die meisten seiner fachlichen Anregungen nicht berücksichtigt wurden. Dies müsse zeitnah bei der nächsten Novelle nachgeholt werden.

Generell sollte die Bundesregierung fristgebundene Vorhaben zur Umsetzung von EU-Recht frühzeitiger auf den Weg bringen, um eine umfassende Beteiligung der Länder sicherzustellen, fordert der Bundesrat.

II. Gesellschaftsrecht

1. COVID-19-Pandemie

a) Akteneinsichtsrecht eines GmbH-Gesellschafters außerhalb der Geschäftsräume?

575 Das **Gebot der Verhältnismäßigkeit** gibt vor, ob und in welcher Weise die Gesellschaft einen Gesellschafter bei der Einsicht in ihre Bücher und Schriften zu unterstützen hat. Nach einem rechtskräftigen Beschluss des OLG Frankfurt a.M. vom 1.12.2020[1] sind dabei die hierdurch verursachte Belastung der Gesellschaft und die Erschwerung der Ausübung des Einsichtsrechts ohne die Unterstützung gegeneinander abzuwägen. Während der Corona-Pandemie kann dies im Einzelfall auch dazu führen, dass den Gesellschaftern eine Einsichtnahme außerhalb der Geschäftsräume der Gesellschaft zu ermöglichen ist.

b) Verschiebung einer außerordentlichen Gesellschafterversammlung

576 Eine Holding-Gesellschaft mit Sitz in Deutschland muss eine kurzfristig geplante außerordentliche Gesellschafterversammlung verschieben, wenn die **Einreise** von Gesellschaftern nach Deutschland aufgrund der Corona-Pandemie **nicht rechtzeitig bewerkstelligt** werden kann. Das Landgericht Stuttgart bestätigte mit Endurteil vom 10.2.2021[2] eine entsprechende einstweilige Verfügung.

Die Richter kamen zu dem Ergebnis, dass die gesellschafterliche Treuepflicht die Gesellschafter nicht dazu verpflichtet, Anstrengungen zur Ermöglichung der Einreise nach Deutschland, die über eine (abschlägig beantwortete) Flugbuchungsanfrage hinausgehen, zu unternehmen.

Anmerkung:

Im Streitfall ging es um Gesellschafter aus Israel bzw. Spanien, denen die Tagesordnung für die außerordentliche Gesellschafterversammlung erst elf Tage vor der Versammlung mitgeteilt wurde.

c) Verlangen der Einberufung einer außerordentlichen Delegiertenversammlung eines Vereins

577 Das OLG München entschied mit rechtskräftigem Beschluss vom 23.11.2020[3], dass das Verlangen der Einberufung einer **außerordentlichen Delegiertenversammlung eines Vereins** nicht deshalb rechtsmissbräuchlich ist, weil die Versammlung aufgrund der Corona-Pandemie und der daraus resultierenden behördlichen Beschränkungen als Präsenzveranstaltung möglicherweise nicht oder nur eingeschränkt gestattet ist. Denn, so die Richter, nach der Sondervorschrift des § 5 Abs. 2 und 3 des Gesetzes über Maßnahmen im Gesellschafts-, Genossenschafts-, Vereins-, Stiftungs- und Wohnungseigentumsrecht zur Bekämpfung der Auswirkungen der COVID-19-Pandemie (COVMG)

---

1) OLG Frankfurt a.M. v. 1.12.2020, 21 W 137/20, ZIP 2021, 249.
2) LG Stuttgart v. 10.2.2021, 40 O 46/20 KfH, GmbHR 2021, 382. Vgl. hierzu Hippeli, jurisPR-HaGesR 5/2021 Anm. 4.
3) OLG München v. 23.11.2020, 31 Wx 405/20, NJW 2021, 558.

bestünde grundsätzlich die Möglichkeit der Abhaltung einer virtuellen Delegiertenversammlung.

Anmerkung:

Zudem obliege die Festlegung von Versammlungsort und -zeit sowie der weiteren Modalitäten der Versammlung grundsätzlich dem jeweiligen Einberufungsorgan.

2. Transparenzregister

a) Transparenzregister- und Finanzinformationsgesetz

aa) Gesetzgebungsverfahren

Mit der **GwG-Novelle 2021** wurde das Transparenzregister zu einem Vollregister **578** umgestellt. Dies soll einer europäischen Vernetzung dienen sowie die digitale Nutzbarkeit verbessern. Damit gehen aber erhebliche Verschärfungen der Transparenzvorschriften einher. Dies hat **massive praktische Auswirkungen** auf nahezu alle Unternehmen in Deutschland.[1]

Die Bundesregierung hatte am 10.2.2021 den Regierungsentwurf eines Gesetzes zur europäischen Vernetzung der Transparenzregister und zur Umsetzung der Richtlinie 2019/1153 des Europäischen Parlaments und des Rates vom 20.6.2019 zur Nutzung von Finanzinformationen für die Bekämpfung von Geldwäsche, Terrorismusfinanzierung und sonstigen schweren Straftaten (Transparenzregister- und Finanzinformationsgesetz, „**GwG-RegE**") beschlossen. Der Bundestag hat das Gesetz am 10.6.2021 in zweiter und dritter Lesung verabschiedet. Die Billigung des Gesetzes durch den Bundesrat erfolgte am 25.6.2021 ohne Anrufung des Vermittlungsausschusses, wie dies vom Innenausschuss empfohlen worden war. Das Gesetz vom 25.6.2021 wurde am 30.6.2021 im Bundesgesetzblatt[2] verkündet und ist am 1.8.2021 in Kraft getreten.

bb) Offenlegung von wirtschaftlich Berechtigten

Nach dem Geldwäschegesetz besteht eine Verpflichtung zur Mitteilung der/des wirt- **579** schaftlich Berechtigten über das (elektronisch geführte) Transparenzregister. Diese Verpflichtung obliegt grundsätzlich den in Deutschland **registereingetragenen Rechtseinheiten**, nämlich juristischen Personen des Privatrechts, eingetragenen Personengesellschaften, Vereinen, Stiftungen sowie Verwaltern von Trusts (Trustees) mit Wohnsitz oder Sitz in Deutschland. Diese Verpflichtung gilt aber auch für ausländische Gesellschaften oder Trustees, sofern diese Grundeigentum in Deutschland erwerben wollen.

Nach der Einführung der Vorschriften zu den geldwäscherechtlichen Transparenzregisterpflichten zum 1.10.2017 und ihrer Verschärfung durch die GwG-Novelle zum 1.1.2020 wurde ihr **Anwendungsbereich** zum 1.8.2021 **erheblich ausgeweitet**.

cc) Abschaffung der Mitteilungsfiktion durch Umstellung von Auffang- zu Vollregister

Bisher war das deutsche Transparenzregister als **Auffangregister** ausgestaltet. Danach **580** war eine **Meldung** des wirtschaftlich Berechtigten an das Transparenzregister **entbehrlich**, wenn sich alle erforderlichen Angaben aus bestimmten öffentlich einsehbaren Registern, etwa dem Handels-, Partnerschafts-, Genossenschafts- oder Vereinsregister ergaben.

Kern der GWG-Novelle ist nun jedoch, dass fortan **nahezu jede deutsche Gesellschaft und Stiftung** sowie bestimmte ausländische Gesellschaften, die direkt oder indirekt Grundeigentum in Deutschland erwerben, ihre wirtschaftlich Berechtigten an das

---

1) Goette, DStR 2021, 1551 ff.
2) BGBl. I 2021, 2083.

Transparenzregister melden müssen. Die bisher bestehende **Mitteilungsfiktion** wurde **aufgehoben** und das Transparenzregister wird von einem Auffangregister zu einem **Vollregister** umgestellt.

> **Anmerkung:**
>
> Die Umstellung soll der (nachfolgenden) europäischen Vernetzung sowie der Verbesserung der digitalen Nutzbarkeit dienen. Über eine europäische Plattform sollen letztlich sämtliche in den nationalen Transparenzregistern enthaltenen Daten abrufbar sein. Die ergänzende Hinzuziehung weiterer Register, wie das Handelsregister, ist umständlicher und funktioniert zumindest auf internationaler Ebene nicht zuverlässig.[1]

Die Änderung führt dazu, dass alle in Deutschland registereingetragenen Rechtseinheiten ihre **wirtschaftlich Berechtigten zum Transparenzregister aktiv mitteilen** müssen. Dies betrifft sowohl etwaige tatsächliche wirtschaftlich Berechtigte als auch die sog. fiktiven wirtschaftlich Berechtigten, wenn keine tatsächlich wirtschaftlich Berechtigten vorhanden sind oder ermittelt werden konnten.

> **Kritische Stellungnahme:**
>
> Etwa 1,9 Mio. Gesellschaften in Deutschland kam bisher hinsichtlich der Mitteilungspflichten zum Transparenzregister die sog. Mitteilungsfiktion des § 20 Abs. 2 GwG a.F. zugute. Nun sind auch sie zur Abgabe von Mitteilungen an das Transparenzregister verpflichtet. Befürchtet wird, dass sich der Effekt der Vervielfachung der Meldepflichten durch das Personengesellschaftsmodernisierungsgesetz (→ Rz. 240 ff.) noch weiter verschärfen wird.[2] Demzufolge besteht **dringender Handlungsbedarf** für nahezu alle Unternehmen in Deutschland.

Die Umstellung ist für bislang nicht mitteilungsverpflichtete Rechtseinheiten mit **rechtsformabhängig gestaffelten Übergangsfristen** verbunden, § 59 Abs. 8 GwG. Je nach Rechtsform bestehen Übergangsfristen für:

– AG, SE oder KGaA bis zum 31.3.2022,

– GmbH, Genossenschaft, Europäische Genossenschaft oder Partnerschaft bis zum 30.6.2022,

– alle anderen Rechtsformen bis zum 31.12.2022.

Auch die damit zusammenhängenden **Bußgeldvorschriften** bei Verstößen gegen die Pflicht zur Erstmeldung des wirtschaftlich Berechtigten wurden zeitweilig ausgesetzt, § 59 Abs. 9 GwG, und zwar

– im Falle einer AG, SE oder KGaA bis 31.3.2023;

– im Falle einer GmbH, Genossenschaft, Europäischen Genossenschaft oder Partnerschaft bis 30.6.2023; und

– in allen anderen Fällen bis 31.12.2023.

Unstimmigkeitsmeldungen (allein) wegen des Fehlens einer Eintragung im Transparenzregister aufgrund der Berufung auf die bisherige Mitteilungsfiktion müssen bis zum 1.4.2023 nicht abgegeben werden (§ 59 Abs. 10 GwG).

> **Anmerkung:**
>
> Die Übergangsregelungen entbinden nicht von einer nach den bisherigen gesetzlichen Bestimmungen bereits bestehenden Meldepflicht, sondern gelten nur für die künftig erforderlichen Meldungen, die aufgrund der bisher geltenden Mitteilungsfiktion gesetzeskonform unterbleiben durften.

---

1) Goette, DStR 2021, 1551, 1553.
2) Goette, DStR 2021, 1551.

dd) Erweiterter Umfang der Angaben

Mit der Umstellung vom Auffang- zu einem Vollregister ist eine geringfügige **Erweiterung der erforderlichen Angaben** verbunden. So sind für multinationale wirtschaftlich Berechtigte **alle Staatsangehörigkeiten** anzugeben – bisher genügte die Angabe einer Staatsangehörigkeit von mehreren (§ 19 Abs. 1 GwG). **581**

Eine Pflicht zur aktiven Nachmeldung etwaiger weiterer Staatsangehörigkeiten des wirtschaftlich Berechtigten besteht allerdings nicht. Sie soll vielmehr nur erfolgen müssen, wenn die Angaben zum wirtschaftlich Berechtigten anlassbezogen aktualisiert werden.[1]

ee) Verschärfung des Unstimmigkeitsverfahrens

Die bisherige Regelung über Meldungen von Unstimmigkeiten wurde im Rahmen der Novelle ergänzt. Nach § 23a Abs. 1 Satz 1 GwG haben **Verpflichtete** i.S.d. § 2 GwG, also u.a. **582**

– Kreditinstitute,

– Finanzdienstleistungsinstitute und

– Angehörige beratender Berufe, wie Rechtsanwälte, Steuerberater, Wirtschaftsprüfer und Notare

der registerführenden Stelle des Transparenzregisters, d.h. dem Bundesanzeiger Verlag, **Unstimmigkeiten unverzüglich** zu melden, die sie zwischen den im Transparenzregister zugänglichen Angaben über die wirtschaftlich Berechtigten und den ihnen zur Verfügung stehenden Angaben und Erkenntnissen über die wirtschaftlich Berechtigten feststellen.

Das **Unstimmigkeitsverfahren** wird **beendet**, wenn das betroffene Unternehmen die gemeldete Unstimmigkeit geklärt und ausgeräumt hat. Soweit dies zur Prüfung der Unstimmigkeitsmeldung erforderlich ist, soll der Bundesanzeiger Verlag auf Basis der in anderen Registern vorhandenen sowie der ihm auf Nachfrage vorzulegenden Informationen und Unterlagen (selbst) Eigentums- und Kontrollstrukturübersichten der betroffenen Rechtseinheit erstellen (§ 23a Abs. 3a GwG). Die Kontrollstrukturübersichten werden nicht im Transparenzregister veröffentlicht.

ff) Meldung von Sitzverlegungen

Bisher mussten nach § 20 Abs. 1a GwG nicht im Handels-, Partnerschafts-, Genossenschafts- oder Vereinsregister eingetragene Vereinigungen dem Transparenzregister Änderungen ihrer Firma, Verschmelzungen, Formwechsel und ihre Auflösung mitteilen. Nach der Neuregelung wird eine entsprechende Meldung auch bei Sitzverlegung erforderlich, § 20 Abs. 2 GwG. **583**

gg) Meldepflichten ausländischer Gesellschaften

Bereits bisher mussten ausländische Gesellschaften ihren wirtschaftlich Berechtigten an das Transparenzregister melden, wenn sie sich verpflichten, **Eigentum an einer im Inland gelegenen Immobilie** zu erwerben, und sie nicht in einem Transparenzregister eines anderen EU-Mitgliedstaats eingetragen sind (§ 20 Abs. 1 Sätze 2, 3 GwG). Erfasst war dabei bisher aber **nur** der Fall, in dem eine ausländische Gesellschaft **unmittelbar Eigentum** an einem inländischen Grundstück erwarb (sog. **Asset Deal**). **584**

Nach dem nun verabschiedeten Gesetz sind ausländische Gesellschaften auch dann zur Meldung ihres wirtschaftlich Berechtigten an das deutsche Transparenzregister verpflichtet, wenn auf diese **Anteile einer inländisches Grundeigentum haltenden**

---

1) BT-Drucks. 19/28164 vom 31.3.2021, 48.

Gesellschaft im Sinne des Grunderwerbsteuergesetzes übergehen (sog. **Share Deal**), § 20 Abs. 1 Satz 2 GwG.

> **Anmerkung:**
>
> Eine Meldung kann auch in diesem Fall nur unterbleiben, wenn die Trustees ihre wirtschaftlich Berechtigten bereits an ein Transparenzregister eines anderen EU-Mitgliedsstaats übermittelt haben.

Darüber hinaus wurde das **Beurkundungsverbot** des § 10 Abs. 9 Satz 4 GwG auf Share Deals ausgeweitet. Danach darf ein Notar eine Beurkundung unter Beteiligung einer ausländischen Gesellschaft, die zur Meldung ihres wirtschaftlich Berechtigten an das Transparenzregister verpflichtet ist, nur vornehmen, wenn sie ihren Meldepflichten nachgekommen ist.

hh) Meldepflichten bei Vereinen

585 Kurz vor der Verabschiedung des Gesetzes wurde für Vereine eine **Entlastung** aufgenommen. Gemäß dem neuen § 20a GwG nimmt die registerführende Stelle auf der Grundlage der Daten des Vereinsregisters erstmals spätestens zum 1.1.2023 und danach anlassbezogen eine Eintragung für den Verein im Transparenzregister vor. Eine gesonderte Mitteilung durch den Verein nach § 20 Abs. 1 Satz 1 GwG ist nicht erforderlich. Die im Vereinsregister enthaltenen Daten gelten als Angaben des Vereins.[1]

> **Beratungshinweis:**
>
> Der Verein muss allerdings eigenständig Angaben zum wirtschaftlich Berechtigten machen, wenn eine Änderung im Vereinsvorstand nicht unverzüglich im Vereinsregister angemeldet worden ist, zumindest ein wirtschaftlich Berechtigter vorhanden ist oder die Angaben im Vereinsregister unrichtig oder unvollständig sind.[2]

ii) Transparenzregisterpflicht für GbR?

586 Das Gesetz zur Modernisierung des Personengesellschaftsrechts, MoPeG (→ Rz. 240 ff.), sieht u.a. die Einführung eines dem Handelsregister ähnelnden Registers für bestimmte Gesellschaften bürgerlichen Rechts vor (→ Rz. 244). Die Transparenzpflichten sollen dementsprechend jedenfalls auf die Gesellschaften bürgerlichen Rechts ausgeweitet werden, die in einem solchen GbR-Register eingetragen sind. Dazu sieht das MoPeG die Ergänzung der Mitteilungsfiktion des bisherigen § 20 Abs. 2 GwG vor.

Da diese Mitteilungsfiktion aufgrund des Transparenzregister- und Finanzinformationsgesetzes entfällt, läuft die im MoPeG enthaltene Anpassung dieser Mitteilungsfiktion gegenwärtig ins Leere. Aus diesem Grund ist damit zu rechnen, dass der Kreis der unmittelbar mitteilungspflichtigen Rechtsträger um die registrierte GbR ergänzt wird, so dass diese ebenfalls unmittelbar Mitteilungen zum Transparenzregister abgeben muss.[3]

> **Anmerkung:**
>
> Das MoPeG tritt zum 1.1.2024 in Kraft. Bis dahin sind hoffentlich alle offenen Fragen in Bezug auf eine Meldepflicht der GbR zum Transparenzregister geklärt.

---

1) Goette, DStR 2021, 1551, 1554.
2) Goette, DStR 2021, 1551, 1554.
3) Goette, DStR 2021, 1551, 1555.

jj) Erleichterungen bei der Überprüfung der Angaben zum wirtschaftlich Berechtigten

Bisher musste sich ein geldwäscherechtlich Verpflichteter gemäß § 11 Abs. 5 Satz 4 **587**
GwG nach bestimmten Vorgaben vergewissern, dass die von ihm erhobenen Angaben
zum wirtschaftlich Berechtigten eines Vertragspartners zutreffend sind. Dabei durfte er
nicht ausschließlich auf die Angaben im Transparenzregister vertrauen. Vielmehr
musste er **eigene** – je nach Umfang des Geldwäscherisikos im konkreten Einzelfall –
Nachforschungen anstellen.

Nach der Neuregelung muss der Verpflichtete zwar weiterhin die Angaben zum wirtschaftlich Berechtigten beim Vertragspartner selbst einholen. Über die **Einsicht in das
Transparenzregister hinausgehende Maßnahmen** zur Überprüfung der Angaben des
wirtschaftlich Berechtigten sind aber nach § 12 Abs. 3 Satz 2 GwG in der Regel **nicht**
mehr erforderlich.

kk) Automatisierter Zugang zum Transparenzregister

Ab 1.1.2023 wird das Bundesverwaltungsamt auf Grundlage der in § 23 Abs. 3 GwG **588**
geschaffenen Rechtsgrundlage für Behörden und privilegierte Verpflichtete, d.h.
Notare, Kredit- und Finanzdienstleistungs-, Zahlungsinstitute und Versicherungsunternehmen, einen **automatisierten Zugang zum Transparenzregister** einrichten.

> **Anmerkung:**
>
> Damit soll das volle Potential der Umstellung auf ein Vollregister, insb. für die Wirtschaft genutzt
> werden, so dass bereits im Kundenanbahnungs-Prozess volldigital und in unmittelbarem zeitlichen
> Zusammenhang mit der Datenerhebung zum wirtschaftlich Berechtigten eine Überprüfung möglich
> wird. Dies soll zu einer Senkung der Compliance-Kosten und einer Verbesserung der Ergebnisse
> des Identifizierungsvorgangs führen.[1]

ll) Verschärfte Compliance-Anforderungen: Handlungsbedarf bei allen Unternehmen

Die GwG-Novelle bringt gravierende Änderungen mit sich. Diese betreffen insb. in **589**
Deutschland registereingetragene Rechtseinheiten.

> **Anmerkung:**
>
> Statt bislang 400.000 Rechtseinheiten dürften künftig ca. 2,3 Mio. Rechtsträger von der Mitteilungs-
> pflicht zum Transparenzregister erfasst sein.[2]

Im Rahmen der Compliance mit den anwendbaren Transparenzvorschriften sollte bei
registereingetragenen Rechtseinheiten aufgrund des Wegfalls der Mitteilungsfiktion
überprüft werden, **ob und wie wirtschaftlich Berechtigte zum Transparenzregister mitzuteilen** sind und ob bei bereits vorgenommenen Mitteilungen **Änderungen oder
Ergänzungen erforderlich** sind. Diese Unternehmen werden durch die Ausweitung des
Transparenzregisters zu einem Vollregister signifikant zusätzlich belastet. Mitunter verbleibt es nicht bei einer einmaligen Meldung an das Transparenzregister, sondern es
sind alle relevanten Veränderungen der Konzernstruktur und der Anteilsinhaberschaft
bzw. bei den Leitungsorganen sowohl im Handels- wie auch im Transparenzregister
nachzuvollziehen. Damit kommt es zu einer **doppelten Registerführung** und damit zu
erhöhtem administrativem Aufwand.[3]

Verstöße gegen Transparenzpflichten gemäß GwG sind **bußgeldbewehrt** (§ 56 GwG),
ebenso droht unverändert die Bekanntmachung des Verstoßes unter Nennung der
Beteiligten auf der Website der Aufsichtsbehörde (§ 57 GwG); sog. „**Prangerfunktion**".

---

1) Goette, DStR 2021, 1551, 1554.
2) BT-Drucks. 19/28164 v. 31.3.2021, 50.
3) Goette, DStR 2021, 1551, 1556.

Um diese Sanktionen zu vermeiden, sollten sich alle Unternehmen dringend mit dieser Thematik auseinandersetzen und die **Einhaltung der Transparenzvorschriften in ihre unternehmensinternen Compliance-Prozesse einbinden**.

b) Einschränkung der weiten Auslegung des Kontrollbegriffs

590 Die Ausweitung des Kontrollbegriffs durch das Bundesverwaltungsamt (BVA) zur Qualifizierung als tatsächlich wirtschaftlich Berechtigter bspw. durch Veto- oder Widerspruchsrecht wurde in der Praxis als zu weitgehend kritisiert. Daraufhin schränkte das BVA seine Verwaltungsauffassung wieder ein.

Juristische Personen des Privatrechts und eingetragene Personengesellschaften sind verpflichtet, die erforderlichen persönlichen Angaben über ihre jeweiligen wirtschaftlichen Berechtigten dem Transparenzregister mitzuteilen. Die gesetzlichen Transparenzvorschriften wurden mehrfach, zuletzt durch die GwG-Novelle zum 1.1.2020 und mit der GwG-Novelle zum 1.8.2021 abermals verschärft (→ Rz. 578). Das BVA als zuständige Aufsichtsbehörde veröffentlichte seine Verwaltungsauffassung zu den Transparenzpflichten in Gestalt von Fragen und Antworten (FAQ) mit derzeitigem Stand „1.8.2021" zum Transparenzregister auf seiner Website.[1]

> **Anmerkung:**
>
> Diese Verwaltungsauffassung entwickelt sich ständig fort und führt meist zu einer Ausweitung der Meldepflichten.

Insb. hatten die vom BVA veröffentlichten FAQ i.d.F. vom 19.8.2020 mit der **grundlegenden Änderung der Auslegung des Kontrollbegriffs** erhebliche praktische Auswirkungen. Damals weitete das BVA den Begriff der Kontrolle über die Fälle der aktiven Steuerungsmöglichkeit (Stimmrechtsmehrheit, Recht zur Bestimmung der Mehrheit der Mitglieder der Gesellschaftsorgane, Beherrschungsvertrag und Zweckgesellschaft) hinaus auf Fälle einer lediglich passiven Steuerungsmöglichkeit (sog. Verhinderungsbeherrschung) aus. Dabei sollte bereits ein faktisches Vetorecht als Gesellschafter für eine Kontrolle ausreichen. Diese Änderung führte zu einer deutlichen Ausweitung der Qualifizierung von natürlichen Personen als tatsächlich wirtschaftlich Berechtigte. Hieran wurde kritisiert, dass diese Änderung nicht vom Wortlaut des Gesetzes gedeckt sei.

Daraufhin nahm das BVA in den FAQ vom 9.2.2021 die **Ausweitung des Kontrollbegriffs** auf die Fälle der passiven Steuerungsmöglichkeit **wieder weitgehend zurück**.

In den FAQ ist nunmehr klargestellt, dass gesetzliche oder vertraglich vereinbarte Veto- oder Verhinderungsrechte nur in bestimmten Fällen zu einem beherrschenden Einfluss durch Verhinderungskontrolle führen können. Dies soll insb. der Fall sein, wenn eine natürliche Person über diese Rechte die (Mutter-)Vereinigung faktisch kontrolliert oder deren Transaktionen letztlich veranlasst. Maßgeblich sind dabei die Umstände des jeweiligen Einzelfalles.

> **Anmerkung:**
>
> Nach dieser Anpassung reicht ein faktisches Vetorecht allein nicht zur Qualifizierung als tatsächlich wirtschaftlich Berechtigter aus. Diese Klarstellung trägt zu größerer Rechtssicherheit bei der Anwendung der Transparenzvorschriften bei. Ggf. müssten entsprechende Mitteilungen zum Transparenzregister, die auf der Basis der Verwaltungsauffassung des BVA gemäß FAQ vom 19.8.2020 abgegeben wurden, überprüft und angepasst werden.

---

1) https://www.bva.bund.de/DE/Das-BVA/Aufgaben/T/Transparenzregister/_documents/FAQ_transparenz_kachel.html (zuletzt abgerufen am 24.11.2021).

3. Register über Unternehmensbasisdaten

a) Gesetzgebungsverfahren

Am 27.4.2021 beschloss das Bundeskabinett, den Entwurf eines Gesetzes zur Errich- **591** tung und Führung eines Registers über Unternehmensbasisdaten und zur Einführung einer bundeseinheitlichen Wirtschaftsnummer für Unternehmen (sog. UBRegG) in das Gesetzgebungsverfahren einzubringen. Der Bundestag hat am 10.6.2021 seine Zustimmung zu dem Gesetz erteilt. Der Bundesrat hat das Gesetz am 25.6.2021 gebilligt und davon abgesehen, einen Antrag nach Art. 77 Abs. 2 GG zu stellen. Das Gesetz vom 9.7.2021 wurde am 14.7.2021 im Bundesgesetzblatt[1] verkündet und ist damit am 15.7.2021 in Kraft getreten.

b) Register über Unternehmensbasisdaten

Beim Statistischen Bundesamt wird ein Register über Unternehmensbasisdaten errich- **592** tet. Dieses bildet die **wirtschaftlich aktiven Einheiten in Deutschland als Unternehmen** ab und umfasst

– natürliche Personen, die wirtschaftlich tätig sind,

– juristische Personen und

– Personenvereinigungen.

Dazu muss das betreffende Unternehmen **in mindestens einem Verwaltungsregister geführt** sein, das die erforderlichen Informationen für den Aufbau und die Pflege des Basisregisters liefert. In diesem Register sollen dann die Merkmale zentral gespeichert werden, die eine Identifikation von Unternehmen in und von den verschiedenen Registern erlauben, die in mehreren Registern benötigt werden. Damit die Unternehmen **eindeutig identifiziert** werden können, wird ihnen mit der Aufnahme in das Basisregister eine bundeseinheitliche Wirtschaftsnummer vergeben. Hierfür wird die **steuerliche Identifikationsnummer** herangezogen.

> **Anmerkung:**
> Durch dieses Gesetz sollen laut Pressemitteilung des Bundeswirtschaftsministeriums Mehrfachmeldungen der Stammdaten an unterschiedliche Register vermieden und die Unternehmen entlastet werden.

4. Gesellschaft bürgerlichen Rechts: Nachschussforderung durch Liquidator

Der BGH stellte mit Urteil vom 27.10.2020[2] klar, dass eine Gesellschaft bürgerlichen **593** Rechts nach ihrer Auflösung, vertreten durch den Liquidator, Nachschüsse für einen **Innenausgleich** unter den Gesellschaftern einfordern kann.

> **Anmerkung:**
> Der BGH hatte dies bisher lediglich für die Publikumsgesellschaft bejaht.

5. GmbH & Co. KG

a) Keine Geschäftsführerhaftung nach vorbehaltloser Entlastung der Komplementärin durch ihre Mitgesellschafter

Bei einer GmbH & Co. KG bewirkt die vorbehaltlose Entlastung der Komplementärin **594** auch die **Entlastung des Geschäftsführers der Komplementär-GmbH** gegenüber der KG. Zu diesem Ergebnis kommt der BGH mit Urteil vom 22.9.2020.[3]

---

1) BGBl. I 2021, 2506.
2) BGH v. 27.10.2020, II ZR 150/19, DStR 2021, 41. Vgl. hierzu Kruppa, jurisPR-HaGesR 1/2021 Anm. 3.
3) BGH v. 22.9.2020, II ZR 141/19, DStR 2020, 2689. Vgl. hierzu Hippeli, jurisPR-Compl 6/2020 Anm. 2.

Weiter führt der BGH aus, dass der Geschäftsführer der Komplementärin einer personalistisch strukturierten GmbH & Co. KG bei der Geschäftsführung auch dann die Sorgfalt eines ordentlichen Geschäftsmannes walten lassen muss, wenn er selbst Gesellschafter der KG ist.

b) Außenhaftung des Kommanditisten bei Herabsetzung der Haftsumme

595 Der BGH entschied mit Urteil vom 4.5.2021[1], dass im Fall der Herabsetzung der Haftsumme die **Außenhaftung des Kommanditisten für Altverbindlichkeiten** im Umfang des die neue Haftsumme übersteigenden Betrages entsprechend den Vorgaben in §§ 160 Abs. 1 und 2, 161 Abs. 2 HGB **zeitlich begrenzt** wird.

Nach Ablauf der Nachhaftungsfrist von fünf Jahren haftet der Kommanditist auch gegenüber Altgläubigern nur noch bis zur Höhe der neuen verminderten Hafteinlage.

> **Anmerkung:**
>
> Unabhängig von der Eintragung der Kapitalherabsetzung in das Handelsregisters beginnt die fünfjährige Nachhaftungsfrist schon mit dem Ende des Tages, an dem der Gesellschaftsgläubiger positive Kenntnis von dem Herabsetzungsbeschluss erlangt.

Mit dem Ablauf der Nachhaftungsfrist entfällt sowohl die Haftung für den geltend gemachten Hauptanspruch als auch für die davon abhängigen Nebenleistungen.

c) Entziehung der Geschäftsführungs- und Vertretungsbefugnis eines Komplementärs

596 Die Geschäftsführungs- und Vertretungsbefugnis des geschäftsführenden Gesellschafters einer Kommanditgesellschaft ist ein sog. **relativ unentziehbares Recht**. In ein solches relativ unentziehbares Recht kann nur eingegriffen werden, wenn dies im Interesse der Gesellschaft geboten und für den betroffenen Gesellschafter unter Berücksichtigung seiner eigenen schutzwürdigen Belange zumutbar ist bzw. wenn er einem solchen Eingriff zugestimmt hat. Nach Auffassung des BGH in seinem Urteil vom 13.10.2020[2] genügt es hingegen nicht, dass die Entziehung der Geschäftsführungs- und Vertretungsbefugnis lediglich im Interesse der Gesellschaft liegt.

d) Persönliche Haftung des Kommanditisten für Gesellschaftsverbindlichkeiten bei Insolvenz

597 Ein Kommanditist haftet in Höhe seiner nicht erbrachten Einlage grundsätzlich persönlich für die Verbindlichkeiten der Gesellschaft. Der BGH entschied mit Urteil vom 15.12.2020[3], dass die **persönliche Haftung** eines Kommanditisten im Falle einer Insolvenz der Kommanditgesellschaft **zumindest** für solche **Gesellschaftsverbindlichkeiten** besteht, **die bis zur Eröffnung des Insolvenzverfahrens begründet** worden sind.

In der Insolvenz der Gesellschaft sei eine Beschränkung der persönlichen Haftung von Kommanditisten geboten; § 128 HGB müsse nach seinem Sinn und Zweck ausgelegt werden. Dabei komme es nicht auf die insolvenzrechtliche Einordnung der betreffenden Gläubigerforderung an, sondern vielmehr darauf, ob der Grund der Forderung zu einem Zeitpunkt gelegt wurde, zu dem der Gesellschafter noch Einfluss nehmen konnte und die Führung der Gesellschaft auch zu seinem Nutzen erfolgte. Der BGH argumentiert damit, dass der Gesellschafter im Regelinsolvenzverfahren selbst mit dem Übergang der Verwaltungs- und Verfügungsbefugnis auf den Insolvenzverwalter keinen Einfluss auf die weitere Entwicklung der Gesellschaft mehr nehmen kann. In wel-

---

1) BGH v. 4.5.2021, II ZR 38/20, DStR 2021, 1715. Vgl. hierzu Kruppa, jurisPR-HaGesR 9/2021 Anm. 1.
2) BGH v. 13.10.2020, II ZR 359/18, DStR 2021, 123. Vgl. hierzu Staake, jurisPR-HaGesR 12/2020 Anm. 2.
3) BGH v. 15.12.2020, II ZR 108/19, DStR 2021, 740. Vgl. hierzu Kruppa, jurisPR-HaGesR 3/2021 Anm. 3.

chem Umfang die Haftung der Gesellschafter im Insolvenzverfahren zu beschränken ist, musste im vorliegenden Fall jedoch nicht entschieden werden.

Anmerkung:

Der BGH zieht eine Parallele zu der Haftungssituation eines ausgeschiedenen Gesellschafters, für den in § 160 HGB eine Haftungsbeschränkung auf Altverbindlichkeiten vorgesehen ist. Die insoweit vergleichbare Situation spreche dafür, den Umfang der Haftung des Gesellschafters bei Insolvenz der Gesellschaft entsprechend zu beschränken. Andernfalls würde der Gesellschafter unbeschränkt, d.h. möglicherweise auch bei einer jahrelangen Firmenfortführung, für sämtliche durch den Insolvenzverwalter begründete Verbindlichkeiten haften, auf die er keinen Einfluss nehmen könne und die nicht in seinem, sondern im Interesse der Gläubiger eingegangen wurden.

6. Gesellschaft mit beschränkter Haftung

a) Zahlungen nach Insolvenzreife einer GmbH: D&O-Versicherungsschutz für Geschäftsführerhaftung

Der bisher in § 64 Satz 1 GmbH a.F. und seit Inkrafttreten des SanInsFOG in § 15a und § 15b InsO übernommene Anspruch der Gesellschaft gegen die Geschäftsführer auf Ersatz von nach Eintritt der Zahlungsunfähigkeit der Gesellschaft oder nach Feststellung ihrer Überschuldung geleisteten Zahlungen ist ein **gesetzlicher Haftpflichtanspruch** auf Schadensersatz. **598**

Als solcher fällt er unter Ziffer 1.1. der Allgemeinen Versicherungsbedingungen für die Vermögensschaden-Haftpflichtversicherung von Unternehmensleitern und Leitenden Angestellten. Dies hat gemäß Urteil des BGH vom 18.11.2020[1] zur Folge, dass der **Schadensersatzanspruch von der D&O-Versicherung erfasst** wird.

b) Zahlungsunfähige GmbH: Zur Zahlungszusage des Geschäftsführers

Der BGH hatte sich mit der Frage auseinanderzusetzen, ob eine gegenüber einem Gesellschaftsgläubiger erklärte Zahlungszusage des Geschäftsführers einer zahlungsunfähigen GmbH als **Schuldbeitritt** zu werten ist. Hierdurch würde der Geschäftsführer eine eigene **selbständige Verbindlichkeit** begründen. Der BGH stellt mit Versäumnisurteil vom 3.9.2020[2] klar, dass es neben dem Wortlaut der Erklärung – im Streitfall ging es um die Äußerung „ich zahle das" – auf die Begleitumstände und die Interessenlage der Parteien ankommt. Dabei kann das eigene wirtschaftliche bzw. rechtliche Interesse des sich verpflichtenden Vertragspartners daran, dass die Verbindlichkeit des Schuldners getilgt wird, ein wichtiges Indiz für das Vorliegen eines Schuldbeitritts darstellen. **599**

c) Anfechtung eines Gesellschafterbeschlusses einer GmbH

Nach der sog. **Legitimationswirkung** gemäß § 16 Abs. 1 Satz 1 GmbHG gilt bei einer Veränderung in den Personen der Gesellschafter oder des Umfangs ihrer Beteiligung als Inhaber eines Geschäftsanteils einer GmbH nur, wer in der Gesellschafterliste beim Handelsregister eingetragen ist. **600**

Der BGH stellte mit Urteil vom 26.1.2021[3] klar, dass der Anfechtung eines Gesellschafterbeschlusses durch einen zum Zeitpunkt der Beschlussfassung nicht mehr als Inhaber eines Geschäftsanteils eingetragenen GmbH-Gesellschafters die negative Legitimationswirkung entgegensteht und versagte dementsprechend die Befugnis zur Anfechtung eines Gesellschafterbeschlusses. Auch bestehe keine materielle Berechtigung zur Geltendmachung von Klageanträgen, die auf eine positive Beschlussfeststellung gerichtet sind.

---

1) BGH v. 18.11.2020, IV ZR 217/19, DStR 2021, 239. Vgl. hierzu Schwetlik, GmbH-StB 2021, 84.
2) BGH v. 3.9.2020, III ZR 56/19, ZIP 2021, 245. Vgl. hierzu Podewils, GmbH-StB 2021, 184.
3) BGH v. 26.1.2021, II ZR 391/18, DStR 2021, 1001. Vgl. hierzu Podewils, GmbH-StB 2021, 115.

d) GmbH-Geschäftsführer: Nachvertragliche Auskunftspflicht bei Verdacht einer Pflichtverletzung

601 Grundsätzlich ist ein Geschäftsführer auch nach seiner Abberufung und der Beendigung des Geschäftsführeranstellungsvertrages der GmbH gegenüber zur Erteilung von Auskünften verpflichtet. Wie der BGH in seinem Beschluss vom 22.6.2021[1] ausführt, gilt diese nachvertragliche Auskunftspflicht des Geschäftsführers jedoch **nicht uneingeschränkt**. Vielmehr hängt diese vom **Informationsbedürfnis** der Gesellschaft ab.

Dabei trage der ehemalige Geschäftsführer laut BGH in einem gegen ihn geführten Haftungsprozess die Darlegungs- und Beweislast, dass er seinen Sorgfaltspflichten nachgekommen ist. Im Fall einer Verletzung dieser Pflichten habe die Gesellschaft darzulegen, ob und inwieweit daraus ein Schaden erwachsen ist. Ein Auskunftsinteresse der GmbH ergebe sich somit aus dem begründeten Verdacht einer Pflichtverletzung und der Wahrscheinlichkeit eines daraus resultierenden Schadens.

> **Anmerkung:**
> Die Auskunftspflicht des Geschäftsführers wird laut BGH nicht dadurch eingeschränkt, dass er eine Pflichtverletzung offenbaren würde.

7. Aktiengesellschaft

a) Anfechtbarkeit einer Aufsichtsratswahl

602 Das OLG Stuttgart entschied mit Beschluss vom 16.12.2020[2], dass der Aufsichtsrat den Vorstand zur Erfüllung seiner Pflichten anhalten und ggf. gemäß § 111 Abs. 3 AktG eine **Hauptversammlung einzuberufen** hat, wenn er erkennen muss, dass der **Vorstand seine gesetzlichen oder satzungsmäßigen Pflichten missachtet**.

Unterlässt der Aufsichtsrat dies über viele Jahre und zeigt er dadurch, dass er den Vorstand nicht überwachen will, ist die Wiederwahl eines solchen Aufsichtsratsmitglieds wegen Verstoßes gegen die gesellschaftsrechtliche Treuepflicht anfechtbar.[3]

b) Beratervertrag mit Gesellschaft eines Aufsichtsratsmitglieds

603 In §§ 113 und 114 AktG sind Regelungen zur Aufsichtsratsvergütung und zu weiteren Verpflichtungen des Aufsichtsrats gegenüber der Aktiengesellschaft enthalten. Mit Urteil vom 29.6.2021[4] stellte der BGH klar, dass auch ein **Beratervertrag** zwischen einer Aktiengesellschaft und einer Gesellschaft, deren gesetzlicher Vertreter ihr Aufsichtsratsmitglied ist, unter den Anwendungsbereich dieser Vorschriften fällt.

Diese Vorschriften bezweckten nämlich, die Aktiengesellschaft vor **verdeckten Aufsichtsratsvergütungen** und der Gefährdung der Unabhängigkeit des Aufsichtsratsmitglieds durch zu enge Beraterbeziehungen zu schützen. Damit hängt die Wirksamkeit derartiger Beraterverträge von der Zustimmung des Aufsichtsrats ab.

c) Pflicht des Aufsichtsrats zur Überwachung des Vorstands

604 Sofern der Aufsichtsrat erkennt oder hätte erkennen müssen, dass eine Aktiengesellschaft **insolvenzreif** ist, muss er im Rahmen seiner in § 111 Abs. 1 AktG festgeschriebenen Überwachungspflicht darauf hinwirken, dass der Vorstand rechtzeitig einen Insolvenzantrag stellt. Bestehen für ihn Anhaltspunkte zu der Annahme, dass der Vorstand entgegen dem Verbot des § 92 Abs. 2 Satz 1 AktG Zahlungen leisten wird, hat er darauf

---

[1] BGH v. 22.6.2021, II ZR 140/20, DStR 2021, 1959. Vgl. hierzu Tomat, GmbH-StB 2021, 310.
[2] OLG Stuttgart 16.12.2020, 20 U 6/17, AG 2021, 29.
[3] Vgl. zur Anfechtbarkeit der Wiederbestellung des Geschäftsführers einer GmbH, der aus wichtigem Grunde abberufen worden ist, auch BGH v. 19.11.1990, II ZR 88/89, NJW 1991, 846.
[4] BGH v. 29.6.2021, II ZR 75/20, BB 2021, 1998. Vgl. hierzu Hippeli, juris-PR-HaGesR 8/2021 Anm. 1.

hinzuwirken, dass der Vorstand die verbotswidrigen Zahlungen unterlässt, so das Kammergericht in seinem Urteil vom 29.4.2021.[1] Falls erforderlich, müsse der Aufsichtsrat sogar ein ihm unzuverlässig erscheinendes Vorstandsmitglied abberufen.

Nach §§ 116, 93 Abs. 2 AktG müsse das Aufsichtsratsmitglied auch selbst darlegen und beweisen, dass es seine Pflichten erfüllt hat oder ihn jedenfalls an der Nichterfüllung kein Verschulden trifft. Insofern ist der Aufsichtsrat für das Vorhandensein eines Informationssystems und dessen sachgerechte Ausgestaltung darlegungs- und beweispflichtig.

Beratungshinweis:

Weiter entschied das Kammergericht, dass im Streitfall die Stellung der einzelnen Aufsichtsratsmitglieder nicht durch die vorhandene Beschlussunfähigkeit des Aufsichtsrats berührt werde, da jedem in einem beschlussunfähigen Aufsichtsrat verbliebenen Mitglied sogar noch eine erhöhte Aufmerksamkeitspflicht zukomme. Das Gericht kam somit in dem konkreten Fall zu dem Ergebnis, dass dem klagenden Insolvenzverwalter der AG ein Schadensersatzanspruch gegen die beklagten Aufsichtsratsmitglieder als Gesamtschuldner zusteht. Gegen das Urteil wurde Revision beim BGH unter dem Az. II ZR 103/21 eingelegt.

8. Genossenschaft: Haftung eines Vorstandes wegen Eingehens unvertretbarer Risiken

Empfiehlt der Geschäftsführer einer Baugenossenschaft dem Aufsichtsrat ein Bauvorhaben, dessen Kosten für eine ungewisse Zeit nicht durch die zu erwartenden Einnahmen gedeckt werden können, **überschreitet** er sein **unternehmerisches Ermessen**. Dies entschied das OLG Brandenburg mit Urteil vom 15.7.2020[2] und verpflichtete den Geschäftsführer der Genossenschaft gegenüber zu Schadensersatz.

605

Anmerkung:

Das Gericht vermochte in dem Umstand eine Pflichtwidrigkeit zu erkennen, dass der Geschäftsführer ein hohes, unabweisbares Risiko ohne erkennbaren vernünftigen wirtschaftlichen Grund eingegangen sei.

Weiter führte das Gericht aus, dass die **fünfjährige Verjährungsfrist** nach § 34 Abs. 6 GenG erst zu laufen beginnt, wenn der **Schaden dem Grunde nach eingetreten** ist. Aus diesem Grund habe die Verjährung des Schadensersatzanspruchs erst mit Abschluss des ersten auf das Bauvorhaben bezogenen Vertrages zu laufen begonnen.

9. Stiftung: Vertretungsmacht des Vorstands

Nach den Vorschriften des Bürgerlichen Gesetzbuchs ist die **Vertretungsmacht** eines Stiftungsvorstandes **umfassend und unbeschränkt**, soweit sie nicht durch die Stiftungssatzung beschränkt wird. Wie der BGH mit Urteil vom 15.4.2021[3] klarstellte, unterliegt die **Vertretungsmacht keiner generellen Einschränkung durch den Stiftungszweck**. Er gibt damit seine bisherige anderslautende Rechtsprechung[4] auf.

606

Der BGH führt weiter aus, dass eine die Vertretungsmacht des Stiftungsvorstandes einschränkende Satzungsbestimmung nur dann gegenüber Dritten wirkt, wenn sie den Umfang der Beschränkung klar und eindeutig regelt.

Im Streitfall war die Vertretungsmacht des Stiftungsvorstandes laut Satzung auf den gemeinnützigen Zweck der Stiftung beschränkt, bei dem es sich um einen steuerrechtlich anerkannten gemeinnützigen Zweck handelt. Eine nähere Konkretisierung des

1) KG v. 29.4.2021, 2 U 108/18, NZG 2021, 1358.
2) OLG Brandenburg v. 15.7.2020, 7 U 141/09, NZG 2020, 1274.
3) BGH v. 15.4.2021, III ZR 139/20, DStR 2021, 1558. Vgl. hierzu Podewils, GmbH-StB 2021, 244.
4) BGH v. 30.3.1953, IV ZR 176/52, GRUR 1953, 446 und v. 16.1.1957, IV ZR 221/56, NJW 1957, 708.

Kriteriums der steuerrechtlichen Gemeinnützigkeit sei dabei grundsätzlich nicht erforderlich, so der BGH.

Anmerkung:

Da der Inhalt des durch den Stiftungsvorstand vereinbarten Vertrags nicht mit dem gemeinnützigen Zweck der Stiftung vereinbar war, wurde die Stiftung im Streitfall mangels Vertretungsmacht des Vorstands nicht Vertragspartei.

10. Sonstiges

a) Legitimationswirkung der Gesellschafterliste

607 Zwischen der Gesellschaft und ihren Gesellschaftern ist gemäß rechtskräftigem Beschluss des OLG Jena vom 15.2.2021[1] **allein** die Eintragung in die in das Handelsregister aufgenommene **Gesellschafterliste** maßgeblich. Diese entfaltet für die Geltendmachung sämtlicher Gesellschaftsrechte **Legitimationswirkung, ungeachtet der wahren Berechtigung**.

Maßgeblich für den Eintritt der Legitimationswirkung sei der **Zeitpunkt der Aufnahme der Gesellschafterliste im Handelsregister**. Bis zur Aufnahme der geänderten Leiste in das Handelsregister gelten die durch die alte Liste legitimierten Gesellschafter weiter als Gesellschafter mit allen Rechten und Pflichten. Im Streitfall konnten diese deshalb der Aufhebung eines Gewinnabführungsvertrages wirksam zustimmen.

Die Erwerber treten erst mit erfolgter Aufnahme der geänderten Liste in das Handelsregister als Gesellschafter auch gegenüber der Gesellschaft an die Stelle des Veräußerers. Erst zu diesem Zeitpunkt gehen alle Mitgliedschaftsrechte und -pflichten auf den Erwerber über.

b) Keine Rechts- und Parteifähigkeit einer britischen Limited mit Verwaltungssitz in Deutschland

608 Seit dem Brexit am 31.12.2020 ist eine britische Limited mit tatsächlichem Verwaltungssitz in Deutschland, nach der milden Form der **sog. Sitztheorie** je nach tatsächlicher Ausgestaltung als GbR, OHG oder – bei nur einer Gesellschafterin – als einzelkaufmännisches Unternehmen zu behandeln. Zu diesem Ergebnis kommt das OLG München in einem rechtskräftigen, ein Kartellverfahren betreffenden Urteil vom 5.8.2021.[2]

Eine Rechts- und Parteifähigkeit dieses Personenunternehmens lehnt das Gericht jedoch ab und stellt klar, dass sich die **Fortgeltung der Gründungstheorie** und daraus folgend der fortbestehenden Rechts- und Parteifähigkeit einer britischen Limited **nicht** aus dem zwischen der EU und dem Vereinigten Königreich geschlossenen Handels- und Kooperationsabkommen vom 24.12.2020[3] ergibt.

Beratungshinweis:

Dieses Abkommen, das den Zugang britischer Unternehmen zum Binnenmarkt regelt, gewährt nach Auffassung des Gerichts keine Rechtsposition die EU-rechtlichen Niederlassungsfreiheit gleichkommt.

III. Restrukturierung

1. Gesetz zur Fortentwicklung des Sanierungs- und Insolvenzrechts

a) Gesetzgebungsverfahren

609 Das Bundeskabinett hat am 14.10.2020 den vom BMJV den auf Grundlage des Referentenentwurfs vom 18.9.2020 vorgelegten Gesetzentwurf für eine Reform des Insolvenz-

---

1) OLG Jena v. 15.2.2021, 2 W 53/21, NZG 2021, 1025. Vgl. hierzu Brinkmeier, GmbH-StB 2021, 274.
2) OLG München v. 5.8.2021, 29 U 2411/21 Kart, BB 2021, 2447
3) ABl. L 444/2020.

rechts beschlossen. In nicht erwarteter Schnelligkeit hatte der Bundestag am 17.12.2020 dieses sog. Gesetz zur Fortentwicklung des Sanierungs- und Insolvenzrechts (sog. SanInsFoG) verabschiedet. Tags darauf erfolgte die Zustimmung im Bundesrat und am 29.12.2020 wurde das Gesetz vom 22.12.2020 bereits im Bundesgesetzblatt[1] verkündet, so dass es **weitgehend zum 1.1.2021 in Kraft** treten konnte.

Mit dem SanInsFoG wurden die europarechtlichen Vorgaben für einen **präventiven Restrukturierungsrahmen** in deutsches Recht umgesetzt. Weiter trägt das Gesetz dem Umstand Rechnung, dass die durch die Covid-19-Pandemie bedingte Sondersituation weitere Anpassungen des Sanierungs- und Insolvenzrechts erforderlich macht.

Wesentliches Element des SanInsFoG ist das **Gesetz über den Stabilisierungs- und Restrukturierungsrahmen für Unternehmen**, kurz StaRUG.

b) Präventiver Restrukturierungsrahmen

Mit dem Gesetz über den Stabilisierungs- und Restrukturierungsrahmen für Unternehmen wurde die Grundlage für die **Durch- und Umsetzung von Sanierungen gegen den Widerstand von Minderheiten** unter Vermeidung eines Insolvenzverfahrens geschaffen. Bisher bestand im deutschen Recht so gut wie keine Möglichkeit, außerhalb eines Insolvenzplanverfahrens in die Rechte von Gläubigern mittels Mehrheitsbeschlusses einzugreifen. Mit dem Restrukturierungsrahmen wurde nun ein wichtiges Instrument implementiert und eine Lücke geschlossen. **610**

Nun haben Unternehmen in wirtschaftlichen Schwierigkeiten die Möglichkeit, die **Sanierung** aufgrund eines **mehrheitlich** von den betroffenen Gläubigern **bestätigten Plans** außerhalb eines Insolvenzverfahrens zu erreichen und so die Eröffnung eines Insolvenzverfahrens zu vermeiden. Auch unternehmerisch tätige natürliche Personen können neben Unternehmen das Instrument des Restrukturierungsrahmens für sich in Anspruch nehmen (§ 30 Abs. 1 StaRUG).

Das Gesetz beinhaltet folgende wesentliche Regelungen:

– Der Entwurf des Restrukturierungsplans, Gläubigerverhandlungen und Planabstimmung sind grundsätzlich in **Eigenregie** durch das betroffene Unternehmen möglich,

– Die **Einbeziehung des Gerichts** ist **nur** bei Eingriffen in Gläubigerrechte gegen den Widerstand einer Minderheit erforderlich, also bei einem nur mehrheitlich, aber nicht einstimmig angenommenen Plan,

– Die **Bekanntgabe** der jeweiligen gerichtlichen Entscheidungen erfolgt nur gegenüber den jeweiligen Betroffenen, sofern sich das Unternehmen nicht für das öffentliche Planverfahren entscheidet,

– Der Zugang zum Restrukturierungsrahmen besteht für Unternehmen, die lediglich drohend zahlungsunfähig (§ 18 InsO) sind (→ Rz. 552). Die **drohende Zahlungsunfähigkeit** wird durch Festlegung eines Prognosezeitraums von „in aller Regel" 24 Monaten konkretisiert (§ 18 Abs. 2 Satz 2 InsO),

– Es erfolgt eine **klarere Abgrenzung** der **drohenden Zahlungsunfähigkeit** von der **Überschuldung** nach § 19 InsO. Der Prognosezeitraum bei Überschuldung wurde auf zwölf Monate festgelegt (§ 19 Abs. 1 Satz 2 InsO) (→ Rz. 547).

Anmerkung:

Aufgrund der Eröffnung des Anwendungsbereichs des Sanierungs- und Restrukturierungsrahmens bei drohender Zahlungsunfähigkeit hat die Geschäftsleitung eines Unternehmens, bei dem trotz drohender Zahlungsunfähigkeit mangels rechnerischer Überschuldung keine insolvenzrechtliche Überschuldung besteht oder bei dem die Fortführung in den nächsten zwölf Monaten noch überwiegend wahrscheinlich ist und die Risiken erst in der Folgezeit überwiegen, sowohl ein Insolvenz-

---

1) BGBl. I 2020, 3256.

antragsrecht als auch die Möglichkeit einer Sanierung mittels präventiven Restrukturierungsrahmens.[1]

– Es bestand ein **temporär verkürzter Prognosehorizont** von vier Monaten bis Ende 2021 für Unternehmen, deren Überschuldung auf die Covid-19-Pandemie zurückzuführen ist (§ 4 COVInsAG n.F.) (→ Rz. 611).

Anmerkung:

Eine Rückführbarkeit auf die Pandemie wird vermutet, wenn der Schuldner am 31.12.2019 nicht zahlungsunfähig war, er in dem letzten, vor dem 1.1.2020 abgeschlossenen Geschäftsjahr ein positives Ergebnis aus der gewöhnlichen Geschäftstätigkeit erwirtschaftet hat und der Umsatz aus der gewöhnlichen Geschäftstätigkeit im Kalenderjahr 2020 gegenüber dem Vorjahr um mehr als 30 % eingebrochen ist.

– Die **Insolvenzantragsfrist bei Überschuldung** wurde von drei Wochen auf sechs Wochen verlängert (§ 15a Abs. 1 Satz 2 InsO n.F.).

Beratungshinweis:

Bei Zahlungsunfähigkeit beträgt die Insolvenzantragsfrist somit weiter drei Wochen. Dagegen wird im Fall der Überschuldung nun ein Zeitraum von sechs Wochen gewährt, innerhalb dessen insbesondere noch erfolgsversprechende Maßnahmen zur Beseitigung des Insolvenzgrundes vorgenommen werden können.

– Die **Geschäftsführerpflichten** nach Eintritt der Insolvenzreife sind nun in **§ 15b InsO** verortet.

Anmerkung:

Danach gilt **rechtsformübergreifend**, dass nach dem Eintritt der Zahlungsunfähigkeit oder der Überschuldung der juristischen Person keine Zahlungen mehr für diese vorgenommen werden dürfen, es sei denn, die Zahlungen sind mit der Sorgfalt eines ordentlichen und gewissenhaften Geschäftsleiters vereinbar. Nunmehr enthält das Gesetz für verschiedene Konstellationen konkretere Abgrenzungen, welche Zahlungen als sorgfaltsgemäß einzustufen sind.[2] Beispielsweise genügen Zahlungen, die der Aufrechterhaltung des Geschäftsbetriebs dienen, diesen Sorgfaltsanforderungen, § 15b Abs. 2 Satz 1 InsO.

– Der Restrukturierungsrahmen erstreckt sich auf alle Arten von Forderungen und Sicherungsrechten mit Ausnahme von Arbeitnehmerforderungen einschließlich Ansprüchen auf betriebliche Altersvorsorge sowie Forderungen aufgrund vorsätzlicher unerlaubter Handlungen und staatliche Sanktionsforderungen,

– Die Abstimmung über den Plan erfolgt durch Planbetroffene in Gruppen. Erforderlich ist eine qualifizierte Summenmehrheit von 75 % für den Plan in jeder Gruppe,

– Die gerichtlich angeordnete Vollstreckungs- und Verwertungssperre (sog. **Stabilisierungsanordnung**) besteht für bestimmte oder alle Gläubiger zur Stabilisierung des Unternehmens mit einer Laufzeit von bis zu drei bzw. für Planbetroffene vier und bei Planannahme bis zu acht Monaten,

– Grundsätzlich werden haftungs- und anfechtungsrechtliche Privilegierungen neuer Finanzierungen (auch Zwischen- und Brückenfinanzierungen) nach Rechtshängigkeit der Restrukturierungssache gewährt,

– Die **Bestellung eines Restrukturierungsbeauftragten** liegt im Ermessen des Gerichts. Eine zwingende Bestellung erfolgt nur dann, wenn zu erwarten ist, dass

---

1) Riewe, NJW 2021, 193, 194.
2) Riewe, NJW 2021, 193, 195.

eine oder mehrere der Gruppen nicht mit der erforderlichen Mehrheit zustimmen werden, es sei denn, es sind nur Unternehmen des Finanzsektors vom Plan betroffen,

– Die gerichtliche Bestellung eines **Gläubigerbeirats** zur Unterstützung und Überwachung der Geschäftsführung durch den Schuldner ist möglich, sofern der Restrukturierungsplan die Gestaltung der Forderungen aller Gläubiger (mit Ausnahme der vom Plan generell ausgenommenen Gläubiger) vorsieht und die Restrukturierungssache gesamtverfahrensartige Züge aufweist,

– Ab 17.7.2022 besteht die Möglichkeit des Betreibens einer **öffentlichen Restrukturierungssache** durch den Schuldner, wodurch die einzelnen Verfahrensschritte öffentlich bekannt gemacht werden. Entscheidet sich der Schuldner nicht ausdrücklich für die Öffentlichkeit, besteht nur eine Parteiöffentlichkeit. Aus der Öffentlichkeit resultiert, dass die Restrukturierungssache und in Anspruch genommene Instrumente des StaRUG erleichtert gemäß EuInsVO in anderen EU-Mitgliedsstaaten anerkannt werden.

Anmerkung:

Die Möglichkeit der Beendigung von gegenseitigen noch nicht vollständig erfüllten Verträgen (insb. Dauerschuldverhältnissen) durch das Restrukturierungsgericht auf Antrag des Schuldners wurde nicht in das verabschiedete Gesetz aufgenommen.

2. Aussetzung der Insolvenzantragspflicht

a) COVID-19-Pandemie

Als akute Reaktion auf die Corona-Krise setzte der Gesetzgeber im Rahmen des sog. **611** COVInsAG mit Wirkung ab dem 1.3.2020 befristet bis 30.9.2020 die Insolvenzantragspflicht aus.

Nach Auslaufen dieser Frist wurde in der Folge die Insolvenzantragspflicht mit Gesetz zur Änderung des COVID-19-Insolvenzaussetzungsgesetzes vom 25.9.2020[1] lediglich **für den Insolvenzgrund der Überschuldung bis zum 31.12.2020 weiter ausgesetzt**. Lag ab 1.10.2020 dagegen **Zahlungsunfähigkeit** vor, war die Insolvenzantragspflicht wieder in vollem Umfang eingesetzt.

Zum Ablauf des Jahres 2020 waren schließlich auch überschuldete Unternehmen grundsätzlich wieder verpflichtet, einen Insolvenzantrag zu stellen. Allerdings wurde **bis 31.1.2021** unter bestimmten Umständen für überschuldete oder zahlungsunfähige Unternehmen die Insolvenzantragspflicht abermals ausgesetzt. Diese Aussetzung wurde letztlich nochmals **bis 30.4.2021** durch Art. 1 des Gesetzes zur Verlängerung der Aussetzung der Insolvenzantragspflicht und des Anfechtungsschutzes für pandemiebedingte Stundungen sowie zur Verlängerung der Steuererklärungsfrist in beratenen Fällen und der zinsfreien Karenzzeit für den Veranlagungszeitraum 2019 vom 15.2.2021[2] verlängert. Voraussetzung war, dass das betroffene Unternehmen im Zeitraum vom 1.11.2020 bis 28.2.2021 einen Antrag auf staatliche Hilfen gestellt hatte. Gleiches galt, wenn das betroffene Unternehmen grundsätzlich berechtigt war, Corona-Hilfen zu beantragen, aber aufgrund rechtlicher oder tatsächlicher Gründe an der Antragstellung gehindert war. Die Aussetzung der Insolvenzantragspflicht griff allerdings dann nicht, wenn der Antrag auf Corona-Hilfe offensichtlich aussichtslos war oder die erlangbaren Hilfen zur Beseitigung der Insolvenzreife unzureichend gewesen wären.

Dazu beschloss der Bundestag am 28.1.2021 ein Gesetz, mit dem zunächst nur die Abgabefrist für Steuererklärungen für den Veranlagungszeitraum 2019 verlängert wer-

---

1) BGBl. I 2020, 2016.
2) BGBl. I 2021, 237 = BStBl I 2021, 263.

den sollte. Dieses Gesetz wurde aber Beschlussfassung noch um eine Regelung zur Insolvenzantragspflicht ergänzt. Der Bundesrat stimmte dem Gesetz am 12.2.2021 zu.

b) Opfer der Flutkatastrophe

612 Das Bundeskabinett hat am 4.8.2021 beschlossen, die Insolvenzantragspflicht für von der Flutkatastrophe im Juli 2021 betroffene Unternehmen befristet auszusetzen. Auf einer Sondersitzung des Bundestages am 7.9.2021 erteilte dieser die Zustimmung hierzu. Der Bundesrat stimmte am 10.9.2021 zu. Das Gesetz zur Errichtung eines Sondervermögens „Aufbauhilfe 2021" und zur vorübergehenden Aussetzung der Insolvenzantragspflicht wegen Starkregenfällen und Hochwassern im Juli 2021 sowie zur Änderung weiterer Gesetze (Aufbauhilfegesetz 2021 – AufbhG 2021) vom 10.9.2021 wurde am 14.9.2021 im Bundesgesetzblatt veröffentlicht.[1]

Die Insolvenzantragspflicht wird für von der Flutkatastrophe betroffene Unternehmen **rückwirkend vom 10.7.2021 bis 31.1.2022** ausgesetzt. Damit soll **flutbetroffenen Unternehmen die erforderliche Zeit** verschafft werden, um beispielsweise **wirtschaftliche Hilfen** in Anspruch nehmen zu können. Dies betrifft vor allem Betriebe, bei denen Fabrikhallen, Gebäude, Geräte und Fahrzeuge durch die Überschwemmungen stark beschädigt oder zerstört wurden.

Nach dem Vorbild der Aussetzung der Insolvenzantragspflicht anlässlich der Corona-Pandemie (→ Rz. 611) soll dies nun für von der Flut betroffene Unternehmen gelten. Danach soll die Pflicht zur Stellung eines Insolvenzantrags ausgesetzt werden, wenn der Eintritt der Zahlungsunfähigkeit bzw. Überschuldung eines Unternehmens **Folge des Starkregens und des Fluthochwassers im Juli 2021** ist und die Zahlungsfähigkeit bzw. Überschuldung wahrscheinlich nur vorübergehend ist.

Die **Kausalität zwischen Hochwasser und Zahlungsunfähigkeit** wird vermutet, wenn der Schuldner vor dem 10.7.2021 noch nicht zahlungsunfähig war.

Weiter muss das betroffene Unternehmen **ernsthafte Finanzierungs- und Sanierungsverhandlungen** führen und es muss eine begründete **Aussicht auf eine erfolgreiche Sanierung** bestehen.

> **Anmerkung:**
>
> Das BMJV wurde ermächtigt, die Regelung – falls nötig – **bis 30.4.2022 zu verlängern**.

3. Akteneinsichtsrecht des Kommanditisten im Insolvenzfall

613 Gemäß Beschluss des BGH vom 15.10.2020[2] kann einem Kommanditisten Einsicht in die Akten des Insolvenzeröffnungsverfahrens über das Vermögen der Gesellschaft nur gewährt werden, wenn er ein **rechtliches Interesse** hieran **glaubhaft** macht. Stützt er dieses rechtliche Interesse auf eine mögliche Inanspruchnahme durch den Insolvenzverwalter, reicht es aus, wenn er glaubhaft darlegt, dass er seine Einlage nicht vollständig erbracht oder Ausschüttungen von der Gesellschaft erhalten hat.

Der BGH stellt klar, dass von einem Kommanditisten weitergehende Ausführungen zur Qualifizierung etwaiger Ausschüttungen als Einlagerückgewähr gemäß § 172 Abs. 4 HGB nicht verlangt werden können.

4. Abstimmung über Insolvenzplan

614 Der BGH stellte mit Beschluss vom 17.12.2020[3] klar, dass die Festsetzung der Stimmrechte durch das Insolvenzgericht **vor dem Beginn der Abstimmung über den Insol-**

---

1) BGBl. I 2021, 4147.
2) BGH v. 15.10.2020, IX AR(VZ) 2/19, NJW-RR 2021, 48.
3) BGH v. 17.12.2020, IX ZB 38/18, NZI 2021, 177.

venzplan abgeschlossen sein muss. Würde hierüber ohne Beteiligung aller anwesenden Gläubiger abgestimmt, ohne zuvor über die Stimmrechtsfestsetzung zu entscheiden, stelle dies einen **Verfahrensmangel** dar.

> **Anmerkung:**
>
> Der BGH **lehnt die Rückwirkung der Stimmrechtsfestsetzung** auf die bereits erfolgte Abstimmung **ab**. Eine ohne Klärung der Stimmrechte vorgenommene Abstimmung muss laut BGH wiederholt werden.

5. Vorsatzanfechtung: Neuausrichtung der subjektiven Voraussetzungen

Im Wege der **Insolvenzanfechtung** kann der Insolvenzverwalter unter bestimmten Voraussetzungen abgeflossenes Vermögen zurückfordern. Dazu kann er Rechtshandlungen, die vor der Eröffnung des Insolvenzverfahrens vorgenommen worden sind und die Insolvenzgläubiger benachteiligen, anfechten.

615

Eine Möglichkeit ist die sog. **Vorsatzanfechtung** nach § 133 InsO. Diese setzt voraus, dass der Insolvenzschuldner die Rechtshandlung mit dem Vorsatz vorgenommen hat, seine Gläubiger zu benachteiligen. Außerdem muss der Leistungsempfänger diesen Vorsatz gekannt haben.

Der BGH richtet die bisherigen Grundsätze der Vorsatzanfechtung[1], wonach von der erkannten Zahlungsunfähigkeit auf den Gläubigerbenachteiligungsvorsatz und auf die Kenntnis hiervon zu schließen war, mit Urteil vom 6.5.2021[2] neu aus. Danach kann die Annahme der subjektiven Voraussetzungen der Vorsatzanfechtung nicht allein darauf gestützt werden, dass der Schuldner im Zeitpunkt der angefochtenen Rechtshandlung erkannter maßen zahlungsunfähig ist. Vielmehr erfordert der Gläubigerbenachteiligungsvorsatz des Schuldners im Falle der erkannten Zahlungsunfähigkeit zusätzlich, dass der Schuldner im maßgeblichen Zeitpunkt wusste oder jedenfalls **billigend in Kauf nahm, seine übrigen Gläubiger auch künftig nicht vollständig befriedigen zu können**. Hierfür maßgeblich sind die ihm bekannten objektiven Umstände.

Zum **Nachweis** der Kenntnis vom Gläubigerbenachteiligungsvorsatz des Schuldners muss der Anfechtungsgegner im Falle der erkannten Zahlungsunfähigkeit des Schuldners zusätzlich wissen, dass der Schuldner seine übrigen Gläubiger auch künftig nicht wird befriedigen können. Auch hier kommt es wieder auf die ihm bekannten objektiven Umstände an.

> **Anmerkung:**
>
> Weiter stellt der BGH klar, dass der Gläubigerbenachteiligungsvorsatz des Schuldners in der Regel nicht auf eine im Zeitpunkt der angefochtenen Rechtshandlung nur drohende Zahlungsunfähigkeit gestützt werden kann.

6. Anfechtbarkeit bei Ausschüttung eines Gewinnvortrags an Alleingesellschafter

Die Ausschüttung eines Gewinnvortrags an den Alleingesellschafter einer GmbH unterliegt als **Rückgewähr einer darlehensgleichen Forderung** der Anfechtung nach § 135 Abs. 1 Nr. 2, § 39 Abs. 1 Nr. 5 InsO. Dies stellte der BGH mit Urteil vom 22.7.2021[3] klar. Dazu führt er aus, dass der Gesellschafter eine Finanzierungsentscheidung zugunsten der Gesellschaft trifft, indem er bei der Fassung des Gewinnverwendungsbeschlusses entscheidet, den Jahresgewinn nicht auszuschütten, sondern auf neue Rechnung vorzutragen. Nichts Gegenteiliges ergebe sich aus der Tatsache, dass

616

---

1) BGH v. 14.7.2016, IX ZR 188/15, DB 2016, 2052.
2) BGH v. 6.5.2021, IX ZR 72/20, DStR 2021, 1826. Vgl. hierzu Hain, jurisPR-InsR 17/2021 Anm. 1.
3) BGH v. 22.7.2021, IX ZR 195/20, BB 2021, 2320. Vgl. hierzu Theiselmann, GmbH-StB 2021, 345.

ein selbständiger Gewinnauszahlungsanspruch des Gesellschafters erst mit der Feststellung des Jahresabschlusses und der Fassung des auf Ausschüttung gerichteten Gewinnverwendungsbeschlusses entsteht.

Anmerkung:

Eine Behandlung als darlehensgleiche Forderung scheidet nach Auffassung des BGH allerdings aus, wenn bereits zum Zeitpunkt des ersten, auf den Vortrag des Gewinns auf neue Rechnung gerichteten Gesellschafterbeschlusses eine **Gewinnausschüttung nicht hätte vorgenommen werden dürfen**, weil und soweit die **Auszahlung** zu diesem Zeitpunkt eine **Unterbilanz** herbeigeführt oder vertieft hätte.

7. Insolvenzrechtliche Einordnung der Vergütungsansprüche in der Freistellungsphase bei Altersteilzeit

617 In der **Blockaltersteilzeit** sind Vergütungsansprüche eines Arbeitnehmers in der Freistellungsphase, die für seine vor Insolvenzeröffnung geleistete Arbeit geschuldet sind, gemäß rechtskräftigem Urteil des LAG Rheinland-Pfalz vom 20.5.2021[1] als **Insolvenzforderungen** einzustufen. Als solche können die Vergütungsansprüche nur noch in Höhe der im Insolvenzplan festgelegten Planquote durchgesetzt werden.

Beratungshinweis:

Das LAG begründet seine Rechtsauffassung damit, dass Ansprüche aus dem Arbeitsverhältnis gemäß § 108 Abs. 3 InsO Insolvenzforderungen werden, wenn es sich um solche „für" die Zeit vor Eröffnung des Insolvenzverfahrens handelt.

8. Start-Up-Unternehmen: Positive Fortbestehensprognose

618 Mit rechtskräftigem Beschluss vom 20.7.2021[2] stellte das OLG Düsseldorf klar, dass bei einem Start-Up-Unternehmen die Grundsätze des BGH[3] für eine **positive Fortbestehensprognose** im Rahmen der Überschuldungsprüfung **nicht uneingeschränkt** anwendbar sind.

Bei einem Start-Up-Unternehmen sei erforderlich, dass dieses mit überwiegender Wahrscheinlichkeit in der Lage ist, seine im Prognosezeitraum fälligen Zahlungsverpflichtungen zu decken. Dabei könnten die erforderlichen Mittel auch von Dritten, d.h. Fremdkapitalgebern oder Eigentümern, zur Verfügung gestellt werden. Habe ein **finanzkräftiger Investor** zugesagt, den Liquiditätsbedarf des Start-Up-Unternehmens bei Vorlage einer nachvollziehbaren und auch realistischen Planung und Nachweis des Finanzbedarfs zu decken, könne der Geschäftsführer von einer positiven Fortbestehensprognose ausgehen.

Anmerkung:

Nicht erforderlich für eine positive Fortbestehensprognose sei ein rechtlich gesicherter – einklagbarer – Anspruch auf die Finanzierungsbeiträge.

9. Sittenwidrige Schädigung durch vorsätzliche Insolvenzverschleppung

619 Beabsichtigt der Geschäftsführer, das erkannte Ende seines Unternehmens **so lange wie möglich hinauszuzögern**, haftet er für diese vorsätzlich begangene Insolvenzverschleppung nach dem Tatbestand der sittenwidrigen Schädigung gemäß § 826 BGB.

---

1) LAG Rheinland-Pfalz vom 20.5.2021, 2 Sa 170/20, ZIP 2021, 2033.
2) OLG Düsseldorf v. 20.7.2021, 12 W 7/21, DStR 2021, 2087.
3) BGH v. 23.1.2018, II RZ 246/15, DStR 2018, 751.

Dazu muss der Geschäftsführer die **Schädigung** der Unternehmensgläubiger **billigend in Kauf** genommen haben. Dies stellte der BGH mit Urteil vom 27.7.2021[1] klar.

Der **Schutzbereich** des § 826 BGB erfasse Personen, die vor Insolvenzreife in Vertragsbeziehungen mit einer Gesellschaft getreten sind und durch einen gegen die mittlerweile unerkannt insolvenzreife Gesellschaft eingeleiteten Rechtsstreit mit Kosten belastet werden. Auch umfasst seien die Kosten eines selbstständigen Beweisverfahrens, für die bei der Gesellschaft kein Ersatz beansprucht werden kann.

IV. Urheberrechtsreform

1. Gesetzgebungsverfahren

Der Bundesrat hat am 28.5.2021 dem vom Bundestag am 20.5.2021 beschlossenen **620** **Gesetz zur Anpassung des Urheberrechts an die Erfordernisse des digitalen Binnenmarktes** zugestimmt. Das Gesetz vom 31.5.2021 wurde am 4.6.2021 im Bundesgesetzblatt[2] verkündet. Damit trat die umfassendste Novelle des Urheberrechts seit zwanzig Jahren **zum 7.6.2021 in Kraft**.

Eine Neuregelung war aufgrund detaillierter Vorgaben in Richtlinien der EU, insbesondere der Richtlinie über das Urheberrecht im digitalen Binnenmarkt (DSM-Richtlinie), und einer Entscheidung des EuGH vom 29.7.2019[3] erforderlich geworden.

2. Verantwortlichkeit von Upload-Plattformen

Das Gesetz zur Anpassung des Urheberrechts an die Erfordernisse des digitalen Binnenmarktes ordnet die **urheberrechtliche Verantwortlichkeit von Upload-Plattformen** **621** für von Nutzern hochgeladene Inhalte neu. Danach sind die Plattformen für die öffentliche Wiedergabe dieser Inhalte grundsätzlich urheberrechtlich verantwortlich.

Sie können sich nur durch die **Einhaltung konkret geregelter Sorgfaltspflichten** von ihrer Haftung befreien. Hierzu zählt die Pflicht, bestimmte Lizenzen für die öffentliche Wiedergabe urheberrechtlich geschützter Werke zu erwerben. Sind geschützte Inhalte nicht lizenziert und ist die Nutzung nicht gesetzlich oder vertraglich erlaubt, ist der Diensteanbieter verpflichtet, nach einer Information des Rechtsinhabers die entsprechenden Inhalte zu blockieren.

3. Nutzung für Kunst und Kommunikation

Zum **Schutz der Kunstfreiheit** und der sozialen Kommunikation ist die Nutzung urhe- **622** berrechtlich geschützter Werke insb. zu den Zwecken von Zitat, Karikatur, Parodie und Pastiche erlaubt. Zur Vermeidung unverhältnismäßiger Blockierungen entsprechender Uploads beim Einsatz automatisierter Verfahren sind besondere Regeln für die öffentliche Wiedergabe vorgesehen. Hierfür wurde das **Konzept der mutmaßlich erlaubten Nutzungen** eingeführt. Dies betrifft nutzergenerierte Inhalte, wenn diese weniger als die Hälfte von Werken Dritter enthalten, diese Werkteile mit anderen Inhalten kombinieren und Werke Dritter nur geringfügig nutzen (z.B. bis zu 15 Sekunden eines Filmwerks oder bis zu 160 Zeichen eines Textes). Für diese Fälle muss die Upload-Plattform jedoch ein Beschwerdeverfahren für Nutzer und Rechteinhaber vorhalten, in dem eine unparteiische natürliche Person binnen einer Woche eine Entscheidung über die Blockierung von Inhalten trifft. Dadurch soll ein „Overblocking" vermieden werden.

Die Kreativen erhalten für lizenzierte Nutzungen einen **Direktvergütungsanspruch** gegen die Plattformen. Für Streitigkeiten zwischen Plattformen, Rechtsinhabern und Nutzern stehen Beschwerdeverfahren zur Verfügung.

---

1) BGH v. 27.7.2021, II ZR 164/20, DB 2021, 2074.
2) BGBl. I 2021, 1204.
3) EuGH v. 29.7.2019, C-476/17, NJW 2019, 2913.

4. Kollektive Lizenzen mit erweiterter Wirkung

623 Kollektive Lizenzen mit erweiterter Wirkung sollen die Nutzung von Werken auf vertraglicher Basis erleichtern, etwa für Digitalisierungsprojekte. Nutzer können auf diese Weise von Verwertungsgesellschaften umfassende Lizenzen erwerben. Verwertungsgesellschaften können diese Lizenzen auch für Werke anbieten, deren Urheber nicht zu ihren Mitgliedern zählen. Darüber hinaus wird die Nutzung von nicht verfügbaren, d.h. nicht im Handel erhältlichen Werken, durch Kultureinrichtungen geregelt.

5. Weitere Anpassungen

624 Das Gesetz setzt die unionsrechtlichen Erlaubnisse für das **Text- und Data-Mining**, für den **digitalen und grenzüberschreitenden Unterricht** und die Lehre sowie für die **Erhaltung des Kulturerbes** um. Es enthält Anpassungen im **Urhebervertragsrecht**, etwa zu den Fragen der angemessenen Vergütung, der weiteren Beteiligung des Urhebers, der Auskunft und Rechenschaft des Vertragspartners sowie Dritter in der Lizenzkette. Zudem werden die Vertretung von Kreativen durch Vereinigungen geregelt und Fragen des Rückrufs wegen Nichtausübung geklärt. Bei Nichterteilung von bestimmten Auskünften wird ein Unterlassungsanspruch von Verbänden eingeführt.

6. Neuregelung der Verlegerbeteiligung

625 Ein neuer **gesetzlicher Beteiligungsanspruch des Verlegers** wurde verankert. Dieser setzt voraus, dass der Urheber dem Verleger ein Recht an dem verlegten Werk eingeräumt hat. Vervielfältigungen eines gemeinfreien visuellen Werkes genießen danach keinen Leistungsschutz mehr. Bei Streitigkeiten über die Lizenzierung audiovisueller Werke für die Zugänglichmachung über Videoabrufdienste können die Parteien eine Mediation oder ein anderes Verfahren der außergerichtlichen Konfliktbeilegung einleiten.

7. Erleichterter Rechteerwerb

626 Sendeunternehmen müssen für bestimmte unionsweit verbreitete Internet-Angebote die Rechte nur noch für den Mitgliedstaat der Europäischen Union erwerben, in dem der Sender seinen Sitz hat (sog. Ursprungslandprinzip).

V. Banken und Kapitalmarktrecht

1. Gesetze zur Wertpapieraufsicht

627 Seit Mitte des Jahres 2021 gibt es zwei Gesetze zur Wertpapieraufsicht und zur Umsetzung europäischer Vorgaben. Dabei handelt es sich zum einen um das Gesetz zur Umsetzung der Richtlinie (EU) 2019/2162 über die Emission gedeckter Schuldverschreibungen und die öffentliche Aufsicht über gedeckte Schuldverschreibungen (sog. **CBD-Umsetzungsgesetz**). Das Gesetz vom 12.5.2021 wurde als Artikelgesetz am 17.5.2021 im Bundesgesetzblatt[1] veröffentlicht. Das CBD-Umsetzungsgesetz wird insb. durch **Änderungen des Pfandbriefgesetzes** (PfandBG) umgesetzt, von denen ein Großteil bereits am 1.7.2021 in Kraft getreten ist; weitere im Zuge der Umsetzung eingeführte Änderungen des PfandBG und des Kapitalanlagegesetzbuches sowie des Sanierungs- und Abwicklungsgesetzes treten am 8.7.2022 in Kraft. Der sich bislang nur **auf Pfandbriefe beziehende Bezeichnungsschutz wird ausgeweitet**, um die neuen Bezeichnungen „Europäische gedeckte Schuldverschreibung" und „Europäische gedeckte Schuldverschreibung (Premium)" zu schützen. Danach können künftig alle Pfandbriefe unter erster Bezeichnung vertrieben werden, während die Bezeichnung mit Premium-Zusatz nur für Hypothekenpfandbriefe, Öffentliche Pfandbriefe und Schiffspfandbriefe

---

1) BGBl. I 2021, 1063.

verwendet werden darf, die sowohl die Vorgaben der Covered-Bonds-Richtlinie als auch weitere qualifizierten Voraussetzungen erfüllen.

Zum anderen handelt es sich um das Gesetz zur Umsetzung der Richtlinie (EU) 2019/2034 über die Beaufsichtigung von Wertpapierinstituten. Auch dieses Artikelgesetz vom 12.5.2021 wurde am 17.5.2021 im Bundesgesetzblatt[1] veröffentlicht und ist am 26.6.2021 bzw. 30.6.2021 vollständig in Kraft getreten. Als Artikel 1 dieses Gesetzes wurde als neues Gesetz das Gesetz über die Beaufsichtigung von Wertpapierinstituten (**Wertpapierinstitutsgesetz** – WpIG) eingeführt. Mit diesem Gesetz wird die **Aufsicht über Wertpapierinstitute** vollständig aus dem Kreditwesengesetz herausgelöst, die nunmehr in diesem neuen WpIG geregelt ist. Hiermit wurde insb. für rund 750 kleine und mittlere Wertpapierinstitute, die geringere Anforderungen einhalten müssen, eine einfache und übersichtliche Gesetzessystematik geschaffen.

Anmerkung:

Ein derartiges spezifisches Aufsichtssystem wird für erforderlich gehalten, um eine **risikoadäquate Aufsicht** herbeizuführen. Wertpapierinstitute sind dabei Finanzunternehmen, die eine auf Finanzinstrumente bezogene Finanzdienstleistung anbieten, aber anders als ein Kreditinstitut keine Einlagen oder andere rückzahlbare Gelder des Publikums annehmen.

2. Gesetz zur Einführung elektronischer Wertpapiere

Am 6.5.2021 verabschiedete der Bundestag das Gesetz über elektronische Wertpapiere (eWpG), das der Bundesrat am 28.5.2021 billigte. Die Verkündung des Gesetzes vom 3.6.2021 im Bundesgesetzblatt[2] erfolgte am 9.6.2021. Es trat am Tag nach seiner Verkündung in Kraft. **628**

Nach dem eWpG können Schuldverschreibungen, Anteile an offenen Sondervermögen und Pfandbriefe neben der bisherigen analogen Form auch **in elektronischer Form begeben** werden. Diese digitale Form beruht im Wesentlichen auf der Eintragung in bestimmte elektronische Wertpapierregister. Diese Eintragung ersetzt für ihren Anwendungsbereich die bisher erforderliche Urkunde. Eintragungen sind in ein **zentrales Register** oder ein **Kryptowertpapierregister** möglich.

Diese Register sind zwar grundsätzlich technologieneutral ausgestaltet. Aufgrund der hohen Anforderungen und mangels anderweitiger technischer Mittel, die diesen Anforderungen gerecht werden, dürfte wohl aber die Distributed Ledger Technologie in Form der Blockchain genutzt werden.

Durch Ergänzungen im PfandBG und neu aufgenommene Verweisvorschriften im KAGB wird die Möglichkeit der Begebung als elektronisches Wertpapier bzw. auf elektronischem Wege auch für Pfandbriefe bzw. für Anteile an offenen Sondervermögen ermöglicht; für Letztere beschränkt sich die Möglichkeit jedoch vorerst nur auf die Begebung über ein zentrales Register.

3. Gesetz zur weiteren Stärkung des Anlegerschutzes

Darüber hinaus hat der Bundestag am 20.5.2021 das Gesetz zur weiteren Stärkung des Anlegerschutzes verabschiedet und damit das gesamte Maßnahmenpaket des BMF und des BMJV umgesetzt. Die Billigung des Bundesrates erfolgte am 28.5.2021 und die Verkündung des Gesetzes vom 9.7.2021 im Bundesgesetzblatt[3] am 16.7.2021. Bis auf wenige Vorschriften, die Veröffentlichungen auf der Webseite der BaFin betreffen, sind die durch das Artikelgesetz geänderten bzw. neu eingeführten Vorschriften am 16.8.2021 in Kraft getreten. **629**

1) BGBl. I 2021, 990.
2) BGBl. I 2021, 1423.
3) BGBl. I 2021, 2570.

Das Gesetz setzt das Maßnahmenpaket zur weiteren Stärkung des Anlegerschutzes des BMF und des BMJV um und ergänzt zudem Vorschriften zur Erhöhung des Schutzes von Anlegern, die mit dem am 1.7.2021 bereits in Teilen in Kraft getretenen Gesetz zur Stärkung der Finanzmarktintegrität vom 3.6.2021 (Finanzmarktintegritätsgesetz FISG → Rz. 509 ff.)[1] verabschiedet wurden. Mit dem Gesetz soll ein Umfeld geschaffen werden, in dem insb. auch **Privatanlegern weitestgehend eigenständige Anlageentscheidungen** ermöglicht werden.

4. Deutliche Hervorhebung von Überziehungszinsen

630 Eine Bank betrieb eine Internetseite, auf der man online ein Girokonto eröffnen konnte. Unter „Konten & Karten" waren u.a. Informationen enthalten, wonach die Bank für die geduldete Überziehung des Kontos Zinsen mit einem Zinssatz von 14,50 % berechnet. Auch im Preisaushang reihte die Bank unter dem Punkt „Privatkonten" diesen Sollzinssatz neben mehrere andere Konditionsangaben ein.

Der BGH stellte mit Urteil vom 29.6.2021[2] klar, dass eine **Zinsforderung transparent** sein muss und führte aus, dass der Sollzinssatz in den zur Verfügung zu stellenden Informationen klar, eindeutig und in auffallender Weise anzugeben ist. Der Gesetzgeber habe das Ziel verfolgt, Preistransparenz zu schaffen und es interessierten Verbrauchern zu ermöglichen, verschiedene Angebote von Überziehungsmöglichkeiten zu vergleichen und sich so einen Marktüberblick zu verschaffen.

Deshalb müssen diese Informationen sowohl im Preisaushang als auch unter den Angaben auf der Website zu „Konten & Karten" so hervorgehoben werden, dass sie dem Verbraucher ins Auge fallen.

5. Entgelt bei Zahlung durch Sofortüberweisung oder PayPal

631 Nach § 270a BGB ist eine **Vereinbarung unwirksam**, die den Schuldner zur Zahlung eines Entgelts für die Nutzung einer SEPA-Basislastschrift, einer SEPA-Firmenlastschrift, einer SEPA-Überweisung oder einer Zahlungskarte verpflichtet. Für die Nutzung von Zahlungskarten gilt dies nach § 270a Satz 2 BGB nur bei Zahlungsvorgängen mit Verbrauchern, auf die Kapitel II der Verordnung (EU) 2015/751 über Interbankenentgelte für kartengebundene Zahlungsvorgänge anwendbar ist.

Im dem vom BGH mit Urteil vom 25.3.2021[3] entschiedenen Fall bot die Zahlungsempfängerin ihren Kunden bei ihrem Online-Leistungsangebot vier Zahlungsmöglichkeiten an, u.a. die Zahlung per Sofortüberweisung oder PayPal. Hierbei erhob sie ein zusätzliches Entgelt.

Der BGH vermochte hierin keinen Verstoß gegen § 270a BGB zu sehen. Bei dem Zahlungsmittel „Sofortüberweisung" komme es zu einer Überweisung vom Konto des Kunden auf das Konto des Empfängers. Es handele sich dabei um eine SEPA-Überweisung im Sinne von § 270a Satz 1 BGB, auch wenn diese Überweisung nicht durch den Kunden, sondern im Auftrag des Kunden durch den Betreiber des Zahlungsdienstes „Sofortüberweisung" ausgelöst wird. Das vom Zahlungsempfänger bei Wahl dieser Zahlungsmöglichkeit geforderte **Entgelt** werde aber nicht für die Nutzung dieser Überweisung verlangt, sondern ausschließlich **für die Einschaltung des Zahlungsauslösedienstes**, der neben dem Auslösen der Zahlung weitere Dienstleistungen, wie etwa Bonitätsprüfungen, erbringt.

Auch bei Wahl der Zahlungsmöglichkeit „PayPal" könne es zu einer SEPA-Überweisung oder einer SEPA-Lastschrift im Sinne von § 270a Satz 1 BGB oder einem kartengebundenen Zahlungsvorgang im Sinne von § 270a Satz 2 BGB kommen, wenn das Pay-

---

1) BGBl. I 2021, 1534 v. 10.6.2021.
2) BGH v. 29.6.2021, XI ZR 19/20, NJW-RR 2021, 1056.
3) BGH v. 25.3.2021, I ZR 203/19, DB 2021, 1008.

Pal-Konto des Zahlers kein ausreichendes Guthaben aufweist und durch eine Überweisung, Lastschrift oder Kreditkartenabbuchung aufgeladen werden müsse. Auch in diesem Fall verlange der Zahlungsempfänger nach dem der BGH-Entscheidung zugrunde liegenden Sachverhalt von seinen Kunden kein Entgelt für die Nutzung dieser Zahlungsmittel, sondern allein für die Einschaltung des Zahlungsdienstleisters „PayPal", der die Zahlung vom PayPal-Konto des Zahlers auf das PayPal-Konto des Empfängers durch Übertragung von E-Geld abwickele.

Abzustellen sei in beiden Fällen (Sofortüberweisung, PayPal) nicht darauf, ob der Kunde (irrig) davon ausgehe, ein Entgelt für eine der in § 270a BGB genannten Zahlungsdienstleistungen bzw. -instrumente zu leisten, sondern darauf, ob er aus objektiver Sicht tatsächlich ein solches Entgelt leiste. Aus objektiver Sicht war dies in dem vom BGH entschiedenen Fall für die Bezahlalternativen Sofortüberweisung und PayPal zu verneinen.

6. Unbeschränkte AGB-Änderung von Banken

Der BGH entschied mit Urteil vom 27.4.2021[1]), dass **Klauseln** von Banken, die ohne inhaltliche Einschränkung die **Zustimmung des Kunden** zu Änderungen der Allgemeinen Geschäftsbedingungen und von Sonderbedingungen **fingieren**, unwirksam sind. **632**

Dazu führt der BGH aus, dass für weitreichende, die Grundlagen der rechtlichen Beziehungen der Parteien betreffende Änderungen, die den Abschluss eines neuen Vertrages gleichkommen können, ein **ausdrücklicher Änderungsvertrag** erforderlich ist, der den Erfordernissen von § 305 Abs. 2, § 311 Abs. 1 sowie §§ 145 ff. BGB genügen muss.

VI. Immobilienrecht

1. Mietzahlungspflichten bei COVID-19-bedingten behördlichen Schließungsverfügungen

Das Ende März 2020 eilig verabschiedete Gesetz zur Abmilderung der Folgen der COVID-19-Pandemie schränkte zwar das **Kündigungsrecht** des Vermieters ein, die Mietzahlungspflicht sollte durch das Gesetz jedoch nicht angetastet werden. **633**

Am 17.12.2020 stimmte der Bundestag dem Gesetz zur weiteren Verkürzung des Restschuldbefreiungsverfahrens zu und nur einen Tag später, am 18.12.2020, hat der Bundesrat das Gesetz gebilligt. Das Gesetz vom 22.12.2020 wurde am 30.12.2020 im Bundesgesetzblatt[2]) verkündet. Darin enthalten ist auch eine Anpassung des gewerblichen Mietrechts.

Danach gilt für Gewerbemiet- und Pachtverhältnisse, die von staatlichen COVID-19 Maßnahmen betroffen sind, eine **gesetzliche Vermutung**, wonach **erhebliche (Nutzungs-) Beschränkungen** für den Betrieb des Mieters infolge staatlicher Maßnahmen zur Bekämpfung der COVID-19-Pandemie eine **schwerwiegende Veränderung der Geschäftsgrundlage** im Sinne von § 313 Abs. 1 BGB darstellen können, § 7 EGBGB.

Beratungshinweis:

Liegt eine Störung der Geschäftsgrundlage im Sinne von § 313 Abs. 1 BGB vor, kann in erster Linie eine Vertragsanpassung und damit ggf. eine **Mietminderung** verlangt werden. Ist dies nicht möglich oder der anderen Partei nicht zumutbar, kann die sich auf die Störung der Geschäftsgrundlage berufende Partei den **Mietvertrag kündigen**.

Auch nach der Gesetzesänderung **muss der Mieter darlegen und ggf. beweisen**, dass er den Mietvertrag nicht oder nicht mit dem Inhalt abgeschlossen hätte, wenn er die Veränderung vorausgesehen hätte, und dass ihm das Festhalten am unveränderten Mietvertrag nicht zumutbar ist.

---

1) BGH v. 27.4.2021, XI ZR 26/20, DB 2021, 1328.
2) BGBl. I 2020, 3328.

2. Stimmverhältnisse im Wohnungseigentumsgesetz

634 Aus § 25 Abs. 2 Satz 1 WEG ergibt sich, dass jeder Wohnungseigentümer nach dem **Kopfstimmenprinzip** eine Stimme hat. Dabei ist Träger des Stimmrechts derjenige, der im Einklang mit der materiellen Rechtslage im Wohnungsgrundbuch als Eigentümer eingetragen ist.

Sofern mehrere Wohnungen teilweise identische Miteigentümer haben oder der Miteigentümer einer Wohnung zugleich Alleineigentümer einer anderen Wohnung ist, haben die **Eigentümer jeder Wohnung je eine Stimme**, so der BGH in seinem Urteil vom 20.11.2020[1].

Das Kopfstimmrecht eines Wohnungseigentümers entfalle nicht, wenn er Miteigentümer einer anderen Wohnung werde oder bleibe. Dies gelte auch dann, wenn er Mehrheitseigentümer anderer Wohnungen sei oder werde.

VII. IT-Recht

1. Vorlagepflicht an den EuGH bei DSGVO-Schadensersatzklagen

635 In einem Beschluss vom 14.1.2021 entschied das BVerfG[2], dass deutsche Gerichte **Klagen auf immateriellen Schadensersatz** nach Art. 82 DSGVO nicht ohne Weiteres mit der Begründung des Vorliegens eines bloßen Bagatellschadens abweisen dürfen.

In dem Streitfall ging es um eine Werbe-E-Mail, die die Beklagte an die berufliche Adresse des Klägers geschickt hatte. Der Kläger machte einen Verstoß gegen Art. 6 DSGVO geltend, wonach die Nutzung seiner E-Mail-Adresse mangels Einwilligung datenschutzwidrig sei. Er klagte auf Unterlassung, Auskunft und Schadensersatz, wobei die Höhe des Schmerzensgeldes den Betrag von 500 Euro nicht unterschreiten sollte. In der ersten Instanz wurde dem Kläger der geltend gemachte Unterlassungs- sowie der Auskunftsanspruch zugebilligt. Den Schadensersatzanspruch wies das Amtsgericht allerdings mit der Begründung ab, dass dem Kläger kein ersichtlicher Schaden entstanden sei, da es sich lediglich um eine einzige Werbe-E-Mail handelte, die auch deutlich als solche zu erkennen gewesen sei.

Der Kläger erhob daraufhin Verfassungsbeschwerde und machte die **Verletzung seines Rechts auf den gesetzlichen Richter** geltend. Das BVerfG gab der Klage statt, weil das Amtsgericht die letzte Instanz in diesem Verfahren sei. Es habe das Recht des Klägers auf den gesetzlichen Richter verletzt, indem es seine Entscheidung nicht dem EuGH zur Vorabentscheidung gemäß Art. 267 Abs. 3 AEUV vorgelegt habe.

> **Anmerkung:**
>
> Die Vorlagepflicht beim EuGH durch ein letztinstanzliches Gericht gelte – so das BVerfG – sofern sich in einem Verfahren eine entscheidungserhebliche Frage des Unionsrechts stellt, die betreffende Bestimmung noch kein Gegenstand einer Auslegung durch den EuGH war und Zweifel hinsichtlich der richtigen Anwendung des Unionsrecht bestehen.

Der vom Amtsgericht zu beurteilende Sachverhalt werfe entscheidungserhebliche Fragen auf. Zu klären sei, **unter welchen Voraussetzungen Art. 82 Abs. 1 DSGVO einen Geldentschädigungsanspruch gewähre** und welches Verständnis dieser Vorschrift im Hinblick auf Erwägungsgrund 146 Satz 3 DSGVO zugrunde gelegt werden solle. Der Geldentschädigungsanspruch aus Art. 82 DSGVO sei in der Rechtsprechung des EuGH nicht erschöpfend geklärt und dessen Voraussetzungen können auch nicht unmittelbar aus der DSGVO bestimmt werden. Somit bestehen eindeutig Zweifel über die richtige Auslegung des Unionsrechts. Indem sich das Amtsgericht in Ablehnung des Anspruchs auf die Erforderlichkeit einer Erheblichkeitsschwelle gestützt hat, habe es fehlerhaft

---

[1] BGH v. 20.11.2020, V ZR 64/20, MDR 2021, 476.
[2] BVerfG v. 14.1.2021, 1 BvR 2853/19, NJW 2021, 1005.

eine eigene Auslegung des Unionsrechts vorgenommen. Eine solche Erheblichkeitsschwelle werde weder von der Literatur befürwortet noch vom BGH angewendet und sei in dieser Form nicht in der DSGVO angelegt.

Die Rechtsfrage, **ob ein Schadenersatzanspruch von dem Überschreiten einer Erheblichkeitsschwelle abhängig** ist, wird jetzt dem EuGH zur Entscheidung vorgelegt werden müssen.

Beratungshinweis:

Das Urteil macht deutlich, dass Unternehmen zunehmend nicht nur Konsequenzen von Seiten der Behörden und Wettbewerber zu fürchten haben, wenn sie sich einen Verstoß gegen die DSGVO zu Schulden kommen lassen. Auch von Seiten der Verbraucher ist künftig mit mehr Widerstand zu rechnen. Es bleibt den deutschen Gerichten zwar weiterhin die Möglichkeit, Klagen auf den materiellen Schadensersatz nach Art. 82 DSGVO wegen sonstiger Gründe abzulehnen. Allerdings wird eine Klage jetzt nicht mehr unter Verweis auf die Geringfügigkeit abgelehnt werden können, ohne hierbei die vom EuGH noch zu entwickelnden Maßstäbe zu berücksichtigen. Einmal mehr wird deutlich, dass DSGVO Compliance ein zentraler Bestandteil des Compliance Management System sein sollte.

2. Neue EU-Standardvertragsklauseln für internationale Datentransfers

Die Europäische Kommission hat am 4.7.2021 die finale Version der neuen „EU-Standardvertragsklauseln" für die Übermittlung personenbezogener Daten ins EU-Ausland veröffentlicht. Damit sollen **internationale Datentransfers vereinfacht** und die Anforderungen der Schrems II-Entscheidung berücksichtigt werden. **636**

Anmerkung:

Die EU-Standardvertragsklauseln sind das in der Praxis mit Abstand am Häufigsten verwendete Instrument für die Übermittlung personenbezogener Daten in Länder außerhalb der EU bzw. des EWR (sog. Drittländer). Nahezu jedes Unternehmen hat in der Vergangenheit bei internationalen Datentransfers bereits auf die EU-Standardvertragsklauseln zurückgegriffen, sei es ganz bewusst durch gesonderte Vereinbarung oder aber durch die Akzeptanz Allgemeiner Geschäftsbedingungen, in denen die Standardvertragsklauseln bereits integriert sind. Gerade bekannte US-Provider wie Amazon, Google und Facebook beziehen Standardvertragsklauseln regelmäßig in ihre AGB mit ein, so dass diese bei Vertragsschluss automatisch mit vereinbart werden.

Die bisherigen Standardvertragsklauseln, zuletzt aktualisiert im Jahr 2010, waren noch ein Relikt aus der Zeit vor Inkrafttreten der Datenschutzgrundverordnung (DSGVO), und bedurften dringend einer Modernisierung, nicht zuletzt im Nachgang an das EuGH-Urteil „Schrems-II"[1] zum internationalen Datentransfer. Dem ist die EU-Kommission durch Verabschiedung neuer Standardvertragsklauseln nachgekommen.

Die neuen Standardvertragsklauseln schließen vor allem bestehende Anwendungslücken und schaffen die seit geraumer Zeit geforderte Vereinheitlichung mit den Regelungen der DSGVO.

Eine wesentliche Neuerung ist der **modulare Aufbau** des Vertragswerks. Insgesamt gibt es nunmehr vier verschiedene Module der Standardvertragsklauseln:

– Modul 1: Datenübermittlungen zwischen zwei Verantwortlichen

– Modul 2: Datenübermittlungen von Verantwortlichen an Auftragsverarbeiter

– Modul 3: Datenübermittlungen von Auftragsverarbeitern an (Unter-)Auftragsverarbeiter

– Modul 4: Datenübermittlungen von Auftragsverarbeitern an Verantwortliche.

---

1) EuGH v. 16.7.2020, Schrems-II, C-311/18, NJW 2020, 2613.

Die letzten beiden Konstellationen waren bislang nicht von den Standardvertragsklauseln umfasst und mussten in der Praxis durch umständliche Alternativen gelöst werden. Die Erweiterung ist daher sehr begrüßenswert.

Eine weitere Vereinfachung ergibt sich durch die Aufnahme der notwendigen Regelungen einer Vereinbarung zur Auftragsverarbeitung (Art. 28 DSGVO). Während unter Geltung der alten Standardvertragsklauseln zwischen Datenexporteur und Datenimporteur jeweils noch gesonderte Auftragsverarbeitungsverträge geschlossen werden mussten, sind die hierfür erforderlichen Vorschriften in den neuen Standardvertragsklauseln bereits enthalten. Darüber hinaus haben Dritte nunmehr die Möglichkeit, einer zwischen Importeur und Exporteur bereits existierenden Vereinbarung, die auf Grundlage der neuen Standardvertragsklauseln geschlossen wurde, beizutreten, was gerade bei komplexen Mehrparteienverträgen zu einer Vereinfachung führen dürfte.

Neben einem erweiterten Anwendungsbereich wurden durch die neuen EU-Standardvertragsklauseln auch die Anforderungen der im letzten Jahr ergangenen „Schrems-II-Entscheidung" berücksichtigt, die für viele Unternehmen nach wie vor eine gewaltige Herausforderung darstellt.

Anmerkung:

Der EuGH hatte in seinem „Schrems-II-Urteil" vom 16.7.2020[1] festgestellt, dass Datenübermittlungen in die USA nicht länger auf Grundlage des Privacy Shields erfolgen können und der Einsatz von EU-Standardvertragsklauseln bei Datenübermittlungen in Drittländer nur noch unter Verwendung wirksamer zusätzlicher Maßnahmen erfolgen darf, die ein dem Schutz personenbezogener Daten innerhalb der EU gleichwertiges Niveau sicherstellen.

Die neuen EU-Standardvertragsklauseln sehen vor diesem Hintergrund vertragliche Regelungen vor, die sowohl das **datenexportierende als auch das importierende Unternehmen verstärkt in die Pflicht** nehmen.

So reicht es für **Datenübermittlungen in Drittländer** ausdrücklich nicht mehr aus, sich alleine auf die Standardvertragsklauseln zu berufen, ohne zuvor geprüft zu haben, ob der vertraglich vorgesehene Schutz personenbezogener Daten im jeweiligen Drittland auch tatsächlich gewährleistet werden kann. Insoweit bleibt es den exportierenden Unternehmen auch unter Geltung der neuen Standardvertragsklauseln nach wie vor nicht erspart, das Datenschutzniveau im jeweiligen Drittland zu überprüfen und bei Bedarf zusätzliche Maßnahmen zu ergreifen („Datentransfer-Folgenabschätzung").

Umgekehrt ist der **Datenimporteur** dazu verpflichtet, sich gegen unverhältnismäßige Behördenanfragen, die den Anforderungen der DSGVO widersprechen, zu verteidigen und den Datenexporteur hierüber zu informieren. Anschließend muss der Datenexporteur selbst entscheiden, ob eine Datenübermittlung weiterhin stattfinden kann und die zuständige Aufsichtsbehörde über die Entscheidung in Kenntnis setzen. Die Pflicht zur Abwehr von Regierungsanfragen geht sogar so weit, dass Datenimporteure gegen entsprechende Behördenzugriffe gerichtlich vorgehen und die eigenen Abwehrmaßnahmen umfassend dokumentieren müssen. Unklar ist bisweilen jedoch, wer die dadurch entstehenden Kosten zu tragen ist.

Kritische Stellungnahme:

Die neuen Standardvertragsklauseln enthalten längst überfällige Anpassungen an die DSGVO und schaffen durch den modularen Aufbau in Verbindung mit der Beitrittsmöglichkeit zu bestehenden Verträgen einen deutlich flexibleren Rechtsrahmen für die Übermittlung personenbezogener Daten in Drittländer. Gleichwohl können auch die neuen Standardvertragsklauseln die bestehende Rechtsunsicherheit infolge der „Schrems-II-Entscheidung" nicht vollständig beseitigen. Die erweiterten vertraglichen Schutzmaßnahmen können insoweit für sich genommen keine Übermittlung personenbezogener Daten in Drittländer rechtfertigen, in denen das Datenschutzniveau nicht dem

---

1) EuGH v. 16.7.2020, Schrems-II, C-311/18, NJW 2021, 2613.

der EU entspricht. In diesen Fällen sollten Unternehmen nach wie vor eine gründliche Risikoanalyse durchführen, zusätzliche Maßnahmen in Betracht ziehen und die Ergebnisse der Datentransfer-Folgenabschätzung dokumentieren. Andernfalls drohen aufsichtsrechtliche Sanktionen, zumal einige deutsche Aufsichtsbehörden erst vor kurzem in diesem Zusammenhang gemeinsam abgestimmte Kontrollen angekündigt haben.

Aber unabhängig von der Schrems II-Problematik ergibt sich aufgrund der neuen Standardvertragsklauseln Handlungsbedarf: Bei allen neu geschlossenen Verträgen müssen nach Veröffentlichung des Annahmebeschlusses im Amtsblatt der EU die neuen Standardvertragsklauseln berücksichtigt werden. Für bereits bestehende Verträge gilt eine Frist bis 27.12.2022, innerhalb der alle bestehenden Standardvertragsklauseln durch die neuen Standardvertragsklauseln ersetzt werden müssen. Betroffene Unternehmen sollten sich daher schnellstmöglich mit den neuen Vertragsbedingungen vertraut machen, die entsprechenden Altverträge identifizieren und für eine fristgerechte Umstellung sorgen.

Unternehmen sind zur Umsetzung der neuen Vertragsbedingungen verpflichtet und sollten sich rechtzeitig mit den neuen Regelungen vertraut machen. Absolute Rechtssicherheit für internationale Datenübermittlungen können die neuen Standardvertragsklauseln aber nicht bieten.

3. Neue Datenschutzregeln im Bereich Telekommunikation und Internet

a) Gesetzgebungsverfahren

Das als Art. 1 des Gesetzes über den Datenschutz und den Schutz der Privatsphäre in der Telekommunikation und bei Telemedien eingeführte Telekommunikations-Telemedien-Datenschutzgesetz (TTDSG) vom 23.6.2021[1] trat am 1.12.2021 in Kraft und vereint die datenschutzrechtlichen Regelungen des Telemediengesetzes (TMG) und des Telekommunikationsgesetzes (TKG). **637**

Insbesondere **Webseiten- und App-Betreiber** sollten dies noch einmal zum Anlass nehmen, ihren Umgang mit Cookies und Tracking-Technologien zu überprüfen.

Hintergrund:

Mit Einführung der Datenschutzgrundverordnung (DSGVO) im Jahr 2018 sollte das Datenschutzrecht vereinheitlicht und vereinfacht werden. Dennoch ergab sich aufgrund verschiedener Spezialgesetze auf nationaler Ebene eine Art „Flickenteppich" an Regelungen. Aus diesen Gründen sah sich der Gesetzgeber gezwungen, die datenschutzrechtlichen Regelungen insbesondere zum Fernmeldegeheimnis und zum Tracking aus TKG und TMG zusammenzufassen und an die DSGVO anzupassen, um nach dem Willen des Bundesministeriums für Wirtschaft und Energie auch „Rechtsklarheit für den Datenschutz und den Schutz der Privatsphäre in der digitalen Welt" zu schaffen.

Das „Gesetz zur Regelung des Datenschutzes und des Schutzes der Privatsphäre in der Telekommunikation und bei Telemedien" (TTDSG) trat zum 1.12.2021 in Kraft und regelt nicht nur den Umgang mit personenbezogenen Daten, sondern mit allen Informationen, die im Rahmen der Nutzung von Telemedien und Telekommunikationsdiensten erhoben werden.

Der Großteil der Normen des TTDSG richten sich an die **Anbieter von Telekommunikationsdiensten** und insbesondere deren Umgang mit dem Fernmeldegeheimnis, Verkehrs- Standort und Endnutzerdaten (Teil 2 des TTDSG).

b) Digitales Erbe – Digitaler Nachlass

Hervorzuheben ist vor allem die Thematik des digitalen Nachlasses und der Umgang mit dem Fernmeldegeheimnis. Umstritten und Gegenstand verschiedener Gerichtsentscheidungen war in der Vergangenheit die Frage, inwiefern Erben einer verstorbenen Person Zugriff auf dessen Benutzerkonten und auch – durch das Fernmeldegeheimnis geschützter Kommunikation – erlangen können. **638**

---

1) BGBl. I 2021, 1982 vom 28.6.2021, zuletzt geändert Art. 4 des Gesetzes v. 12.8.2021, BGBl. I 2021, 3544.

In § 4 TTDSG wurde nunmehr klargestellt, dass das Fernmeldegeheimnis den Ansprüchen der Erben auf Einräumung des Zugriffs nicht entgegensteht.

c) Cookies und Tracking

639 Wenn auch im Ergebnis nicht neu, sind die Regelungen des TTDSG zu **Cookies und Tracking-Technologien** von besonderer Bedeutung. Sie begraben einen uralten Streit, ob die ePrivacy-Richtlinie in Deutschland formal in § 15 Abs. 3 Satz 1 TMG a.F. umgesetzt wurde.

Analog zum Unionsrecht steht nunmehr fest, dass Cookies oder ähnliche Tracking-Technologien (wie bspw. auch das sog. „Fingerprinting") nur dann ohne Einwilligung verwendet werden dürfen, wenn deren Einsatz technisch erforderlich für die Erbringung des Dienstes sind.

Sowohl die DSGVO als auch die „Planet-49"-Entscheidung des EuGH vom 1.10.2019[1] hatten zwar der **Verbreitung des Cookie-Banners** Vorschub geleistet und in der digitalen Welt das Bewusstsein für das Einwilligungserfordernis gestärkt. Spätestens mit dem Inkrafttreten des TTDSG sollte dies jetzt jedoch jedem Anbieter von Telemedien (Webseiten, Apps, soziale Netzwerke, Smart Home Produkte) klar werden.

In § 25 TTDSG wurde nun nahezu wortgleich die Entscheidung des EuGH umgesetzt, wonach für eine wirksame Einwilligung die Anforderungen der DSGVO einzuhalten sind und somit die reine Abwahl eines vorausgewählten Häkchens nicht ausreicht. Wenn auch die Unterscheidung bei der Frage, was technisch erforderlich ist und was nicht, weiterhin nicht geklärt ist, sollte der **Nutzer** möglichst transparent und verständlich **über den Einsatz von Cookies und Tracking-Technologien informiert** werden.

Zu beachten ist dabei auch, dass das TTDSG in diesem Zusammenhang von „Endeinrichtungen eines Endnutzers" spricht und somit über den Anwendungsbereich der ePrivacy Richtlinie hinaus geht. Mitumfasst werden sollten neben **Computern und Smartphones**, die Webseiten besuchen und Apps verwenden, auch Tracking-Technologien, die bspw. auf **Smart-Home-Produkten** verwendet werden. Im TTDSG wird damit allerdings lediglich geregelt, dass sofern Informationen auf solchen Endgeräten gespeichert oder abgerufen werden, Einwilligungen einzuholen sind. Den Umgang mit etwaigen personenbezogenen Daten in diesem Zusammenhang regelt die DSGVO sowie das BDSG.

d) PIMS (Personal Information Management System)

640 Neu sind die Regelungen in § 26 TTDSG, die den Rahmen für mögliche **Dienste zur Einwilligungsverwaltung** schaffen. Danach können Dienste, die von einer unabhängigen Stelle den Anforderungen einer noch zu erlassenden Rechtsverordnung der Bundesregierung anerkannt wurden, individuelle Voreinstellungen und somit Einwilligungen der Nutzer verwalten. Diese Dienste gelten sodann für den Besuch jeder Webseite, so dass die Einwilligungen in Cookies oder andere Trackingtechnologien entfallen.

Damit soll einer entsprechenden Gleichgültigkeit der Nutzer in Bezug auf die Cookie-Banner entgegengewirkt werden. Inwiefern sich solche PIMS durchsetzen werden, bleibt abzuwarten. Eine entsprechende Verordnung, die für die Verwendung Voraussetzung wäre, ist noch nicht in Sicht.

> **Anmerkung:**
>
> Wenn auch für viele die Änderungen des TTDSG keine „neue Ära" einläuten, geben sie Anlass, den Umgang mit Cookies und Tracking zu überprüfen und zu kontrollieren, ob das verwendete Contentmanagement den aktuellen Anforderungen entspricht. Es ist davon auszugehen, dass die

---

1) EuGH v. 1.10.2019, C-673/17, NJW 2019, 3433.

Aufsichtsbehörden aufgrund der nunmehr eindeutigen Rechtslage zum Einwilligungserfordernis genauer hinschauen werden.

Welche Rolle in Zukunft etwaige PIMS-Tools spielen werden, muss sich erst noch - mit der neuen Bundesregierung – zeigen, da dies maßgeblich von der entsprechenden Rechtsverordnung abhängen wird.

4. Datenschutzkonformer Einsatz von Cloud-Diensten

Immer mehr Unternehmen verlagern ihre IT in die Cloud. Doch mit der Nutzung von Cloud-Diensten sind eine Vielzahl rechtlicher Hürden verbunden. Vor allem die Einhaltung des Datenschutzes stellt Unternehmen nicht zuletzt aufgrund der im vergangenen Jahr ergangenen Schrems II-Entscheidung des EuGH vor große Herausforderungen. Nun stehen erneut **Microsoft Online-Dienste** im Fokus der Aufsichtsbehörden.

641

Allgemeine Erläuterungen

Cloud-Dienste bieten im Vergleich zu lokal betriebenen Softwarelösungen häufig niedrigere Einstiegs- bzw. Betriebskosten und sind mit umfassenden Support- und Pflegeleistungen der Anbieter verbunden. Dadurch können Unternehmen von regelmäßigen Updates profitieren und auf die Rechen- und Speicherkapazitäten der Provider von jedem Ort auf der Welt zugreifen. Insofern verwundert es nicht, dass Unternehmen zunehmend auf die Cloud setzen und Online-Dienste in ihre Geschäftsprozesse integrieren. Als Online-Komplettlösung stellt Microsoft seinen Kunden seine klassischen Office-Anwendung sowie zahlreiche weitere Dienste (z.B. Exchange Online, Share Point, One Drive) unter dem Namen „Microsoft 365" zur Verfügung.

Bei deren Nutzung werden eine Vielzahl an Daten von und über den jeweiligen Nutzer an Microsoft übermittelt. Die Verarbeitung dieser personenbezogenen Daten durch Microsoft erfolgt auf Grundlage der sog. Datenschutzbestimmungen für Microsoft Online-Dienste („Data Protection Addendum", im Folgenden „DPA"), die als Vereinbarung zur Auftragsverarbeitung in den Lizenzvertrag mit einbezogen werden. Das Microsoft DPA war in der Vergangenheit wiederholt Kritik der Aufsichtsbehörden ausgesetzt. Neben der bekannten Problematik von Datentransfers in Drittländer ist insb. die nach wie vor bestehende Intransparenz bei der Übermittlung von Diagnose- bzw. Telemetriedaten an Microsoft strittig.

Die **Datenschutzgrundverordnung (DSGVO)** knüpft an die Verarbeitung personenbezogener Daten hohe Anforderungen hinsichtlich der Transparenz und der jeweiligen Rechtsgrundlage. Dies gilt, wenn die Daten aus eigenem Interesse oder als Auftragsverarbeiter verarbeitet werden. 2020 stellte die Konferenz der unabhängigen Datenschutzaufsichtsbehörden des Bundes und der Länder („DSK") in einem ihrer Beschlüsse fest, dass das damalige DPA den Anforderungen der DSGVO nicht gerecht wurde. Kritisiert wurde insb. die **mangelnde Transparenz der konkret durch Microsoft verarbeiteten personenbezogenen Daten** und deren Verarbeitungszwecke. Es sei den datenübermittelnden Unternehmen anhand der bereitgestellten Informationen nicht möglich zu erkennen, in welchem Umfeld und für welche Zwecke die Datenverarbeitungen durch Microsoft stattfinden. Dies gelte nicht zuletzt für die Verarbeitung personenbezogener Diagnosedaten (auch „Telemetriedaten" genannt) durch Microsoft.

Da die Verarbeitung der Diagnosedaten für eigene geschäftliche Zwecke von Microsoft erfolgt, ist hierfür eine **eigenständige Rechtsgrundlage** erforderlich und der Abschluss des DPA für sich genommen nicht ausreichend. Bereits im Jahr 2018 stellten niederländische Behörden Übermittlungen von Diagnosedaten an Microsoft bei der Nutzung von Office 365 fest, über die nicht hinreichend informiert wurde. Auch der Landesbeauftragte für Datenschutz und Informationssicherheit Baden-Württemberg („LfDI BW") übte entsprechende Kritik an der Transparenz der Datenverarbeitungen durch Microsoft und riet im Zuge dessen von einer Nutzung von Office 365 ab, wenngleich diese Empfehlung ausdrücklich auf den Einsatz in Schulen und den damit verbundenen erhöhten Risiken für Kinder als Betroffene bezogen war.

Neben der Kritik an den unzureichenden und intransparenten Regelungen des DPA selbst, bestehen darüber hinaus die **grundsätzlichen Risiken bei der Nutzung von**

Cloud-Diensten US-amerikanischer Anbieter vor einem unberechtigten Zugriff in den USA bzw. dem jeweiligen Drittland, in dem die Daten verarbeitet werden. Der EuGH hatte in seinem „Schrems-II Urteil"[1] festgestellt, dass Datenübermittlungen in die USA nicht länger auf Grundlage des Privacy Shields erfolgen können und der Einsatz von EU-Standardvertragsklauseln bei Datenübermittlungen in Drittländer nur noch unter Verwendung wirksamer zusätzlicher Maßnahmen stattfinden darf, die ein dem Schutz personenbezogener Daten innerhalb der EU gleichwertiges Niveau gewährleisten können.

Zwar bietet Microsoft seinen Kunden auch Serverstandorte innerhalb der EU an. Datentransfers in Drittländer lassen sich aber in der Regel nicht gänzlich vermeiden. Hinzu kommen die umstrittenen Bestimmungen des sog. „Cloud Acts". Danach können US-Anbieter von den Sicherheitsbehörden zur Preisgabe auch außerhalb der USA gespeicherter Daten gezwungen werden, wenn bestimmte Voraussetzungen vorliegen. Die Aufsichtsbehörden haben vor diesem Hintergrund wiederholt auf die **Notwendigkeit einer sorgfältigen Prüfung** der sich für die Betroffenen ergebenden Risiken hingewiesen.

> **Beratungshinweis:**
>
> Die Kritik und Empfehlungen der Aufsichtsbehörden sollten ernst genommen werden. Zwar hat Microsoft nachgebessert und das DPA überarbeitet. Die beschriebenen Kritikpunkte konnten u.E. jedoch nach wie vor nicht ganz ausgeräumt werden. Es ist damit zu rechnen, dass **Aufsichtsbehörden künftig vermehrt** auf Unternehmen zugehen und **Kontrollen durchführen.** Der Hamburgische Beauftragte für Datenschutz und Informationssicherheit hat bspw. bereits Fragebögen zum Einsatz von Microsoft Office 365 an Unternehmen versandt. Sieben deutsche Aufsichtsbehörden haben außerdem angekündigt, gemeinsam **abgestimmte Kontrollen zur Einhaltung datenschutzrechtlicher Vorgaben** bei internationalen Datentransfers durchzuführen.
>
> Umso wichtiger ist es, **vorab eine umfassende Risikoanalyse** durchzuführen und den Einsatz von Microsoft 365 sorgfältig abzuwägen. Eine entscheidende Rolle können dabei risikomildernde Maßnahmen einnehmen. Diese können technischer, organisatorischer oder vertraglicher Natur sein. Microsoft stellt seinen Nutzern bspw. eine Vielzahl von systemseitigen Konfigurationsmöglichkeiten zur Verfügung, die Datentransfers ins Ausland oder Übermittlungen von Diagnosedaten erheblich reduzieren können. Hiervon sollte umfassend Gebrauch gemacht werden. Einzelne, besonders kritische Dienste, die für die beabsichtigte Nutzung nicht zwingend benötigt werden bzw. für die es brauchbare Alternativen gibt, lassen sich ggf. auch vollständig deaktivieren. Darüber hinaus sollte stets eine **möglichst sichere Verschlüsselungsmethode** gewählt werden, z.B. in Gestalt der sog. „Customer Key-Verschlüsselung", deren Kompatibilität erst neulich auf weitere Cloud-Dienste wie Microsoft Teams erweitert wurde. Als probates vertragliches Mittel für internationale Datentransfers kann künftig außerdem auf die Vereinbarung der im Juli 2021 von der Europäischen Kommission veröffentlichten neuen „EU-Standardvertragsklauseln" hingewirkt werden (→ Rz. 636 ff.).
>
> Unter Beachtung dieser und weiterer Schutzmaßnahmen können die datenschutzrechtlichen Risiken des Einsatzes von Microsoft 365 unter Umständen erheblich reduziert werden. Ob sich dadurch eine Nutzung von Microsoft 365 im Ergebnis rechtfertigen lässt, kann jedoch nur nach einer auf den Einzelfall bezogenen Bewertung der sich für die Betroffenen ergebenden Risiken anhand der Sensibilität der tatsächlich verarbeiteten Daten und Anwendungsszenarien bewertet werden. Dasselbe gilt für sonstige Cloud-Dienste, die Datenverarbeitungen in Drittländern zur Folge haben. Unternehmen sollten sich daher frühzeitig mit den über die Cloud-Dienste stattfindenden Datenverarbeitungen und Übermittlungen in Drittländer auseinandersetzen und die Risikoabwägung anhand der getroffenen Zusatzmaßnahmen hinreichend dokumentieren.

5. Reichweite des Auskunftsanspruchs der betroffenen Person

642 Die auskunftsberechtigte Person ist gemäß Art. 15 Abs. 1 DSGVO berechtigt, von dem Verantwortlichen eine **Bestätigung** darüber zu verlangen, ob sie betreffende personenbezogene Daten verarbeitet werden. In diesem Fall hat sie ein Recht auf Auskunft über diese personenbezogenen Daten und weitere im Gesetz benannte Informationen. Der BGH hatte sich mit der Reichweite dieses Auskunftsanspruchs bei einem Versiche-

---

[1] EuGH v. 16.7.2020, Schrems-II, C-311/18, NJW 2020, 2613.

rungsnehmer gegenüber der Versicherung zu befassen. Dabei stellte er mit Urteil vom 15.6.2021[1] klar, dass sich dieser Auskunftsanspruch auch auf die Korrespondenz der Parteien sowie interne Vermerke und Kommunikation der Versicherung, soweit diese jeweils personenbezogene Daten beinhalten, erstreckt. Unerheblich ist laut BGH zudem, ob der betroffenen Person die Schreiben bereits bekannt sind.

VIII. Arbeitsrecht

1. Arbeitsschutzkontrollgesetz

Am 16.12.2020 verabschiedete der Bundestag das Gesetz zur Verbesserung des Voll- **643** zugs im Arbeitsschutz, sog. Arbeitsschutzkontrollgesetz. Das Gesetz vom 22.12.2020 wurde am 30.12.2020 im Bundesgesetzblatt[2] verkündet. Es trat – von einigen Ausnahmen abgesehen – zum 1.1.2021 in Kraft. Darin enthalten ist eine **jährliche Mindestbesichtigungsquote** durch die Arbeitsschutzbehörden. In der Arbeitsstättenverordnung wird bestimmt, wie die **Gemeinschaftsunterkünfte** zur Unterbringung von Arbeitnehmern ausgestattet sein müssen, auch abseits des Betriebsgeländes.

Weiter wird klargestellt, dass im Bereich des Kerngeschäfts der **Fleischwirtschaft kein Fremdpersonal** mehr eingesetzt werden darf: seit 1.1.2021 besteht in dieser Branche ein Verbot von Werkverträgen und seit 1.4.2021 schließlich auch ein Verbot von Leiharbeit. Vom Verbot des Fremdpersonaleinsatzes ausgenommen sind bestimmte Handwerksbetriebe.

> **Anmerkung:**
>
> Das Arbeitsschutzkontrollgesetz hat erhebliche Auswirkungen im Bereich der Fleischwirtschaft.

2. Betriebsrätemodernisierungsgesetz

a) Gesetzgebungsverfahren

Mit dem Ausbruch der Corona-Pandemie hat sich die Nutzung digitaler Arbeitsweisen **644** und Formate in Unternehmen durchgesetzt. Das Homeoffice konnte sich innerhalb kürzester Zeit etablieren. Auch wurden vor diesem Hintergrund vorübergehend bis zum 30.6.2021 die Möglichkeiten geschaffen, Betriebsratssitzungen per Video- und Telefonkonferenz abzuhalten, § 129 BetrVG.[3] Durch diese Entwicklungen veranlasst, hat die Bundesregierung am 31.3.2021 den Entwurf eines Betriebsrätemodernisierungsgesetzes in das Gesetzgebungsverfahren eingebracht. Der Bundesrat hat am 28.5.2021 in verkürzter Frist das eine Woche zuvor am 21.5.2021 vom Bundestag beschlossene Betriebsrätemodernisierungsgesetz gebilligt. Das Betriebsrätemodernisierungsgesetz vom 14.6.2021 wurde am 17.6.2021 im Bundesgesetzblatt verkündet[4] und trat am Tag nach der Verkündung im Bundesgesetzblatt, also am 18.6.2021, in Kraft.

> **Anmerkung:**
>
> Mit dem Gesetz soll insbesondere der Abnahme der Zahl von Betriebsratsgremien entgegengewirkt werden. Es enthält zudem Verbesserungen für das Arbeiten im Homeoffice.

b) Betriebsrätemodernisierung

Um Betriebsratswahlen zu fördern und zu vereinfachen, erweitert das Gesetz die Mög- **645** lichkeiten für ein vereinfachtes Wahlverfahren und verbessert den Kündigungsschutz

---

1) BGH v. 15.6.2021, VI ZR 576/19, NJW 2021, 2726. Vgl. hierzu Brink/Joos, jurisPR-ArbR 40/2021 Anm. 4.
2) BGBl. I 2020, 3334.
3) Winzer/Baeck/Hilgers, NZA 2021, 620. Vgl. hierzu auch Besgen, B+P 2021, 595.
4) BGBl. I 2021, 1762.

der Beschäftigten, die zu einer Betriebs- oder Wahlversammlung einladen oder die Bestellung eines Wahlvorstands beantragen. Sie sind nunmehr vom Zeitpunkt der Einladung oder Antragstellung bis zur Bekanntgabe des Wahlergebnisses unkündbar, § 15 Abs. 3a, 3b KSchG.

Das **Mindestalter für die Wahlberechtigung** wurde von 18 auf 16 Jahre herabgesetzt. Um die Teilhabe von Auszubildenden zu verbessern, entfällt die Altersgrenze bei der Wahl der Jugend- und Auszubildendenvertretung, §§ 60 Abs. 1, 61 Abs. 2 Satz 1, 64 Abs. 3 BetrVG.

> **Anmerkung:**
>
> Der Gesetzgeber konnte sich jedoch nicht dazu durchringen, digitale Betriebsratswahlen einzuführen.[1]

Weiter stellt das Gesetz klar, dass die **Rechte des Betriebsrats** bei der Planung von Arbeitsverfahren und -abläufen unter Einsatz von künstlicher Intelligenz gelten. Die Rechte des Betriebsrats bei der Festlegung von Auswahlrichtlinien zur Personalauswahl finden auch dann Anwendung, wenn diese Richtlinien ausschließlich oder mit Unterstützung von Künstlicher Intelligenz erstellt werden. Beim Einsatz von Informations- und Kommunikationstechnik im Unternehmen gilt die Hinzuziehung eines Sachverständigen für Informations- und Kommunikationstechnik für die Einbindung des Betriebsrats als erforderlich.

Die aufgrund der Corona-Pandemie befristet eingeführte Zulassung **virtueller Betriebsratssitzungen** wurde zu einer dauerhaften Regelung umgestaltet, § 30 Abs. 1 Satz 5, Abs. 2 und 3, § 33 Abs. 1 Satz 2, § 34 Abs. 1 Sätze 4 und 5, § 51 Abs. 3 Satz 1 BetrVG.

aa) Absenkung des Wahlalters für Betriebsratswahlen

646 Das **Mindestalter für die aktive Wahlberechtigung** wurde von der Vollendung des 18. Lebensjahres auf die Vollendung des 16. Lebensjahres abgesenkt (§ 7 BetrVG). Weil § 9 BetrVG die Größe des Betriebsrats von der Zahl der wahlberechtigten Beschäftigten abhängig macht, kann diese Änderung auch Auswirkungen auf die Anzahl der zu wählenden Betriebsratsmitglieder haben.

bb) Ausweitung des vereinfachten Wahlverfahrens

647 Das vereinfachte Wahlverfahren (§ 14a BetrVG), das sich teilweise durch formelle Vereinfachungen und kürzere Fristen kennzeichnet, wurde sowohl für die Wahl des Betriebsrats als auch für die Wahl der Jugend- und Auszubildendenvertretung ausgeweitet. In Betrieben mit **51 bis 100 wahlberechtigten Beschäftigten** wurde das vereinfachte Wahlverfahren verpflichtend.

Zudem wurde für **Betriebe mit 101 bis 200 wahlberechtigten Beschäftigten** die Möglichkeit eröffnet, das vereinfachte Wahlverfahren zwischen Wahlvorstand und Arbeitgeber zu vereinbaren.

cc) Erweiterung des Kündigungsschutzes

648 Die Ausweitung des Kündigungsschutzes von Personen, die Betriebsratswahlen vorbereiten oder einleiten, sieht der Gesetzgeber als Mittel zur **Erleichterung von Betriebsratsgründungen** an. Dazu wurde zunächst der Kündigungsschutz für die zur Wahlversammlung einladenden Beschäftigten auf die ersten sechs – statt bisher die ersten drei – in der Einladung aufgeführten Personen erstreckt (§ 15 Abs. 3a Satz 1 KSchG). Damit

---

1) Winzer/Baeck/Hilgers, NZA 2021, 620, 621.

schützt die Neuregelung eine größere Anzahl Personen als für das Einladungsschreiben mindestens erforderlich ist (vgl. § 17 Abs. 3 BetrVG).

Zudem wurde der Kündigungsschutz auf Personen erweitert, die **bloße Vorbereitungshandlungen** zur Gründung eines Betriebsrats unternehmen („*Vorfeld-Initiatoren*"). Bisher begann der besondere Kündigungsschutz bei der erstmaligen Betriebsratswahl mit der Einladung zur Betriebs- oder Wahlversammlung. Dieser Schutz wurde auf ordentliche personen- und verhaltensbedingte (nicht betriebsbedingte) Kündigungen der Vorfeld-Initiatoren erstreckt, sofern sie ihre Absicht zur Gründung eines Betriebsrats in einer notariell beglaubigten Erklärung dokumentieren und entsprechende Vorbereitungshandlungen unternehmen (§ 15 Abs. 3b KSchG). Diese Absichtserklärung kann vom Beschäftigten verfasst und die Unterschrift von einem Notar beglaubigt werden. Vorbereitungshandlungen können nach der Gesetzesbegründung Gespräche mit anderen Beschäftigten bezüglich der Unterstützung einer Betriebsratsgründung oder die Kontaktaufnahme zu einer Gewerkschaft hinsichtlich des Erhalts von Informationen zur Betriebsratswahl sein. Zeitlich beginnt der Kündigungsschutz mit der Beglaubigung der Unterschrift unter der Absichtserklärung, er endet mit dem Zeitpunkt der Einladung zur Wahl, spätestens jedoch drei Monate nach der Beglaubigung.

dd) Virtuelle Betriebsratssitzung

§ 129 Abs. 1 BetrVG ermöglichte bis einschließlich zum 30.6.2021 anlässlich der Corona-Pandemie die **Teilnahme an Betriebsratssitzungen mittels Video- und Telefonkonferenz**. Diese Möglichkeit wurde nun mit dem Betriebsrätemodernisierungsgesetz dauerhaft umgesetzt: Betriebsräte können Sitzungen mittels Video- und Telefonkonferenz durchführen, wobei die Präsenzsitzung grundsätzlich Vorrang haben soll (§ 30 Abs. 1, 2 BetrVG). **649**

> **Anmerkung:**
> Der Vorrang von Präsenzsitzungen wird damit begründet, dass digitale Konferenzen in der Qualität ihrer Diskussion und Ergebnisfindung nicht mit präsenten Treffen vergleichbar sind und zudem vertrauliche Nebengespräche nicht in gleicher Weise möglich sind.[1]

Die Teilnahme an der Sitzung mittels Video- und Telefonkonferenz ist **nur zulässig**, wenn

- die Voraussetzungen für eine solche Teilnahme in der Geschäftsordnung des Betriebsrats unter Sicherung des Vorrangs der Präsenzsitzung festgelegt sind,
- nicht mindestens ein Viertel der Mitglieder des Betriebsrats binnen einer von dem Vorsitzenden zu bestimmenden Frist diesem gegenüber widerspricht und
- sichergestellt ist, dass Dritte vom Inhalt der Sitzung keine Kenntnis nehmen können.

Dabei hat der Betriebsrat durch technische (z.B. verschlüsselte Verbindung) und organisatorische Maßnahmen (z.B. Nutzung eines nichtöffentlichen Raumes) die Vertraulichkeit sowie die Einhaltung der datenschutzrechtlichen Vorgaben zu gewährleisten. Die Kosten hierfür sind vom Arbeitgeber zu tragen, § 40 Abs. 2 BetrVG.[2]

Eine Beschlussfassung des Betriebsrates kann wirksam erfolgen, wenn einzelne oder alle Betriebsratsmitglieder mittels Video- und Telefonkonferenz teilnehmen. Dazu bestimmt § 33 Abs. 1 Satz 2 BetrVG, dass Betriebsratsmitglieder, die mittels Video- und Telefonkonferenz an der Beschlussfassung teilnehmen, als anwesend gelten. Diese Vorgaben finden auch für den Gesamt- und Konzernbetriebsrat sowie die Jugend- und Auszubildendenvertretung Anwendung.

---

1) Winzer/Baeck/Hilgers, NZA 2021, 620, 622.
2) Winzer/Baeck/Hilgers, NZA 2021, 620, 622.

ee) Nutzung einer qualifizierten elektronischen Signatur

650 **Betriebsvereinbarungen und Einigungsstellensprüche** können unter Nutzung einer qualifizierten elektronischen Signatur abgeschlossen werden, dazu genügt ein elektronisches Signieren von Betriebsrat und Arbeitgeber auf dem gleichen Dokument (§ 77 Abs. 2 Satz 2 und § 76 Abs. 3 Satz 4 BetrVG).

Diese Möglichkeit gilt auch für **Interessenausgleich und Sozialplan** (§ 112 Abs. 1 Satz 1 BetrVG). Beim Einigungsstellenspruch hat der Vorsitzende das Dokument unter Nutzung einer qualifizierten elektronischen Signatur zu unterzeichnen und dann an die Betriebsparteien weiterzuleiten (§ 76 Abs. 3 Satz 4 BetrVG).

ff) Datenschutz

651 Bei der Verarbeitung personenbezogener Daten durch den Betriebsrat ist der Arbeitgeber der für die Verarbeitung Verantwortliche im Sinne der datenschutzrechtlichen Vorschriften, soweit die Verarbeitung durch den Betriebsrat zur Erfüllung der in seiner Zuständigkeit liegenden Aufgaben erfolgt. Zudem ist der betriebliche Datenschutzbeauftragte auch für die Kontrolle der Datenverarbeitung durch den Betriebsrat zuständig, gegenüber dem Arbeitgeber aber in besonderem Maß zur Verschwiegenheit verpflichtet (§ 79a BetrVG).

gg) Mitbestimmung beim Einsatz Künstlicher Intelligenz

652 Im Hinblick auf die Einbindung des Betriebsrats beim Einsatz von Künstlicher Intelligenz (KI) im Betrieb wurden die Beteiligungsrechte ausgeweitet:

– Die Hinzuziehung eines **Sachverständigen** gilt als erforderlich, sofern der Betriebsrat zur Durchführung seiner Aufgaben die Einführung oder Anwendung von KI beurteilen muss (§ 80 Abs. 3 BetrVG).

– Darüber hinaus gelten die **Unterrichtungs- und Beratungsrechte** des Betriebsrats bei der Planung von Arbeitsverfahren und -abläufen auch dann, wenn der Einsatz von KI im Betrieb vorgesehen ist (§ 90 Abs. 1 Satz 3 BetrVG).

– Schließlich findet das Recht des Betriebsrats bei der Festlegung von Auswahlrichtlinien zur Personalauswahl auch dann Anwendung, wenn diese Richtlinien ausschließlich oder mit Unterstützung einer KI erstellt werden (§ 95 Abs. 2a BetrVG).

hh) Mitbestimmung bei mobiler Arbeit

653 In § 87 Abs. 1 Nr. 14 BetrVG wurde ein Mitbestimmungsrecht für die Ausgestaltung mobiler Arbeit eingeführt, die mittels Informations- und Kommunikationstechnik erbracht wird. Die Einführung der mobilen Arbeit („ob") verbleibt allerdings in der Entscheidungsbefugnis des Arbeitgebers. Eine wirkliche Erweiterung der Mitbestimmung wird damit kaum einhergehen.

c) Unfallversicherungsschutz im Homeoffice

654 Der Schutz der gesetzlichen Unfallversicherung greift bereits nach **bisheriger Rechtslage** im Homeoffice, wenn der Unfall in **unmittelbarem Zusammenhang mit der Arbeit** steht. Wege zum Drucker oder zum Schrank mit Büromaterial waren schon bisher im Homeoffice versichert, nicht aber bspw. der Gang zur Kaffeemaschine oder zur Nahrungsaufnahme. Diese Lücke wurde durch eine Anpassung des § 8 SGB VII geschlossen, wonach der **Versicherungsschutz in gleichem Umfang wie bei Ausübung der Tätigkeit im Unternehmen** besteht, wenn die versicherte Tätigkeit im Haushalt der Versicherten („Homeoffice") oder an einem anderen Ort („mobile Arbeit") ausgeübt wird.

Darüber hinaus wurde der Unfallversicherungsschutz bei einer Homeoffice-Tätigkeit auch auf Wege ausgedehnt, die Beschäftigte zur **Betreuung der Kinder außer Haus** zurücklegen.

3. COVID-19-Pandemie

a) Corona-Arbeitsschutzverordnungen

Die **Bekämpfung und Verhinderung der weiteren Ausbreitung des Coronavirus** SARS- **655** CoV-2 erforderte und erfordert weiterhin wirksame und koordinierte Maßnahmen zur Vermeidung von Personenkontakten und zur Sicherstellung eines ausreichenden Infektionsschutzes auch am Arbeitsplatz. Dazu sind und waren auch **zeitlich befristete Maßnahmen des betrieblichen Arbeitsschutzes** unverzichtbar. In diesem Zusammenhang erließ das Bundesministerium für Arbeit und Soziales am 21.1.2021 die sog. SARS-CoV-2-Arbeitsschutzverordnung[1], die durch die

– Erste Verordnung zur Änderung der SARS-Cov-2-Arbeitsschutzverordnung[2] vom 11.3.2021

– Zweite Verordnung zur Änderung der SARS-CoV-2-Arbeitsschutzverordnung[3] vom 14.4.2021

– Dritte Verordnung zur Änderung der SARS-CoV-2-Arbeitsschutzverordnung[4] vom 21.4.2021

an die Entwicklungen des Infektionsgeschehens angepasst wurde.

Am 25.6.2021 erließ das Bundesministerium für Arbeit und Soziales eine weitere SARS-CoV-2-Arbeitschutzverordnung[5], die wiederum mit Änderungsverordnung vom 6.9.2021[6] für die Dauer der epidemischen Lage nationaler Tragweite bis einschließlich 24.11.2021 angepasst wurde. Diese Änderungsverordnung trat am 10.9.2021 in Kraft. Die SARS-CoV-2-Arbeitsschutzverordnung wurde durch Art. 13 des Gesetzes zur Änderung des Infektionsschutzgesetzes und weiterer Gesetze anlässlich der Aufhebung der epidemischen Lage von nationaler Tragweite vom 22.11.2021[7] nochmals in großen Teilen geändert (→ Rz. 659)

aa) „Homeoffice-Pflicht"

(1) Angebot von Arbeit im Homeoffice

In der SARS-CoV-2-Arbeitsschutzverordnung vom 22.1.2021, die am 27.1.2021 in Kraft **656** trat und zunächst befristet bis 15.3.2021 galt, war zunächst die Verpflichtung des Arbeitgebers enthalten, im Fall von Büroarbeit oder vergleichbaren Tätigkeiten, **Arbeiten in der Wohnung (Homeoffice) anzubieten**, sofern die Tätigkeiten es zuließen und keine zwingenden betriebsbedingten Gründe entgegenstanden. Es wurde explizit auf Büroarbeit oder vergleichbare Tätigkeiten verwiesen. Wenngleich für die Arbeitnehmer keine Verpflichtung bestand, das Angebot des Arbeitgebers auf Arbeiten im Homeoffice anzunehmen, wurde an sie appelliert, dieses Angebot zu nutzen.

Anmerkung:

In der Verordnungsbegründung wurde ausgeführt, dass es für die Umsetzung der Arbeit im Homeoffice erforderlich ist, dass in der Wohnung des Beschäftigten die räumlichen und technischen Voraussetzungen vorhanden sind. Auch muss zwischen Arbeitgeber und Arbeitnehmer eine Home-

---

1) Bundesanzeiger v. 21.1.2021, BAnz AT 22.1.2021 V1.
2) Bundesanzeiger v. 11.3.2021, BAnz AT 12.3.2021 V1.
3) Bundesanzeiger v. 14.4.2021, BAnz AT 15.4.2021 V1.
4) Bundesanzeiger v. 21.4.2021, BAnz AT 22.4.2021 V1.
5) Bundesanzeiger v. 25.6.2021, BAnz AT 28.6.2021 V1.
6) Bundesanzeiger v. 6.9.2021, BAnz AT 9.9.2021 V1.
7) BGBl. I 2021, 4906.

office-Vereinbarung (arbeitsvertragliche Regelung oder Betriebsvereinbarung) getroffen worden sein.

Die Einhaltung der Verpflichtung des Arbeitgebers, das Arbeiten im Homeoffice zu ermöglichen, konnte **behördlich überprüft** werden. Auf Verlangen der Arbeitsschutzbehörden der Länder waren die erforderlichen Angaben zu machen und entsprechende Unterlagen herauszugeben. Kam ein Arbeitgeber einer behördlichen Anordnung nicht (rechtzeitig) nach, konnte die von der Anordnung betroffene Arbeit untersagt werden (§ 22 Arbeitsschutzgesetz). Der Arbeitgeber musste sich auch darauf einstellen, die einer Homeoffice-Tätigkeit entgegenstehenden zwingenden betrieblichen Gründe im Rahmen einer behördlichen Überprüfung darlegen zu können. Die Begründung der Verordnung stellte zudem klar, dass die Beschäftigten den Anspruch auf eine Arbeit im Homeoffice nicht einklagen konnten.

> **Anmerkung:**
>
> Zur weiteren Stimulierung der Wirtschaft und zur Förderung der Digitalisierung und der Tätigkeiten im Homeoffice können bestimmte digitale Wirtschaftsgüter rückwirkend zum 1.1.2021 sofort abgeschrieben werden (→ Rz. 289). Damit können die Kosten für Computerhardware und Software zur Dateneingabe und -verarbeitung im Jahr der Anschaffung oder Herstellung steuerlich vollständig berücksichtigt werden.

(2) Pflicht zur Annahme des Angebots von Arbeit im Homeoffice

657 Mit der sog. Bundesnotbremse, die nach einer Modifikation des Infektionsschutzgesetzes ab dem 24.4.2021 **befristet bis zum 30.6.2021** galt, hat der Gesetzgeber diese Homeoffice-Pflicht nochmals verlängert und verschärft.

So mussten Arbeitgeber den Beschäftigten weiterhin im Fall von Büroarbeit oder vergleichbaren Tätigkeiten **Arbeiten vom Homeoffice aus anbieten**, wenn keine zwingenden betriebsbedingten Gründe entgegenstanden. Neu hinzugekommen war, dass die **Beschäftigten** nach der nun geltenden Regelung auch **verpflichtet waren, dieses Angebot anzunehmen**, soweit von ihrer Seite keine Gründe entgegenstanden.

> **Anmerkung:**
>
> Damit konnten Beschäftigte nun **nicht mehr frei entscheiden**, ob sie ins Büro gehen, sondern sie benötigten hierfür einen Grund. Die Anforderungen waren allerdings nicht so hoch wie bei den Arbeitgebern. Diese mussten nur dann kein Homeoffice anbieten, wenn ein „zwingender Grund" vorliegt. Zwingend musste der Grund für Arbeitnehmer, doch ins Büro zu gehen, dagegen nicht sein. Nach der Verordnungsbegründung genügte für Arbeitnehmer als Grund z.B. räumliche Enge, Störung durch Dritte oder unzureichende technische Ausstattung. Dieser Grund war dem Arbeitgeber mitzuteilen. Ein Nachweis war nach dem Wortlaut der Verordnung nicht erforderlich. Damit war der Druck auf die Arbeitnehmer, im Homeoffice zu arbeiten, erhöht worden, eine zwingende Rechtspflicht bestand aber nicht.

(3) Wegfall der Homeoffice-Pflicht

658 Mit Verordnung vom 25.6.2021 entfiel die „Homeoffice-Pflicht" wieder. Die überarbeiteten Corona-Arbeitsschutzverordnungen vom 25.6.2021 und 6.9.2021 verlangten aber weiterhin, dass betriebsbedingte Kontakte und die gleichzeitige Nutzung von Räumen durch mehrere Personen auf das notwendige Minimum reduziert bleiben müssen, wozu auch Homeoffice einen wichtigen Beitrag leisten kann (zu den steuerlichen Auswirkungen des Wegfalls der Homeoffice-Pflicht bei Grenzgängern (→ Rz. 450).

(4) Erneute Homeoffice-Pflicht

Mit dem Gesetz zur Änderung des Infektionsschutzgesetzes[1] (→ Rz. 655) wurde **659**
die Homeoffice-Pflicht wieder eingeführt, d.h. Arbeitgeber müssen im Falle von Büroarbeit Homeoffice anbieten, wenn keine zwingenden betriebsbedingten Gründe entgegenstehen und die Arbeitnehmer müssen dieses Angebot bei ihrerseits keinen entgegenstehenden Gründen annehmen.

bb) 3G-Regelung am Arbeitsplatz

Bundestag und Bundesrat haben Änderungen am Infektionsschutzgesetz (IfSG) und **660**
weiteren Gesetzen beschlossen, die überwiegend am 24.11.2021 in Kraft traten. In diesem Rahmen wurde die „epidemische Notlage von nationaler Tragweite" nicht verlängert. Sie endete mit Ablauf des 25.11.2021. Das Gesetz wurde am 22.11.2021 im Bundesgesetzblatt verkündet.[2]

Die im Gesetz enthaltenen möglichen weiteren infektionsschutzrechtlichen Maßnahmen sind bis zum 19.3.2022 befristet und können einmalig durch Beschluss des Deutschen Bundestages um drei Monate verlängert werden.

Ein wesentlicher Bestandteil des Regelwerks ist die für Beschäftigte und Arbeitgeber am Arbeitsplatz geltende sog. **3G-Regel**, d.h. der Arbeitsplatz darf nur von Personen betreten werden, die geimpft, genesen oder aktuell getestet sind, § 28b IfSG. Ein entsprechender Nachweis muss mit sich geführt, bereitgehalten oder beim Arbeitgeber hinterlegt worden sein. Zumindest hinsichtlich der Testnachweise müssen Arbeitgeber die Nachweispflicht täglich kontrollieren und dokumentieren. Die Arbeitgeber sind berechtigt, den Impfstatus der Beschäftigten erheben. Die Daten über den Geimpft-, Genesen- oder Getestet-Status dürfen von den Arbeitgebern zur Erfüllung der Kontroll- und Dokumentationspflichten verarbeitet, aber nicht langfristig gespeichert werden (→ Rz. 665).

> **Beratungshinweis:**
>
> Verstöße auf Seiten der Arbeitgeber und der Beschäftigten werden mit einem Bußgeld geahndet und können für Beschäftigte arbeitsrechtliche Konsequenzen haben.

cc) Betriebsbedingte Zusammenkünfte

Betriebsbedingte Zusammenkünfte mehrerer Personen wie Besprechungen sind auch **661**
weiterhin auf das absolute betriebsnotwendige Maß, das sog. notwendige Minimum, zu reduzieren. Hier sollte möglichst Informationstechnologie eingesetzt werden. War bzw. ist dies nicht möglich, sind arbeitgeberseitig Schutzvorkehrungen zu treffen.

Gemäß der mit Gesetz zur Änderung des Infektionsschutzgesetzes und weiterer Gesetze anlässlich der Aufhebung der Feststellung der epidemischen Lage von nationaler Tragweite[3] erneut geänderten Arbeitsschutzverordnung muss der Arbeitgeber prüfen, welche geeigneten technischen und organisatorischen Maßnahmen getroffen werden können, um betriebsbedingte Personenkontakte zu reduzieren. Dabei ist die gleichzeitige Nutzung von Räumen durch mehrere Personen auf das betriebsnotwendige Minimum zu reduzieren, sofern nicht durch andere Maßnahmen ein gleichwertiger Schutz sichergestellt werden kann (§ 3 Sars-CoV-2-Arbeitsschutzverordnung).

dd) Maskenpflicht

Ist eine **Präsenz am betrieblichen Arbeitsplatz** erforderlich, muss der Arbeitgeber **662**
medizinische Gesichtsmasken oder FFP2-Masken zur Verfügung stellen, wenn die

---

1) BGBl. I 2021, 4906.
2) BGBl. I 2021, 4906.
3) BGBl. I 2021, 4906.

Anforderungen an die Raumbelegung oder ein Mindestabstand von 1,5 Metern nicht eingehalten werden können bzw. es bei den ausgeführten Tätigkeiten zu einer Gefährdung durch erhöhten Aerosolausstoß kommen kann. Die Arbeitnehmer müssen diese Masken tragen.

Gemäß Verordnung vom 25.6.2021 ist weiterhin das Tragen medizinischer Gesichtsmasken (Mund-Nase-Schutz) erforderlich, wenn der Schutz der Beschäftigten nicht durch technische und organisatorische Schutzmaßnahmen ausreichend gewährleistet ist. In der aktualisierten Verordnung vom 6.9.2021 wird auf die Konkretisierung durch technische und organisatorische Schutzmaßnahmen verzichtet. Danach ist das Tragen von Gesichtsmasken erforderlich, wo andere Maßnahmen keinen ausreichenden Schutz gewähren. Entsprechende Vorgaben sind auch im Gesetz zur Änderung des Infektionsschutzgesetzes vom 22.11.2021[1] enthalten.

ee) Testpflicht

663 Im Zuge der Zweiten Änderung der SARS-CoV-2-Arbeitsschutzverordnung und deren Modifizierung wurden Arbeitgeber verpflichtet, ihren Beschäftigten Tests in Bezug auf einen direkten Erregernachweis anzubieten. Diese Regelung ist mit Wirkung zum 19.4.2021 bzw. die Verschärfung zum 22.4.2021 in Kraft getreten. Sie ist auch in der Corona-Arbeitsschutzverordnung vom 25.6.2021 und deren Aktualisierung vom 6.9.2021 sowie im Gesetz zur Änderung des Infektionsschutzgesetzes vom 22.11.2021[2] enthalten.

Danach müssen Arbeitgeber ihren Beschäftigten, soweit diese nicht ausschließlich im Homeoffice arbeiten, **mindestens zweimal pro Kalenderwoche** einen derartigen **Test** anbieten.

> **Anmerkung:**
>
> Zunächst war ein zweimaliges Testangebot pro Woche nur für Beschäftigte mit spezifischem Infektionsrisiko vorgesehen. Diese Beschränkung wurde jedoch mit der seit 22.4.2021 wirksamen neuerlichen Modifizierung bereits wieder aufgehoben.

Die Art der Tests ist gleichgültig – es können PCR-Tests, Antigen-Schnelltests oder Selbsttests verwendet werden. Die **Kosten** für diese Tests sind von den **Arbeitgebern** zu tragen.

> **Anmerkung:**
>
> Die Zeit, welche die Durchführung dieser Tests beansprucht, stellt grundsätzlich **keine vergütungspflichtige Arbeitszeit** dar.

Arbeitgeber müssen die entsprechenden Belege über die Beschaffung der Tests aufbewahren.

Mit der gesetzlichen Verpflichtung von Arbeitgebern, diese Tests anzubieten, korrelierte zunächst aber grundsätzlich **keine Pflicht der Beschäftigten**, diese Tests auch durchzuführen. Arbeitgeber durften grundsätzlich **nur bei konkreten Verdachtsmomenten für eine SARS-CoV-2-Infektion**, etwa bei Husten, Fieber oder Atembeschwerden, die Durchführung eines Tests anordnen.

---

1) BGBl. I 2021, 4906.
2) BGBl. I 2021, 4906.

Das Arbeitsgericht Offenbach hat diesbezüglich am 3.2.2021 in einem entsprechenden Eilverfahren[1] entschieden, dass ein anlassloses Testen der Beschäftigten durch Arbeitgeber vor Zutritt zum Betriebsgelände zumindest nicht „offensichtlich rechtswidrig" ist.

Im Zuge des Gesetzes zur Änderung des Infektionsschutzgesetzes und weiterer Gesetze anlässlich der Aufhebung der Feststellung der epidemischen Lage von nationaler Tragweite[2] wurde die sog. 3G-Regel mit einer Testpflicht für Ungeimpfte eingeführt (→ Rz. 659). Darüber hinaus wurden zunächst u.a. Arbeitgebern und Arbeitnehmern in besonderen Einrichtungen, wie Reha-Einrichtungen oder Pflegeeinrichtungen, **zusätzliche Testpflichten** auferlegt. Diese gelten auch für Geimpfte und Genesene, allerdings sehen die Regelungen für diese Personen eine geringere Testhäufigkeit vor. Hier genügt die Wiederholung der Testung höchstens zweimal pro Kalenderwoche. Auch dürfen geimpfte Beschäftigte die erforderlichen Testungen durch Antigen-Tests zur Eigenanwendung ohne Überwachung durchführen. Arbeitgeber müssen die Einhaltung der Testpflichten überwachen und regelmäßig dokumentieren.

ff) Impfpflicht

Die Einführung einer allgemeinen Impflicht wird gegenwärtig kontrovers öffentlich diskutiert und zunehmend gefordert. Arbeitgeber jedenfalls dürfen ihre Beschäftigten grundsätzlich **nicht zu einer Impfung verpflichten**, auch wenn die gesetzlichen Grundlagen für eine allgemeine gesetzliche Impfpflicht gegen SARS-CoV-2 bereits in § 20 Abs. 6 Satz 1 IfSG angelegt wäre. Da das allgemeine Persönlichkeitsrecht und das Recht auf körperliche Unversehrtheit das Interesse des Arbeitgebers an der Verringerung des betrieblichen Ansteckungsrisikos überwiegen, ist eine **Impfanordnung gegenüber Arbeitnehmern nicht vom arbeitgeberseitigen Direktionsrecht** (§ 106 GewO) **umfasst**.

664

Der Bundestag hat am 10.12.2021 den Gesetzentwurf zur Stärkung der Impfprävention gegen COVID-19 und zur Änderung weiterer Vorschriften im Zusammenhang mit der COVID-19-Pandemie beschlossen, wodurch eine Impfpflicht für Gesundheits- und Pflegepersonal ab 15.3.2022 gesetzlich vorgeschrieben wird. Dieser Personenkreis ist verpflichtet, bis 15.3.2022 den Nachweis zu erbringen, geimpft oder genesen zu sein. Alternativ muss ein ärztliches Zeugnis über das Bestehen einer Kontraindikation gegen eine COVID-19-Impfung vorgelegt werden. Neue Tätigkeitsverhältnisse sollen ab 16.3.3022 nur bei Vorlage eines entsprechenden Nachweises eingegangen werden können. Nachweise, die ab dem 16.3.2021 ihre Gültigkeit durch Zeitablauf verlieren, müssen innerhalb eines Monats nach Ablauf der Gültigkeit bei der Einrichtungs- bzw. Unternehmensleitung durch Vorlage eines gültigen Nachweises ersetzt werden. Der

---

1) ArbG Offenbach v. 3.2.2021, 4 Ga 1/21, AE 2021, 76 (Gründe). Vgl. hierzu Kothe, jurisPR-ArbR 17/2021 Anm. 7.
2) BGBl. I 2021, 4906.

Bundesrat erteilte seine Zustimmung ebenfalls am 10.12.2021. Das Gesetz vom 10.12.2021[1] wurde am 11.12.2021 im Bundesgesetzblatt verkündet.

Da Arbeitgeber ihre Arbeitnehmer bisher grundsätzlich nicht zu einer Impfung verpflichten dürfen, besteht auch **keine Möglichkeit, impfunwillige Arbeitnehmer zu sanktionieren** und diesen trotz Vorliegen eines negativen Testergebnisses etwa den Zutritt zum Betriebsgelände zu verweigern.

> **Praxistipp:**
>
> Arbeitgebern steht es aber grundsätzlich offen, die Impfbereitschaft ihrer Arbeitnehmer durch sog. „Impf-Incentives" zu fördern und Arbeitnehmern etwa einen „Impf-Bonus" auszuzahlen oder einen zusätzlichen Urlaubstag für den Tag der Impfung zu gewähren.

Die Corona-Arbeitsschutzverordnung vom 6.9.2021 enthält neu die Verpflichtung der Arbeitgeber, Beschäftigte über die Risiken einer COVID-19-Erkrankung und bestehende Möglichkeiten einer Impfung zu informieren, die Betriebsärzte bei betrieblichen Impfangeboten zu unterstützen sowie Beschäftigte zur Wahrnehmung von Impfangeboten freizustellen.

gg) Impfstatus

665 Es war lange Zeit zweifelhaft, ob Arbeitgeber den Impfstatus ihrer Arbeitnehmer aus **datenschutzrechtlicher Sicht** überhaupt abfragen dürfen, weil es sich dabei um sog. „besondere personenbezogene Daten" handelt, deren Verarbeitung grundsätzlich untersagt ist (Art. 9 Abs. 1 DSGVO). Diese Frage ist bislang gerichtlich nicht geklärt und in der Rechtsliteratur umstritten. In den Corona-Arbeitsschutzverordnung war bisher klargestellt, dass Beschäftigte nicht verpflichtet sind, ihren Arbeitgebern Auskunft über ihren Impfstatus bzw. Genesungsstatus zu geben.

Eine entsprechende gesetzliche Ermächtigung des Arbeitgebers zur Abfrage des Impfstatus existiert bisher nur für eine geringe Anzahl von Branchen, wie etwa Krankenhäuser und Pflegeeinrichtungen (§ 23 a IfSG).

Dies hat sich mit dem Gesetz zur Änderung des Infektionsschutzgesetzes[2] geändert. Soweit es zur Erfüllung der darin enthaltenen neuen Kontroll- und Dokumentationspflicht (→ Rz. 660 und → Rz. 663) erforderlich ist, darf der Arbeitgeber seit 24.11.2021 explizit personenbezogene Daten und Daten zum Impf-, sog. Sero- und Teststatus seiner Arbeitnehmer verarbeiten. Die so gewonnen Daten dürfen auch zur Anpassung des betrieblichen Hygienekonzepts verwendet werden. Spätestens nach sechs Monaten sind die erhobenen und verarbeiteten Daten jedoch wieder zu löschen.

> **Beratungshinweis:**
>
> Da es sich um besonders sensible personenbezogene Daten der Arbeitnehmer handelt, ist dem Arbeitgeber dringend anzuraten, diese sicher aufzubewahren. Zudem sollte der Arbeitgeber einen Prozess vorsehen, wie sichergestellt werden kann, dass die erhobenen Daten zum bestehenden Impfschutz bzw. Genesenenstatus nicht länger als sechs Monate gespeichert werden und nach Ablauf der Frist eine erneute Erhebung des jeweiligen Status des einzelnen Arbeitnehmers erfolgt. Bei tagesaktuell mit Antigentest bzw. mit einem vor nicht mehr als 48 Stunden durchgeführten PCR-Test wird ohnehin erforderlich sein, täglich bzw. entsprechend alle zwei Tage den Teststatus des Arbeitnehmers abzufragen und zu dokumentieren. Aber auch hier ist erforderlich, dass die jeweilige Datenspeicherung nach sechs Monaten endet.

b) Kurzarbeitergeldverordnung

666 Der Bundestag beschloss am 14.5.2020 das Gesetz zur weiteren Abfederung der sozialen und wirtschaftlichen Folgen der Corona-Pandemie, das am 15.5.2020 den Bundesrat

---

1) BGBl. I 2021, 5162.
2) BGBl. I 2021, 4906.

passierte. Kernstück des Gesetzes war eine Erhöhung des Kurzarbeitergeldes auf bis zu 80 % bzw. 87 % der Nettolohndifferenz. Danach wurde das Kurzarbeitergeld für Arbeitnehmer ab dem vierten Bezugsmonat von 60 % (bzw. 67 % bei Arbeitnehmern mit einem oder mehreren Kindern) auf 70 % (bzw. 77 %) und ab dem siebten Bezugsmonat auf 80 % (bzw. 87 %) der Nettolohndifferenz angehoben. Voraussetzung ist, dass das Ist-Entgelt des Arbeitnehmers gegenüber seinem Soll-Entgelt in dem jeweiligen Bezugsmonat um mindestens 50 % reduziert ist. Die Erhöhung war zunächst **bis zum 31.12.2020 befristet**.

Mit der Ersten Verordnung zur Änderung der Kurzarbeitergeldverordnung vom 21.10.2020[1] wurden wegen der andauernden Corona-Pandemie die **Sonderregelungen beim Kurzarbeitergeld bis Ende 2021 verlängert**, soweit die Betriebe bis 31.3.2021 Kurzarbeit eingeführt haben. Für Betriebe, die ab 1.4.2021 neu oder nach einer mindestens dreimonatigen Unterbrechung der Kurzarbeit erneut in Kurzarbeit gehen würden, sollten wieder die allgemeinen Voraussetzungen gelten.

Sodann beschloss das Bundeskabinett am 24.3.2021 die zweite Verordnung zur Änderung der Kurzarbeitergeldverordnung. Diese Änderungsverordnung vom 25.3.2021 wurde am 30.3.2021 im Bundesgesetzblatt[2] veröffentlicht. Da die weitere Entwicklung nicht vorhersehbar war, bestand weiterhin die Gefahr für Unternehmen, kurzfristig und unerwartet (erneut) von Kurzarbeit betroffen zu werden. Um vermehrten Entlassungen und Insolvenzen vorzubeugen, wurden die **Zugangserleichterungen** auch für Fälle **verlängert, in denen Kurzarbeit bis spätestens zum 30.6.2021 neu oder nach einer Unterbrechung von mindestens drei Monaten erneut** eingeführt wird. Damit wurden die Zugangserleichterungen um drei Monate erweitert. Es galten deshalb die bis zum 31.12.2021 befristeten Erleichterungen für den Zugang zum Kurzarbeitergeld hinsichtlich des Mindesterfordernisses für die vom Arbeitsausfall betroffenen Beschäftigten und des Verzichts auf den Aufbau negativer Arbeitszeitsalden auch für Betriebe, die bis zum 30.6.2021 Kurzarbeit eingeführt haben. Ferner galt die befristete Öffnung des Kurzarbeitergeldes für Leiharbeitnehmer bis zum 31.12.2021 auch für Verleihbetriebe, die bis zum 30.6.2021 Kurzarbeit eingeführt haben.

Die Zugangserleichterungen wurden mit der Dritten Verordnung zur Änderung der Kurzarbeitergeldverordnung vom 17.6.2021 erneut für Fälle verlängert, in denen **Kurzarbeit bis spätestens zum 30.9.2021 eingeführt** wird. Zudem wurden in die Kurzarbeitergeldverordnung erstmalig Regelungen zur Erstattung der Sozialversicherungsbeiträge in Insolvenzfällen aufgenommen.

Im Rahmen der Vierten Verordnung zur Änderung der Kurzarbeitergeldverordnung vom 23.9.2021[3], die am 29.9.2021 in Kraft getreten ist, wurden die bisherigen **Erleichterungen beim Zugang zum Kurzarbeitergeld bis zum 31.12.2021** auf alle Betriebe unabhängig vom Zeitpunkt der Einführung der Kurzarbeit ausgeweitet.

Danach blieben die Voraussetzungen für den Zugang zum Kurzarbeitergeld bis zum 31.12.2021 herabgesetzt, auch in den Fällen, in denen der Betrieb erst nach dem 30.9.2021 Kurzarbeit eingeführt hat. Die Zahl der Beschäftigten, die vom Arbeitsausfall betroffen sein müssen, blieb für diese Betriebe von mindestens einem Drittel auf 10 % abgesenkt und es wurde auf den Aufbau negativer Arbeitszeitsalden oder der Gewährung von konjunkturellem Kurzarbeitergeld und Saison-Kurzarbeitergeld weiter vollständig verzichtet. Leiharbeitnehmern blieb der Zugang zum Kurzarbeitergeld weiterhin bis zum 31.12.2021 auch dann eröffnet, wenn der Verleihbetrieb nach dem 30.9.2021 Kurzarbeit eingeführt hat. Auch wurden den Arbeitgebern die Sozialversicherungsbeiträge bis zum 31.12.2021 weiter voll und auch dann erstattet, wenn mit der Kurzarbeit erst nach dem 30.9.2021 begonnen wird.

---

1) BGBl. I 2020, 2259.
2) BGBl. I 2021, 381.
3) BGBl. I 2021, 4388 v. 28.9.2021.

Mit der Verordnung über die Bezugsdauer und Verlängerung der Erleichterungen der Kurzarbeit (Kurzarbeitergeldverlängerungsverordnung) wurde die Möglichkeit, die maximale Bezugsdauer des Kurzarbeitergeldes von bis zu 24 Monaten nutzen zu können, nochmals für weitere drei Monate **bis 31.3.2022 verlängert**. Gleiches gilt für die Erleichterungen und Sonderregelungen für den Bezug des Kurzarbeitergeldes. Mit dem Gesetz zur Stärkung der Impfprävention gegen COVID-19 und zur Änderung weiterer Vorschriften im Zusammenhang mit der COVID-19-Pandemie[1] gelten die Sonderregelungen zum Kurzarbeitergeld hinsichtlich des anrechnungsfreien Hinzuverdiensts aus einer geringfügigen Beschäftigung sowie des Anspruchs auf erhöhtes Kurzarbeitergeld bis **31.8.2022** weiter. Beschäftigte, die länger als drei Monate in Kurzarbeit sind, erhalten ab dem vierten Bezugsmonat Kurzarbeitergeld i.H.v. 70 % der Differenz zum bisherigen Nettolohn und ab dem siebten Bezugsmonat 80 %. Der Leistungssatz des Kurzarbeitergeldes erhöht sich bei einem im Haushalt lebenden Kind auf 77 % bzw. 87 %. Die erhöhten Bezüge gelten auch für Personen, die seit April 2021 erstmals in Kurzarbeit gehen mussten.

Allerdings wird ab 1.1.2022 die bisherige vollständige Erstattung der Sozialversicherungsbeiträge auf die Hälfte reduziert.

c) Anspruch auf Kinderkrankengeld

667 Der Bundestag hat am 14.1.2021 die Ausweitung und Verdopplung der Kinderkrankentage für berufstätige Eltern in der Corona-Krise beschlossen. Die Zustimmung des Bundesrates erfolgte am 18.1.2021. Die Gesetzesänderung wurde kurzfristig in das GWB-Digitalisierungsgesetz vom 18.1.2021[2] eingefügt. Die Regelung ist rückwirkend zum 5.1.2021 in Kraft getreten. Sie sollte zum 1.1.2022 wieder außer Kraft treten, wurde aber mit Gesetz zur Änderung des Infektionsschutzgesetzes[3] in das Jahr 2022 hinein verlängert.

Damit wurde das **Kinderkrankengeld im Jahr 2021 pro Elternteil** von zehn auf 20 Tage pro Kind, für Alleinerziehende von 20 auf 40 Tage pro Kind **verdoppelt**. Bei mehreren Kindern hat jeder Elternteil insgesamt einen Anspruch auf maximal 45 Arbeitstage. Für Alleinerziehende erhöht sich der Anspruch auf maximal 90 Arbeitstage.

Laut Gesetz zur Änderung des Infektionsschutzgesetzes[4] kann das Kinderkrankengeld für 2022 für 30 statt 10 Tage bzw. bei Alleinerziehenden 60 statt 20 Tage in Anspruch genommen werden.

Voraussetzung ist, dass:

– der betroffene Elternteil und das Kind gesetzlich krankenversichert sind,

– das Kind das zwölfte Lebensjahr noch nicht vollendet hat oder aufgrund einer Behinderung auf Hilfe angewiesen ist,

– keine andere im Haushalt lebende Person das Kind beaufsichtigen kann.

Die Höhe des Kinderkrankengeldes beträgt in der Regel 90 % des ausgefallenen Nettoarbeitsentgelts.

Anmerkung:

Der Anspruch auf Kinderkrankengeld besteht auch, wenn das Kind nicht krank ist, sondern **zu Hause betreut** werden muss, weil die Schule oder die Kita **pandemiebedingt** geschlossen ist oder die Präsenzpflicht im Unterricht ausgesetzt bzw. der Zugang zum Kinderbetreuungsangebot eingeschränkt wurde. Dabei sind auch Eltern anspruchsberechtigt, die im Homeoffice arbeiten.

---

1) BGBl. I 2021, 5162.
2) BGBl. I 2021, 2.
3) BGBl. I 2021, 4906.
4) BGBl. I 2021, 4906.

d) Beschäftigungsanspruch bei ärztlich attestierter Masken-Unverträglichkeit

Das Arbeitsgericht Siegburg entschied mit rechtskräftigem Urteil vom 18.8.2021[1], dass **668** ein **Arbeitgeber die Beschäftigung** seines Arbeitnehmers im Betrieb **verweigern** darf, wenn es diesem nachgewiesen durch **ärztliches Attest** nicht möglich ist, eine Mund-Nase-Bedeckung zu tragen.

> **Anmerkung:**
>
> Im Streitfall ging es um einen **psychisch erkrankten Verwaltungsmitarbeiter** im Rathaus. Die Erkrankung hat es dem Arbeitnehmer unmöglich gemacht, der vom Arbeitgeber angeordneten Maskenpflicht nachzukommen.

Wie das Gericht ausführt, steht dem Beschäftigungsanspruch des Arbeitnehmers das ordnungsgemäß ausgeübte Direktionsrecht des Arbeitgebers und der **Gesundheits- und Infektionsschutz aller Mitarbeiter** und Besucher des Rathauses entgegen. Letzterer sei gewichtiger als das Interesse des Arbeitnehmers an einer Beschäftigung ohne Mund-Nase-Bedeckung. Der Arbeitgeber sei aufgrund seiner Fürsorgepflicht verpflichtet gewesen, während der Pandemie eine Maskenpflicht im Betrieb einzuführen.

> **Anmerkung:**
>
> Das Gericht **verneinte** wegen der Arbeitsunfähigkeit des Arbeitnehmers auch seinen Anspruch auf **Annahmeverzugslohn**. Im Streitfall bestand zudem kein Anspruch auf Einrichtung eines Home-office-Arbeitsplatzes. Der Arbeitnehmer hätte zumindest Teile seiner Aufgaben im Rathaus erledigen müssen. Eine partielle Tätigkeit zu Hause würde die Arbeitsunfähigkeit des Arbeitnehmers nicht beseitigen. Außerdem kenne das Entgeltfortzahlungsgesetz keine partielle Arbeitsunfähigkeit.

4. Vergütungen

a) Entgeltgleichheitsklage: Vermutung der Benachteiligung wegen des Geschlechts

Ist das Entgelt einer Frau geringer als das vom Arbeitgeber nach §§ 10 ff. EntgTranspG **669** mitgeteilte Vergleichsentgelt der männlichen Vergleichsperson, kann eine Benachteiligung wegen des Geschlechts unterstellt werden.

Im Streitfall hatte die Klägerin gegenüber der ihr vom Arbeitgeber mitgeteilten männlichen Vergleichsperson eine unmittelbare Benachteiligung i.S.v. § 3 Abs. 2 Satz 1 Entg-TranspG erlitten, denn ihr Entgelt war geringer als das der Vergleichsperson gezahlte Entgelt. Dieser Umstand begründet nach Auffassung des BAG gemäß Urteil vom 21.1.2021[2] zugleich die – vom Arbeitgeber widerlegbare – Vermutung, dass die Klägerin „wegen des Geschlechts" bei der Bemessung der Höhe des ihr gezahlten Entgelts benachteiligt wurde.

b) Teilzeitantrag: Bindung bis zum Ablauf der Frist zur Stellungnahme des Arbeitgebers

Ein Arbeitnehmer, dessen Arbeitsverhältnis länger als sechs Monate bestanden hat, **670** kann verlangen, dass seine vertraglich vereinbarte Arbeitszeit verringert wird, § 8 Abs. 1 TzBfG. Die Entscheidung über die Verringerung der Arbeitszeit und ihre Verteilung hat der Arbeitgeber dem Arbeitnehmer spätestens einen Monat vor dem gewünschten Beginn der Verringerung in Textform mitzuteilen. Hat der Arbeitgeber die Arbeitszeitverringerung u.a. nicht spätestens einen Monat (**Stellungnahmefrist**) vor deren gewünschtem Beginn in Textform abgelehnt, verringert sich die Arbeitszeit in dem vom Arbeitnehmer gewünschten Umfang.

---

1) ArbG Siegburg v. 18.8.2021, 4 Ca 2301/20.
2) BAG v. 21.1.2021, 8 AZR 488/19, BB 2021, 1721.

Das BAG stellte jedoch mit Urteil vom 9.3.2021[1] klar, dass der Arbeitnehmer an seinen Antrag auf Teilzeit **bis zum Ablauf der Stellungnahmefrist des Arbeitgebers gebunden** ist. Dies entspreche Wortlaut, Systematik sowie Sinn und Zweck der Vorschrift. Denn die in § 8 Abs. 5 TzBfG geregelte **Zustimmungsfiktion** durch bloße Untätigkeit des Arbeitgebers setze voraus, dass das Änderungsangebot bis zu ihrem Eintritt fortbesteht und den Arbeitnehmer bindet.

> **Anmerkung:**
>
> Demnach kann der Arbeitnehmer seinen Teilzeitantrag nach Zugang beim Arbeitgeber während des Bindungszeitraums nicht widerrufen.

c) Zusatzvergütung: Diskriminierung von Teilzeitbeschäftigten?

671 Das BAG möchte mit Beschluss vom 11.11.2020[2] vom EuGH im Rahmen eines Vorabentscheidungsersuchens geklärt haben, ob tarifvertragliche **Bestimmungen, die eine zusätzliche Vergütung** davon abhängig machen, dass dieselbe Zahl von Arbeitsstunden überschritten wird, **ohne zwischen Teilzeit- und Vollzeitbeschäftigten zu unterscheiden, EU-rechtskonform** sind.

Konkret geht es dem BAG darum, ob für die Prüfung, ob Teilzeitbeschäftigte gegenüber Vollzeitbeschäftigten schlechter behandelt werden, weil eine zusätzliche Vergütung davon abhängt, dass eine einheitlich geltende Zahl von Arbeitsstunden überschritten wird, auf die Gesamtvergütung und nicht auf den Entgeltbestandteil der zusätzlichen Vergütung abzustellen ist. Weiter möchte er wissen, ob eine mögliche schlechtere Behandlung von Teilzeitbeschäftigten gerechtfertigt werden kann, wenn mit der zusätzlichen Vergütung der Zweck verfolgt wird, eine besondere Arbeitsbelastung auszugleichen.

d) Kürzung der Ausbildungsvergütung bei Teilzeit

672 Mit Urteil vom 1.12.2020[3] stellte das BAG klar, dass eine tarifliche Regelung, wonach sich die Vergütung von Auszubildenden in Teilzeit entsprechend der Anzahl wöchentlicher Arbeitsstunden vergleichbarer Auszubildender in Vollzeit errechnet, nicht gegen höherrangiges Recht verstößt. Damit ist die Kürzung einer Ausbildungsvergütung bei Teilzeit zulässig.

Weiter stellt das Gericht klar, dass **Zeiten des Berufsschulunterrichts** bei der Ermittlung der Höhe der Ausbildungsvergütung außer Betracht bleiben müssen.

e) Feiertagszuschläge am Ostersonntag und Pfingstsonntag

673 Regelungen in Tarifverträgen über Feiertagszuschüsse knüpfen regelmäßig an die **gesetzlichen Feiertage** des Bundeslandes an, in dem der Beschäftigungsort liegt.

Hiervon abweichende Regelungen müssen deutlich erkennbar sein, wie das BAG mit Urteil vom 24.2.2021[4] entschied. Nach einem entsprechenden Manteltarifvertrag der Brot- und Backwarenindustrie haben Arbeitnehmer Anspruch auf einen Feiertagszuschlag für Arbeit an sog. hohen Feiertagen. Nach Auffassung des BAG bestehen deutliche Anhaltpunkte, dass ein Feiertagszuschlag für die Tätigkeit am Ostersonntag und Pfingstsonntag zu zahlen ist – auch wenn es sich nach dem einschlägigen Feiertagsge-

---

1) BAG v. 9.3.2021, 9 AZR 312/20, DB 2021, 1616. Vgl. hierzu Sievers, jurisPR-ArbR 36/2021 Anm. 3, Jüngst, B+P 2021, 608.
2) BAG v. 11.11.2020, 10 AZR 185/20 (A), NZA 2021, 57. Vgl. hierzu Maul-Sartori, jurisPR-ArbR 6/2021 Anm. 2.
3) BAG v. 1.12.2020, 9 AZR 104/20, NZA 2021, 970.
4) BAG v. 24.2.2021, 10 AZR 130/19, NZA 2021, 1427.

setz des Bundeslandes (konkret Nordrhein-Westfalen) nicht um gesetzliche Feiertage handelt.

f) Bemessung von variablen Vergütungen

Soll sich die Gewinnbeteiligung eines Mitarbeiters nach dem Jahresgewinn richten, **674** der mit der Kennzahl EBIT vertraglich definiert wird, ist zunächst nach dem Wortlaut nichts anderes zu verstehen als „**Earnings before interest and taxes**" bzw. „Gewinn vor Zinsen und vor Steuern", so das rechtskräftige Urteil des LAG Düsseldorf vom 3.3.2020.[1]

Wie das Gericht weiter ausführt, handelt es sich bei dem EBIT-Begriff um eine sog. NON-GAAP-Steuerungskennzahl. Es liege somit keine standardisierte und normativ vorgegebene Kennzahl vor, sondern vielmehr eine Jahresabschlusskennzahl, die unternehmensindividuell festgelegte Bereinigungen zulasse. Aus diesem Grund seien, abhängig von unternehmensinternen Festlegungen, **Bereinigungen**, vor allem um sog. außergewöhnliche Ereignisse und Einmaleffekte **möglich**.

Beispielhaft führt das LAG Düsseldorf den Erlös aus der Veräußerung des Geschäftsbetriebs auf. Entscheidend sei aber, ob die vertragliche Vereinbarung erkennen lässt, dass solche Bereinigungen vorgenommen werden sollten. Hierzu hätte es nach Ansicht des LAG Düsseldorf eines ergänzenden Wortes oder Satzes bedurft, was in dem zu entscheidenden Fall nicht gegeben war.

g) Geringfügig entlohnte Beschäftigte: Anforderungen an Nettolohnvereinbarung

Bei einer Nettolohnvereinbarung trägt der Arbeitgeber im Innenverhältnis zum Arbeit- **675** nehmer alle Steuern und Sozialversicherungsbeiträge, die auf das Arbeitsentgelt entfallen. Jedoch kann gemäß Urteil des BAG vom 23.9.2020[2] aus der formularmäßigen Vereinbarung eines „Arbeitsvertrags für geringfügig entlohnte Beschäftigte" nicht geschlossen werden, dass dem Arbeitnehmer die geschuldete Vergütung als Nettolohn zufließen soll, wenn der Wille des Arbeitgebers, eine **Nettolohnvereinbarung** zu treffen, in den sonstigen Vereinbarungen mit dem betreffenden Arbeitnehmer nicht **unmissverständlich** zum Ausdruck kommt.

Allein aus der sozialversicherungsbeitragsrechtlichen Behandlung des Arbeitsverdienstes könne nicht auf eine arbeitsvertragliche Nettolohnvereinbarung geschlossen werden.

h) Mindestlohn

aa) Keine Vergütung verpflichtender Zusatzpraktika nach dem Mindestlohngesetz

Praktika, die gemäß der Zulassungsordnung einer Hochschule eine **verpflichtende** **676** **Voraussetzung der Studienzulassung** sind, unterliegen § 22 Abs. 1 Satz 2 Mindestlohngesetz (MiLoG). Diese Regelung besagt, dass Praktikanten in einem solchen Fall nicht als Arbeitnehmer gelten – und zwar selbst dann nicht, wenn das Praktikum aufgrund der Zulassungsordnung länger als drei Monate andauert. Dies entschied das LAG Rheinland-Pfalz mit Urteil vom 16.3.2021.[3] Der Begriff der hochschulrechtlichen Bestimmung in § 22 Abs. 1 Satz 2 MiLoG sei weit auszulegen. Er umfasse auch die Zulassungsordnungen der Hochschulen. Damit unterliegen Praktika, die nach der Zulassungsordnung einer Hochschule abgeleistet werden müssen, nicht dem Anwendungsbereich des Mindestlohngesetzes.

---

1) LAG Düsseldorf v. 3.3.2020, 3 Sa 197/19, LAGE § 611 BGB 2002 Tantieme Nr. 5.
2) BAG v. 23.9.2020, 5 AZR 251/19, DStR 2021, 679. Vgl. hierzu Marcone, B+P 2021, 179.
3) LAG Rheinland-Pfalz v. 16.3.2021, 8 Sa 206/20, NZA-RR 2021, 400.

bb) Außergerichtlicher Tatsachenvergleich bei Unterschreitung des Mindestlohns?

677 Nach § 3 Satz 1 MiLoG ist eine Vereinbarung, durch die der gesetzliche Mindestlohn unterschritten wird, unwirksam. Dies gilt gemäß rechtskräftigem Urteil des LAG Berlin-Brandenburg vom 20.5.2021[1] auch für **außergerichtliche Vergleiche**, durch die ein Streit über die tatsächlichen Voraussetzungen eines Entgeltanspruchs ausgeräumt wird, und nicht nur für Rechtsverzichte.

Somit können Arbeitnehmer **auf** einen entstandenen **Mindestlohnanspruch nur durch gerichtlichen Vergleich**, nicht hingegen durch einen außergerichtlichen Vergleich **verzichten**.

Beratungshinweis:

Das LAG begründet seine Haltung damit, dass lediglich bei einem vor Gericht geschlossenen Vergleich ein ausreichender Schutz der Arbeitnehmer vor einem ungerechtfertigten Verlust des Mindestlohnanspruchs sichergestellt sei.

cc) Ausländische Betreuungskräfte

678 Nach Deutschland in einen **Privathaushalt** entsandte ausländische Betreuungskräfte haben Anspruch auf den gesetzlichen Mindestlohn für geleistete Arbeitsstunden. Dies entschied das BAG mit Urteil vom 24.6.2021[2].

Anmerkung:

Zu den mit dem Mindestlohnanspruch zu entlohnenden Arbeitsstunden zählen laut BAG **auch die Zeiten des Bereitschaftsdiensts**. Ein solcher kann darin bestehen, dass die Betreuungskraft im Haushalt der zu betreuenden Person wohnen muss und grundsätzlich verpflichtet ist, zu allen Tag- und Nachtstunden bei Bedarf Arbeit zu leisten.

dd) Prüfungsbefugnisse der Zollverwaltung gegenüber ausländischen Arbeitgebern

679 Nach dem Mindestlohngesetz müssen Arbeitgeber mit Sitz in einem anderen EU-Mitgliedstaat und im Inland tätigen Arbeitnehmern eine **Überprüfung** von Art und Umfang der im Inland verrichteten Arbeiten **durch die Zollverwaltung dulden**. Dies stellte der BFH in drei Urteilen vom 18.8.2021[3] klar.

Anmerkung:

In den Streitfällen hatten ausländische Transportunternehmen Meldungen nach der Mindestlohnmeldeverordnung abgegeben und sog. grenzüberschreitende Transporte durchgeführt. Bei diesen Transporten waren entweder nur die Ent- oder Beladung in Deutschland erfolgt. Teilweise war sogar streitig, ob überhaupt Transporte stattgefunden hatten oder ob nicht nur Transitverkehr vorlag

---

1) LAG Berlin-Brandenburg v. 20.5.2021, 21 Sa 638/20, ArbRAktuell 2021, 446.
2) BAG v. 24.6.2021, 5 AZR 505/20, NZA 2021, 1398. Vgl. hierzu Hamann, jurisPR-ArbR 43/2021 Anm. 2.
3) BFH v. 18.8.2021, VII R 34/18, HFR 2021, 686, VII R 35/18, BFH/NV 2021, 790 und VII R 12/19, BFH/NV 2021, 801. Vgl. hierzu Mader, B+P 2021, 368.

und Deutschland lediglich durchfahren wurde. Dies wollte das Hauptzollamt mittels Prüfungsverfügungen nach dem Mindestlohngesetz aufklären und verlangte vom Arbeitgeber die Vorlage von Arbeitsverträgen, Lohnabrechnungen und Arbeitszeitaufzeichnungen etc.

Der BFH teilte die Auffassung der ausländischen Arbeitgeber nicht, wonach das MiLoG auf ausländische Transportunternehmen nicht anwendbar sei und wegen der Prüfungsbefugnisse des Zolls gegen die bundesstaatliche Kompetenzordnung, das verfassungsrechtliche Bestimmtheitsgebot und gegen Unionsrecht verstoße. Er kam somit zu dem Ergebnis, dass die streitigen Prüfungsverfügungen und die Aufforderungen zur Vorlage von Unterlagen rechtmäßig sind.

5. Arbeitszeit

a) Bereitschaftszeit nur ausnahmsweise vollumfänglich Arbeitszeit

Bereitschaftszeit in Form einer **Rufbereitschaft** ist nur dann vollumfänglich als Arbeitszeit anzuerkennen, wenn die Einschränkungen, die der Arbeitnehmer hinnehmen muss, ihn ganz erheblich daran hindern, während dieser Zeit seine Freizeit zu gestalten. Dies stellte der EuGH mit Urteilen vom 9.3.2021[1] klar. **680**

Laut EuGH können bei der Beurteilung, ob Bereitschaftszeit als Arbeitszeit anzusehen ist, nur Einschränkungen berücksichtigt werden, die dem Arbeitnehmer durch nationale Rechtsvorschriften, durch einen Tarifvertrag oder durch seinen Arbeitgeber auferlegt werden. Hingegen seien organisatorische Schwierigkeiten, die eine Bereitschaftszeit aufgrund natürlicher Gegebenheiten oder der freien Entscheidung des Arbeitnehmers nach sich ziehen, unerheblich.

> **Anmerkung:**
>
> Der EuGH führt weiter aus, dass die **Anerkennung einer Bereitschaftszeit als Arbeitszeit** aber **noch nichts über deren Vergütung** aussagt. Die EU-rechtlichen Vorgaben ermöglichen, dass solche Bereitschaftszeiten bei der Vergütung in unterschiedlicher Weise berücksichtigt werden, als Zeiten, in denen tatsächlich Arbeitsleistungen erbracht werden. Maßgeblich hierfür seien die innerstaatlichen Rechtsvorschriften sowie die tarifvertraglichen und individuell vereinbarten Regelungen.

b) Vergütungsrechtliche Einordnung des ärztlichen Hintergrunddienstes

Die Einordnung eines ärztlichen Hintergrunddienstes als Rufbereitschaft oder Bereitschaftsdienst hängt laut Urteil des BAG vom 23.3.2021[2] davon ab, ob der Arbeitgeber den Arbeitnehmer insb. durch eine zeitliche Vorgabe zwischen Abruf und Arbeitsaufnahme dazu zwingt, sich **an einem bestimmten Ort aufzuhalten** und er dadurch eine **faktische Beschränkung seines Aufenthaltes** vorgebe. **681**

> **Anmerkung:**
>
> Alleine die Verpflichtung, einen dienstlichen Telefonanruf entgegenzunehmen und damit die Arbeit unverzüglich aufzunehmen, stelle keine solche faktische Aufenthaltsbeschränkung dar.

c) Ruhepausen als Arbeitszeit

Muss ein Arbeitnehmer in den während seiner täglichen Arbeitszeit gewährten Ruhepausen, erforderlichenfalls binnen zwei Minuten, einsatzbereit sein, ist die Ruhepause gemäß Urteil des EuGH vom 9.9.2021[3] als Arbeitszeit einzustufen. Dies stellte der **682**

---

1) EuGH v. 9.3.2021, Stadt Offenbach am Main, Radiotelevizija Slovenija, C-580/19, NZA 2021, 489 (vgl. hierzu Kothe, jurisPR-ArbR 11/2021 Anm. 4) und C-344/19, NZA 2021, 485.
2) BAG v. 23.3.2021, AZR 264/20, NZA 2021, 1048, Vgl. hierzu Besgen, B+P 2021, 364.
3) EuGH v. 9.9.2021, XR, C-107/19.

EuGH für den Fall eines Betriebsfeuerwehrmannes in einem tschechisches Recht betreffenden Streitfall klar.

Dies gilt – so der EuGH – zumindest dann, wenn die dem Arbeitnehmer während dieser Ruhepause auferlegten Einschränkungen objektiv gesehen ganz erheblich seine Möglichkeit beschränken, diese Zeit frei zu gestalten und sie seinen eigenen Interessen zu widmen.

> **Beratungshinweis:**
>
> Die Entscheidung erging zu einer EU-Richtlinie bestimmte Aspekte der Arbeitszeitgestaltung betreffend und ist somit auch für die Anwendung des deutschen Arbeitsrechts von Bedeutung.

6. Befristete Arbeitsverhältnisse

a) Vorbeschäftigungsverbot: Beschränkung des Anwendungsbereichs

683 Die Befristung eines Arbeitsvertrages ohne sachlichen Grund ist maximal für zwei Jahre zulässig. Bis zu dieser Gesamtdauer ist dabei die höchstens dreimalige Verlängerung eines kalendermäßig befristeten Arbeitsvertrages erlaubt (§ 14 Abs. 2 Satz 2 TzBfG). Dieses Verbot gilt gemäß Urteil des BAG vom 16.9.2020[1] nicht unbeschränkt. Vielmehr ist es aufgrund bindender Vorgaben des BVerfG[2] verfassungskonform auszulegen.

Die Vorschrift gilt demnach nicht, wenn das Verbot für die Parteien **unzumutbar** wäre, etwa wenn die Vorbeschäftigung ganz anders geartet war. Ein solcher Fall liegt z.B. vor, wenn die **Erwerbsbiografie**, die mit einer beruflichen Neuorientierung oder einer Aus- und Weiterbildung einhergeht, erzwungenermaßen oder freiwillig **unterbrochen** wurde. Die Erwerbsbiografie müsse nicht nur zeitlich unterbrochen sein; maßgeblich komme es dabei auf einen **inhaltlichen Bruch** an. Folglich führe nicht jede Aus- und Weiterbildung zur Unzumutbarkeit der Anwendung des Vorbeschäftigungsverbotes, sondern die Aus- und Weiterbildung muss laut BAG zu einer anderen Tätigkeit befähigen und die Erwerbsbiografie des Arbeitnehmers in eine völlig andere Richtung lenken.

b) Kurzfristige Beschäftigung von Saisonkräften

684 Zur Vereinfachung der Beschäftigung von ausländischen Saisonkräften wurde in 2021 die zulässige Dauer der kurzfristigen (sozialversicherungsfreien) Beschäftigung einmalig auf maximal vier Monate bzw. 102 Arbeitstage statt 70 Arbeitstage ausgeweitet. Dies beschloss der Bundestag am 22.4.2021. Eine Zustimmung des Bundesrates war nicht erforderlich. Die Ausnahmeregelung galt für den Zeitraum vom 1.3.2021 bis 31.10.2021.

> **Anmerkung:**
>
> Die Ausweitung der Zeitgrenzen galt allerdings nicht für Beschäftigungsverhältnisse, die vor Inkrafttreten dieser Regelungen begonnen wurden und nicht kurzfristig sind.

Darüber hinaus wurde eine **Meldepflicht des Arbeitgebers** zur Art der krankenversicherungsrechtlichen Absicherung kurzfristig Beschäftigter eingeführt

7. Urlaubsansprüche

a) Urlaubsabgeltung: Anwendung der tariflichen Ausschlussklausel

685 Wird ein Arbeitsverhältnis durch Kündigung des Arbeitgebers beendet, trägt der Arbeitnehmer grundsätzlich auch dann das Risiko, den **Urlaubsabgeltungsanspruch**

---

1) BAG v. 16.9.2020, 7 AZR 552/19, NZA 2021, 338.
2) BVerfG v. 6.6.2018, 1 BvL 7/14, 1 BvR 1375/14, NZA 2018, 774.

rechtzeitig im Sinne einer tariflichen Ausschlussfrist **geltend zu machen, wenn die Wirksamkeit der Kündigung streitig** ist. Dies stellte das BAG mit Urteil vom 27.10.2020[1] klar und wies darauf hin, dass der Arbeitgeber in der Regel nicht verpflichtet sei, den Arbeitnehmer zur Wahrung der tariflichen Ausschlussfrist anzuhalten.

Weiter führt das BAG aus, dass der Wirksamkeit einer tariflichen Ausschlussfrist, wonach eine schriftliche Geltendmachung des Urlaubsabgeltungsanspruchs innerhalb von drei Monaten nach Fälligkeit erforderlich sei, weder § 13 Abs. 1 Satz 1 BUrlG, noch Unionsrecht entgegenstehe. Die für den Lauf der Ausschlussfrist maßgebliche Fälligkeit des Urlaubsabgeltungsanspruchs trete im Falle der arbeitgeberseitigen Kündigung des Arbeitsverhältnisses stets mit Ablauf der Kündigungsfrist ein.

Das BAG stellt zudem klar, dass in der Erhebung einer **Bestandsschutzklage nicht** die **schriftliche Geltendmachung des Urlaubsabgeltungsanspruchs** im Sinne einer tariflichen Ausschlussfrist liegt. Die Obliegenheit des Arbeitnehmers, den Urlaubsabgeltungsanspruch innerhalb von drei Monaten nach Fälligkeit schriftlich geltend zu machen, steht hierbei im Einklang mit dem Gebot effektiven Rechtsschutzes im Sinne von Art. 2 Abs. 1 GG in Verbindung mit Art. 20 GG.

b) Kurzarbeit „Null": Kürzung des Urlaubsanspruchs

Haben Arbeitnehmer aufgrund konjunktureller **Kurzarbeit „Null"** für bestimmte Zeiträume keine Arbeitspflicht, ist der **jährliche Urlaubsanspruch anteilig zu kürzen**. Dies stellte das LAG Düsseldorf mit Urteil vom 12.3.2021[2] klar. Mit der Vereinbarung einer Kurzarbeit „Null" einigen sich die Vertragsparteien auf eine **vorübergehende Suspendierung der Arbeitspflicht**, so das LAG. Folglich bestehe keine ganzjährige Arbeitspflicht, weswegen grundsätzlich eine **jahresbezogene Umrechnung** zu erfolgen habe. **686**

So sei für jeden vollen Monat der Kurzarbeit „Null" der Urlaubsanspruch um ein Zwölftel zu kürzen. Die Kürzung des Jahresurlaubsanspruchs stehe auch im Einklang mit EU-Recht.

Das BAG bestätigte die Auffassung mit Urteil vom 30.11.2021[3]. Danach rechtfertigt der Ausfall ganzer Arbeitstage aufgrund der Anordnung von Kurzarbeit eine unterjährige Neuberechnung des Urlaubsanspruchs. Arbeitstage, die aufgrund einzelvertraglich vereinbarter Kurzarbeit ausgefallen sind, seien weder nach nationalem noch nach Unionsrecht Zeiten mit Arbeitspflicht gleichzustellen.

8. Beendigung von Arbeitsverhältnissen

a) Neue Grundsätze zur Wirksamkeit einer Massenentlassungsanzeige

Die Wirksamkeit einer ordentlichen Kündigung hängt im Falle sog. Massenentlassungen u.a. von einer wirksam erstatteten Massenentlassungsanzeige ab. Bislang herrschte Einigkeit darüber, welche **Angaben** in dieser Anzeige gemacht werden müssen und welche Angaben der Arbeitgeber (freiwillig) machen kann. Das Hessische LAG sieht dies gemäß Urteil vom 25.6.2021[4] anders. **687**

Arbeitgeber müssen unter gewissen Voraussetzungen eine Massenentlassungsanzeige bei der zuständigen Agentur für Arbeit erstatten. Von der ordnungsgemäßen Durchführung des Massenentlassungsanzeigeverfahrens hängt dann die Wirksamkeit der jeweiligen betriebsbedingten Kündigungen ab. Die Erstattung der Massenentlassungsanzeige ist insbesondere bei umfangreichen Restrukturierungen wichtig.

---

1) BAG v. 27.10.2020, 9 AZR 531/19, NZA 2021, 504.
2) LAG Düsseldorf v. 12.3.2021, 6 Sa 824/20, DB 2021, 1142. Vgl. hierzu Bauer, jurisPR-ArbR 33/2021 Anm. 1 und Sixtus, jurisPR-ArbR 28/2021 Anm. 3.
3) BAG v. 30.11.2021, 9 AZR 234/21.
4) Hessische LAG v. 25.6.2021, 14 Sa 1225/20, ZIP 2021, 2249.

Welche Angaben zu machen sind, ergibt sich aus § 17 Abs. 3 Sätze 4 und 5 KSchG. Dabei wird zwischen Muss-Angaben (Name des Arbeitgebers, Sitz des Betriebs etc., § 17 Abs. 3 Satz 4 KSchG) und Soll-Angaben (Geschlecht, Alter, Beruf der Arbeitnehmer etc., § 17 Abs. 3 Satz 5 KSchG) unterschieden. Die **Muss-Angaben** sind in das Formblatt der eigentlichen Entlassungsanzeige einzugeben, während die **Soll-Angaben** bisher in einem gesonderten Formblatt zu erfassen sind. Auf diesem gesonderten Formblatt (Stand Januar 2019) befindet sich der Hinweis, dass alle Angaben freiwillig sind und später nachgereicht werden können. Im Merkblatt für Arbeitgeber der Agentur für Arbeit (Stand Oktober 2017) wird bisher zudem klargestellt, dass die Soll-Angaben freiwillig und keine Voraussetzung für die Wirksamkeit der Entlassungsanzeige sind.

Das Hessische LAG sieht dies anders und erachtet eine Massenentlassung für unwirksam, wenn nicht auch die Soll-Angaben in der Anzeige enthalten sind. Dazu führt es aus, dass die Massenentlassungsanzeige alle zweckdienlichen Angaben enthalten müsse, die dem Arbeitgeber zur Verfügung stehen, wobei kein Unterschied zwischen Soll- und Muss-Angaben bestehe. Vielmehr habe der Gesetzgeber beide Kategorien von Informationen für zweckdienlich gehalten. Der Unterschied bestehe lediglich darin, dass der Arbeitgeber stets über alle Muss-Angaben verfügt, während die Soll-Angaben nicht aus seiner Sphäre stammen und daher nur anzugeben sind, wenn sie dem Arbeitgeber vorliegen. Entgegen der oben dargestellten bisherigen Praxis hält das Hessische LAG damit die Soll-Angaben für zwingend erforderlich und befand die streitbefangene Massenentlassungsanzeige und in der Folge auch die ausgesprochenen Kündigungen für unwirksam.

> **Beratungshinweis:**
>
> Die Entscheidung des Hessischen LAG ist noch nicht rechtskräftig. Die Revision ist unter dem Az. 2 AZR 424/21 beim BAG anhängig. Das Urteil schafft allerdings erhebliche Rechtsunsicherheit. Verzichtet der Arbeitgeber auf die Einreichung des Formblatts „BA-KSchG 2", in dem die Soll-Angaben aufgeführt sind und das bislang als freiwilliger Zusatz galt, droht betriebsbedingten Kündigungen im Rahmen einer Massenentlassung die Unwirksamkeit. Arbeitgeber sollten bis auf Weiteres auch die Soll-Angaben in ihre Massenentlassungsanzeige aufnehmen.

b) Fortbildungskosten

aa) Rückzahlung von Fortbildungskosten bei personenbedingter Kündigung

688 Eine im Arbeitsvertrag enthaltene **vorformulierte Klausel** zur Rückzahlung von Fortbildungskosten ist nicht ausgewogen, wenn die Rückzahlung auch bei Kündigung des Arbeitsverhältnisses aus nicht vom Arbeitnehmer zu vertretenden personenbedingten Gründen vorgesehen ist.

Eine solche Rückzahlungsklausel sei nur dann ausgewogen, wenn es der **Arbeitnehmer selbst in der Hand hat**, der Rückzahlungsverpflichtung durch eigene Betriebstreue zu entgehen. Damit der Arbeitnehmer durch eine entsprechende Klausel in einer Fortbildungsvereinbarung nicht unangemessen benachteiligt wird, müsse diese gemäß Urteil des LAG Hamm vom 29.1.2021[1] u.a. vorsehen, dass die Rückzahlungsverpflichtung auch dann entfällt, wenn das Arbeitsverhältnis aus vom Arbeitnehmer nicht zu vertretenden personenbedingten Gründen, die bis zum Ablauf der Bleibedauer fortbestehen, gekündigt oder aufgrund einer aus diesen Gründen geschlossenen Auflösungsvereinbarung beendet wird. Enthält eine Klausel keine solche Regelung, ist diese nach Auffassung der Richter unwirksam.

---

1) LAG Hamm v. 29.1.2021, 1 Sa 954/20. Vgl. hierzu Rüschenbaum, jurisPR-ArbR 22/2021 Anm. 4.

Das LAG Nürnberg bestätigte mit Urteil vom 26.3.2021[1] die Auffassung des LAG Hamm und entschied, dass eine Rückzahlungsklausel in einer Fortbildungsvereinbarung die **Erstattungspflicht bei aus personenbedingten Gründen berechtigter Eigenkündigung** ausnehmen muss.

Im Streitfall war in einer Fortbildungsvereinbarung eine Rückzahlungsklausel enthalten, die eine Rückzahlungsverpflichtung des Arbeitnehmers bei einer aus personenbedingten Gründen berechtigten Eigenkündigung nicht ausnahm. Das LAG Nürnberg sieht darin eine nach Treu und Glauben unangemessene Benachteiligung des Arbeitnehmers, weshalb die Klausel als unwirksam bewertet wurde. Nach Auffassung des Gerichts ist bei einer solchen Rückzahlungsklausel nach dem Grund für die Beendigung des Arbeitsverhältnisses zu differenzieren.

Anmerkung:

Gegen das Urteil des LAG Nürnberg ist die Revision beim BAG unter dem Az. 9 AZR 260/21 anhängig.

bb) Rückzahlungsklauseln in Fortbildungsvereinbarungen

Nach gefestigter Rechtsprechung sind Klauseln in Fortbildungsverträgen, wonach sich ein Arbeitnehmer an den Kosten einer arbeitgeberseitig finanzierten Ausbildung beteiligen muss, soweit er vor Ablauf bestimmter Fristen aus dem Arbeitsverhältnis ausscheidet, nur wirksam, wenn die Aus- und Fortbildungsmaßnahmen für den Arbeitnehmer von **geldwertem Vorteil** sind. **689**

Ein solcher kann sich daraus ergeben, dass bei dem bisherigen Arbeitgeber entweder die Voraussetzungen für eine höhere Vergütung erfüllt sind oder die erworbenen Kenntnisse auch anderweitig genutzt werden können. Darüber hinaus müssen die Vorteile der Aus- bzw. Fortbildung und die Dauer der Bindung in einem **angemessenen Verhältnis** zueinanderstehen. Als zulässig erachtet wird bei einer bis zu zweimonatigen Fortbildungsdauer eine einjährige Bindung.

In dem vom LAG Köln mit rechtskräftigem Urteil vom 28.5.2021[2] entschiedenen Fall sah der Fortbildungsvertrag bei einer Ausbildungsdauer von etwas mehr als einem Monat eine dreijährige Bindung an das Arbeitsverhältnis vor. Diese Klausel erachtete das Gericht für unwirksam.

Beratungshinweis:

Angesichts der erheblichen Überschreitung der Bindungsdauer lehnten die Richter auch eine teilweise Aufrechterhaltung der Rückzahlungsklausel im Umfang einer zulässigen Bindung ab.

c) Aufhebungsvertrag: Arbeitgeberhaftung bei fehlerhafter Auskunft

Erteilt ein Arbeitgeber über seine Verpflichtung hinaus Auskunft über die steuerliche Behandlung einer Abfindung, besteht ein Haftungsrisiko. So entschied das LAG Baden-Württemberg mit rechtskräftigem Urteil vom 5.11.2020[3], dass ein **Arbeitgeber haftet**, wenn er im Zusammenhang mit dem Abschluss eines Aufhebungsvertrages, der **690**

---

1) LAG Nürnberg v. 26.3.2021, 8 Sa 412/20, DStR 2021, 1664.
2) LAG Köln v. 28.5.2021, 10 Sa 460/20, ArbR 2021, 557.
3) LAG Baden-Württemberg v. 5.11.2020, 17 Sa 12/20, NZA-RR 2021, 238. Vgl. Besgen, B+P 2021, 536.

die Zahlung einer Abfindung beinhaltet, eine **falsche oder unvollständige Auskunft** auf eine Frage des Arbeitnehmers **zu steuerlichen Aspekten der Abfindungszahlung** erteilt.

Zwar habe der Arbeitgeber keine Auskunft über steuerrechtliche Fragen erteilen müssen. Gibt er diese überobligatorisch, muss er eine differenzierende, vollständige Auskunft erteilen, denn eine unklare, falsche oder unvollständige Auskunft begründe einen Schadensersatzanspruch gemäß § 280 i.V.m. § 241 BGB.

Anmerkung:

Im Streitfall blieb der Arbeitnehmer nach Auffassung des Gerichts jedoch hinsichtlich der Existenz des **kausalen Schadens** darlegungs- und beweisfällig. Anknüpfungspunkt des Schadens sei die alternative Handlung nach ordnungsgemäßer Aufklärung. Dem Arbeitnehmer hätten jedoch auch bei unterstellter korrekter Auskunft zur steuerlichen Begünstigung von Abfindungen nach § 34 EStG mehrere Handlungsoptionen zur Verfügung gestanden. Daran ändere die Berücksichtigung der Vermutung aufklärungsrichtigen Verhaltens ebenfalls nichts. Zwar nimmt die Rechtsprechung in Konstellationen fehlerhafter Aufklärung grundsätzlich eine widerlegliche Vermutung dahingehend an, dass sich der Arbeitnehmer auskunftsgemäß verhält. Diese Beweislastumkehr gelte im Arbeitsrecht jedoch nur dann, wenn der potentiell geschädigte Arbeitnehmer bei ordnungsgemäßer Aufklärung vernünftigerweise nur eine Handlungsoption habe.

Der Arbeitgeber kann nach Auffassung des LAG selbst bei überobligatorischer Auskunft mangels Kenntnis aller Einkommensumstände sowie individueller Faktoren keine steuerrechtliche Beratung hinsichtlich eines bestimmten Verhaltens erbringen. Der insoweit zu bestimmende Pflichtenkreis sei deshalb **nicht mit den Beratungspflichten einer Bank** im Bereich der Kapitalanlagen **vergleichbar**, weswegen die Rechtsprechung des BGH zu Kapitalanlagen nicht auf das Arbeitsrecht übertragen werden kann.

Beratungshinweis:

Arbeitgeber sind **nicht zur Auskunft** über die Sinnhaftigkeit steuerlicher Gestaltungsmöglichkeiten **verpflichtet**. Nehmen sie dennoch Stellung, müssen diese Angaben belastbar sein, sonst droht eine Haftung. Diese entschärft das LAG zwar mit der Unanwendbarkeit der Vermutung aufklärungsgemäßen Verhaltens in Fällen, in denen dem Arbeitnehmer auch bei richtiger Auskunft mehrere Handlungsoptionen offenstehen. Arbeitgeber sollten deshalb **von Auskünften zur steuerlichen Situation des Arbeitnehmers absehen**. Dies gilt umso mehr, als der Arbeitgeber die sonstige steuerliche Situation des Arbeitnehmers nicht kennt. Vielmehr sollte dieser auf Auskünfte z.B. eines Steuerberaters verwiesen werden.

---

d) Kündigung eines Arbeitnehmers bei fortlaufender Beschäftigung von Leiharbeitnehmern?

691 Das LAG Köln entschied mit Urteil vom 2.9.2020[1], dass wegen alternativer Beschäftigungsmöglichkeiten die **betriebsbedingte Kündigung von Stammarbeitnehmern unwirksam** ist, wenn der Arbeitgeber Leiharbeitnehmer beschäftigt, mit denen er ein nicht schwankendes, ständig vorhandenes Sockelarbeitsvolumen abdeckt.

Leiharbeitnehmer, die fortlaufend beschäftigt würden, seien **nicht als Personalreserve** zur Abdeckung von Vertretungsbedarf im Unternehmen eingesetzt. Wenn immer wieder (unterschiedliche) Arbeitnehmer in einem absehbaren Umfang ausfielen, sei kein schwankendes, sondern ein ständig vorhandenes (Sockel-)Arbeitsvolumen vorhanden. Dementsprechend habe der für das Befristungsrecht zuständige 7. Senat des BAG entschieden, dass der Sachgrund der Vertretung nicht vorliege, wenn der Arbeitgeber mit der befristeten Beschäftigung eines Arbeitnehmers einen dauerhaften Bedarf abdecken wolle.

---

1) LAG Köln v. 2.9.2020, 5 Sa 14/20, BB 2020, 2612. Vgl. hierzu Besgen, B+P 2021, 4.

Anmerkung:

Dabei hat sich das LAG Köln in seinem bisher noch nicht rechtskräftigen Urteil auf die Rechtsprechung des BAG bezogen.[1]

e) Freistellung: Anrechnung anderweitiger Vergütung

Wurde in einem **Aufhebungsvertrag die Freistellung des Arbeitnehmers unter Fortzahlung des Entgelts** und der Anrechnung offener Urlaubsansprüche bis zur Beendigung des Arbeitsverhältnisses vereinbart, ist ein **anderweitig erzielter Verdienst** grundsätzlich nicht auf die Vergütungsansprüche aus dem bisherigen Arbeitsverhältnis anzurechnen. Dies entschied das BAG mit Urteil vom 23.2.2021[2].

Soll eine **Anrechnung** erfolgen, müssen die Arbeitsvertragsparteien dies **vereinbaren**. Sofern im Aufhebungsvertrag eine ausdrückliche Vereinbarung über die Anrechnung anderweitiger Einkünfte fehlt, ist durch ergänzende Auslegung zu ermitteln, ob eine Anrechnung konkludent vereinbart wurde. Ein Indiz hierfür können sog. Sprinterklauseln mit vorzeitigem Sonderkündigungsrecht sein. Hierbei ist der freigestellte Arbeitnehmer berechtigt, mit kurzer Ankündigungsfrist vor Ablauf des Freistellungszeitraums aus dem Arbeitsverhältnis auszuscheiden, um eine andere Beschäftigung aufzunehmen.

Im Streitfall ist das BAG davon ausgegangen, dass sich aus dieser Vereinbarung zum einen ergebe, dass die Parteien im Rahmen der unwiderruflichen Freistellung vorrangig Urlaubsansprüche erfüllen wollten. Zum anderen ergebe sich daraus, dass eine Anrechnung des anderweitigen Verdienstes vorzunehmen sei. Der Arbeitnehmer solle durch die Freistellung keine wirtschaftlichen Nachteile, aber auch keine ungerechtfertigten Vorteile erzielen. Die Sprinterklausel trage der Berufsausübungsfreiheit des Arbeitnehmers und durch die teilweise Auszahlung der freiwerdenden Vergütung dem wirtschaftlichen Interesse beider Vertragsparteien Rechnung. Sie zeige, dass die Aufnahme einer anderweitigen Tätigkeit während des Freistellungszeitraums nicht dazu führen sollte, dass der Arbeitnehmer volle Vergütungsansprüche sowohl gegen den alten Arbeitgeber als auch gegen den neuen Arbeitgeber hat.

Anmerkung:

Bei der Bewertung der Entscheidung für andere Fälle ist allerdings zu berücksichtigen, dass das BAG im vorliegenden Fall über eine Individualvereinbarung zu entscheiden hatte und daher AGB-Recht nicht anwendbar war.

f) Negatives Arbeitszeitkonto: Ausgleich bei Freistellung des Arbeitnehmers

Das LAG Nürnberg entschied mit rechtskräftigem Urteil vom 19.5.2021[3], dass bei einer außerordentlichen Kündigung des Arbeitsverhältnisses durch den Arbeitgeber mit anschließendem gerichtlichen Vergleich, bei dem die **Freistellung** des Arbeitnehmers bis zum Ende des Arbeitsverhältnisses unter Einbringung von Urlaub und etwaiger Zeitguthaben vereinbart wurden, ohne Vorliegen weiterer Anhaltspunkte dahingehend zu verstehen ist, dass auch eventueller Streit über den Stand des Arbeitszeitkontos beseitigt werden soll und auch **Minusstunden nicht mehr geltend gemacht werden können**.

Das Gericht führt dazu aus, dass bei einer vereinbarten Freistellung wegen der unterschiedlichen Rechtsfolgen, die die Freistellung haben kann, der Arbeitnehmer erken-

1) BAG v. 15.12.2011, 2 AZR 42/10, NZA 2012, 1044, v. 18.10.2012, 6 AZR 289/11, NZA-RR 2013, 68 und v. 17.5.2017, 7 AZR 420/15, NZA 2017, 669.
2) BAG v. 23.2.2021, 5 AZR 314/20, NZA 2021, 778. Vgl. hierzu Besgen, B+P 2021, 530, Gravenhorst, jurisPR-ArbR 27/2021 Anm. 6.
3) LAG Nürnberg v. 19.5.2021, 4 Sa 423/20, ZTR 2021, 525.

nen können müsse, dass der Arbeitgeber ihn (auch) zur Erfüllung des Anspruchs auf Freistellung von der Arbeitspflicht freistellen will. Umgekehrt muss er dann aber auch erkennen können, dass die Freistellung nicht gleichzeitig bedeuten soll, dass der Arbeitgeber, der ja mit der Freistellung auf die Arbeitsleistung insgesamt verzichtet, dennoch in diesem Zeitpunkt etwa vorhandene Minusstunden vom Gehalt abziehen will. Soll der Arbeitnehmer etwaige Ansprüche auf Auszahlung von Guthabenstunden verlieren, müsse dies ausdrücklich vereinbart werden.

Sofern in einer Abgeltungsklausel niedergelegt ist, dass keine gegenseitigen finanziellen Ansprüche mehr bestehen, betrifft dies auch Abzugsansprüche des Arbeitgebers. Der Hinweis auf die Verpflichtung zur ordnungsgemäßen Abrechnung besage nichts anderes. Hieraus könnten allenfalls Schlüsse gezogen werden, wenn den Parteien bewusst gewesen wäre, dass noch Minusstunden offen sein könnten und wenn sie dies in die Abrechnung hätten einbeziehen wollen. Die streitgegenständliche Klausel war unter Berücksichtigung der Formulierung, dass auch Urlaubsansprüche und Ansprüche aus Zeitguthaben erledigt sein sollten, so zu verstehen, dass auch der Arbeitgeber keine Abzüge vom verstetigten Entgelt mehr vornehmen kann.

9. Arbeitgeberinsolvenzen: Insolvenzrechtliche Einordnung der Urlaubsabgeltung

694 Am BAG herrscht Uneinigkeit, ob bzw. in welchen Fällen ein Anspruch auf Urlaubsabgeltung eines Arbeitnehmers als zu berichtigende Masseverbindlichkeit oder als Neumasseverbindlichkeit einzuordnen ist.

Der 6. Senat des BAG entschied mit Urteil vom 10.9.2020[1], dass die Urlaubsabgeltung als **Neumasseverbindlichkeit** einzuordnen ist, wenn der Arbeitnehmer vom (starken vorläufigen) Insolvenzverwalter bis zur Beendigung des Arbeitsverhältnisses zur Arbeitsleistung herangezogen wurde. Danach wäre der Abgeltungsanspruch weiter in voller Höhe als Neumasseverbindlichkeit zu begleichen.

Eine quotale Berichtigung dieser Verbindlichkeit würde – so der 6. Senat des BAG – der Systematik der Insolvenzordnung widersprechen. Bezogen auf den Urlaubsabgeltungsanspruch ist nach Auffassung des 6. Senats allein der **Stichtag der Beendigung des Arbeitsverhältnisses** maßgeblich.

> **Anmerkung:**
>
> Die Entscheidung des 6. Senats stand im **Widerspruch** zu einer Entscheidung des 9. Senats des BAG[2]. Dieser entschied, dass Urlaubsabgeltungsansprüche als Masseverbindlichkeiten quotal zu berichtigen sind. Der 6. Senat fragte deshalb beim 9. Senat an, ob dieser an seiner Rechtsprechung festhält.

695 Der 9. Senat des BAG entschied mit Beschluss vom 16.2.2021[3], dass sofern der starke vorläufige Insolvenzverwalter oder der Insolvenzverwalter nach Anzeige der Masseunzulänglichkeit die Arbeitsleistung in Anspruch nimmt, die **Ansprüche des Arbeitnehmers auf Urlaubsvergütung** und auf Urlaubsabgeltung uneingeschränkt als **Masseverbindlichkeiten** bzw. als Neumasseverbindlichkeiten zu berichtigen sind, wenn der Urlaub innerhalb dieses Zeitraums gewährt wird bzw. das Arbeitsverhältnis unmittelbar im Anschluss hieran endet. Für die quotale Einordnung des Anspruchs auf Urlaubvergütung oder Urlausabgeltung bestehe danach keine insolvenzrechtliche Grundlage. Auch das gesetzliche Urlaubsrecht stehe einer quotalen Rangzuordnung der „geldwerten Urlaubsansprüche" als (Neu-)Masseverbindlichkeit entgegen.

---

1) BAG v. 10.9.2020, 6 AZR 94/19 (A), NZA 2021, 129.
2) BAG v. 21.11.2006, 9 AZR 97/06, NZA 2007, 696.
3) BAG v. 16.2.2021, 9 AS 1/21, DStR 2021, 1122. Vgl. hierzu Rüschenbaum, jurisPR-ArbR 22/2021 Anm. 2.

Der 9. Senat des BAG **hält somit an seiner bisherigen Auffassung**, wonach die Ansprüche in solche vor und nach Anzeige der Masseunzulänglichkeit aufzuteilen sind, damit **nicht mehr fest**.

10. Betriebliche Altersversorgung

a) Versorgungszusage: Keine Verwirkung von Rechten aus einer Betriebsvereinbarung

Das BAG kam mit Urteil vom 13.10.2020[1] zu dem Ergebnis, dass der Anspruch eines **696** Betriebsrentners auf Berechnung seiner Ausgangsrente und damit die Überprüfung der Wirksamkeit der Ablösung einer Betriebsvereinbarung aus dem Jahr 1979 durch eine Betriebsvereinbarung aus 1988 **nicht durch Verwirkung** gemäß § 242 BGB ausgeschlossen ist.

Dies begründet es damit, dass der Kläger ein Recht verfolgt, das durch eine Betriebsvereinbarung eingeräumt wurde. Dieses ist von Gesetzes wegen nach § 77 Abs. 4 Satz 3 BetrVG dem Einwand der Verwirkung entzogen.

b) Störung der Geschäftsgrundlage: Anpassung einer Versorgungszusage?

Als Instrument der Innenfinanzierung beeinflussen **handelsbilanzielle Rückstellungen** **697** den bilanziellen Gewinn bzw. Verlust für das Geschäftsjahr mit entsprechend negativen Folgen. Laut Urteil des BAG vom 8.12.2020[2] führt dies aber **nicht zum Wegfall der Geschäftsgrundlage** für Versorgungszusagen an Arbeitnehmer.

Der Arbeitgeber darf entsprechend nicht in laufende Betriebsrenten bzw. in eine Anpassungsregelung einer Versorgungszusage eingreifen. Dies begründet das BAG damit, dass sich die für die Versorgungszusage maßgebliche Rechtlage nach der Zusage der Versorgung weder wesentlich noch unerwartet geändert hat. Auch kam es beim Arbeitgeber nicht zu einem unvorhersehbaren finanziellen Mehraufwand.

Anmerkung:

Das BAG stellt klar, dass sofern die Anpassung einer Versorgungsregelung auf Umstände gestützt wird, die Inhalt und nicht Grundlage der Versorgungszusage sind, keine Störung der Geschäftsgrundlage vorliegt.

11. Sozialversicherung

a) Gesellschafter-Geschäftsführer

aa) Status eines Gesellschafter-Geschäftsführers in Mutter- bzw. Tochtergesellschaften

In mehreren Urteilen vom 8.7.2020 entschied das BSG[3], dass **eine die abhängige** **698** **Beschäftigung ausschließende Rechtsmacht** auch daraus resultieren kann, dass ein (Fremd-)Geschäftsführer (auch einer GmbH & Co. KG) kraft seiner Stellung als Gesellschafter einer anderen Gesellschaft in der Lage ist, Einfluss auf den Inhalt von Gesellschafterbeschlüssen der von ihm geführten Gesellschaft zu nehmen.

Damit entwickelt das BSG seine bisherige Rechtsprechung zur Statusbeurteilung von Geschäftsführern einer GmbH fort, wonach nur Gesellschafter mit einer Kapitalbeteiligung von mindestens 50 % oder – bei geringerer Kapitalbeteiligung – mit einer umfas-

---

1) BAG v. 13.10.2020, 3 AZR 246/20, NZA-RR 2021, 143. Vgl. hierzu Besgen, B+P 2020, 796.
2) BAG v. 8.12.2020, 3 AZR 65/19, ZIP 2021, 480. Vgl. hierzu Langohr-Plato, jurisPR-ArbR 13/2021 Anm. 5.
3) BSG v. 8.7.2020, B 12 R 26/18 R, BSGE 130, 282 (vgl. hierzu Freudenberg, B+P 2021, 493), B 12 R 1/19 R, SozR 4–2400 § 7 Nr 48, B 12 R 2/19 R, SozR 4–2400 § 7 Nr 52, B 12 R 4/19 R, SozR 4–2400 § 7 Nr 53, B 12 R 6/19 R. Vgl. zu allen hier zitierten BSG-Entscheidungen Freudenberg, B+P 2021, 559.

senden Sperrminorität über eine die abhängige Beschäftigung ausschließende Rechtsmacht verfügen, die zur Sozialversicherungsfreiheit führt.

> **Anmerkung:**
>
> Für die sozialversicherungsrechtliche Statusbeurteilung ist aber auch eine solche von einer Beteiligung abgeleitete Rechtsmacht nur beachtlich, wenn sie ihrerseits im Gesellschaftsrecht wurzelt, also durch Gesellschaftsvertrag geregelt ist und unmittelbar auf das zu beurteilende Rechtsverhältnis durchschlägt.

bb) Sozialversicherungspflicht eines Fremdgeschäftsführers einer GmbH

699 Der Geschäftsführer einer GmbH war an dieser Gesellschaft zwar nicht selbst beteiligt, er war jedoch Gesellschafter der Muttergesellschaft dieser GmbH. Gemäß Urteil des BSG vom 23.2.2021[1] ist diese **mittelbare Rechtsmacht** sozialversicherungsrechtlich aber **nur beachtlich**, wenn sie ihrerseits eindeutig gesellschaftsvertraglich geregelt ist und unmittelbar **auf das zu beurteilende Rechtsverhältnis durchschlägt**. Hierzu kommt es darauf an, ob der Geschäftsführer selbst und unmittelbar eine ausschlaggebende Möglichkeit der Einflussnahme auf Gesellschafterbeschlüsse der von ihm geführten GmbH habe oder zumindest ihm nicht genehme Weisungen der Gesellschafterversammlung verhindern könne.

> **Anmerkung:**
>
> Laut BSG bleibt allerdings die reine Beteiligung an der Muttergesellschaft als Minderheitsgesellschafter mit umfassender Sperrminorität ohne Geschäftsführungsbefugnis auf die Einflussnahme in der Gesellschafterversammlung der Muttergesellschaft beschränkt.

b) Erstattung von Sozialversicherungsbeiträgen während des Bezugs von Kurzarbeitergeld

700 Die **Erstattung von Sozialversicherungsbeiträgen** steht nicht im Ermessen der Bundesagentur für Arbeit, § 2 Abs. 1 Kurzarbeitergeldverordnung. Sie ist gemäß rechtskräftigem Beschluss des LSG Bayern vom 10.5.2021[2] vielmehr **akzessorisch zum Anspruch auf Kurzarbeitergeld**, was gerade keine Ermessensleistung ist.

> **Anmerkung:**
>
> Auch kann dem Anspruch auf Erstattung der Sozialversicherungsbeiträge nicht entgegengehalten werden, dass nach erfolgter Insolvenzanfechtung ein Anspruch auf Rückgewähr der gezahlten Sozialversicherungsbeiträge bestehen könnte. Mit der Erstattung der Sozialversicherungsbeiträge solle der Arbeitgeber nach dem Willen des Gesetzgebers von einem Großteil der individuellen Kosten einer Weiterbeschäftigung der Belegschaft befreit werden. Ziel der Erstattung der Sozialversicherungsbeiträge sei deshalb letztlich der Erhalt der Arbeitsplätze.

c) Tankgutscheine als sozialversicherungspflichtiges Arbeitsentgelt

701 Das BSG stellte mit Urteil vom 23.2.2021[3] klar, dass ein sozialversicherungspflichtiges der Beitragspflicht unterliegendes Entgelt vorliegt, wenn die Arbeitsvertragsparteien ein **neues Entgeltmodell** vereinbaren, bei dem u.a. Tankgutscheine zur teilweisen Kompensation eines Entgeltverzichts gewährt wurden. Dazu führt das BSG aus, dass diese **Leistungen kausal mit den Beschäftigungen verknüpft** und somit nicht als zusätzliche Einnahmen von der Zurechnung zum Arbeitsentgelt ausgenommen seien.

---

1) BSG v. 23.2.2021, B 12 R 18/18 R, DStR 2021, 2477. Vgl. hierzu Wagner, jurisPR-SozR 22/2021 Anm. 2.
2) LSG Bayern v. 10.5.2021, L 10 AL 61/21 B ER, ZIP 2021, 1226.
3) BSG v. 23.2.2021, B 12 R 21/18 R, Sozialrecht 4–2400 § 14 Nr 25. Vgl. hierzu Zieglmeier, jurisPR-SozR 18/2021 Anm. 2, Altmann, B+P 2021, 567.

Anmerkung:

Auch seien die Tankgutscheine **nicht** als **nicht beitragspflichtiger Sachbezug** anzusehen, da der Arbeitgeber mit den auf einen konkreten Geldbetrag von 40 Euro ausgestellten Gutscheinen nach wie vor eine Geldleistung geschuldet habe, die lediglich mit dem Kraftstofferwerb verknüpft war.

d) Grundsatz der Geltung des Systems der sozialen Sicherheit nur eines Mitgliedstaates

Für die sozialversicherungsrechtliche Beurteilung wird nach den maßgeblichen gesetzlichen Bestimmungen auf den **Beschäftigungsort** abgestellt. Danach unterliegt ein Arbeitnehmer den Rechtsvorschriften desjenigen Mitgliedstaates, in dem er beschäftigt ist. Dies gilt ausnahmsweise dann **nicht, wenn Personen gewöhnlich im Gebiet von zwei oder mehr Mitgliedstaaten abhängig beschäftigt** sind. Dazu stellte der EuGH mit Urteil vom 20.5.2021[1] klar, dass eine Person, die während aufeinanderfolgenden Beschäftigungszeiten in verschiedenen Mitgliedstaaten abhängig beschäftigt ist, nur dann als gewöhnlich im Gebiet von zwei oder mehr Mitgliedstaaten abhängig beschäftigt anzusehen ist, wenn die Dauer der ununterbrochenen Beschäftigungszeiten in jedem dieser Mitgliedstaaten zwölf Monate nicht überschreitet. **702**

Anmerkung:

Im Streitfall war ein polnischer Bauarbeiter für eine polnische Firma im Rahmen eines befristeten Arbeitsvertrags im Zeitraum von Oktober 2006 bis Dezember 2009 zunächst in Frankreich, dann in Großbritannien und schließlich erneut in Frankreich tätig.

12. Unfallversicherung

a) Unfallversicherungsschutz bei Tätigkeiten im Homeoffice

Der Unfallversicherungsschutz bei der Heimarbeit beschränkt sich anders als bislang nicht mehr auf sog. Betriebswege, etwa zum Drucker in einem anderen Raum. Er wird durch eine **Neuregelung im Betriebsrätemodernisierungsgesetz** (→ Rz. 644 ff.) auf Wege im eigenen Haushalt zur Nahrungsaufnahme oder zum Toilettengang ausgeweitet. **703**

Darüber hinaus wird er bei Homeoffice-Tätigkeit auch auf Wege ausgedehnt, die die Beschäftigten zur Betreuung ihrer Kinder außer Haus zurücklegen.

b) Grippeschutzimpfung: Beeinträchtigungen stellen keinen Arbeitsunfall dar

Unterbreitet der Arbeitgeber seinem Arbeitnehmer ein **Impfangebot**, etwa zur Grippeschutzimpfung, zu dessen Annahme der Arbeitnehmer nicht verpflichtet ist, besteht für etwaige gesundheitliche Beeinträchtigungen aus der Impfung kein Anspruch gegen die Berufsgenossenschaft auf Entschädigungsleistungen. Dies entschied das LSG Rheinland-Pfalz in einem noch nicht rechtskräftigen Urteil vom 6.9.2021[2]. **704**

Anmerkung:

Im Streitfall entwickelte sich bei dem Gastronomieleiter eines Krankenhauses ein unklarer autoinflammatorischer Prozess, der auf die **vor Jahren durchgeführte Impfung** zurückgeführt wurde.

Das LSG verneinte einen Arbeitsunfall im Sinne des Rechts der gesetzlichen Unfallversicherung, da insb. nicht nachgewiesen sei, dass die **Teilnahme an der Grippeschutzimpfung einer objektiv bestehenden Haupt- oder Nebenpflicht** aus dem Beschäftigungsverhältnis gedient habe. Der

---

1) EuGH v. 20.5.2021, Format, C-879/19, NZA 2021, 934.
2) LSG Rheinland-Pfalz v. 6.9.2021, L 2 U 159/20. Vgl. hierzu Krome, jurisPR-ArbR 45/2021 Anm. 6 und Plagemann, jurisPR-SozR 21/2021 Anm. 4.

Arbeitnehmer sei weder aus dem Tarif- oder Arbeitsvertrag verpflichtet gewesen, an der Impfung teilzunehmen, noch habe eine den Arbeitnehmer zu der Impfung verpflichtende Weisung des Arbeitgebers im Rahmen des Direktionsrechts vorgelegen. Die allein subjektive Vorstellung des Arbeitnehmers, durch die Impfung auch den Interessen des Arbeitgebers zu dienen, genüge nicht, um Versicherungsschutz zu begründen. Da der Arbeitnehmer keinen unmittelbaren körperlichen Kontakt zu den Patienten des Krankenhauses hatte, hat das LSG die Impfung auch nicht aufgrund eines erhöhten Infektionsrisikos und damit der Tätigkeit selbst als erforderlich angesehen.

13. Grenzüberschreitende Arbeitsverhältnisse

a) Lkw-Fahrer im grenzüberschreitenden Güterverkehr als „entsandte Arbeitnehmer"

705 Der EuGH stellte in seinem Urteil vom 1.12.2020[1] klar, dass die Richtlinie über die Entsendung von Arbeitnehmern auch auf die länderübergreifende Erbringung von Dienstleistungen im Straßenverkehrssektor anwendbar ist. Dazu führt er aus, dass diese Richtlinie grundsätzlich und unabhängig vom betroffenen Wirtschaftssektor **für jede länderübergreifende Erbringung von Dienstleistungen** gilt, die mit einer Entsendung von Arbeitnehmern verbunden ist.

Zur Eigenschaft der betroffenen Fahrer als **entsandte Arbeitnehmer** weist der EuGH darauf hin, dass die Arbeitsleistung eines Arbeitnehmers einen hinreichenden Bezug zu diesem Hoheitsgebiet aufweisen muss, um „als in das Hoheitsgebiet eines Mitgliedstaates entsandt" angesehen werden zu können. Dieser Bezug ist im Rahmen einer Gesamtwürdigung aller Umstände zu bestimmen. Hierzu zählen

– die Art der von dem betreffenden Arbeitnehmer in diesem Hoheitsgebiet verrichteten Tätigkeiten,

– die Enge der Verbindung der Tätigkeiten dieses Arbeitnehmers zu dem Hoheitsgebiet eines jeden Mitgliedstaats, in dem er tätig ist, und

– der Anteil, den diese Tätigkeiten dort an der gesamten Beförderungsleistung ausmachen.

Dass ein Fernfahrer, der von einem in einem Mitgliedstaat ansässigen Unternehmen einem Unternehmen mit Sitz in einem anderen Mitgliedstaat überlassen wurde, am Sitz dieses zweiten Unternehmens die mit seinen Aufgaben zusammenhängenden Anweisungen erhält, die Ausführung dieser Aufgaben dort beginnt oder beendet, reiche für sich genommen nicht für die Annahme aus, dass dieser Fahrer im Sinne der Entsenderichtlinie in diesen anderen Mitgliedstaats entsandt worden ist, wenn die Arbeitsleistung dieses Fahrers aufgrund anderer Faktoren keine hinreichende Verbindung zu diesem Hoheitsgebiet aufweist.

Der EuGH stellt zudem klar, dass das Bestehen eines **Konzernverbunds** zwischen den Unternehmen, die Parteien des Vertrags über die Überlassung von Arbeitnehmern sind, als solches nichts darüber auszusagen vermag, wie eng die Verbindung der Arbeitsleistung zu dem Mitgliedstaat ist, in den diese Arbeitnehmer entsandt werden. Daher ist das Bestehen eines Konzernverbunds für die Beurteilung, ob eine Entsendung von Arbeitnehmern vorliegt, nicht relevant.

Zu dem Sonderfall der **Kabotagebeförderungen**, also der binnenländischen Güterbeförderung durch einen ausländischen Frachtführer, für die die Entsenderichtlinie gilt, führt der EuGH aus, dass diese Beförderungen vollständig im Aufnahmemitgliedstaat stattfinden. Dies lasse die Annahme zu, dass die Arbeitsleistung des Fahrers im Rahmen solcher Beförderungen eine hinreichende Verbindung zu diesem Mitgliedstaat aufweist. Die Dauer der Kabotagebeförderung sei für die Beurteilung des Vorliegens einer solchen Entsendung unerheblich.

---

[1] EuGH v. 1.12.2020, Federatie Nederlandse Vakbeweging, C-815/18, NZA 2021, 33. Vgl. hierzu Hamann/Rathmann, jurisPR-ArbR 38/2021 Anm. 2.

b) Post-Brexit-Regelungen zu Arbeitnehmerentsendung und sozialer Sicherheit

Am 25.3.2021 wurden im Bundestag **Post-Brexit-Regelungen** mit dem Vereinigten Königreich verabschiedet. Die Zustimmung des Bundesrates erfolgte am 26.3.2021. **706**

Mit dem Gesetz zur Koordinierung der sozialen Sicherheit mit dem Vereinigten Königreich Großbritannien und Nordirland (SozSichUKG) vom 1.4.2021, das am 9.4.2021 im Bundesgesetzblatt[1] verkündet wurde, wurden die juristischen Voraussetzungen dafür geschaffen, dass die **bisherigen Regeln zur sozialversicherungsrechtlichen Entsendung** von Arbeitnehmern mit Großbritannien und Nordirland im Rahmen des Handels und Kooperationsabkommens vom 30.12.2020 weiterhin angewendet werden können.

Darüber hinaus wurde geregelt, dass die **bisherige Behördenzuständigkeit** bei der Festlegung der Verbindungs- und Zugangsstellen für den elektronischen Datenaustausch mit dem Vereinigten Königreich unverändert fortbesteht.

14. Sonstiges

a) Schadensersatz wegen unterbliebener Zielvereinbarung

Verstößt ein Arbeitgeber schuldhaft gegen seine im Arbeitsvertrag verankerte Verpflichtung, zusammen mit dem Arbeitnehmer **für eine bestimmte Zielperiode Ziele** zu vereinbaren, deren Erreichen mit einer **Bonuszahlung** verknüpft ist, kann dies jedenfalls nach Ablauf der Zielperiode grundsätzlich einen Schadensersatzanspruch auslösen. Dies stellte das BAG mit Urteil vom 17.12.2020[2] klar. **707**

Dazu führt das Gericht aus, dass nach Ablauf der Zeit, für die ein Arbeitgeber mit einem Arbeitnehmer Ziele zu vereinbaren hatte, eine Festlegung von Zielen nicht mehr möglich sei. Habe der Arbeitgeber schuldhaft kein Gespräch mit dem Arbeitnehmer über eine Zielvereinbarung geführt, sei die bei Zielerreichung zugesagte variable Vergütung für die abstrakte Schadensberechnung als Grundlage heranzuziehen. Grundsätzlich sei nach den Ausführungen des BAG davon auszugehen, dass ein Arbeitnehmer vereinbarte Ziele erreicht hätte. Soweit besondere Umstände diese Annahme ausschließen, obliege es dem Arbeitgeber, dieses darzutun und ggf. zu beweisen.

> **Beratungshinweis:**
>
> Bei **Zielvereinbarungen** ist - anders als bei Zielvorgaben - die Festlegung der Ziele nicht allein Aufgabe des Arbeitgebers. Vielmehr bedarf es der **Mitwirkung des Arbeitnehmers**. Sofern allein aus dem Verschulden des Arbeitnehmers eine Zielvereinbarung nicht zustande gekommen ist, verletzt dieser eine vertragliche Nebenpflicht und hat weder einen Anspruch auf die variable Vergütung noch auf einen entsprechenden Schadensersatz. Haben die Vertragsparteien keine alleinige Pflicht des Arbeitgebers vereinbart, die Verhandlungen über die Zielvereinbarung einzuleiten, bedeutet dies bei einer nicht zustande gekommenen Zielvereinbarung nicht stets, dass nur der Arbeitgeber die Initiative zu ergreifen und ein Gespräch mit dem Arbeitnehmer über mögliche Ziele und deren Gewichtung anzuberaumen hat. Unter solchen Umständen muss auch der Arbeitnehmer tätig werden. Dabei reicht es allerdings aus, wenn er den Arbeitgeber zu Verhandlungen über die Zielvereinbarung auffordert. Kommt eine Zielvereinbarung aus Gründen nicht zustande, die sowohl der Arbeitgeber als auch der Arbeitnehmer zu vertreten haben, ist das Mitverschulden des Arbeitnehmers nach § 254 BGB angemessen zu berücksichtigen. Im Streitfall wurde ein Mitverschulden von 10 % angenommen, da der Arbeitnehmer laut Arbeitsvertrag auch die Initiative für eine Zielvereinbarung hätte ergreifen können.

b) Widerspruch gegen Betriebsübergang: böswillig unterlassener anderweitiger Erwerb

In dem vom BAG mit Urteil vom 19.5.2021[3] entschiedenen Fall befand sich der **Arbeitgeber** nach dem Widerspruch des Arbeitnehmers gegen den Übergang des Arbeitsver- **708**

---

1) BGBl. I 2021, 658.
2) BAG v. 17.12.2020, 8 AZR 149/20, NZA 2021, 1034. Vgl. hierzu Nier, jurisPR-ArbR 28/2021 Anm. 2, Marcone, B+P 2021, 686.
3) BAG v. 19.5.2021, 5 AZR 420/20, NZA 2021, 1324. Vgl. hierzu Gravenhorst, jurisPR-ArbR 38/2021 Anm. 7.

hältnisses im Rahmen eines Betriebsübergangs im **Annahmeverzug**. In diesem Fall kann der Arbeitnehmer die vereinbarte Vergütung verlangen, ohne zur Nachleistung verpflichtet zu sein.

Allerdings muss sich der Arbeitnehmer den Wert desjenigen anrechnen lassen, was er infolge des Unterbleibens der Arbeitsleistung anderweitig erwirbt oder zu erwerben böswillig unterlässt (§ 615 Satz 2 BGB). Ein solcher Fall des böswilligen unterlassenen anderweitigen Erwerbs liegt nach Auffassung der Richter vor, wenn der Arbeitnehmer das Angebot des Arbeitgebers ablehnt, bei dem Erwerber des Betriebs im Wege der befristeten Arbeitnehmerüberlassung die bisherige Tätigkeit zu ansonsten unveränderten Bedingungen fortzusetzen.

> **Beratungshinweis:**
>
> Verallgemeinernd liegt ein solches böswilliges Unterlassen vor, wenn dem Arbeitnehmer vorgeworfen werden kann, dass er während des Annahmeverzuges trotz Kenntnis aller objektiven Umstände mit Absicht untätig bleibt und eine ihm nach Treu und Glauben zumutbare anderweitige Arbeit nicht aufnimmt oder die Aufnahme der Arbeit bewusst verhindert, so das BAG.

c) Wettbewerbsverstoß des Arbeitnehmers: Verjährungsbeginn

709 Ein Arbeitnehmer darf ohne Einwilligung seines Arbeitgebers in dessen Handelszweig für eigene oder fremde Rechnung keine Geschäfte machen, § 60 HGB. Verstößt er hiergegen, kann der Arbeitgeber u.a. wegen des Wettbewerbsverstoßes Schadensersatz fordern. Diese Ansprüche verjähren in **drei Monaten ab dem Zeitpunkt, zu dem der Arbeitgeber Kenntnis** von dem Abschluss des Geschäfts erlangt oder ohne grobe Fahrlässigkeit erlangen müsste; sie verjähren ohne Rücksicht auf diese Kenntnis oder grob fahrlässige Unkenntnis in fünf Jahren von dem Abschluss des Geschäfts an, § 61 Abs. 2 HGB.

Wie das BAG mit Urteil vom 24.2.2021[1] entschied, handelt es sich bei dieser Vorschrift um ein **Redaktionsversehen** des Gesetzgebers, so dass diese Frist nicht nur durch die Kenntnis oder grob fahrlässige Unkenntnis des Arbeitgebers vom Abschluss des Geschäfts durch den Arbeitnehmer ausgelöst wird. Über den Wortlaut der Vorschrift hinaus beginne die Verjährungsfrist von drei Monaten nicht nur zu laufen, wenn der Arbeitgeber weiß oder grob fahrlässig nicht weiß, dass der Arbeitnehmer konkrete Geschäfte abgeschlossen hat, sondern auch dann, wenn er ein konkurrierendes Handelsgewerbe betreibt.

> **Anmerkung:**
>
> Weiter führt das BAG aus, dass das Betreiben eines Handelsgewerbes bereits dann zu bejahen ist, wenn der Arbeitnehmer ohne Einwilligung des Arbeitgebers eine öffentlich zugängliche Internetpräsenz unterhält, auf der Leistungen im Geschäftssegment seines Arbeitgebers beworben werden. Damit hat der Arbeitnehmer nach Ansicht des BAG wettbewerbsrechtlich das regelmäßig zulässige Stadium einer Vorbereitungshandlung verlassen.

d) Kein Arbeitszeugnis in Tabellenform

710 Das BAG entschied mit Urteil vom 27.4.2021[2], dass ein durch den Arbeitgeber ausgestelltes Arbeitszeugnis, das die Leistung und das Verhalten des Arbeitnehmers in einer **an ein Schulzeugnis angelehnten tabellarischen Darstellungsform** beurteilt, eine **unzulässige Leistungs- und Verhaltensbeurteilung** darstellt.

---

1) BAG v. 24.2.2021, 10 AZR 8/19, NZA 2021, 1581.
2) BAG v. 27.4.2021, 9 AZR 262/20, NJW 2021, 2906.

Durch ein solches Zeugnis mit einer Aufzählung von Einzelkriterien und „Schulnoten" werde die gebotene Individualisierung der Leistungs- und Verhaltensbeurteilung nicht erreicht.

e) Erschütterung des Beweiswerts einer Arbeitsunfähigkeitsbescheinigung

Kündigt ein Arbeitnehmer sein Arbeitsverhältnis und wird er am Tag der Kündigung arbeitsunfähig krankgeschrieben, kann dies den Beweiswert der Arbeitsunfähigkeitsbescheinigung insb. dann erschüttern, wenn die bescheinigte Arbeitsunfähigkeit insgesamt passgenau die Dauer der Kündigungsfrist umfasst. Dies entschied das BAG mit Urteil vom 8.9.2021[1]. **711**

Zwar stellt eine Arbeitsunfähigkeitsbescheinigung ein gesetzlich vorgesehenes Beweismittel dar. Allerdings kann der Arbeitgeber dessen **Beweiswert erschüttern**, wenn er tatsächliche Umstände darlegt und ggf. beweist, die Anlass zu ernsthaften Zweifeln an der Arbeitsunfähigkeit geben. Gelingt dies dem Arbeitgeber, muss der Arbeitnehmer substantiiert darlegen und beweisen, dass er arbeitsunfähig war. Dies kann etwa durch Vernehmung des behandelnden Arztes nach entsprechender Befreiung von der Schweigepflicht erfolgen.

> **Anmerkung:**
>
> Im Streitfall begründete die Koinzidenz zwischen der Kündigung vom 8.2.2019 zum 22.2.2019 und der am 8.2.2019 bis zum 22.2.2019 bescheinigten Arbeitsunfähigkeit einen **ernsthaften Zweifel** an der bescheinigten Arbeitsunfähigkeit. Im Prozess war die Arbeitnehmerin ihrer Darlegungslast zum Bestehen einer Arbeitsunfähigkeit – auch nach Hinweis des Gerichts – nicht hinreichend konkret nachgekommen.

f) Voraussetzungen der Abberufung eines betrieblichen Datenschutzbeauftragten

Zur Klärung der Frage, ob die **Anforderungen des Bundesdatenschutzgesetzes** (BDSG) an die Abberufung eines betrieblichen Datenschutzbeauftragten im Einklang mit der europäischen Datenschutz-Grundverordnung (DSGVO) stehen, hat das BAG mit Beschluss vom 27.4.2021[2] ein Vorabentscheidungsersuchen an den EuGH gerichtet. **712**

Für die Entscheidung, ob der betriebliche Datenschutzbeauftragte wirksam von seinem Amt abberufen wurde, kommt es auf die Auslegung von Unionsrecht durch den EuGH an. Das nationale Datenschutzrecht regelt in § 38 Abs. 2 i.V.m. § 6 Abs. 4 Satz 1 BDSG, dass für die Abberufung eines betrieblichen Datenschutzbeauftragten ein wichtiger Grund i.S.v. § 626 BGB vorliegen muss. Damit knüpft das nationale Datenschutzrecht die Abberufung eines Datenschutzbeauftragten an strengere Voraussetzungen als das Unionsrecht, nach dessen Art. 38 Abs. 3 Satz 2 DSGVO die Abberufung lediglich dann nicht gestattet ist, wenn sie wegen der Aufgabenerfüllung des Datenschutzbeauftragten vorgenommen wird. Einen wichtigen Grund zur Abberufung verlangt das europäische Recht dagegen nicht.

Unter Zugrundelegung der bisherigen Rechtsprechung hält das BAG vorliegend keinen wichtigen Abberufungsgrund für gegeben. Deshalb hat er sich mit der Frage an den EuGH gewandt, ob neben der Regelung in Art. 38 Abs. 3 Satz 2 DSGVO mitgliedstaatliche Normen anwendbar sind, die die Möglichkeit der Abberufung eines Datenschutzbeauftragten gegenüber den unionsrechtlichen Regelungen einschränken.

---

1) BAG v. 8.9.2021, 5 AZR 149/21, Versorgungswirtschaft, 2021, 372. Vgl. hierzu Besgen, B+P 2021, 724.

2) BAG v. 27.4.2021, 9 AZR 383/19 (A), NZA 2021, 1183. Vgl. hierzu Besgen, B+P 2021, 436.

Anmerkung:

Sollte der EuGH die Anforderungen des BDSG an eine Abberufung für unionsrechtskonform erachten, hält es das BAG zudem für klärungsbedürftig, ob die Ämter des Betriebsratsvorsitzenden und des Datenschutzbeauftragten in einem Betrieb in Personalunion ausgeübt werden dürfen oder ob dies zu einem Interessenkonflikt i.S.v. Art. 38 Abs. 6 Satz 2 DSGVO führt.

g) Kopftuchverbot am Arbeitsplatz

713 Das Verbot des Tragens jeder sichtbaren Ausdrucksform politischer, weltanschaulicher oder religiöser Überzeugungen kann durch das Bedürfnis des Arbeitgebers gerechtfertigt sein, gegenüber den Kunden ein **Bild der Neutralität** zu vermitteln oder **soziale Konflikte** zu vermeiden. Dies entschied der EuGH mit Urteil vom 15.7.2021[1]. Er schränkt allerdings ein, dass diese Rechtfertigung einem wirklichen Bedürfnis des Arbeitgebers entsprechen muss.

Für die Beurteilung, ob ein wirkliches Bedürfnis bestehe, sei es von besonderer Bedeutung, dass der Arbeitgeber nachgewiesen hat, dass ohne eine solche Politik der Neutralität seine unternehmerische Freiheit beeinträchtigt würde, da er angesichts der Art seiner Tätigkeit oder des Umfelds, in dem diese ausgeübt werde, nachteilige Konsequenzen zu tragen hätte. Weiter stellt der EuGH klar, dass die nationalen Gerichte im Rahmen des Ausgleichs der in Rede stehenden Rechte und Interessen dem Kontext ihres jeweiligen Mitgliedstaats, und insb. den in Bezug auf den Schutz der Religionsfreiheit günstigeren nationalen Vorschriften, Rechnung tragen können.

IX. Wirtschaftsstrafrecht

1. Reform des Geldwäschestraftatbestandes

714 Der Bundestag beschloss am 11.2.2021 mit dem Gesetz zur Verbesserung der strafrechtlichen Bekämpfung der Geldwäsche eine erhebliche Erweiterung des strafrechtlichen Verbots der Geldwäsche. Der Bundesrat beschloss am 5.3.2021, keinen Einspruch gegen das Gesetz einzulegen. Daraufhin wurde das Gesetz vom 9.3.2021 am 17.3.2021 im Bundesgesetzblatt[2] verkündet und ist am darauffolgenden Tag in Kraft getreten.

Mit dem Gesetz wurde die EU-Richtlinie 2018/1673 über die strafrechtliche Bekämpfung der Geldwäsche umgesetzt, jedoch gehen die beschlossenen Maßnahmen **weit über die EU-Vorgaben hinaus**.

Bisher war eine Bestrafung wegen Geldwäsche, also der Einschleusung von illegal erwirtschafteten Geldern in den legalen Finanz- und Wirtschaftskreislauf nur möglich, wenn zuvor eine bestimmte Straftat, begangen wurde. Diese sog. Vortaten ergaben sich aus einem präzisen Katalog, der u.a. Verbrechen wie Raub oder gewerbsmäßigen Handel mit Betäubungsmitteln, aber auch Vergehen wie Hehlerei, Bestechung, die Unterstützung terroristischer Vereinigungen oder die Steuerhinterziehung umfasste.

Dieser Vortatenkatalog wurde mit dem nun beschlossenen Gesetz komplett gestrichen, so dass nun nach dem sog. **„all-crime-Ansatz" alle Straftaten als Vortaten der Geldwäsche** gelten.

Als Kompensation für den weiten Anwendungsbereich **entfällt die leichtfertige Geldwäsche**, wenn also leichtfertig nicht erkannt wurde, dass der Gegenstand aus einer entsprechenden Katalogtat herrührt.

---

1) EuGH v. 15.7.2021, WABE, C-804/18 und C-341/19, NZA 2021, 1085.
2) BGBl. I 2021, 327.

Anmerkung:

Durch diese Verschärfung kann der Umgang mit Geld, das aus irgendeiner Straftat stammt, eine Straftat darstellen. Dies stellt Banken, Händler und letztlich sämtliche Wirtschaftsakteure vor große Herausforderungen. Es werden immer schwieriger zu erfüllende **Compliance-Pflichten für Unternehmen** geschaffen, indem das Misstrauen in die Redlichkeit des Geschäftspartners zur Compliance-Pflicht erhoben wird.

2. Festsetzung einer Geldbuße gegen Gesamtrechtsnachfolger

Wird gegen ein **Nachfolgeunternehmen** eine Geldbuße für Taten des Vorgängers verhängt, verletzt dies **nicht** das **strafrechtliche Rückwirkungsverbot**. Zu dieser Wertung kommt der BGH mit Beschluss vom 23.3.2021[1]. **715**

Dies gilt laut BGH **zumindest** für den Fall der **Verschmelzung** von Firmen nach Inkrafttreten von § 30 Abs. 2a OWiG, wenngleich die Straftat – vorliegend eine Bestechung im geschäftlichen Verkehr – bereits vor der Gesetzesänderung begangen worden war. Nach dieser Vorschrift rückt der Gesamtrechtsnachfolger in eine vom Rechtsvorgänger begründete Bußgeldlast ein, ohne dass hierdurch das Rückwirkungsverbot verletzt wird.

---

1) BGH v. 23.3.2021, 6 StR 452/20, NJW 2021, 1607. Vgl. hierzu Kunkel/Kunkel, jurisPR-Compl 3/2021 Anm. 3.

Anhang

Steuerterminkalender 2022

Monat	Abgabetermin	Zahlungstermin[1]	Ende der Zahlungsschonfrist[2]	Steuerarten								Sozialversicherungsbeiträge	
				Lohnsteuer		Umsatzsteuer		Gewerbesteuer	Grundsteuer	Einkommensteuer	Körperschaftsteuer	Abgabe	Fälligkeit[3]
				Monat	Quartal	Monat	Quartal						
Januar	10.	10.	13.	■	■	■	■					25.	27.
Februar	10.	10.	14.	■		■						22.	24.
		15.	18.					■	■				
März	10.	10.	14.	■		■			31.[4]	■	■	25.	29.
April	11.	11.	14.	■	■	■	■					25.	27.
Mai	10.	10.	13.	■		■						24.	27.
		16.	19.					■	■				
Juni	10.	10.	13.	■		■				■	■	24.	28.
Juli	11.	11.	14.	■	■	■	■					25.	27.
August	10.	10.	15.	■		■						25.	29.
		15.	18.					■	■				
September	12.	12.	15.	■		■				■	■	26.	28.
Oktober	10.	10.	13.	■	■	■	■					25.	27.
November	10.	10.	14.	■		■						24.	28.
		15.	18.					■	■				
Dezember	12.	12.	15.	■		■				■ 15.[5]	■	23.	28.

1) Bei Zahlung durch Scheck ist zu beachten, dass die Zahlung erst drei Tage nach Eingang des Schecks beim Finanzamt oder der Kommune (im Hinblick auf Grund- und Gewerbesteuer) als erfolgt gilt. Ist eine Steuer etwa am 10.1. fällig, muss der Scheck spätestens am 7.1. beim Finanzamt eingehen.
2) Erfolgt die Zahlung innerhalb der Schonfrist, setzt die Finanzverwaltung keinen Säumniszuschlag fest. Bei Zahlung durch Scheckeinreichung wird keine Zahlungsschonfrist gewährt.
3) Sozialversicherungsbeiträge sind einheitlich am drittletzten Bankarbeitstag des laufenden Monats zur Zahlung fällig.
4) Fristablauf für Antrag auf Grundsteuer-Erlass 2021.
5) Fristablauf für Antrag auf Abgeltungsteuer-Verlustbescheinigung bei den Kreditinstituten.

Durch regionale Feiertage können sich Abweichungen ergeben.
Die vorstehenden Angaben wurden sorgfältig zusammengestellt, erfolgen jedoch ohne Gewähr. Eine Haftung kann nicht übernommen werden.

Stichwortverzeichnis

Die Ziffern des Stichwortverzeichnisses verweisen auf die Randziffern.